**Buch-Updates**

Registrieren Sie dieses Buch
auf unserer Verlagswebsite.
Sie erhalten dann
Buch-Updates und weitere,
exklusive Informationen
zum Thema.

Galileo
BUCH UPDATE

**Und so geht's**

> Einfach **www.galileodesign.de** aufrufen
<<< Auf das Logo **Buch-Updates** klicken
> Unten genannten **Zugangscode** eingeben

Ihr persönlicher Zugang
zu den Buch-Updates

118656034298

Markus Wäger

# Adobe Photoshop CS4

Die Workshops für Einsteiger

Galileo Press

**Liebe Leserin, lieber Leser,**

als Einsteiger in Photoshop hat man es nicht gerade leicht. Startet man die Software zum ersten Mal, sieht man zunächst nichts außer einer großen grauen Fläche. Zahlreiche Menüs und Paletten laden zwar zum Klicken und Ausprobieren ein, hat man aber ein bestimmtes Ziel vor Augen, weiß man oft nicht, wo man überhaupt anfangen soll – so umfangreich ist die Software.

Mit diesem Workshop-Buch von Markus Wäger wird Ihnen der Einstieg in Photoshop leicht fallen. Denn anders als in einem normalen Handbuch, müssen Sie sich hier nicht erst theoretisch durch die Funktionen und Werkzeuge hangeln, sondern können direkt einsteigen. Folgen Sie doch einfach unserem Autor auf seinem Weg durch das Programm, und arbeiten Sie die Workshops chronologisch durch. Da sich das Buch an Ihrem Arbeitsalltag orientiert, lernen Sie automatisch die Funktionen und Werkzeuge kennen, die Sie benötigen, um mit Photoshop eine Stufe weiterzukommen. Und wenn Sie einmal eine konkrete Frage haben, helfen Ihnen der ausführliche Index und die aussagekräftigen Überschriften der Workshops dabei, schnell die Lösung für Ihr Problem zu finden.

Sie werden schnell merken, dass Markus Wäger genau auf Ihre Fragen eingeht: Er ist Adobe Certified Expert und kennt die typischen Anwenderfragen aus unzähligen Schulungen. Zudem hat er für die Neuauflage komplett neue Beispiele erstellt und die Rückmeldungen von Lesern und Seminarteilnehmern eingearbeitet, sodass Sie sich schon bald sehr gut mit Photoshop auskennen und keine Probleme mehr mit der Anwendung der vielen Funktionen haben werden. Das komplette Beispielmaterial finden Sie natürlich auf der Buch-DVD.

Nun bleibt mir noch, Ihnen viel Spaß beim Nacharbeiten der Workshops zu wünschen. Sollten Sie Fragen, Anmerkungen oder Lob zu diesem Buch haben, freue ich mich über Ihre E-Mail.

**Katharina Geißler**
Lektorat Galileo Design

katharina.geissler@galileo-press.de
www.galileodesign.de
Galileo Press • Rheinwerkallee 4 • 53227 Bonn

# Inhalt

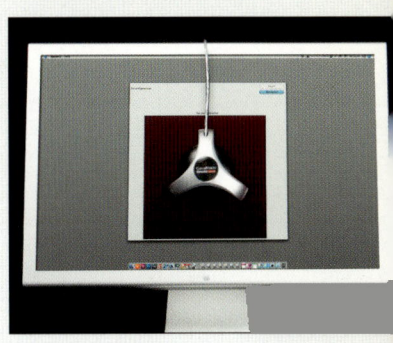

## Pinsel, Stempel & Radierer

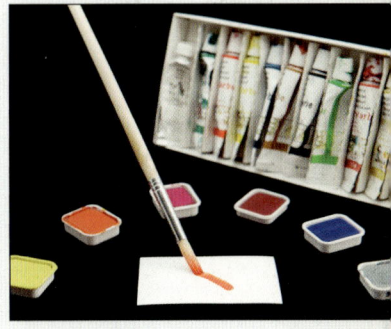

## Auswahl & Maskierung

# Pfad & Text

# Helligkeit & Kontrast

## Farbe & Farbkanäle

## Fotografie & Camera RAW

## Montage & Collage

## Retusche & Bildmanipulation

## Filter & Effekte

## Automatisierung & Web

# Workshop-Buch 2.0 – ein paar Worte vorweg

Schon vor vielen Jahren hatte ich den Wunsch, einmal ein Fachbuch zu schreiben. Erstens schreibe ich gern, zweitens liebe ich es, zu forschen und zu erklären, und drittens habe ich als leidenschaftlicher Typograf eine besondere Beziehung zu Büchern. Doch wie sollte ich einen Verlag für mein Buch finden?

Mein Plan sah so aus: Ich publiziere laufend Artikel in meinem Weblog, schreibe ein Buch über InDesign CS2 und veröffentliche es als PDF-Download auf meiner Website. Früher oder später würde mich schon ein Verlag *entdecken*. Ganz unbescheiden wünschte ich mir gleich den Verlag als Verleger, der meines Erachtens die schönsten Computing-Bücher vertreibt: Galileo.

Manchmal gehen Wünsche in Erfüllung, auch wenn es oft in Etappen vor sich geht. Eines Tages erhielt ich eine E-Mail von meinem Wunschverlag mit der Anfrage, ob ich nicht ein Video-Training aufnehmen wolle. Das entsprach zwar nicht exakt meinen Vorstellungen, aber eine interessante Herausforderung und ein Schritt in die Richtung meines Ziels war es allemal.

Das Video-Training war nicht ganz fertig, da folgte schon die Frage nach einem Workshop-Buch zu Photoshop CS3. Ich muss gestehen, dass ich zunächst gar nicht so begeistert davon war, dass es ein *Workshop-Buch* werden sollte. Wenn ich Photoshop erklären sollte, dann wollte ich das »richtig« tun.

Es gibt zweit Möglichkeiten, wie ein Buch über ein Programm aufgezogen werden kann: Entweder es zeigt Werkzeuge und Funktionen und erklärt, was man damit machen kann, oder es nimmt Aufgaben auf und erklärt, mit welchen Werkzeugen man diese Aufgaben lösen kann. Ein Workshop-Buch zählt zur zweiten Kategorie.

Nach über einem Jahr der Arbeit mit meinem Buch in Seminaren bin ich zu der Überzeugung gekommen, dass das Workshop-Buch die bessere Variante ist. Gerade deshalb bin ich rückblickend äußerst glücklich, dass *mein* Photoshop-Buch ein Workshop-Buch geworden ist.

Dass ein Workshop-Buch ein sehr guter Weg ist, ein Programm zu lernen, scheinen auch die Leser so zu sehen und haben das Buch eifrig gekauft. :-) Ist ein Buch in seiner Kategorie erst einmal ein Bestseller, dann sollte man eigentlich in einer neuen Auflage nicht allzuviel verändern. Doch die vergangen Monate Arbeit mit Einsteigern und Fortgeschrittenen in Photoshop-Kursen haben mir gezeigt, dass längst nicht alles so perfekt ist, wie ich es gerne hätte. Aus dieser praktischen Erfahrung heraus habe ich alle Workshops und sogar den grundsätzlichen Aufbau noch einmal völlig neu überdacht und praktisch ein komplett neues Buch geschrieben. Selbst die Exkurse über Grundlagen, an denen sich mit CS4 ja eigentlich nichts ändert, sind komplett neu formuliert, ergänzt und erweitert worden. Ich hoffe, dass es mir gelungen ist, die teilweise sehr schwer verständlichen Sachverhalte möglichst einfach und gut nachvollziehbar zu erklären. Machen Sie sich aber keinen Gedanken, wenn Sie als Einsteiger nicht alles auf Anhieb verstehen. Gerade Themen wie Auflösung, Masken und Auswahl bereiten den meisten Einsteigern Probleme.

Aber nicht nur der didaktische Aufbau des Buches ist komplett neu angelegt. Sogar die Arbeitsweisen unterscheiden sich größtenteils sehr stark von dem, was ich noch im vorangegangen Buch demonstriert habe. Das liegt vor allem daran, dass die neu eingeführte Palette »Korrekturen« ein Überdenken des Bildbearbeitungs-Workflows aufgedrängt hat, und ich der Überzeugung bin, dass diese veränderte Herangehensweise sowohl den kreativen Umgang mit dem Programm als auch die Flexibilität und Effizienz für die Praxis deutlich steigert.

Jeder Workshop in diesem Buch ist oben links auf der Einstiegsseite mit einer Markierung versehen, wie Sie sie auch auf dieser Seite sehen. Damit habe ich die Workshops mit Schwierigkeitsgraden von 1 bis 3 ausgezeichnet. Zwar hat das Buch einen didaktischen Aufbau, der Ihnen Photoshop von A bis Z beibringen kann, doch auch Leser, die solche Bücher nicht von vorne bis hinten durchackern möchten, sollen in der Lage sein, in der Mitte aufzuschlagen und mit etwas Grundlagenwissen einen Workshop zu lösen. Allerdings liegt es in der Natur der Sache, dass manche Aufgaben einfach mehr Grundlagen veraussetzen und sich nicht komplett auf zwei bis sechs Seiten erklären lassen. Die Markierungen sollen Ihnen zeigen, ob Sie als Einsteiger in der Lage sein sollten, einen Workshop zu bewältigen, oder ob es schon eher eines Profi-Wissens bedarf.

Dabei zeichnen die Markierungen aber *nicht nur* den Schwierigkeitsgrad aus. Manche Aufgaben halte ich für so grundlegend, dass jeder Photoshopper sie kennen sollte, und deshalb habe ich diese auch mit »Level 1« gekennzeichnet, auch wenn Sie vom Schwierigkeitsgrad her eher einer 2 entsprechen.

Dem Buch liegt eine Referenzkarte mit Shortcuts bei. Ich habe dabei bewusst darauf verzichtet, Tastaturkürzel anzufügen, die Sie genausogut und wohl schneller in den Menüs nachschlagen können. Stattdessen zeigt die Karte auf der Vorderseite die wichtigsten Befehle, die jeder Photoshop-Benutzer kennen sollte – das ist die Einsteiger-Seite. Auf der anderen Seite finden Sie die meines Erachtens nach wichtigsten versteckten Befehle.

Auf der dem Buch beiliegenden DVD finden Sie nicht nur die Beispielbilder zu den Workshops. Immer wenn Sie neben der Einleitung zu einem Workshop dieses Symbol sehen, finden Sie auch eine ergänzende Video-Lektion auf der DVD.

▶ Video-Training

Ich wünsche Ihnen nun viel Spaß beim Lesen des Buches und viel Freude und Erfolg bei der Arbeit mit Adobe Photoshop CS4. Wenn Sie kritische Anmerkungen zum Buch haben oder gar einen Fehler finden, zögern Sie nicht, es mich wissen zu lassen. Und wenn Sie keinen Grund zur Kritik finden, umso besser. Lassen Sie es mich wissen. In meinem Weblog unter *www.markuswaeger.com* veröffentliche ich laufend Artikel zu Gestaltung, Fotografie und Adobe CS. Dort finden Sie auch meine E-Mail-Adresse (nebst meinem FaceBook-, Xing- und Twitter-Account).

Last but not least möchte ich mich noch kurz bedanken, bevor wir endlich mit Photoshop abheben: bei den Modellen, die mir erlaubt haben, Ihre Fotos in meinen Büchern zu verwenden, bei meinen Eltern, meiner Familie und meinen Freunden, und ganz besonders bei meiner frecheren Hälfte, Andrea.

**Markus Wäger**
Im März 2009

# Basics & News

**Der Jumbo unter den Bildbearbeitungsprogrammen.** Oder der Kampfjet für jeden Bildbearbeitungseinsatz. Das ist Photoshop. Ursprünglich hatte ich geplant, im ersten Kapitel die »Good News« von CS4 zu beschreiben – und nur diese. Doch das wäre zum Teil etwas zu anspruchsvoll für den Einstieg geworden. Und dieses Buch soll sich ja an Einsteiger und Aufsteiger richten. Deshalb habe ich mich letztendlich für eine Mischung aus Grundlagen und neuen Funktionen entschieden: Lassen Sie mich Ihnen zunächst Ihr Cockpit erklären, Ihnen zeigen, wie Sie es sich darin gemütlich machen, und wie Sie zu unterschiedlichen Ebenen aufsteigen, bevor wir die wichtigsten Neuerungen aus der Vogelperspektive betrachten. Steigen Sie ein!

Foto: Pascal Reis, mit freundlicher Genehmigung des Luftfahrtmuseums Altenrhein (CH)

# Basics & News

# Der Photoshop-Arbeitsbereich

*Benutzeroberfläche, Werkzeuge und Paletten im Überblick*

Adobe hat mit Photoshop CS3 und dem grafischen Teil der Creative Suite 3 (InDesign und Illustrator) einen großen Schritt bei der Gestaltung der Benutzeroberfläche gemacht. Wer, wie ich, seit vielen Jahren mit den Programmen von Adobe arbeitet, hat diese Veränderung wahrscheinlich begrüßt. In meinen Seminaren zu den Adobe-Programmen zeigte sich jedoch, dass die steigende Komplexität der Oberfläche, die durch die Zunahme an Paletten entstanden ist, den Einsteiger oft überfordert. Wenn Sie jedoch effizient mit Photoshop arbeiten möchten, dann ist ein souveräner Umgang mit diesem sogenannten Interface unabdingbar. Die Benutzer-

oberfläche ist Ihr Cockpit, um mit Photoshop zu Höhenflügen in der Bildgestaltung zu starten und diese zu steuern. Dabei ist Photoshop keinesfalls mit einem kleinen Segelflugzeug zu vergleichen. Diese Software ist quasi der Jumbojet unter den Bildbearbeitungsprogrammen. Lernen Sie also zunächst Ihr Cockpit kennen, bevor Sie dann zu den richtigen Bildbearbeitungsabenteuern abheben.

Wer bereits eine gewisse Zeit mit Photoshop CS3 gearbeitet hat, wird sich in CS4 sofort zurechtfinden. Das neue Interface wurde etwas schlichter gestaltet, der Umgang damit unterscheidet sich jedoch kaum von der Arbeit mit der Vorgängerversion.

## Elemente der Benutzeroberfläche

In der Bildschirmansicht auf der linken Seite erhalten Sie einen Überblick über die zentralen Bedienelemente, die wir im weiteren Verlauf dieses Grundlagenexkurses etwas näher betrachten werden.

Wie in jedem Programm finden Sie ganz oben die MENÜLEISTE ❶. Der abgebildete Screenshot wurde auf einem Mac erstellt. Bei ihm klebt das Hauptmenü immer am oberen Bildschirmrand. Wenn Sie mit Windows arbeiten, dann ist das Hauptmenü Teil des Programmfensters.

Direkt unter dem Hauptmenü befindet sich die in Photoshop CS4 neue ANWENDUNGS-LEISTE ❷. Am PC finden Sie sie direkt neben der Menüleiste. Darunter befindet sich die Palette OPTIONEN ❸, die mit jedem ausgewählten Werkzeug ihr Aussehen wechselt.

Die WERKZEUGE ❹ finden Sie in der schmalen Palette am linken Bildschirmrand. Haben Sie noch nie mit einem Grafikprogramm gearbeitet, ist es sicher etwas ungewohnt, dass Sie für jeden kleinsten Handgriff ein anderes Werkzeug auswählen müssen: Sie wechseln die Werkzeuge in der Minute oft ein Dutzend mal. Deshalb sollten Sie diese Palette immer intuitiv und blind finden, weshalb ich sie auch niemals an einen anderen Ort verschiebe.

Innerhalb des Dokumentfensters befindet sich die ARBEITSFLÄCHE ❺. Während Sie in Programmen wie InDesign und Illustrator immer auch eine Arbeitsfläche außerhalb der Dokumentgröße haben, auf der Sie Gestaltungselemente zwischenlagern können, sind Arbeitsfläche und Dokumentformat in Photoshop immer dasselbe.

Der MAUSZEIGER ❻ ist in den Programmen von Adobe immer sehr »redselig«. Behalten Sie ihn gut im Auge. Er verändert sich andau-

ernd und verrät Ihnen damit, was Sie mit ihm über dem Punkt, an dem er sich gerade befindet, anstellen können.

Die LINEALE ❼ befinden sich immer an der oberen und der linken Seite des Dokumentfensters. Dort wird Ihnen die Position des Mauszeigers angezeigt, und von dort bekommen Sie auch Hilfslinien her. Auch die Maßeinheit können Sie dort umstellen.

Am unteren Ende eines Dokumentfensters sehen Sie die derzeitige ZOOMSTUFE ❽ des aktuellen Dokuments. Das hat nichts mit der Größe zu tun, mit der das Dokument aus dem Drucker kommt. Stellen Sie sich die Zoomstufe wie ein Mikroskop vor. Wenn Sie durch ein Mikroskop mit tausendfacher Vergrößerung blicken, dann bedeutet das nicht, dass eine Ameise plötzlich zwei Zentimeter groß geworden ist, sondern nur, dass Sie sie größer sehen. Wenn Sie sie wieder ohne Mikroskop betrachten, sehen Sie sie in der tatsächlichen Größe von zwei Millimeter. In Photoshop werden Sie die Zoomstufe jedoch weniger dazu verwenden, um etwas zu vergrößern, sondern meistens werden Sie Bilder damit kleiner darstellen, damit mehr auf den Bildschirm passt.

Das Symbol daneben ❾ können die meisten Anwender vergessen, denn es hat mit dem Programm Version Cue zu tun, mit dem sich in großen Agenturen im Team arbeiten lässt. Meines Wissens nutzt diese Möglichkeit aber kaum jemand.

Weiter rechts können Sie eine Reihe von verschiedenen Dokumentinformationen ❿ anzeigen lassen – bei mir steht das auf Farbprofil. Ganz rechts angedockt sehen Sie einige PALETTEN ⓫, von Adobe nun liebevoll Bedienfelder genannt – ohne die läuft fast nichts.

Neu sind die sogenannten Tabs ⓬, mit denen sich in CS4 mehrere Dokumente in einem Dokumentfenster zusammenfassen lassen.

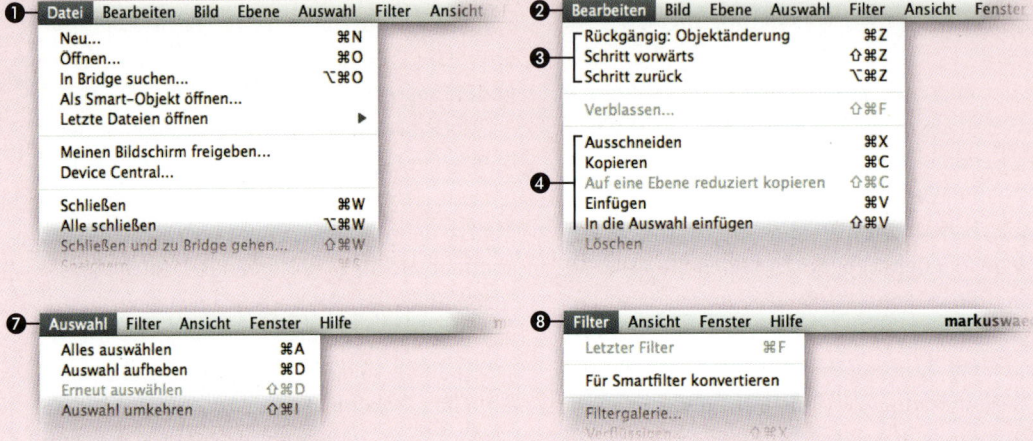

## Es ist angerichtet: Die Menüs

Obschon Photoshop ein Programm ist, in dem mehr über Paletten gearbeitet wird als über Menüs, sollten wir als Erstes einen Blick auf die Menüs werfen, und die wichtigsten Punkte kurz besprechen. Mir fällt in meinen Seminaren sehr oft auf, dass Anwender, die zum ersten Mal mit einem Gestaltungsprogramm arbeiten, sich von den vielen Befehlen, Dialogen, Werkzeugen und Paletten überfordert fühlen. Sie wissen oft gar nicht, wo sie ansetzen sollen, um etwas Bestimmtes auszuführen. Viele sind aus Office-Programmen kleine Schaltflächen für alle wichtigen Befehle gewohnt. Photoshop bietet jedoch viel zu viele Funktionen, um alle mit einem Button in einer Leiste anbieten zu können.

Doch es ist gar nicht so schwer, sich in den Menüs zurechtzufinden. Adobe hat sich viel Mühe gegeben, diese logisch aufzubauen und zu strukturieren. Man braucht sich nur zu überlegen: »Was möchte ich als Nächstes tun?«

Eine Datei öffnen, platzieren, speichern oder exportieren? Alle notwendigen Menübefehle finden sich im Menü DATEI ❶.

Am unklarsten ist vielleicht der zweite Menüpunkt, BEARBEITEN ❷. Dort können Sie ebenso Arbeitsschritte rückgängig machen wie Kopieren und Ausschneiden, Flächen und Konturen füllen, Objekte skalieren und den Umgang mit dem Farbmanagement regeln. Wann immer Sie etwas ausführen möchten, was weder zu Bild, Ebene, Auswahl, Filter, Ansicht oder Fenster passt, suchen Sie hier am besten zuerst.

Besonders wichtig sind die ersten drei Punkte ❸ in diesem Menü. Wenn Sie einen Befehl rückgängig machen wollen, wählen Sie RÜCKGÄNGIG… oder Strg/⌘+Z.

Gewöhnen Sie sich lieber heute als morgen an, Tastaturbefehle zu nutzen. Sie werden dadurch bedeutend produktiver arbeiten. Zumindest die wichtigsten sollten Sie sich merken, und zu denen gehört Strg/⌘+Z einfach dazu.

Anders als in anderen Programmen, wo Sie durch mehrfaches Drücken von Strg/⌘+Z auch mehrere Schritte rückgängig machen können, stellt Photoshop den gerade rückgängig gemachten Arbeitsschritt wieder her, wenn Sie den Befehl erneut drücken. Doch mit SCHRITT ZURÜCK oder Strg/

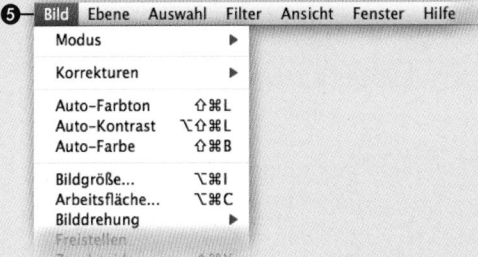

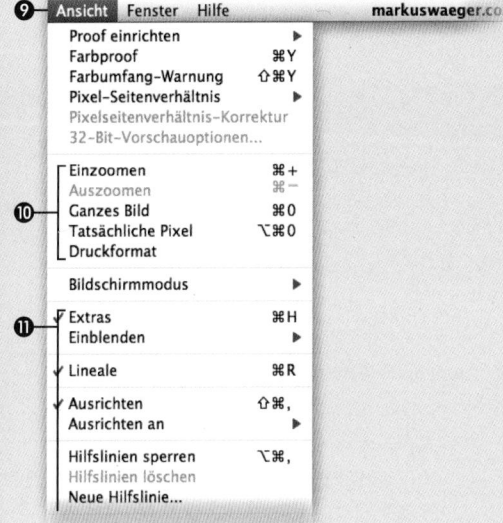

⌘ + Alt + Z können Sie auch in Photoshop über Menü oder Tastaturbefehl mehrere Schritte rückgängig machen. Mit SCHRITT VOR-WÄRTS oder Strg / ⌘ + ⌥ + Z stellen Sie einen gerade rückgängig gemachten Schritt wieder her. Ebenso wichtig sind die Befehle zum Kopieren und Einfügen, die Sie darunter finden ❹.

Im Menü BILD ❺ geht es im Wesentlichen um den Farbraum, in dem sich das Bild befinden soll, um Farb- und Tonwertkorrekturen und um die Größe und Drehung der Arbeitsfläche.

Im Menü EBENE ❻ dreht sich alles um Ebenen. Bei mir klappt dieses Menü jedoch selten auf, weil sich die gleichen Einstellungen und Funktionen auch in der Palette EBENEN befinden und dort schneller erreichbar sind.

AUSWAHL ❼ ist etwas sehr Wichtiges in Photoshop, weshalb es auch dafür ein Menü gibt. Auch dieses Menü hat viel Ruhe vor meiner Maus, da ich alle wichtigen Befehle darin als Shortcut im Kopf habe.

FILTER ❽ sind nicht nur für Spezialeffekte wichtig, sondern zählen zum unverzichtbaren Rüstzeug.

Wenn Sie etwas aus- oder einblenden wollen, sind Sie im Menü ANSICHT ❾ an der richtigen Adresse. Besonders wichtig sind die Befehle für das Ein- und Auszoomen ❿ und auch jene, die mit der Ansicht und der Aktivität von Rastern, Hilfslinien, Auswahlbegrenzungen (EXTRAS) zu tun haben, sowie die Befehle zum Aus- und Einblenden der Lineale ⓫.

Über das Menü FENSTER ⓬ können Sie zwischen offenen Fenstern wechseln oder auch eine zweite Ansicht für dasselbe Dokument aufmachen. Wichtig ist aber vor allem, dass Sie hier alle Paletten finden, die Sie zur Arbeit an einem Photoshop-Dokument brauchen.

## Anwendungsrahmen und Anwendungsleiste

Eine Neuigkeit für alle Photoshop-User ist die Anwendungsleiste ❶. Das führt einige Elemente in Photoshop ein, von denen ich behauptet habe, dass Sie sie in Photoshop nicht finden: Schaltflächen, die schnellen Zugriff auf wichtige Menüfunktionen zur Verfügung stellen. So ganz will sich mir ihr Sinn zwar nicht erschließen, doch wo sie nun einmal da sind …

Eine Neuigkeit für Mac-User ist der Anwendungsrahmen. Er bringt Windows-Feeling auf den Mac. Wenn Sie über das Menü FENSTER den Menüpunkt ANWENDUNGS-RAHMEN ❾ aktivieren, werden alle offenen Fenster in einem Fenster zusammengefasst. Außerdem docken Paletten dann nicht mehr am Bildschirmrand, sondern am Rahmen dieses Anwendungsrahmens an – man könnte das auch als Anwendungsfenster bezeichnen. Das Programm läuft somit auch am Mac in einem Programmfenster ab, wie es unter Windows immer der Fall ist. Das ist zwar etwas weniger Mac-typisch, doch es bringt auch gewisse Vorteile mit sich, vor allem, wenn man mit Tabs arbeitet.

Wenn Sie am Mac diesen Anwendungs-rahmen aktivieren, dann wird aus der Anwendungsleiste ein Teil der Kopfleiste des Anwendungsrahmens ❽.

Mit der ersten Schaltfläche hinter dem Photoshop-Icon haben Sie die Möglichkeit, Bilder über die Adobe Bridge ❷ zu öffnen, anstatt über den Menübefehl ÖFFNEN. Die zweite Schaltfläche ❸ ist ein etwas spartanisch geratenes Menü für Lineale,

Raster und Hilfslinien. Mein Liebling in dieser Anwendungsleiste ist die Anzeige der Zoomstufe ❹ – das macht für mich in Zukunft die Palette NAVIGATOR überflüssig. Sie können mit einem Klick darauf die Zoomstufe auch verändern.

Überflüssigerweise hat Adobe Werkzeuge, die seit Jahr und Tag auch in der Werkzeugpalette zu finden sind, in dieser Anwendungsleiste untergebracht: das Hand-Werkzeug und das Zoom-Werkzeug sowie das neue Ansichtdrehung-Werkzeug ❺. Da hatte offenbar jemand eine Idee für eine neue Palette und keiner eine, womit man sie füllen könnte.

Nett ist die Schaltfläche DOKUMENTE ANORDNEN ❻. Damit lassen sich alle geöffneten Dokumente sehr komfortabel am Bildschirm verteilen und alle auf eine gemeinsame Darstellungsgröße bringen. Das konnte Photoshop zwar über drei Ecken im Menü FENSTER bisher auch schon, doch aus Trägheit habe ich bisher die offenen Fenster mit der Maus am Bidschirm zurechtgeschoben. Die direkte Verfügbarkeit der Funktion über diese neue Leiste bringt das automatisierte Anordnen dem Anwender sicher etwas näher.

Bei der letzten Schaltfläche in dieser Reihe begegnet der erfahrene Photoshopper wieder einem alten Bekannten, nämlich dem Umschalter zwischen den DARSTELLUNGSMODI ❼. Photoshop kennt in CS4 wieder drei Darstellungsmodi (in CS3 waren es vier).

1. STANDARD ❿: Das ist die gewohnte Ansicht mit schwebenden Fenstern.
2. VOLLBILDMODUS MIT MENÜLEISTE ⓫: In dieser Ansicht nimmt das aktuelle Dokument den gesamten Bildschirmbereich ein – die anderen Dokumentfenster sind nicht zu sehen. Ich empfehle Ihnen, immer in diesem Modus zu arbeiten, weil er am meisten Spielraum zum Verschieben des Bildausschnitts bietet.

3. VOLLBILDMODUS ⓬: Dieser unterscheidet sich vom vorangegangenen dadurch, dass der Hintergrund standardmäßig schwarz ist und alle Paletten samt der Menüleiste ausgeblendet werden. Dieser Modus ist hervorragend geeignet, um die Wirkung von Bildern zu beurteilen.

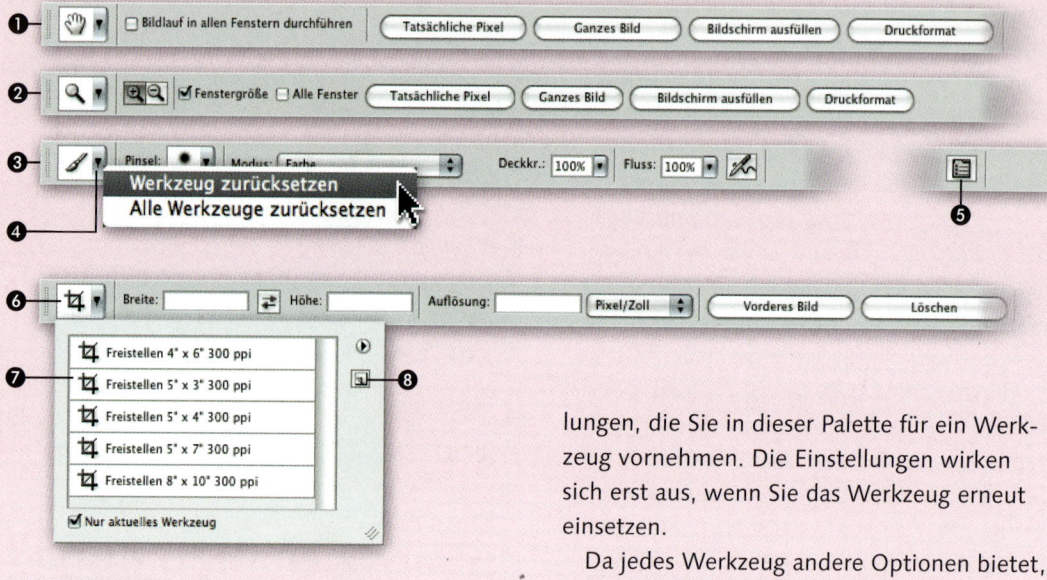

**Die Palette »Optionen«**

Unter der Anwendungsleiste finden Sie standardmäßig die Optionen-Palette. Mit dieser Palette nehmen Sie Voreinstellungen für das gerade aktive Werkzeug vor. Die Betonung liegt auf *Vor*-Einstellung. Photoshop-Anfänger würden hier gerne Aktionen nachjustieren, die sie gerade ausgeführt haben. Doch das geht leider nicht. Stellen Sie sich vor, Sie haben eine Bohrmaschine, um ein Loch in eine Wand zu bohren. Sie bestücken das Werkzeug mit einem Bohrer einer bestimmten Größe, justieren die Drehrichtung, aktivieren die Schlagbohrfunktion und stellen die Geschwindigkeit ein. Das sind die Voreinstellungen, die Sie für die Bohrmaschine vornehmen können.

Nun haben Sie das Loch gebohrt, und es stellt sich heraus, dass es zu klein geraten ist. Also ersetzen Sie den Bohrer durch einen größeren. Was geschieht dadurch mit dem Loch in der Wand? Richtig. Gar nichts! Sie müssen die Bohrmaschine erst neuerlich einsetzen. Und genauso ist es mit den Einstel-

lungen, die Sie in dieser Palette für ein Werkzeug vornehmen. Die Einstellungen wirken sich erst aus, wenn Sie das Werkzeug erneut einsetzen.

Da jedes Werkzeug andere Optionen bietet, ändert sich diese Palette natürlich ständig, je nach gerade aktiviertem Werkzeug. So ❶ sieht die Palette beispielsweise aus, wenn Sie das HAND-WERKZEUG aktiviert haben. Wenn Sie das ZOOM-WERKZEUG aktivieren, sehen Sie diese Optionen ❷.

Manche Werkzeuge bieten nur wenige Optionen, und wenn sie einmal nicht das machen, was Sie von ihnen erwarten, ist es leicht herauszufinden, bei welcher Option der Hund begraben liegt. Andere Werkzeuge wiederum, wie das PINSEL-WERKZEUG, bieten Millionen Einstelloptionen ❸ – etwas übertrieben gesprochen. Bei diesen Werkzeugen ist es deshalb äußerst schwer, den Verursacher des unerwünschten Verhaltens ausfindig zu machen. Wenn das der Fall ist, klicken Sie mit der rechten Maustaste auf das nach unten weisende Dreieck ❹ bei der ersten Schaltfläche und wählen aus dem erscheinenden Menü WERKZEUG ZURÜCKSETZEN. Damit funktioniert das Werkzeug wieder so, wie es von Adobe erfunden wurde.

An manchen Werkzeugen zeigt sich auch die Schaltfläche ❺. Damit können Sie eine Palette aufrufen, die die Einstellungsmöglichkeiten der Optionen-Palette erweitert. Ist das PINSEL-WERKZEUG aktiv, können Sie damit die PINSEL-PALETTE aufrufen; ist das TEXT-WERK-ZEUG T aktiv, erscheint nach einem Klick die Palette ZEICHEN.

Egal, welches Werkzeug gerade aktiv ist, die erste Schaltfläche ❻ wird in der Palette OPTI-ONEN immer angezeigt. Wenn Sie darauf klicken, erscheint eine Unterpalette, in der verschiedene Voreinstellungen ❼ für das Werkzeug gespeichert sind. Im abgebildeten Beispiel sind das Einstellungen, mit denen Sie ein Bild mit dem FREISTELLUNGSWERKZEUG 🔲 auf ein bestimmtes Format bei einer bestimmten Ausgabeauflösung zuschneiden können.

Sie können auch eigene Einstellungen als NEUE WERKZEUGVORGABE ERSTELLEN, indem Sie auf die Schaltfläche 🔲 ❽ klicken.

Gäbe es einen olympischen Wettbewerb, an dem alle Photoshop-Paletten teilnehmen dürften, die Palette OPTIONEN würde mit Sicherheit auf dem Siegerpodest landen. Allerdings nur auf dem zweiten Platz. Auf der obersten Stufe des Treppchens würde die Palette WERKZEUGE stehen und breit grinsen.

## Die Palette »Werkzeuge«

Was dem Handwerker seine Werkzeugkiste, das ist dem Bildwerker seine Werkzeuge-Palette. Hier finden Sie alle Werkzeuge – Profis nennen sie oft auch »Tools« – die Sie brauchen, um mit Photoshop Ihrem Hobby nachzugehen oder Ihr Brot zu erwerben.

Angeführt wird die Kolumne der Tools vom VERSCHIEBEN-WERKZEUG ❾, mit dem sich Ebenen verschieben und ausrichten lassen. Dann folgen die AUSWAHL-WERKZEUGE ❿, eine absolut überlebensnotwendige Sammlung. Um ein Bild auf einen kleineren Bereich zu beschneiden, verwenden Sie meist das FREI-STELLUNGSWERKZEUG ⓫. Die PIPETTE ⓬ dient

zum Messen von Farben, dahinter verbirgt sich aber auch ein Werkzeug zum Messen von Distanzen.

Ihr folgt ein großes Arsenal an PINSELN ⓭, mit denen Sie retuschieren, malen, einen vorangegangenen Zustand von Bildbereichen wiederherstellen und radieren können. Hinter dem FÜLLWERKZEUG ⓮ liegt das VERLAUFS-WERKZEUG bzw. standardmäßig umgekehrt. Diese beiden sind interessant, wenn Sie größere Flächen füllen möchten. Die folgenden beiden Werkzeuggruppen ⓯ sind wieder Pinsel-Werkzeuge, mit denen Sie Pixel verschieben, weichzeichnen, schärfen, aufhellen und abdunkeln können sowie bunter beziehungsweise weniger bunt machen. Als Nächstes kommen die Pfad- und Textwerkzeuge ⓰.

Abgeschlossen wird das Werkzeug-Arsenal von Werkzeugen zur Ansicht ⓱. Wenn Sie mit ihnen Mausaktionen im Bild ausführen, wird die Datei nicht verändert. Sie verschieben mit ihnen lediglich den am Monitor sichtbaren Bildausschnitt oder ändern die Darstellungsgröße. Wie zuvor schon erwähnt, wird das Bild durch Zoomen nicht größer oder kleiner, es wird lediglich so dargestellt – an der Bildgröße ändert es nichts.

Die nachfolgenden Symbole sind keine Werkzeuge mehr, sondern haben mit Farben zu tun. Photoshop bietet Ihnen zwei Farbquellen: die Vordergrundfarbe und die Hintergrundfarbe. Die beiden großen Quadrate ⓴ zeigen Ihnen an, was gerade als Vordergrund- und Hintergrundfarbe eingestellt ist. Mit den beiden kleinen Quadraten ⓲ können Sie auf die Photoshop-Standardfarben zurückstellen. Die Standardfarben sind in Photoshop – mit gutem Grund, wie Sie später noch erfahren werden – Schwarz und Weiß. Der gebogene Pfeil ⓳ bietet Ihnen die Möglichkeit, Vordergrund- und Hintergrundfarbe zu vertauschen.

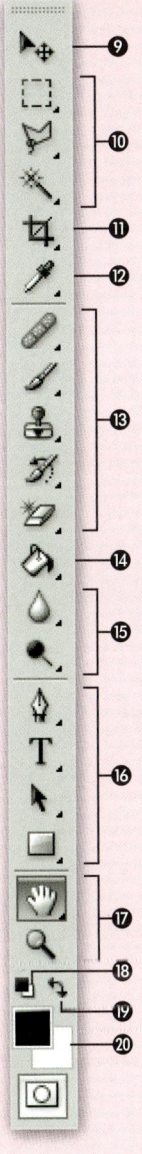

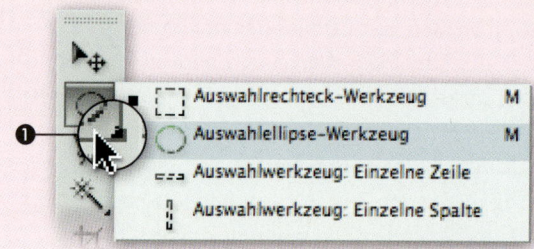

Manche Werkzeuge sind mit einem kleinen, dreieckigen Pfeil an der rechten unteren Ecke gekennzeichnet ❶. Wenn Sie auf diesen Werkzeugen die Maustaste drücken und einen Moment gedrückt halten, dann klappt ein Menü aus, über das Sie Zugriff auf weitere, dahinter verborgene Werkzeuge bekommen.

Wenn Sie den Mauszeiger für einen Moment über einer Werkzeug-Schaltfläche positionieren, ohne die Maustaste zu drücken, dann erscheint die sogenannte QUICKINFO. Diese verrät Ihnen zum einen, wie das Werkzeug unter dem Mauszeiger heißt, und zum anderen – in Klammern –, mit welcher Taste Sie das Werkzeug aufrufen können. So können Sie beispielsweise durch Drücken der Taste [M] ❷ das AUSWAHLELLIPSE- beziehungsweise das AUSWAHLRECHTECK-WERKZEUG aufrufen, je nachdem, welches gerade im Vordergrund ist. Solche Shortcuts erleichtern das Leben ungemein – zumindest erleichtern sie es uns, im schnellen Geschäftsleben die erforderliche Arbeitsgeschwindigkeit zu entwi-

ckeln, um am Ende des Tages erledigt zu haben, was erledigt gehört.

Derartige Shortcuts gibt es nicht nur für Werkzeuge, sondern auch für das Wechseln und Zurückstellen von Vorder- und Hintergrundfarbe. Mit [X] ❸ können Sie so Vorder- und Hintergrundfarbe tauschen. Mit [D] lassen sich diese beiden Farbquellen auf Schwarz und Weiß zurückstellen ([D] steht für den englischen Begriff »Default Colors«).

### Adobe Bridge

In grauer Vorzeit, genauer gesagt mit Photoshop 7, hat Adobe die Bridge als Datei-Browser für Photoshop eingeführt. Seither hat sich das Programm zur Schnittstelle zwischen allen Adobe-Programmen gemausert.

In meinem Buch »Adobe Photoshop CS3 – Die Workshops für Einsteiger« habe ich der Bridge noch ein ganzes Kapitel gewidmet. Doch in der Zeit, in der ich seither mit dem Buch in zahlreichen Workshops gearbeitet habe, habe ich erkannt, dass das für das Gros der Anwender zu viel des Guten war und dass ich für das CS4-Buch den Platz für mehr Photoshop-Workshops nutzen möchte.

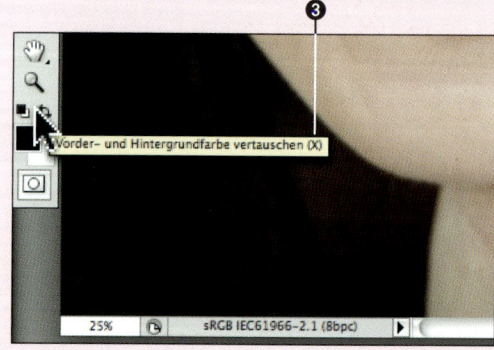

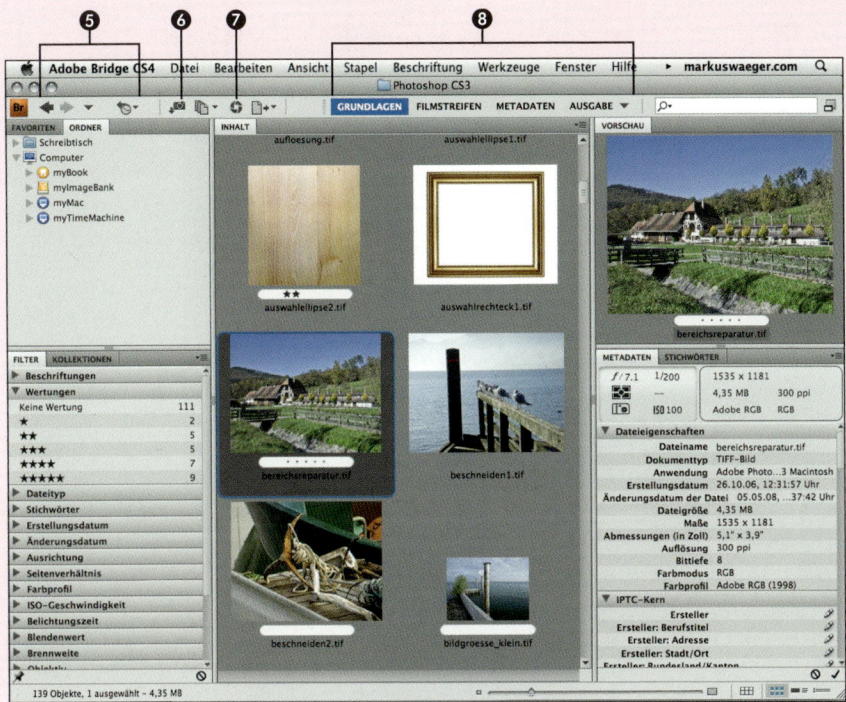

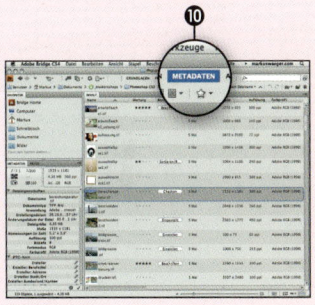

Dennoch möchte ich Ihnen das Programm keineswegs vorenthalten und es hier zunächst einmal als Teil der Photoshop-Benutzeroberfläche präsentieren.

Sie können die Bridge öffnen, indem Sie in der Anwendungsleiste auf das entsprechende Symbol ❹ klicken – sie wird dann als eigenständiges Programm gestartet.

Direkt unter der Kopfleiste finden Sie eine Bedienleiste mit zentralen Funktionen. So können Sie beispielsweise mit den ersten vier Schaltflächen ❺ durch bisher benutzte Verzeichnisse surfen und die zuletzt mit Photoshop, Illustrator oder InDesign geöffneten Dateien aufrufen.

Sie können den FOTO-DOWNLOADER ❻ aufrufen, um Bilder von Ihrer Kamera auf Ihre Festplatte zu übertragen. Sie können ein in Bridge geöffnetes Bild mit ADOBE CAMERA RAW öffnen ❼, einem Programm, das speziell für die Bearbeitung sogenannter Raw-Dateien gedacht ist, die mit Photoshop nicht direkt

bearbeitet werden können. Außerdem hat Adobe Bridge viele verschiedene Gesichter, sogenannte Arbeitsbereiche, die Sie mit den danach folgenden Schaltflächen ❽ aufrufen können. Neben der oben groß abgebildeten Grundlagen-Ansicht gibt es auch eine Filmstreifen-Ansicht ❾, die sich bestens eignet, um einen ersten Blick auf eine Serie von Bildern zu werfen, eine Metadaten-Ansicht ❿, mit der Sie Dateien in einer Listenansicht darstellen und anordnen lassen können, und noch eine ganze Reihe weiterer Ansichten. Natürlich können Sie auch eigene Ansichten speichern.

Ich kenne einige Fotografen, die mit Bridge gearbeitet haben oder noch immer damit arbeiten. Professionellen Fotografen und engagierten Semiprofis würde ich aber raten, sich einmal Photoshop Lightroom, ein eigenständiges Programm zum Verwalten und globalen Bearbeiten von Bildern, anzusehen oder den Konkurrenten Aperture aus dem Hause

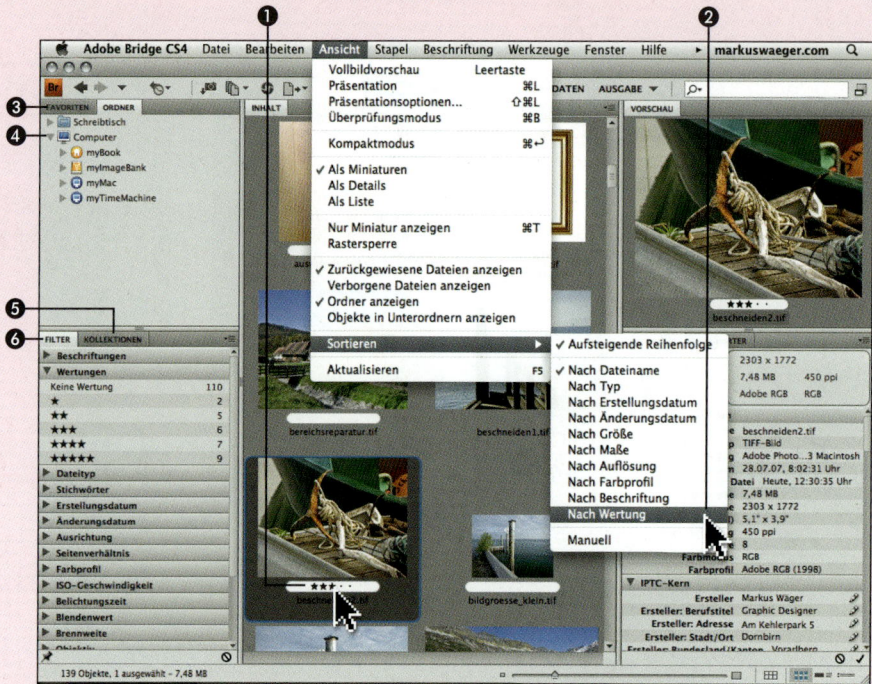

Apple. Diese Programme sind speziell auf den Foto-Workflow von Fotografen ausgerichtet, obschon ihnen die Bridge in puncto Verwaltung, Kennzeichnung und Auswertung kaum nachsteht.

Sie können über die Palette ORDNER auf alle Verzeichnisse ❹ auf Ihrem Computer und angehängten Laufwerken zugreifen. Sie können bestimmte Verzeichnisse als Favoriten speichern und über die Palette FAVORITEN ❸ schnell dorthin gelangen.

Ich gehe davon aus, dass die meisten Anwender den riesigen Funktionsumfang der Bridge nicht kennen und im Grunde auch nicht benötigen. Doch die Möglichkeit, über die Bridge durch große Bildbestände zu browsen und Bilder mit Sternen zu bewerten, dürfte für sehr viele Benutzer interessant sein. Als Grafikdesigner bekomme ich oft Dutzende Aufnahmen einer bestimmten Person vom Fotografen. Da gilt es die Highlights herauszufiltern, und dazu ist diese Methode hervorragend geeignet. Dazu sehe ich mir die Bilder eines nach dem anderen an und bewerte jedes mit ein bis fünf Sternen. Das können Sie machen, indem Sie in der Filmstreifen-Ansicht auf den Bereich zwischen Bild und Dateiname klicken ❶ oder indem Sie, wie ich, die Tastaturbefehle Strg/⌘+1 bis Strg/⌘+5 nutzen.

Wenn Sie alle Bilder nach Ihrer Einschätzung bewertet haben, lassen sie sich über das Menü ANSICHT • SORTIEREN • NACH WERTUNG ❷ sortiert im Filmstreifen anzeigen. Alternativ können Sie auch FILTER ❻ einsetzen, um beispielsweise nur die Bilder mit fünf Sternen anzeigen zu lassen. Ihre Filtereinstellungen können Sie als KOLLEKTION ❺ speichern. Damit können Sie auch später jederzeit mit wenigen Klicks auf ein bestimmtes Such- und Filterergebnis zurückgreifen. Vorstellbar ist beispielsweise, dass Sie alle Fünf-Sterne-Bilder, die in einem bestimmten Zeitraum entstanden sind, als Kollektion abspeichern,

und zwar in der Zeit, als Sie mit Tante Emma auf Sylt im Urlaub waren. Das funktioniert dann wie ein Foto-Album.

Wenn Sie in der Vorschau in ein Bild klicken, erscheint eine Lupe. Damit sehen Sie den Ausschnitt in der Lupe in der TATSÄCHLICHE-PIXEL-Ansicht, womit wir uns später in Photoshop noch genauer befassen werden.

Zum Schließen dieser Lupe klicken Sie auf das X in der rechten unteren Ecke des Lupenrahmens ❼. Es ist aus Sicht der Benutzerführung nicht ganz optimal, dass sich durch einen bloßen Klick in die Vorschau die Lupe öffnet. Intuitiv würde der Benutzer meinen, er könne, wie im Apple-Finder oder im Windows-Dateiexplorer, mit einem Doppelklick auf die Vorschau das Bild öffnen. Leider geht das nicht. Zum Öffnen einer Datei müssen Sie sie im Filmstreifen doppelklicken ❽. Wenn Sie eine Photoshop-Datei in Bridge doppelklicken, wird sie automatisch in Photoshop geöffnet. Alternativ dazu können Sie auch

über das Menü DATEI • ÖFFNEN MIT ein anderes Programm auswählen. In diesem Untermenü werden alle Programme angezeigt, die auf Ihrem Rechner installiert sind und mit dem Dateiformat etwas anfangen können ❾.

Weil wir vorher von Alben gesprochen haben: Natürlich können Sie eine Kollektion oder die in einem Verzeichnis enthaltenen Bilder auch als Diashow anzeigen lassen. Dazu wählen Sie Menü ANSICHT • PRÄSENTATION. Während der Vorführung können Sie Bilder auch bewerten, allerdings – und das ist das Lustige – nicht mit [Strg]/[⌘]+[1] bis [5], sondern nur mit [1] bis [5], ohne [Strg]/[⌘].

# Arbeitsbereich einrichten

*Richten Sie Photoshop individuell ein.*

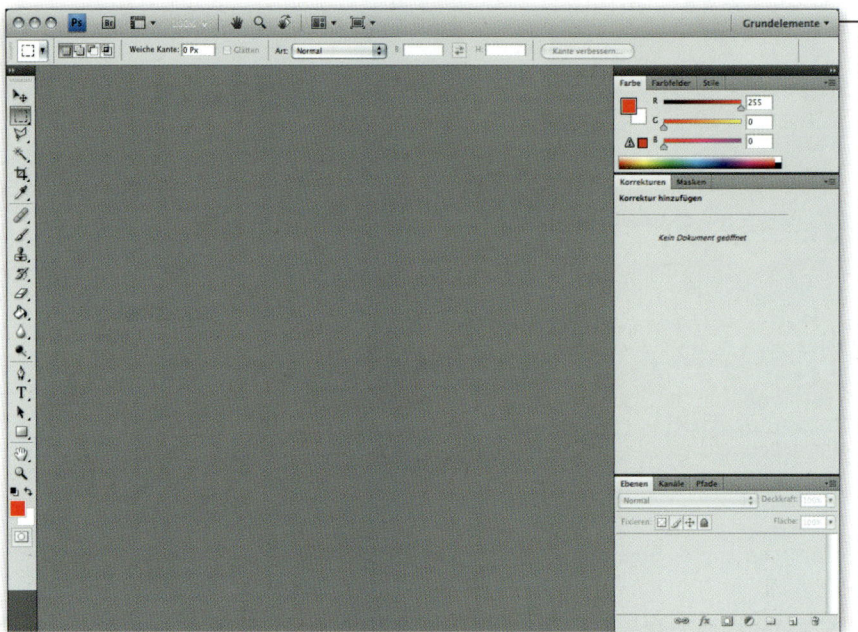

Für Photoshop fallen mir viele anerkennende Bezeichnungen ein: Es ist Kaiser und König der digitalen Bildbearbeitung. So etwas wie die k & k Monarchie der Pixelschubserei. Oder, wie ich eigentlich am liebsten sage, der Jumbo unter den Bildbearbeitungsprogrammen. So viel Funktion verlangt viele Einstellungsdialoge, die in Photoshop Paletten genannt werden. In unserem ersten Workshop zeige ich Ihnen deshalb, wie Sie es sich im Cockpit bequem machen und die zahlreichen Paletten optimal auf Ihrem Bildschirm anordnen.

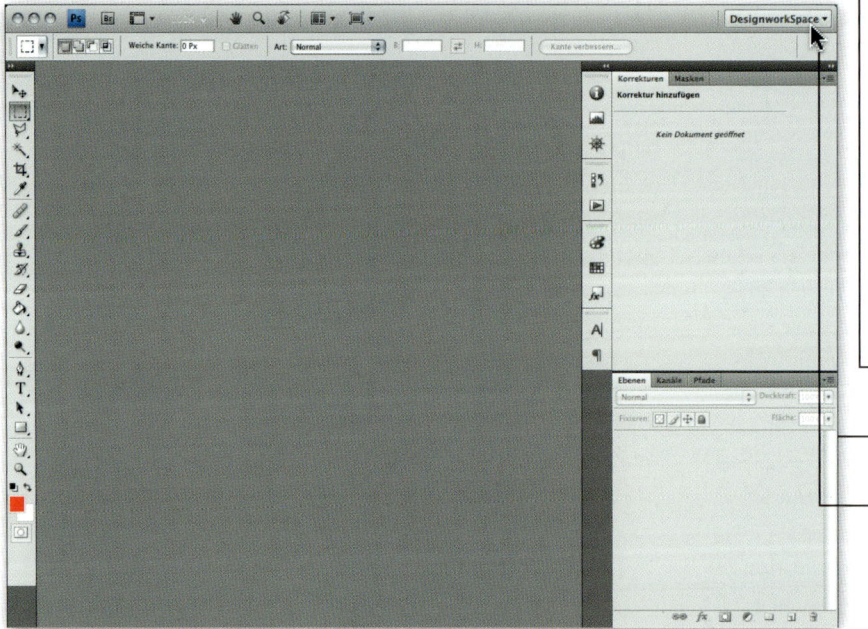

**Zielsetzungen:**

Den Standard-Arbeitsbereich aufbohren

Einen individualisierten Arbeitsbereich einrichten

Den eigenen Arbeitsbereich speichern

▶ **Video-Training**

Video-Training 1, Lektion 1.1

## 1 Am Mac: Anwendungsrahmen aktivieren

Wenn Sie am Mac arbeiten, aktivieren Sie für diesen Workshop zunächst einmal den Anwendungsrahmen. Das ist kein Muss für die Individualisierung des Arbeitsbereiches, doch Sie können damit herausfinden, ob Ihnen das Arbeiten damit liegt oder nicht.

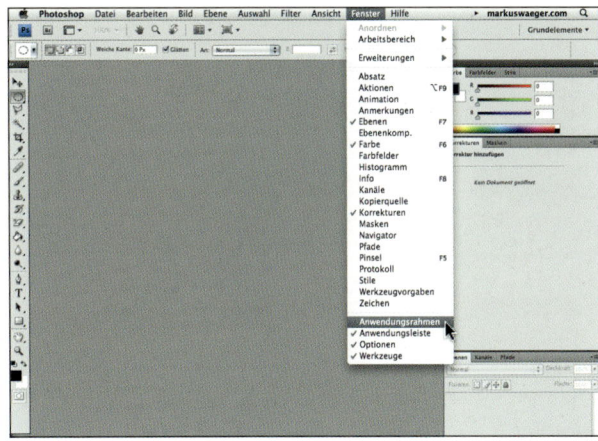

## 2 Größe das Anwendungsrahmens einstellen

Mit diesem Anwendungsrahmen können Sie nun das Anwendungsfenster mit der Maus so groß ziehen, wie es Ihren Wünschen entspricht ❷. Meist arbeite ich mit maximaler Ansicht. Dazu können Sie am Mac auch auf die Schaltfläche mit dem Kreuz klicken ❶.

Unter Windows brauchen Sie diese beiden Schritte nicht zu machen. Dort läuft auch mit Photoshop CS4 alles wie gewohnt.

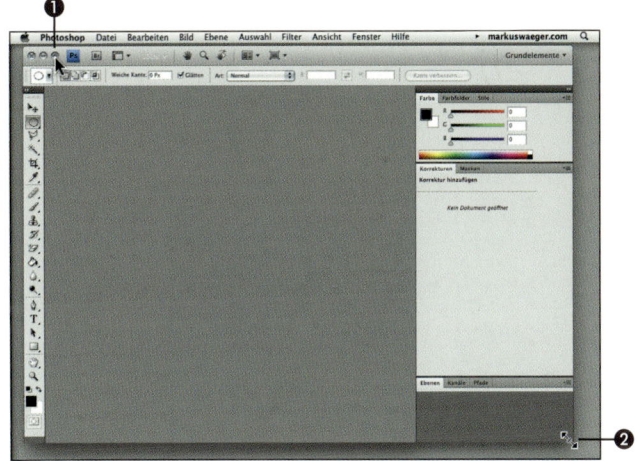

## 3 Paletten aus dem seitlichen Dock lösen

Ziehen Sie nun eine Palette nach der anderen aus dem Dock auf der rechten Seite. Dazu müssen Sie die Paletten an der Registerkarte ❸ fassen. Sie können nun die Paletten freischwebend auf der Arbeitsfläche positionieren. Ich mache das oft, wenn ich eine Palette näher an der Stelle brauche, die gerade bearbeitet wird.

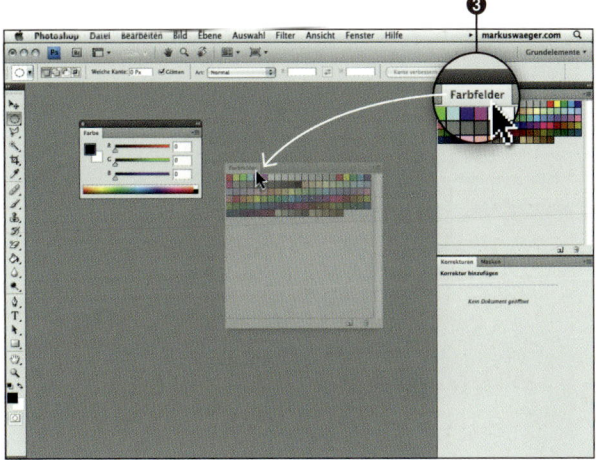

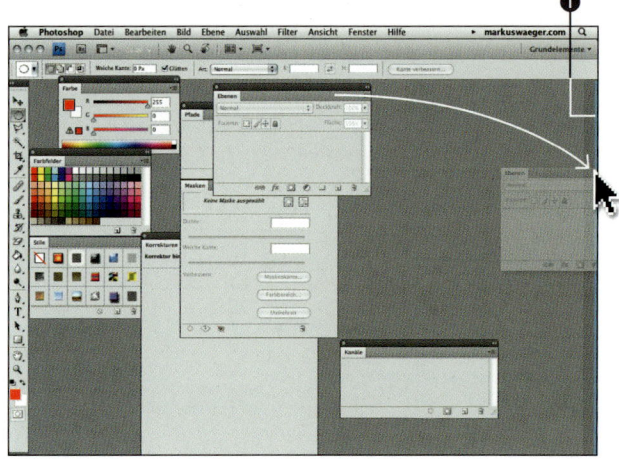

## 4 Paletten am Rand andocken

Am Ende befinden sich schrecklich viele Paletten auf der Arbeitsfläche. Aber ich wollte, dass wir das seitliche Dock zuerst einmal ausräumen, bevor wir neu einräumen.

Beginnen Sie damit, indem Sie die Palette EBENEN wieder so nahe an den Rand heranführen, bis eine blaue Linie ❶ gezeigt wird. Lassen Sie nicht los, bevor Sie die blaue Linie sehen! Ansonsten steht die Palette zwar am Rand, ist aber nicht angedockt.

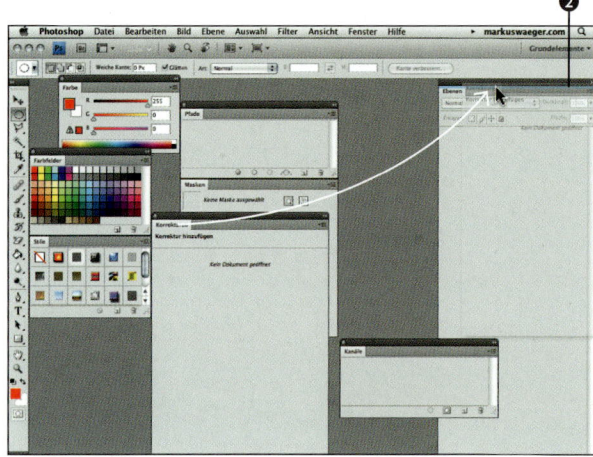

## 5 Palette als separate Palettengruppe am Rand andocken

Zu den ganz besonders wichtigen Paletten gehört auch die Palette KORREKTUREN. Diese gab es vor CS4 noch nicht, aber jetzt, wo sie da ist, kann man nicht mehr ohne leben. Weil sie so wichtig ist, möchten Sie sie immer im Auge behalten können, ebenso wie die Palette EBENEN. Ziehen Sie sie deshalb direkt auf die Oberkante der bereits angedockten Ebenen-Palette. Warten Sie auch hier auf die blaue Linie ❷, diesmal horizontal, bevor Sie die Maustaste loslassen.

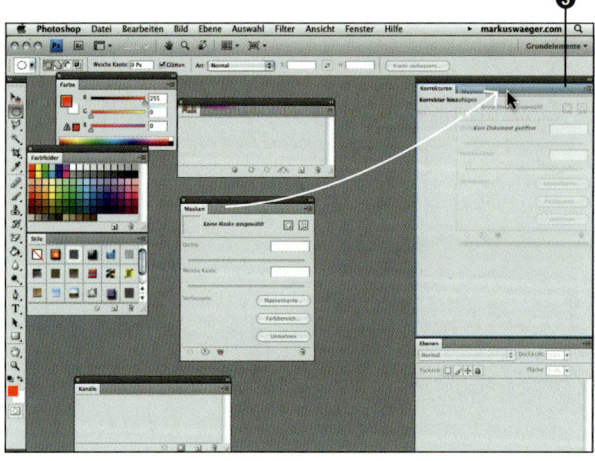

## 6 Palettengruppen bilden

Die wichtigsten beiden Paletten sind verstaut. Nun kommen die sekundären Paletten. Zunächst wäre das ein zweiter Neuzugang in CS4, die Palette MASKEN. Diese wollen wir mit der Palette KORREKTUREN zu einer Gruppe verschachteln. Ziehen Sie sie dazu direkt über die Korrekturen-Palette, und lassen Sie los, wenn sich eine blaue Färbung im Hintergrund der Palette und um sie herum bildet ❸.

Dasselbe machen Sie mit den Paletten PFADE und KANÄLE, jedoch gruppieren Sie diese mit der Palette EBENEN.

## 7 Ausgeblendete oder verdeckte Paletten einblenden

Die nächsten beiden Paletten, die wichtig sind, müssen Sie vielleicht zuerst einblenden. Wie Sie aus dem ersten Grundlagenexkurs bereits wissen, finden Sie alle Paletten im Menü FENSTER. Rufen Sie die Palette INFO auf. Unter Umständen wird sie, so wie im Screenshot, als neue Palettenspalte im Dock erscheinen ❹, gemeinsam mit der ebenfalls wichtigen Palette HISTOGRAMM und der weniger bedeutenden Navigator-Palette.

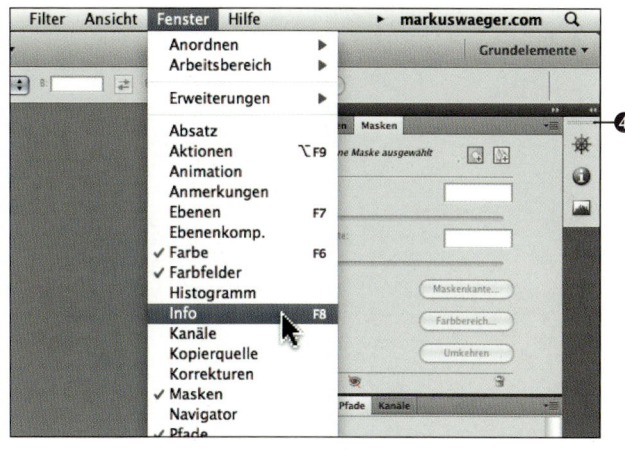

## 8 Gruppierte Symbole bewegen und im Dock als neue Spalte ablegen

Diese drei Paletten, wie in ❹ abgebildet, sind auf Symbole minimiert und als Gruppe zusammengefasst. Um alle drei gemeinsam zu bewegen, fassen Sie sie mit der Maus an der schmalen, gerippten Struktur ❺ über dem obersten Icon an. Ziehen Sie nun diese Gruppe an den linken Rand der bereits angedockten Gruppen. Auch hier lassen Sie die Maustaste erst los, wenn eine blaue, horizontale Linie erscheint.

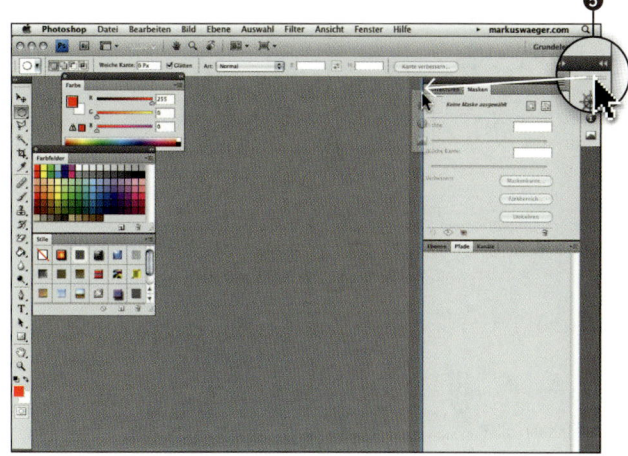

## 9 Freischwebende Palettengruppe bilden

Im nächsten Schritt wollen wir zwei Paletten freischwebend gruppieren. Führen Sie die Palette FARBFELDER über die Palette FARBE. Auch hier ist wieder eine blaue Umrandung ❻ das Signal, dass Sie die Maustaste loslassen können, woraufhin die Paletten ineinander verschachtelt werden.

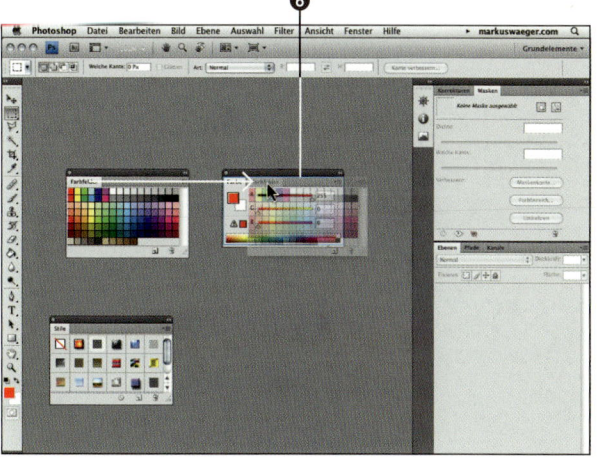

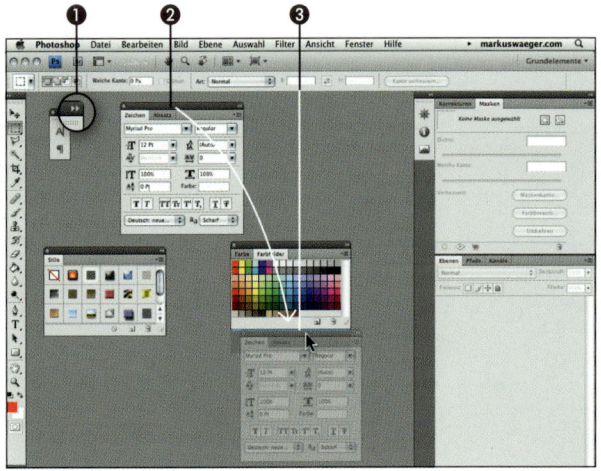

## 10 Palettengruppen zusammenhängen

Unterhalb der eben gebildeten Gruppe möchte ich jetzt die Palette ZEICHEN anhängen. Rufen Sie sie über das Menü FENSTER auf, wenn sie nicht sichtbar ist. Eventuell erscheint sie wieder am Bildschirmrand, minimiert auf Symbole. Wenn Sie auf den Doppelpfeil ❶ klicken, öffnen sich diese Symbole zur ganzen Palette ❷. Ziehen Sie diese Gruppe nun an den unteren Rand der Gruppe FARBE/FARB-FELDER – achten Sie darauf, dass eine waage-rechte Linie ❸ erscheint, kein Rahmen um die ganze Gruppe.

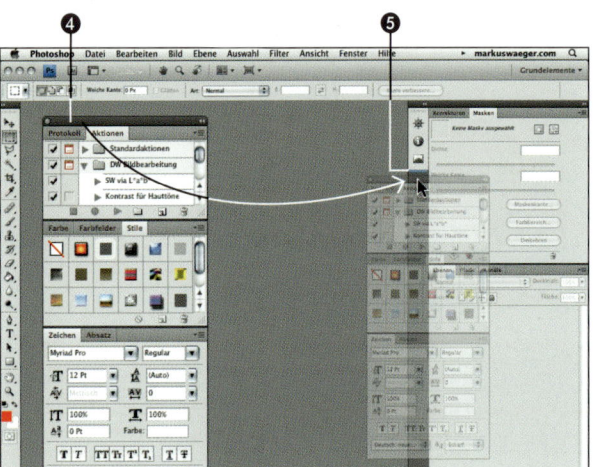

## 11 Palettengruppe im Dock ablegen

Fahren Sie wie in den letzten beiden Schritten beschrieben fort, um oberhalb der Palette FARBE die Paletten AKTIONEN und PROTOKOLL anzuhängen, und verschachteln Sie die Palette STILE mit FARBE/FARBFELDER. Am Ende sollte das so ❹ aussehen. Sie können nun mit dieser Gruppe freischwebend arbeiten oder sie un-terhalb der Palettengruppe NAVIGATOR, INFO, HISTOGRAMM im Dock ablegen ❺, was wir noch machen, um unseren Arbeitsbereich fertig einzurichten.

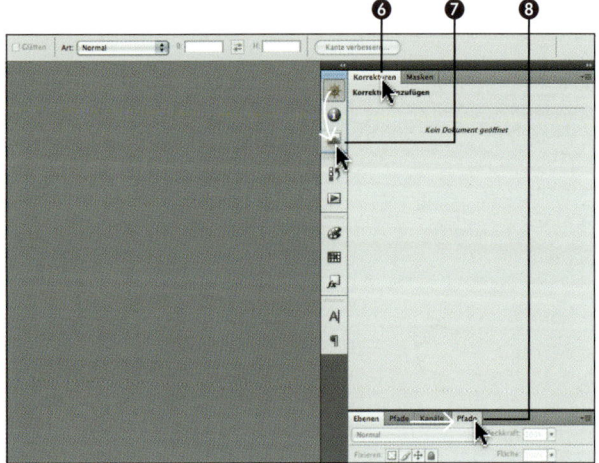

## 12 Symbole und Paletten umordnen

Damit wäre die Einrichtung des Arbeitsbe-reichs fast beendet. Es sind noch Kleinig-keiten, die mir nicht gefallen. Erstens ist die Palette KORREKTUREN wichtiger als die Palette MASKEN, weshalb ich Erstere mit einem Klick auf die Registerkarte ❻ in den Vordergrund bringe. Zweitens soll das Symbol der Palette NAVIGATOR ganz unten in ihrer Liste stehen ❼ – beim Verschieben muss ein blauer Rahmen um die Gruppe angezeigt werden. Drittens verschiebe ich die Registerkarte der Palette PFADE an das Ende ihrer Gruppe ❽.

## 13 Paletten und Symbole aufklappen und Größe anpassen

Sie können die auf Symbole minimierten Paletten aufklappen, indem Sie auf das entsprechende Symbol klicken ❾. Sie können eine ganze Symbolspalte öffnen, indem Sie auf die beiden Doppelpfeile klicken ❿. Außerdem können Sie Symbole breiter ziehen ⓫, um die Bezeichnungen der Paletten anzeigen zu lassen. Ebenso, wie Sie minimierte Paletten breiter ziehen können, können Sie Palettengruppen an den Rändern in der Höhe und der Breite verändern.

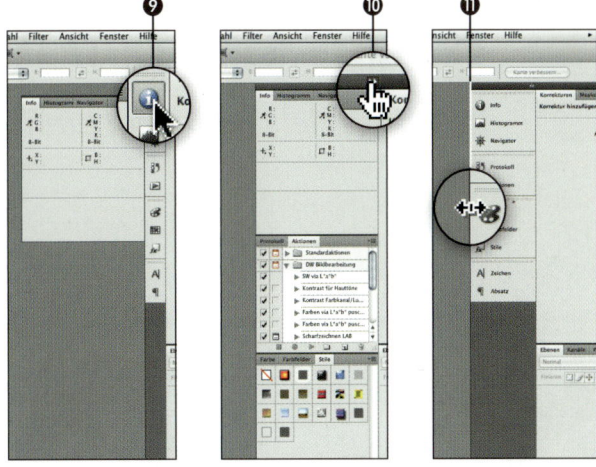

## 14 Arbeitsbereich speichern

Ich gebe zu, das ist eine ziemliche Prozedur, so einen Arbeitsbereich effizient einzurichten. Doch Sie müssen das zum Glück nur einmal machen. Wenn Sie die Individualisierung der Photoshop-Elemente abgeschlossen haben, wählen Sie im Menü ⓬ rechts oben an der Anwendungsleiste den Menüpunkt ARBEITSBEREICH SPEICHERN ⓭. Im nachfolgenden Dialog können Sie dem Arbeitsbereich einen Namen geben und ihn für alle Zeit speichern ⓮.

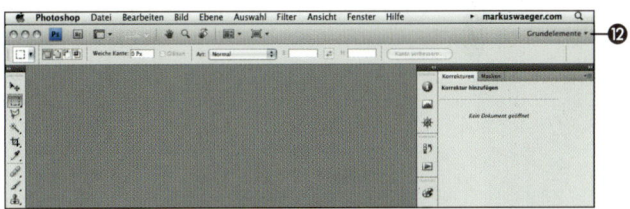

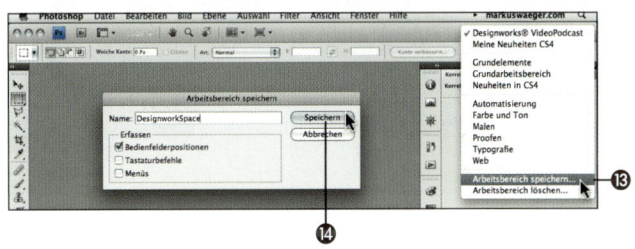

## 15 Arbeitsbereich aufrufen

Wenn es dann zu einem späteren Zeitpunkt wieder einmal so aussieht, als wäre Attila der Hunne über Ihren Arbeitsbereich geritten, dann wählen Sie einfach im Menü für die Arbeitsbereiche den von Ihnen gespeicherten ⓯ – und die schöne Photoshop-Welt ist sogleich wieder in Ordnung.

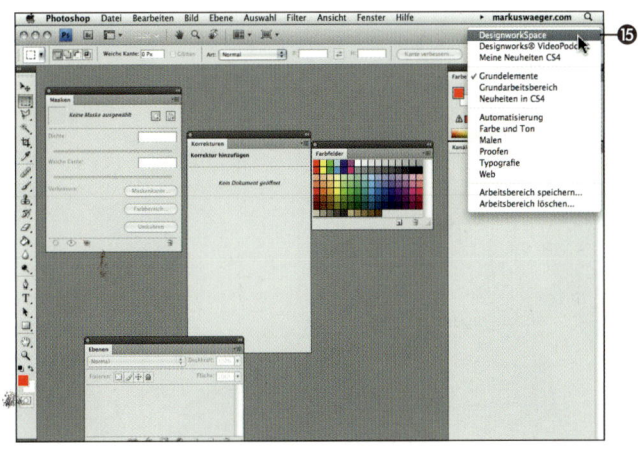

# Bilder sichten und vergleichen

*Wenn Sie viele Bilder auf einmal sichten möchten*

*Mit der Bridge lassen sich Bilder gut vergleichen und auswählen. Wollen Sie jedoch nur eine nicht allzu große Anzahl an Bildern miteinander vergleichen, geht das mit Photoshop sogar noch besser und komfortabler. Man muss nur wissen, wie.*

**Zielsetzung:**

Aus vier Aufnahmen
die beste heraussuchen
[sichten1.jpg, sichten2.jpg,
sichten3.jpg, sichten4.jpg]

▶ **Video-Training**

Video-Training 1, Lektion 1.3

## 1    Bridge öffnen und Verzeichnis wählen

Öffnen Sie die Adobe Bridge ❷, indem Sie in
Photoshop das Symbol ❶ in der Anwendungsleiste klicken. In der Bridge können Sie
ein Verzeichnis über die ORDNER-Palette auswählen. Alternativ können Sie das entsprechende Verzeichnis ❸ auch direkt aus einem
Finder-Fenster (Mac) beziehungsweise aus
dem Datei-Explorer (Windows) in die Palette
VORSCHAU ❹ ziehen. Öffnen Sie über einen
der beiden Wege das Verzeichnis, in dem sich
die Beispielbilder zu diesem Buch befinden.

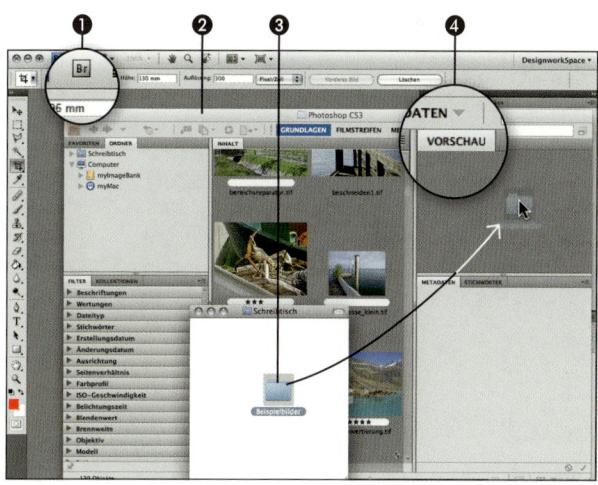

## 2    Bilder aus der Bridge öffnen

Wählen Sie nun in der Bridge die Beispielbilder zu diesem Workshop aus, indem Sie sie
mit gedrückter ⟨Strg⟩/⟨⌘⟩-Taste eines nach
dem anderen anklicken. Nun können Sie sich
über einen Rechtsklick auf eines der Bilder
das Kontextmenü anzeigen lassen und mit
ÖFFNEN MIT • ADOBE PHOTOSHOP CS4 öffnen.
Alternativ machen Sie einen Doppelklick auf
eines der Bilder oder verwenden den Tastaturbefehl ⟨Strg⟩/⟨⌘⟩+⟨O⟩.

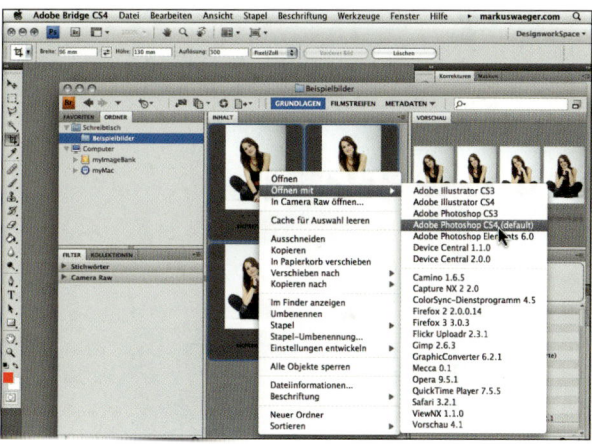

## 3    Tabs auswählen

Alle vier geöffneten Dokumente sollten nun,
in Photoshop in einem Fenster zusammengefasst, als sogenannte Tabs ❺ erscheinen.
Klicken Sie auf den ersten Tab, um dieses
Dokument in den Vordergrund zu bringen –
das müsste das Bild »sichten1.jpg« sein.

## 4 Einzoomen

Zoomen Sie mit dem Zoom-Werkzeug 🔍 in das Bild hinein, bis es in der 100 %-Ansicht angezeigt wird. Das machen Sie am besten, indem Sie mit diesem Werkzeug so oft auf das Bild klicken ❶, bis in der Anwendungsleiste 100 % ❷ angezeigt wird.

**Tipp:** Um effizient zu arbeiten, sollten Sie dieses Werkzeug nicht jedes Mal in der Werkzeuge-Palette aktivieren. Drücken und halten Sie stattdessen Strg/⌘+Leertaste, wodurch das Werkzeug nur so lange aktiv ist, solange Sie diese Tasten drücken.

## 5 Bildansicht verschieben

Mit dem Hand-Werkzeug ✋ können Sie nun die Ansicht innerhalb des Dokumentfensters verschieben, bis das Gesicht des Modells im Fenster zentriert ist. Wenn Sie einen größeren Bildschirm nutzen als ich für die Screenshots, kann es sein, dass Sie bei 100 % bereits das ganze Bild sehen und nicht mehr verschieben können.

**Tipp:** Nutzen Sie auch hier den temporären Shortcut, nämlich die Leertaste, damit Sie nach dem Verschieben wider beim zuvor aktivierten Werkzeug sind.

## 6 Offene Dokumente anordnen

Wenn Sie mit dem Hand-Werkzeug dem Bild einen Schubser geben, dann gleitet das Bild noch ein bisschen weiter, nachdem Sie die Maus losgelassen haben. Vielleicht kennen Sie diesen coolen Effekt von Apples iPhone.

Wir wollen nun die geöffneten vier Bilder miteinander vergleichen, um das beste zu finden. Wählen Sie dazu in der Anwendungsleiste Dokumente anordnen • 4 über-einander ❸.

## 7 Gleiche Zoomstufe für mehrere Tabs

Photoshop ordnet alle offenen Bilder in vier neben- und übereinander platzierten Tabs an. Allerdings hätten Sie es sicher gerne, dass alle vier Fenster das Bild in der gleichen Zoomstufe anzeigen wie das im Vordergrund befindliche Bild – zu erkennen an der helleren Darstellung der Tab-Registerkarte ❹. Sie müssen nun nicht in jedes Bild separat einzoomen, sondern wählen aus dem Menü DOKUMENTE ANORDNEN • GLEICHE ZOOMSTUFE UND POSITION.

## 8 Bildausschnitte in mehreren Tabs gemeinsam verschieben

Im Screenshot zu Schritt 7 sehen Sie, dass das Gesicht der hübschen Alexandra zum Teil verdeckt ist. Sie guckt gerade über eine Ecke hervor. Ich möchte, dass wir den Bildausschnitt verschieben. Auch das müssen Sie nicht in jedem Dokument separat vornehmen. Durch Drücken der ⟨Leertaste⟩ aktivieren Sie das HAND-WERKZEUG 🖑. Wenn Sie während des Verschiebens zusätzlich die ⟨⇧⟩-Taste drücken, dann verschieben sich alle Ausschnitte in allen Tabs.

## 9 Alle Tabs zusammenlegen

Nachdem ich die Bilder hier in der 100 %-Ansicht vergleichen konnte, entscheide ich mich für das Bild »sichten3.jpg«. Um es zum aktiven Bild zu machen, klicke ich den Tab ❺ dieses Bildes an, und wähle dann über das Menü DOKUMENTE ANORDNEN ❻ ALLE ZUSAMMENLEGEN ❼. Danach haben Sie wieder ein einziges Bild im Vordergrund, so wie auf der gegenüberliegenden Seite von Schritt 4 bis 6.

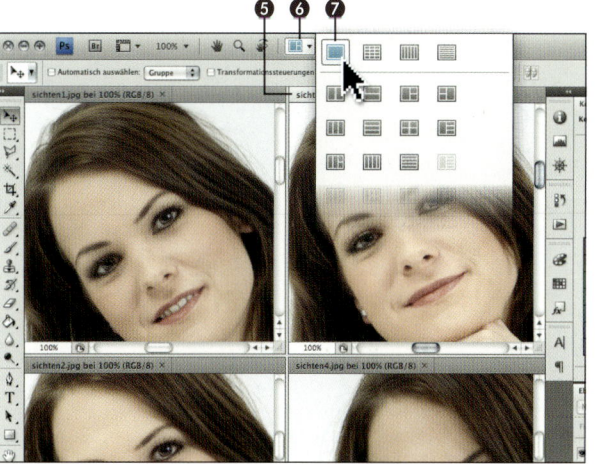

# Arbeiten mit Ebenen

*Ebenen sind der Dreh- und Angelpunkt der Bildgestaltung.*

*Ebenen sind eine der wichtigsten Funktionen in Photoshop. Durch die Einführung der neuen Korrekturen-Palette in CS4 ergibt sich für mich eine ganz neue Herangehensweise an die Bildbearbeitung. In diesem Workshop werden Sie Bildebenen, Textebenen und Einstellungsebenen kennenlernen. Damit möchte ich Ihnen die ersten Grundlagen im Umgang damit vermitteln. Doch das ist erst der Anfang – die Ebenen werden uns im Rest des Buches nicht mehr loslassen. Wir haben im ersten Workshop des Buches die Palette »Ebenen« ganz prominent auf dem Arbeitsbereich platziert. Lassen Sie sie nicht mehr aus den Augen!*

**Der König stellt dem Weisen drei Fragen:**
*»Welche Zeit ist die wichtigste?*
*Welche Menschen sind die besten?*
*Welche Aufgaben sind die vorrangigsten?«*

**Der Weise antwortet dem König:**
*»Die wichtigste Zeit ist jetzt.*
*Der wichtigste Mensch ist dein momentanes Gegenüber.*
*Die wichtigste Aufgabe ist das,*
*womit du dich gerade beschäftigst.«*

Frei nach Tolstoi

**Zielsetzungen:**
Drei Bilder über einem vierten anordnen
Einen Textrahmen erstellen und Text formatieren
Hintergrund monochrom einfärben
**[ebenen1.jpg, ebenen2.jpg, ebenen3.jpg, ebenen4.jpg, tolstoi-text.txt]**

▶ **Video-Training**
Video-Training 1, Lektion 1.2

## 1   Bilder öffnen und anordnen

Öffnen Sie, wie Sie im vorangegangenen
Workshop gelernt haben, die vier Bilder, die
ich für diese Arbeit für Sie vorbereitet habe,
und bringen Sie sie mit der Funktion DOKU-
MENTE ANORDNEN • 4 ÜBEREINANDER gemeinsam am Bildschirm zur Ansicht.

## 2   Auszoomen

Auf meinem Bildschirm ist in dieser Viereran-
sicht wieder nicht das ganze Bild zu sehen,
weshalb ich auszoomen möchte. Halten Sie
wieder Strg/⌘+Leertaste gedrückt, um
das ZOOM-WERKZEUG 🔍 temporär zu aktivieren, und drücken und halten Sie zusätzlich die
Alt-Taste. Dadurch wird die Einzoomen-
Lupe zur Auszoomen-Lupe 🔍. Wenn Sie nun
die Maustaste innerhalb des aktiven Fensters
(oder Tabs) drücken und halten, erleben Sie
die neue Funktion, mit der Sie in Photoshop
flüssig und stufenlos auszoomen können.

## 3   Ein Bild mit dem Verschieben-
     Werkzeug in ein anderes kopieren

Verschieben Sie nun einen Schmetterling nach
dem anderen mit dem VERSCHIEBEN-WERK-
ZEUG ➤₊ ❶ in das Bild mit der Rose ❷. Wenn
Sie dabei die ⇧-Taste gedrückt halten, werden die Schmetterling-Bilder zentriert beziehungsweise deckungsgleich als neue Ebene
im Rosen-Bild positioniert.

## 4    Tabs schließen

Schließen Sie die Schmetterlinge über das X am Ende der Registerkarten ❷, nachdem Sie alle Bilder in das Rosen-Bild kopiert haben.

**Tipp:** Wenn ein Bild bearbeitet, jedoch noch nicht gespeichert wurde, erkennen Sie das bei (sehr) genauem Hinsehen an einem Sternchen hinter Namen, Farbraum und Bit-Tiefe in der Tab-Resgisterkarte ❶.

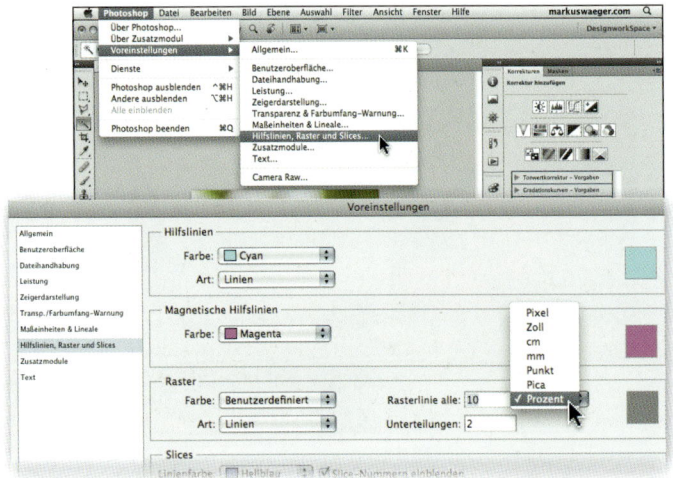

## 5    Dokumentraster einrichten und einblenden

Für das weitere Gestalten definieren wir ein Dokumentraster, an dem wir später die Elemente ausrichten werden. Wählen Sie dazu am Mac das Menü PHOTOSHOP • VOREIN-STELLUNGEN • HILFSLINIEN, RASTER UND SLICES. Unter Windows finden Sie die VOREINSTEL-LUNGEN im Menü BEARBEITEN. Wählen Sie dort RASTERLINIEN ALLE: 10 PROZENT und UNTER-TEILUNGEN: 2. Blenden Sie das Raster danach über ANSICHT • EINBLENDEN • RASTER ein.

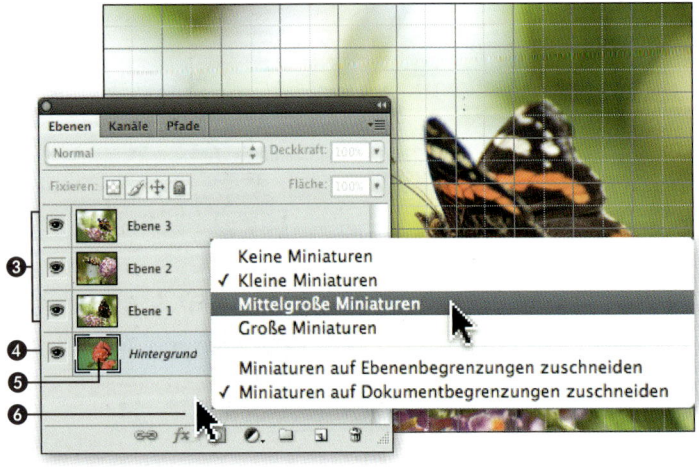

## 6    Am Raster ausrichten, Ebenen-Miniaturen vergrößern

Über das Menü ANSICHT • AUSRICHTEN AN aktivieren Sie den Eintrag RASTER, damit das Raster magnetisch wirkt.

Werfen Sie einen Blick auf die Palette EBENEN. Darin sehen Sie das ursprüngliche Bild der Rosen-Datei als »Hintergrund« ❹ und die eingefügten Bilder als EBENE 1 bis 3 darüber ❸. Damit Sie die Miniaturen ❺ besser sehen können, werde ich sie mit einem Rechtsklick in den Bereich unter den Ebenen ❻ auf mittelgroß stellen.

## 7 Mehrere Ebenen auswählen

Klicken Sie in der Palette EBENEN auf die oberste Ebene ❼, wodurch sie aktiviert wird – die Ebene erscheint in der Palette farbig hinterlegt. Bei gedrückter ⇧-Taste klicken Sie danach auf die unterste der Schmetterlings-Ebenen ❽. Danach sollten die drei Ebenen wie abgebildet ausgewählt sein.

## 8 Frei transformieren

Wählen Sie im Menü BEARBEITEN • FREI TANS-FORMIEREN. Dadurch erscheint ein Rahmen mit acht Anfassern ❾ (kleine Quadrate an Ecken und Seiten). Ziehen Sie am rechten unteren Anfasser, um die Ebenen zu skalieren ❿. Normalerweise hält man dabei die ⇧-Taste gedrückt, um die Proportionen zu erhalten. Hier richten Sie die Skalierung jedoch am Raster aus. Achten Sie dabei auf die Anzeige der Skalierungswerte ⓫ in der Optionen-Palette. In der Ebenen-Palette sehen Sie, dass alle ausgewählten Ebenen skaliert werden ⓬.

## 9 Ebene verschieben

Nun werden wir die drei Schmetterlingsbilder auf dem Blumenbild anordnen. Aktivieren Sie das VERSCHIEBEN-WERKZEUG ⊹ über die Werkzeuge-Palette. Aktivieren Sie dafür außerdem in der Optionen-Palette AUTOMATISCH AUSWÄHLEN ⓭. Kicken Sie auf die oberste Ebene in der Palette EBENEN ⓮, damit jetzt nur diese ausgewählt ist. Verschieben Sie nun die oberste Ebene nach rechts unten, und richten Sie sie am Raster aus ⓯. Die Ebene wird automatisch vom Raster angezogen.

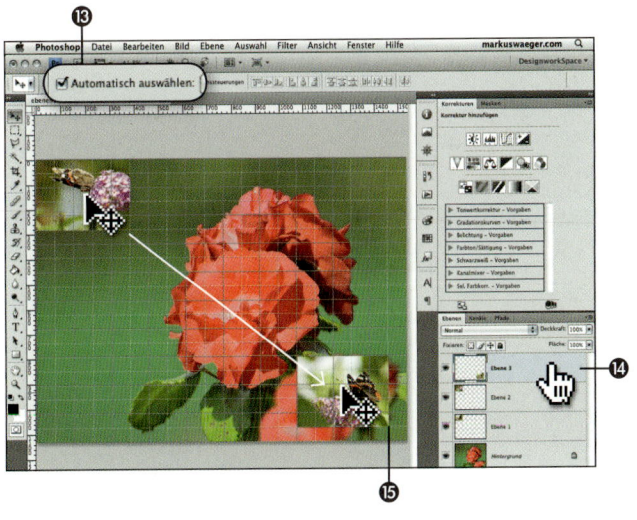

## 10 Textrahmen aufziehen

Richten Sie auch die anderen beiden Bilder so, wie im Screenshot abgebildet, am Raster aus. Aktivieren Sie danach wieder die oberste Ebene ❷. Wir werden als Nächstes eine Textebene erstellen. Neue Ebenen werden immer oberhalb der aktuell ausgewählten erstellt. Somit landet die neue Textebene ganz oben.

Aktivieren Sie über die Werkzeuge-Palette das TEXT-WERKZEUG **T**, und ziehen Sie damit bei gedrückter Maustaste einen Rahmen über das Bild ❶.

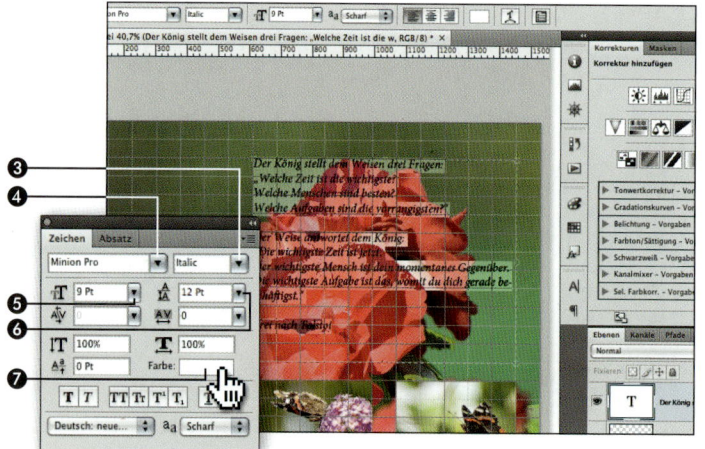

## 11 Text einfügen und formatieren

Im Textrahmen sollte jetzt der Text-Cursor blinken. Bevor wir Text einsetzen, werden wir die Formatierung festlegen. Öffnen Sie dazu die Palette ZEICHEN. Ich habe als Schriftart ❹ die MINION PRO gewählt, den Schriftschnitt ❸ ITALIC, Schriftgröße ❺ 9 Punkt und als Zeilenabstand ❻ 12 Punkt. Für den Text finden Sie auf der Buch-DVD die Datei »tolstoi-text.txt«. Fügen Sie diesen Text über die Zwischenablage ein.

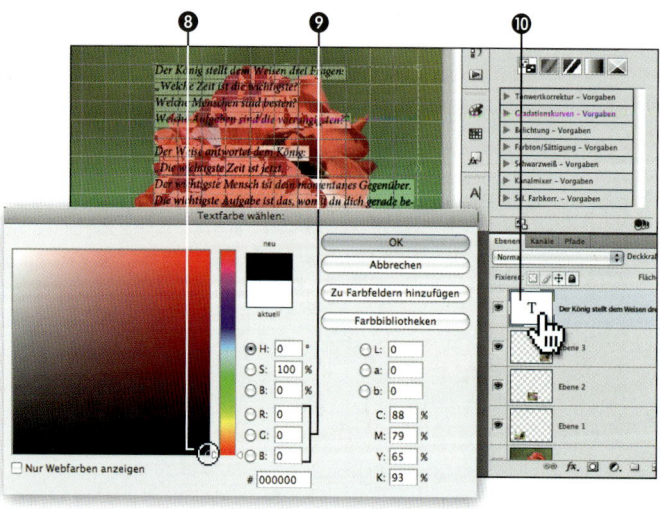

## 12 Textfarbe ändern

**Tipp:** Ihr Text ist wahrscheinlich nach dem Einfügen nicht ausgewählt. Die einfachste Art, einen Text in Photoshop auszuwählen, ist ein Doppelklick auf die Text-Miniatur ❿ in der Ebenen-Palette.

Nach einem Doppelklick auf das Feld FARBE ❼ öffnet sich der Farbwähler. Klicken Sie ganz rechts unten in die Ecke ❽ für reines Schwarz. Am besten geht das, wenn Sie weiter innen die Maustaste drücken und die Maus nach außen ziehen. Die Werte für R, G und B müssen zuletzt auf 0 stehen ❾.

## 13 Korrekturen-Einstellungsebene Farbton/Sättigung

Der Text ist derzeit noch unleserlich. Wir müssen die Unruhe aus dem Hintergrund bekommen. Das machen wir mit einer Einstellungsebene. Und da kommt die in Photoshop CS4 neue Korrekturen-Palette ⑪ ins Spiel.

Klicken Sie zunächst auf den Hintergrund ⑬, damit die Einstellungsebene über dieser erstellt wird. Anschließend klicken Sie auf das Symbol für FARBTON/SÄTTIGUNG ▓▓ ⑫.

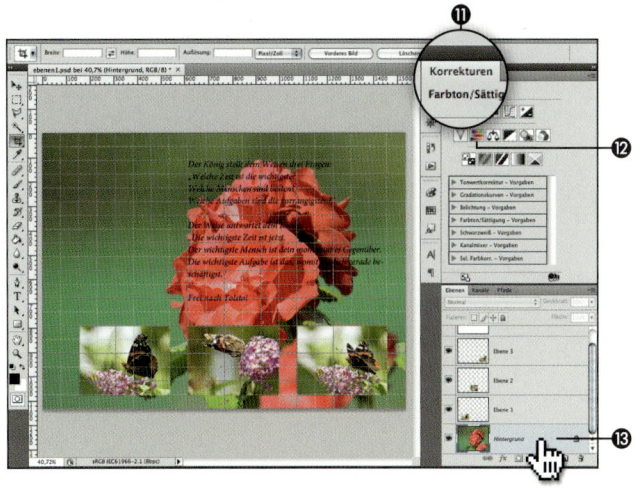

## 14 Bild färben

Das Aussehen der Palette KORREKTUREN ändert sich, nachdem Sie auf die Schaltfläche geklickt haben. Aktivieren Sie zunächst FÄRBEN ⑰, um dem Bild einen monochromen, also einfarbigen Charakter zu verleihen. Verschieben Sie den Regler für FARBTON ⑭ für eine Färbung Ihrer Wahl. Geben Sie dem Farbton eine passende SÄTTIGUNG ⑮, und heben Sie die HELLIGKEIT ⑯ etwas an, damit der Text gut lesbar wird. Das Dokumentraster habe ich inzwischen wieder ausgeblendet.

## 15 Text fertig formatieren

Ich habe zum Abschluss zwei Überschriften mit dem Schriftschnitt BOLD ITALIC formatiert ⑱, den Umbruch der Zeilen etwas optimiert ⑲ und für die Angabe des Zitierten die Textauszeichnung KAPITÄLCHEN ⑳ verwendet.

# Ebenen

## *Alles eine Frage der Ebene*

▶ **Video-Training**

Video-Training 1, Lektion 3.3

Mit der neuen Korrekturen-Palette von CS4 sollte die Palette EBENEN noch mehr in den Mittelpunkt des Interesses rücken. Gerade Einsteigern ist zu empfehlen, diese Palette im Auge zu behalten. Wenn ich von Bekannten und Seminarteilnehmern zu Photoshop gefragt werde, dann sehe ich oft Dateien mit 1001 Ebenen. Und 999 davon sind oft überflüssig. Vor allem die Arbeit mit Text scheint vielen Anwendern etwas Probleme zu bereiten und führt nicht selten zu einer Vielzahl leerer, überflüssiger Ebenen. Das Problem besteht meist darin, dass viele versuchen, in Photoshop so zu arbeiten wie in Word. Jedoch sind das zwei grundsätzlich verschiedene Programme mit gänzlich unterschiedlichen Arbeitsweisen, die nicht vergleichbar sind.

Sie sehen auf dieser Seite die Ebenen-Palette einer Photoshop-Datei, mit einer ganzen Reihe an verschiedenen Ebenen und Ergänzungsfunktionen zu Ebenen. Sie brauchen das jetzt nicht auswendig lernen – wir werden uns in den folgenden Workshops noch ausführlich mit allem beschäftigen. Für den Moment ist es wichtig zu verstehen, wie sich ein Bild mit mehreren Ebenen aufbaut.

Ebenen, die in dieser Palette weiter oben stehen, verdecken immer ganz oder teilweise alle Ebenen darunter. Eine Ebene kann deckend, mehr oder weniger stark durchsichtig oder in Teilbereichen ganz transparent sein, was mit einem solchen ▦ Transparenzmuster gekennzeichnet ist. Sie können jede Ebene separat bearbeiten, indem Sie sie mit

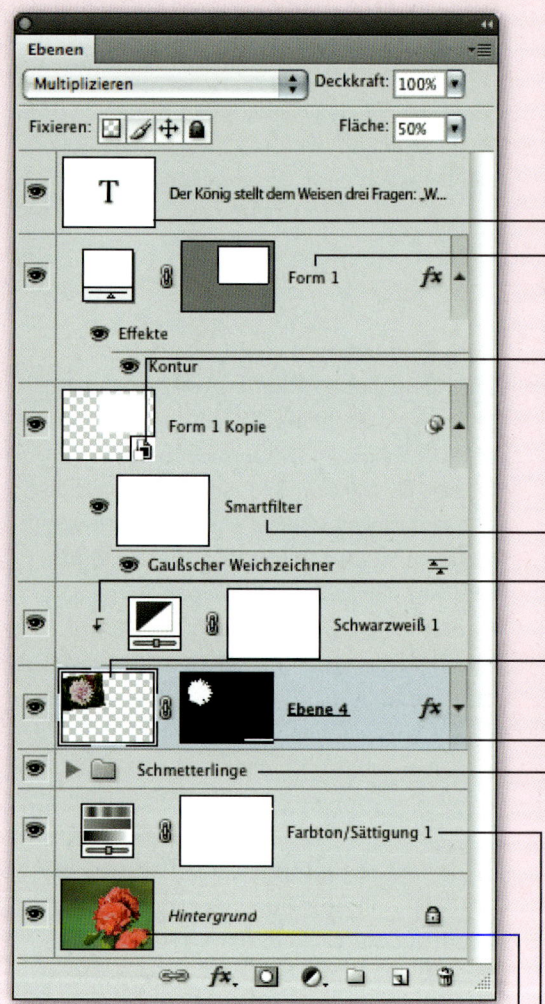

einem Klick zur aktuellen machen. Prüfen Sie immer zuerst, ob die richtige Ebene aktiv ist, wenn etwas nicht funktioniert.

**Textebene**

**Formebene mit Ebenenstil »Kontur«**

Mit Formwerkzeugen ⬛🔲⬭⬮◯◣◿ und Zeichenstift 🖋,
lassen sich Vektorobjekte als Formebenen erstellen.

**Smart-Objekt**

Ebenen lassen sich in Smart-Objekte konvertieren, um
die auf sie anwendbaren Arbeitsschritte zu einem
späteren Zeitpunkt wieder verändern oder rückgängig
machen zu können.

**Smart-Filter**

Auf Smart-Objekte angewendete Filter werden der
Smart-Objekt-Ebene mit Ebenenmaske angehängt.

**Einstellungsebene mit Schnittmaske**

Eine zur Schnittmaske umgewandelte Ebene (hier eine
Einstellungsebene) ist in allen transparenten Bereichen
der Ebene direkt darunter ebenfalls unsichtbar.

**Bildebene, mit Ebenenmaske freigestellt**

**Ebenenmaske**

Diese bewirkt, dass alles, was in der Ebenenmaske
schwarz ist, in der dazugehörigen Bildebene ausgeblendet ist. Was weiß ist, bleibt sichtbar.

**Gruppe**

Eine Gruppe kann mehrere Ebenen beinhalten. Verschiedene Aktionen lassen sich auf die gesamte Gruppe
anwenden.

**Einstellungsebene**

Einstellungsebenen verändern Farben oder Tonwerte
aller Ebenen darunter.

**Hintergrund**

Der Hintergrund ist im Grunde ebenso eine Ebene wie
jede andere Pixel-Ebene, hat aber spezifische, ein-
schränkende Eigenschaften.

Schwierigkeitsgrad 1 – Für Einsteiger

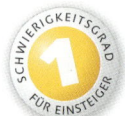

# Die Palette »Korrekturen«

*Erstellen Sie Einstellungsebenen mit einem Klick.*

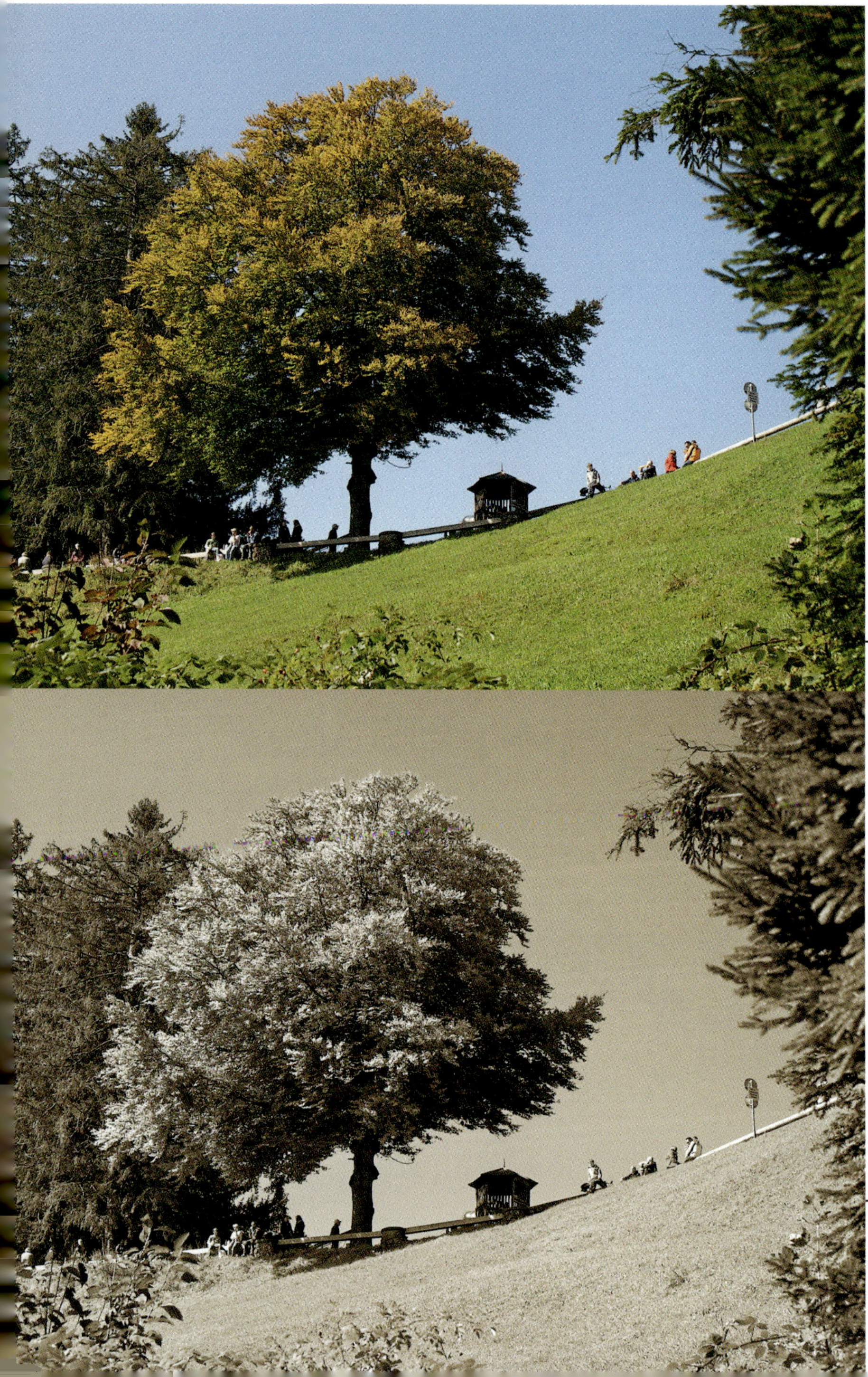

*Einstellungsebenen gibt es in Photoshop bereits seit einiger Zeit. Sie haben den Vorteil, dass sie das Aussehen eines Bildes beeinflussen, ohne dabei die Pixel des Bildes nachhaltig zu verändern. Dadurch erhalten Sie den Vorteil, dass Sie eine Einstellung jederzeit wieder rückgängig machen können. Sie können die Farben eines Bildes heute verwerfen und es wie ein Scharzweißbild aussehen lassen und die Farben morgen wieder zurückholen. Wenn Sie den Pixeln eines Bildes durch Schwarzweißkonvertierung tatsächlich die Farbe nehmen, bekommen Sie sie später nie wieder ins Bild hinein. Mit Einstellungsebenen beiben Sie stets flexibel. Das ist vor allem für Auftragsarbeiten wichtig. Mit CS4 haben Einstellungsebenen eine eigene Palette bekommen, und die heißt »Korrekturen«.*

**Zielsetzung:**

Ein Farbbild in ein monochromes Bild umwandeln

**[ebenekorrekturen.jpg]**

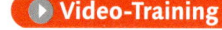

**Video-Training**

Video-Training 1, Lektion 3.2

Foto: Markus Wäger

# 1  Schwarzweiß-Vorgabe

Öffnen Sie die Palette KORREKTUREN. Unter den fünfzehn Symbolen für die Korrekturen-Einstellungsebenen, die sich über diese Palette erstellen lassen, haben Sie auch einen Bereich mit von Adobe definierten Vorein-stellungen. Klicken Sie auf SCHWARZWEISS – VORGABEN ❶, und wählen Sie im aus-klappenden Menü GRÜNFILTER ❷.

# 2  Zur Ansicht »Korrektur hinzufügen« zurückkehren

In der Palette EBENEN sehen Sie jetzt eine neue Einstellungsebene ❸. Mit Einstellungs-ebenen lassen sich Tonwert- und Farban-passungen vornehmen. Das ginge zwar auch über das MENÜ BILD • KORREKTUREN, doch dann werden die Pixel des Bildes nachhaltig verändert. Einstellungsebenen können Sie jederzeit nachjustieren, ausblenden oder löschen. Klicken Sie auf den Pfeil nach links ❹ unten links an der Palette KORREKTUREN, um zur vorherigen Ansicht zurückzukehren.

# 3  Sepia-Vorgabe anwenden

In der Ansicht KORREKTUR HINZUFÜGEN öffnen Sie das Menü FARBTON/SÄTTIGUNG – VORGA-BEN ❺ und wählen SEPIA ❻ aus. In der Palette EBENEN erscheint die neue FARBTON/SÄTTI-GUNG-Einstellungsebene ❼ mit den Ein-stellungen der gewählten Vorgabe.

Eine Einstellungsebene wirkt immer auf alle Ebenen, die in der Ebenen-Palette unter ihr liegen. Ebenen, die über einer Einstellungs-ebene liegen, bleiben von ihr unbeeinflusst.

SCHWIERIGKEITSGRAD 2 FÜR AUFSTEIGER

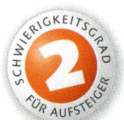

# Der Scrubby Slider

## *Tonwertkorrekturen mit dem Finger im Bild*

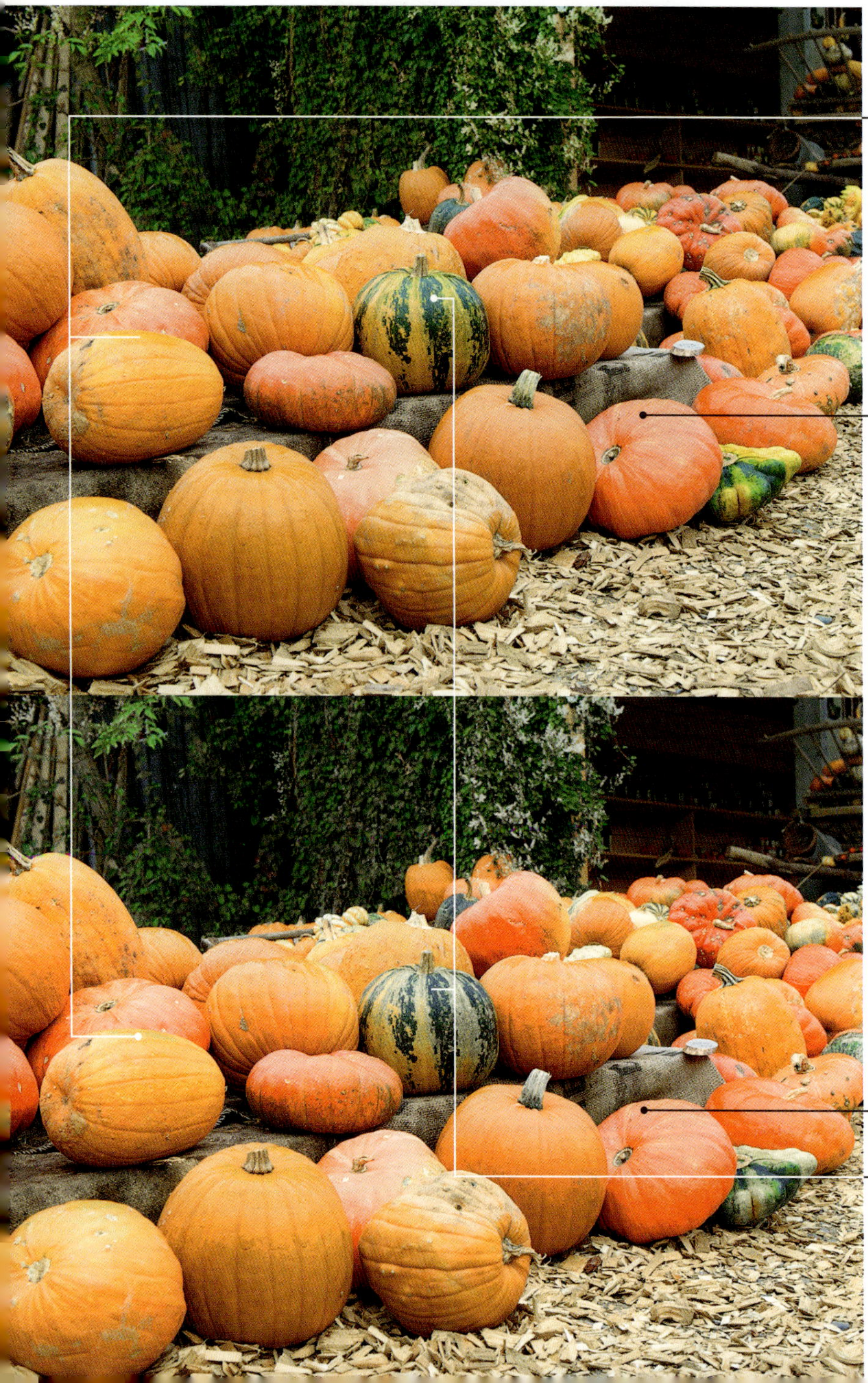

*Es gibt in Photoshop einen Mauszeiger, der aussieht, als hätten Indianer einen Pfeil durch einen Finger geschossen: . Ich habe keine Ahnung, wie die hochoffizielle Adobe-Terminologie für dieses Werkzeug lautet, doch amerikanische Trainer nennen es »Scrubby Slider«. Da ich keine Bezeichnung mit dem Segen Adobes kenne und diesen Namen mag, werde ich ihn auch so nennen. Den Scrubby Slider gibt es in Photoshop schon länger. Neu ist in CS4 eine Funktion, die Photoshop Lightroom-Benutzern schon länger bekannt ist: dass Sie nämlich ein solches Werkzeug aktivieren können, um Tonwert- und Farbkorrekturen direkt im Bild vorzunehmen.*

**Zielsetzungen:**

Sättigung von Gelbtönen reduzieren

Sättigung von Rottönen erhöhen

Grüntöne in Richtung Blau verschieben

**[scrubbyslider.jpg]**

Foto: Pascal Reis

## 1    Scrubby Slider aktivieren

Rufen Sie die Palette KORREKTUREN auf, und erstellen Sie zunächst eine FARBTON/SÄTTI-GUNG-Einstellungsebene ❶. Aktivieren Sie in der Farbton/Sättigungs-Ansicht den Scrubby Slider 🖑 ❷. Damit werden wir jetzt die Sättigung für einen Farbbereich reduzieren, für einen anderen erhöhen und beim dritten die Farbe selbst verändern.

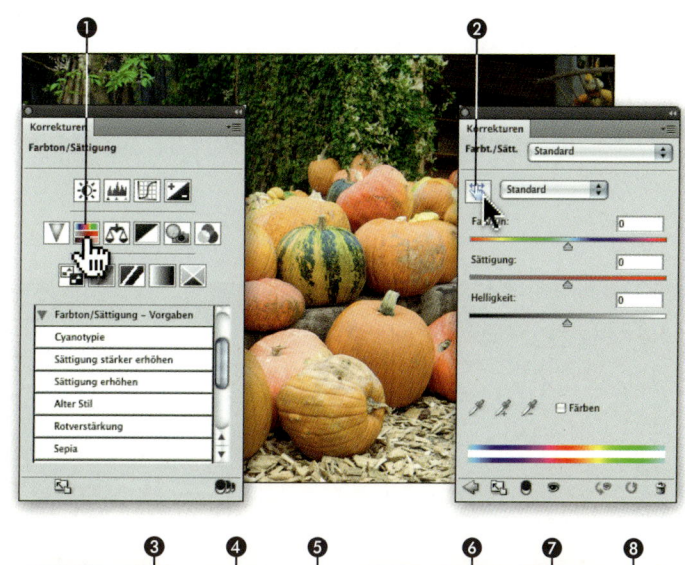

## 2    Sättigung verändern

Im Bild sieht der Mauszeiger zunächst wie eine PIPETTE 🖉 aus. Durch Drücken der Maustaste und ziehen nach links ❸, über einem leuchtend gelben Bereich, habe ich den Gelbtönen etwas Sättigung genommen. Photoshop wählt automatisch den FARBTON ❹ aus und reduziert dessen SÄTTIGUNG ❺. Bei den Rottönen wurde die Sättigung erhöht, indem ich die Maus nach rechts bewegt habe ❻. Auch hier wahlt Photoshop den FARBTON ❼ aus und erhöht die SÄTTIGUNG ❽ analog zur Mausbewegung nach rechts.

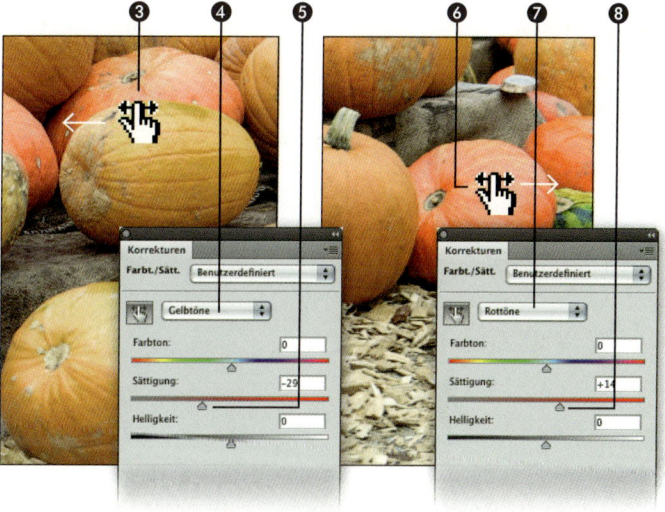

## 3    Farbton verändern

Zum Abschluss habe ich noch das Grün ❾ (von Photoshop als Cyan identifiziert) etwas stärker in den bläulichen Bereich ❿ verscho-ben. Dazu drücken Sie während des Verschie-bens der Maus die `Strg`/`⌘`-Taste.

**Tipp:** Um die Anpassung während des Verschiebens in feineren Abstufungen zu er-ledigen, halten Sie die `Alt`-Taste. Um mit kleinen Mausbewegungen eine drastischere Anpassung zu erreichen, halten Sie während des Verschiebens der Maus die `⇧`-Taste.

# Farbsättigung mit Dynamik

*Mehr Lebendigkeit für bunte Farben*

*Den Regler für Dynamik habe ich zum ersten Mal so richtig in Photoshop Lightroom wahrgenommen, wo er allerdings unter seinem richtigen Namen, »Lebendigkeit«, zu finden ist. Lebendigkeit ist genau das, was Sie einem Bild mit diesem Regler verleihen können. Bisher konnte man es in Photoshop nur über einen Sättigungsregler bunter treiben, der Bilder aber oft zu künstlich wirken lässt, wenn man nicht genau aufpasst. Mit dem neuen Dynamik-Regler kann man eigentlich nichts mehr falsch machen.*

**Zielsetzung:**
Lebendigkeit des Bildes erhöhen, ohne Farbtöne zu übersättigen
**[dynamik.jpg]**

… mit freundlicher Genehmigung der Nikon GmbH und der Bregenzer Festspiele

## 1 Einstellungsebene Dynamik erstellen

Erstellen Sie in der Palette KORREKTUREN eine Einstellungsebene für DYNAMIK, indem Sie auf das entsprechende Icon ❶ klicken. Das Aussehen der Korrekturen-Palette ändert sich, und Sie können die gewünschten Änderungen vornehmen.

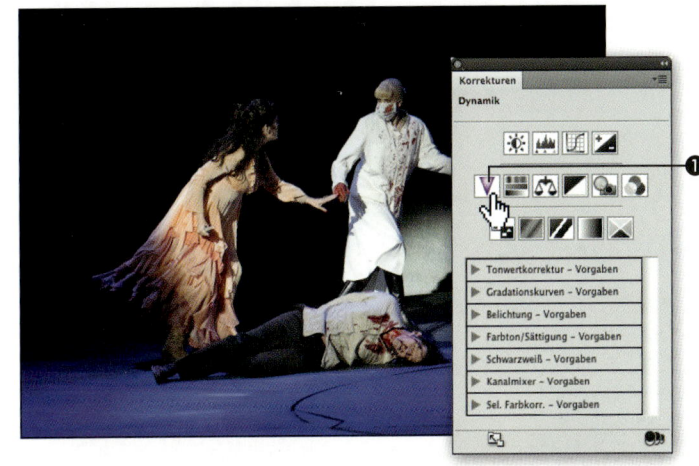

## 2 Sättigung erhöhen

Die Paletten-Ansicht für Dynamik zeigt zwei Schieberegler: DYNAMIK und SÄTTIGUNG. Eine Einstellung, wie sie durch den Regler SÄTTIGUNG ❷ geboten wird, hätten Sie bisher in Photoshop auch schon vornehmen können, und zwar über die Einstellungsebene FARBTON/SÄTTIGUNG. Die Ergebnisse werden dadurch jedoch sehr oft übersättigt – zu bunt, zu künstlich.

Deshalb sollten Sie die Einstellung für die Sättigung über einen Klick auf diese Schaltfläche ❸ jetzt wieder zurücksetzen.

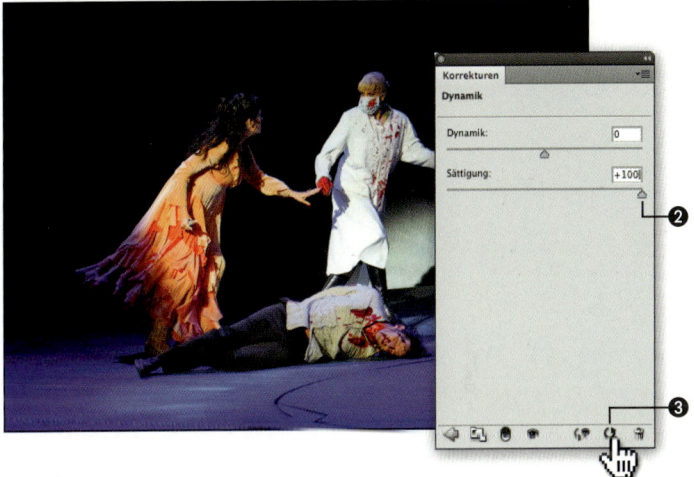

## 3 Dynamik erhöhen

Ein Regler zur Steuerung der DYNAMIK ❹ fand zunächst in Adobe Camera Raw und Photoshop Lightroom Eingang. Während ein Regler für die Sättigung alle Farben global leuchtender macht, auch jene, die ohnehin schon sehr satt sind, wirkt der Dynamik-Regler relativ. Gering gesättigte Farben werden gepusht, während bereits sehr satte Farben weitgehend unangetastet bleiben. Das verhindert eine Übersättigung der ohnehin leuchtend bunten Farbteile eines Bildes.

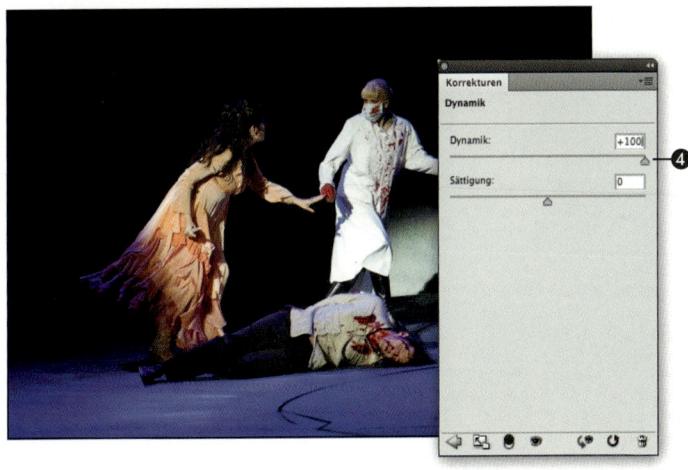

SCHWIERIGKEITSGRAD 2 FÜR AUFSTEIGER

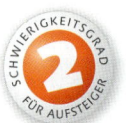

# Die Palette »Masken«

*Ebenenmasken light*

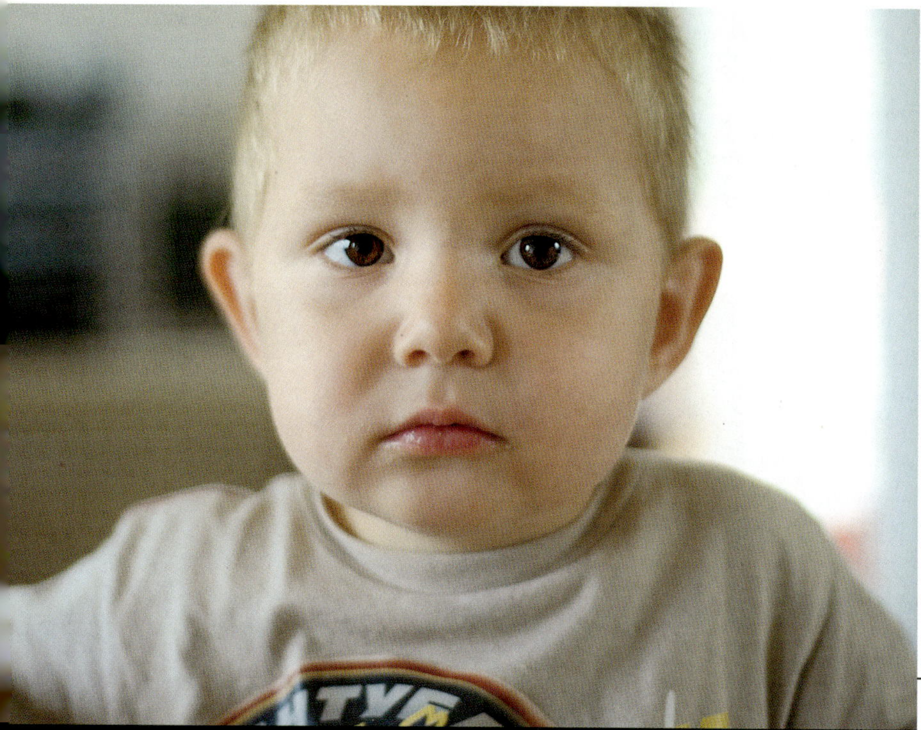


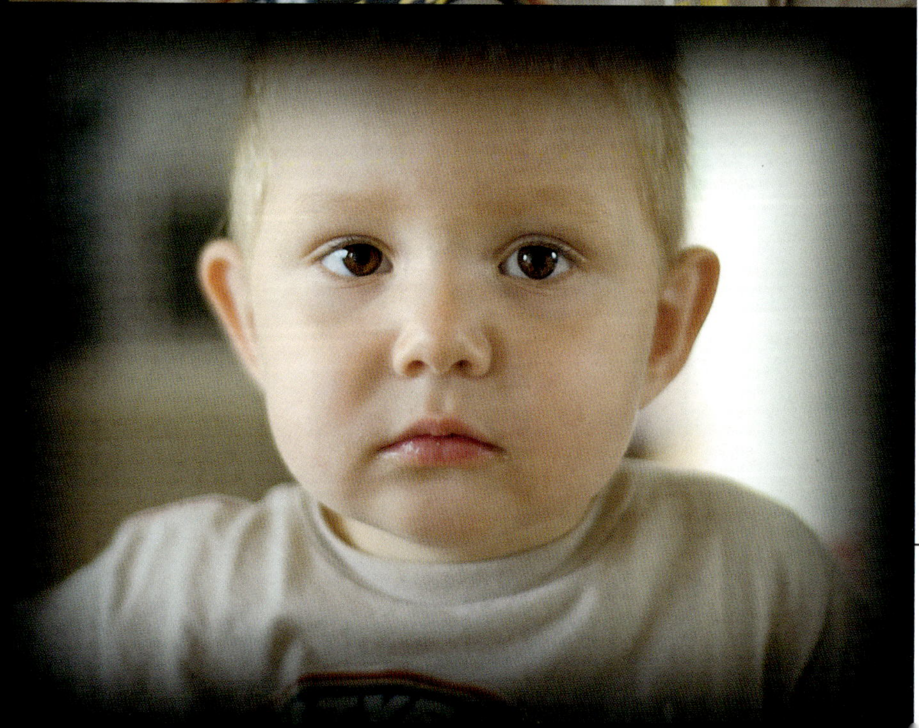

*Ich beziehe die Teilnehmer meiner Seminare durch Fragen gerne aktiv in den Unterricht ein. In Photoshop bläue ich ihnen folgenden Satz ein: »Wenn ich euch frage, womit wir eine Aufgabe lösen, dann antwortet ihr einfach: Ebenenmaske. Die Chance steht 50:50, dass ihr damit recht habt.« Mit dieser plakativen Ansage möchte ich für die Photoshop-Anwender die Bedeutung von Ebenenmasken unterstreichen. Leider gehört dieses Thema nicht zu den leicht verständlichen in Photoshop. Ich hoffe, dass die neue Palette »Masken« den Einstieg in die Arbeit mit dieser wichtigen Funktion erleichtert.*

**Zielsetzung:**

Foto mit einem weich ins Bild verlaufenden Rahmen versehen

**[palettemasken.jpg]**

## 1 Hintergrund in reguläre Ebene umwandeln

Mit einem Doppelklick auf den Hintergrund können Sie diese besondere Ebene in eine reguläre Ebene umwandeln. Geben Sie dem Kind im Dialog NEUE EBENE einen Namen.

Die Ebene »Hintergrund« hat drei ganz spezielle Eigenschaften:

1. Sie kann mit dem VERSCHIEBEN-WERKZEUG nicht verschoben werden.
2. Keine andere Ebene kann in der Palette EBENEN unter dem Hintergrund stehen.
3. Sie unterstützt keine Transparenz.

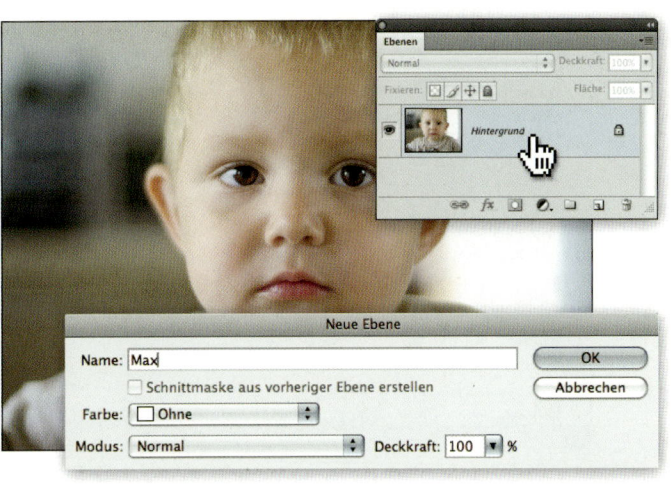

## 2 Alles auswählen

Wir werden noch sehr viel mit Auswahlen arbeiten, und ich werde genau erklären, was es damit auf sich hat. Im Moment wählen Sie einfach im Menü AUSWAHL • ALLES AUS-WÄHLEN. Danach tanzen am äußersten Rand um das ganze Bild herum gestrichelte Linien ❶. Da sie sich wie Ameisen einer Kolonne in eine Richtung bewegen, nennt man diese Striche auch *Running* oder *Marching Ants*.

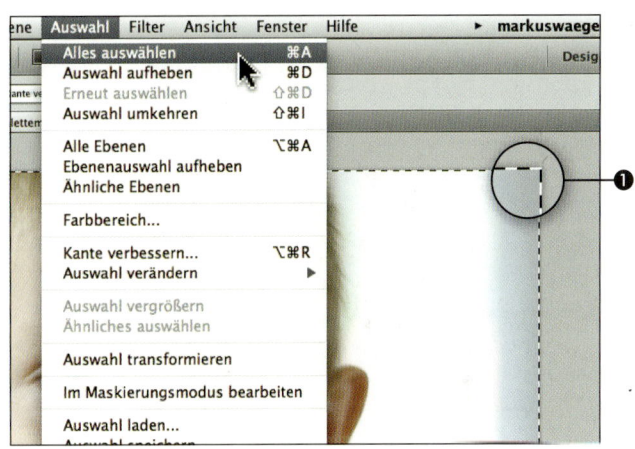

## 3 Auswahl transformieren

Wir möchten die Ameisenstraße nun umleiten und vom Rand weg bekommen. So, wie wir auf Seite 41 mittels FREI TRANSFORMIEREN Bilder skaliert haben, lässt sich über das Menü AUS-WAHL • AUSWAHL TRANSFORMIEREN eine Auswahl skalieren, ohne dass ihr Inhalt ebenfalls verändert wird.

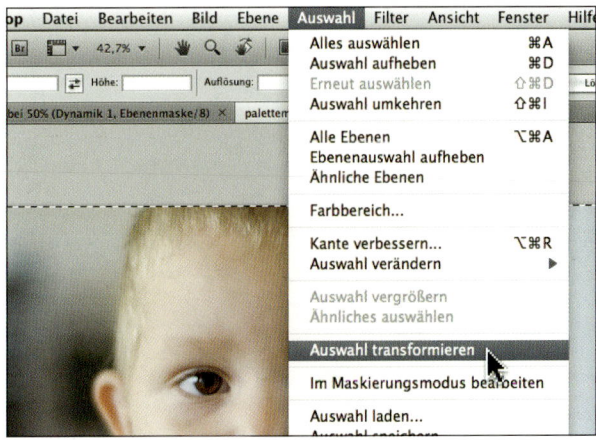

## 4 Aus der Mitte skalieren, Proportionen beibehalten

Fassen Sie nun mit der Maus einen der Anfasser an den Ecken, und ziehen Sie ihn in das
Bild hinein ❶. Ein Drücken der Alt-Taste
bewirkt, dass sich die Skalierung auf die Mitte
bezieht und dass nach allen Seiten verkleinert
(oder vergrößert) wird. Wenn Sie zusätzlich
⇧ drücken, wird verhindert, dass sich das
Seitenverhältnis von Breite zu Höhe verändert
– es kommt zu keiner Verzerrung. Bestätigen
Sie zum Abschluss mit ↵.

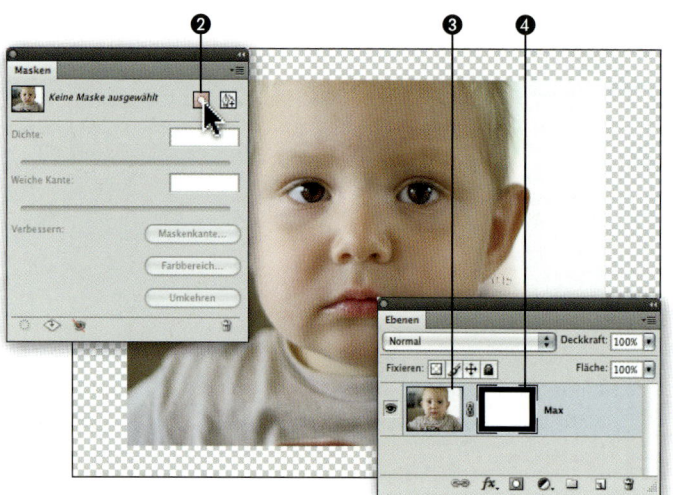

## 5 Pixelmaske hinzufügen

Der Hauptdarsteller dieses Workshops ist die
Palette MASKEN. Damit können Sie jede
Ebene, außer den »Hintergrund«, mit einer
PIXELMASKE versehen, auch bekannt als
EBENENMASKE. Klicken Sie dazu auf das
Symbol für PIXELMASKE HINZUFÜGEN ❷.

Der Bereich außerhalb der Ameisenstraße
– der Auswahl – ist jetzt verschwunden und
hat einem Transparenzraster ▨ Platz gemacht. In der Palette EBENEN ist neben der
Miniatur des Pixelbildes ❸ eine für die Pixelmaske ❹ erschienen.

## 6 Neue Pixelebene erstellen

Leser, die schon etwas Erfahrung haben, werden die Schaltfläche ▢ für EBENENMASKE
HINZUFÜGEN ❺ an der Ebenen-Palette kennen.
Diese gibt es nach wie vor, und sie wird sicher
auch von den Experten weiterhin bevorzugt
werden.

Klicken Sie nun auf die Schaltfläche ▢ ❻
NEUE EBENE ERSTELLEN. Wenn Sie beim Klick
auf die Schaltfläche die Alt-Taste gedrückt
halten, erscheint ein Dialog ❼, über den Sie
die Ebene auch gleich benennen können.

## 7 Stapelreihenfolge der Ebenen ändern, Fläche füllen

Die neue Ebene soll einen schwarzen Hintergrund für das Foto aufnehmen. Dazu muss sie aber auch hinter der Ebene mit dem Foto des Jungen liegen. Ändern Sie die Stapelreihenfolge der beiden Ebenen, indem Sie die obere in den Bereich unter der unteren ziehen ❽, und lassen Sie die Maus dann los.

Wählen Sie danach im Menü BEARBEITEN • FLÄCHE FÜLLEN ❾, um den Hintergrund mit einer Farbe zu versehen.

## 8 Verwenden: Schwarz

Im Fenster FLÄCHE FÜLLEN wählen Sie aus dem Menü VERWENDEN • SCHWARZ. Nachdem Sie den Dialog mit ⏎ oder OK bestätigt haben, ist die Ebene HINTERGRUND mit der gewählten Farbe gefüllt. Das sehen Sie sowohl im Bild selbst als auch in der Palette EBENEN ❿.

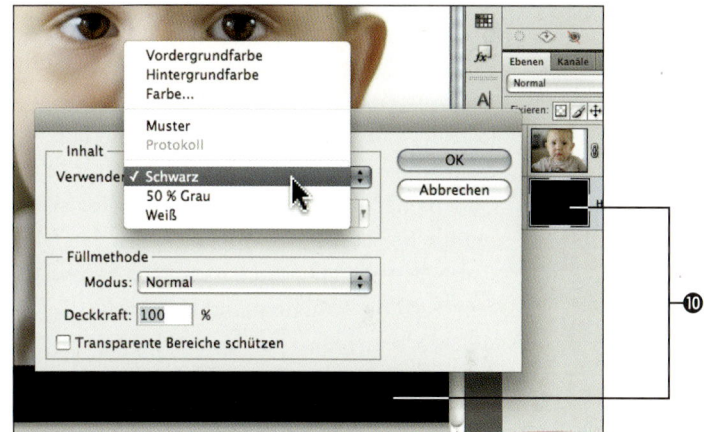

## 9 Weiche Kante einstellen

Schwarze Bereiche ⓬ in der Pixelmaske ⓭ blenden Bildbereiche im Bild aus ⓬. Durch weiße Bereiche in der Pixelmaske bleiben die Pixel der dazugehörigen Ebene sichtbar. Grauwerte blenden Bildpixel ein wenig aus, machen sie also transparenter. Je dunkler der Grauwert ist, desto transparenter ist der entsprechende Bildbereich. Mit dem Regler WEICHE KANTE ⓫ können Sie den Übergang von Schwarz zu Weiß in der Ebenenmaske weichzeichnen und dadurch den Übergang von Foto zu Hintergrund fließend gestalten.

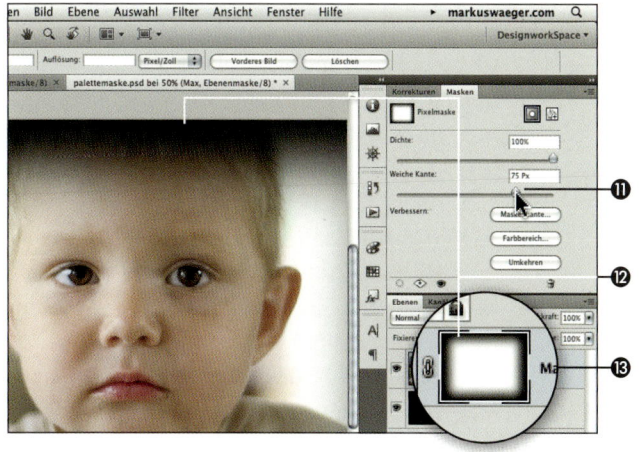

# Farbe und Farbwähler

*Ohne Farbe keine Gestaltung!*

Ohne Farbe gibt es keine Gestaltung! Gewiss, der Fotograf wird einwenden, dass auch ohne bunte Farben Gestaltung sehr wohl möglich ist, entwickelt er seine Fotos doch gerne in Schwarzweiß. Doch ich mache es mir – und uns – einfach, indem ich Schwarz, Weiß und Grau mit allen bunten Farben unter dem Begriff Farbe zusammenfasse. Wir unterscheiden dann die bunten und die unbunten Farben – letztere wäre eben Schwarz, Weiß und alle Graustufen dazwischen.

Farbe hat viele Qualitäten – psychologische, mythische, aktive, passive, gestalterische. Und Farbe lässt sich mit drei Parametern beschreiben: Farbton, Sättigung und Helligkeit.

### Farbton, oder Farbe an sich

Zunächst einmal verstehen wir unter Farbe die reinen, bunten Farben: Rot, Orange, Gelb, Grün, Cyan, Blau, Violett und Magenta. Das sind nur die acht wichtigsten reinen Farben. Dazwischen können wir eine ganze Reihe an anderen Farbtönen benennen, abgesehen von den nicht voll gesättigten Farben wir Rosarot, Braun, Ocker usw.

Farben lassen sich in einem System zu einem geschlossenen Kreis anordnen. Wahrscheinlich kennen Sie aus Ihrer Schulzeit einen Farbkreis ❶ wie den oben abgebildeten, der auf den deutschen Gestalter und Lehrer Johannes Itten zurückgeht. Itten bezeichnet die Qualität dieser Farben als Farbe an sich.

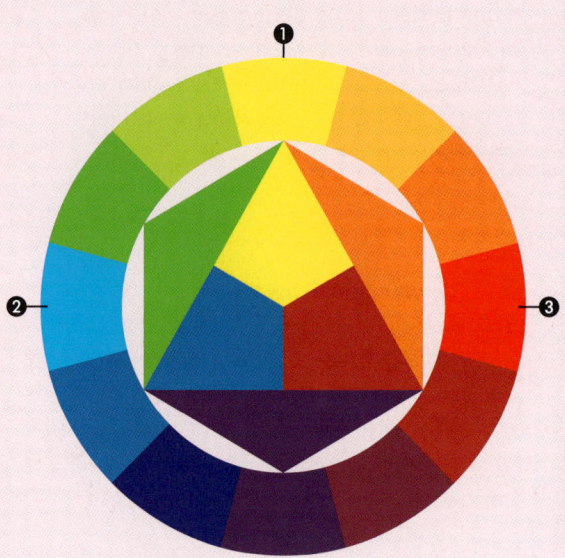

Ein solcher Farbkreis ist aus gestalterischer Sicht von Bedeutung. Er kann Ihnen helfen, Farbharmonien zu finden. Außerdem zeigt ein korrekter Farbkreis jeweils gegenüberliegend zu jeder Farbe die Gegenfarbe – die sogenannte Komplementärfarbe. So hat zum Beispiel Rot ❸ die Komplementärfarbe Cyan ❷. Komplementärfarben heben sich gegenseitig zu mehr oder minder neutralem Grau auf.

Wenn Sie sich weiter und näher mit Farbe beschäftigen, werden Sie entdecken, dass es nicht nur einen Farbkreis gibt. Farbe ist ein widerspenstiges Wesen, ein Anarchist, und entzieht sich weitgehend der eindeutigen Klassifizierung in einem einzigen, alleingültigen System. Wie gesagt, unser erster Farbkreis hier hat gestalterische Bedeutung, er wird aber den EDV-technischen Anforderungen an die Ausarbeitung von Bildern und Designs am Computer sowie bei der drucktechnischen Reproduktion nicht gerecht. In der Bildbearbeitung arbeiten Sie mit einem Farbkreis, der etwa so ❺ aussieht.

so mischt, dass der *Eindruck* dieser Farben entsteht. Selbst neutrales Grau entsteht durch Mischung – durch ein identisches Verhältnis von Rot, Grün und Blau. 50 % Rot, 50 % Grün und 50 % Blau ergeben ein mittleres Grau.

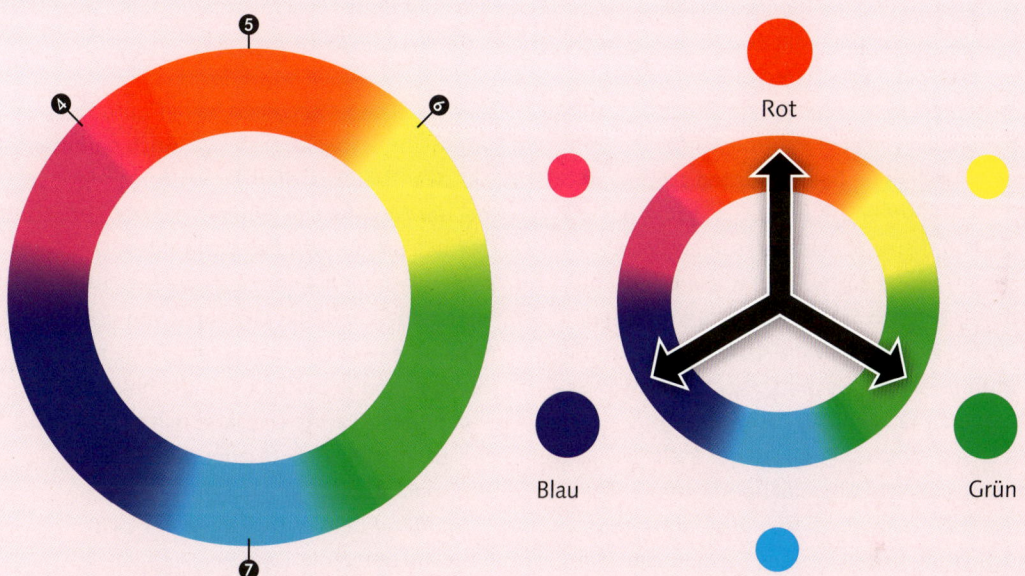

Unser Wahrnehmungssystem, unser Auge, ist jedoch nicht tatsächlich in der Lage, Gelb ❻, Cyan ❼ oder Magenta ❹ zu sehen. Unsere Augen sind lediglich mit *Empfängern* für Rot, Grün und Blau ausgestattet. Die restlichen Farben bastelt sich unser Wahrnehmungssystem aus diesen drei Grundfarben zusammen.

Genau wie unser Auge nur Rot, Grün und Blau sieht und sich aus diesen drei Grundfarben alle Farben der bunten Welt *zusammenmischt*, »sieht« auch ein Scanner oder eine Digitalkamera nur Rot, Grün und Blau.

Doch nicht nur beim »Sehen« von Farben herrscht dieses Prinzip der Grundfarben vor, auch bei der Wiedergabe von Bildern und Designs. Ihr Monitor stellt keine orangen, gelben oder braunen Pixel dar. Er simuliert diese lediglich, indem er die drei Grundfarben

Das Sehen, die digitale Fotografie und die Darstellung von Bildern auf einem Monitor oder über einen Beamer funktioniert dabei immer durch das Mischen von Licht. Stellen Sie sich vor, Sie sitzen in einem stockdunklen Kino. Es gibt nicht die kleinste Ritze, durch die Licht eindringen kann, kein Notausgangsschild, das leuchtet. Sie wissen zwar, dass sich vor Ihnen die weiße Leinwand befindet, aber Sie sehen nichts. Doch, halt. Sie sehen etwas! Sie sehen Schwarz. Das einzige, absolut schwarze Schwarz ist das Fehlen von Licht. Alles andere, was wir sonst als Schwarz wahrnehmen, ist lediglich eine Annäherung an Schwarz: ein sehr, sehr dunkles Grau oder Blau, doch nicht wirklich Schwarz.

Auf dem feinen, weich gepolsterten Sitz neben Ihnen, nein, da sitzt nicht Claudia Schiffer und auch nicht Brad Pitt, sondern auf ihm liegen drei

Taschenlampen. Eine Taschenlampe ist mit roter Folie versehen und wirft dementsprechend rotes Licht. Die zweite trägt eine grüne Folie und die dritte eine blaue.

Wenn Sie nun die rote Lampe zur Hand nehmen und ihren Lichtkegel auf die Leinwand richten, dann sehen Sie nicht das Weiß der Leinwand, sondern das Rot ❸ des Lichtkegels. Nehmen Sie die zweite Taschenlampe zur Hand und projizieren Sie den grünen Lichtkegel ❺ so auf die Leinwand, dass sich die beiden Kegel etwas überschneiden, mischen sich diese beiden Farben zu Gelb ❹.

Stellen wir uns nun vor, Sie wären das Geschöpf eines unaufmerksamen Photoshoppers und hätten eine dritte Hand. Mit dieser strahlen Sie auch noch einen blauen Lichtkegel an die Wand ❶. Wo sich Blau mit Rot überschneidet, entsteht durch Mischung Magenta ❷. Wo Blau Grün überlappt, ergibt die Mischung Cyan ❸. An der Stelle, wo alle drei Lichtkegel übereinanderliegen, ergibt sich Weiß ❹. Durch Dosieren der Lichtstärke der drei Grundfarben können Sie nun alle erdenklichen Farben mischen. Man nennt diese Form der Farbreproduktion additive Farb-

mischung, da das Farbenmischen durch Hinzufügen von Licht geschieht. Da sich Lichtfarben sehr rein erzeugen lassen, ist ein Vorteil dieses Systems, dass damit auch sehr reine, sehr leuchtende Farben dargestellt werden können. Nach diesem System arbeiten Ihre Digitalkamera und ihr Monitor. Man bezeichnet dieses System entsprechend der Grundfarben als RGB-Farbraum.

Anders sieht es hingegen beim Reproduzieren von Bildern über Drucke aus. Auch da finden Sie zwar drei Grundfarben, jedoch andere als bei der Monitordarstellung.

Zunächst müssen Sie wissen, dass Druckfarben lasierend sind. *Lasierend* bedeutet durchscheinend, das Gegenteil von *deckend*. Wenn Sie eine Druckfarbe über eine andere drucken, dann mischen sich die beiden zu einer neuen Farbe. Das lässt sich mit Aquarellfarben vergleichen, oder mit farbigen, transparenten Folien.

Während bei der Mischung mit Licht Schwarz durch die Dunkelheit gegeben ist, ist im Druck Weiß durch das Papier gegeben. Weiß wird praktisch nie gedruckt, sondern ist

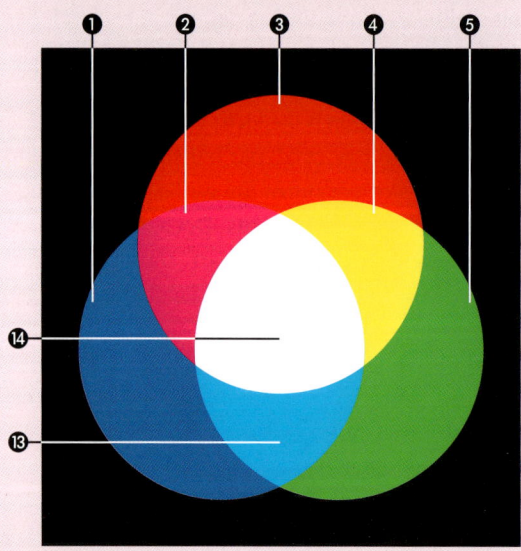
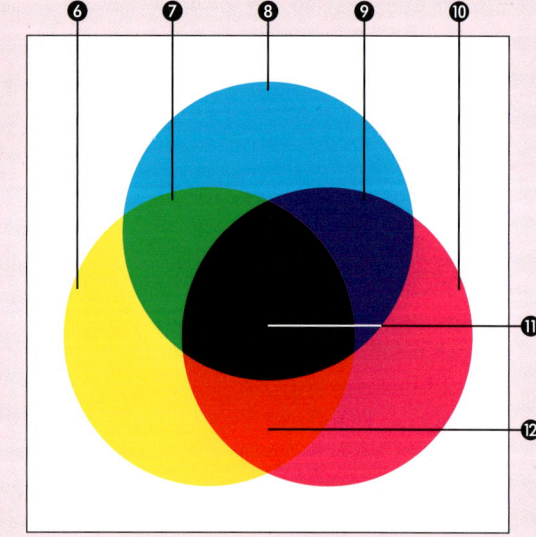

immer durch das Trägermaterial (meist Papier) schon da. Die Grundfarben des Systems, in dem Bilder auf Papier reproduziert werden, sind Cyan, Magenta und Gelb.

Drucken Sie nun auf weißes Blatt eine cyanfarbene Kreisfläche ❽, sehen Sie – natürlich – Cyan. Drucken Sie darüber eine zweite magentafarbene Kreisfläche ❿, die die erste überlappt, ergibt die Mischung Blau ❾. Ein dunkles, etwas rotstichiges Blau zwar, aber eben Blau. Eine weitere, überlappende gelbe Kreisfläche ❻ erzeugt in der Mischung mit ihrem Gegenüber einmal Grün ❼ und einmal Rot ⓬. Theoretisch ergäbe nun die Mischung aus allen drei Grundfarben Schwarz ⓫. Doch Ihnen ist sicher der Unterschied zwischen Theorie und Praxis geläufig: Theoretisch gibt es keinen, praktisch schon. Da, im Gegensatz zu Lichtfarben, Druckfarben niemals ganz rein sein können, ergibt die Mischung in der Praxis eher ein sehr dunkles, schmutziges Grau. Deshalb kommt dieses Farbsystem für einen schönen Druck mit tiefem Schwarz nicht ohne vierte Farbe, nämlich Schwarz, aus. Entsprechend diesen *vier* Grundfarben, Cyan, Magenta, Gelb (Yellow) und Schwarz, bezeichnet

man das Farbsystem als CMYK-Farbraum, wobei K für Keycolor steht (ich gehe davon aus, dass man, da der Buchstabe B schon in RGB für Blau verwendet wurde, für CMYK einen anderen Buchstaben gewählt hat als B für Black).

Die Lichtfarben des RGB-Farbraums lassen sich praktisch stufenlos dosieren, um aus den drei Grundfarben Millionen Mischfarben zu erzeugen. Druckfarben hingegen lassen sich nicht millionenfach unterschiedlich stark deckend auftragen. Um dennoch einige Hunderttausend Farben *simulieren* zu können, werden für Mischfarben, die nicht aus jeweils 100 % zweier oder dreier Grundfarben zusammengesetzt sind, Flächen in kleine Punkte aufgelöst ⓯. Man spricht vom Rastern der Farbflächen. Im hochwertigen Druck sind diese Raster so klein, dass sie sich nur mit einer Lupe erkennen lassen. Im Zeitungsdruck hingegen kann man die Rasterpunkte mit bloßem Auge erkennen.

Natürlich sehen Sie auch gedruckte Bilder, ebenso wie am Bildschirm dargestellte, immer nur über Licht. Doch während am Monitor die drei RGB-Grundfarben direkt auf den Bildschirm produziert werden, ist es bei Drucken eine indirekte Projektion der Farbe. Zunächst fällt dabei weißes Umgebungslicht, das praktisch alle Farben enthält, auf das Bild. Die Pigmente auf dem Trägermaterial filtern dann einen gewissen Anteil an Spektralfarben aus diesem Licht heraus und reflektieren den Rest. Dadurch werden dann die Farben Cyan, Rot, Braun und Was-auch-immer zum Auge übertragen. Da in diesem Fall die Mischung nicht durch Hinzufügen von mehr Licht erfolgt, sondern umgekehrt durch Herausfiltern von Bestandteilen des weißen Lichts, spricht man hier von subtraktiver Farbmischung.

Rot, Grün und Blau sind die primären Grundfarben des RGB-Systems. Die Mischfarben oder sekundären Grundfarben, die sich

⓯

daraus ergeben, sind Cyan, Magenta und Gelb. Die primären Grundfarben des CMY-Systems sind Cyan, Magenta und Gelb und die sekundären Rot, Grün und Blau. Sie sehen also: So gegensätzlich die beiden Systeme sind, so eng sind sie auch miteinander verquickt.

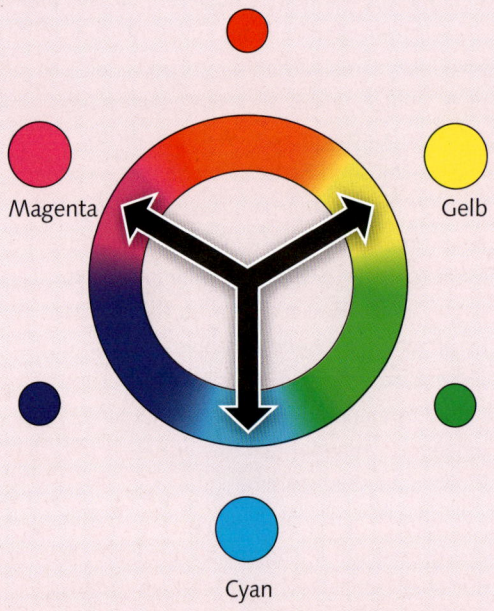

Magenta

Gelb

Cyan

Wenn Sie sich diese Zusammenhänge einprägen, wird Ihnen die Tonwertkorrektur und Farbanpassung von Bildern viel leichter fallen, und wir werden auch darauf zurückkommen.

### Sättigung

Eingangs habe ich von drei Qualitäten gesprochen, die Farbe technisch haben kann. Farbe an sich (oder in Photoshop FARBTON genannt) ist nur die erste Qualität. Die zweite ist mindestens ebenso wichtig: Sättigung. Eine Farbe kann hoch gesättigt sein (wie die Farbfelder oben) oder eine geringe Sättigung aufweisen. Wir haben im Workshop zur neuen Dynamik-Palette auf Seite 50 bereits die Sättigung von Farben in einem Bild be-

arbeitet. In der praktischen Bildbearbeitung werden Sie sicher mehr an der Sättigung von Farben drehen, als ihre Farbe an sich zu verändern.

Ziehen wir einmal ein leuchtendes, reines Rot ❸ als Beispiel heran. Eine reine Farbe hat eine Sättigung von 100 %. Reduziere ich die Sättigung auf 50 %, dann bleibt ein blasser Braunton ❷. Reduziere ich die Sättigung

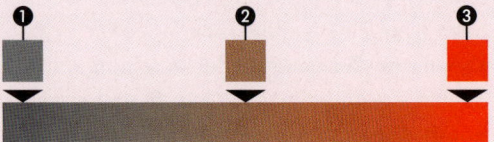

weiter auf 0 %, bleibt von der Farbe an sich gar nichts mehr übrig, sondern lediglich noch ein neutrales Grau ❶. Ein Schwarzweißbild ist demnach nichts anderes als das Abbild einer Szene, bei der die Sättigung aller Farben auf 0 reduziert wurde. Wichtig: Die Sättigung einer bereits zu 100 % gesättigten Farbe kann nicht weiter erhöht werden!

Das ist für jeden Bildbearbeiter von Bedeutung, vor allem aber für Fotografen, die ihre Bilder gerne in Schwarzweiß entwickeln (oder, Gott bewahre, mit einer Digitalkamera bereits schwarzweiß fotografieren).

### Helligkeit

Der dritte Parameter, der eine Farbe beschreiben kann, ist ihre Helligkeit. Ziehen wir noch einmal unser Rot ❻ als Beispiel heran. Wir können die Helligkeit von Rot erhöhen, erhalten auf halbem Weg der Strecke Rosarot ❼ und bei einer Erhöhung der Sättigung um +100 % reines Weiß ❽. Reduzieren wir

hingegen die Helligkeit um –50 %, erhalten wir einen Ton zwischen Weinrot und Braun ❺, und bei einer weiteren Reduzierung um –100 % ergibt sich Schwarz ❹.

## Tonwert

Ob Rot, Gelb oder Orange, ob leuchtend oder matt, ob hell oder dunkel – jede Farbe hat einen Tonwert. Der Tonwert ist im Grunde das, was übrig bleibt, wenn Sie die Farbe komplett entfernen, das heißt, die Sättigung auf 0 drehen.

Jede Farbe hat einen Tonwert, doch natürlich nicht jede den gleichen. In der Abbildung unten ❾ sehen Sie neun Farben und den analogen Tonwert dazu. Manche Farben sind hell. Diese haben einen hellen Tonwert. Gelb zum Beispiel hat den hellsten Tonwert. Andere Farben wiederum sind dunkel und haben einen entsprechend dunklen Tonwert. Blau und Gelb weisen den höchsten Tonwertunterschied auf.

Doch es gibt auch Farbenpaare, wie Rot und Grün, die einen praktisch identischen Tonwert haben. Unten rechts sehen Sie ein Rechteck mit roter und eines mit grüner Färbung ❿. Unter den Farbfeldern befindet sich jeweils ein Rechteck von identischer Breite, das den entsättigten Tonwert dieser Farbe anzeigt. Doch es sieht so aus, als wäre unter den beiden Farbfeldern nur ein einziger, grauer Balken. Da die beiden Farben praktisch den gleichen Tonwert haben, lässt sich die Trennung der beiden Felder kaum mehr ausmachen.

Tonwerte beschäftigen zwar alle Bildbearbeiter, doch auch hier sind es wieder Fotografen, die diesem Umstand besondere Beachtung schenken sollten, wenn sie mit Schwarzweißbildern arbeiten. Ein Farbbild, dessen Farben einen hohen Tonwertunterschied aufweisen ⓫, lässt sich sehr leicht in Graustufen ⓬ konvertieren. Ein Bild hingegen, bei dem die enthaltenen Farben praktisch denselben Tonwert haben ⓭, ergibt nach der Graustufenkonvertierung eine unschöne, gleichmäßig graue Suppe ⓮.

Unterschätzen Sie bitte nicht die Bedeutung dieser theoretischen Ausführungen! Dies ist ein Workshop-Buch für die Praxis, und ich würde Sie damit nicht belästigen, wenn es nicht für die Praxis wichtig wäre. Ohne Farbe keine Gestaltung. Wenn Sie Farbe verstehen, werden Sie auch besser und effizienter mit der Bildbearbeitung umgehen können und mehr aus Ihren Bildern herausholen.

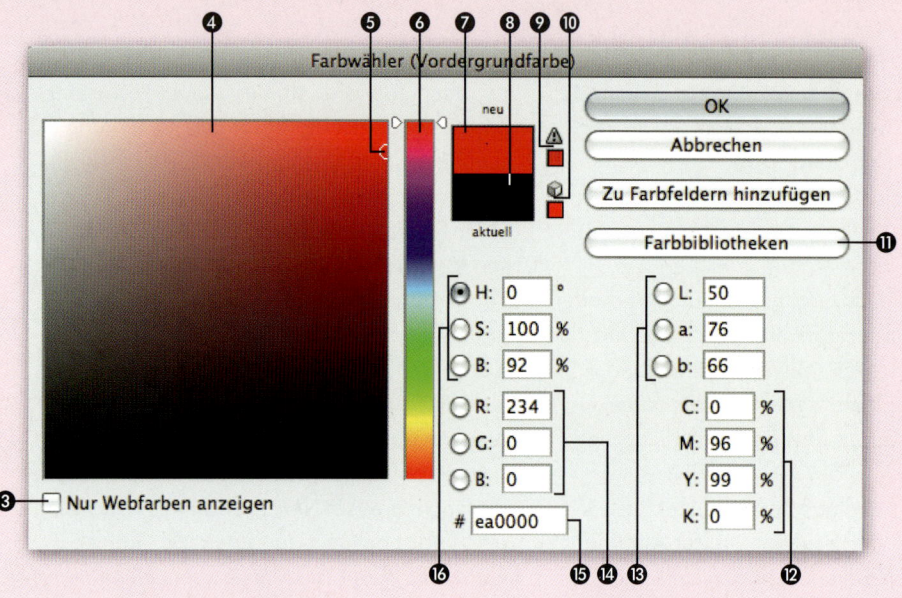

## Der Adobe Farbwähler

Der Dreh- und Angelpunkt für das Auswählen beziehungsweise Einstellen einer Farbe ist der Adobe Farbwähler. Er öffnet sich, wenn Sie beispielsweise auf die Schalt- und Anzeigefläche von VORDERGRUND- ❶ oder HINTERGRUNDFARBE ❷ klicken.

Ungefähr in der Mitte sehen Sie das Farbfeld NEU ❼, das Ihnen die jetzt neue Farbe anzeigt, die Sie eben in diesem Dialog ausgewählt haben. Zum Auswählen steht Ihnen zunächst der Farbton-Streifen ❻ zur Verfügung. Wählen Sie hier Rot, Magenta, Blau, Cyan, Grün, Gelb oder Orange aus dem Spektrum – das ist die Farbe an sich. Im dominierenden, quadratischen Feld ❹ wählen Sie dann für diesen Farbton Helligkeit und Sättigung aus. Der kleine Kreis ❺ zeigt Ihnen den aktuellen Ton an.

Unter dem Farbfeld NEU befindet sich das Farbfeld AKTUELL ❽, das Ihnen die ursprüngliche Farbe anzeigt, wie sie zuletzt in der Werkzeuge-Palette aktuell war ❶. Der Vergleich der beiden Felder NEU und AKTUELL ist hilfreich, um einen Farbton um nur eine Nuance zu verändern.

Ich habe Ihnen bei den Ausführungen zu RGB und CMYK erklärt, dass das Bildschirm-RGB leuchtende Farben ermöglicht, die sich im CMYK-Druck nicht umsetzen lassen. Wenn die ausgewählte Farbe leuchtender ist, als der CMYK-Farbraum erlaubt, wird Ihnen das durch ein Warnsymbol ❾ signalisiert.

Vor einigen Jahren war es noch verbreitet, dass viele Monitore nur 256 Farben darstellen konnten. Damit die Farben einer Internetseite auch dort wie gewünscht dargestellt werden konnten, musste man sich auf die sogenannten Websave-Colors beschränken. Dieses Symbol ❿ zeigt Ihnen an, dass die aktuelle Farbe keiner dieser 256 Farben entspricht (genau genommen, sind es nur 216 Farben). Um sich nur diese 216 Farben anzeigen zu lassen, die sowohl am Mac als auch unter Windows identisch sind, gibt es die Option NUR WEBFARBEN ANZEIGEN ❸. Wenn Sie sie aktivieren, sieht der Farbwähler so ⓱ aus.

Der Adobe Farbwähler kann Ihnen die Werte von vier verschiedenen Farbsystemen zugleich anzeigen: HSB ⑯ (Hue, Saturation, Brightness = Farbton, Sättigung, Helligkeit), L*a*b* ⑬ und die beiden für den Bildbearbeiter primär wichtigen Farbsysteme RGB ⑭ und CMYK ⑫. Sie können somit CMYK-Werte eingeben, wenn Sie an einem RGB-Bild arbeiten, und RGB-Werte, wenn Ihr Bild ein CMYK-Bild ist. Allerdings ist das mit Vorsicht zu genießen. Wenn Sie bei einem RGB-Bild CMYK-Werte definieren, ist das Ergebnis immer RGB. Und nach der Umwandlung von RGB nach CMYK werden die Farben ohnehin wieder neu gemischt. Wenn Sie also tatsächlich in einem Bild CMYK-Farben einsetzen müssen, dann wandeln Sie es zuerst in CMYK um und stellen die Farbe erst danach ein.

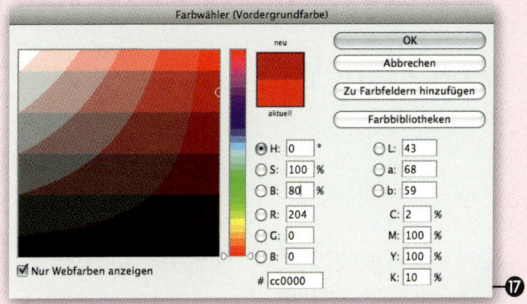

Neben der Eingabe absoluter RGB-Werte zwischen 0 und 255 können Sie RGB-Farben auch als sogenannte Hexadezimalwerte ⑮ eingeben. Das ist ein Feature für Webdesigner.

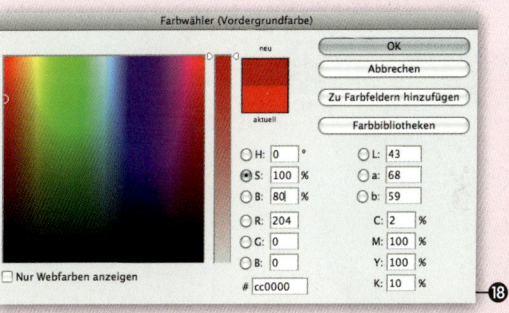

Wenn Sie eine Volltonfarbe, beispielsweise eine Pantone-Farbe, als Referenz heranziehen wollen, können Sie auf FARBBIBLIOTHEKEN ⑪ klicken. Der Farbwähler sieht danach so ⑳ aus. Auch hier gilt: Das Ergebnis ist in einem RGB-Bild immer RGB.

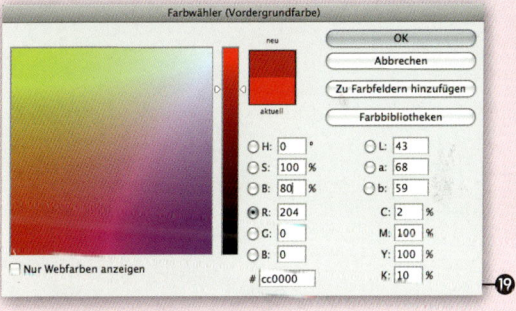

Neben den Eingabefeldern für H, S, B, neben R, G und B sowie neben L, a und b finden Sie einen sogenannten Radiobutton ○. Wenn Sie auf den Radiobutton neben S ⑯ klicken, sieht der Farbwähler so ⑱ aus. Klicken Sie auf den Radiobutton neben R ⑭, sieht der Farbwähler danach so ⑲ aus.

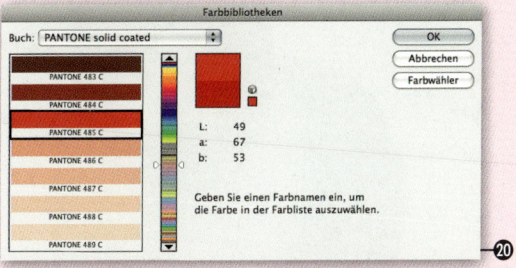

Viel Ballast für einen Dialog, mit dem man nur Farben auswählen kann. Doch wie gesagt: Ohne Farbe keine Gestaltung. Deshalb ist ein solches Werkzeug in einem Programm, das sich primär der Bildgestaltung widmet, unverzichtbar.

Schwierigkeitsgrad 1 Für Einsteiger

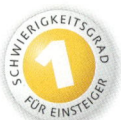

# Skalieren (Inhalt bewahren)

*Photoshop kann zaubern!*

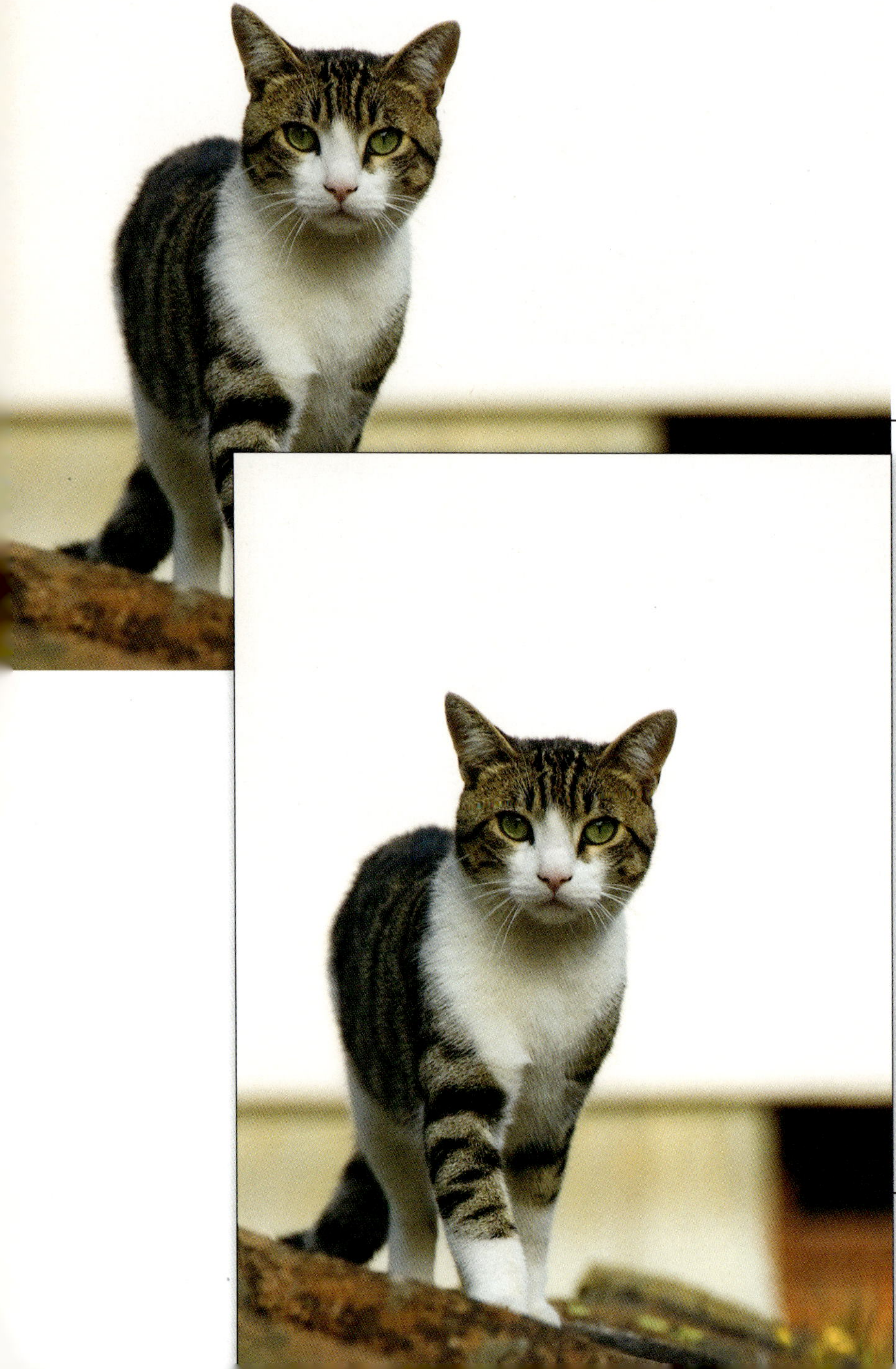

*Wollten Sie schon einmal ein Breitformat- in ein Hochformatbild verwandeln? Ich nicht. Dennoch: Diese Funktion zeigt eindrucksvoll, zu was Photoshop heute in der Lage ist. Ganz so, wie im Untertitel versprochen, ist es zwar nicht, doch was die Adobe-Programmierer damit vorlegen, lässt einem zunächst einmal die Kinnlade runterklappen. Auch Sie werden staunen, wenn Sie das zum ersten Mal probieren. Ich habe für diesen Workshop zwar ein sehr einfaches Bild ausgewählt, doch Photoshop kann auch komplexere Aufgaben bewältigen. Seien Sie aber nicht enttäuscht, wenn es beim einen oder anderen Ihrer Bilder nicht funktioniert. Auch Adobe beschäftigt keinen Harry Potter.*

**Zielsetzung:**
Aus breit mach hoch
**[inhaltbewahren.jpg]**

## 1 In den Vollbildmodus wechseln

Wechseln Sie, nachdem das Bild offen vor Ihnen am Bildschirm steht, in den VOLLBILD-MODUS MIT MENÜLEISTE. Nehmen Sie dazu, wenn Sie zu viel Zeit haben, das Menü ❶ in der Anwendungsleiste. Wenn Sie, wie ich, eher unter chronischem Zeitmangel leiden, dann gönnen Sie sich einen Tastaturbefehl: F. Sie können somit am Abend früher nach Hause gehen oder wie ich länger im Büro bleiben und noch mehr Bilder bearbeiten.

## 2 Ausschnitt verschieben

Wird Ihr Bild schon im Vollbildmodus darge-stellt? Wirklich? Das freut mich. Meine Seminarteilnehmer befolgen diesen Rat sehr oft nicht. Dabei ist der Vollbildmodus einfach die flexiblere Wahl zur Bildbearbeitung. Ich kann das nicht genug unterstreichen.

Wahrscheinlich ist das Bild jetzt teilweise von Paletten verdeckt. Drücken Sie daher die Leertaste, um temporär das Hand-Werk-zeug zu aktivieren. Schieben Sie das Bild schön in die Mitte der Arbeitsfläche, und lassen Sie die Leertaste dann wieder los.

## 3 Hintergrund zur Ebene umwandeln

Mit einem Doppelklick auf den Hintergrund machen Sie den »Hintergrund« ❷ zur regu-lären Ebene. Es öffnet sich danach ein Dialog, in dem Sie die Ebene benennen können. Das ist aber hier nicht notwendig. Bestätigen Sie den Dialog einfach mit OK.

**Tipp:** Um sich den NEUE EBENE-Dialog zu ersparen, können Sie während des Doppel-klicks auch die Alt-Taste gedrückt halten.

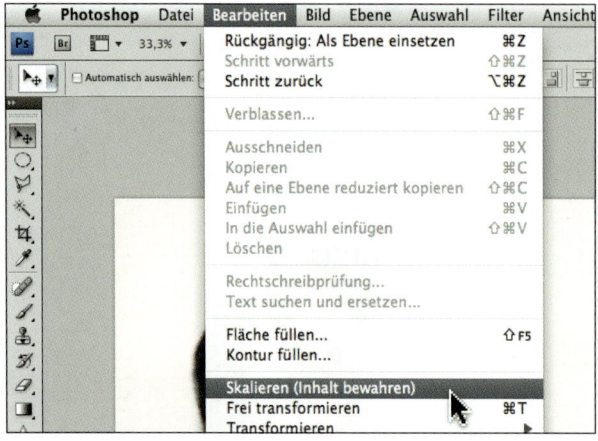

## 4 Skalieren (Inhalt bewahren)

Im Menü BEARBEITEN finden Sie oberhalb des altehrwürdigen FREI TRANSFORMIEREN-Befehls den neuen Menüpunkt SKALIEREN (INHALT BEWAHREN).

## 5 Bild in der Breite skalieren

Es erscheint ein Rahmen mit Anfassern, wie ich ihn bereits auf Seite 41 beim FREI TRANSFORMIEREN zum ersten Mal beschrieben habe. Ziehen Sie das Bild am rechten seitlichen Anfasser schmaler. Sie haben ziemlich viel Spielraum, das Bild schmaler zu machen, weshalb Sie den Anfasser ruhig ein ganzes Stück nach links ziehen können.

## 6 Bild in der Höhe skalieren

Über der Katze gibt es nicht viel Spielraum zur Skalierung, ohne dass der Stubentiger verzerrt wird. Ziehen Sie den oberen Anfasser langsam nach oben, bis sich am Tier eine Verzerrung zeigt. Wahrscheinlich wird als Erstes das linke Ohr ❶ etwas in die Länge gezogen. Wenn das geschieht, schieben Sie den Anfasser wieder etwas zurück nach unten, bis das Ohr wieder unverzerrt ist. Bestätigen Sie dann die Skalierung fürs Erste mit ↵.

## 7 Alles einblenden

Im Menü BILD finden Sie den Menüpunkt ALLES EINBLENDEN. Wenn Sie diesen aufrufen, vergrößert Photoshop die Arbeitsfläche so weit, bis die ganze neu entstandene Fläche über der Katze sichtbar ist.

Rufen Sie dann erneut den Befehl SKALIEREN (INHALT BEWAHREN) auf. Wenn Sie den Anfasser nun weiter nach oben ziehen, sehen Sie, dass sich der Spielraum deutlich vergrößert hat. Bestätigen Sie mit ⏎, sobald sich an der Katze wieder Verformungen zeigen.

## 8 Skalieren (Inhalt bewahren) zum Dritten

Mir hat der Spielraum nach oben noch nicht gereicht. Ich kann eben nie genug kriegen. Ich rufe deshalb neuerlich den Befehl SKALIEREN (INHALT BEWAHREN) auf.

Genug ist genug, deshalb habe ich im dritten Durchgang nicht mehr alles rausgeholt, was drin gewesen wäre. Bestätigen Sie wieder mit ⏎. Aus dem Breitformatbild ist ein Hochformatbild geworden. Allerdings sehen wir oben noch nicht alles und auf der Seite zu viel.

## 9 Zuschneiden

Mit ALLES EINBLENDEN können Sie die Arbeitsfläche neuerlich auf die komplette Höhe ausdehnen. Danach stört Sie aber sicher noch der transparente Bereich ▦ rechts von der Katze. Doch mit dem Befehl ZUSCHNEIDEN aus dem Menü BILD ist das schleunigst behoben. Wenn Sie in diesem Dialog BASIERT AUF: TRANSPARENTEN PIXELN auswählen, dann wird das Bild automatisch so weit zurechtgestutzt, dass keine Transparenz mehr sichtbar ist.

# Größe, Schärfe & Farbraum

**Drei Schritte sollst du gehen.** Bilder lassen sich auf undenklich viele Arten verändern, manipulieren und bearbeiten. Jedes Foto ist anders, und jedes erfordert andere Bearbeitungsschritte. Bevor man beginnt, ein Bild zu bearbeiten, sollte man immer erst nachdenken. Oder besser *vor*denken: Welche Probleme tauchen in diesem Bild auf? Wie soll es am Ende aussehen, und mit welchen Werkzeugen und Funktionen kann ich das erreichen?

Es gibt jedoch drei Schritte, die man praktisch auf jedes Bild anwendet:

1. Bildauflösung prüfen und bei Bedarf anpassen
2. Schärfen und Rauschen reduzieren
3. in den passenden Farbraum konvertieren

Foto: Pascal Reis, mit freundlicher Genehmigung des Druckereimuseums Druckwerk in Dornbirn (A)

# Größe, Schärfe & Farbraum

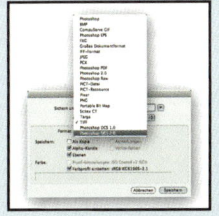

# Auflösung prüfen

*Wie groß kann ich mein Bild drucken?*

*Bilder benötigen für die Ausgabe auf einem Drucker eine bestimmte Auflösung. Im Offsetdruck sind das meist 300 ppi, in einer Tageszeitung können auch 200 ppi genug sein. Fotolabore nehmen die Daten zur Entwicklung von Fotoabzügen am liebsten ebenfalls mit 300 ppi an. Bevor Sie irgendeinen Arbeitsschritt an einem Bild ausführen, sollten Sie überprüfen, ob die Auflösung für Ihre gewünschte Ausgabegröße überhaupt ausreichend ist. Was nützt Ihnen sonst stundenlange Feinarbeit in Photoshop, wenn Sie am Ende entdecken, dass die Auflösung nicht für eine saubere Ausgabe ausreicht?*

**Zielsetzungen:**
Überprüfen, wie groß sich ein Bild in guter Qualität drucken lässt
Ändern der Auflösung
[groesse.jpg]

## 1  Bildgröße

Wählen Sie im Menü BILD • BILDGRÖSSE. Sie werden den Dialog oft brauchen, weshalb es nicht verkehrt ist, sich den Tastaturbefehl [Strg]/[⌘]+ [Alt]+ [I] zu merken.

## 2  »Bild neu berechnen mit« deaktivieren

Dieses Bild ließe sich 54,14 cm breit und 40 cm hoch drucken ❶. Aber hoppla! Die Auflösung liegt nur bei 72 ppi (Pixel per Inch) ❷, was zu wenig ist. Das Resultat würde so aussehen wie das obere Bild auf der gegenüberliegenden Seite. Wenn Sie genau hinsehen, erkennen Sie die einzelnen Bildpixel.

Deaktivieren Sie die Option BILD NEU BERECHNEN MIT ❸. Die Werte BREITE, HÖHE und AUFLÖSUNG sind danach miteinander verkettet ❺.

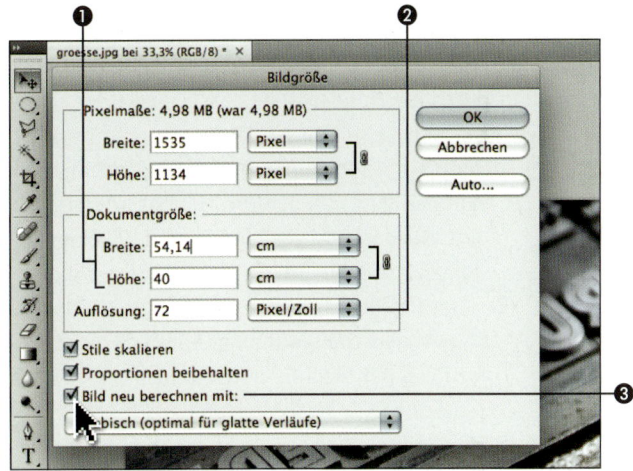

## 3  Gewünschte Auflösung eingeben und Dialog bestätigen

Ändern Sie nun einen Wert, ändern sich immer die anderen beiden mit. Außerdem können Sie die Werte für PIXELMASSE nicht mehr verändern ❹ (dazu müsste nämlich neu berechnet werden). Geben Sie die gewünschte Auflösung für das Bild ein. In der Regel werden für den qualitativ hochwertigen Offsetdruck 300 ppi verlangt. Bei dieser Auflösung wird das Bild 13 cm breit und 9,6 cm hoch. Voilà! Jetzt wissen Sie, wie groß es sich drucken lässt. Bestätigen Sie mit OK.

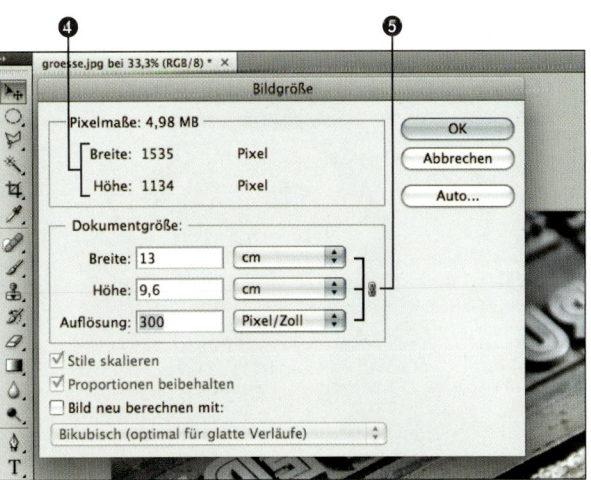

# Bildgröße und Auflösung

*Alles dreht sich um Pixel und Auflösung.*

▶ **Video-Training**

Video-Training 1, Lektion 2.2

Auflösung. Dieses Wort ist einerseits von zentraler Wichtigkeit für den Bildbearbeiter, andererseits mit sehr vielen Bedeutungen belegt. Das fängt bei der Sensorauflösung an, geht über die Bildauflösung, die Bildschirmauflösung, die Druckauflösung und meint manchmal auch die Rasterweite, die wieder durch die Auflösung des Belichters oder Bürodruckers bestimmt ist. Und alles nennt man salopp und schlampig »Auflösung«. Kein Wunder, dass da auch Profis nicht immer ganz durchsteigen und sich das Thema für Einsteiger fast völlig unverständlich darstellt.

Das Problem ist dabei, dass allen Bildbearbeitern und Grafikern eingeflößt wurde, dass 300 Pixel per Inch *die* gute Auflösung ist. Bitte verbannen Sie diese Weisheit aus Ihrem Kopf! Ein Wert wie 300 ppi allein sagt nichts über die Qualität eines Bildes aus. Punkt.

Parallel zur Bezeichnung Pixel per Inch (ppi) kennt man auch Dots per Inch (dpi). Streng genommen ist Pixel per Inch die korrekte Bezeichnung in Bezug auf die quadratischen Pixel eines Digitalbildes oder eines Monitors, Dots per Inch ist richtig für die (eher) runden Punkte eines Druckrasters. Doch landläufig werden beide synonym verwendet.

Wir werden für die weiteren Ausführungen den europäischen Kontinent verlassen und auf unser geliebtes metrisches System verzichten. Stattdessen werden wir hier von Inch sprechen. Auch wenn es Bildbearbeiter gibt, die Pixel per Zentimeter angeben, so hat sich die angelsächsische Angabe Inch weitgehend durchgesetzt. Die Abbildung ❶ unten hat ein Format von 2,5 Inch × 2 Inch, das sind 63,5 mm × 50,8 mm (1 Inch = 2,54 mm).

### Die Kamera- beziehungsweise Sensorauflösung

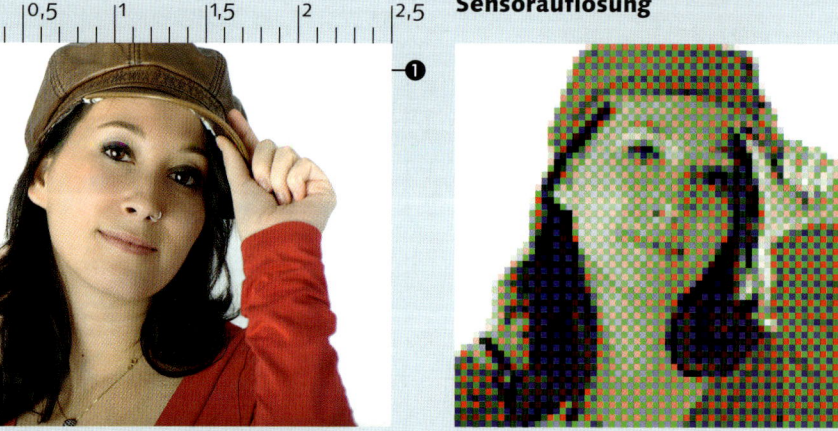

❶
❷

Auflösung beginnt beim Sensor Ihrer Kamera (oder Ihres Scanners). Jede Digitalkamera trägt so einen Sensor in sich. Auf diesem Sensor befinden sich meist Millionen lichtempfindlicher Zellen, von denen jede entweder für Rot, Grün oder Blau empfindlich ist. Der Sensor meiner Nikon D700 beispielsweise hat 12,87 Millionen solcher Zellen. Mit den Informationen dieser Zellen errechnet die Elektronik der Kamera Bilder, die aus 4256 × 2832 Pixel bestehen. Wenn Sie diese beiden Zahlen miteinander multiplizieren, dann erhalten Sie etwa zwölf Millionen Pixel. Die Kamera hat also 12 Megapixel (MP).

Was die Kamera sieht, können wir uns etwa so ❷ vorstellen. Allerdings habe ich für das abgebildete Beispiel eine sehr viel kleinere Auflösung gewählt, als das bei einer echten Kamera der Fall wäre. Wir stellen uns vor, unsere Kamera hätte nur 75 × 60 Pixel. Wenn Sie mit dieser Kamera ein Bild aufnehmen, dann wird die Information des Sensors vom Computer in der Kamera in der Regel zu einem JPEG entwickelt. Aus der Auflösung des Sensors ergibt sich dabei auch die Auflösung des Bildes – die Bildauflösung.

## Die Bildauflösung

60 Pixel

75 Pixel

❸

Pixelbilder bestehen aus Pixeln. Pixel ist ein Kunstwort aus den englischen Begriffen Picture (landläufig als Pix bezeichnet) und Element. Die Pixel sind die Informationsträger eines jeden Pixelbildes. Je mehr Pixel ein Bild hat, desto mehr Information über das abgelichtete Motiv befindet sich in der Bilddatei. Ein einziges Pixel kann nicht viel Informationen liefern. Es kann nicht mehr als eine einzige Farbe zeigen.

Das Bild ❸ unserer imaginären Kamera der Marke Spartakus hat jeweils 75 Pixel in einer Reihe, und das à 60 Zeilen übereinander. 75 × 60 = 4500 Bildinformationen. 4500 klingt nach viel, ist aber für ein Pixelbild sehr wenig.

Das Bild ganz links ❶ besteht aus 450 000 Pixeln, also 450 000 Einzelinformationen. Das ist genug, um in diesem Ausschnitt den Lichterglanz in den Augen des Modells ebenso wahrzunehmen wie den Nasenring.

Im Bild ❸ hingegen sind die Informationsbausteine (die Bildelemente, Picture Elements oder eben Pixel) so groß, dass alle feinen Details verloren gehen. Denn schließlich ist *ein* Pixel immer nur Träger *einer* Information, nämlich einer Farbe. Mit 450 000 Informationsbausteinen lässt sich ein Bild viel detaillierter beschreiben als mit 4500, so, wie sich mit 450 000 Wörtern eine Geschichte viel ausführlicher erzählen lässt als mit 4500. Hätte ich 4500 Wörter als Limit für dieses Buch, dann müsste ich sehr viel weglassen und könnte Ihnen nur sehr wenig zeigen. Ganz abgesehen davon, dass ich dann keinen Firlefanz mehr schreiben dürfte.

Wenn wir von Pixeln sprechen, dann sprechen wir also über Bildinformation. Wir sprechen dabei aber nicht von einem Bildformat in absoluten Maßeinheiten wie Millimeter, Zentimeter oder Inch, und wir sprechen vor allem auch nicht über die berühmt berüchtigten Pixel per Inch – die Druckauflösung. Bisher nicht.

## Die Druckausgabeauflösung

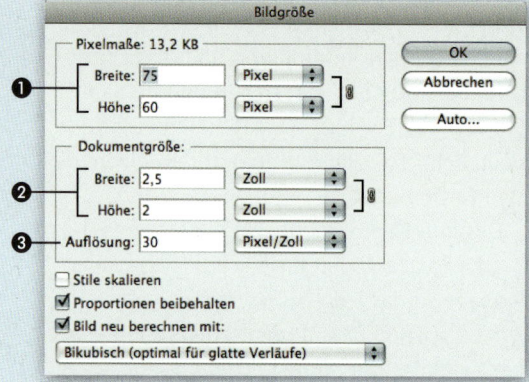

Oben sehen Sie Photoshops BILDGRÖSSE-Dialog. Unter PIXELMASSE werden BREITE und HÖHE in Pixeln angegeben ❶. Das ist die Bild-information, von der wir gesprochen haben. Sind diese Zahlen beziehungsweise das Produkt der Multiplikation beider Werte hoch, dann haben wir es mit einem hochaufgelösten Bild mit viel Bildinformation zu tun – das Bild hat eine hohe (Bild) Auflösung.

Im Bereich DOKUMENTGRÖSSE finden Sie ein Feld, das mit AUFLÖSUNG beschriftet ist ❸. Da Auflösung, wie eingangs angemerkt, viele verschiedene Bedeutungen haben kann, wäre

hier eine etwas präzisere Bezeichnung vielleicht die bessere Wahl gewesen. Man sollte hier von Druckausgabeauflösung sprechen.

Am Computer interessieren weder Zoll ❷ noch Zentimeter noch (Druckausgabe) Auflösung. Die Zoomstufen in Bildbearbeitungsprogrammen beziehen sich auf die Bildauflösung ❶, und die Darstellung im Internet oder in PowerPoint-Präsentationen richtet sich ebenfalls danach. Auch wenn Sie für eine Montage ein Bild in ein anderes einkopieren, geschieht das Einfügen 1:1 analog zur Bildauflösung der beiden Bilddokumente – die Werte unter DOKUMENTGRÖSSE werden dabei vollständig ignoriert.

Die Druckausgabeauflösung ❸ ist ausschließlich im Zusammenhang mit dem Drucken wichtig. Stellen Sie sich die Druckausgabeauflösung als Etikett für den Drucker vor. Die Metapher geht so: Sie packen Ihr Pixelbild in ein Paket (das ist die Datei) und schicken es zum Drucker (das Gerät, nicht der Mensch). Damit er weiß, wie groß er das Bild drucken soll, heften Sie dieses Etikett an das Paket ❹. Sie sagen dem Drucker damit »Lieber Drucker, hier ist ein Bild, das ist

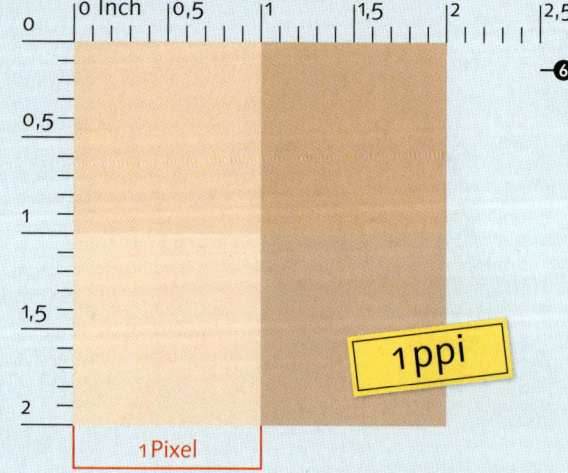

75 Pixel breit. Von diesen 75 Pixeln darfst du jeweils 30 Pixel ❸ nehmen, um damit ein Inch zu füllen.«

Der Drucker bedankt sich brav für das Paket und druckt Ihr Bilddokument aus ❺. Er macht das Bild so groß, dass 30 Pixel auf ein Inch passen, füllt die ersten 30 in ein Inch, und es bleiben 45 Pixel übrig. Er füllt das zweite Inch, 15 Pixel bleiben übrig.

Ein Bildpixel hat keine Größe. Das Pixelmaß ist eine relative Maßeinheit. Die Größe des Pixels ergibt sich erst im Ausdruck. Wenn Sie ein Bild, wie im vorangegangenen Beispiel, mit 30 Pixel per Inch auf einen Drucker schicken, dann erhalten die Pixel jeweils eine Größe von 1/30 Inch (das sind umgerechnet ca. 0,85 mm).

Stellen Sie dasselbe Bild über den Dialog BILDGRÖSSE so auf 1 Pixel per Inch um, ohne dass sich an der Bildauflösung etwas ändert (BILD NEU BERECHNEN MIT deaktivieren), und senden es erneut an den Drucker, dann wird es 75 Inch × 60 Inch groß gedruckt (= 190,5 cm × 152,4 cm). Auf der gegenüberliegenden Seite sehen Sie einen Ausschnitt ❻ aus diesem gigantischen Bild. Bei der Einstellung »1 Pixel per Inch« ist im Druck dann natürlich ein Pixel exakt ein Inch groß.

Nun wissen Sie natürlich, dass 1 ppi keine realistische Druckausgabeauflösung für ein Bild ist. Der Offsetdrucker hätte ebenso gern

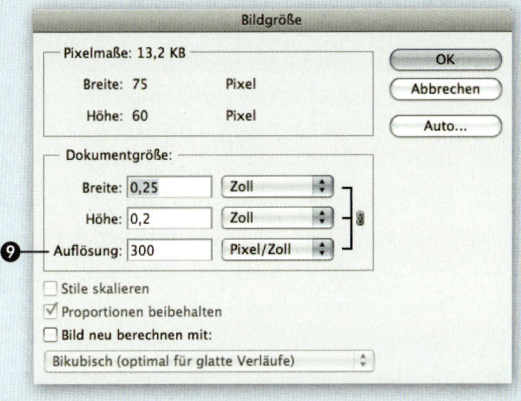

300 ppi wie das Fotolabor. Also stellen Sie den Wert für diese Auflösung auf »300« ein ❾. Sie stecken Ihr Bild wieder ins Datenpaket. Der Drucker nimmt das vorhandene Pixelmaterial auf, sieht 300 ppi als Ausgabeauflösung ❽ und dass 75 Pixel vorhanden sind, und druckt das Bild eben nur 0,25 Zoll breit ❼.

**Druckraster und Rasterweite**

So, wie ein digitales Bild eine Pixelauflösung hat, so besitzt ein gedrucktes Bild eine Rasterauflösung. Ich habe dieses Thema bereits bei den Grundlagen zu Farben (Seite 59) angeschnitten. Um den Eindruck Tausender Farben mit nur drei Grundfarben plus Schwarz vermitteln zu können, müssen Bilder für die drucktechnische Reproduktion gerastert werden. Dieser Vorgang geschieht in der Belichtungsabteilung von Druckereien. Über einen Raster Image Processor, kurz RIP, werden die angelieferten Daten in ein solches Druckraster umgewandelt und direkt auf Druckplatten belichtet.

Die Größe beziehungsweise der Abstand der einzelnen Rasterpunkte kann variieren. Dieser Abstand der Punkte zueinander wird korrekt

0 Inch   0,5   1   1,5   2   2,5

0,5

1

1,5

2

75 Pixel ❼

300 ppi

300 ppi ❽

als Rasterweite bezeichnet und in Line per Inch, kurz lpi, angegeben. Das können Sie im Grunde analog zur Beschreibung der Druckausgabeauflösung verstehen, Sie sollten es aber nicht verwechseln. 150 ppi bei einem Digitalbild besagt, dass sich der Drucker (oder Belichter) je Inch 150 Pixel vom vorhandenen Datenmaterial nehmen darf. 150 lpi besagt, dass der Drucker auf der Länge von einem Inch 150 Rasterpunkte aneinanderreiht.

Wie fein ein solches Druckraster aufgelöst sein kann, wie viele Linien per Inch möglich sind, hängt vom Druckverfahren und vom Trägermaterial ab. Der Zeitungsdruck geht von ca. 50 lpi bis maximal 75 lpi. Im Offsetdruck mit höherwertigen Papieren hingegen sind eher 150 lpi die Regel.

Der Vollständigkeit halber möchte ich erwähnen, dass die Rasterpunkte, mit denen das Druckraster erzeugt wird, ebenfalls aufgerastert sind, und zwar in der Regel in einer aus 16 × 16 Punkten bestehenden Matrix ❶. Sie werden gelegentlich hören, dass ein Laserdrucker eine Auflösung von 600 dpi hat und der Belichter in der Offsetdruckerei 2400 dpi. 2400 Linien, geteilt durch die 16 Punkte der Matrix, ergibt 150 Punkte-Linien.

Sie brauchen sich mit Rasterweite und Punktematrix nicht auszukennen, um in Photoshop die Auflösung einzustellen, es hilft aber, ein wenig über die Zusammenhänge Bescheid zu wissen.

Hat ein Bild 300 ppi ❷ und wird mit einem Offsetdruckraster mit 150 lpi ❸ gedruckt, dann ist die Pixelauflösung doppelt so groß wie die Auflösung des Druckrasters. Die quadratische Treppchenstruktur des Digitalbildes löst sich damit im Punktraster des Drucks auf, und das Bild wird so scharf, wie das Foto belichtet wurde.

Hat das Digitalbild hingegen eine zu geringe Druckausgabeauflösung, zum Beispiel 60 ppi ❹, dann zeigen sich die Pixel der Vorlage ❺ im Rasterdruck ❼. Das Resultat wird dadurch unschärfer, und es kann sogar sein, dass die rechteckige Struktur der Pixel im Druckbild bei genauem Hinsehen zu erkennen ist ❻. Als Faustregel gilt nun, dass Bilder dann mit der maximalen Schärfe in einem Druckverfahren reproduzierbar sind, wenn die Druckausgabeauflösung der digitalen Vorlage doppelt so hoch ist wie die Rasterweite (Lines per Inch) bei der Belichtung. 150 lpi × 2 = 300 ppi. Bei einem Zeitungsdruck mit 75 lpi sieht die Rechnung dann so aus: 75 lpi × 2 = 150 ppi.

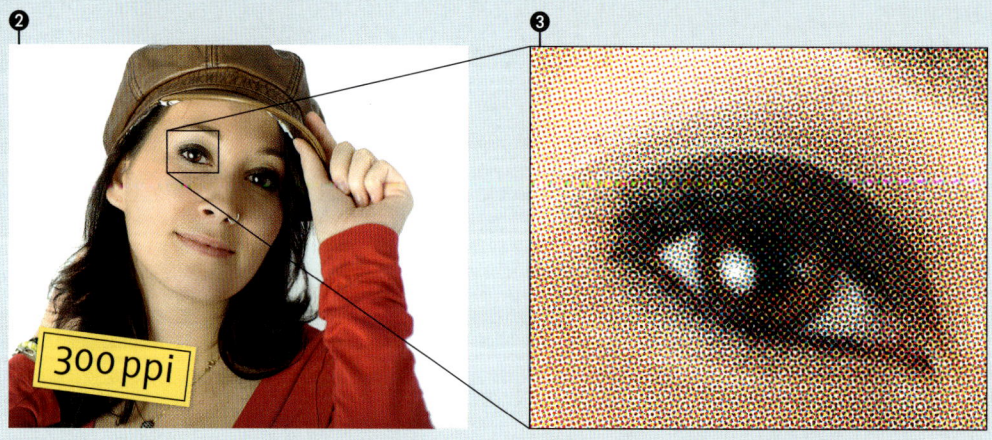

❷ 300 ppi ❸

Da die Rasterweite in Europa sehr oft in Line per Zentimeter angegeben wird, müssen Sie sie in diesem Fall zuerst in Line per Inch umrechnen. Ein Inch entspricht 2,54 Zentimeter, also sieht diese Rechnung bei einem 30er Raster wie folgt aus: 30 lpcm × 2,54 ≈ 75 lpi.

So viel zu den technischen Hintergründen. In der Theorie ist immer alles sehr absolut, in der Praxis relativiert sich immer alles. Da Sie wahrscheinlich für die Praxis arbeiten, möchte ich Ihnen ein paar Gedanken dazu mit auf den Bildbearbeitungsweg geben und dazu zwei Geschichten aus meiner Praxis erzählen.

### Es müssen nicht immer 300 ppi sein

Ich habe im Laufe des vergangenen Jahres den Auftrag bekommen, drei Verpackungsbeileger im Format 60 × 45 cm neu zu gestalten. Diese wurden bereits mit je einem passenden Bild gedruckt, und meine Aufgabe war es, sie mit denselben nachzubauen. Vom Auftraggeber erhielt ich die Bilder als Digitalbilder. Nun haben Sie ja gelernt, dass Sie immer erst die Auflösung von Bildern prüfen sollten, bevor Sie damit weiterarbeiten. Natürlich mache ich das ebenso. Bei dieser Prüfung hat sich he-

rausgestellt, dass die Bildauflösung beim erforderlichen Druckformat nur eine Druckausgabeauflösung von 72 ppi bis 120 ppi ergab. Das ist eigentlich kein Wunder, denn um ein Bild 60 cm breit und 45 cm hoch bei 300 ppi auszugeben, müsste die Digitalkamera, die das Bild aufgenommen hat, ca. 38 Megapixel haben. Solche Kameras sind auch bei professionellen Fotografen eher selten.

Dennoch habe ich als braver Grafiker meinen Auftraggeber darüber informiert. Der Auftraggeber war natürlich verärgert, denn er hätte erwartet, dass die Werbeagentur, die den Einleger beim ersten Mal gestaltet hat, Bilder mit 300 ppi verwendet, wie es dem professionellen Standard entspricht. Nachdem ich mehrfach neue Dateien mit derselben Auflösung erhalten hatte, habe ich mit meinem Auftraggeber die vorangegangenen Drucke der Einleger unter die Lupe genommen.

Dabei stellte sich heraus, dass bei genauer und sehr naher Betrachtung der Drucke die Unschärfe deutlich sichtbar war, wie es zu erwarten ist, wenn die Bildauflösung im Verhältnis zur Rasterauflösung zu gering ist. Tatsächlich ließen sich bei dem Bild, das mit 72 ppi gedruckt worden war, sogar die Pixel-

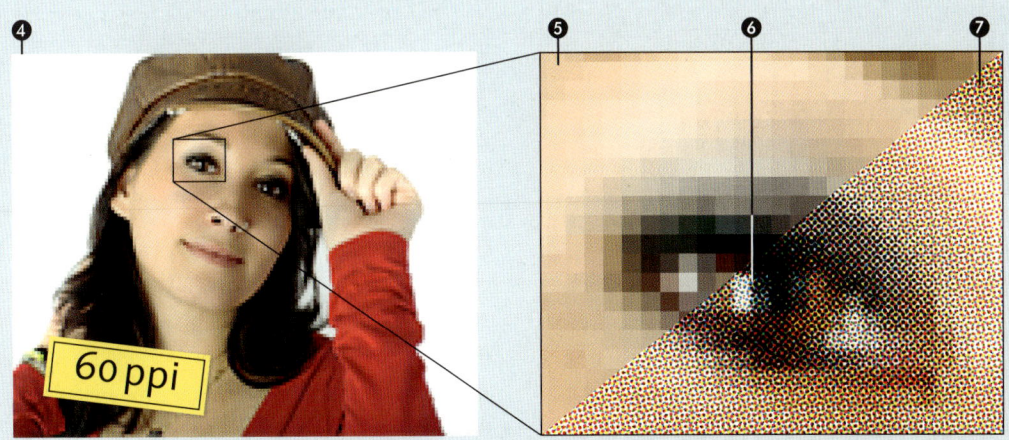

60 ppi

quadrate erkennen. Doch wie gesagt: Man musste schon sehr nahe an das Bild herangehen, um das zu sehen.

In der Praxis wird kaum ein Betrachter so nah an ein Bild im Format von 60×45 cm herangehen, um die nicht optimale Qualität zu bemerken. Anders sähe es jedoch aus, wenn man nur einen kleinen Ausschnitt von sagen wir einmal 6×4,5 cm aus einem solchen Bild herauslösen würde. Dann würde jedem auffallen, dass das Bild unscharf ist.

Wie heiß Sie die Suppe mit der Druckausgabeauflösung also tatsächlich kochen müssen, hängt vorrangig auch von der Abbildungsgröße ab. In einem Buch oder Folder empfiehlt es sich schon, die Auflösung von 300 ppi einzuhalten, um eine optimale Darstellungsqualität zu erreichen. In Postergröße jedoch, oder sagen wir in allen Größen über A3, können Sie Bilder, wenn erforderlich und wenn die Auflösung des Digitalfotos nicht ausreicht, auch mit geringeren Druckausgabeauflösungen drucken lassen.

## Man kann nie genug Auflösung haben

Versierte Fotografen wissen, dass die Schärfe eines Bildes viel mehr von der Qualität der Objektive, von der Blende und vom richtigen Fokussieren beim Fotografieren abhängt als von der Sensorauflösung der Kamera. Wenn Sie ein Motiv unscharf aufnehmen, dann kann auch der beste Scharfzeichnungsfilter der Welt kein scharfes Digitalbild mehr daraus zaubern.

Gängige Auflösungen bei digitalen Spiegelreflexkameras sind derzeit 10 bis 15 Megapixel. Da sich mit der Pixelanzahl, die die daraus resultierenden Digitalbilder haben, niemals ein Foto in einem Posterformat von 50×70 cm mit 300 ppi drucken lässt, wird den Fotografen eingetrichtert, dass für ein Poster auch 72 ppi noch genug sind. Ich habe diese Einschätzung

bis zum Frühjahr 2008 geteilt. Dann war ich auf einer Fotovernissage, bei der befreundete Fotografen Naturbilder ausgestellt haben. Sehr schöne Aufnahmen, metergroß auf edle Leinwand gedruckt. Aus der Distanz war man von allen Bildern sehr beeindruckt. Doch luden vor allem Landschaftsbilder dazu ein, sich die Bilder auch aus nächster Nähe zu betrachten. Man wollte vielleicht ein Haus, eine Person in der Ferne oder einen Baum etwas näher erkunden. Doch da diese Bilder mit relativ geringer Sensorauflösung fotografiert wurden – ca. sechs bis zwölf Megapixel – sah man beim Nähertreten die Elemente der Aufnahme nur mehr sehr unscharf, was man dann irgendwie als etwas enttäuschend empfindet.

Einige Zeit später hatte ich einen Herrn in einem Seminar, der mit einer Sinar-Mittelformatkamera ebenfalls Landschaften fotografiert. Bei ihm hat ein einziges Bild ca. 30 Megapixel, und er baut dann in Photoshop mehrere solcher Bilder zu Panoramen zusammen (wir werden uns noch ansehen, wie das geht). Er war so freundlich, mir einen Fotoprint im Format von ca. 1×3 Meter im Büro vorbeizubringen und zu zeigen. Auch seine Landschaftsaufnahmen sind beeindruckend. Doch die Bildauflösung, die er mit seiner Ausrüstung (mit dem Preis eines Kleinwagens) zustande bringt, hat es, im Gegensatz zu den zuerst beschriebenen Fotos, erlaubt, in den Bildern auch aus nächster Nähe noch alle Details zu erkennen.

Ich möchte Ihnen mit diesen beiden Geschichten lediglich vor Augen führen, dass Bildauflösung am Ende immer etwas Relatives ist. Wie hoch die richtige Druckausgabeauflösung für das Werk ist, an dem Sie gerade arbeiten, hängt einerseits vom Druckverfahren und der Rasterweite ab, darüber hinaus aber auch vom Anspruch an die Qualität, die der Aufgabe des Druckwerks angemessen erscheint, und nicht zuletzt von der Art, wie man es betrachtet beziehungsweise aus welcher Distanz man es sich voraussichtlich ansehen wird.

## Bildschirmauflösung

Als Bildbearbeiter ist für Sie auch die Bildschirmauflösung wichtig. Jeder Bildschirm hat eine Bildschirmauflösung. Ein roter, ein grüner und ein blauer Lichtpunkt ❺ stellen immer gemeinsam einen Pixel dar. Eine klassische Bildschirmauflösung ist 1024 × 768 Pixel. Unser Bildschirm hat der Einfachheit halber nur 30 × 20 Pixel ❶. Bringen Sie ein Bild mit 75 Pixel Breite und 60 Pixel Höhe auf diesem Bildschirm zur Ansicht, dann werden jeweils 2,5 Bildpixel von einem Bildschirmpixel dargestellt ❷ – Photoshop muss die Ansicht entsprechend berechnen. Wenn Sie in Photoshop so weit in ein Bild einzoomen, dass das Programm den ZOOMFAKTOR mit 100 % angibt ❻, dann heißt das nicht, dass das Bild so

groß aus dem Drucker kommen würde, sondern dass ein Pixel des Digitalbildes einem Pixel des Bildschirms entspricht ❸. Im Menü ANSICHT wird diese Zoomstufe als TATSÄCHLICHE PIXEL bezeichnet. Das ist *die* Ansicht, in der Sie den Bildausschnitt so sehen, wie er tatsächlich ist. Wenn Sie sensible Retuschen vornehmen, das Rauschen reduzieren oder scharfzeichnen, dann muss das Bild immer in dieser Ansicht angezeigt werden. Natürlich haben Sie meist auch Bildbereiche außerhalb des Ausschnitts ❼, der auf dem Bildschirm dargestellt wird ❹. Doch durch eine kleinere Zoomstufe muss Photoshop immer einen Teil der Wahrheit – einen Teil der Pixel – verschweigen. Deshalb ist die Ansicht TATSÄCHLICHE PIXEL von zentraler Bedeutung, um Bilder in Schärfe und Qualität beurteilen zu können.

❺

❻

❶

❷

20 Pixel

30 Pixel

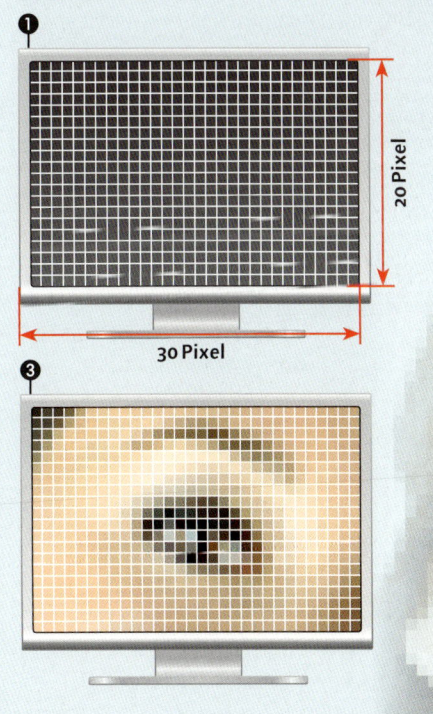

❸

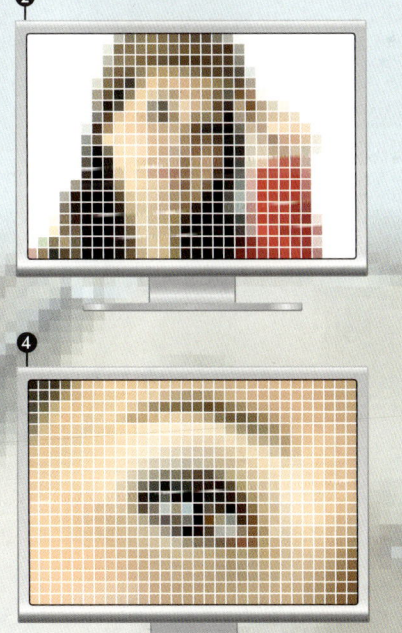

❹

❼

Schwierigkeitsgrad 1 – Für Einsteiger

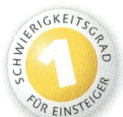

# Bildauflösung verringern

*Wenn ein Bild mehr Auflösung hat als notwendig*

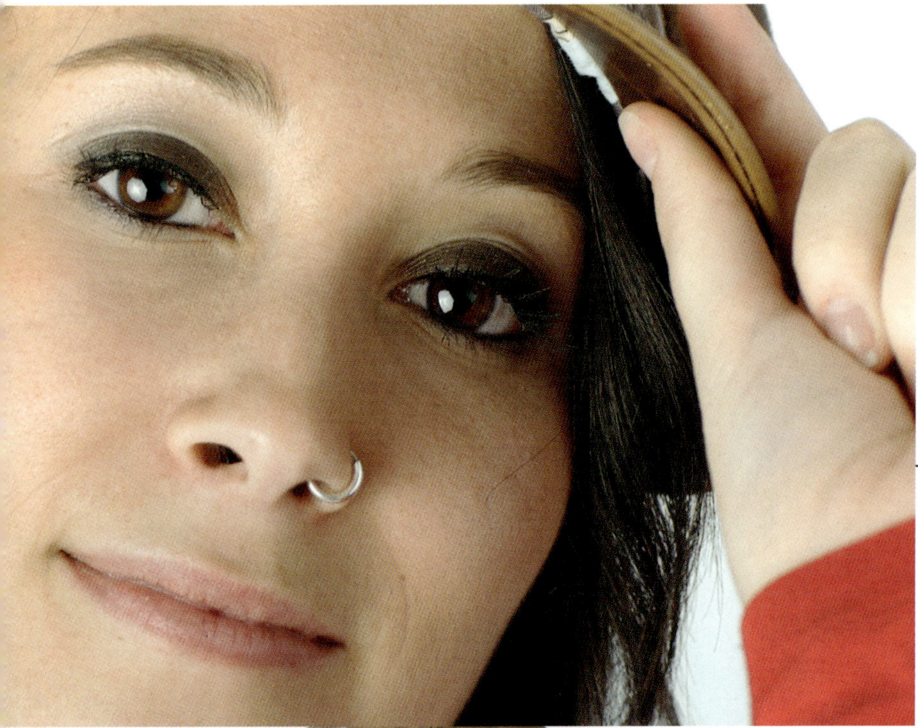

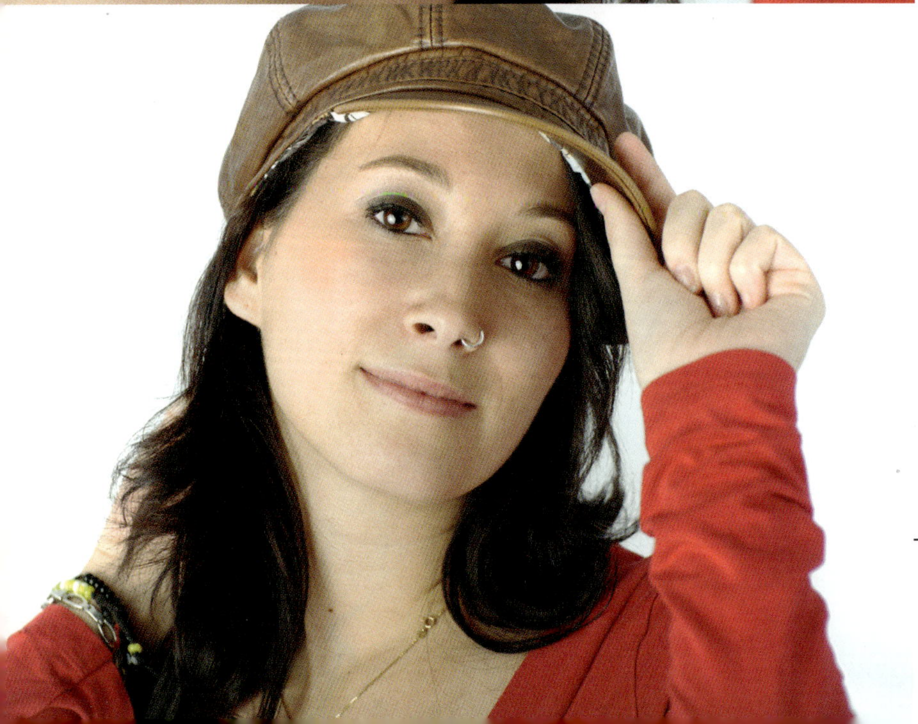

*Ich habe eingangs zu diesem Kapitel geschrieben, dass es drei Bearbeitungsschritte gibt, durch die praktisch jedes Bild durch muss. Der erste Schritt sollte immer die Auflösung betreffen. Zumindest müssen Sie prüfen, ob die Bildauflösung für die gewünschte Druckausgabeauflösung ausreichend ist. Ist die Bildauflösung zu hoch, sollte man sie verringern und Photoshop das Bild neu berechnen lassen. Sehr oft geschieht das zu Beginn des Bildbearbeitungsprozesses. Es kann aber auch Situationen geben, wo man es vorzieht, zur Bearbeitung noch die volle Auflösung zu nutzen und diese erst im letzten Schritt zu verringern. Einen Pauschaltipp, wann Sie wie vorgehen, kann ich Ihnen nicht geben. Doch ich kann Ihnen zumindest zeigen, wie Sie die Auflösung bestmöglichst reduzieren.*

**Zielsetzungen:**

Bildausgabeauflösung und Ausgabeformat einstellen

**[aufloesung_verringern.psd]**

# 1 Bild neu berechnen mit

Wählen Sie zum Verringern der Bildauflösung im Menü BILD • BILDGRÖSSE. Aktivieren Sie, falls sie deaktiviert ist, die Option BILD NEU BERECHNEN MIT ❶.

Vielfach kommt es vor, dass man zunächst einmal prüft, ob die Bildauflösung eines Digitalbildes für die gewünschte DOKUMENT-GRÖSSE überhaupt ausreichend ist, und erst dann entscheidet, ob ein Verringern der Auflösung überhaupt erforderlich ist. Gehen Sie dazu vor, wie im Workshop »Auflösung prüfen« auf Seite 72 beschrieben.

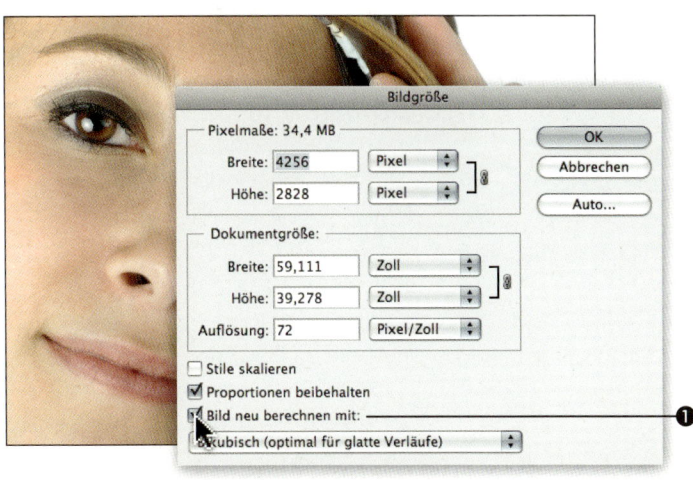

# 2 Bikubisch schärfer

Wählen Sie aus dem Menü unten im Dialogfenster die Option BIKUBISCH SCHÄRFER (OPTIMAL ZUR REDUKTION) ❷. Wenn Sie die Auflösung eines Bildes verringern wollen, dann ist das die richtige Einstellung.

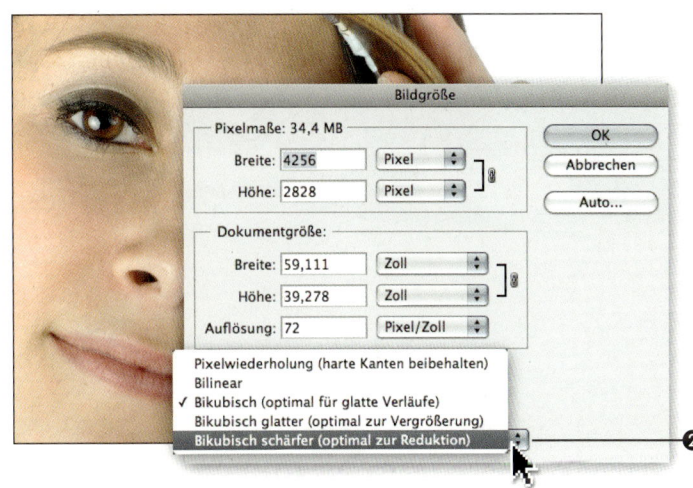

# 3 Druckausgabeauflösung und Ausgabeformat

Geben Sie zuerst die gewünschte Druckausgabeauflösung an ❹. Meist sind das 300 ppi (doch wie Sie aus dem vorangegangenen Exkurs wissen, nicht immer). Definieren Sie danach BREITE oder HÖHE ❸.

Wenn PROPORTIONEN BEIBEHALTEN ❺ aktiviert ist, können Sie nicht beide Werte unabhängig verändern. Das ist normalerweise auch richtig, denn Sie wollen die Proportionen eines Bildes kaum einmal verzerren.

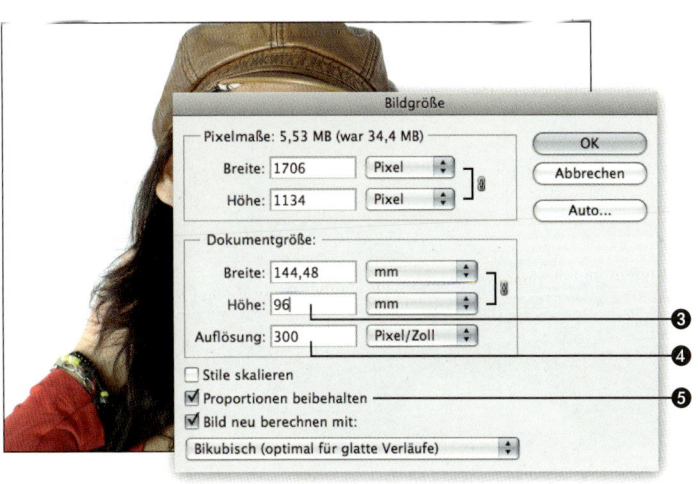

SCHWIERIGKEITSGRAD 1 FÜR EINSTEIGER

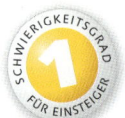

# Bildauflösung erhöhen

*Interpolation lässt sich nicht immer vermeiden.*

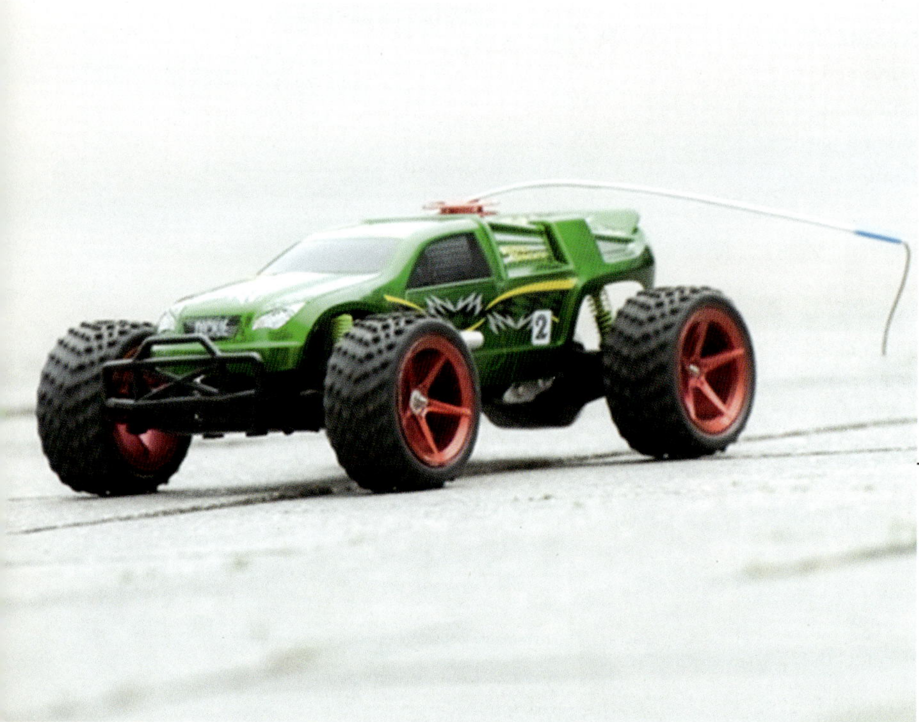

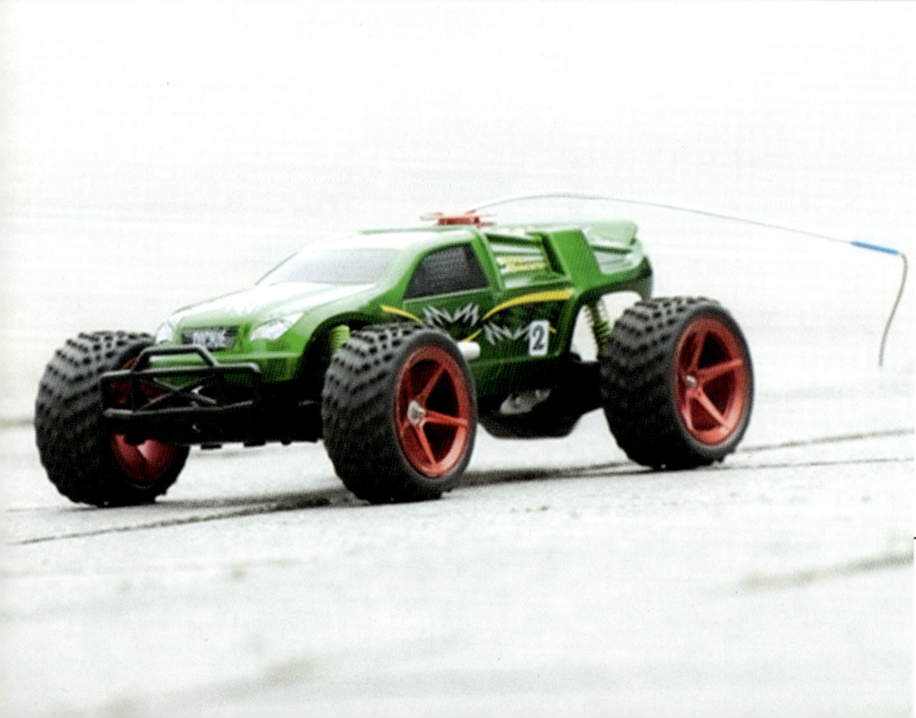

*Es kommt immer wieder vor, dass ein Grafiker Bilder erhält, die eine zu geringe Auflösung haben, um ein qualitativ einwandfreies Ergebnis für den Offsetdruck zu ermöglichen. In diesem Fall muss die Auflösung durch Interpolation erhöht werden. Stellen Sie sich ein Bild vor, das 75 Pixel breit ist. Wenn es für ein gewünschtes Format im Druck 750 Pixel je Zeile benötigt, dann muss Photoshop die fehlenden 675 Pixel dazuerfinden. Das heißt, das Programm fügt für jedes vorhandene Pixel neun neue ein. Das Resultat einer solchen Aktion kann nur unscharf sein! Ob es für die Aufgabe, die das Bild hat, ausreichend ist, müssen Sie entscheiden. Was für einen Aushang am schwarzen Brett genug sein mag, entspricht nicht immer den Anforderungen für einen luxuriösen Folder.*

**Zielsetzung:**
Bildauflösung mittels Interpolation erhöhen
**[aufloesung_erhoehen.jpg]**

## 1 Interpolieren mit »Bikubisch glatter«

Den Prozess des Neuberechnens eines Digitalbildes bezeichnet man als Interpolieren.

Ich möchte Ihnen nun etwas demonstrieren, wozu Sie zunächst den Zoomfaktor auf 50 % stellen sollten ❶ – ein normalerweise zur Interpolierung nicht erforderlicher Schritt. Rufen Sie danach wieder den Dialog BILD-GRÖSSE auf. Das Bild hat 72 ppi. Verändern Sie den Wert auf »300 ppi« ❷, und geben Sie »96 mm« für die HÖHE ein ❸. Wählen Sie BI-KUBISCH GLATTER (OPTIMAL ZUR VERGRÖSSE-RUNG) ❹, und schließen Sie mit OK.

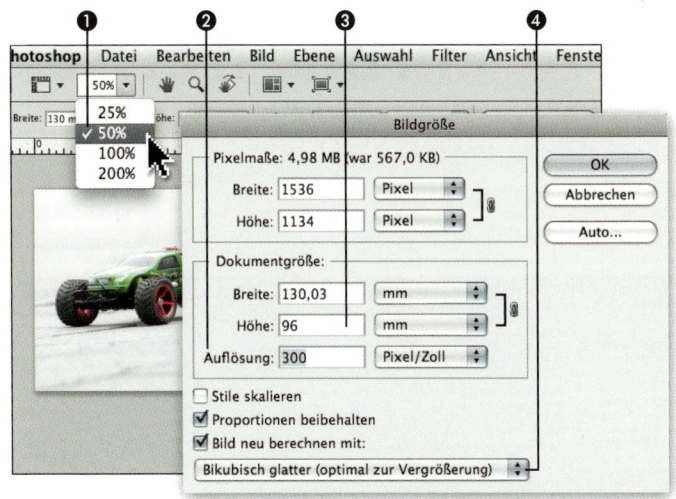

## 2 »Tatsächliche Pixel«-Ansicht

Das Ergebnis sollte in der 50 %-Ansicht durchaus annehmbar aussehen. Doch stellen Sie den Zoomfaktor einmal um auf 100 % ❺ – Sie können dazu auch im Menü ANSICHT • TAT-SÄCHLICHE PIXEL wählen oder Strg/⌘ + Alt + 0. Ich habe Ihnen im Grundlagenexkurs über die Auflösung zum Thema Bildschirmauflösung erklärt, dass dann im Ausschnitt, den Sie am Monitor sehen, ein Pixel des Bildschirms einem Pixel des digitalen Bildes entspricht.

## 3 Beurteilen Sie die Bildschärfe und Abbildungsqualität

Es ist immer schwer zu sagen, wie gut die Resultate solcher Demonstrationen im Druck eines Buches noch zu erkennen sind. Am Bildschirm werden Sie jedoch sicher sehen, dass das Ergebnis sehr unscharf geraten ist und darüber hinaus eine unruhige Struktur zeigt, die vom Vergrößern der Bildpixel herrührt.

Abbildung ❻ zeigt das Resultat dieses Workshops, ❼ zeigt, wie das Bild aussehen würde, wenn es von der hochauflösenden Originalaufnahme gedruckt wird.

# Ein Bild freistellen und drehen

*Freistellen gab es schon immer. Ansichtdrehung ist neu!*

Bilder auf einen kleineren Ausschnitt zuzuschneiden gehört zum Alltag des Grafikers (auch wenn viele Fotografen uns deswegen hassen). In diesem Workshop lernen Sie (fast) alle Kniffe dazu. Darüber hinaus werden Sie auch gleich noch erfahren, wie man die Bildschirm-anzeige eines Fotos drehen kann, ohne das Foto selbst zu drehen, und wie ein Bild gespiegelt wird.

**Zielsetzungen:**
Bild auf einen kleineren Ausschnitt zurückschneiden
Ausschnitt drehen
Bild spiegeln
[freistellen.jpg]

## 1 Neues CS4-Werkzeug »Ansichtdrehung«

Im ersten Kapitel habe ich Ihnen einige neue Funktionen von Photoshop CS4 vorgeführt. Neu ist auch das ANSICHTDREHUNG-WERKZEUG. Sie finden es sowohl in der Werkzeug-Palette als Untermieter des HAND-WERKZEUGS 🖐 als auch in der Anwendungsleiste ❶.

## 2 Ansicht drehen

Wenn Sie den Mauszeiger bei aktiviertem AN-SICHTDREHUNG-WERKZEUG in die Arbeitsfläche bewegen, sieht der Mauszeiger so aus: 🖐. Durch Drücken der Maustaste und Bewegen der Maus können Sie die Arbeitsfläche kippen ❷. Wichtig: Sie kippen die Arbeitsfläche, nicht das Bild. Das Bild bleibt waagerecht und wird auch so gedruckt. Allein die Darstellung am Bildschirm ist gekippt. Ich denke, dass das vor allem Illustratoren, die in Photoshop malen, freut. In der Optionen-Palette sehen Sie den DREHWINKEL ❸.

## 3 Freistellungswerkzeug aktivieren, Freistellungsrahmen aufziehen

Aktivieren Sie nun das Freistellungswerkzeug ❹, und ziehen Sie damit einen Freistellungs-rahmen auf ❺. Da die Arbeitsfläche gedreht ist, wird auch der Freistellungsrahmen ver-dreht dargestellt. Doch wie gesagt: Das ist nur die Ansicht!

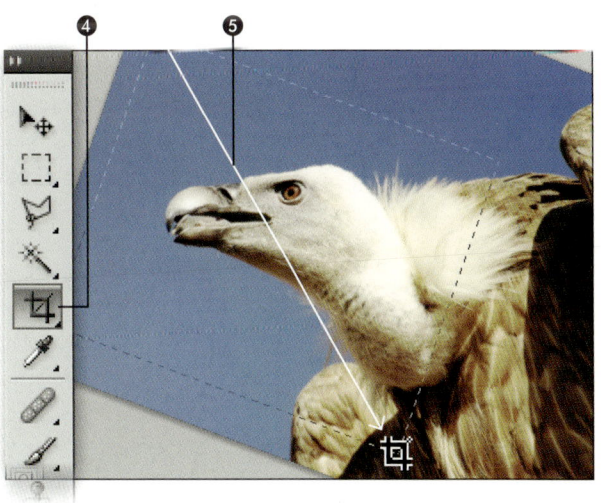

## 4  Freistellungsrahmen drehen

Wenn Sie die Maustaste nach Aufziehen des Rahmens wieder loslassen und den Mauszeiger aus dem Freistellungsrahmen hinaus bewegen, zeigt Ihnen ein gekrümmter Doppelpfeil an, dass Sie den Freistellungsrahmen auch drehen können ❶.

Das Drehen der *Ansicht* ist für das Freistellen kein notwendiger Arbeitsschritt. Doch wenn Sie das *Bild* während des Freistellens drehen, können Sie während des Freistellens und Rotierens leichter beurteilen, wie das Resultat aussieht.

## 5  Deckkraft reduzieren

Der Bereich außerhalb des Freistellungsrahmens ❷ wird standardmäßig um 75 % abgedunkelt dargestellt. Ich bevorzuge es, diesen Bereich auf 100 % Deckkraft ❸ (Abdunkelung) einzustellen. Auch das hilft mir, damit ich mir das fertige Resultat während des Freistellens besser vorstellen kann.

**Tipp:** Wenn Sie es sich anders überlegen und den Vorgang abbrechen möchten, können Sie jederzeit die Esc-Taste drücken.

## 6  Freistellungsrahmen verschieben

Um den Freistellungsrahmen anders zu positionieren, verschieben Sie ihn bei gedrückter Maustaste ❺.

Im Screenshot sieht es fast so aus, als würde ich das Bild verschieben, indem ich das kleine Fadenkreuz ❹ in der Mitte des Freistellungsrahmens verschiebe. Dieses Fadenkreuz markiert jedoch lediglich den Angelpunkt, um den der Rahmen gedreht wird. Sie können es verschieben, um nicht um die Mitte, sondern um einen beliebigen Punkt zu drehen.

## 7 Freistellungsrahmen skalieren

An den Anfassern an Seiten und Ecken können Sie die Größe des Rahmens verändern.

**Tipp:** Alles, was ich Ihnen zum Umgang mit einem solchen Rahmen und den Anfassern bereits beschrieben habe (ab Seite 41 zu FREI TANSFORMIEREN und ab Seite 53 zu AUSWAHL TRANSFORMIEREN), können Sie auf diesen Rahmen auch anwenden. Und umgekehrt gelten die neuen Beschreibungen zum Drehen und Verschieben auch für FREI TRANSFORMIEREN und AUSWAHL TRANSFORMIEREN.

## 8 Freistellung bestätigen, Ansicht zurücksetzen

Wenn Sie mit Ihrer Auswahl endgültig zufrieden sind, bestätigen Sie Ihre Zufriedenheit mit einem Doppelklick in den Rahmen oder durch Drücken der ⏎-Taste.

Danach können Sie die Arbeitsflächendrehung wieder zurücksetzen ❻.

## 9 Arbeitsfläche horizontal spiegeln

Es gibt unter Buchgestaltern und Grafikern die Regel, dass ein Bild (beziehungsweise dessen Motiv) immer in das Buchinnere sehen sollte – oder in den Folder hinein. Damit unser Geier in diesem Buch auch zu den Workshops hinsehen darf und nicht aus dem Buch herausschauen muss, sollten wir die Arbeitsfläche noch spiegeln. Den Befehl ARBEITSFLÄCHE HORIZONTAL SPIEGELN finden Sie im Menü BILD als Unterpunkt von BILDDREHUNG (wer hätte das gedacht).

# Format und Auflösung anpassen

*Das Freistellungswerkzeug im Einsatz*

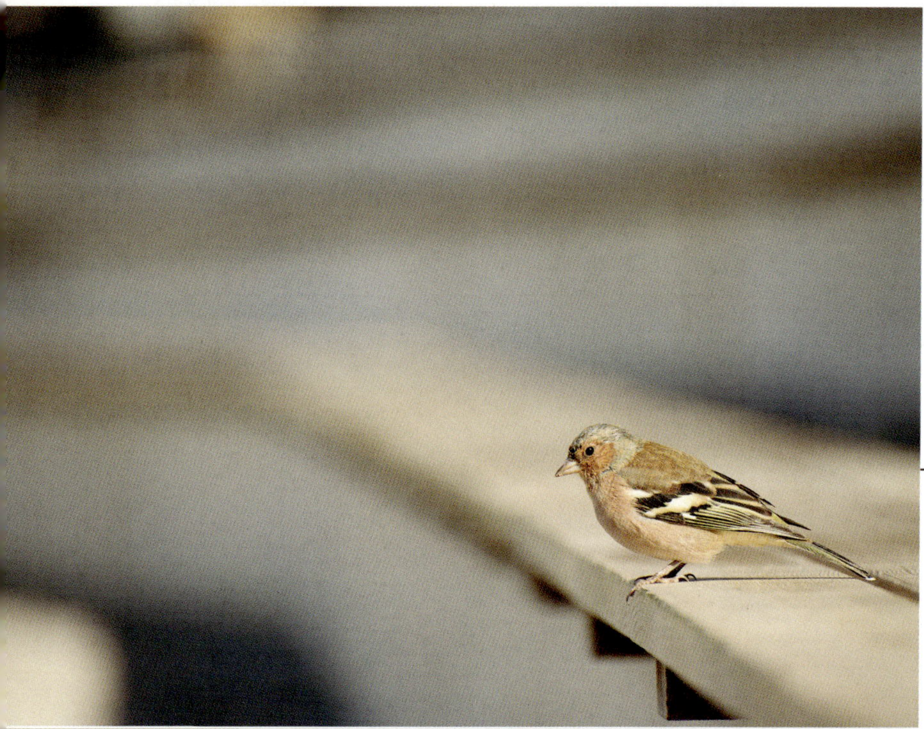

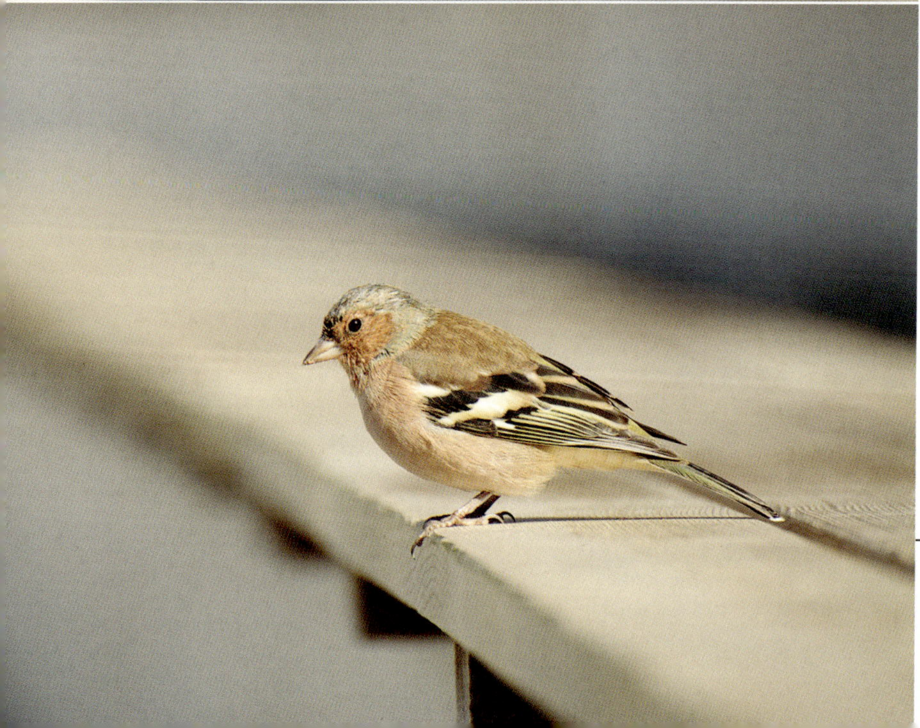

*Ein Grafiker braucht sehr oft ein Bild in einem bestimmten Format und einer bestimmten Druckausgabeauflösung. Dabei muss meistens auch noch der Bildausschnitt angepasst werden. Wäre es da nicht schön, man könnte diese beiden Schritte – beschneiden und Auflösung anpassen – in einem Aufwasch erledigen? Das geht! Ach, wie schön ist Panama! Der Luxus geht sogar noch weiter: Sie können die Vorgaben für die Werkzeugeinstellung speichern, wenn Sie sie öfter brauchen, um sie bei Bedarf mit einem Klick aufrufen zu können.*

*PS: Der kleine Piepmatz kam auch im wirklichen Leben direkt angeflogen, nachdem die Geier weg waren ;-).*

**Zielsetzungen:**

Neuen Ausschnitt wählen

Fixes Ausgabeformat von 130 mm × 96 mm definieren

Druckausgabe auf 300 ppi festlegen

Werkzeugvorgabe speichern

**[freistellen_und_anpassen.jpg]**

# 1 Ganzes Bild

Wenn Ihr Bild sich, wie meines, in der
100 %-Ansicht ❶ befindet und dabei nur zum
Teil am Bildschirm sichtbar ist, können Sie
über das Menü ANSICHT • GANZES BILD ❷
(ODER [Strg]/[⌘]+ [0]) den Zoomfaktor in
einem Schritt so weit zurückfahren, dass Sie
das ganze Bild passend im Dokumentfenster
sehen.

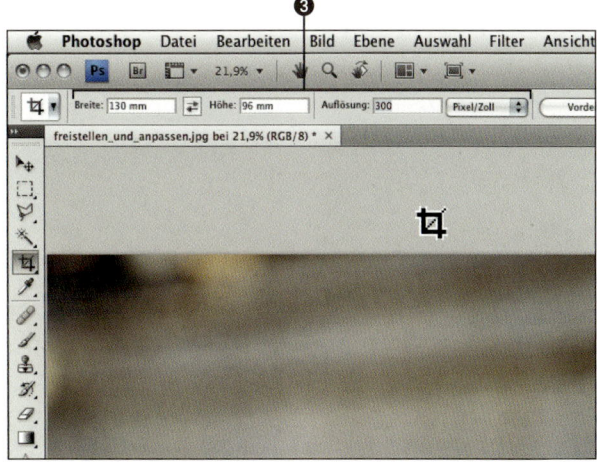

# 2 Format und Auflösung für das Freistellungswerkzeug vorgeben

Aktivieren Sie zum Freistellen das FREISTEL-
LUNGSWERKZEUG 🔲. Da Sie für diesen Workshop wissen, dass das Bild 130 mm breit und
96 mm hoch werden soll und eine Druckausgabeauflösung von 300 ppi benötigt, geben
Sie diese Parameter gleich vor ❸.

Je nachdem, welche Maßeinheit gerade eingestellt ist, wird Ihre Zahl damit interpretiert.
Wenn Sie also als Maßeinheit Millimeter und
nicht Pixel, Zoll oder Pica als Maßeinheit benötigen, schreiben Sie hinter die Zahl »mm«.

# 3 Werkzeugvorgaben speichern

Sehr oft kommt es vor, dass man ein bestimmtes Format immer wieder einmal
braucht. Dann rentiert es sich, diese Vorgaben
für das FREISTELLUNGSWERKZEUG zu speichern.

Dazu klicken Sie auf die erste Schaltfläche
❹ in der Optionen-Palette. In der daraufhin
aufspringenden Palette klicken Sie auf 🔲
NEUE WERKZEUGVORGABE ERSTELLEN ❺.
Danach können Sie der Werkzeugvorgabe
einen Namen geben ❻.

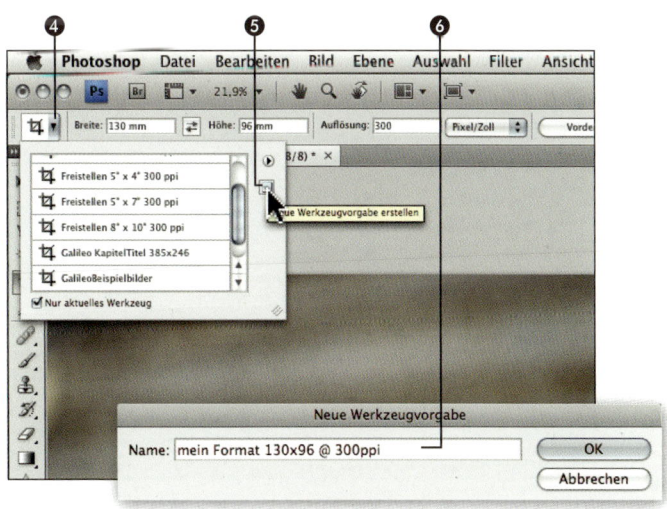

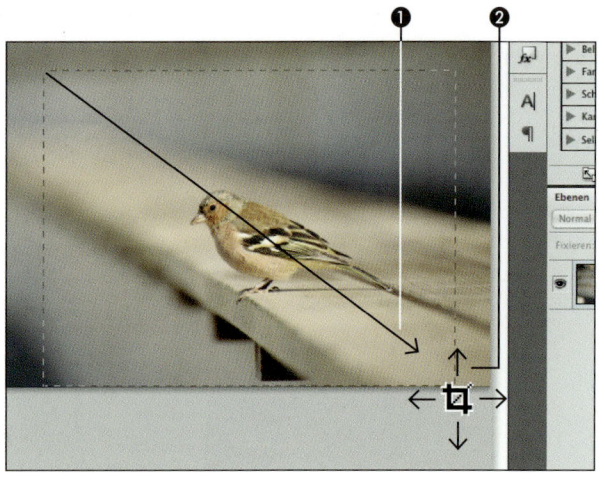

## 4  Freistellungsrahmen aufziehen

Ziehen Sie nun den gewünschten Freistellungsrahmen auf ❶. Sie werden dabei bemerken, dass sich Breite und Höhe nicht mehr unabhängig voneinander verändern lassen, denn
das Seitenverhältnis ist ja durch die Vorgabe
von Breite und Höhe auf 130 : 96 fix definiert.

**Tipp:** Wenn Sie, noch bevor Sie die Maustaste losgelassen haben, die `Leertaste`
drücken, dann können Sie, solange Sie diese
Taste halten, den Freistellungsrahmen verschieben ❷ und die Größe nach dem Loslassen weiter anpassen.

## 5  Achtung, Bildauflösung!

**Tipp:** Die Gefahr, wenn Format und Druckausgabeauflösung mit dem Freistellungswerkzeug erzwungen werden, ist, dass dabei ver-
sehentlich die Bildauflösung erhöht wird.
Achten Sie darauf, ob das Motiv nach dem
Freistellen plötzlich größer ist als zuvor. In
diesem Beispiel ist der Vogel vor dem Freistellen bei 33,3 % Zoomfaktor ❸ fast genauso
groß wie nach dem Freistellen bei 33,3 % ❹.
Würde das Motiv nach der Bestätigung (⏎)
doppelt so groß am Bildschirm erscheinen,
hätte sich die Anzahl der Pixel verdoppelt!

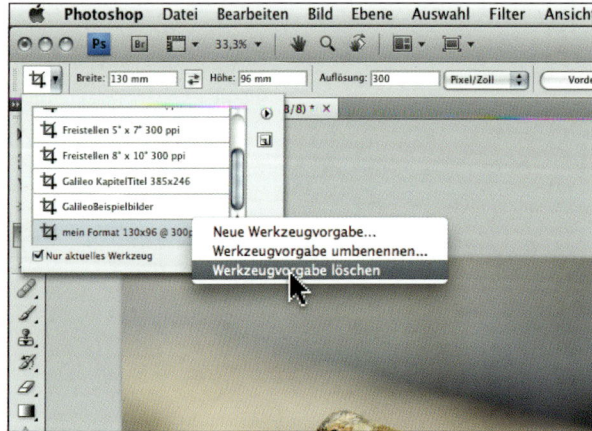

## 6  Werkzeugvorgabe löschen

Um eine Werkzeugvorgabe zu löschen,
klicken Sie mit der rechten Maustaste darauf.

**Tipp:** Man weiß nicht genau, mit welcher
Methode Photoshop bei dieser Form des Freistellens ein Bild interpoliert. Sie können
jedoch im Menü PHOTOSHOP (Windows: BE-
ARBEITEN) • VOREINSTELLUNGEN • ALLGEMEIN
die BILDINTERPOLATION auf BIKUBISCH SCHÄRFER
(OPTIMAL ZUR REDUKTION) voreinstellen – das
ist wahrscheinlich ohnehin die Methode, die
Sie am meisten verwenden werden.

# Scharfzeichnen

Schärfe und Rauschen gehen Hand in Hand.

Wir betreten nun die heiligen Hallen der esoterischen Bildbearbeitung. Schärfe ist so etwas wie der heilige Gral aller Fotografen und Photoshop-Profis. Dabei müssen Sie wissen, dass Sie ein Foto nie wirklich schärfer machen können, als es aufgenommen wurde. Sie können nur dafür sorgen, dass es schärfer aussieht – und auch das nur in Maßen. Die Veränderungen, die dabei erzielt werden, sind so subtil, dass sie sich dem Einsteiger meist verschließen. Und auch der Profi weiß nicht, wie viel von seiner Scharfzeichnung im Raster eines Drucks übrigbleibt. Dennoch – vielleicht auch gerade deshalb – sollten Bilder nach jeder Veränderung der Bildauflösung nachgeschärft werden. Schärfen ist in der Regel der vorletzte Schritt der Bildbearbeitung und der zweite von drei Schritten, die jedes Bild durchlaufen sollte.

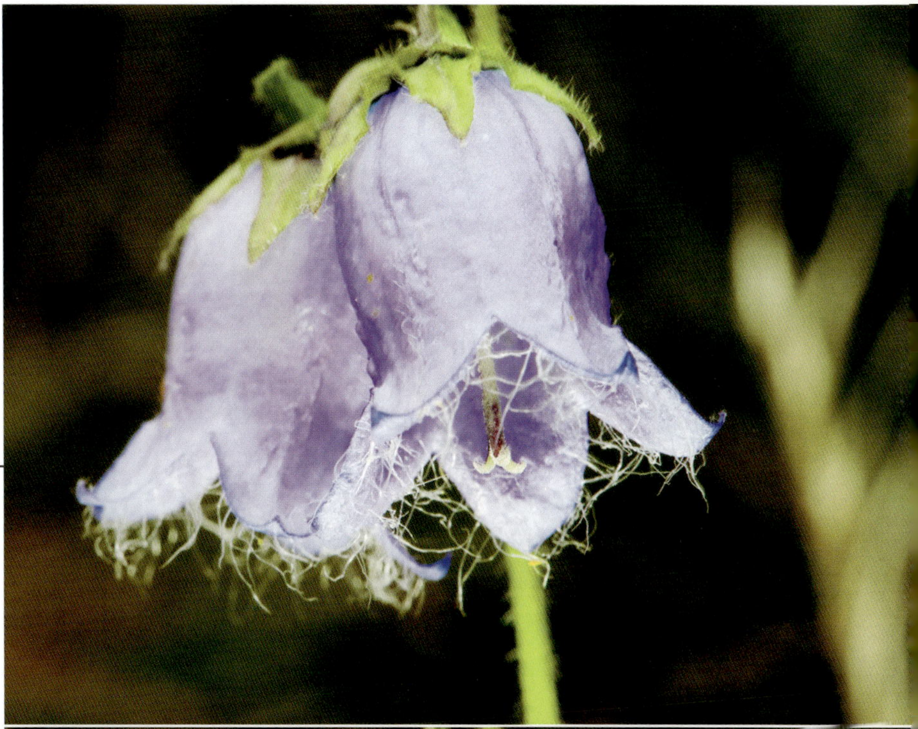

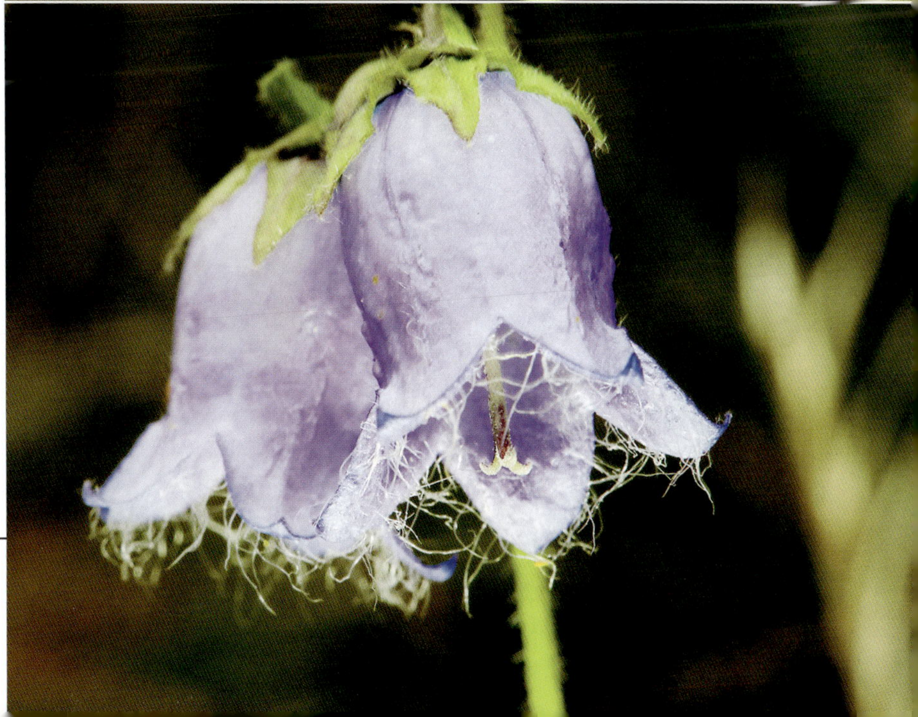

Zielsetzungen:

Bildschärfe erhöhen

Rauschen im Rahmen halten

[schaerfen.jpg]

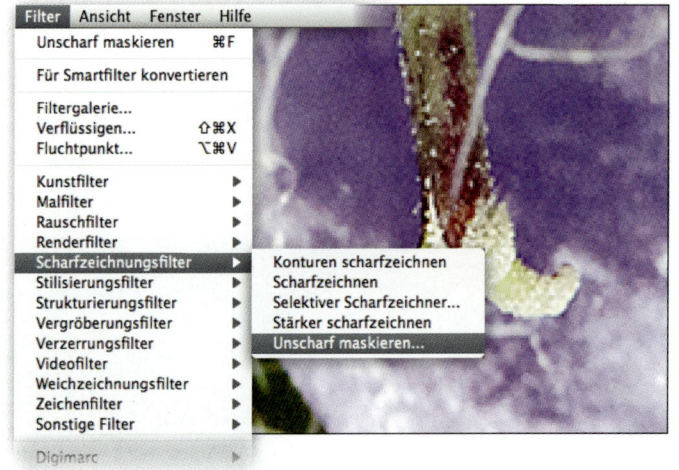

# 1 Unscharf maskieren in der 100 %-Ansicht

Ich habe im Exkurs über die Auflösung gesagt, dass die 100 %-Ansicht die beste Ansicht für die subtile Bildbearbeitung ist, weil dabei ein Pixel des Bildschirms einem Pixel des Digitalbildes entspricht. Subtiler als Scharfzeichnen geht nicht. Wenn Sie ein Bild schärfen, dann beurteilen Sie es unbedingt in dieser Ansicht.

Es gibt zwei interessante Filter zum Scharfzeichnen: SELEKTIVER SCHARFZEICHNER und UNSCHARF MASKIEREN. Ich bevorzuge noch immer UNSCHARF MASKIEREN.

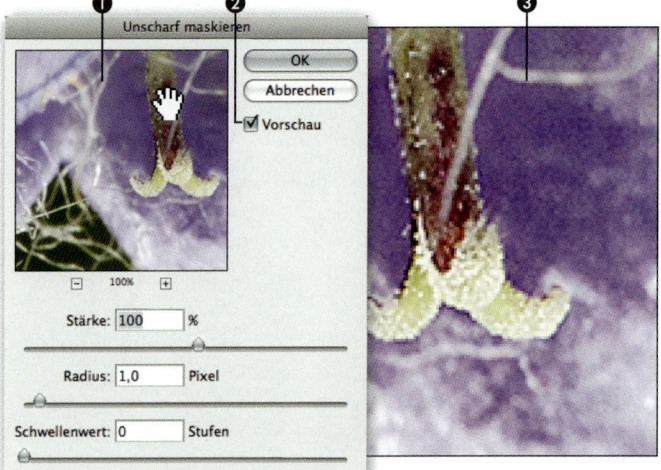

# 2 Vorschau-Ausschnitt verschieben

Im Filter UNSCHARF MASKIEREN gibt es sowohl eine integrierte Vorschau ❶ als auch eine Echtzeitvorschau ❷, über die Sie das Resultat einer Veränderung der Parameter im offenen Bild ❸ hinter dem Dialogfenster sehen.

**Tipp:** Sie können den Ausschnitt der Vorschau mit der Maus verschieben. Solange Sie die Maustaste auf dieser Vorschau gedrückt halten, sehen Sie das Bild *vor* dem Öffnen des Dialogs; lassen Sie die Maustaste los, sehen Sie die Auswirkung der Einstellungen.

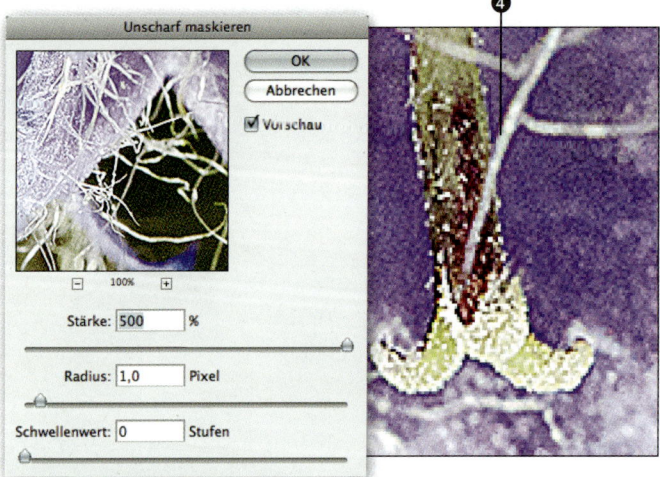

# 3 Die Illusion von Schärfe

Sie können ein Foto nicht wirklich schärfer machen. Das ist unmöglich. Es kann aber durch Bildbearbeitung schärfer *aussehen*. Dazu sucht Photoshop Kontrastkanten ❹. Eine Kontrastkante ist die Grenze zwischen hellen und dunklen Bildbereichen. Um den Eindruck von Schärfe zu erhöhen, werden die hellen Pixel noch heller gemacht und die dunklen noch dunkler.

Ich habe hier einmal bewusst übertriebene Werte eingestellt, die das Bild überschärfen.

## 4 Radius, Stärke und Schwellenwert

Ich beginne damit, die Werte für STÄRKE auf 100 % ❺, RADIUS auf 1,0 ❻ und SCHWELLEN-WERT auf 0 ❼ zu stellen. Den RADIUS belasse ich bei allen Bildern auf 1,0, lediglich für Internet-Bilder verringere ich ihn meist auf 0,3.

Danach klicke ich in das Feld STÄRKE. Mit ⬆+↑-Taste erhöhe ich den Wert in Zehnerschritten so weit, bis mir das Resultat ausreichend geschärft erscheint. Sinnvolle Werte liegen zwischen 50 und 200, für den Offsetdruck meist zwischen 100 und 150.

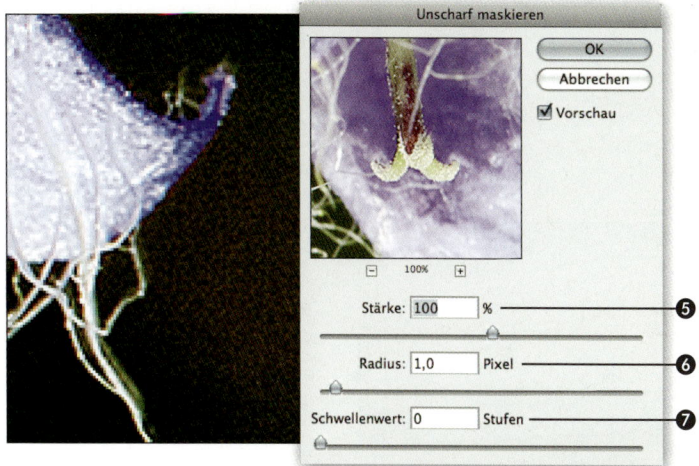

## 5 Rauschen reduzieren

Rauschen ist eine Punktstruktur aus hellen und dunklen (Luminanzrauschen) oder farbigen Pixeln (Farbrauschen). Ein bisschen Rauschen findet sich in jedem Bild. Da beim digitalen Schärfen Helldunkel-Kontraste erhöht werden, erhöht sich dadurch auch das Rauschen.

Klicken Sie in das Feld SCHWELLENWERT ❽, und erhöhen Sie den Wert mit ⬆+↑ in Zehnerschritten.

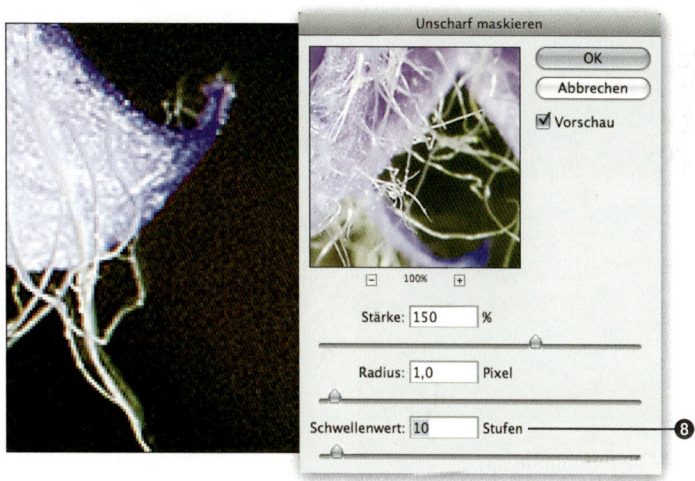

## 6 Schwellenwert einstellen und Vorschau prüfen

Beim Erhöhen auf 10 sollten Sie eine deutliche Reduzierung des Rauschens erkennen (Sie müssen es am Bildschirm versuchen, im Druck werden Sie den Unterschied nicht sehen). Bereits bei der Erhöhung von 10 auf 20 sieht man meist kaum mehr eine Verbesserung. Deshalb bleibe ich dann bei 10. Ansonsten erhöhe ich auf 30, und wenn das keine Verbesserung bringt, bleibe ich bei 20, und so weiter.

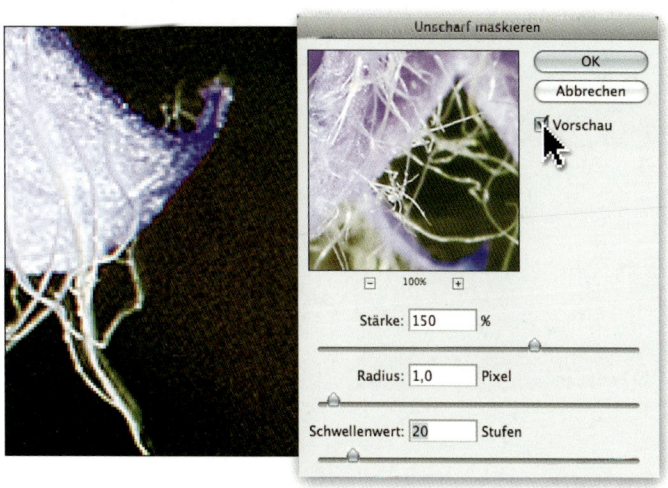

# Farbmanagement

*… damit Sie auch bekommen, was Sie sehen.*

Foto: istockphoto.com

Foto: Markus Wäger

Foto: istockphoto.com

Foto: istockphoto.com

❶

❷

❸

❹

❺

## Farbmanagement – nur für Profis?

Farbmanagement sollte ein Muss für professionelle Bildbearbeiter und Grafiker sein. Leider ist dem (noch) nicht immer so. Sogar manche Druckerei steht auf dem Standpunkt, es sei Unsinn, weil sich Farben ohnehin auf verschiedenen Ausgabemedien niemals perfekt angleichen lassen. Dass es nicht perfekt wird, dass dieselben Farben auf verschiedenen Papieren und erst recht am Bildschirm immer anders aussehen werden, ist eine Tatsache. Ich stehe aber auf dem Standpunkt, dass *optimal* eine deutliche Verbesserung wäre, auch wenn es am Ende nicht *perfekt* wird.

Auch wenn Sie kein Profi werden möchten und nur als ambitionierter Hobbyfotograf oder -bildbearbeiter mit Photoshop werken, sollten Sie über Farbmanagement nachdenken. Gerade Fotografen schimpfen oft über Druckereien, die nicht imstande sind, die wunderbaren Farben ihrer Dias und Digitalbilder auf Papier zu übertragen. Oft liegt dieser Ärger vielleicht ein wenig im Unwissen über Farbmanagement – oder auch Color Management – begründet.

## Alles ist relativ

Wenn Sie glauben, Farbe ist, wie sie ist, dann muss ich Sie enttäuschen. Farbe ist etwas äußerst Relatives.

Da wären zum einen Umwelteinflüsse wie Tages- und Jahreszeit, die die Farben von Objekten beeinflussen. Auch wenn Sie keinen Himmel sehen, spüren Sie, ob die Aufnahme im Winter oder im Sommer aufgenommen wurde, in der Früh, am Mittag oder bei Sonnenuntergang – oder ob gerade ein Gewitter heranzog. Das liegt daran, dass sich das Licht je nach Sonnenstand verändert. Am Morgen ist es bläulich, am Mittag relativ neutral, und am Abend bei Sonnenuntergang verschiebt es sich ins Gelblich-Rötliche.

Die Art des Lichtes ist ein Faktor, der bestimmt, wie Sie Farben sehen. Wichtig ist dieser Umstand auch, wenn Sie an Bildern arbeiten. Bilder sollten unter neutralen Lichtbedingungen bearbeitet werden. Die absoluten Profis schaffen für die farbverbindliche Bildbearbeitung sogar einen Raum unter Normlicht, frei von Tageslichteinfluss und ohne farbige Reize an Wänden und Einrichtung.

So weit brauchen Sie als Normalnutzer von Photoshop nicht zu gehen. Es genügt, wenn Sie annähernd gleichbleibende Bedingungen in Ihrer Bildbearbeitungsumgebung schaffen.

## Unterschiedliche Geräte, unterschiedliche Farben

Nehmen wir an, Sie befinden sich auf Fotosafari. Sie spazieren an einem See und sehen ein Motiv ❶, das sich festzuhalten lohnt. Sie greifen nach Ihrer (digitalen) Kamera und fangen das Motiv ein.

Das, was das Auge der Kamera *sieht* und auf die Speicherkarte überträgt ❷, ist seine Interpretation dessen, was Sie mit Ihren Augen sehen ❶. Je nachdem, welche Einstellungen Sie an der Kamera vorgenommen haben oder für welche vorprogrammierten Parameter sich die Software des Geräts entschieden hat, wird das Bild anders aussehen. Keine zwei Kameras werden dasselbe Motiv am selben Ort zur selben Zeit 1:1 identisch aufnehmen.

Wenn Sie das Bild auf Ihren Computer übertragen und am Monitor betrachten ❸, werden Sie vielleicht feststellen, dass die Farben und die Wirkung nicht so sind, wie Sie es in Erinnerung haben. Wo liegt das Problem? Hat die Kamera die Farben falsch gesehen? Oder lügt der Monitor?

Diese Frage lässt sich nicht pauschal beantworten – beides ist möglich. Sicher ist aber, dass auch keine zwei Bildschirme die Farben identisch darstellen werden. Das liegt zum einen daran, was für einen Monitor in welcher Qualität von welchem Hersteller Sie benutzen (streng genommen auch daran, wie alt er ist und wie lange er heute schon läuft).

Es liegt aber auch an den Farbeinstellungen des Betriebssystems. Diese sind standardmäßig so konfiguriert, dass sie für Aufgaben in Büros geeignet sind, nicht aber für die Bilddarstellung und -bearbeitung.

Wahrscheinlich werden Sie das Bild auch ausdrucken. Und Sie haben bestimmt schon einmal erfahren, dass das Bild, wie es aus dem Drucker kommt ❹, anders aussieht als das, was Sie am Bildschirm vor Augen haben ❸.

Arbeiten Sie mit Photoshop für die Druckvorstufe, dann soll das Motiv wahrscheinlich mit einer Offsetdruckmaschine auf Papier gedruckt werden. Auch dabei gibt es eine ganze Reihe an Faktoren, die beeinflussen, wie die Farben des ursprünglichen Motivs letzten Endes auf dem Papier ankommen ❺ – vor allem das verwendete Papier.

## Kalibrierung und ICC-Profile

Die beschriebenen Probleme beschäftigen Menschen, seit es Farbfotografie und Farbdruck gibt. Seit Mitte der 1990er gibt es verstärkte internationale Bemühungen, einheitliche Standards für die farbverbindliche Darstellung von Bildern auf unterschiedlichen Ausgabemedien zu definieren. Dazu wurde ein Standardfarbraum definiert, der quasi als Urmeter für die Farbwiedergabe angesehen werden kann.

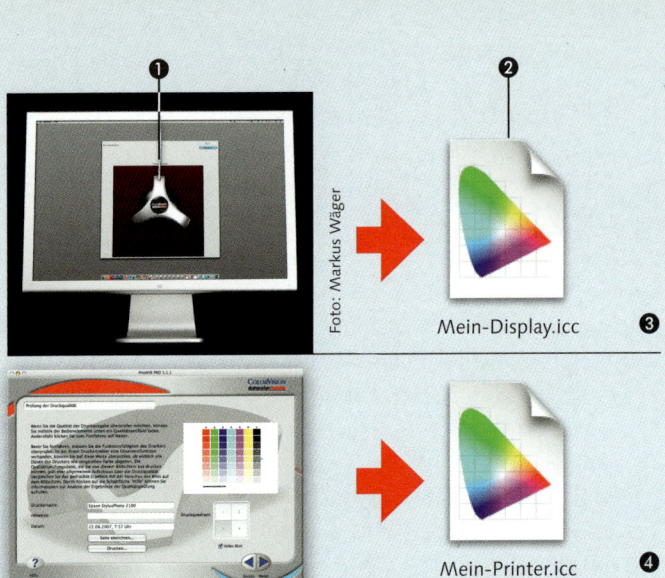

Foto: Markus Wäger

Mein-Display.icc ❸

Mein-Printer.icc ❹

Adobe1998RGB.icc

Foto: istockphoto.com

❺

Mein-Display.icc

Foto: Markus Wäger

❻

Mein-Printer.icc

Foto: istockphoto.com

❼

ISOcoated_v2_eci.icc

Foto: istockphoto.com

❽

Für digitale Bildaufnahmegeräte wie Scanner und Digitalkameras und Ausgabegeräte wie Bildschirme, Beamer, Farbdrucker und Druckmaschinen wurden sogenannte ICC-Profile definiert (ICC = International Color Consortium). In diesen Profilen ist vermerkt, auf welche Art das einzelne Gerät vom Standardfarbraum abweicht.

Gerade bei Bildschirmen ist die Analyse und Erstellung eines individuellen Profils für jedes einzelne Gerät unabdingbar, will man ordentliche Farbkorrekturen vornehmen und keine farblichen Blindflüge veranstalten.

Den Vorgang des Überprüfens und Justierens der Farbdarstellung von Monitoren (aber auch von Kameras, Scannern etc.) bezeichnet man als *Kalibrierung*. Zwar besteht die Möglichkeit, die Kalibrierung manuell »freien Auges« vorzunehmen, diese Methode darf aber nicht als allzu zuverlässig betrachtet werden. Sicherer ist es, diese Aufgabe einem Gerät zu überlassen. Solche Geräte gibt es ab ca. 100 Euro von Herstellern wie Pantone, Gretag Macbeth oder DataColor.

Bei der Kalibrierung wird das Gerät, ein sogenanntes Densitometer ❶, vor dem Bildschirm angebracht. Ein Programm stellt am Bildschirm eine Abfolge von Farbtönen dar, die vom Densitometer aufgenommen werden. Die aufgenommenen Daten übermittelt das Gerät an die Software, und diese erkennt daraus, auf welche Art dieser spezielle Monitor Farben verfälscht darstellt. Aus diesen Informationen kann die Software eine Beschreibung verfassen, wie der Monitor vom definierten Standardfarbraum abweicht, und sie speichert diese als sogenanntes ICC-Profil ❷ in einem speziellen Verzeichnis des Betriebssystems.

Da der Computer nun *weiß*, auf welche Art der Monitor Farben nicht richtig darstellt ❸, kann er gegensteuern und die Farbinformation, die er an ihn sendet, so anpassen, dass die Wiedergabe mit einem Maximum an Farbtreue erfolgt ❻.

Ebenso, wie für den Bildschirm ein eigenes Profil notwendig ist, sollte auch für den Bürodrucker ein individuelles Profil erstellt werden ❹. Leider waren bislang Lösungen, die eine solide Kalibrierung von Druckern ermöglichen, erheblich teurer als jene für Monitore. Es gibt mit Colormunki ein Gerät, das sowohl den Bildschirm als auch den Monitor kalibrieren kann, recht gut sein soll und im erschwinglichen Rahmen liegt. Darüber hinaus gibt es auch schon Fotodrucker, die sich selbst kalibrieren. Wie zuverlässig das ist, kann ich Ihnen nicht mitteilen, doch es wäre ein Schritt in die richtige Richtung.

Manche Hersteller liefern ihre Geräte mit Profilen aus, die auf eine Kombination von Gerätetyp, herstellerspezifischen Tinten und Papiersorten – ebenfalls vom Hersteller des Druckers – abgestimmt sind. Ein solches Profil für einen Gerätetyp erreicht zwar nicht die Qualität eines auf ein bestimmtes Gerät abgestimmten Individualprofils, doch die Ergebnisse damit sind in der Regel besser als ganz ohne Farbprofil.

Digitalkameras ließen sich ebenso individuell kalibrieren wie die Druckmaschinen, was in der Regel aber nicht gemacht wird. Standardprofile erfüllen dazu Ihren Zweck.

Eine Kalibrierung des Monitors ist jedoch jedem zu empfehlen, der Farben und Tonwerte mit einem gewissen Maß an Sicherheit am Bildschirm bearbeiten möchte.

## Wie funktionieren Profile?

Die Sache ist im Grunde einfacher, als es zunächst scheint. Sie haben die Aufnahme eines Sees. Die Kamera hat das Bild mit einem Profil versehen ❺ (dies ist beim Bild keine separate Datei, sondern wird in die Bilddatei hineingeschrieben) – meist entweder das »Adobe 1998 RGB«- oder ein »sRGB«-Profil. Öffnen Sie das Bild in Photoshop, erkennt das Programm das Profil. Photoshop weiß nun, auf welche Art dieses Bild vom definierten Standard-Farbraum abweicht. Da nach der Kalibrierung die Bildschirmdarstellung richtig eingestellt ist, ergibt sich aus dem Eingabeprofil der Kamera ❺ und dem (Bildschirm-) Ausgabeprofil des Monitors ❻ eine farbrichtige Darstellung.

Dasselbe gilt für den kalibrierten Drucker. Dank des Druckerprofils sind Photoshop die farblichen Eigenheiten des Druckers bekannt, es kann das Bild so an ihn übergeben, dass Farbverfälschungen auf das kleinstmögliche Maß reduziert werden ❼.

### Ausgabeprofile für den Offsetdruck

Der Parameter, der die Darstellung von Farben und Tonwerten am meisten beeinflusst, ist im Offsetdruck das Papier. Es gibt gestrichene Papiere, die eine glatte, versiegelte Oberfläche aufweisen – auf diesen stehen Farben in der Regel satt und brillant. Die zweite große Gruppe an Papieren sind ungestrichene. Hier sind die Poren offen, die Oberfläche ist eher rau, Druckfarben werden vom Papier aufgesogen – auf solchen Papieren verlieren Bilder an Tiefe und Leuchtkraft.

Um den druckspezifischen Eigenheiten dieser beiden *Papierklassen* entgegenzuwirken und eine im Rahmen des physikalisch Möglichen einheitliche Darstellung auf gestrichenem wie ungestrichenem Papier zu gewährleisten ❽, hat die ECI (European Color Initiative) eine Reihe von Profilen für die wichtigsten Drucktechniken und Papiersorten veröffentlicht. Diese können von der Website der ECI – www.eci.org – heruntergeladen werden. Sie erfahren dort auch mehr über Farbmanagement.

## Farbräume

Sie haben im ersten Kapitel ab Seite 56 bereits einiges über Farbe erfahren. Jedes Darstellungsmedium, ob gestrichenes oder ungestrichenes Papier, ob Bildschirm oder Beamer, stellt Farben anders dar. Bildschirme können Millionen sehr leuchtender Farben anzeigen, auf gestrichenem Papier sind es ein paar Hunderttausend, die noch relativ satt und tief sein können (tief bedeutet, dass kräftige Töne bis hin zu sattem Schwarz möglich sind), und auf ungestrichenem Papier werden Farben bereits relativ stumpf. Auf Zeitungspapier, das ja meist etwas gräulich ist, werden sie noch einmal stumpfer, und da ja Weiß immer vom Papier kommt, sind hier auch die Lichter (die ganz hellen Bildbereiche) immer etwas schmutzig.

Als Betrachter fällt uns das normalerweise gar nicht auf, da unser Wahrnehmungssystem sehr flexibel auf verschiedene Licht- und Farbverhältnisse reagiert und sich an die Gegebenheiten anpasst. Man könnte sagen, unsere Augen kalibrieren sich von Moment zu Moment selbstständig neu. Doch wenn man dasselbe Bild auf gestrichenes und ungestrichenes Papier druckt und beides mit der Darstellung am Bildschirm vergleicht, wird man feststellen, dass alle drei Abbildungen unterschiedlich aussehen. Dagegen kann auch Farbmanagement nichts tun. Farbmanagement kann lediglich bewirken, dass die Abweichungen so gering wie möglich gehalten werden.

Die unterschiedliche Qualität, mit der ein Medium Farben darstellt, bezeichnet man als Farbraum. Ein solcher Farbraum lässt sich grafisch darstellen. Ich habe unten fünf Screenshots von Farbräumen abgebildet. Verzweifeln Sie nicht, wenn Ihnen diese seltsamen bunten Formen Spanisch vorkommen. Ich kann eine solche Grafik auch nicht deuten – schließlich bin ich Designer und nicht Techniker oder Physiker.

Abbildung ❶ zeigt den Farbraum Adobe RGB (1998). Dieser Farbraum ist so groß, dass sowohl die Farben, die am Bildschirm darstellbar sind, wie auch alle Farben, die sich drucken lassen, darin enthalten sind. Deshalb wird dieser Farbraum auch als Einstellung für alle Grafiker und Bildbearbeiter empfohlen.

Qualitativ hochwertige Monitore können mehr und leuchtendere Farben darstellen als preiswerte. Wenn Sie Ihre Bilder nicht für den Druck bearbeiten, sondern für die Anzeige im Internet und auf verschiedenen Monitoren, dann sollte ein Farbraum gewählt werden, der nicht allzu groß ist und den kleinsten gemeinsamen Nenner aller Bildschirme darstellt. Das ist der sRGB-Farbraum ❷.

Auch für die verschiedenen Druckverfahren und Papiere gibt es eigene Farbräume und dazu passende Profile, wie ISO Coated ❸ (für

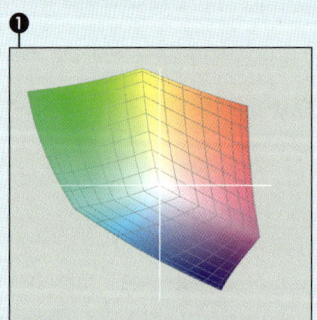
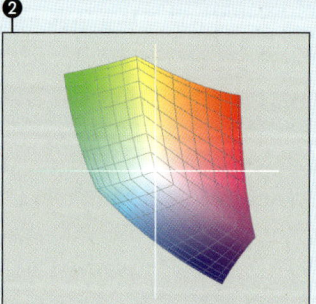
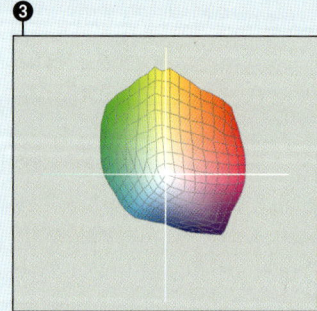

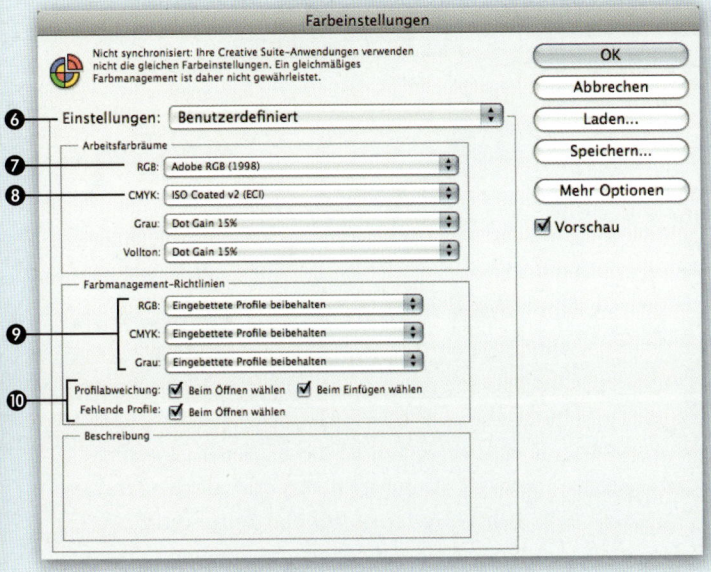

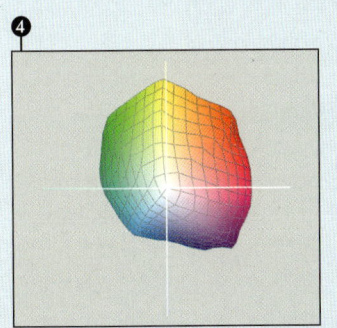

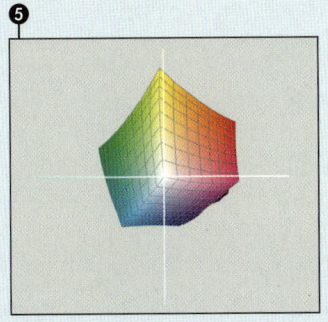

MENDED. Unter Windows legen Sie die Profile in das Verzeichnis C:\WINDOWS\SYSTEM32\ SPOOL\DRIVERS\COLOR (bzw. Rechtsklick • PROFIL INSTALLIEREN).

Wenn die Profile im System installiert sind, wählen Sie in Photoshop BEARBEITEN • FARB-EINSTELLUNGEN. Es erscheint der links abgebildete Dialog. Das Menü EINSTELLUNGEN ❻ müsste bei Ihnen EUROPA, UNIVERSELLE AN-WENDUNGEN 2 anzeigen.

Im Bereich ARBEITSFARBRÄUME bestimmen Sie, welches Profil bei der Konvertierung eines Bildes von einem Farbraum in einen anderen herangezogen werden soll. Ich habe als RGB-Arbeitsfarbraum »Adobe RGB (1998)« ❼ bestimmt und als CMYK-Arbeitsfarbraum »ISO Coated v2 (ECI)« ❽. Damit sind Sie schon relativ auf der sicheren Seite, wenn Sie für den Druck produzieren, denn die meisten Drucksachen gehen auf gestrichenes Papier.

Einstellungen im Bereich FARBMANAGEMENT-RICHTLINIEN haben keinen Einfluss auf die Konvertierung zwischen Farbräumen, sondern definieren, wie mit Abweichungen umgegangen werden soll. Jedes Bild sollte heute mit einem Farbprofil versehen sein.

Öffnen Sie ein Bild, das mit einem anderen Profil versehen ist, als Sie es voreingestellt haben – also beispielsweise sRGB anstatt Adobe RGB –, dann bemerkt Photoshop diese Abweichung. Mit den drei Menüs RGB, CMYK und GRAU ❾ können Sie einstellen, wie in diesem Fall vorgegangen werden soll. In den meisten Fällen ist es am besten, dass EIN-GEBETTETE PROFILE BEIBEHALTEN werden sollen. Sind die drei Optionen darunter ❿ deakti-viert, dann überlassen Sie es Photoshop, laut Ihren Einstellungen das Profil beizubehalten oder in den voreingestellten Arbeitsfarbraum zu konvertieren. Wenn Sie kein Farbmanage-ment-Profi sind, dann deaktivieren Sie einfach alle drei, damit Sie nicht bei jeder Datei, die Sie öffnen, einen Dialog erhalten, der von

gestrichenes Papier), ISO Uncoated ❹ (für un-gestrichenes Papier) und ISO Newspaper ❺ (für Zeitungspapier).

## Farbmanagement in Photoshop

Zu unterscheiden sind globale Voreinstel-lungen, die den generellen Umgang des Pro-gramms mit dem Farbmanagement regeln, und Einstellungen, die für ein bestimmtes Bild vorgenommen werden. Für Arbeiten für die europäische Druckvorstufe empfiehlt es sich, die Profile der ECI in dem dafür vorgesehenen Ordner des Systems zu installieren. Am Mac ist das COMPUTER/LIBRARY/APPLICATON SUPPORT/ADOBE/COLOR/PROFILES/RECOM-

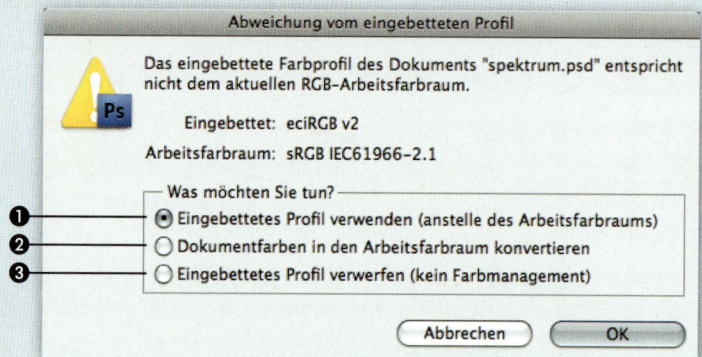

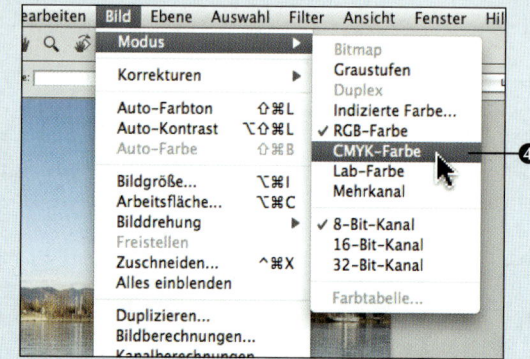

Ihnen die Entscheidung verlangt, wie mit der Abweichung umgegangen werden soll. Diesen Dialog habe ich oben abgebildet.

Photoshop weist Sie in diesem Beispiel darauf hin, dass Sie in den Farbeinstellungen sRGB als Arbeitsfarbraum definiert haben. Das Bild, das Sie gerade öffnen, ist jedoch mit dem Profil eciRGB v2 versehen. Sie haben nun drei Möglichkeiten:

❶ EINGEBETTETES PROFIL VERWENDEN (ANSTELLE DES ARBEITSFARBRAUMS) – in den meisten Fällen richtige Wahl, vor allem, wenn das alles nach wie vor Spanisch vorkommt

❷ DOKUMENTFARBEN IN DEN ARBEITSFARBRAUM KONVERTIEREN – nur, wenn Sie wissen, was Sie tun

❸ EINGEBETTETES PROFIL VERWERFEN (KEIN FARBMANAGEMENT) – für Photoshop wohl die schlechteste Wahl

### Bilder von einem Farbraum in einen anderen konvertieren

Jeder, der bereits eine gewisse Zeit Bilder mit Photoshop für den Offsetdruck aufbereitet hat, hat auch schon Bilder von einem RGB-Farbraum in einen CMYK-Farbraum konvertiert. Die meisten Benutzer verwenden dazu den Befehl BILD • MODUS • CMYK-FARBE ❹. Das ist auch nicht grundsätzlich verkehrt. Doch für welches Druckverfahren und

welches Papier ist das Ergebnis dann optimiert? Für gestrichenes oder ungestrichenes Papier – oder gar für den Zeitungsdruck?

Verschiedene Papier haben eine unterschiedliche Verarbeitungsqualität. Gestrichenes Papier verträgt sehr viel Farbe. Sie haben ja bereits erfahren, dass ein CMYK-Bild aus vier Grundfarben besteht. Pro Grundfarbe ist eine Druckplatte notwendig. Wenn eine Druckplatte eine Fläche trägt, die nicht aufgerastert ist, dann spricht man von 100 % Farbauftrag. Würden Sie in Photoshop eine Fläche erstellen, die Sie mit 100 % Cyan, 100 % Magenta, 100 % Gelb und 100 % Schwarz füllen, dann hätte jede Druckplatte 100 % Farbauftrag. Man spricht dann von 400 % Farbauftrag. Das mag weder Papier noch Ihre Druckerei. Bei gestrichenem Papier liegt das Maximum in der Regel bei 360 %, bei Zeitungspapier kann das Maximum schon einmal bei 240 % liegen. Schon von daher kann auf gestrichenes Papier sehr viel satter gedruckt werden als auf Zeitungspapier.

Wenn Sie über ein Set an Pantone-Farbfächern verfügen, dann nehmen Sie einmal den Fächer für gestrichenes Papier (Coated) und ungestrichenes Papier (Uncoated) zur Hand. Suchen Sie die Farbe 485 in beiden Fächern heraus, und vergleichen Sie. Sie werden sehen, dass die Unterschiede beachtlich sind, obwohl beides mit exakt derselben Farbe ge-

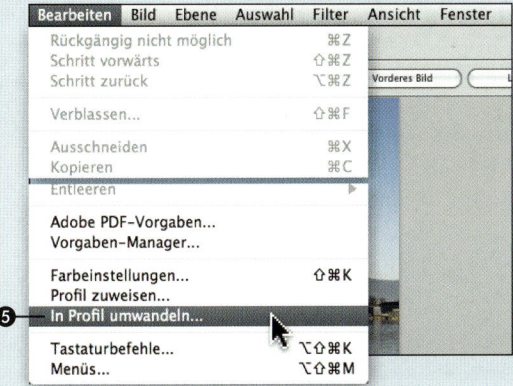

druck wurde. Wegen des unterschiedlichen Aufnahmevermögens für den Farbauftrag und des verschiedenen Farbverhaltens von Papieren, muss dasselbe Bild für den Druck auf unterschiedliche Papiersorten auf eine ganz andere Art umgerechnet werden, um ein einigermaßen identisches Ergebnis zu liefern.

Wenn Sie im Menü BILD • MODUS • CMYK-FARBE wählen, dann erfolgt die Umwandlung auf Basis des Profils COATED FOGRA27 – ein Profil für gestrichenes Papier. Wenn Sie die Farbeinstellungen nach meinen Vorgaben verändert haben, dann erfolgt die Umwandlung auf Basis des Profils ISO COATED V2 (ECI). Ersteres ist nicht schlecht, Letzteres optimal für gestrichene Papiere. Doch wenn Ihr Bild auf ungestrichenes Papier gedruckt wird oder gar auf Zeitungspapier, dann ist das suboptimal.

Besser ist es, eine Farbkonvertierung über das Menü BEARBEITEN • IN PROFIL UMWANDELN ❺ vorzunehmen (was wir im folgenden Workshop machen werden).

Ich weiß, Sie würden viel lieber lustige Workshops durchführen, als sich mit schnöder Farbtheorie langweilen zu lassen. Wahrscheinlich leben Millionen Fotografen und Grafiker auch ohne dieses Know-how gut. Aber die werden sich oft ärgern, nämlich darüber, dass die Bilder in ihren Foldern und die Abzüge ihrer Fotos einfach nicht so aussehen wollen wie am Bildschirm. Schuld sind dann meist

die Druckereien und Fotolabore. Doch wenn man über die Hintergründe des Farbmanagements nicht Bescheid weiß, nicht die richtigen Profile für eine gewünschte Papiersorte auswählt und der eigene Monitor nicht farbverbindlich kalibriert ist, darf man sich eigentlich nicht wundern, wenn die schönen Farben am Bildschirm in der Reproduktion nur schmutzig und matt herauskommen.

### Creative Suite-Farbeinstellungen

Wenn Sie auch mit anderen Programmen der Adobe Creative Suite arbeiten, können Sie die Einstellungen, die Sie im Dialog FARBEINSTELLUNGEN von Photoshop vornehmen, auch speichern, indem Sie auf die entsprechende Schaltfläche des Dialogs klicken. Geben Sie Ihren Einstellungen einen Namen, und sichern Sie sie im von Photoshop vorgeschlagenen Verzeichnis.

Über die Bridge und das Menü BEARBEITEN • FARBEINSTELLUNGEN erhalten Sie den unten abgebildeten Dialog und können damit Ihre Einstellung auswählen, um das Farbmanagement in allen Programmen der Suite zu synchronisieren.

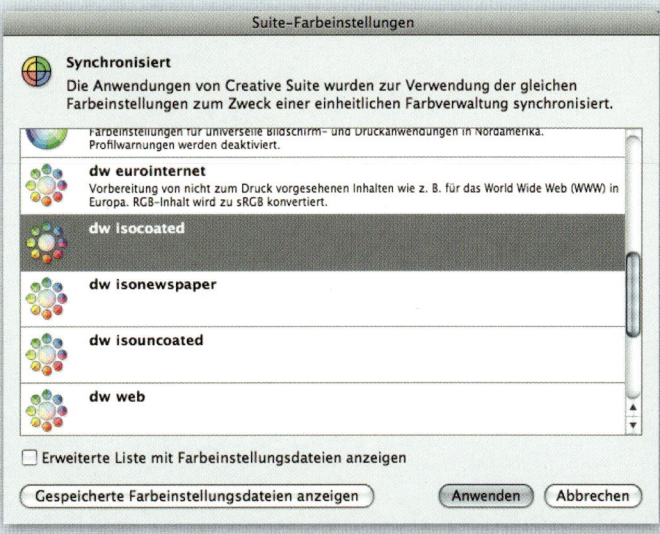

# Softproof und CMYK-Farbe

*Korrekte CMYK-Konvertierung*

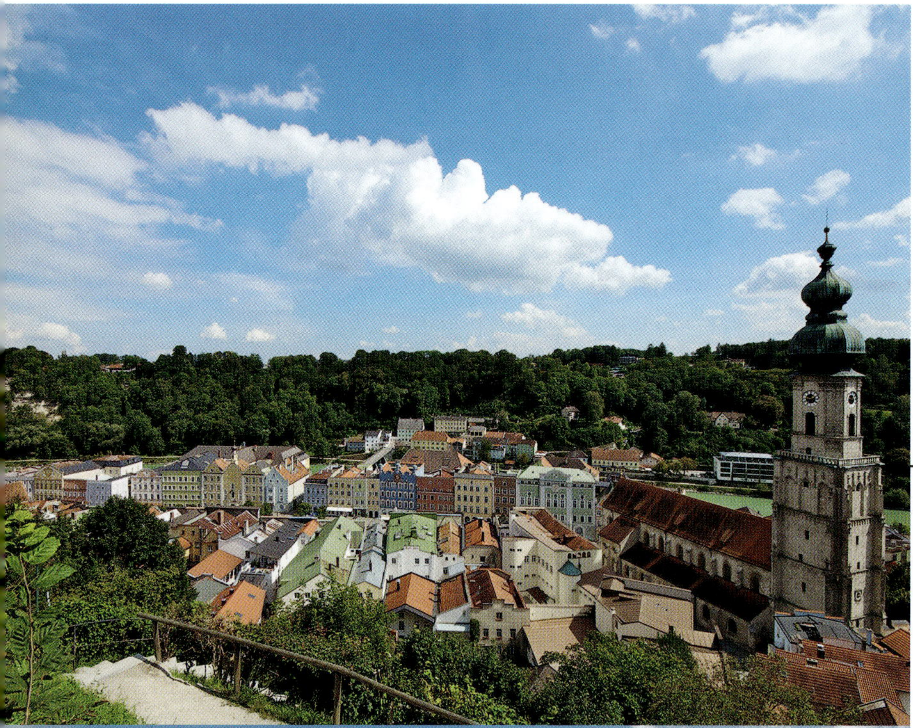

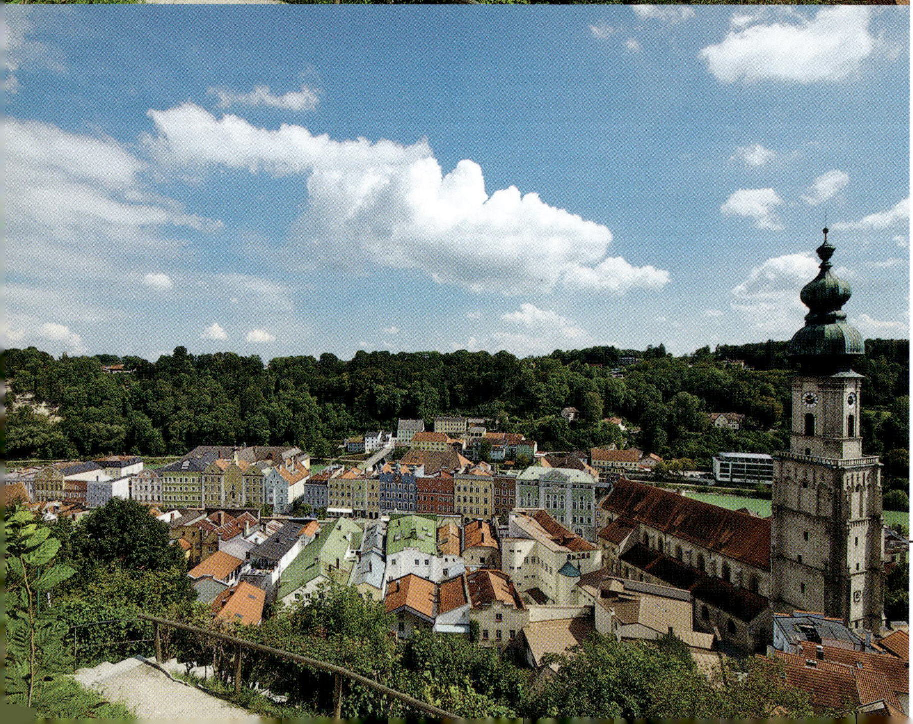

Wer ein optimales Ergebnis erwartet, kommt nicht umhin, sich nach dem passenden Farbprofil zur Umwandlung in der Druckerei zu erkundigen oder zumindest in Erfahung zu bringen, was für Papier verwendet wird, um die Umwandlung dann mit einem der Standardprofile vorzunehmen. Am Computer (RGB) lässt sich das Aussehen eines Bildes im Druck (CMYK) simulieren. Das ist Gold wert, um schon während der Bearbeitung einen Eindruck von den Ergebnissen zu bekommen. In diesem Workshop habe ich das Thema Softproof und CMYK-Konvertierung zusammengefasst. Das heißt jedoch nicht, dass die Einstellung des Softproofs einen notwendigen Zwischenschritt zur Umwandlung darstellt. Die Farbraumkonvertierung ist in der Regel der letzte Schritt der Bildbearbeitung.

**Zielsetzung:**
Bild für den Druck auf ungestrichenem Papier umwandeln
[cmyk-farbe.jpg]

## 1 Softproof

Ich habe Ihnen in den Exkursen über Farbe und Farbmanagement erklärt, dass im Druck sehr viel weniger Farben möglich sind als am Bildschirm. Das ist schlecht für mich, denn ich kann Ihnen somit im gedruckten Buch nicht zeigen, wie die Farben meiner Screenshots tatsächlich aussehen. Es ist aber gut für Sie, denn dadurch, dass die meisten Farben des Drucks am Bildschirm darstellbar sind, können Sie das Aussehen eines Drucks am Bildschirm simulieren. Man nennt das Softproof.

## 2 Proof-Bedingungen anpassen

Wählen Sie im Menü ANSICHT • PROOF EINRICHTEN • BENUTZERDEFINIERT. Es öffnet sich der Dialog PROOF-BEDINGUNG ANPASSEN.

Unser Bild soll auf ungestrichenes Papier gedruckt werden, deshalb aktivieren wir im Menü ZU SIMULIERENDES GERÄT ❶ ISO UNCOATED (oder, falls nicht installiert, UNCOATED FOGRA29 (ISO 12647-2 : 2004)). Wenn Sie die VORSCHAU ❸ aktivieren, sehen Sie, dass die Farben des Bildes verblassen. Aktivieren Sie zusätzlich PAPIERFARBE SIMULIEREN ❷.

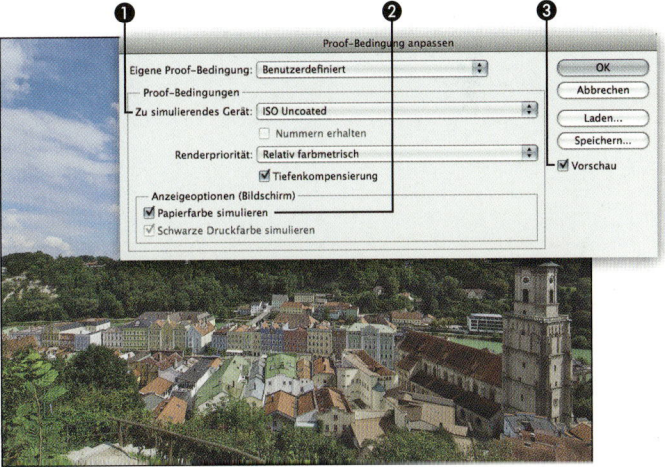

## 3 Farbproof

Der direkte Vorher/Nachher-Vergleich am Monitor ist zunächst etwas schockierend. Wo sind all die schönen Farben hin? Doch da auf Papier einfach nicht so viele Farben möglich sind wie am Bildschirm, werden Sie als Gestalter damit leben müssen. Zumindest sehen Sie jetzt, wie das Resultat im Druck aussieht, und nicht nur, wie schön es am Monitor ist.

Sie können den Softproof jederzeit wieder über das Menü ANSICHT • FARBPROOF ausschalten und sehen das Bild dann wieder so, wie es digital aussieht.

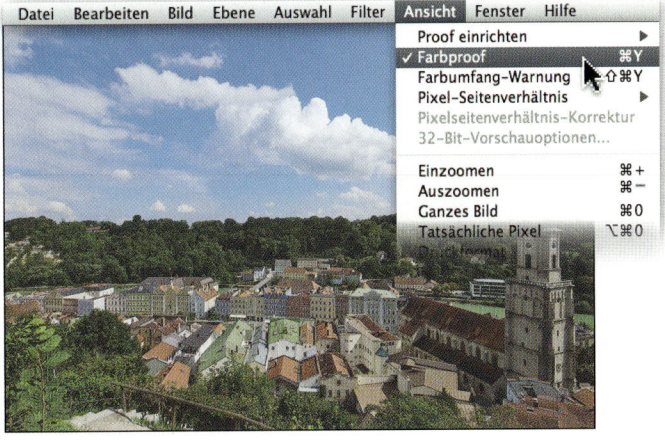

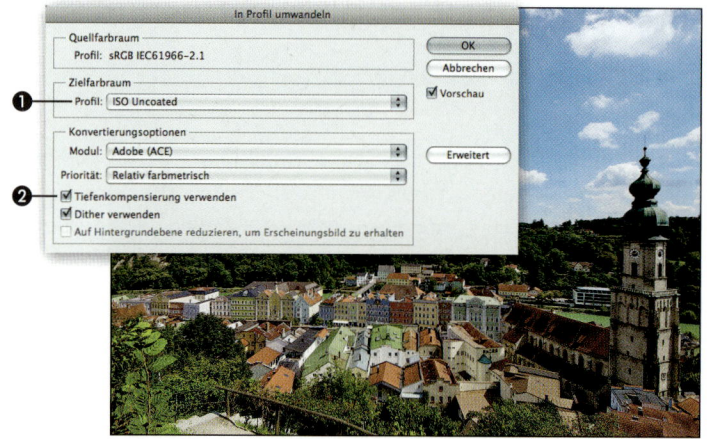

## 4 In Profil umwandeln

Als Grafiker sind Sie meist dafür verantwortlich, Bilder im CMYK-Farbraum in der Druckerei anzuliefern. Die meisten machen das über das Menü MODUS. Sie wissen aber inzwischen, dass damit für gestrichenes Papier optimiert konvertiert würde. Wählen Sie stattdessen im Menü BEARBEITEN • IN PROFIL UMWANDELN. Wählen Sie hier dasselbe Profil ❶, das Sie bereits für den Softproof gewählt haben. Beachten Sie, dass TIEFENKOMPENSIERUNG VERWENDEN ❷ aktiviert ist, damit die dunklen Bereiche nicht »absumpfen«.

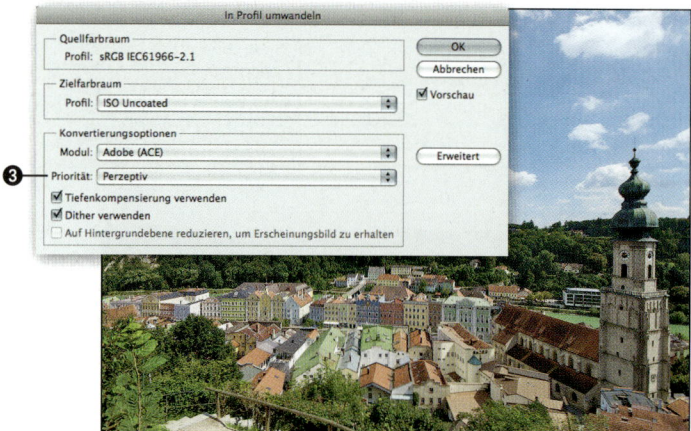

## 5 Priorität

Bei der PRIORITÄT ❸ sind zwei mögliche Menüpunkte interessant: PERZEPTIV und RELATIV FARBMETRISCH. PERZEPTIV soll eine Umwandlung ergeben, die am ehesten der menschlichen Wahrnehmung entspricht, was demnach die beste Wahl sein sollte. Ich entscheide mich jedoch bei jedem Bild individuell für eine dieser beiden Optionen, wobei ich die Bildschirmvorschau nutze. Wenn Sie unschlüssig sind, sollten Sie PERZEPTIV den Vorzug geben.

## 6 Umwandlung bestätigen

Bestätigen Sie den Dialog mit OK. Die Umwandlung ist abgeschlossen.

**Hinweis:** Wie schon erwähnt, lässt sich vieles, was am Bildschirm sichtbar ist, nicht 1:1 auf den Druck übertragen. Die Blätter dieses Buches sind gestrichen. Deshalb kann ich Ihnen kein realistisches Ergebnis zeigen, und deshalb sind die Endresultate hier auch weniger gut als das Ausgangsbild, das für dieses Papier optimiert konvertiert wurde.

# Für Web und Geräte speichern

*Ein Doppelworkshop mit Foto und Grafik*

*Bilder für das Internet werden von Laien meist als JPEG gespeichert. Doch nicht immer ist das die optimale Variante. In diesem Workshop zeige ich Ihnen den ganzen Prozess, vom Öffnen der Dateien über das Anpassen der Auflösung und das Scharfzeichnen (wo notwendig), bis hin zum Export für das Internet und zum Finden der optimalen Einstellungen.*

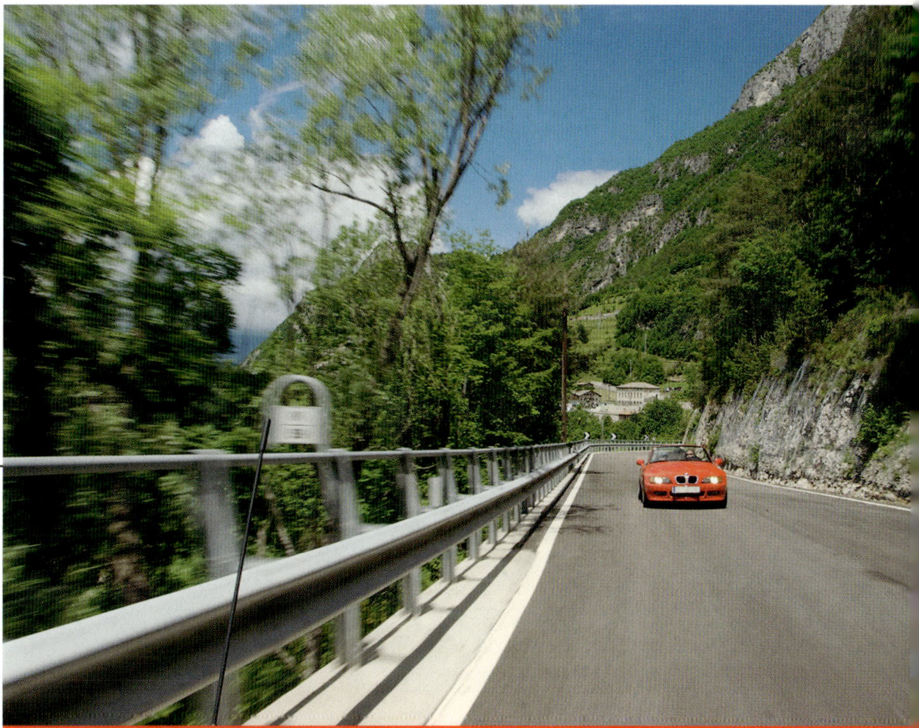

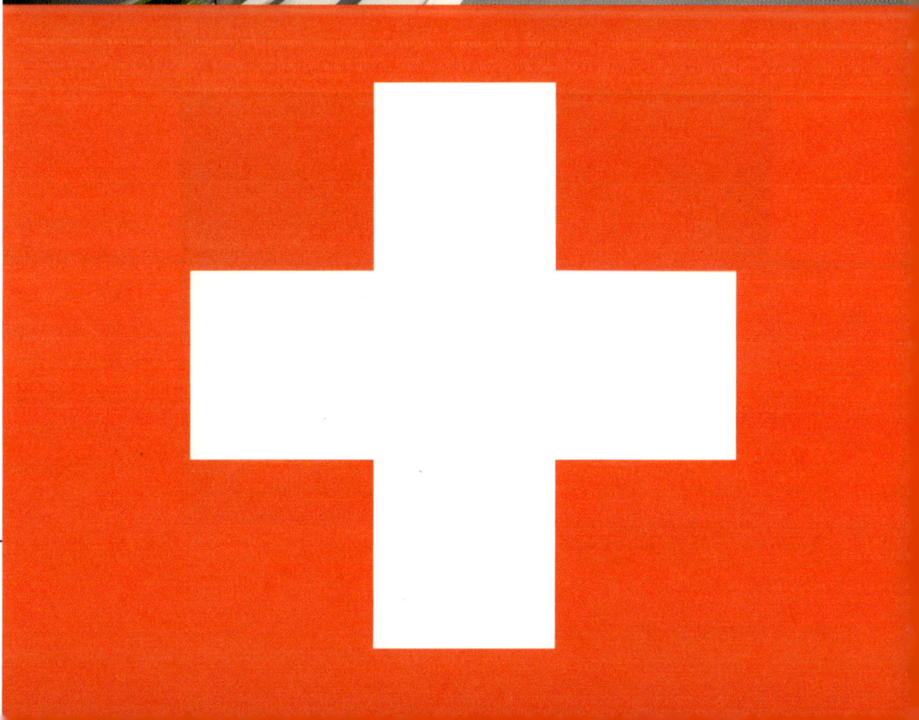

**Zielsetzungen:**

Ein Foto für die Darstellung im Internet optimal vorbereiten und speichern

Eine Grafik für das Internet exportieren

**[jpeg.jpg, gif.ai]**

Video-Training 1, Lektion 2.3

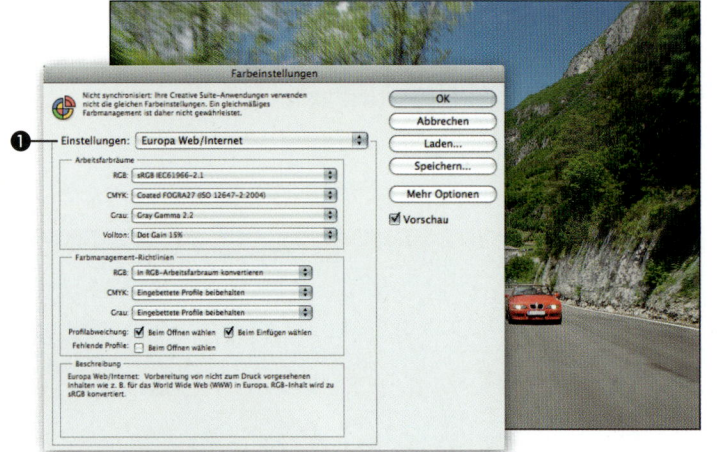

## 1 Farbeinstellung auf »Europa Web/ Internet« umstellen

Wir wollen zuerst ein Foto für die Veröffentlichung im Internet speichern. Dazu ist es am besten, zuerst die Farbeinstellungen auf Europa Web/Internet umzustellen. Rufen Sie dafür den Dialog für die Farbeinstellungen über das Menü Berarbeiten • Farbeinstellungen auf, stellen Sie unter Einstellungen ❶ um, und bestätigen Sie den Dialog mit OK oder ⏎.

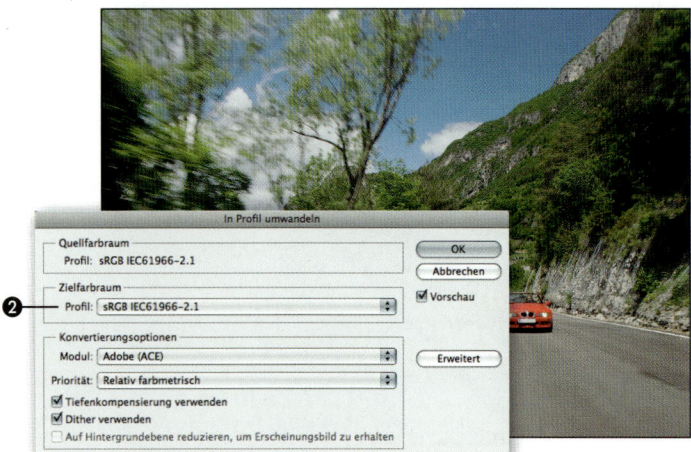

## 2 In Profil umwandeln: sRGB

Auch wenn sich Ihr Bild bereits in einem RGB-Farbraum wie »Adobe RGB (1998)« befindet, sollten Sie eine Farbraumkonvertierung vornehmen, wie Sie es auch machen, wenn Sie Bilder für den Druck aufbereiten. Öffnen Sie dazu neuerlich das Menü Berarbeiten, und wählen Sie diesmal In Profil umwandeln. Im folgenden Dialog stellen Sie als Profil ❷ sRGB IEC1966-2.1 ein.

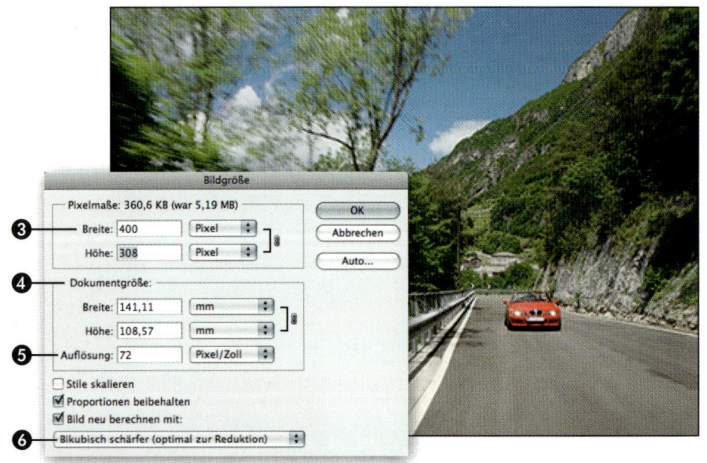

## 3 Bildgröße einstellen

Nun stellen Sie die passende Bildgröße zur Veröffentlichung im Internet ein. Für die Präsentation am Bildschirm, und nichts anderes stellt die Veröffentlichung auf einer Website dar, ist die Dokumentgrösse ❹ eigentlich belanglos. Es hat sich aber eingebürgert, als Auflösung 72 ppi einzustellen ❺.

Als Breite definieren wir 400 Pixel ❸. Stellen Sie außerdem die Neuberechnungsmethode auf Bikubisch schärfer (optimal zur Reduktion) ❻.

## 4 Unscharf maskieren

Bilder für das Internet müssen gut geschärft
werden. Da Sie das Bild zuletzt neu berechnet
haben, sollten Sie jetzt FILTER • SCHARFZEICH-
NUNGSFILTER • UNSCHARF MASKIEREN aufrufen.

Grundsätzlich funktioniert das Schärfen von
Bildern für das Internet so, wie auf Seite 93 beschrieben. Allerdings dürfen Sie hier stärker
schärfen ❼ als für den Druck, und während
ich dabei in der Regel einen RADIUS von 1 verwende, bevorzuge ich für das Web 0,3 ❽.

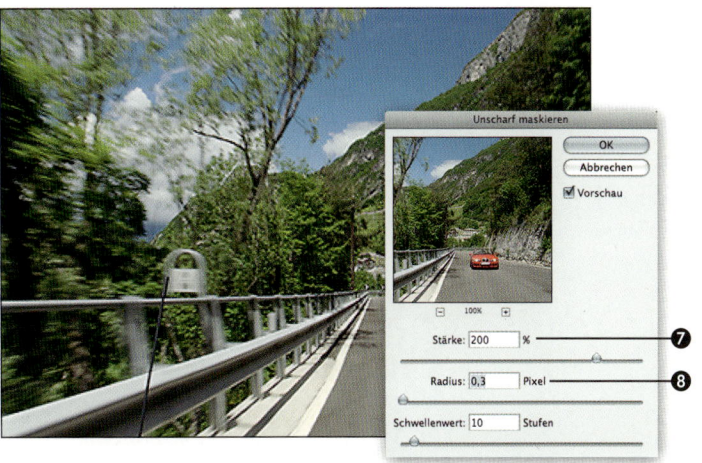

## 5 Für Web und Geräte speichern

Zum Export wählen Sie im Menü DATEI • FÜR
WEB UND GERÄTE SPEICHERN. Bilder für das Internet sollten einen Kompromiss aus Darstellungsqualität und Dateigröße bilden. Deshalb
haben Sie die Möglichkeit, die Auswirkungen
verschiedener Einstellungen zu vergleichen.
Klicken Sie dazu auf 2FACH ❾. Wenn Sie in
eine der folgenden Ansichten klicken ❿, beziehen sich die Einstellungen rechts ⓫ auf
dieses Bild. Stellen Sie als VORGABE ⓬ für eine
Vorschau GIF 128 KEIN DITHERING und für die
andere JPEG HOCH ein.

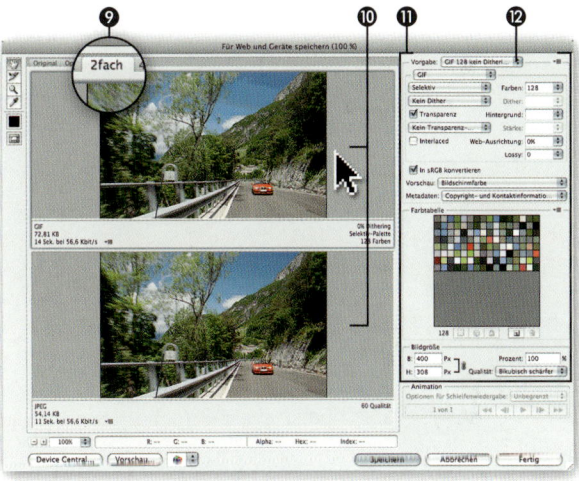

## 6 JPEG und GIF im Vergleich

GIF-Bilder basieren immer auf einer FARB-
TABELLE ⓯ mit maximal 256 Farben. GIF 128
bedeutet, dass bei dieser Einstellung sogar
nur 128 Farben zum Einsatz kommen. Daraus
ergibt sich im Bild oft ein sogenanntes Dithering – kleine Punkte, die den Mangel an
Farben kompensieren sollen ⓮.

Links unter jeder Vorschau wird die Dateigröße, die sich aus den Einstellungen rechts
ergibt, angezeigt ⓭. Sie sehen: Das JPEG-Bild
ergibt trotz besserer Qualität eine kleinere
Datei und ist somit Sieger.

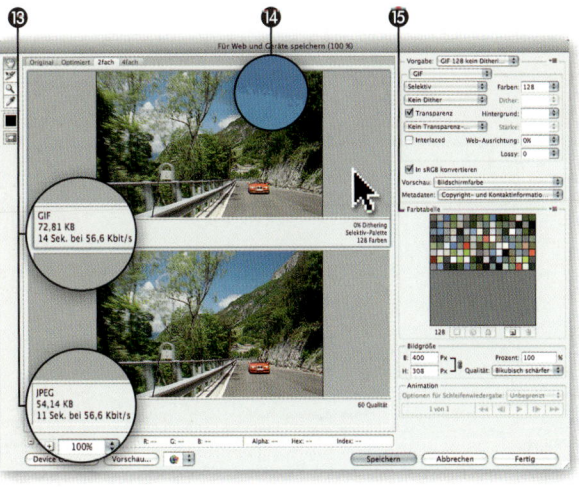

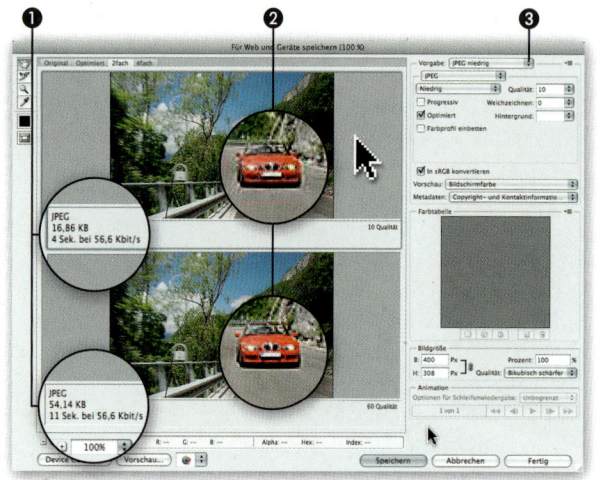

## 7 »JPEG hoch« gegen »JPEG niedrig«

Lassen Sie die JPEG-Vorschau unverändert, und stellen Sie die andere auf JPEG NIEDRIG ❸ um. Dasselbe Bild hätte bei JPEG HOCH 54,14 KB ❶, was nicht gerade wenig ist, und hat 16,86 KB bei JPEG NIEDRIG. Im Vergleich ❷ erkennen Sie aber die deutlich niedrigere Qualität (deshalb JPEG NIEDRIG) der kleineren Datei (= stärkere Komprimierung). Je nachdem, ob Ihnen Qualität wichtiger ist oder Ladezeit, entscheiden Sie sich mit einem Klick für eine Variante und wählen dann SPEICHERN (oder vergleichen auch noch mit JPEG MITTEL).

## 8 JPEG für Fotos

Wenn Sie ein Foto für das Web speichern wollen, dann ist JPEG fast immer effizienter als GIF – JPEG bietet bessere Qualität bei kleinerer Dateigröße. Anders sieht es beim Export einer Grafik oder eines Logos aus. Sobald ein Dokument aus sehr gleichmäßig eingefärbten Flächen besteht, kann GIF seine Vorzüge ausspielen.

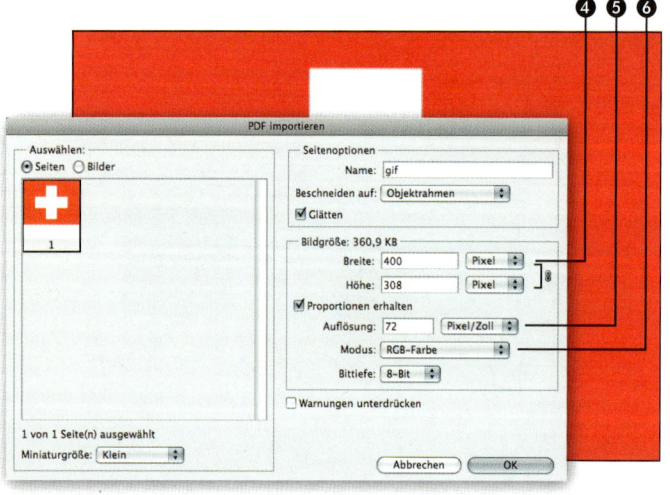

## 9 Illustrator-Grafik öffnen

Öffnen Sie zum Vergleich die Grafik »gif.ai«. Das ist eine mit Adobe Illustrator erstellte Vektorgrafik. Sie können mit Photoshop Vektorgrafiken des Formats AI und EPS öffnen, außerdem PDF-Dateien.

Wenn Sie solche Dateien öffnen, erscheint der abgebildete Dialog. Treffen Sie folgende Einstellungen: BREITE 400 Pixel ❹, AUFLÖSUNG 72 ppi ❺ und RGB-FARBE ❻.

## 10 JPEG gegen GIF für flächige Grafiken

Vergleichen Sie auch diesmal die VORGABEN ❾
für JPEG gegen GIF in der 2FACH-Ansicht.
Auch wenn Sie sich bei der GIF-Einstellung für
GIF 128 DITHERING entschieden haben (oder
GIF 128 KEIN DITHERING – der Unterschied ist
hier zu vernachlässigen), entscheidet sich
Photoshop bei dieser Fahne für sieben
Farben ❽. Es sind nicht mehr notwendig.
Schon jetzt hat GIF im Dateigrößen-Vergleich
mit 1,4 KB die Nase deutlich vor JPEG mit
4,6 KB ❼.

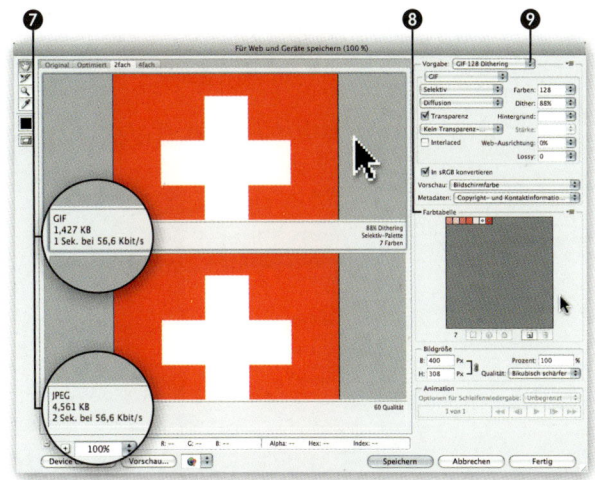

## 11 Farben verringern, Dithering deaktivieren

Sie können die FARBEN ⓬ der Farbtabelle
weiter reduzieren. Das bringt bei dieser Datei
praktisch nichts mehr ❿, doch oft lohnt sich
der Versuch. Außerdem können durch Ab-
schalten des Ditherings ⓫ noch ein paar
Kilobyte gespart werden.

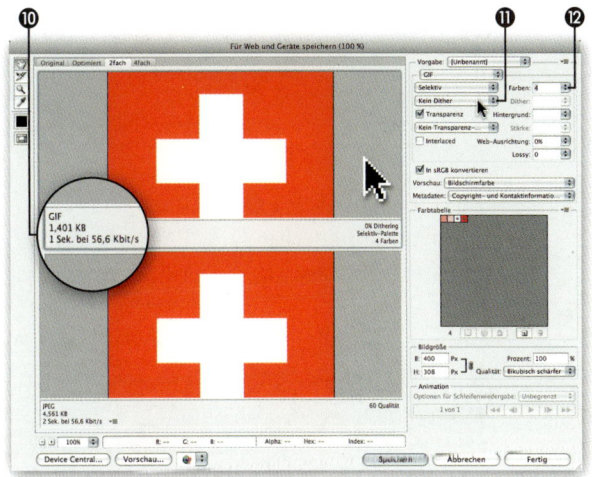

## 12 »JPEG niedrig« und Qualität »0«

Wir wollen nichts unversucht lassen, eine
möglichst kleine Datei zu erhalten. Aktivieren
Sie wieder die JPEG-Vorschau, und testen Sie,
ob JPEG wieder Oberwasser gewinnt, wenn
Sie die QUALITÄT auf NIEDRIG stellen ⓯. Die
Vorgabe NIEDRIG entspricht der Qualitätsstufe
10 (100 wäre höchste Qualität). Sie können die
QUALITÄT stufenlos bis 0 hinunter drehen ⓰.
Trotzdem verbleibt bei dieser Grafik für JPEG
die größere Dateimenge ⓭. In der Vorschau
sind dafür schon deutlich die Störungen zu
sehen, die für JPEG typisch sind ⓮.

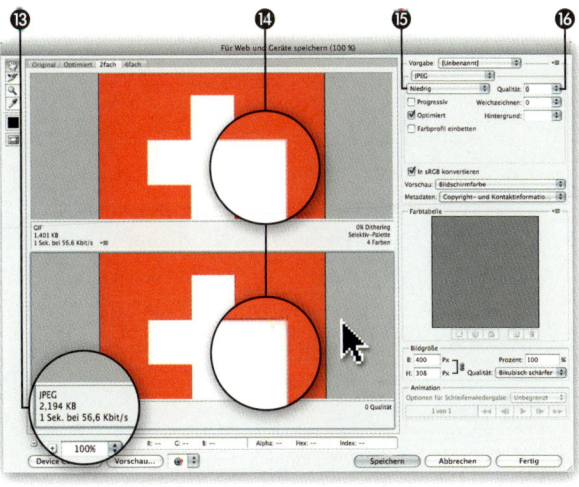

# Dateiformate

## Alle wichtigen Formate auf einen Blick

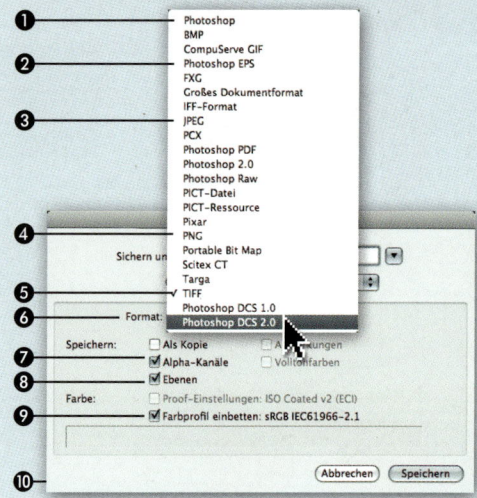

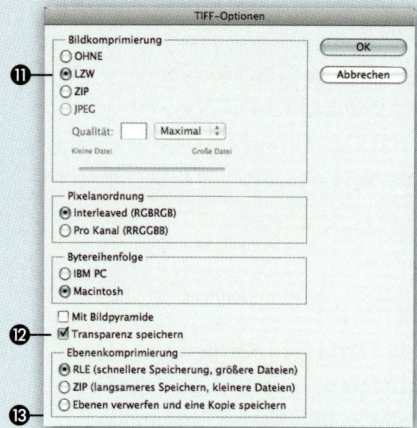

Der Speichern-Dialog ❿ von Photoshop bietet einige Optionen und noch mehr Dateiformate. Sehen wir uns die wichtigsten einmal an.

Farbprofile sollten Sie grundsätzlich einbetten ❾, also die Option am besten aktiviert lassen. Wenn Sie in Photoshop mit Ebenen arbeiten, wie wir es bereits im ersten Kapitel gemacht haben, dann erhalten Sie beim Speichern eine eigene Option ❽, damit die Ebenen erhalten bleiben. Wenn Sie diese Option deaktivieren, dann wird das Bild auf eine einzige Ebene reduziert und als Kopie gespeichert (mit identischem Aussehen, doch ohne Ebenen). Die offene Datei *mit* den Ebenen wird dabei aber nicht gespeichert.

Speichern Sie in Photoshop eine Auswahl oder erstellen Sie eine Pixelmaske, um eine Ebene zu maskieren, entsteht ein sogenannter Alphakanal. Diese Option ❼ muss aktiviert sein, damit die Auswahl und die Maske erhalten bleiben.

Im Menü FORMAT ❻ können Sie das für Ihre Aufgabe angemessene Dateiformat aussuchen. Lassen Sie sich nicht von den vielen Formaten erschrecken, die Photoshop Ihnen anbietet. Die meisten Benutzer kommen mit einer Handvoll aus.

### TIFF ❺

TIFF gehört zu den beiden großen, alten Standardformaten der digitalen Druckvorstufe. Es wird von vielen Programmen unterstützt und gehört zu den wichtigsten Formaten, um das Bild anschließend in einem Layoutprogramm wie Adobe InDesign oder Quark XPress zu platzieren.

Wenn Sie eine Datei als TIFF speichern, erscheint anschließend der Dialog TIFF-OPTIONEN ⓭. Ein großer Vorteil von TIFF ist, dass sich Bilder damit verlustfrei komprimieren lassen. Mit LZW ⓫ als BILDKOMPRIMIERUNG können Ihre Bilder bis zu einem Drittel kleiner werden. Aus diesem Grund ist TIFF für mich das Format der Wahl, wenn ich Bilder aus meiner Fotobibliothek speichere. Bei einem 12 Megapixel-16-Bit-Bild mit Ebenen kann die Einsparung pro Bild schnell einmal 50 Megabyte ausmachen. Wenn Ihr Bild einen transparenten Hintergrund aufweist und Sie möchten, dass diese transparenten Bereiche auch in InDesign durchsichtig sind, dann müssen Sie TRANSPARENZ SPEICHERN ⓬ aktivieren.

### Photoshop EPS ❷

EPS ist der einstmals große, betagte Herr der Druckvorstufe. In meinen Augen spricht nicht mehr viel für EPS. Es mag aber sein, dass Ihr Drucker darauf besteht oder dass es tatsächlich einmal einen guten Grund für dieses Format gibt. Speichern Sie eine Datei als EPS, erscheint ebenfalls ein Dialog für weitere Optionen ⓮. Im Normalfall können Sie alles so lassen, wie Sie es vorfinden.

### Photoshop ❶ (PSD)

PSD ist das Rundum-sorglos-Format. Es kann alle Funktionen speichern, die Photoshop anbietet. Das kann TIFF zwar auch, doch PSD hat den Vorteil, dass kein Dialog mehr kommt, bei dem man etwas falsch machen, vergessen oder übersehen könnte.

Der Nachteil von PSD ist, dass es kein Standardformat ist. Viele Programme verstehen es nicht. Doch wenn Sie InDesign verwenden, sind Sie mit PSD bestens beraten.

### JPEG ❸

JPEG ist wohl das derzeit meistverwendete Dateiformat. Es hat allerdings den Nachteil, dass JPEG-Dateien bei jedem Speichern mit Qualitätseinbußen komprimiert werden. Aus diesem Grund rate ich von JPEG für die Druckvorstufe eher ab. Um Daten jedoch an jemanden zu senden, der sie nicht mehr über Bildbearbeitung weiterverarbeiten muss, oder einfach nur zur Ansicht, ist JPEG *das* Format.

Der Dialog JPEG-OPTIONEN ⓰ bietet auch einige Einstellmöglichkeiten. Im Grunde reicht es jedoch für fast alle Zwecke, die QUALITÄT einzustellen. MAXIMAL ⓯ steht für maximale Qualität (= große Datei), NIEDRIG für lausige Qualität (= kleine Datei).

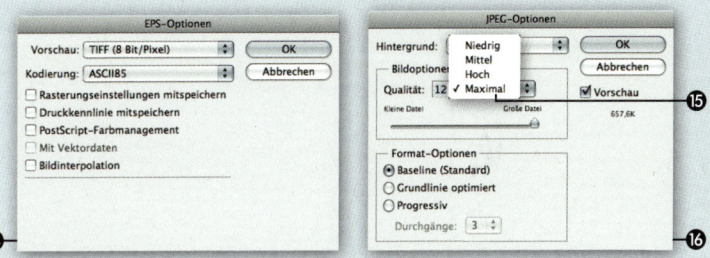

### PNG ❹

Wenn Sie einen transparenten Hintergrund auch noch in PowerPoint oder Word transparent haben möchten, dann ist PNG das richtige Format für Sie. Allerdings exportieren Sie das besser über DATEI • FÜR WEB UND GERÄTE SPEICHERN. Wählen Sie dort als VORGABE »PNG-24« ⓱ und aktivieren TRANSPARENZ ⓲.

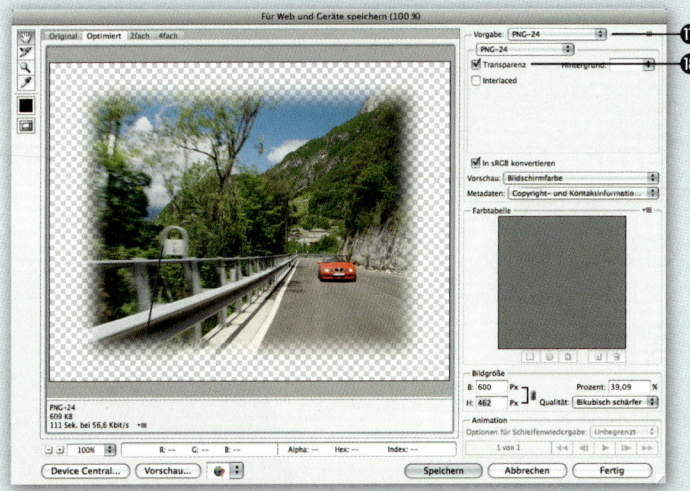

# Pinsel, Stempel & Radierer

**Sie müssen kein Maler sein, um Pinsel zu mögen.** In Photoshop kommen Sie um Pinsel ohnehin nicht herum. Es gibt Auswahl-Pinsel, Stempel-Pinsel, Radiergummi-Pinsel, Protokoll-Pinsel, Retusche-Pinsel, Unschärfe-Pinsel, Helligkeits-Pinsel Sättigungs-Pinsel und natürlich einen Pinsel-Pinsel, der zum Glück einfach »Pinsel-Werkzeug« heißt.

In diesem Kapitel möchte ich Ihnen alle wichtigen Pinsel in Workshops vorstellen, außer dem Auswahl-Pinsel. Dieser heißt Schnellauswahlwerkzeug, beeinflusst direkt keine Pixel und wird erst im Kapitel über Auswahlen behandelt. Vorerst begutachten wir die Pinsel, die Pixel verändern.

Foto: Pascal Reis

# Pinsel, Stempel & Radierer

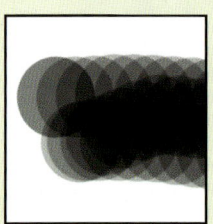

# Ebenen bemalen

*Eine Illustration mit Licht und Schatten versehen*

*Tatsächlich illustrieren werden wohl die wenigsten Photoshop-Anwender. Doch meine Erfahrung in Seminaren, in denen ich mit meinem CS3-Buch gearbeitet habe, hat mir gezeigt, dass das Thema Pinsel darin etwas zu kurz gekommen ist. Deshalb möchte ich hier, wo wir noch relativ am Beginn stehen, mit Ihnen einen Workshop durchexerzieren, bei dem Sie vor allem den Umgang mit Pinseln lernen sollen.*

**Zielsetzungen:**

Arbeitbereich ausdehnen und eine flächige Illustration mit Schatten, Lichtern und dadurch mit Tiefe versehen

[malen.tif]

▶ **Video-Training**

Video-Training 1, Lektion 3.1

## 1 Werkzeugeinstellung und Breite/ Höhe vertauschen

Wenn Sie das Beispielbild öffnen, werden Sie sehen, dass die Arbeitsfläche exakt so groß ist wie die Illustration. Ich finde, es stört beim Malen, wenn die Ränder so an der Illustration »picken«, deshalb wollen wir die Arbeitsfläche vergrößern. Ich habe dazu ein Format von 130 mm × 100 mm als Werkzeugeinstellung ❶ gespeichert. Da ich jedoch ein Hochformat möchte, vertausche ich die beiden Werte ❷.

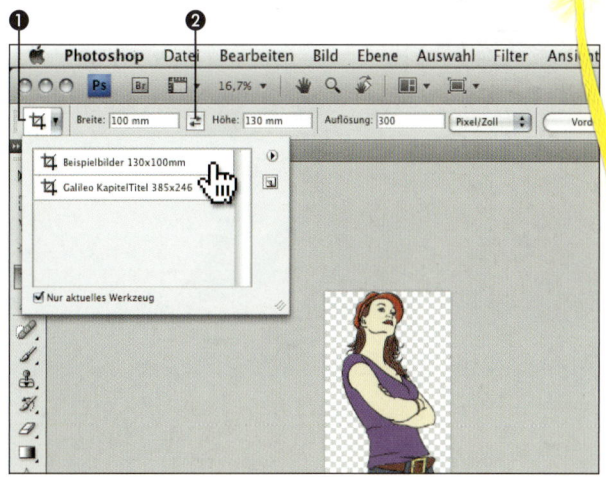

## 2 Freistellen bis zum Anschlag

Wahrscheinlich haben Sie kein solches Format gespeichert. Geben Sie dann einfach 100 mm für die BREITE ein und 130 mm für die HÖHE. Ziehen Sie mit dem FREISTELLUNGSWERKZEUG ⛏ einen Rahmen auf. Durch die vorher eingegebenen Proportionen können Sie damit keinen größeren Bereich auswählen als im Screenshot rechts. Lassen Sie die Maustaste los, bestätigen Sie aber noch nicht – wir sind noch nicht fertig.

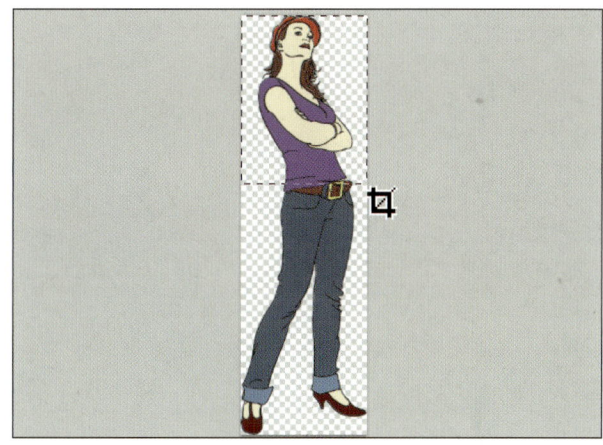

## 3 Freistellung über die Arbeitsfläche erweitern

Ziehen Sie in einem zweiten Schritt den Freistellungsrahmen weiter auseinander. Nachdem Sie die Maustaste einmal losgelassen haben, können Sie den Rahmen beliebig über die Arbeitsfläche hinausziehen. Positionieren Sie den Rahmen, nachdem Sie die Größe einmal definiert haben, so, dass das Modell etwa in der Mitte steht.

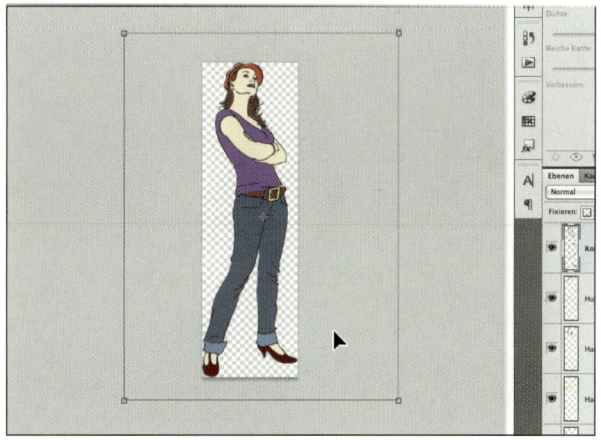

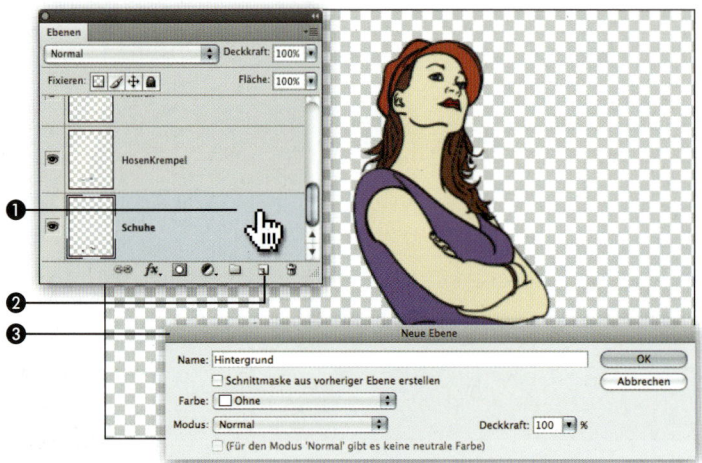

## 4 Neue Ebene erstellen

Wir werden den Hintergrund weiß einfärben, zuvor aber eine Ebene dafür erstellen. Sie sehen in der Palette EBENEN dieser Datei viele Ebenen – für jede Farbe eine. Aktivieren Sie mit einem Klick die unterste, »Schuhe« ❶. Klicken Sie dann auf die Schaltfläche für NEUE EBENE ❷.

**Tipp:** Halten Sie beim Klick auf [🔳] die [Strg]/[⌘]-Taste, dann wird die neue Ebene unterhalb der aktiven erstellt. Halten Sie zusätzlich [Alt], dann öffnet sich der Dialog NEUE EBENE ❸, wo Sie sie benennen können.

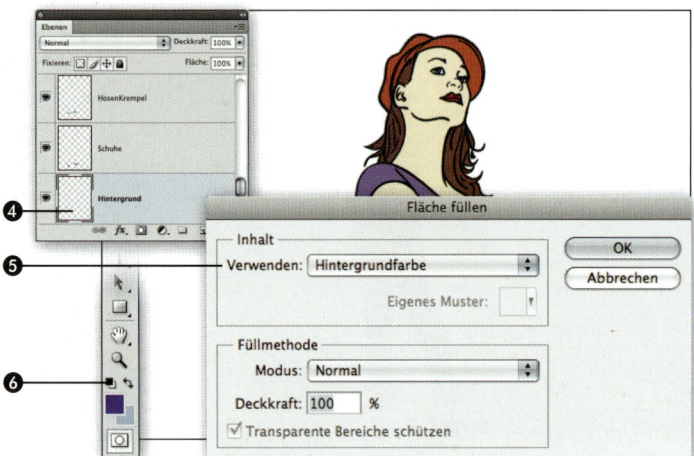

## 5 Fläche füllen

Wenn die neue Ebene nicht mit dem eben beschriebenen Tipp erstellt wurde, verschieben Sie sie mit der Maus an die unterste Stelle ❹. Um die Fläche zu füllen, stellen Sie die Hintergrundfarbe auf Weiß. Das geht am schnellsten, wenn Sie auf STANDARDFARBEN ❻ klicken. Wählen Sie dann im Menü BEARBEITEN • FLÄCHE FÜLLEN, und unter VERWENDEN wählen Sie HINTERGRUNDFARBE ❺.

**Tipp:** Mit [Strg]/[⌘]+[←] füllen Sie mit der Hintergrund-, mit [Alt]+[←] mit der Vordergrundfarbe.

## 6 Konturebene sperren

An der obersten Ebene, »Kontur«, wollen wir nichts verändern. Fixieren Sie sie deshalb, indem Sie sie zuerst aktivieren und dann auf die Schaltfläche für ALLES SPERREN klicken ❼.

In der Ebene selbst erscheint dann ein Schloss ❽ – die Ebene kann nicht mehr verschoben und bearbeitet werden.

## 7  Ebene mit Rechtsklick im Bild auswählen

Sie können die Ebene, die Sie bearbeiten wollen, in der Palette EBENEN anklicken und somit zur aktiven machen. Sie können jedoch auch das VERSCHIEBEN-WERKZEUG ⊹ aktivieren und mit der rechtem Maustaste auf das Bild klicken. Photoshop zeigt dann ein Menü, das alle Ebenen anzeigt, die unterhalb Ihres Rechtsklicks Pixel enthalten (also in diesem Bereich nicht transparent sind) ❾. Wenn Sie eine Ebene aus dem Menü wählen, wird sie in der Ebenen-Palette als aktiv dargestellt ❿.

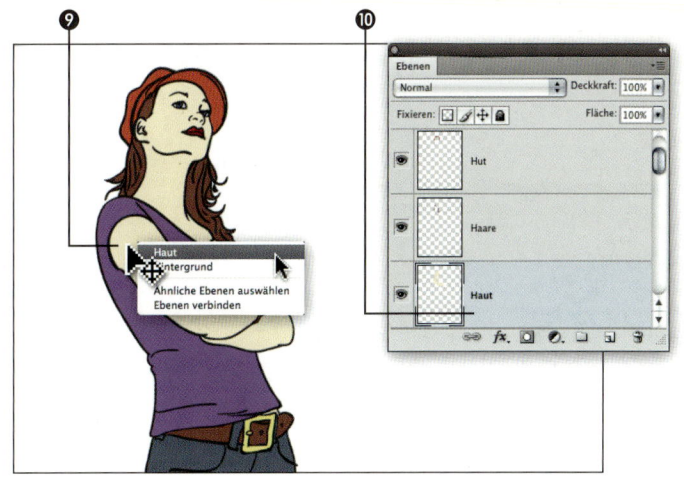

## 8  Farbe aufnehmen und in HSB verändern

Ist das PINSEL-WERKZEUG ✐ aktiv, können Sie durch Halten der ⎇Alt⎇-Taste die PIPETTE aufrufen und mit einem Klick ins Bild ⓫ eine Farbe aufnehmen ⓬. Um die Farbe zu verändern, öffnen Sie die Palette FARBE. Beim Malen lassen sich Farben so schneller ändern als über den Farbwähler. Stellen Sie die Ansicht über das Palettenmenü ⓭ auf HSB-FARBREGLER. Damit können Sie sehr gut über Sättigung (S) ⓮, Helligkeit (B) und Farbton (H) fein nuancierte Anpassungen vornehmen.

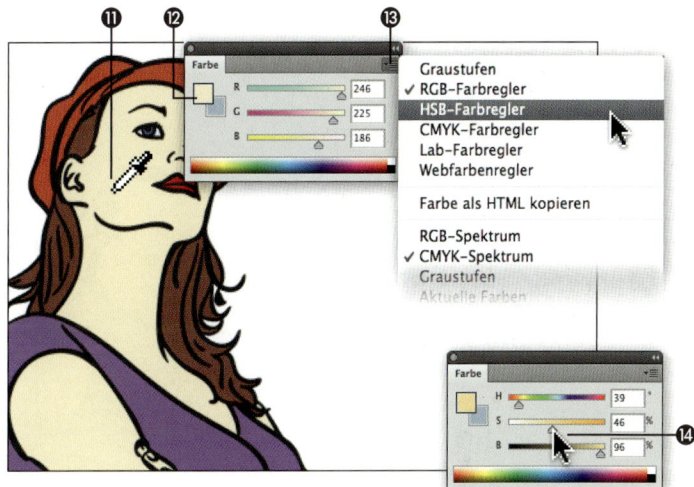

## 9  Pinsel zurücksetzen, Pinselspitze einstellen und malen

Aktivieren Sie die Ebene »Haut«. Nehmen Sie, wie in Schritt 8 gezeigt, den Hautton auf, und dunkeln Sie ihn mit der Palette FARBE ab.

Aktivieren Sie dann das PINSEL-WERKZEUG ✐, und klicken Sie mit der rechten Maustaste auf das Bild. Es erscheint die Palette PINSEL-VORGABEN. Stellen Sie den HAUPTDURCHMESSER ⓰ auf ca. 60 Pixel und die HÄRTE ⓯ auf 0 %. Machen Sie nun einen Pinselstrich am Arm entlang ⓱. Der Pinsel trägt Farbe auf der ganzen Ebene auf und übermalt somit auch das Shirt ⓲.

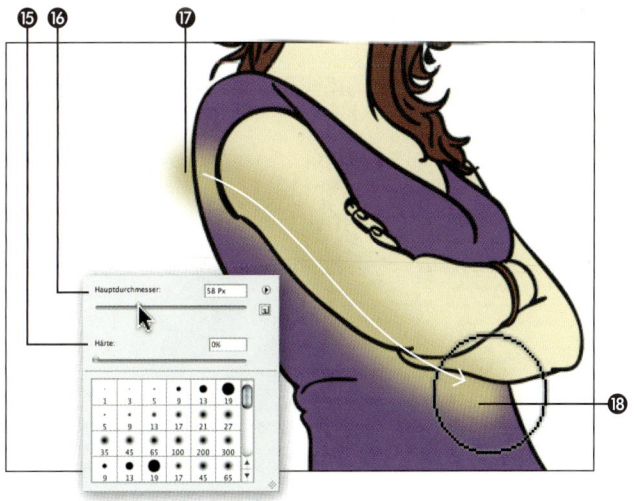

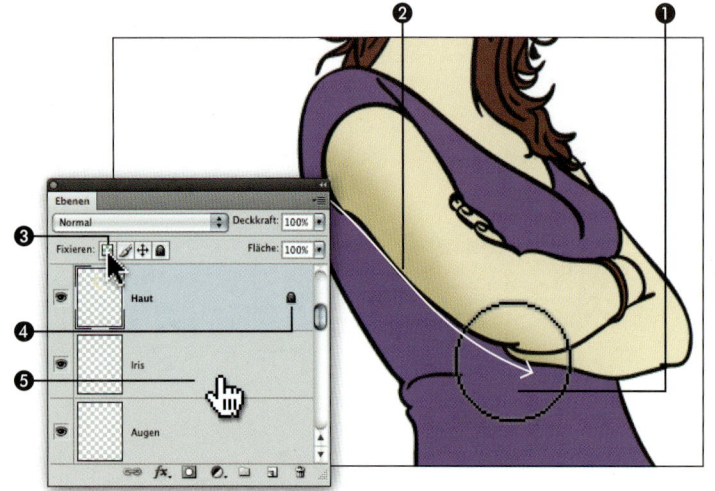

## 10 Transparente Pixel fixieren

Machen Sie den letzten Schritt mit ⌐Strg⌐/
⌐⌘⌐+⌐D⌐ wieder rückgängig. Da sich die einzelnen Farben auf Ebenen befinden, können wir einen Trick nutzen, um die transparenten Bereiche ohne Farbe vor Farbauftrag zu schützen. Dazu aktivieren Sie die Schaltfläche TRANSPARENTE PIXEL FIXIEREN ❸. Auch hier erscheint ein Schloss in der Ebene ❹. Machen Sie nun einen Pinselstrich ❷, dann nehmen nur die gefüllten Bereiche Farbe an, und die transparenten bleiben unbeeinflusst ❶.

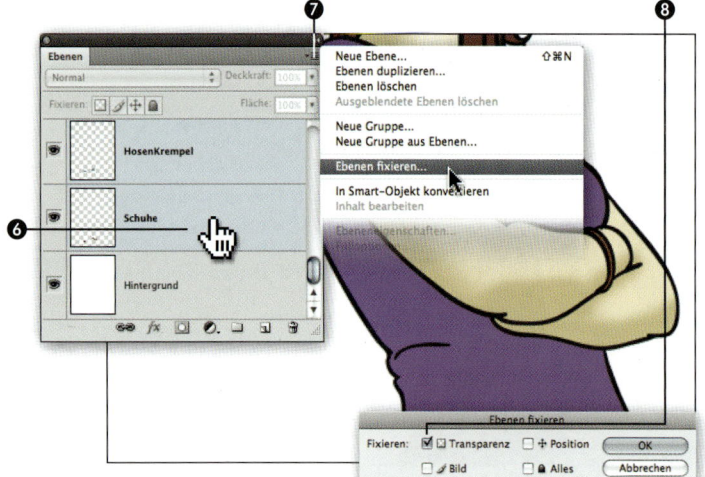

## 11 Mehrere Ebenen fixieren

Wir wollen jetzt gleich alle Ebenen fixieren. Dazu klicken Sie zuerst auf die Ebene »Iris« (❺ Schritt 10), um sie zur aktiven Ebene zu machen. Bei gedrückter ⌐⇧⌐-Taste klicken Sie danach auf die Ebene »Schuhe« ❻. Beide Ebenen, ❺ und ❻, inklusive aller Ebenen dazwischen, sind jetzt aktiviert. Öffnen Sie das Palettenmenü ❼, und wählen Sie EBENEN FIXIEREN. Im folgenden Dialog haken Sie das Kästchen TRANSPARENZ ❽ an.

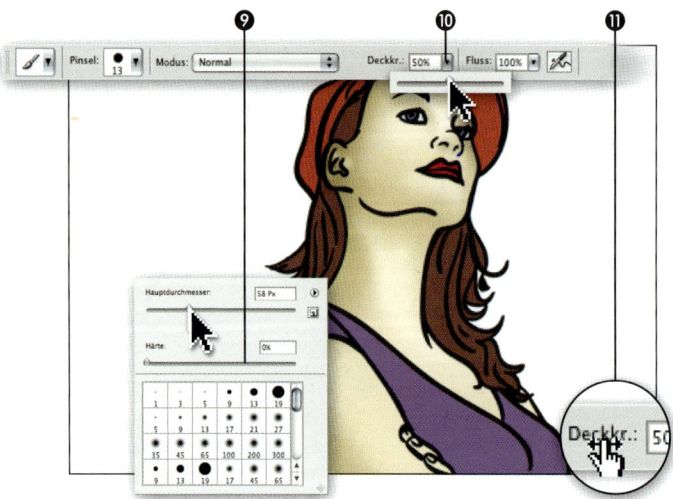

## 12 Pinselgröße, Härte und Deckkraft

Malen Sie nun Schattierungen und Lichtreflexe auf die Haut. Dazu werden Sie unterschiedliche Pinseldurchmesser benötigen. Experimentieren Sie auch mit verschiedenen Härten ❾. Ich verrate Ihnen im nächsten Grundlagenexkurs mehr darüber. Versuchen Sie auch, die DECKKRAFT ❿ zu variieren.

**Tipp:** Shortcuts DECKKR.: ⌐⇧⌐+⌐1⌐ (= 10 %) bis ⌐⇧⌐+⌐9⌐ (= 90 %), ⌐⇧⌐+⌐0⌐ (= 100 %)

**Tipp:** Numerische Eingabefelder lassen sich mit einem *Scrubby Slider* über dem Namen des Feldes steuern ⓫.

## 13 Ebene automatisch auswählen

Ebenen lassen sich auch mit Klick auf einen gefüllten Bereich automatisch aktivieren. Wählen Sie für diese Funktion das Verschieben-Werkzeug, und haken Sie die Option Automatisch auswählen an ❶❷. Klicken Sie nun ins Bild, beispielsweise auf das Violett des Shirts ❶❸, dann wird automatisch die Ebene »Shirt« zur aktiven ❶❹.

**Tipp:** Egal, welches Werkzeug gerade aktiv ist, durch Halten der `Strg`/`⌘`-Taste wird (fast) immer das Verschieben-Werkzeug

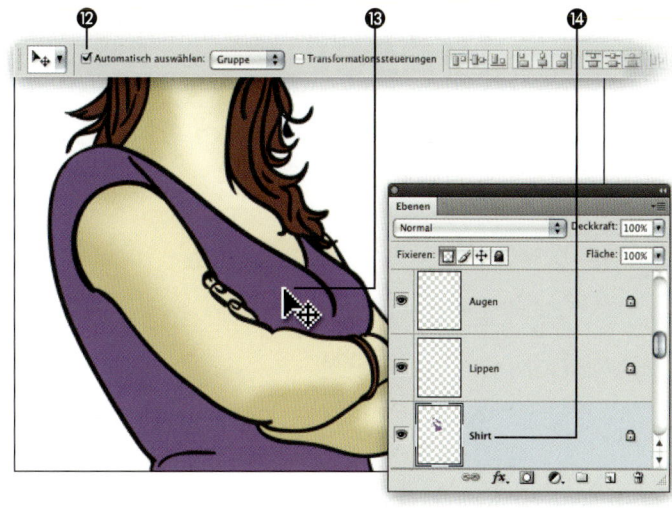

...en

...t dem Ausmalen
...Fühlen Sie sich
... Shirt, Hosen
... Ihnen gefällt.
... llungen für
... eckkraft.
... en mit der
... e den Ton über

...d

... e einen
... nalen. Schatten
... hen Objekt
... Modell mit
beiden Beinen auf dem Boden steht.

Wenn Illustrieren nicht so Ihr Ding ist, dann ärgern Sie sich nicht, wenn das Resultat nicht so aussieht wie bei mir. Doch vielleicht sind Sie ja auch ein heimlicher oder offizieller Illustrator und machen das viel besser als ich.

# Pinsel

*Nicht nur ein Pinsel ist ein Pinsel.*

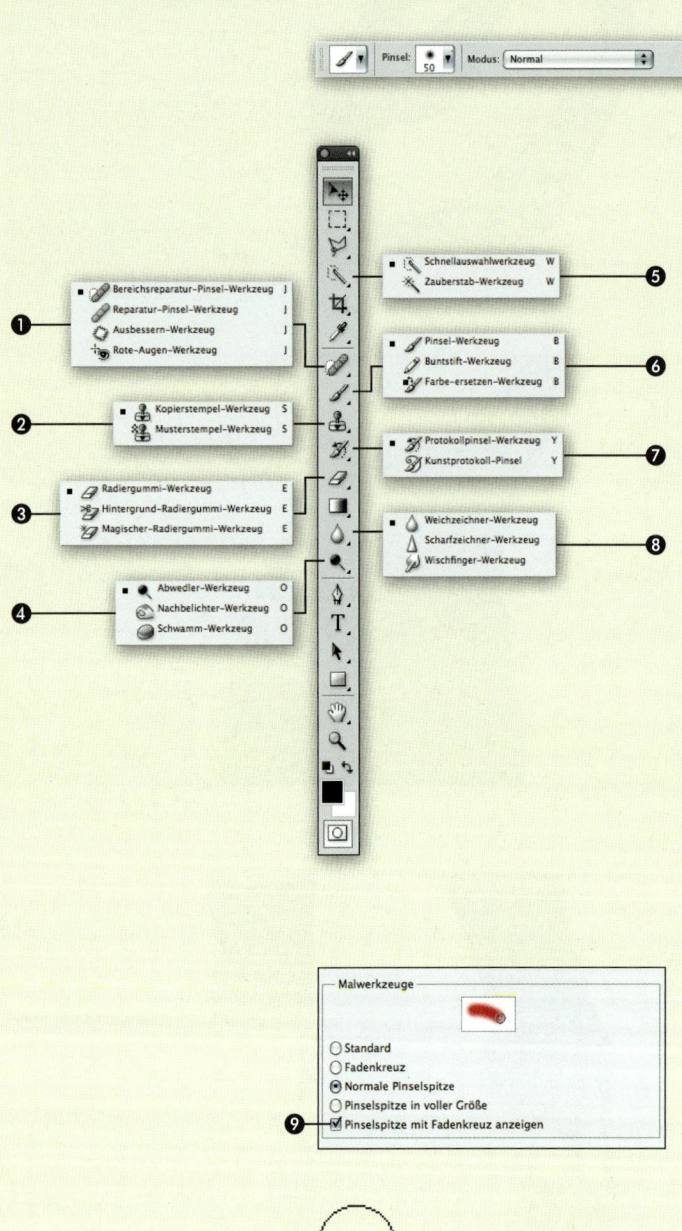

*Pinsel? Brauch ich nicht! Ich will ja nicht malen.* Wer so denkt, denkt nicht richtig in Photoshop. Sie sehen links alle Pinselwerkzeuge der Werkzeugpalette. Viele Werkzeuge arbeiten wie der klassische Photoshop-Pinsel und bieten ähnliche Optionen zur Einstellung.

## Schnellauswahlwerkzeug ❺ (Seite 180)

Das SCHNELLAUSWAHLWERKZEUG ist ein Pinsel, und seine Größe lässt sich verändern, wie Sie es im vorangegangenen Workshop gelernt haben (leider nur über die Palette OPTIONEN und nicht mit Rechtsklick).

## Retusche-Pinsel ❶ (Seite 154)

Der BEREICHSREPARATUR-PINSEL und der REPARATUR-PINSEL haben ähnliche Optionen wie das Pinsel-Werkzeug. Die anderen beiden Werkzeuge dieser Gruppe sind allerdings keine Pinsel.

## Pinsel-Werkzeuge ❻ (Seite 118)

Natürlich ist das PINSEL-WERKZEUG ein Pinsel. Das BLEISTIFT-WERKZEUG ist ein Pinsel, der keine weichen Kanten kennt. Er hat pixelige Kanten und kommt bei mir manchmal im Webdesign zum Einsatz. Das FARBE-ERSETZEN-WERKZEUG ist ein Pinsel, der mit seinem Namen gut beschreibt, was er macht.

### Stempel-Werkzeuge ❷ (Seite 150)

Das KOPIERSTEMPEL-WERKZEUG 🖼 war das Retusche-Werkzeug zu Großvaters Zeiten, also als ich in die Bildbearbeitung eingestiegen bin. Mit ihm können Sie einen Bildbereich auf einen anderen übertragen. So hat Retusche funktioniert, bevor die Werkzeuge intelligent wurden. Er ist aber auch heute noch wichtig, wichtiger jedenfalls als das MUSTERSTEMPEL-WERKZEUG 🖼 (zumindest für mich).

### Protokollpinsel-Werkzeug ❼ (Seite 127)

Das PROTOKOLLPINSEL-WERKZEUG 🖼 ist Photoshops Antwort auf »Zurück in die Zukunft«. Damit pinseln Sie einen vergangenen Zustand zurück in ein Bild. Der KUNSTPROTOKOLL-PINSEL 🖼 läuft bei mir dafür unter der Rubrik »Aha, gibt's auch noch«.

### Radiergummi-Werkzeuge ❸ (Seite 136)

Wer, wie ich, fast immer mit Ebenenmasken arbeitet, kennt ihn vom Hörensagen: den RADIERGUMMI 🖼 und den HINTERGRUND-RADIERGUMMI 🖼.

### Bildschärfe- und Pixel-verschieben-Werkzeuge ❽ (Seite 157)

Um Bildbereiche unscharf zu machen, können Sie das WEICHZEICHNER-WERKZEUG 🖼 verwenden. Um Bildbereiche zu schärfen, setzen Sie das SCHARFZEICHNER-WERKZEUG 🖼 ein, das aber sehr mit Vorsicht zu genießen ist. Außerdem können Sie Bildpixel mit dem WISCHFIN-GER-WERKZEUG 🖼 verschieben.

### Pinsel für Belichtung und Sättigung ❹ (Seite 142)

Mit dem ABWEDLER-WERKZEUG 🖼 lassen sich Bildbereiche aufhellen. Das Gegenteil macht das NACHBELICHTER-WERKZEUG 🖼. Das SCHWAMM-WERKZEUG 🖼 dient dazu, Farben leuchtender oder matter zu machen.

Das alles sind wie gesagt Pinsel der einen oder anderen Art. Für sie alle gelten so oder ähnlich die Einstellungen, die wir uns jetzt ansehen. Über die VOREINSTELLUNGEN • ZEIGER-DARSTELLUNG (Mac: Menü PHOTOSHOP, Windows: Menü BEARBEITEN) können Sie die Zeigerdarstellung verändern. Ich habe die Einstellungen wie von Adobe definiert belassen, jedoch die Option PINSELSPITZE MIT FA-DENKREUZ ANZEIGEN aktiviert ❾. Dadurch wird mir in der Mitte der Pinsel immer ein kleines Kreuz angezeigt ❿.

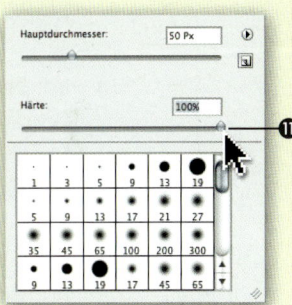

### Härte

Den Hauptdurchmesser brauche ich sicher nicht ausführlich zu beschreiben. Beginnen wir also gleich mit der HÄRTE. Sie definiert, ob ein Pinsel eine weiche oder eine harte Kante bekommen soll. Steht die HÄRTE beispielsweise auf 100 % ⓫, dann wird der Rand der Pinselspitze sehr scharf umrissen ausgeführt ⓬. Stellt man die HÄRTE hingegen auf 0 % ⓭, erhält ein Punkt, den man mit dem Pinsel erzeugt, einen sehr verschwommenen Umriss ⓮. Ich arbeite bei Retusche-Werkzeugen sehr oft mit einer HÄRTE von ca. 75 %.

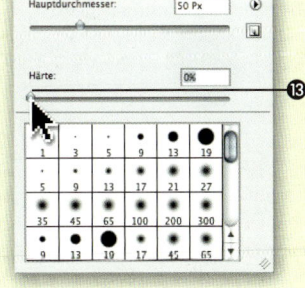

### Deckkraft ❶

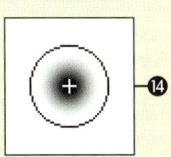

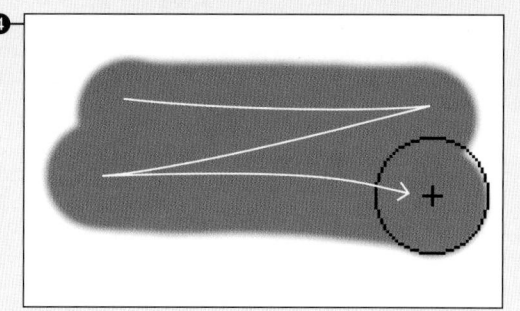

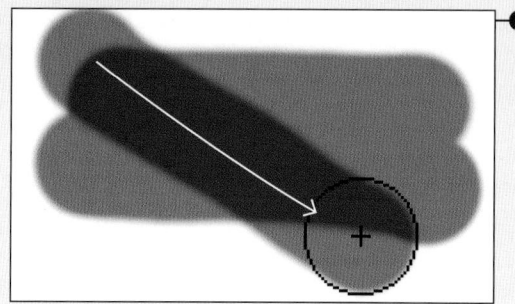

Mit der DECKKRAFT verringern Sie – wer hätte das gedacht – die Deckkraft der Farbe oder was auch immer mit einem Pinsel aufgetragen wird. Bei diesem Beispiel ❹ habe ich schwarze Vordergrundfarbe bei einer DECKKRAFT von 50 % aufgetragen. Die drei Striche habe ich ohne Absetzen der Maus durchgezogen. Dadurch wird aus allen drei Strichen eine einzige Fläche. Wenn ich darüber noch einen zweiten Pinselstrich setze, dann summieren sich diese beiden, und dort, wo sie sich überschneiden, erhöht sich auch die Dunkelheit entsprechend des zweiten Farbauftrags ❺.

## Fluss ❷

Der FLUSS wirkt ähnlich wie die Deckkraft und doch ganz anders. Wenn ich die Härte reduziere, nehme ich meist deutlich geringere Prozentwerte – oft nur fünf bis zehn. Hier ❽ habe ich mit einem FLUSS von 25 % drei Linien

gezogen. FLUSS unterscheidet sich von DECKKRAFT dadurch, dass, wenn Sie mehrmals ohne Absetzen der Maus über die gleiche Stelle pinseln, sich der Deckauftrag summiert. Dazu sollte man jedoch eine geringe Härte wählen, denn sonst sieht das Ergebnis so ❾ aus. Nach meiner Erfahrung ergibt die Reduzierung des Flusses einen natürlicheren Farbauftrag, weshalb ich in der Regel damit arbeite.

## Airbrush ❸

Wenn Sie, wie nach Standard, ohne die Option ARIBRUSH arbeiten, erhält ein Punkt, den Sie mit der Maus setzen, eine fixe Größe ❻, egal, wie lange Sie die Maustaste drücken. Durch Aktivieren dieser Funktion fließt die Farbe eine gewisse Zeit, wenn Sie die Maustaste länger gedrückt halten ❼.

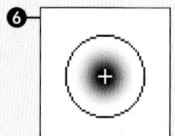

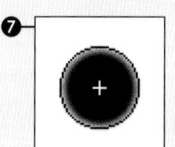

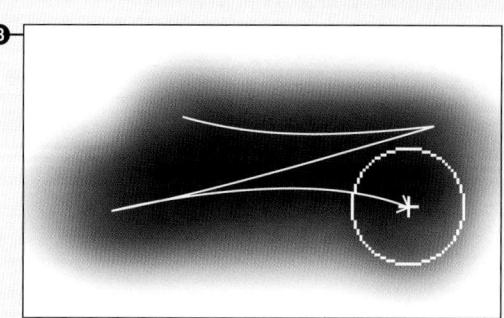

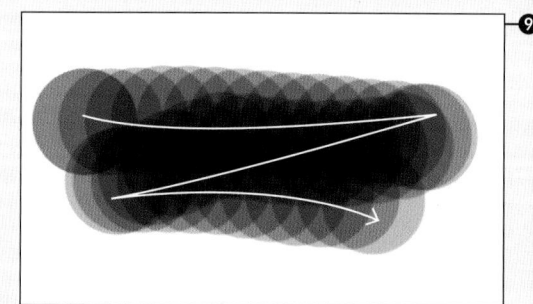

# Schritt für Schritt kolorieren

*Zwischenschritte speichern und selektiv anwenden*

*Dieser Workshop mag ein wenig praxisfern sein. Doch wenn Sie neu in die Arbeit mit Pinseln einsteigen, sollten Sie ihn durcharbeiten. Das Ziel ist weniger eine perfekte Illustration mit authentischer Tiefenwirkung, sondern dass Sie ein Gefühl für den Umgang mit Pinseln bekommen. Wie Sie im vorangegangenen Exkurs gesehen haben, dreht sich in Photoshop sehr viel um Pinsel. Die Methoden, die ich Ihnen hier zeige, sind natürlich nicht nur zum Bemalen von Strichzeichnungen relevant – dazu brauche ich sie auch ganz selten – doch so, wie Sie hier die Ente kolorieren, können Sie mit jedem Foto arbeiten.*

Zielsetzung:

Eine Strichzeichnung kolorieren

**[faerben_protokoll.jpg]**

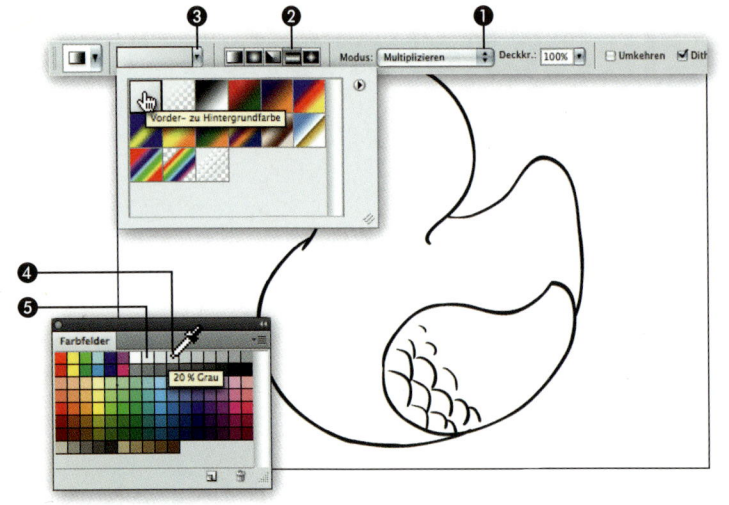

# 1 Farbfelder für Verlauf definieren, Füllmethode »Multiplizieren«

Öffnen Sie die Palette FARBFELDER. Klicken Sie auf die Fläche 10% GRAU ❺, um sie zur Vordergrundfarbe zu machen. Klicken Sie bei gedrückter Strg/⌘-Taste auf 20 % GRAU ❹, um diese zur Hintergrundfarbe zu machen.

Aktivieren Sie das VERLAUFSWERKZEUG ▦, und stellen Sie als Verlauf VORDER- ZU HINTERGRUNDFARBE ❸ ein. Aktivieren Sie REFLEKTIERTER VERLAUF ❷, und wählen Sie aus dem Füllmethoden-Menü MULTIPLIZIEREN ❶.

# 2 Verlauf erzeugen

Ziehen Sie nun mit dem Verlaufswerkzeug eine Linie, etwa so wie im Screenshot von ❼ nach ❻. Durch Halten der ⇧-Taste wird der Verlauf exakt senkrecht ausgerichtet.

# 3 Toleranz für das Füllwerkzeug

Das Ergebnis sieht dann aus wie hier ❽. Durch die Füllmethode MULTIPLIZIEREN bleibt das dunkle Schwarz als Schwarz erhalten. Der graue Verlauf legt sich darüber, ohne die Konturen zu beeinflussen.

Picken Sie ein Gelb ❾ aus der Farbfelder-Palette. Aktivieren Sie das FÜLLWERKZEUG ▱, und stellen Sie die TOLERANZ für ein Experiment auf 5 ❿. Wenn Sie nun mit dem Fülleimer in die Ente klicken, dann dürfte nur ein schmaler Bereich gefüllt werden ⓫.

## 4 Toleranz erhöhen, Fläche füllen

Der Fülleimer funktioniert so, dass Sie mit ihm auf einen Bereich klicken, den Sie mit einer Farbe füllen möchten. Alle Pixel, die ähnlich sind wie der zuerst angeklickte, werden mit der aktuellen Vordergrundfarbe eingefärbt. Machen Sie den Schritt von vorher mit Strg/⌘+Z rückgängig, und erhöhen Sie die TOLERANZ auf ca. 140 ⓬. Damit werden alle Pixel bis zur schwarzen Kontur gelb gefüllt. GLÄTTEN ⓭ muss aktiv sein, damit der Übergang zur Kontur nicht pixelig wird.

## 5 Mit der Protokoll-Palette einen Schnappschuss erstellen

Füllen Sie danach alle Bestandteile der Ente mit einer passenden Farbe. Dann öffnen Sie die Palette PROTOKOLL.

In dieser Palette sind alle bisherigen Arbeitsschritte aufgelistet ⓯. Wenn Sie einen vorangegangenen Schritt anklicken, wird das Bild wieder so hergestellt, wie es war. Das ist wie Strg/⌘+Z mit Fahrplan.

Durch Klick auf den Fotoapparat ⓰ unten wird ein SCHNAPPSCHUSS ⓮ erstellt. Per Doppelklick können Sie ihn umbenennen.

## 6 Mit »Multiplizieren« malen

Aktivieren Sie vorerst das PINSEL-WERKZEUG ✐. Stellen Sie auch hierfür – wie zuvor für das Verlaufswerkzeug – die Füllmethode MULTIPLIZIEREN ⓱ ein. Stellen Sie die Pinselspitze sehr groß ein, ca. 380 Pixel ⓲, reduzieren Sie die HÄRTE auf 0 % ⓳, und ziehen Sie einen Pinselstrich für eine Schattierung wie in der Abbildung. Dazu müssen Sie natürlich zuerst eine Farbe, die sich als Schattierung eignet, einstellen. Nehmen Sie am besten die Palette FARBE, wie auf Seite 121 beschrieben.

## 7 Ein früheres Stadium wiederherstellen

Durch die Füllmethode MULTIPLIZIEREN bleibt Schwarz zwar unbeeinträchtigt, doch der Hintergrund kriegt die Farbe voll ab. Jetzt kommt der Trick mit dem Schnappschuss.

Aktivieren Sie das PROTOKOLLPINSEL-WERKZEUG, und klicken Sie in der Palette PROTOKOLL auf das Quadrat vor dem zuvor erstellten Schnappschuss ❷. Wenn Sie jetzt mit diesem Protokollpinsel in das Bild malen, wird der Zustand des Bildes, den es während des Schnappschusses hatte, wiederhergestellt ❶.

## 8 Malen mit Pinsel, Schnappschüssen und Protokollpinsel

Wie Sie an den Screenshots sehen, habe ich immer wieder neue Schnappschüsse gemacht. Zuerst habe ich einen Pinselstrich gesetzt, dann mit dem Protokollpinsel gelöscht, was zu viel war. Sie müssen strategisch vorgehen. Machen Sie das am besten in einzelnen Schritten. Einen Strich setzen, die übergelaufene Farbe mit dem PROTOKOLLPINSEL löschen, Schnappschuss und nächster Strich.

## 9 Pinselstrich, Protokollpinsel, Schnappschuss

Das Ganze ist viel Handarbeit. Viele Teilnehmer in meinen Kursen erwarten, in Photoshop nur ein paar Buttons klicken zu müssen, und das Programm erledige alles von selbst. Dabei ist es nicht anders als Malen an der Staffelei oder Bilder entwickeln in der Dunkelkammer. Nur, dass Sie eben am Computer sitzen.

## 10 Isolierte Teile kolorieren

In diesem Schritt habe ich die Flügel rundum mit einer Schattierung versehen. Auch hier gilt: Zuerst den Bereich mit dem Pinsel schattieren, dann in der Palette PROTOKOLL den letzten Schnappschuss für den Protokollpinsel aktivieren und damit dann alle Bereiche außerhalb des Flügels wieder von Farbe befreien.

## 11 Glanzstellen setzen

Vielleicht haben Sie bereits versucht, mit einer helleren Farbe eine bestehende zu übermalen. Doch mit der Füllmethode MULTIPLI-ZIEREN geht das nicht. Damit können Sie keine Farben umfärben, die dunkler sind als Ihre Vordergrundfarbe. Zum Auftragen hellerer Töne müssen Sie auf die Füllmethode NORMAL ❸ umstellen. Doch beachten Sie, dass Schwarz dann nicht mehr vor dem Übermaltwerden geschützt ist. Ich habe übrigens vieles mit einem FLUSS von 20 % erledigt ❹.

## 12 Ältere Schnappschüsse nutzen

Nicht nur der gerade zuletzt gemachte Schnappschuss lässt sich aktivieren, um einen vorangegangenen Zustand wiederherzustellen. Sie können jeden beliebigen Schnappschuss jederzeit als Quelle für den Protokollpinsel definieren ❻. Sie bräuchten noch nicht einmal einen Schnappschuss aufzunehmen. Sogar jeder einzelne Arbeitsschritt lässt sich dafür definieren ❺. Doch erstens sind Schnappschüsse übersichtlicher, und zweitens zeichnet Photoshop standardmäßig nur zwanzig Arbeitsschritte auf.

SCHWIERIGKEITSGRAD 1 FÜR EINSTEIGER

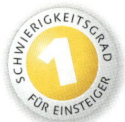

# Ein Schwarzweißfoto kolorieren

*Farben in die Welt von gestern*

*Nicht nur Illustrationen von Damen und Enten lassen sich kolorieren. Mit Photoshop können Sie auch alte Schwarzweißfotos mit Farbe versehen. Mit der Füllmethode »Farbe« werden Farben aufgetragen, ohne dass die Helligkeit der entsprechenden Pixel wesentlich verändert würde. Wichtig ist, dass das Bild im Menü Bild • Modus als RGB-Bild und nicht als Graustufenbild ausgewiesen wird.*

**Zielsetzung:**
Ein altes Schwarzweißbild mit Farbe versehen
**[kolorieren.jpg]**

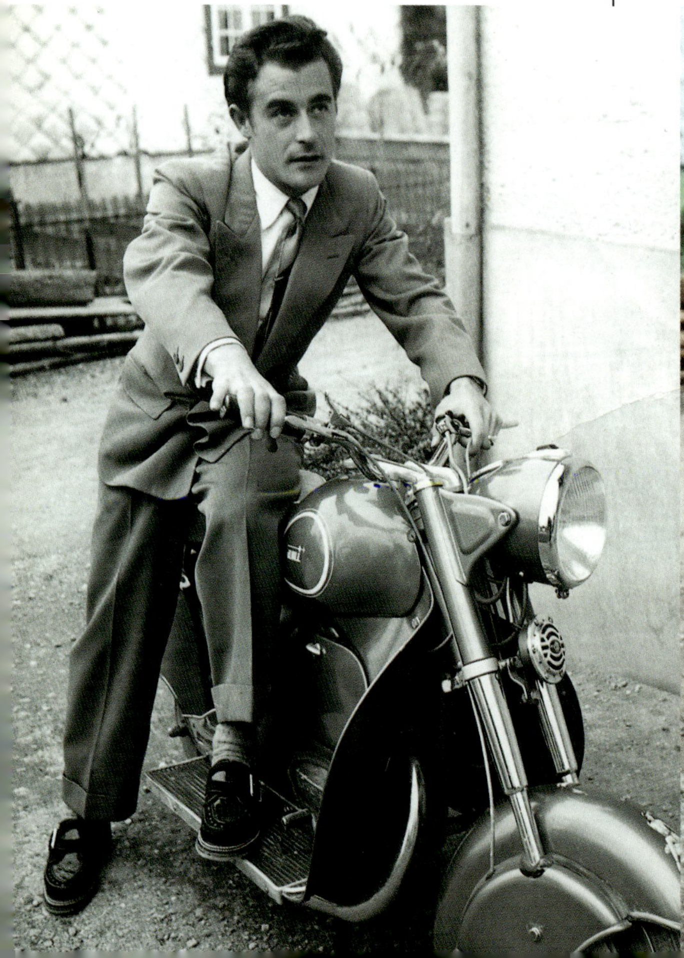

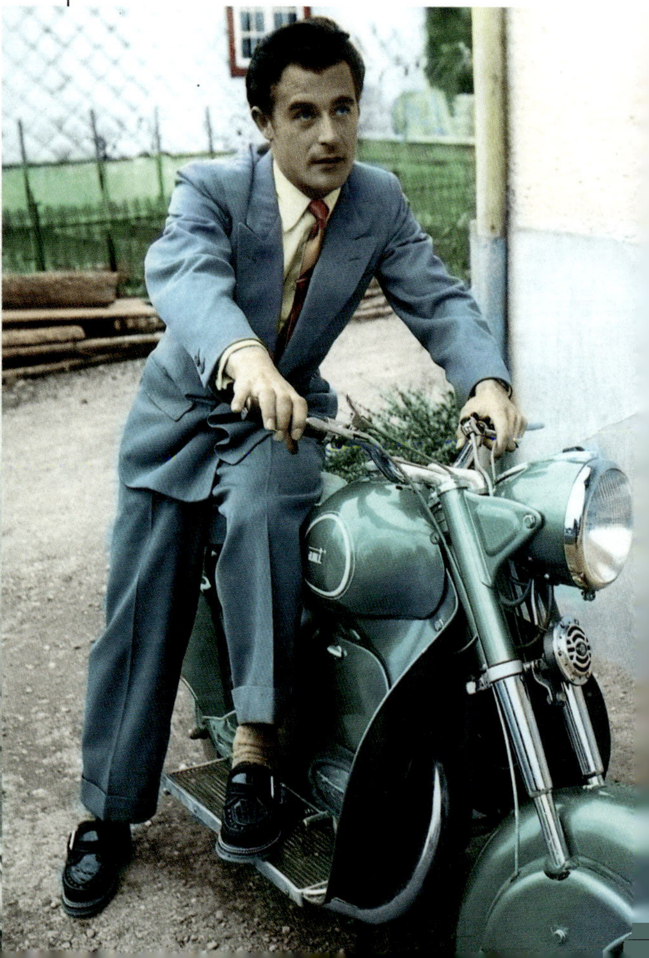

## 1  Pinsel-Werkzeug mit Füllmethode »Farbe«

Zum Kolorieren des Fotos verwenden Sie das Pinsel-Werkzeug ✐. Stellen Sie die Füllmethode auf FARBE ❶. Variieren Sie auch für dieses Bild immer wieder den FLUSS ❷, den Pinseldurchmesser und die Pinselhärte.

Sie können die Farben der Palette FARBFELDER ❸ als Ausgangsbasis verwenden und mit der Palette FARBE ❹ im Modus HSB-FARBE nachbearbeiten.

## 2  Große Bereiche zuerst

Ich habe dieses Foto recht flott und auch etwas schlampig koloriert. Auch wenn ich hier mit dem Kolorieren des Gesichts begonnen habe, ist es empfehlenswerter, mit den großen Flächen zu beginnen und sich zu den Details vorzuarbeiten. Es ist dabei kein Problem, einen bestimmten Bereich mehrmals mit unterschiedlichen Farben umzufärben. Man kann sich dabei auch stundenlang Zeit lassen und Details wie Schattierungen perfekt ausarbeiten.

## 3  Sättigung reduzieren

Meine Kolorierung ist sehr stark gesättigt ausgefallen. Deshalb habe ich entschieden, die Leuchtkraft der Sättigung über eine Dynamik-Einstellungsebene ❺ zu reduzieren, indem ich die SÄTTIGUNG ❼ reduziert, gleichzeitig aber die DYNAMIK ❻ etwas erhöht habe.

**Tipp:** Wenn Sie viel mit Pinseln arbeiten, oft selektiv retuschieren und Abwedeln wie Nachbelichten zu Ihren Alltagsaufgaben gehört, sollten Sie sich einmal die Anschaffung eines Grafiktabletts überlegen. Solche gibt es bereits für unter 100 Euro.

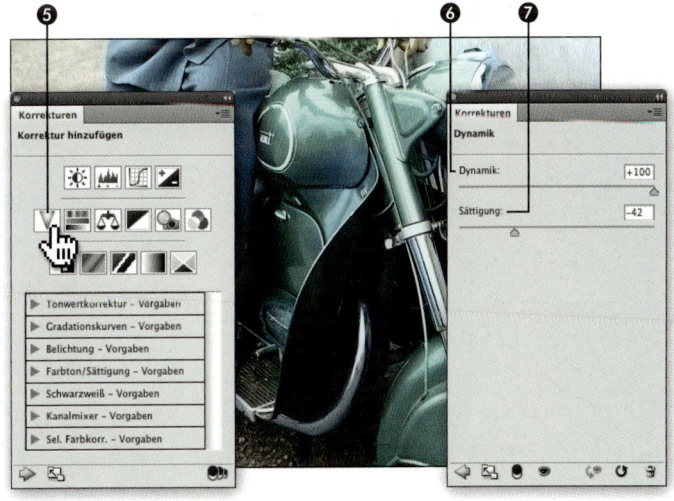

# Färben und Aufhellen

*Mit Schwarz Weiß malen*

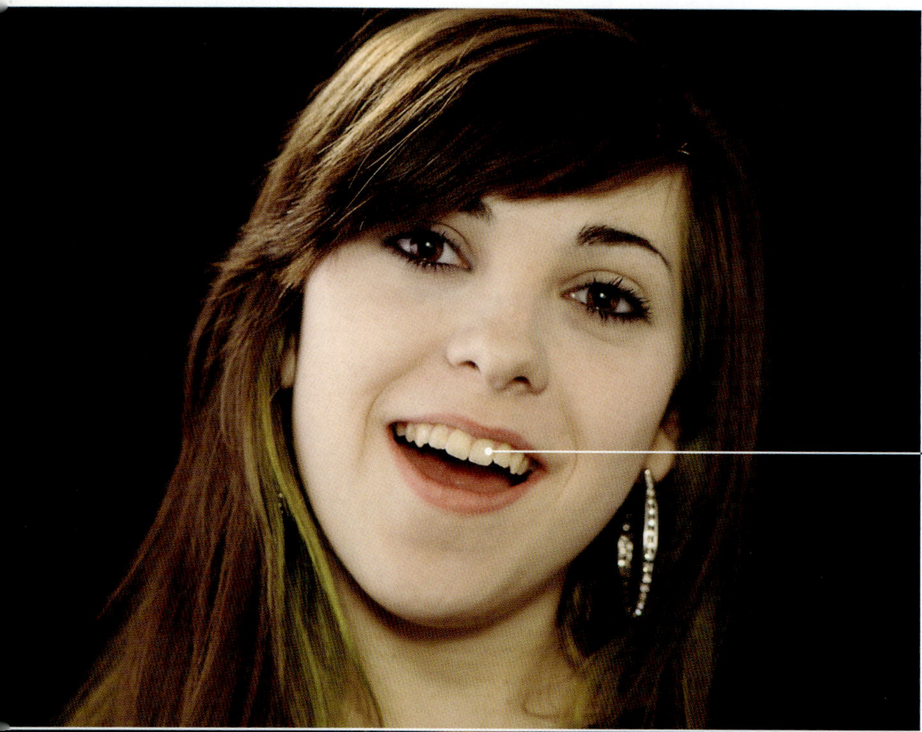

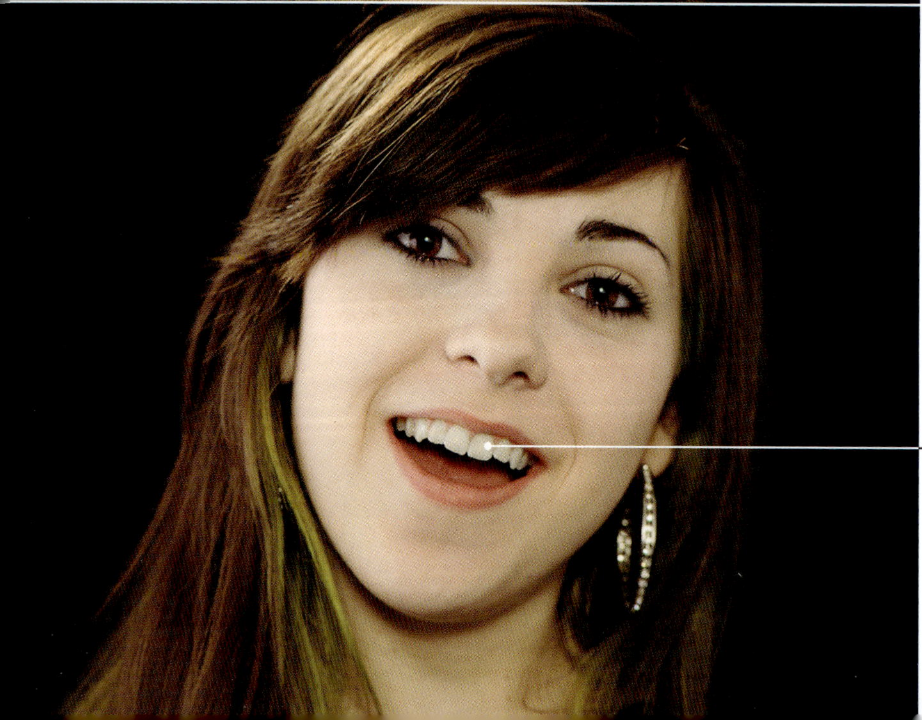

Auch die Beißer von Menschen, die schöne, weiße Zähne haben, erscheinen auf Fotos oft gelb. Das hängt sehr oft mit den Lichtbedingungen zusammen. Doch wer will sich schon selbst mit gelben Zähnen von einem Foto lächeln sehen? Hier zeige ich Ihnen, wie Sie jedem Foto noch mehr Strahlkraft verleihen können.

**Zielsetzungen:**
Sättigung von Gelb reduzieren
Zähne aufhellen
**[fm_farbe.jpg]**

Video-Training 2, Lektion 3.1

## 1   Farbe und Werkzeug vorbereiten

Aktivieren Sie das PINSEL-WERKZEUG, und
stellen Sie es wie folgt ein: Vordergrundfarbe
auf Schwarz oder Weiß (das geht mit einem
Klick auf STANDARDFARBEN ❶ oder D), Füllmethode auf FARBE ❷, FLUSS auf 5 % ❸,
HAUPTDURCHMESSER 20 Pixel ❹ und HÄRTE
90 % ❺.

## 2   Sättigung reduzieren

Malen Sie nun vorsichtig über die Zähne.
Obwohl Schwarz als Vordergrundfarbe definiert ist, werden sie nicht schwarz. Weshalb?

  Die Füllmethode FARBE bewirkt, dass der
Farbton (Rot, Gelb oder Orange) über die vor-
handenen Pixel gelegt wird – die Helligkeit
dieser Pixel bleibt unverändert. Welchen
Farbton hat Schwarz? Keinen! Schwarz hat die
Sättigung 0, deshalb können Sie mit dieser
Füllmethode die leicht gelbliche Sättigung der
Zähne entfernen.

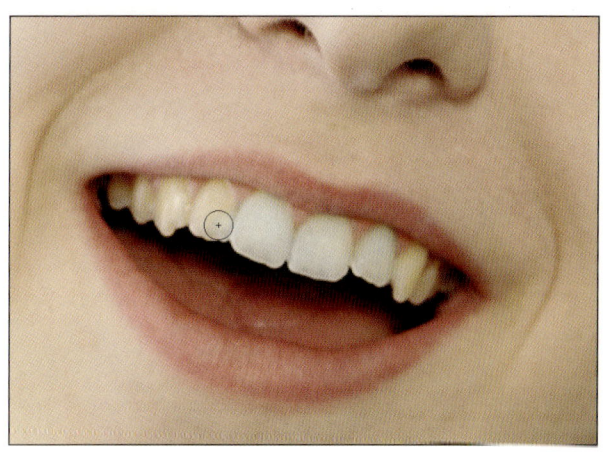

## 3   Aufhellen mit dem Abwedler

Sie sollten die Zähne nicht völlig entsättigen,
das sähe unnatürlich aus. Überhaupt haben es
diese Zähne nötig, noch etwas aufgehellt zu
werden. Aktivieren Sie dazu das ABWEDLER-
WERKZEUG. Damit lassen sich Bildbereiche
selektiv aufhellen. Achten Sie darauf, dass BE-
REICH auf MITTELTÖNE steht ❻, und reduzieren
Sie die BELICHTUNG auf 10 % ❼ (Belichtung ist
im Grunde nicht anderes als Deckkraft).

  **Tipp:** Auch hier gelten die Shortcuts 0 –
9 zur Einstellung der Belichtung.

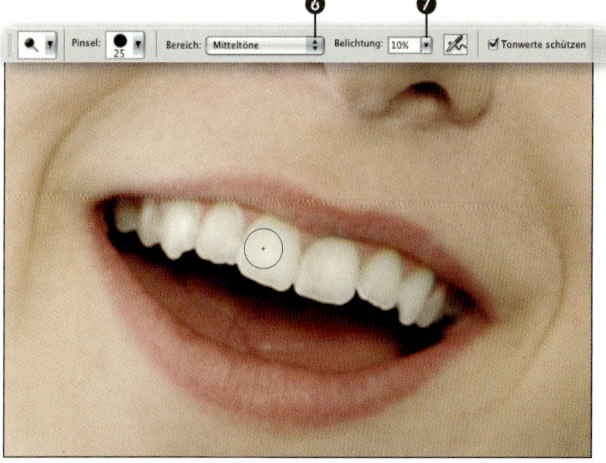

# Radiergummi

*Der Radiergummi ist der Pixel-Tod.*

In meiner Schulzeit gab es den Tintentod, mit dem man Falschgeschriebenes löschen konnte. In Wirklichkeit hinterließ er immer eine Mordssauerei, aber zumindest konnte man korrigieren und musste nicht neu schreiben. Der Radiergummi funktioniert auch so, hinterlässt aber keine Sauerei. Er löscht alle Pixel gnadenlos und unerbittlich auf Nimmerwiedersehen. Das ist auch der Grund, weshalb ich andere Methoden bevorzuge, bei denen die Pixel nur ausgeblendet werden und sich im Bedarfsfall wieder einblenden lassen. Dennoch will ich Ihnen dieses Werkzeug nicht vorenthalten, stellt es doch den ersten Einstieg in die Bildmontage dar.

**Zielsetzungen:**
Ein Bild vor ein anderes montieren
Hintergrund unscharf machen
**[radiergummi_1.jpg,
radiergummi_2.jpg]**

# 1 Zwei Dokumente zusammenbringen

Aktivieren Sie das VERSCHIEBEN-WERKZEUG. Verschieben Sie das Fisch-Bild ❸ auf den Tab des Wasserfall-Bildes ❷. Lassen Sie die Maustaste nicht los, und warten Sie, bis das Wasserfall-Bild in den Vordergrund springt. Bewegen Sie dann den Mauszeiger in dieses hinein ❶. Die Bilder sind nun in Ebenen kombiniert ❹.

**Tipp:** Halten Sie während des Verschiebens die ⬆-Taste, damit das neue Fisch-Bild zentriert im Wasserfall-Bild abgelegt wird. Sonst müssen Sie es noch ausrichten.

# 2 Bildpixel mit dem »Magischen Radiergummi« löschen

Aktivieren Sie das MAGISCHER-RADIERGUMMI-WERKZEUG. Wenn Sie es in der Werkzeugleiste nicht finden, drücken und halten Sie die Maustaste auf dem RADIERGUMMI-WERKZEUG – es erscheint im Untermenü.

Klicken Sie mit diesem Werkzeug in einen großen Bereich blauen Himmels ❻. Augenblicklich werden die Bildpixel der Fisch-Ebene ausradiert, und Sie sehen die Landschaft dahinter. Der Hintergrund ist recht unruhig und stört im Moment. Blenden Sie ihn aus ❺.

# 3 Toleranz für den magischen Radiergummi

Der magische Radiergummi funktioniert wie das Füllwerkzeug (siehe Seite 128) – Bildpixel, die ähnlich sind, wie das Pixel, auf das Sie klicken, werden gelöscht. Wie ähnlich sie sein dürfen, bestimmt die TOLERANZ ❼.

Durch das Ausblenden des Hintergrunds wurde das Transparenzraster ▦ sichtbar. Es zeigt Ihnen an, dass hier keine Pixel mehr sind.

## 4 Weitere Bildbereiche löschen

Löschen Sie Klick für Klick alle störenden Bildbereiche ❶. Konzentrieren Sie sich dabei auf
größere Flächen. Den Rest werden wir im
nächsten Schritt mit dem RADIERGUMMI-
WERKZEUG entfernen.

## 5 Bildbereiche mit dem Radiergummi-Werkzeug löschen

Nutzen Sie den magischen Radiergummi, um
vor allem die Bereiche um den Steinfisch und
seinen Sockel zu löschen. Aktivieren Sie dann
das RADIERGUMMI-WERKZEUG ![Radiergummi-Symbol]. Der MODUS
sollte auf PINSEL stehen ❷ (es gibt die Modi
PINSEL, BLEISTIFT und QUADRAT; dieser Modus
hat nichts mit Füllmethoden zu tun).

   Stellen Sie einen großen DURCHMESSER ein
und eine HÄRTE von 90–95%. Radieren Sie
damit die noch störenden Elemente weg ❸.

## 6 Freiheit für die Fische

Der Fisch ist nun von seinem Hintergrund befreit. Jetzt geht es an die Feinarbeit. Zwischen
Sockel und Fisch habe ich beim ersten Löschen
ein paar Details übersehen ❹.

## 7 Weitere Details mit dem magischen Radiergummi löschen

Diese noch störenden Bereiche lösche ich jetzt, wozu ich allerdings nicht den normalen Radiergummi nehme, sondern wieder den magischen.

## 8 Hintergrund einblenden

Der Fisch ist nun endgültig von seinem Hintergrund getrennt. Jetzt kommt der Moment der Wahrheit: Wir sehen uns an, wie gut der Freisteller gelungen ist. Dazu blenden Sie die Ebene »Hintergrund« wieder ein ❻. Sie werden dann wahrscheinlich bei einigen Stellen sehen, dass Pixel stehen geblieben sind und einen unschönen Rand bilden ❺. Diese Ränder beseitigen wir wiederum mit dem RADIER-GUMMI-WERKZEUG. Stellen Sie es auf einen ganz kleinen Durchmesser, ca. 7 Pixel, und die Härte auf etwa 95 %.

## 9 Ränder nachbessern

Mit diesen Einstellungen des RADIERGUMMI-WERKZEUGS habe ich den ganzen Fisch umrundet und nachgebessert.

**Tipp:** Wenn Sie an eine Stelle eines Bildes klicken ❼, die Maus an eine andere Stelle bewegen und mit gedrückter ⇧-Taste neuerlich klicken ❽, werden die beiden angeklickten Punkte durch einen schnurgeraden Pinselstrich verbunden. Ich habe meine Umrundung größtenteils mit diesem Trick vorgenommen.

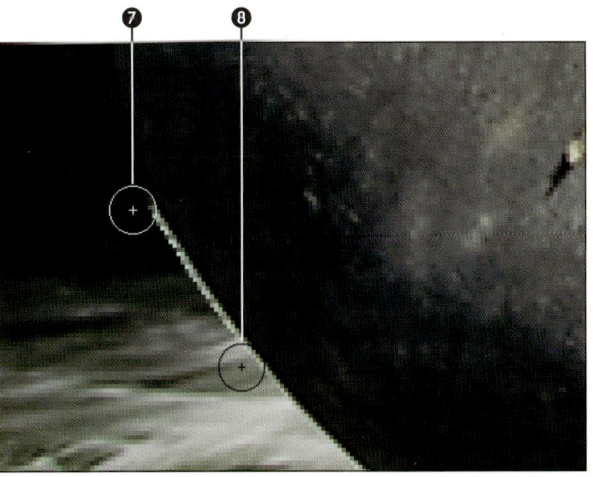

## 10 Pinselstriche variieren

Variieren Sie den Pinsel-Hauptdurchmesser immer wieder, und arbeiten Sie mit angepassten Härten. Eine höhere Härte trennt das freizustellende Objekt schärfer vom Hintergrund, eine geringere Härte führt zu einer scharfen Trennung. Da die Härte prozentual eingestellt wird, führt bei einer größeren Pinselspitze dieselbe Härte zu einer weicheren Trennung als bei einem kleinen Pinsel.

## 11 Störende Pixel finden sich um den ganzen Fisch

Für eine saubere Freistellung ist es wirklich notwendig, alle Kanten des Objekts abzusuchen und von Rändern zu befreien. Das Variieren von Härte und Durchmesser und damit das Steuern der Schärfe der Kanten ist ganz wichtig für einen natürlichen Eindruck. Es ist ganz normal, dass in einem Foto manche Bereiche schärfer sind als andere. Eine glaubwürdige Freistellung muss diesem Umstand immer gerecht werden.

## 12 Exaktheit hat nicht immer oberste Priorität

Der Sockel, auf dem der Fisch ruht, ist unruhig und ausgerissen. Hier können Sie entsprechend unruhig radieren. Dass Sie dabei die Kante nicht 1:1 der Realität entsprechend freistellen, ist hier gar nicht so wichtig. Erzeugen Sie einfach eine ausgerissene Kante, die das Objekt glaubwürdig und natürlich vor dem Hintergrund erscheinen lässt.

## 13 Freistellung abgeschlossen

Dieses Objekt – der Steinfisch – ist rundum sehr scharf vom Hintergrund getrennt. Ist ein Objekt in einem Foto von vorne bis hinten scharf, würde der Fotograf von einer hohen Tiefentiefe sprechen. Hier hat vor allem der Umstand, dass das Objekt ziemlich flach ist, dazu beigetragen, dass sich die Kanten rundum scharf abzeichnen. Doch aus Erfahrung wissen wir, dass in einem Foto nicht gleichzeitig ein Objekt direkt vor der Kamera ebenso scharf sein kann wie der Hintergrund.

## 14 Tiefenschärfe abmildern

Um das Motiv glaubhafter werden zu lassen, müssen wir den Hintergrund etwas unscharf machen, so, wie es auch bei einem Foto der Fall wäre. Den besten Filter, um ein Bild mit einer realistischen Unschärfe zu versehen, finden Sie im Menü FILTER • WEICHZEICHNUNGSFILTER • TIEFENSCHÄRFE ABMILDERN. Er simuliert die Unschärfe einer fotografischen Aufnahme. Sie können hier mit allen Werten experimentieren. Für die Unschärfe am wichtigsten ist aber der RADIUS ❶. Außerdem sollten Sie etwas RAUSCHEN ❷ hinzufügen.

## 15 Rauschen macht Bilder natürlicher

Über Bildrauschen habe ich bereits auf Seite 95 geschrieben. Rauschen findet sich in jedem Bild, ob digitale oder analoge Aufnahme. Für einen natürlichen Eindruck ist es unverzichtbar. Deshalb sollte auch jeder Weichzeichnung ein Hinzufügen von Rauschen folgen. Der Filter TIEFENSCHÄRFE ABMILDERN hat die Rausch-Funktion bereits integriert. Das Resultat wirkt durchaus glaubhaft.

# Abwedler und Nachbelichter

*Ausgleich zwischen Licht und Schatten*

Licht und Schatten sind der Freund des Fotografen. Licht und Schatten können aber auch der Feind eines guten Bildes sein. Dann nämlich, wenn die lichten Stellen zu hell und die Schatten zu tief sind. Photoshop bietet Ihnen die Möglichkeit, Bildbereiche selektiv aufzuhellen, abzudunkeln und die Sättigung zu steuern. In diesem Workshop zeige ich Ihnen, wie Sie mit Abwedler, Nachbelichter und Schwamm die Schattierung auf dem Porträt einer Person ausgeglichener gestalten.

**Zielsetzungen:**
Schatten aufhellen
Lichter abdunkeln
Sättigung anpassen
[abwedler_nachbelichter.jpg]

## 1 Hauptdurchmesser à la CS4

Aktivieren Sie für diesen Workshop das AB-
WEDLER-WERKZEUG 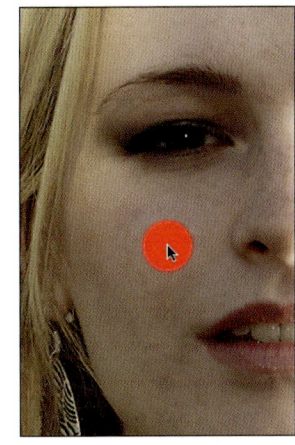. CS4 bietet eine neue
Möglichkeit, Pinselspitzen einzustellen.

Am Mac geht das so: `Ctrl`+`Alt`-Taste
halten, Maustaste drücken und Maus nach
rechts bewegen, um das Werkzeug zu vergrößern; nach links, um es zu verkleinern.

Windows: `Alt`-Taste halten und Maus bei
gedrückter rechter (!) Maustaste nach rechts
bewegen, um die Pinselspitze größer zu
machen; nach links, um sie zu verkleinern.

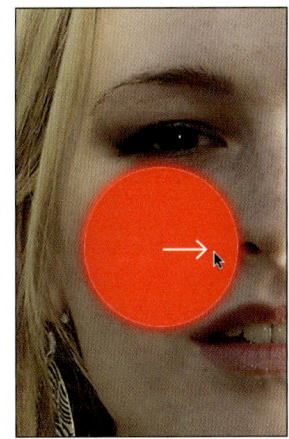

## 2 Härte à la CS4

Ganz ähnlich können Sie auch die Kanten-
härte einstellen.

Mac: `Ctrl`+`Alt`+`⌘`-Taste halten und
nach links/rechts bewegen, um härter/weicher
einzustellen.

Windows: `Alt`+`⇧`-Taste halten und auch
hier mit gedrückter rechter Maustaste die
Maus nach links/rechts bewegen.

Der rote Punkt, der dabei erscheint, ist
lediglich eine Vorschau, die anzeigt, wie groß
und wie hart der Pinsel wird. Ein Strich oder
Punkt wird dabei nicht ausgeführt.

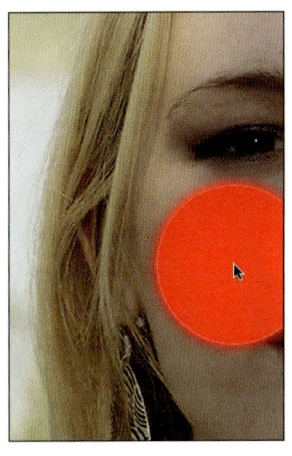
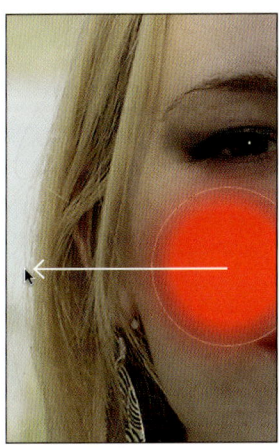

## 3 Bereich und Belichtung einstellen

Stellen Sie für das ABWEDLER-WERKZEUG den
BEREICH auf MITTELTÖNE ❶. Es stehen drei Bereiche zur Verfügung: TIEFEN zum Aufhellen
dunkler Bereiche, MITTELTÖNE für Bereiche
mittlerer Helligkeit und LICHTER, um ganz
helle Bereiche noch heller zu machen.

Die BELICHTUNG ❷ darf nicht zu stark ausfallen! Vor CS4 habe ich meist ca. 5 % verwendet. Adobe hat dieses Werkzeug jedoch
deutlich verbessert, weshalb auch höhere
Werte nun nicht so schnell zu unbrauchbaren
Ergebnissen führen. Stellen Sie 10 % ein.

## 4 Stirn abwedeln

Stellen Sie die Pinselspitze auf einen vergleichbaren Durchmesser wie im Screenshot ein. Die Härte sollte nahe 0 stehen. Nun können Sie zu stark schattierte Bereiche vorsichtig aufhellen. Man darf es nicht übertreiben und sollte auf eine fließende Pinselführung achten, weil das Ergebnis sonst leicht fleckig werden kann.

## 5 Wangen abwedeln

Aufgehellt werden muss in diesem Fall vor allem die rechte Gesichtshälfte (vom Modell aus gesehen), die Stirn und deutlich auch die Augen. Da jedoch die Schattierung der Augen schon eher im Bereich der TIEFEN anzusiedeln ist, müssen Sie sich mit der Einstellung MITTELTÖNE noch etwas zurückhalten. Wir bearbeiten das nachher noch mit einer anderen Einstellung.

## 6 Schultern abwedeln

Für eine glaubhafte Wirkung sollten Sie nicht nur das Gesicht aufhellen, sondern auch die Schultern des Modells. Stellen Sie dafür den Pinsel ausreichend groß ein, und reduzieren Sie die Härte etwas. Da die Schultern recht gleichmäßig dunkel schattiert sind, ist ein großer Durchmesser notwendig, um keine Flecken entstehen zu lassen. Die erhöhte Härte ist wegen der Begrenzung des Modells wichtig. Mit einer ganz weichen Kante würden Sie wahrscheinlich zu viel vom Hintergrund mit aufhellen ❶.

## 7  Details aufhellen

Wenn Sie mit den großen Bereichen fertig sind, kommen die Details dran. Stellen Sie dafür den Pinsel ausreichend klein ein, um nur diese kleinen Schatten aufzuhellen und das Umfeld von der Aufhellung nicht zu sehr zu beeinflussen.

## 8  Schnappschüsse als Fangnetz

Erstellen Sie Schnappschüsse ❸. Photoshop protokolliert 20 Arbeitsschritte. Mit Pinseln hat man schnell 30 oder 40 Striche ausgeführt. Es kann sein, dass man nach einiger Zeit merkt, dass ein zuvor ausgeführter Arbeitsschritt sich über das Protokoll nicht mehr rückgängig machen lässt. Wenn Sie in einem Stadium, in dem Sie das Zwischenergebnis gut finden, einen Schnappschuss erstellen, können Sie diesen Zustand jederzeit mit einem Klick wiederherstellen ❷, anstatt von vorne zu beginnen.

## 9  Tiefen aufhellen

Für die dunklen Schatten müssen Sie das Ab-
wedler-Werkzeug auf Tiefen ❹ umstellen.
Damit können Sie auch die Schatten unter den Augenbrauen ❺ gut retuschieren.

### 10 Zu helle Stellen nachbelichten

Vor allem an der linken Wange des Modells und an der linken Nasenseite sind die Lichter sehr hell ausgefallen. Diese wollen wir natürlich nicht aufhellen, sondern etwas dunkler machen. Dazu müssen Sie das Werkzeug wechseln, nämlich zum NACHBELICHTER ◉.

Stellen Sie als BEREICH • LICHTER ❶ und als BELICHTUNG ❷ einen geringen Wert zwischen 5 % und 10 % ein. Bearbeiten Sie damit nun die linke Wange des Modells. Das Ergebnis wird zunächst gräulich, doch diesen Schönheitsfehler werden wir wieder ausbessern.

### 11 Passende Pinsel-Hauptdurchmesser

Auch für diesen Workshop ist es wichtig, die Größe und die Härte laufend den Gegebenheiten anzupassen. Auch die Belichtung darf ruhig zwischendurch verändert werden. Ein geringer Wert für die Belichtung macht zwar mehr Pinselstriche notwendig, hat aber den Vorteil, nicht so schnell zu übertriebenen Ergebnissen zu führen.

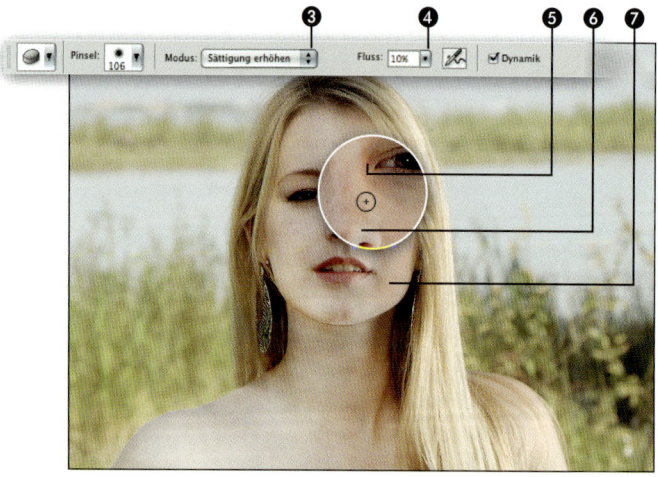

### 12 Farbe zurückholen

Besonders helle Bereiche führen beim Nachbelichten oft zu einer aschgrauen Farbe. Sollte so ein Bereich jedoch nicht völlig neutralgrau sein, können Sie die Sättigung mit dem SCHWAMM-WERKZEUG ◉ verstärken. Dafür stellen Sie das Werkzeug auf SÄTTIGUNG ERHÖHEN ❸. Wie immer empfiehlt es sich, die Wirksamkeit zu regulieren ❹. An manchen Stellen geht das mit einigen Strichen sehr gut ❼, andere Stellen bleiben fast grau ❻, wieder andere werden übersättigt ❺.

## 13 Alternative für weißere Zähne

Auf Seite 134 habe ich Ihnen einen Trick zum Aufhellen und Entsättigen von Zähnen gezeigt. Anstatt das, wie dort beschrieben, mit einem Pinsel, der Füllmethode FARBE und schwarzer Vordergrundfarbe zu erledigen, können Sie natürlich auch mit dem Schwamm die SÄTTIGUNG VERRINGERN ❽, damit den Gelbstich entfernen und mit dem Abwedler bei BEREICH • MITTELTÖNE für eine Aufhellung sorgen.

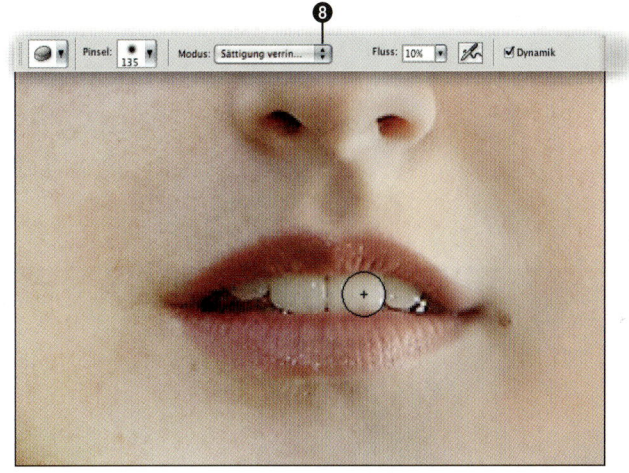

## 14 Aufhellung/Nachbelichtung mit dem Protokollpinsel zurücknehmen

Auch Profis sind mit dem Resultat der beschriebenen Arbeitsschritte nicht immer ganz glücklich. Anstatt wiederholt mit Abwedler und Nachbelichter nachzubessern, ist es meist besser, einen früheren Zustand dezent wiederherzustellen. Wählen Sie den Protokoll-Pinsel, aktivieren Sie in der Palette PROTOKOLL den passenden Schnappschuss ❿, stellen Sie die DECKKRAFT ❾ niedrig ein, und reduzieren Sie durch Zurückmalen des Schnappschusszustands die Auswirkung der Bearbeitung.

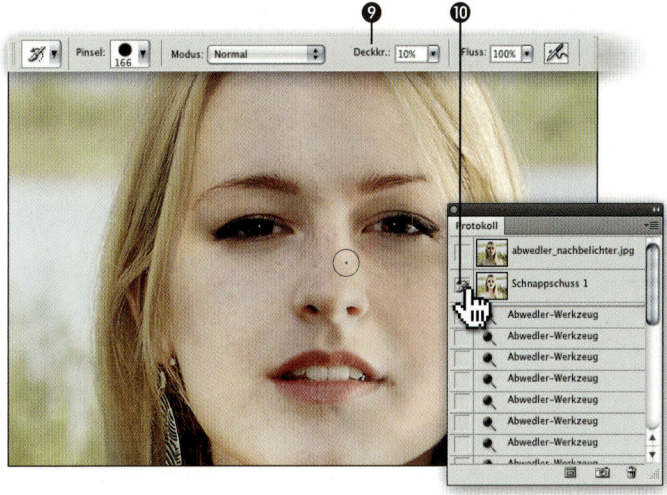

## 15 Fertiges Bild

Das fertige Bild wirkt bedeutend ausgewogener als die ursprüngliche Aufnahme. Wenn Sie unter direktem Sonnenlicht fotografieren, lassen sich kräftige Schatten nicht vermeiden. Mit Photoshop können Sie solche Bilder verbessern.

# Schwarzmalen

*Einen Hintergrund abdunkeln*

*So nahe komme ich in freier Wildbahn an Eulen leider nicht heran. Diese befand sich in einem Gehege der Adlerwarte in Bregenz. Im Hintergrund zeichnet sich noch ein Stück der Betonwand und der Decke ab. Schöner sieht es aus, wenn man diese Bereiche zu reinem Schwarz abdunkelt. In solchen Fällen ist es besser, das mit dem Nachbelichter zu machen statt mit einem Pinsel und schnöder schwarzer Farbe, da die Übergänge zum Objekt der Aufnahme dadurch unschön ausfallen würden.*

**Zielsetzung:**
Hintergrund auf Schwarz
abdunkeln
**[abdunkeln.jpg]**

# 1   Tiefen einstellen

Wie bereits am Rande erwähnt, bezeichnet
der Fotograf dunkle Bildbereiche als Schatten
oder Tiefen und helle Bereiche als Lichter. In
diesem Motiv wollen wir die schon fast
schwarzen Bereiche des Hintergrunds ganz
schwarz machen. Eine der besten Methoden
dazu ist das NACHBELICHTER-WERKZEUG.

Stellen Sie den BEREICH auf TIEFEN ❶. Die
BELICHTUNG ❷ muss hier nicht ganz so subtil
eingestellt werden wie im vorigen Workshop.
Ich denke, 20 % sollte ein guter Wert sein.

# 2   Hintergrund abdunkeln

Dunkeln Sie mit einem ausreichend großen
Pinsel den Hintergrund ab ❹. Öffnen Sie die
Palette INFO ❸. Hier werden die RGB-Werte
für den Bereich angezeigt, über dem sich die
Maus befindet. Stehen alle auf 0, handelt es
sich um absolutes Schwarz.

Da der Nachbelichter auf TIEFEN eingestellt
ist, können Sie ruhig vorsichtig in den Bereich
des Gefieders hineinpinseln ❺, ohne dass
diese hellen Bereiche (Lichter) beeinflusst
werden.

# 3   Details abdunkeln

Auch hier werden erst die großen Flächen mit
einem großen Durchmesser abgedunkelt,
danach kommen die kleineren Bereiche mit
einem angepassten Pinsel. Die Härte sollte für
die ganze Übung nicht zu weich eingestellt
sein. Große Pinsel für große Bereiche dürfen
auf 90 % und höher stehen, kleinere Bereiche
können auch 75 % und weniger Härte haben.

# Ein Stempel zum Kopieren

*Ein Klassiker unter den Photoshop-Retusche-Werkzeugen*

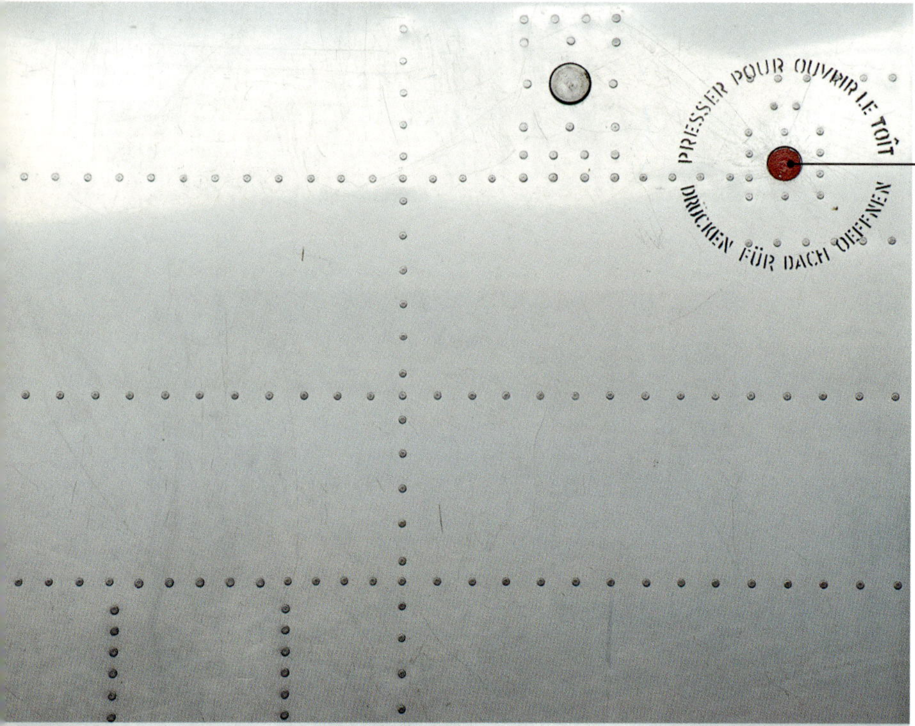

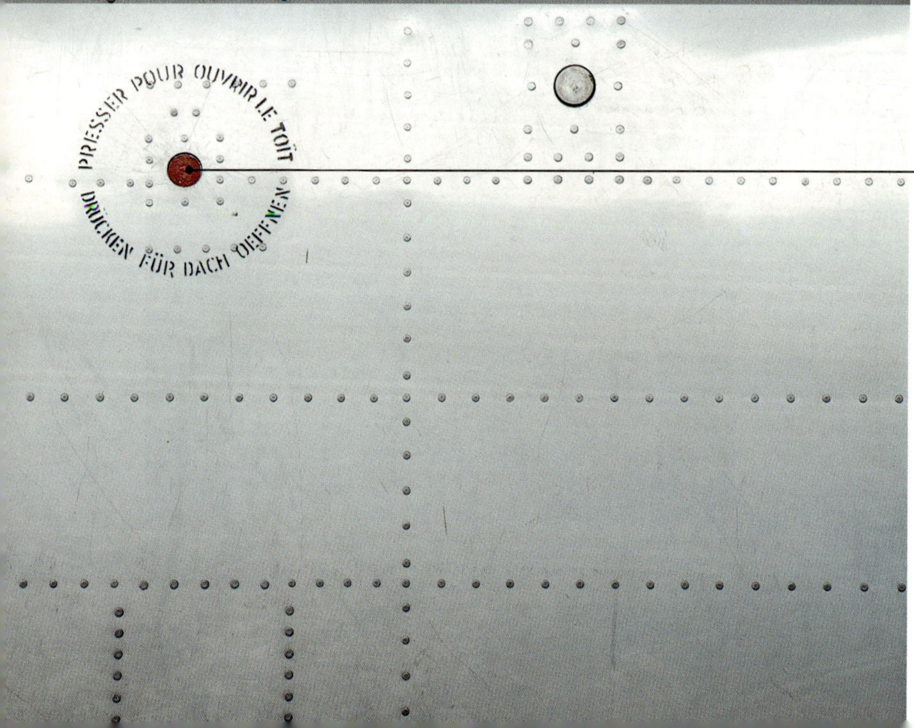

In diesem Workshop möchte ich Ihnen ein Werkzeug näherbringen, das schon in Photoshop enthalten war, als ich 1993 begann, damit zu arbeiten. Mittlerweile sind wesentlich intelligentere Retusche-Werkzeuge hinzugekommen. Dennoch ist der Kopierstempel nach wie vor unverzichtbar. Hier werden wir einen Schriftzug von einer Seite des vernieteten Blechs auf die andere versetzen. Ich gestehe, dass ich das in der Praxis eher mit auf Ebenen kopierten Bildbereichen machen würde. Doch ich glaube, dass dieses Beispiel bestens dazu geeignet ist, Neueinsteigern zu demonstrieren, was das Kopierstempel-Werkzeug macht und welche Möglichkeiten es bietet.

**Zielsetzung:**
Schrift und Nieten versetzen
[**stempel.jpg**]

## 1  Kopierquelle aufnehmen

Aktivieren Sie das KOPIERSTEMPEL-WERKZEUG
. Mit diesem Werkzeug kopieren Sie Bildpixel aus einem Bereich eines Bildes in einen
anderen.

Zunächst müssen Sie die Kopierquelle definieren. Dazu klicken Sie bei gedrückter Alt-
Taste auf einen Quellbereich ❶.

## 2  Ausgerichtet kopieren

Wenn Sie nun bei gedrückter Maustaste
(ohne eine Taste auf der Tastatur zu halten) an
einer anderen Stelle über das Bild malen, wird
der Bereich, an dem Sie mit Alt-Klick die
Quelle definiert haben ❸, auf den Zielbereich
übertragen ❷.

Ich habe die Quelle im ersten Schritt ganz
bewusst exakt über einer Niete ausgerichtet ❺. Im Zielbereich habe ich den ersten
Klick ebenfalls exakt auf eine Niete gesetzt ❹.
Dadurch ist gewährleistet, dass die Übertragung im richtigen Winkel stattfindet.

## 3  Kopieren mit der Füllmethode
»Abdunkeln«

Kopieren Sie nicht alles auf das Ziel. Wichtig
sind die Bereiche, in denen sich auch im Zielbereich Nieten befinden. Der Zwischenschritt
sollte etwa so aussehen wie im Screenshot ❻.

Für das Auftragen der Schrift bediene ich
mich eines Tricks: Ich schalte die Füllmethode
auf ABDUNKELN ❼ um. Damit werden wir im
nächsten Schritt zwar die Nieten und Buchstaben auftragen, der Hintergrund wird
jedoch nicht aufgehellt, was vor allem im
unteren Bereich wichtig ist ❽.

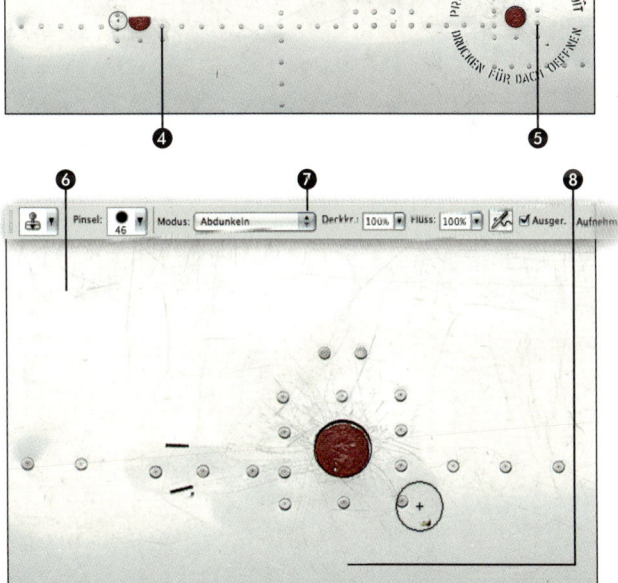

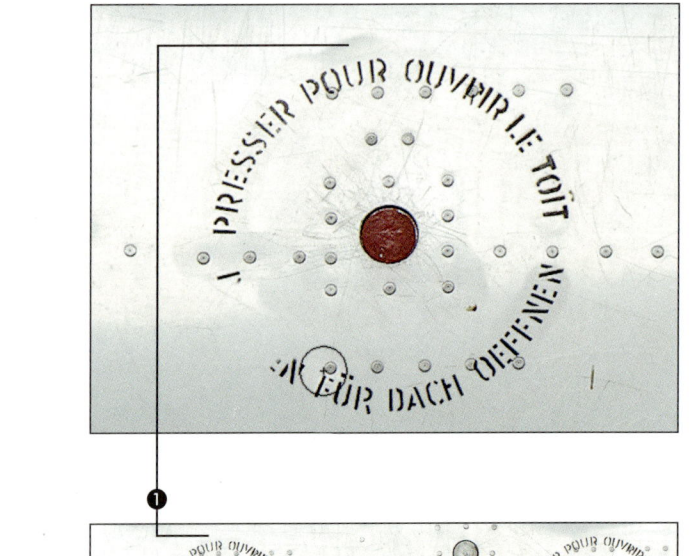

### 4 Ausführen und verfeinern

Die Ausrichtung des Stempels ist nach wie vor wie beim ersten `Alt`-Klick definiert. Auch nach dem Umstellen der Füllmethode auf ABDUNKELN habe ich es tunlichst vermieden, einen neuen Quellbereich zu definieren. Schließlich sollen alle Elemente 1:1 übertragen werden.

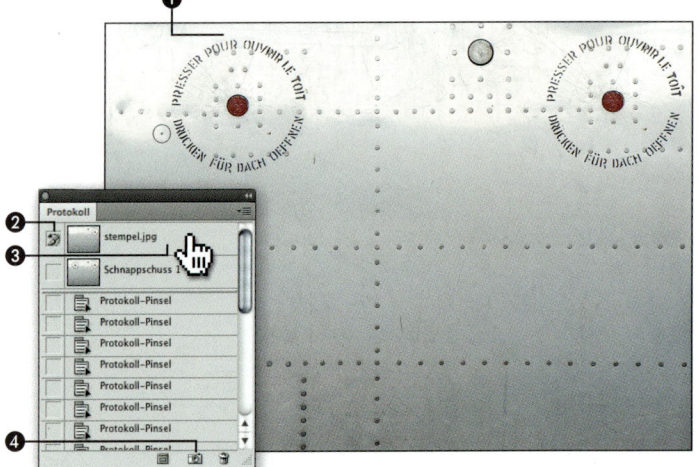

### 5 Schnappschuss aufnehmen

Ein paar Bereiche sind nach dem Übertragen fleckig ❶. Diese habe ich mit dem Protokollpinsel ✐ und dem ersten Schnappschuss ❷ ausgebessert.

Erstellen Sie, wenn Sie mit der Kopie des Bildbereichs zufrieden sind, einen neuen Schnappschuss ❹. Danach klicken Sie auf den Schnappschuss »stempel.jpg« ❸, der das Bild im Rohzustand enthält, wie Sie es geöffnet haben. Die ganze Retusche ist damit verschwunden – doch machen Sie sich keine Sorgen, wir haben sie ja aufgenommen.

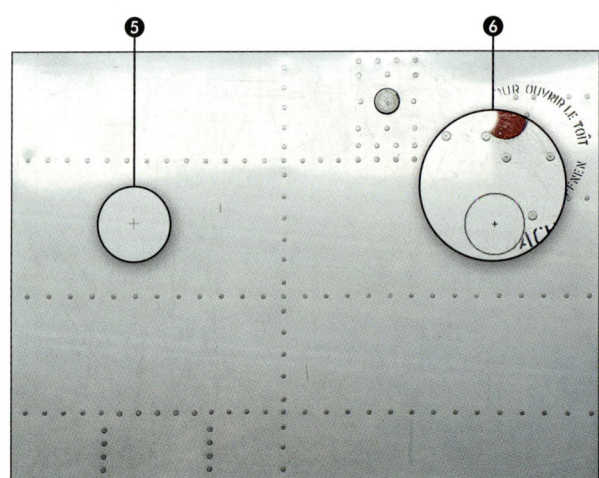

### 6 Bereich in die Gegenrichtung kopieren

Übertragen Sie nun den linken Bereich ohne Schrift ❺ nach rechts, und übermalen Sie den Bereich innerhalb des kreisrunden Textes ❻. Beachten Sie, dass die Füllmethode wieder auf NORMAL stehen muss, um den großen roten Kreis und die Buchstaben übermalen zu können. Natürlich müssen Sie jetzt, um Pixel in die Gegenrichtung zu übertragen, mit `Alt`-Klick eine neue Kopierquelle definieren. Orientieren Sie sich auch dabei an den Nieten zur Ausrichtung.

## 7   Detailanpassung

Das Resultat wird wahrscheinlich etwas fleckig, wie in der Abbildung meiner Retusche zu sehen ist. Diesmal habe ich mit mehreren unterschiedlichen Kopierquellen in unmittelbarer Nähe zum Zielbereich ❼ diese Übergänge von hellen zu dunklen Stellen etwas weniger auffällig werden lassen.

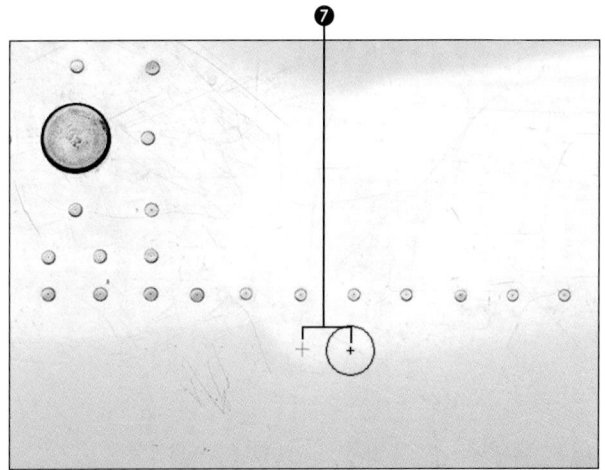

## 8   Abschluss der zweiten Phase

Das neue Zwischenergebnis sieht aus wie rechts gezeigt. Während wir in der ersten Phase Schrift plus Bereich innerhalb des Kreises nach links übertragen haben, haben wir in der zweiten Phase den Bereich ohne Schrift von links nach rechts übertragen.

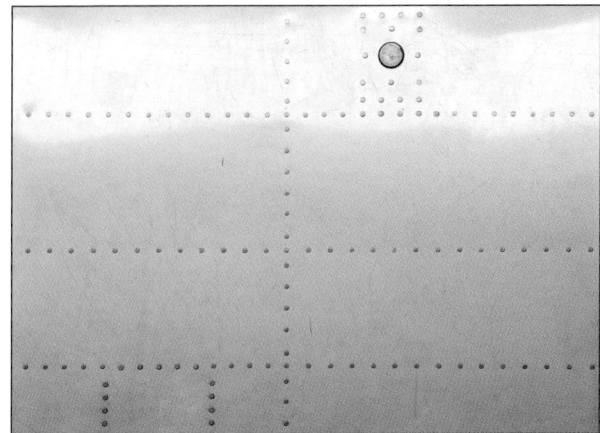

## 9   Zweite Phase mit dem Protokollpinsel wieder herstellen

Der Abschluss der Übertragung ist nun ganz einfach. Sie haben in Schritt 5 einen Schnappschuss aufgenommen, der die Schrift auf der linken Seite enthält. Aktivieren Sie den Protokollpinsel für diesen Schnappschuss ❾, und malen Sie diesen Bereich mit dem Protokollpinsel in das Bild zurück ❽. Das Resultat sehen Sie auf Seite 150.

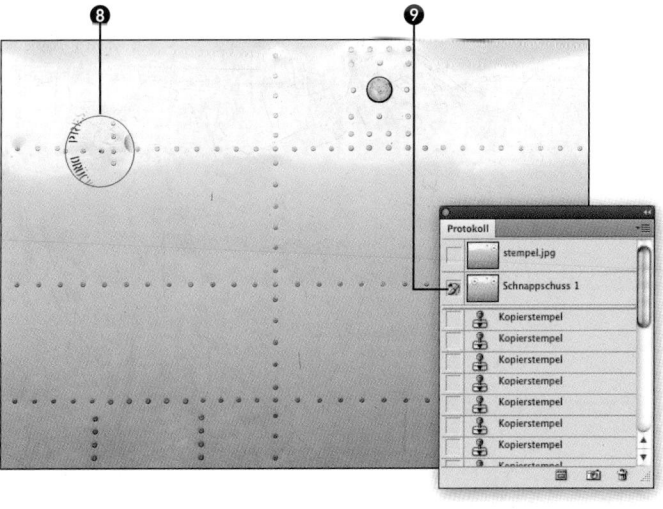

# Retusche wie Magie

*Die Nachfahren des Kopierstempels sind intelligent geworden.*

Im letzten Workshop lernten Sie den Kopierstempel kennen. Seit einigen Versionen gibt es in Photoshop Retusche-Werkzeuge, die »intelligenter« mit zu übertragenden Bereichen umgehen. Ich glaube, jeder Photoshop-Profi war beeindruckt, als er diese Funktionen bei ihrer Einführung vor einigen Jahren zum ersten Mal sah. Allerdings ist intelligent nicht immer das Klügste, weshalb auch Großvater Kopierstempel noch lange nicht ausgedient hat. Doch darüber später mehr.

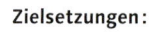

**Zielsetzungen:**

Karton und Zeitungspapier entfernen

Flecken auf der Haut beseitigen

Störende Details wegretuschieren

**[retusche.jpg]**

## 1    Bereichsreparatur-Pinsel-Werkzeug

Wählen Sie den BEREICHSREPARATUR-PINSEL 🖊.
Stellen Sie den DURCHMESSER etwas größer
ein, als das zu entfernende Objekt ❶ ist, und
die HÄRTE auf 75 % bis 85 %. Mit einem Klick
entfernen Sie das störende Element ❷.

Das Werkzeug funktioniert ähnlich wie der
Kopierstempel, sucht sich jedoch die Quelle
selbst. Wenn es zu einem unschönen Ergebnis
kommt, machen Sie den Schritt mit Strg /
⌘ + Z rückgängig, verändern Durchmesser
und Position und versuchen es erneut.

## 2    Große isolierte Störelemente entfernen

Zu meiner eigenen Überraschung ließ sich
sogar die große, hässliche Schachtel durch
schlichtes Übermalen ❸ entfernen. Zwar erkennt man bei genauem Hinsehen noch ein
paar Unstimmigkeiten im Ergebnis ❹, doch
das lässt sich nachträglich korrigieren.

Sehr oft wird vom BEREICHSREPARATUR-PIN-
SEL-WERKZEUG ein unpassender Bereich als
Quelle gewählt, was zu eigenartigen Resultaten führt. Wie gesagt: In diesem Fall rückgängig machen und erneut versuchen.

## 3    Gesichtsretusche

Sehr oft benötige ich dieses Tool, um kleinere
Rötungen und Flecken auf der Haut von Modellen zu entfernen. Wichtig ist für dieses
Werkzeug, dass die Flecken und Elemente,
die Sie entfernen wollen, isoliert sind – das
heißt, sie müssen rundum vor einem gleich-
farbigen und gleichmäßig strukturierten Hintergrund stehen. Sie dürfen auch nicht zu nah
an einer gänzlich anderen Fläche liegen als
ihrem eigenen Hintergrund.

## 4     Reparatur-Pinsel-Werkzeug

Für Bereiche, in denen das BEREICHSREPARATUR-PINSEL-WERKZEUG versagt, oder wenn Sie aus einem anderen Grund die Quelle selbst wählen wollen, eignet sich das REPARATUR-PINSEL-WERKZEUG 🖉. Während sich der BEREICHSREPARATUR-PINSEL seine Quelle selbst sucht, müssen Sie bei diesem Werkzeug die Quelle – so wie beim KOPIERSTEMPEL – mit einem ⌜Alt⌝-Klick defnieren ❶.

## 5     Übertragen des Quellbereichs

Nachdem ich mit Schritt 4 die Quelle definiert habe, übertrage ich sie bei gedrückter Maustaste. Um die Retusche möglichst unauffällig zu halten, habe ich mehrmals mit ⌜Alt⌝-Klick neue Quellbereiche aufgenommen.

## 6     Detail retuschieren

Rechts, zu Füßen des Modells, habe ich noch einiges an schwarzen Störelementen, größeren Ästchen und Steinen entfernt ❷. Dadurch wird der schmutzige Boden etwas ruhiger und lenkt weniger vom Modell ab, obschon der Kontrast aus elegantem Gewand und Ruine natürlich gewollt war.

Schwierigkeitsgrad 3 – Für Überflieger

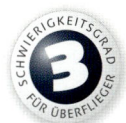

# Ein Porträt wird freundlicher

*Bildbereiche weichzeichnen und Details verschieben*

*Versierte Fotografen wissen ihre kostspielige Ausrüstung einzusetzen, um bei einem Porträt die Aufmerksamkeit genau auf die Augen zu lenken. Sie fokussieren darauf. Mit einer kleinen Kompaktkamera können Sie das niemals in dem Ausmaß, in dem das mit einer Spiegelreflexkamera möglich ist. In diesem Workshop möchte ich Ihnen zeigen, wie Sie Bildbereiche weichzeichnen können, um den Eindruck eines professionelleren Fotos zu erwecken. Außerdem werden wir der hübschen jungen Dame die Mundwinkel eine Spur nach oben schieben – das macht sie nicht glücklich, doch eine Spur weniger betrübt.*

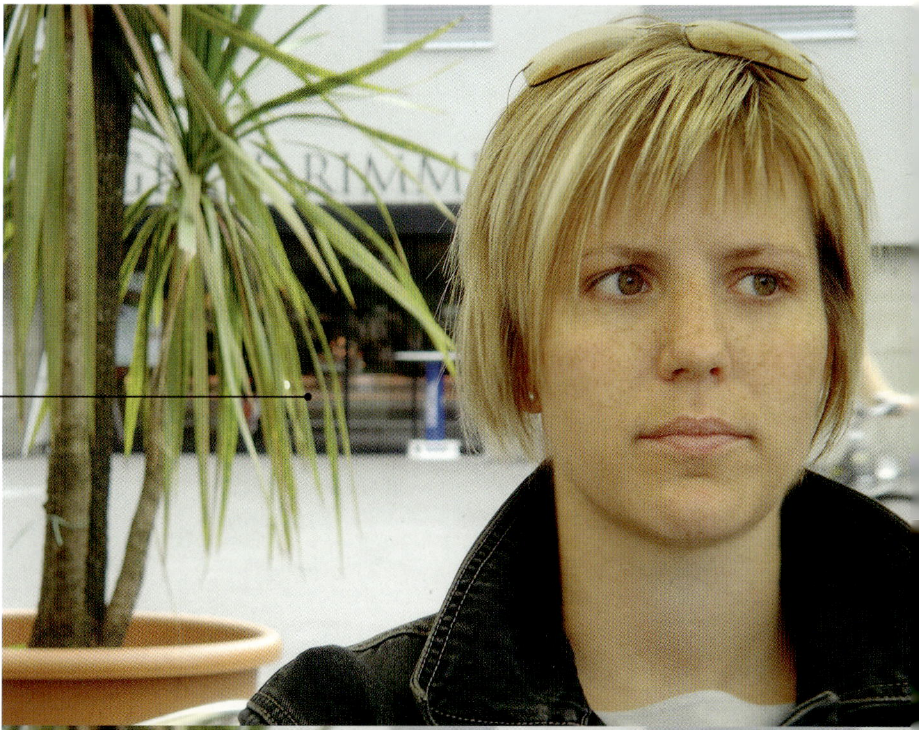

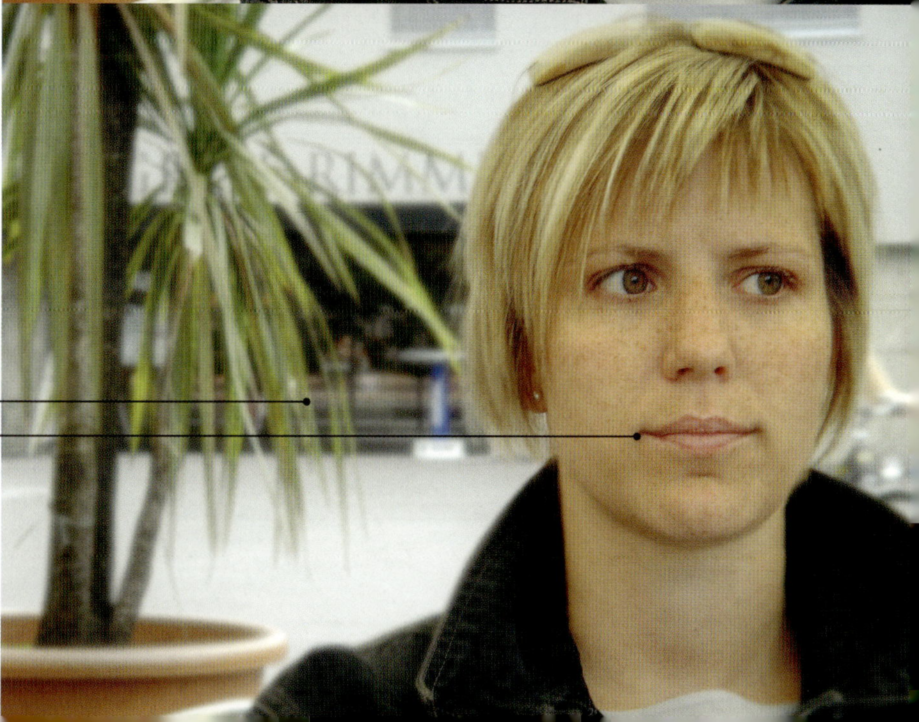

**Zielsetzungen:**

Hintergrund weichzeichnen

Mundwinkel nach oben schieben

**[weich_verschieben.jpg]**

## 1 Hintergrund weichzeichnen

Aktivieren Sie das WEICHZEICHNER-WERKZEUG , und stellen Sie den Pinsel auf groß bei mittlerer Härte. Malen Sie damit ausreichend lang und oft über den Hintergrund, um seine Unschärfe zu erhöhen. Das ist etwas umständlich. In der Praxis würde man das eher mit einer Auswahl und einem Filter machen. Doch in der Praxis mache ich mit diesem Werkzeug so subtile Veränderungen, die sich in einem Workshop kaum zeigen lassen. Damit Sie die Arbeitsweise trotzdem kennenlernen, habe ich mir diese Übung ausgedacht.

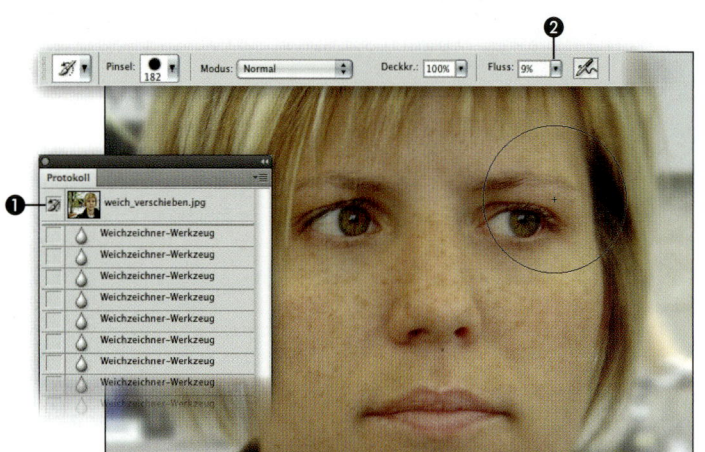

## 2 »Kernbereiche« wiederherstellen

Beim Weichzeichnen des Bildes habe ich mich überhaupt nicht um die Genauigkeit gekümmert. Ich habe sogar ziemlich grob auch Gesicht und Augen weichgezeichnet. Doch mit dem PROTOKOLLPINSEL-WERKZEUG  und dem ersten Schnappschuss ❶ (der immer schon da ist) lassen sich diese wichtigen Bereiche, besonders die Augen, wieder zur ursprünglichen Härte bringen. Um die Wiederherstellung dosieren zu können, habe ich den FLUSS auf 9 % gestellt ❷.

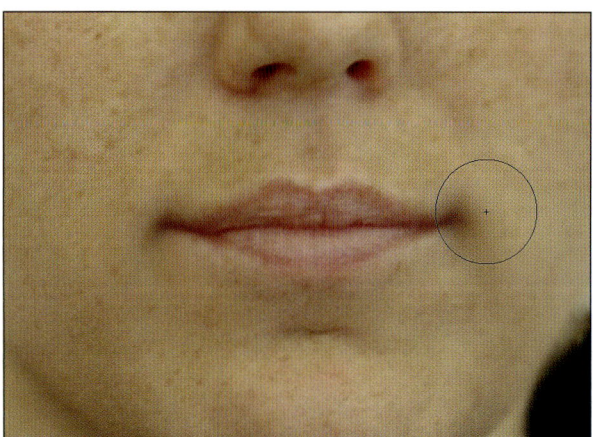

## 3 Pixel verschieben

Mit dem WISCHFINGER-WERKZEUG  können Sie Pixel verschieben. Mit diesem Werkzeug müssen Sie äußerst vorsichtig hantieren. Auch hier wäre in der Praxis ein Filter die bessere Wahl. Versuchen Sie dennoch, mit einem Pinsel von 60 Pixel DURCHMESSER, 50 % HÄRTE und winzigen Mausbewegungen die Mundwinkel dezent nach oben zu verschieben. Sie müssen darauf achten, dass das Ergebnis nicht *zu* unscharf wird und keine *Kaskaden* durch das vertikale Verschieben des horizontalen Mundes entstehen.

## 4 Scharfzeichner-Werkzeug

Die durch das Verschieben entstandene Unschärfe lässt sich mit dem SCHARFZEICHNER-WERKZEUG △ wieder etwas abmildern. Seien Sie aber auch hier gewarnt, dass es notwendig ist, sehr vorsichtig und mit wachsamen Augen zu retuschieren. Dieses Werkzeug überschärft sehr bald, und das führt zu besonders unschönen Resultaten.

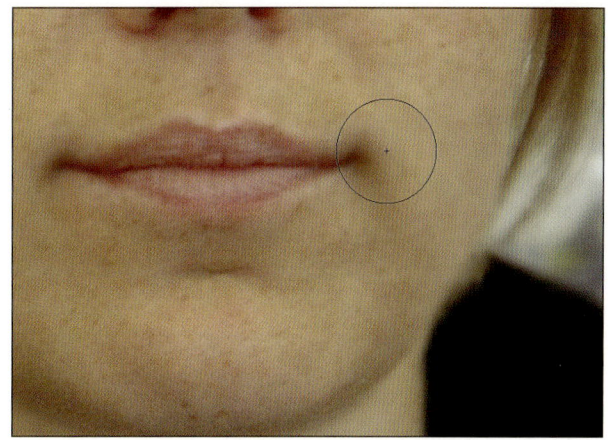

## 5 Bereich um den Mund zurücksetzen

Das WISCHFINGER-WERKZEUG macht Bildbereiche unscharf, das SCHARFZEICHNER-WERKZEUG führt leicht zu einer deutlich sichtbaren Kornstruktur. Deshalb ist es am besten, die Bereiche um den Mund mit dem Protokollpinsel wieder in den Zustand von zuvor zu versetzen.

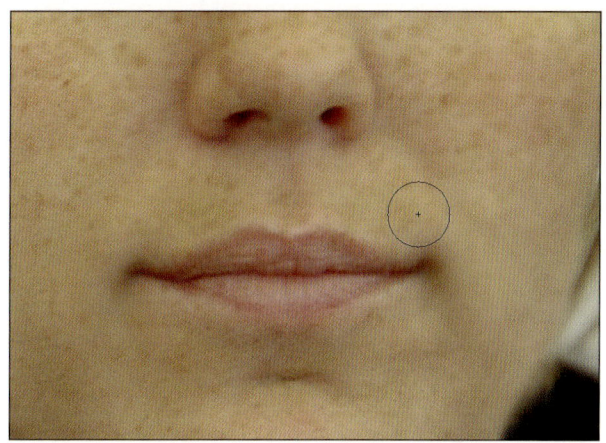

## 6 Resultat

Aus dem betrübten Gesicht ist kein lachendes geworden. Zwar ließen sich die Mundwinkel etwas anheben, doch die Augen lachen nicht mit. Da ließe sich noch einiges machen, doch von den gezeigten Werkzeugen würde ich dabei eher absehen. Für mich spielen Weichzeichner, Scharfzeichner und Wischfinger eine sehr untergeordnete Rolle. Doch ich hoffe, dass ich Ihnen mit diesem Workshop dennoch näherbringen konnte, was die Werkzeuge leisten.

# Auswahl & Maskierung

**Wenn Sie ein Bild nur zum Teil bear-
beiten möchten, brauchen Sie einen
Pinsel oder eine Auswahl.** Wie Sie
Bilder mit Pinseln selektiv bearbeiten,
haben Sie im vorangegangenen Kapitel
gelernt. Jetzt sehen wir uns einige der
vielfältigen Moglichkeiten an, wie man
eine Auswahl erstellen kann. Vergleichen
kann man das Arbeiten mit Auswahlen
mit der Arbeit eines Airbrushers. Dieser
deckt zunächst mit Zeitungspapier, Folie
und Klebeband jene Bereiche seines
Werkes ab, die keine Farbe aufnehmen
sollen. Man bezeichnet das auch als Maskieren. Eine Maskierung kann stundenlang dauern, nur um danach innerhalb
von Minuten die Farbe aufzutragen. Auch
in Photoshop kann die Maskierung auch
Stunden in Anspruch nehmen. Die eigentliche Bildbearbeitung erfolgt dann meist
in Sekunden.

Foto: Pascal Reis

# Auswahl & Maskierung

# Auswahlellipse

*Wenn es eine runde Sache werden soll*

*Geometrische Formen sind in Photoshop nicht die Regel. Doch es kommt immer wieder vor, dass doch ein Quadrat oder ein Kreis zu zeichnen ist. Gehen Sie mit mir und dem Auswahlellipsen-Werkzeug den ersten Schritt auf dem Weg zur perfekten Auswahl.*

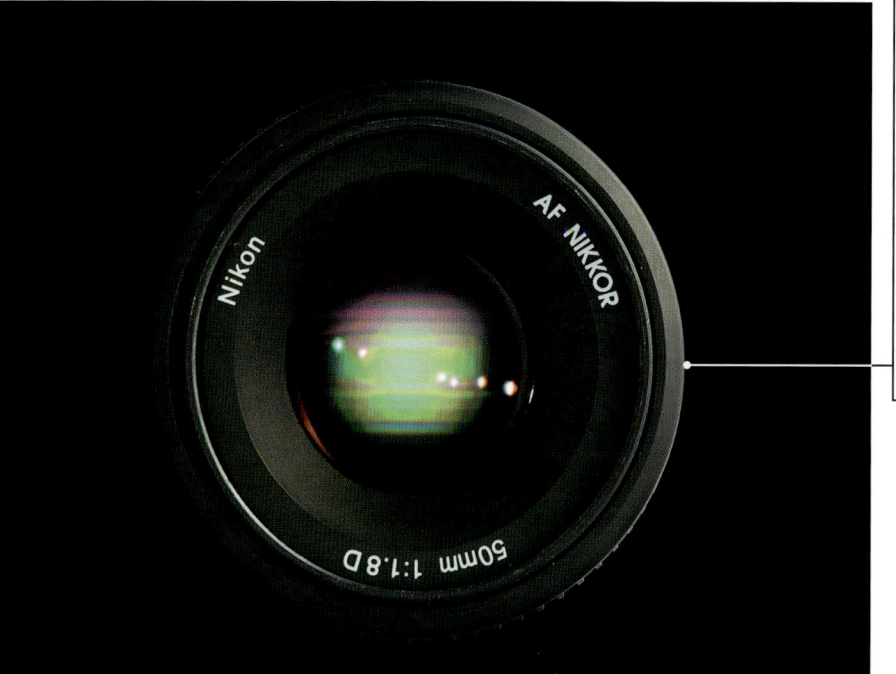

**Zielsetzung:**
Objektiv vor schwarzem Hintergrund freistellen
**[auswahlellipse.jpg]**

## 1    Hilfslinien erstellen

Wenn Sie versuchen, mit dem AUSWAHL-ELLIPSEN-WERKZEUG ⬭ einen Auswahlkreis zu erstellen, werden Sie feststellen, dass es gar nicht so einfach ist, den richtigen Startpunkt zu definieren. Hilfslinien können Ihnen das Leben erheblich erleichtern. Blenden Sie mit `Strg`/`⌘`+`R` (wie »*Ruler*«) die Lineale ein. Ziehen Sie dann aus dem waagerechten und dem senkrechten Lineal je eine Hilfslinie, mit der Sie die Oberkante und die rechte Kante des Objektivs kennzeichnen.

## 2    Ellipsen-Auswahl erstellen

Durch die beiden Hilfslinien wissen Sie, wo Sie den Weg der Maus für eine korrekte Auswahl ansetzen müssen. Normalerweise können Sie durch Halten der `⇧`-Taste während des Auswahlaufziehens einen exakten Kreis bestimmen. Doch wenn Sie einen Kreis nicht frei gestalten, sondern ein bestehendes Objekt einfangen, würde ich davon Abstand nehmen – das runde Objekt kann ja eine leichte Perspektive haben und wäre damit kein hundertprozentiger Kreis.

## 3    Auswahl umkehren und Fläche füllen

Steht die Auswahl, kehren Sie sie über AUS-WAHL • AUSWAHL UMKEHREN (oder `Strg`/`⌘`+`⇧`+`I` = »*invertieren*«) in ihr Gegenteil um. Nun ist anstatt des Kreises alles außerhalb des Kreises ausgewählt.

Machen Sie Schwarz zur Vordergrundfarbe, und füllen Sie die Fläche mit dem Tastaturbefehl `Alt`+`←`.

Ich habe zum Schluss die Ränder um das Objektiv mit dem NACHBELICHTER (FÜLL-METHODE • TIEFEN) noch etwas abgedunkelt (siehe Beispiel auf Seite 148).

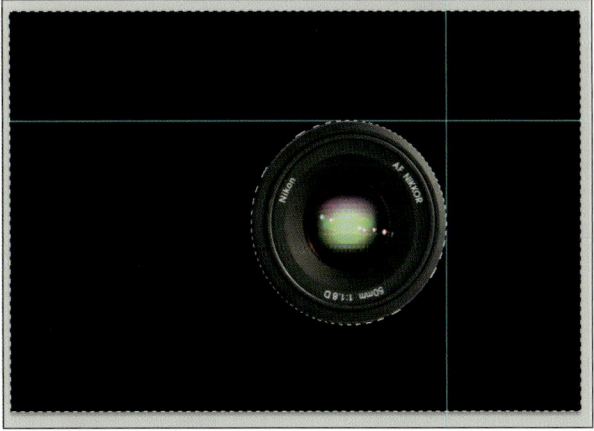

Schwierigkeitsgrad 1 für Einsteiger

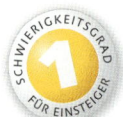

# Auswahl erweitern

*So bauen Sie eine Auswahl aus.*

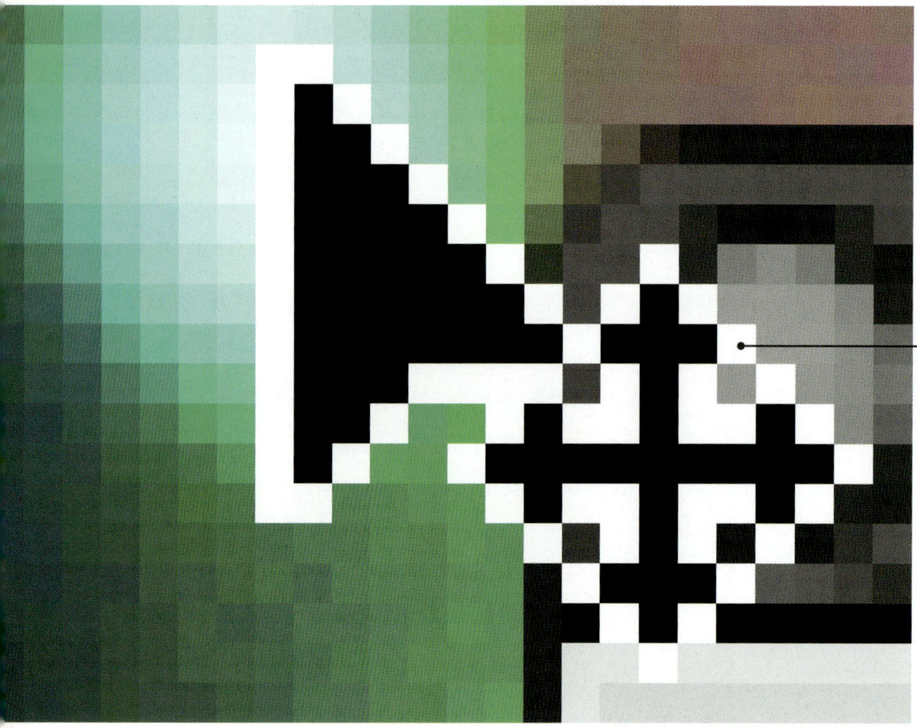

*Einfach mit einem Klick eine Auswahl aufziehen, und schon passt es – das geht selten. Meist muss man eine gewünschte Auswahl Stück für Stück ausbauen. In diesem Beispiel zeige ich Ihnen, wie das geht, und zwar auf Basis einer Auswahl mit dem Rechteckauswahl-Werkzeug. Die Aufgabenstellung fiel mir bei der Arbeit am ersten Kapitel ein. Für die Screenshots in diesem Buch brauche ich freigestellte Mauszeiger. Hier sehen Sie Schritt für Schritt, wie ich einen Teil der Pointer – wo es nicht anders ging – mit dem Auswahlwerkzeug freigestellt habe.*

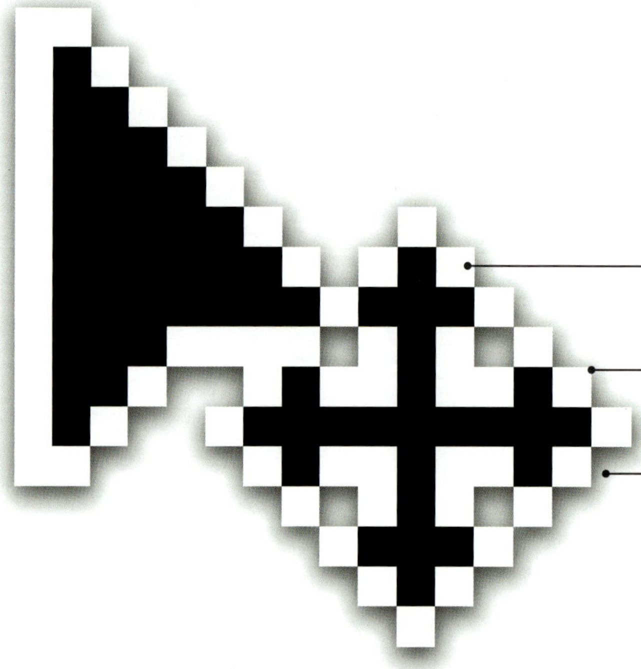

**Zielsetzungen:**

Mauszeiger freistellen

Auflösung erhöhen

Mit Schatten versehen

**[auswahlrechteck.jpg]**

# 1 Rechteckauswahl erstellen

Das Bild für diesen Workshop besteht nur aus 34×29 Pixeln. Sie müssen ordentlich in das Bild hineinzoomen, um damit sinnvoll arbeiten zu können.

Aktivieren Sie dann das AUSWAHLRECHTECK-WERKZEUG 🔲, und ziehen Sie damit eine erste, rechteckige Auswahl auf.

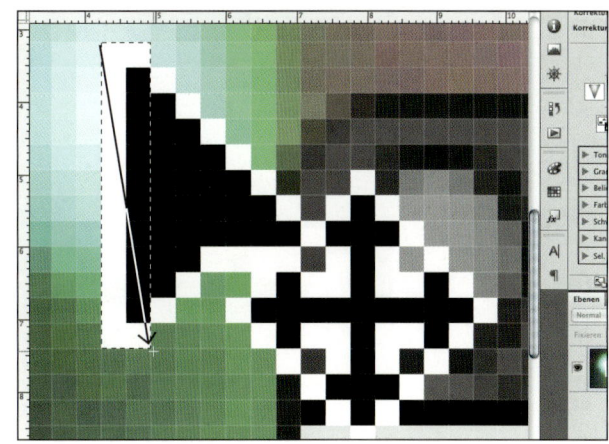

# 2 Auswahl erweitern

In der Optionen-Palette finden Sie Schaltflächen ❶, um unter anderem die Auswahl zu erweitern. Wenn Sie effizient arbeiten wollen, dann vergessen Sie das aber besser gleich wieder. Drücken und halten Sie stattdessen die ⬙-Taste – es erscheint neben dem Fadenkreuz des Mauszeigers ⊹ ein kleines Plus, womit Ihnen das Programm sagen möchte, dass Sie jetzt die Auswahl erweitern können. Tun Sie das ❷.

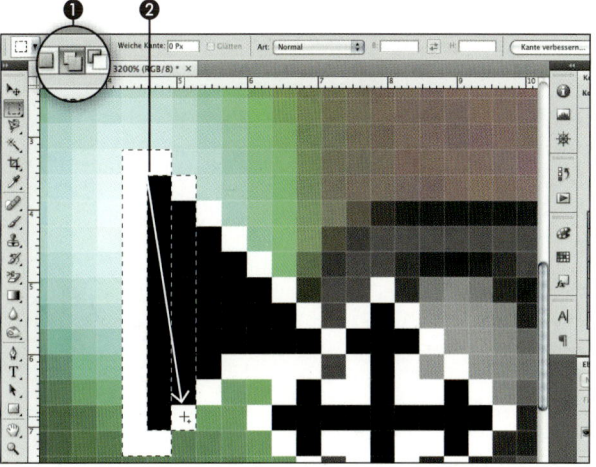

# 3 Auswahl in Einzelschritten ausbauen

Nach einigen Arbeitsschritten sollte die Auswahl wie hier aussehen.

Damit wir später einen Schatten hinzufügen können, sollten wir eine neue, weiße Ebene als Hintergrund erstellen. Dazu ist es jedoch erst erforderlich, aus der Ebene »Hintergrund« eine *reguläre* Ebene zu machen. Ein Doppelklick darauf ❸ öffnet den Optionen-Dialog, in dem Sie die Ebene mit einem Namen versehen können, worauf wir aber verzichten.

**Tipp:** Sie sparen sich den Dialog durch Halten der ⎇Alt-Taste beim Doppelklick.

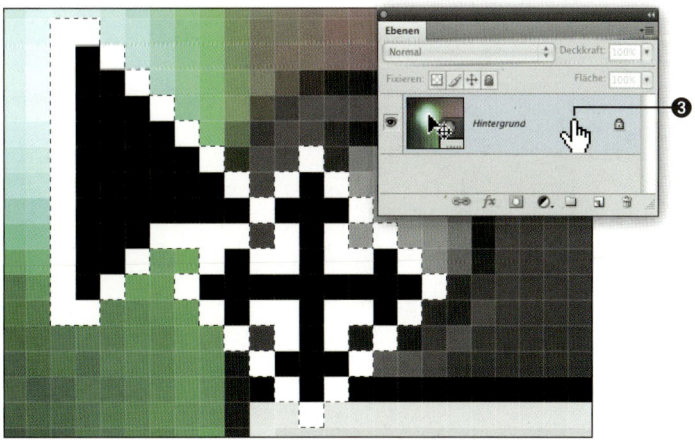

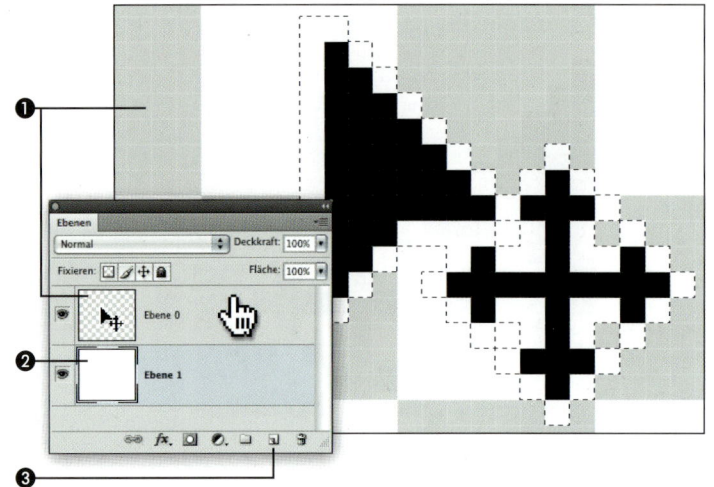

## 4 Fläche für Hintergrund füllen

Die Hintergrundebene heißt jetzt »Ebene 0«. Wählen Sie im Menü AUSWAHL • AUSWAHL UMKEHREN, und betätigen Sie die ←-Taste, um den Bereich in der Auswahl zu löschen – das Transparenzmuster ▨ erscheint ❶. Heben Sie die Auswahl dann auf (Menü AUSWAHL • AUSWAHL AUFHEBEN, oder Strg/⌘+D).

Erstellen Sie eine neue Ebene darunter, indem Sie bei gedrückter Strg/⌘-Taste auf das Symbol für NEUE EBENE ⬛ klicken ❸, und füllen Sie diese mit Weiß ❷.

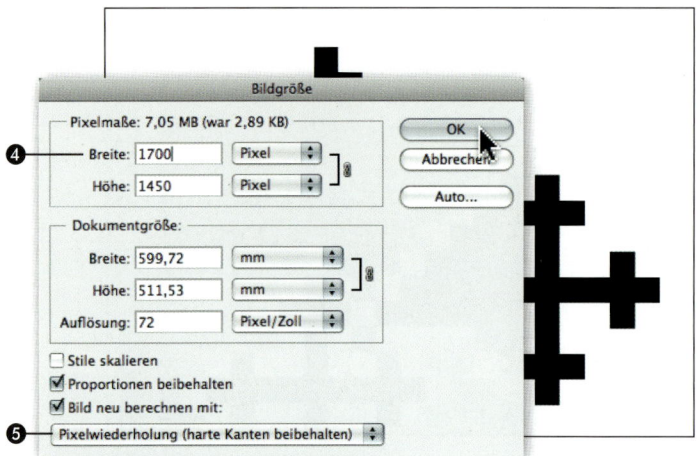

## 5 Auflösung mit Pixelwiederholung

Für einen schönen Schatten brauchen wir mehr Auflösung als 34 × 29 Pixel. Wählen Sie im Menü BILD • BILDGRÖSSE. Sie sollten die Auflösung mindestens verzehnfachen (= 340 Pixel Breite). Ich habe den Wert × 50 gerechnet und bin so auf 1700 Pixel gekommen ❹. Damit das Ergebnis so sauber gekachelt ist wie ein Mauszeiger, sollte man mit einem Vielfachen anstatt mit einem beliebigen Wert arbeiten. Die Neuberechnung muss deshalb auf PIXELWIEDERHOLUNG ❺ stehen.

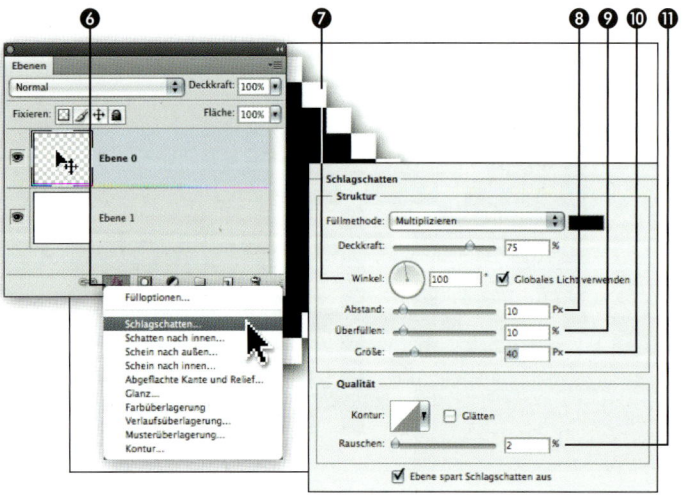

## 6 Schlagschatten hinzufügen

Achten Sie darauf, dass wieder die obere Ebene aktiv ist. Klicken Sie auf die Schaltfläche *fx.* EBENENSTIL HINZUFÜGEN ❻, und wählen Sie SCHLAGSCHATTEN aus dem Menü. Ich habe für meinen Schatten ABSTAND ❽ und ÜBERFÜLLEN ❾ auf 10 Pixel gestellt und eine GRÖSSE ❿ von 40 Pixel definiert. Außerdem versehe ich jeden Schatten mit RAUSCHEN ⓫ zwischen 2 % und 4 %. Der WINKEL ❼ steht auf 100°.

**Tipp:** Der Schatten lässt sich auch direkt im Bild hinter dem Dialogfenster verschieben.

# Auswahl reduzieren

*Die hohe Schule des Auswählens*

Haben Sie einmal Gitarre, Klavier oder ein anderes Instrument gespielt? Sind Sie ein Freizeitzauberer? Alles, was Ihnen eine ausgeprägte Fingerfertigkeit verliehen hat, kommt Ihnen jetzt zugute. Wir werden diese drei CDs mit dem Ellipsenauswahl-Werkzeug einfangen, ein Loch herausreduzieren und die Datenträger vor einen anderen Hintergrund setzen. Dazu müssen Sie neben der Maustaste auch einige Tasten auf der Tastatur drücken und halten. Und dabei erweist sich eine gewisse Fingerfertigkeit eben als großer Segen.

**Zielsetzungen:**
Compact Discs auswählen
Musterebene erstellen
Compact Discs mit
Originalschatten auf dem
Hintergrund platzieren
**[erweitern_reduzieren.jpg]**

## 1 Hintergrund als Ebene definieren und Ebene kopieren

Machen Sie mit einem Doppelklick den HINTERGRUND zur Ebene. Nennen Sie die Ebene im Dialog NEUE EBENE »Transparent«. Danach duplizieren Sie diese Ebene, indem Sie sie auf das Symbol für 🔲 NEUE EBENE ziehen ❷. Mit einem weiteren Doppelklick auf die neue Ebene können Sie sie umbenennen. Nennen Sie sie »Deckend« ❶.

## 2 Muster-Füllebene hinzufügen

Klicken Sie in der Palette EBENEN auf NEUE FÜLL- UND EINSTELLUNGSEBENE 🔘, und wählen Sie MUSTER.

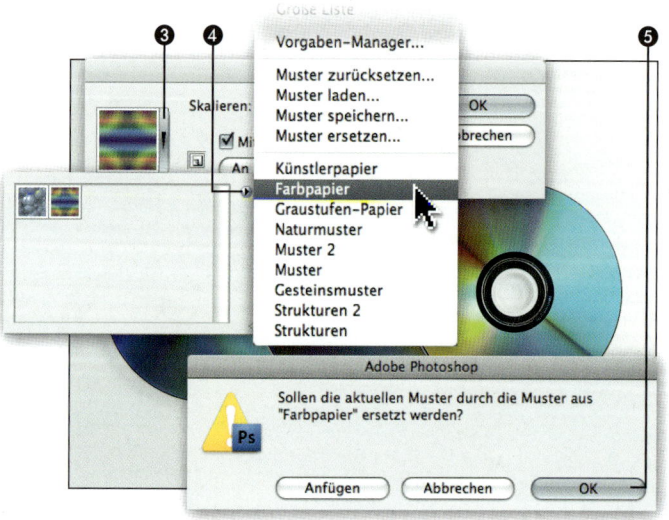

## 3 »Farbpapier« laden

Es erscheint ein Dialog, in dem Sie das Muster definieren können. Nach Werkseinstellung von Photoshop ist jedoch ein Muster, wie ich es verwenden möchte, nicht geladen. Klicken Sie neben der Vorschau des Musters auf die Schaltfläche ❸ für die Muster-Auswahlpalette. In dieser Palette klicken Sie auf das Palettenmenü ❹ und wählen daraus FARBPAPIER. Photoshop fragt anschließend, ob die neuen Muster die bestehenden ersetzen sollen. Klicken Sie auf OK ❺.

## 4  Muster auswählen

Wählen Sie aus den neuen Mustern GOLDENES VELINPAPIER ❻. Danach können Sie den Dialog mit OK schließen ❼. Die neue Muster-Füll-ebene liegt in der Palette EBENEN ganz oben und verdeckt somit nun die Sicht auf die bei-den Ebenen mit den CDs darunter. Ziehen Sie sie mit der Maus an die unterste Stelle der Ebenenreihenfolge ❽.

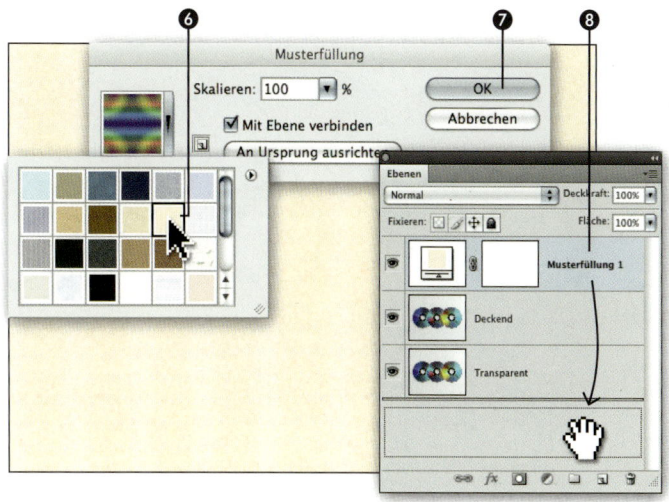

## 5  Erste Auswahl erstellen

Aktivieren Sie das AUSWAHLELLIPSE-WERKZEUG. Drücken Sie die Maustaste, und lassen Sie sie nicht los, bis ich Ihnen sage, dass Sie sie loslassen können. Ziehen Sie mit diesem Werkzeug die Auswahl auf. Wie gesagt: Nicht loslassen! Sie werden feststellen, dass es sehr schwer ist, ohne Hilfslinien genau den richti-gen Startpunkt zu finden. Wahrscheinlich liegt Ihre Auswahl genauso daneben wie meine.

## 6  Auswahl verschieben

Sie haben die Maustaste hoffentlich noch nicht losgelassen? Gut. Denn jetzt können Sie die `Leertaste` drücken, und bei gedrückter `Leertaste` die Auswahl verschieben ❾. Wenn Sie diese Taste dann loslassen, können Sie die Größe der Auswahl wieder verändern. Wenn die Position danach noch nicht passt, drücken Sie wieder die `Leertaste` und ver-schieben die Auswahl erneut. Verschieben und vergrößern/verkleinern Sie so lange, bis die Auswahl möglichst exakt sitzt.

## 7 Auswahl erweitern

Zum Erweitern der Auswahl drücken und halten Sie die ⇧-Taste. Ziehen Sie damit eine erste Auswahl auf. Der Trick funktioniert wie oben beschrieben: Maustaste drücken, Auswahl ungefähr aufziehen und durch zusätzliches Drücken der `Leertaste` die Auswahl verschieben. Sie können die ⇧-Taste übrigens loslassen, sobald Sie mit dem Aufziehen der Auswahl begonnen haben. Photoshop weiß mittlerweile, dass Sie die Auswahl erweitern wollen.

## 8 Von Auswahl subtrahieren

Fahren Sie wie gehabt fort, um auch die äußere Begrenzung der dritten CD noch mit einzufangen. Am Schluss sollte eine marschierende Linie schwarzweißer Striche um alle drei CDs zu sehen sein ❶.

Nun gilt es, die Löcher in den CDs von der Auswahl abzuziehen. Drücken Sie zum Subtrahieren der Auswahl die `Alt`-Taste. Neben dem Auswahl-Fadenkreuz erscheint daraufhin ein Minus ⌗. Ziehen Sie wie schon beim Erweitern der Auswahl durch Anpassen und Verschieben die Auswahl für das Loch auf ❷.

## 9 Restliche Löcher subtrahieren

Nachdem Sie alle drei Löcher subtrahiert haben, sollte das Ergebnis wie hier aussehen. Damit wäre das Erstellen der Auswahl abgeschlossen.

## 10 Ebenenmaske erstellen

Für den nächsten Schritt muss die Ebene
»Deckend« aktiviert sein ❸. Klicken Sie auf
die Schaltfläche für EBENENMASKE HINZUFÜGEN
❺. Photoshop macht aus Ihrer Auswahl
eine Ebenenmaske (siehe auch Grundlagenexkurs auf Seite 44 und Workshop auf Seite 54).

Der Bereich in der Auswahl ist in der Ebenenmaske weiß. Weiß in einer Ebenenmaske
bedeutet, dass diese Bildbereiche der Ebene
sichtbar sind. Der Bereich außerhalb der Auswahl ist schwarz geworden ❹. Schwarz in der
Ebenenmaske blendet Bildpixel aus.

## 11 Zweite Ebene auf Füllmethode »Multiplizieren« stellen

Sie dürfen nicht überrascht sein, wenn sich
das Bild durch Erstellen der Ebenenmaske
nicht verändert. Unter der Ebene »Deckend«
befindet sich die Ebene »Transparent« mit
identischem Inhalt. Diese Ebene brauchen wir
für den Schatten und die transparenten Bereiche der CDs. Aktivieren Sie diese Ebene ❼,
und stellen Sie die Füllmethode auf MULTIPLI-
ZIEREN ❻. Diese Füllmethode bewirkt, dass
die Helligkeit der Pixel dieser Ebene in die
Ebene darunter eingerechnet wird.

## 12 Mit Tonwertkorrektur Schatten verstärken

Zum Abschluss rufen Sie über das Menü BILD
• KORREKTUREN den Dialog TONWERTKORREK-
TUR auf. Stellen Sie den Regler für den Weißpunkt etwas nach links ❿ und den Regler für
die mittleren Tonwerte weiter nach rechts ❾.
Dadurch werden die Schatten ein bisschen
verstärkt ❽. Mehr über TONWERTKORREKTUR
erfahren Sie ab Seite 236.

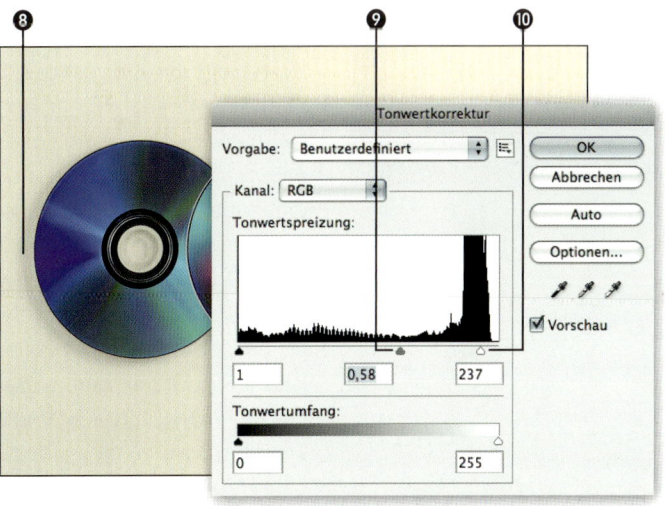

# Auswahl & Maske

## Die Auswahl ist der Schlüssel zum Erfolg.

Auswahl und Masken sind Schlüsseltechnologien in Photoshop. Bereits eingangs zu diesem Kapitel habe ich die Analogie zum Airbrush zitiert. Eine Maske kann temporär erstellt werden, um einen bestimmten Bereich zu bearbeiten und den Rest vor der Bearbeitung zu schützen – dann spricht man von einer Auswahl. Eine Maske kann aber auch eine bleibende Funktion in einem Bild haben.

### Temporäre Masken = Auswahl

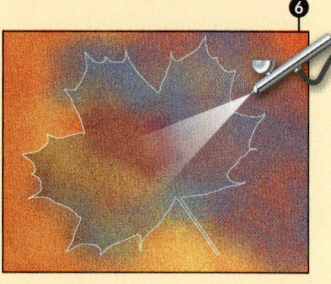

Im ersten Fall soll wie gesagt verhindert werden, dass beispielsweise ein Farbauftrag *global* erfolgt. Das können Sie sich so vorstellen, als ob Sie ein Ahornblatt auf ein Papier legen ❶ und mit einem Luftpinsel oder einer Farbsprühdose besprühen ❷. Wenn Sie das Blatt später entfernen, wurde an der Stelle des Blattes keine Farbe angenommen ❸.

Auf dieser Arbeitsweise basiert *Airbrush*. Zuerst legt der Airbrusher eine Abdeckfolie über das Material, das er färben möchte. Nehmen wir an, unsere Folie ist rötlich transparent. Daraus schneidet der Airbrusher mit einem Cutter den Umriss des Motivs ❹. Ist er damit fertig, kann er die innere Folie herauslösen ❺ (wir nehmen an, dass er die Motivform färben will und nicht das Drumherum). Da der Hintergrund mit Folie abgedeckt ist, kann er locker mit dem Luftpinsel über die Fläche hinweg sprühen, ohne sich darum zu kümmern, wohin die Farbe fällt ❻. Ist die Farbe trocken, zieht er die Abdeckfolie vor-

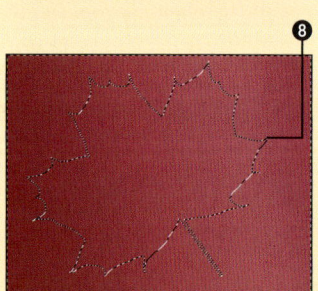

sichtig vom Hintergrund ab. Was bleibt, ist die Form, die er ausgeschnitten hat ❼. Der Airbrusher kennt bei der Bearbeitung eines Bildes also zwei grundlegende Arbeitsschritte:

1. das Abdecken – er nennt diesen Vorgang »maskieren« ❹
2. das Auftragen der Farbe ❻

Genau so funktioniert Photoshop! Immer dann, wenn Sie von einem Bild nur Teilbereiche bearbeiten möchten, müssen Sie zuerst eine Auswahl erstellen, um Bereiche, die nicht verändert werden sollen, zu schützen. Oder Sie benötigen die Auswahl, um den ausgewählten Bereich zu kopieren. Analog zum Airbrush kennt demnach auch der Photoshopper zwei wesentliche Arbeitsschritte:

1. das Abdecken. In Photoshop nennt man das *eine Auswahl erstellen* – oder eben auch *Maskieren*.
2. das Bearbeiten des ausgewählten Bildbereichs, was mit Pinseln, Menübefehlen, Filtern etc. erfolgen kann

Bei der Anzeige von Masken kennt Photoshop verschiedene Darstellungsformen. Die erste ist die Anzeige in Form einer laufenden, gestrichelten Linie, die auch als »running ants« oder »marching ants« bezeichnet wird ❽. Die zweite ist eine 50 % transparente, farbige Darstellung, meist rot ❾. Diese Form der Darstellung ist allen bekannt, die schon einmal im Maskierungsmodus gearbeitet haben. Die dritte Darstellungsvariante begegnet einem,

wenn man eine gespeicherte Auswahl ansieht und bearbeitet. Man bezeichnet eine gespeicherte Auswahl als Alphakanal. In dieser Form erfolgt die Darstellung in Schwarzweiß ❿.

In welcher Form auch immer Sie eine Auswahl in Photoshop betrachten, es ist letzten Endes doch immer eine Auswahl, die sich eben unterschiedlich darstellen lässt.

Die Schwarzweißdarstellung kann uns helfen, die Funktionsweise von Masken besser zu verstehen. Schwarz in einer Maske bedeutet, dass dieser Bereich der geschützte ist. Der weiße Bereich in einer gespeicherten Auswahl ist jener, der bei der Bearbeitung farbdurchlässig ist ⓫ beziehungsweise auf den sich jeder gewählte Befehl auswirkt (wozu man die gespeicherte Auswahl aber erst über Menü AUSWAHL • AUSWAHL LADEN oder die Palette KANÄLE laden muss).

Sie können sich die Arbeit mit Masken also auch so vorstellen, dass Sie einen schwarzen Karton über Ihr Bild legen ⓬, wodurch bestimmte Bereiche des Bildes vor einem Farbauftrag geschützt sind ⓭.

Der Airbrusher kann *entweder* schwarzen Karton *oder* rote Folie nehmen. In Photoshop können Sie zwischen der Schwarzer-Karton-Ansicht und der Rote-Folie-Ansicht umschalten. Und es steht Ihnen auch die Ansicht »marschierende Ameisen« zur Verfügung. Sie können eine Auswahl auch umkehren. Danach ist das ausgewählt, was zuvor geschützt war, und das geschützt, was zuvor ausgewählt war. Anders gesprochen: In der Auswahl ist

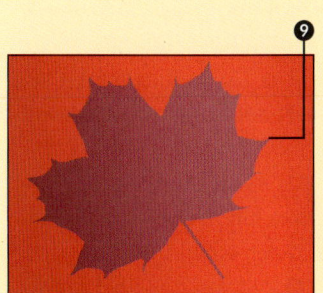

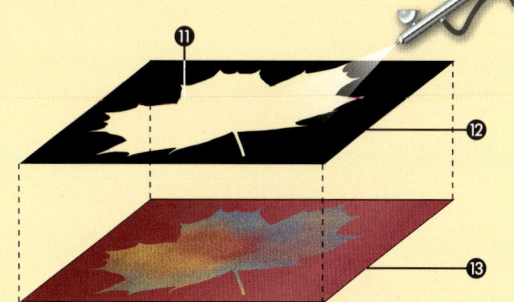

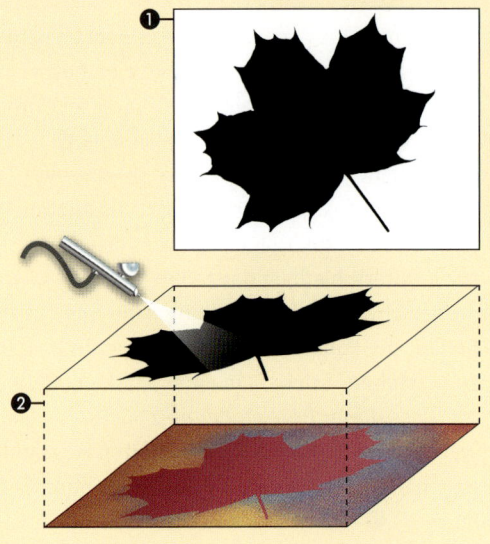

das, was zuvor weiß war, jetzt schwarz, und das, was zuvor schwarz war, weiß ❶. Wenn Sie nun Farbe auftragen, wirkt das genau im umgekehrten Bereich wie zuvor ❷.

Erstellen Sie lediglich mit Lasso und Zauberstab Ihre Auswahlen, dann braucht Sie das meiste hier nicht zu kümmern. Wenn Sie aber auf aufwändigere Bildbearbeitungen aus sind – und ich bin mir sicher, dass sind Sie –, dann eröffnet Ihnen ein etwas tieferes Wissen um Auswahl und Masken enorme Möglichkeiten.

Erinnern wir uns an den Airbrusher. Er hat nichts anderes als einen Cutter für seine Masken. Da geht es Ihnen in Photoshop beileibe besser. Sie können mit beinahe jedem Werkzeug, jedem Filter und jedem Dialog, mit dem Sie Bilder bearbeiten können, auch Masken bearbeiten.

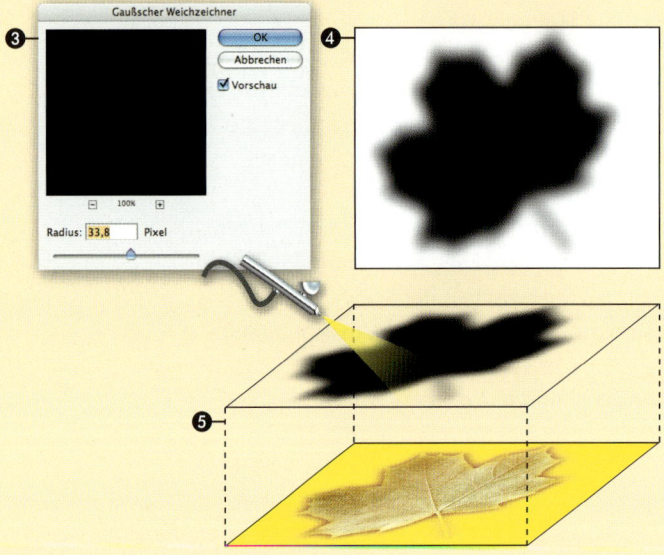

Wenn Sie mit diesem Wissen die Maske ❶ mit einem GAUSSSCHEN WEICHZEICHNER ❸ verändern, erhält die resultierende Ahornblatt-Maske eine weiche Kante ❹. Laden Sie eine solche gespeicherte Auswahl als temporäre, aktive Auswahl (auf dem Bildschirm erscheinen die *marschierenden Ameisen* ❻) und wenden Sie eine Photoshop-Funktion auf das Bild an – beispielsweise FLÄCHE FÜLLEN mit Gelb als VORDERGRUNDFARBE ❺ –, dann sieht das Resultat so aus wie in Abbildung ❼ aus.

Dort, wo die Pixel in der Maske schwarz sind (innerhalb der Auswahl), wird das Bild geschützt. Dort, wo das Bild weiß ist, wird Farbe aufgetragen. In den Graustufen zwischen Schwarz und Weiß, die durch den GAUSSSCHEN WEICHZEICHNER entstanden sind, wird Farbe entsprechend der Helligkeit dieser Pixel aufgetragen. Der Farbauftrag erfolgt also mit demselben fließenden Übergang, wie Sie ihn in der Maske sehen.

Ein Verlauf führt das Beispiel ins Extrem: Ersetzen wir die Maske mit dem weichgezeichneten Ahornblatt durch einen Verlauf von Schwarz zu Weiß ❽ und wenden über diese

Maske gelbe Farbe an ❿, dann wird die gelbe Farbe verlaufend von oben nach unten aufgetragen. Je dunkler die Abstufung des Verlaufs in der Maske ist, desto weniger durchlässig ist sie. Ganz oben, wo der Verlauf ins Schwarze übergeht, wird keine Farbe aufgetragen. Ganz unten hingegen, wo die Maske annähernd weiß ist, wird die Farbe voll aufgetragen ❾.

Im letzten Beispiel habe ich der weichgezeichneten Maske ❹ mit einem Kunstfilter aus der FILTERGALERIE eine körnige Struktur verliehen ⓫. Ist diese Maske als Auswahl geladen, wird sie am Bildschirm so ⓭ dargestellt. Fülle ich die Fläche mit Gelb ⓬, sieht das Ergebnis so ⓮ aus.

## Alphakanäle und Ebenenmasken

Zwar können Sie eine Auswahl speichern und später über das Menü AUSWAHL wieder laden. Doch diese Form der Maskierung bleibt nur so lange aktiv, bis Sie die eigentliche Bildbearbeitung ausgeführt haben. Danach wird die Auswahl aufgehoben.

Es gibt jedoch auch Masken, die nicht aufgehoben werden, sondern fix im Bild verbleiben. Das sind sogenannte Ebenenmasken, mit denen sich Teile einer Bild-, Füll- oder Einstellungsebene ausblenden lassen. Der Vorteil des Ausblendens von Ebenenbereichen gegenüber dem Löschen ist der, dass sich ausgeblendete Bildpixel wieder einblenden lassen. Gelöschte Bildbereiche sind gelöscht. Grundsätzlich gilt alles, was hier über Auswahlmasken gesagt wurde, auch für diese Ebenenmasken. In den Workshops auf Seite 52 und Seite 169 konnten Sie bereits erste Erfahrungen damit sammeln. Und es folgen noch viele weitere Übungen.

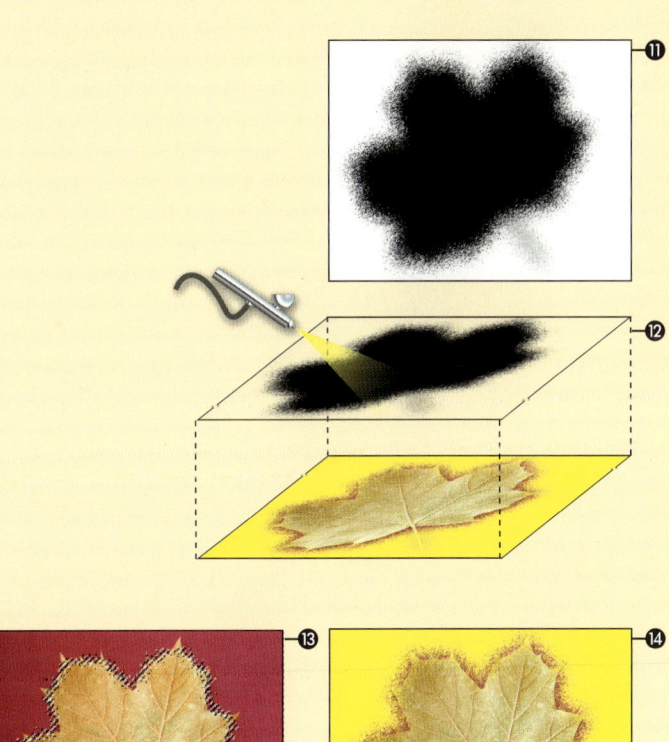

SCHWIERIGKEITSGRAD 1 FÜR EINSTEIGER

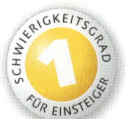

# Das Zauberstab-Werkzeug

*Eine Auswahl zaubern und Sättigung verringern*

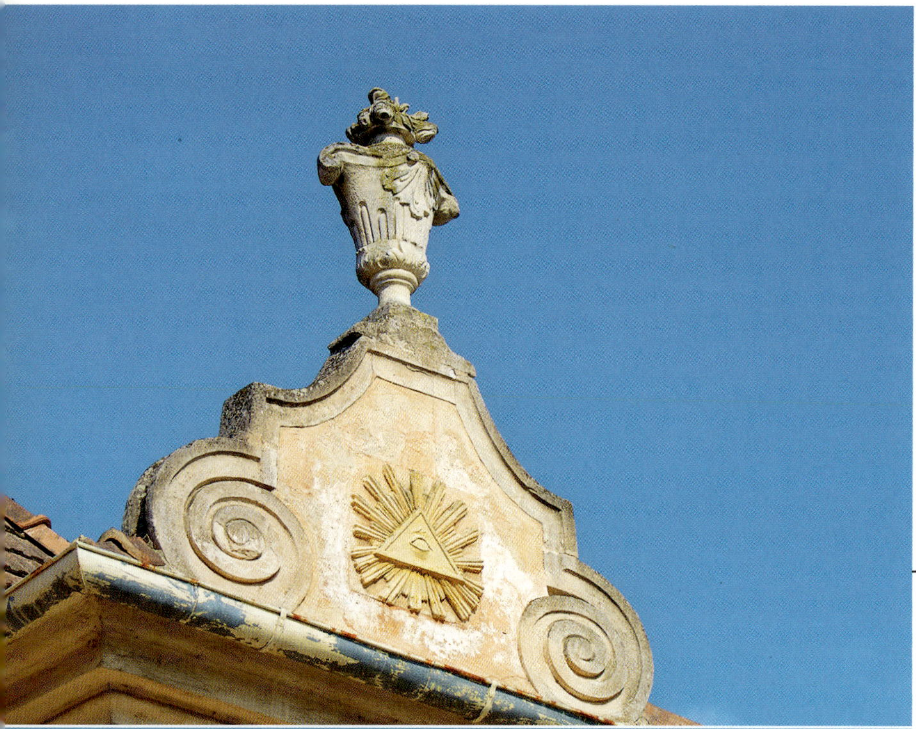

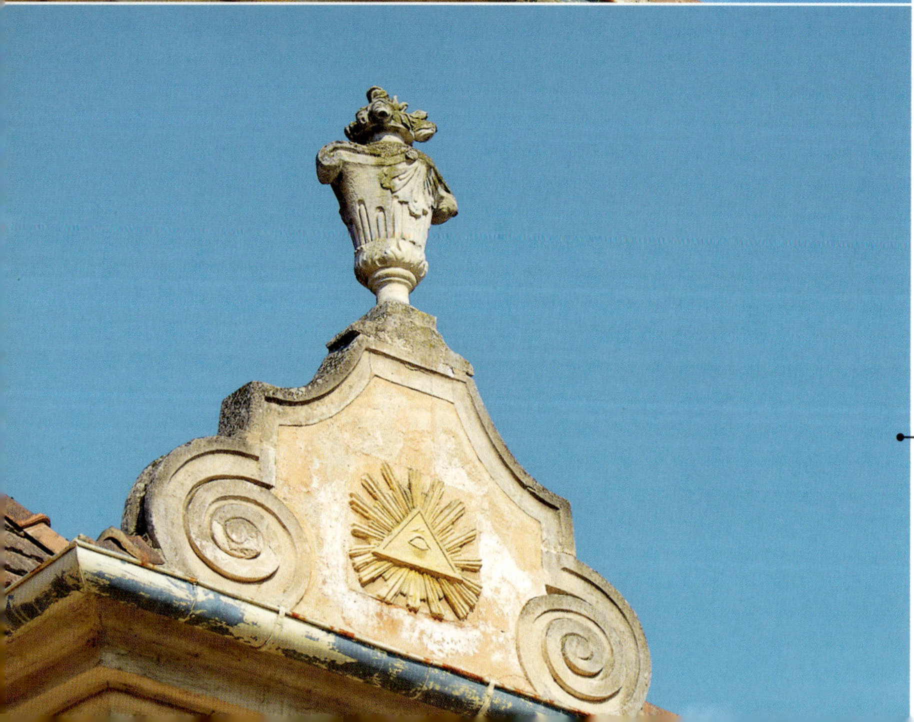

*Möchte man eine Fläche, wie diesen blauen Himmel, auswählen, schreit das förmlich nach dem Zauberstab. Wenn es nur immer so einfach wäre! Außerdem werden wir in diesem Workshop mit einer Einstellungsebene »Farbton/ Sättigung« den schreiend bunten Blauton etwas entschärfen.*

**Zielsetzungen:**

Himmel auswählen

Sättigung verringern

**[zauberstab.jpg]**

## 1 Auswahl per Klick

Nach dem letzten Exkurs sind Sie sicher froh über eine leichte Übung. Um den Himmel in diesem Bild auszuwählen, gibt es kaum ein besseres Werkzeug als den ZAUBERSTAB 🪄. Dessen Prinzip ist identisch mit FÜLLWERKZEUG (Seite 128) und dem MAGISCHEN RADIERGUMMI (Seite 137). Klicken Sie in eine auszuwählende Fläche ❷ – alle Pixel, die dem angeklickten ähnlich sind, werden mit in die Auswahl aufgenommen. Über TOLERANZ ❶ wird der Schwellenwert der Ähnlichkeit definiert.

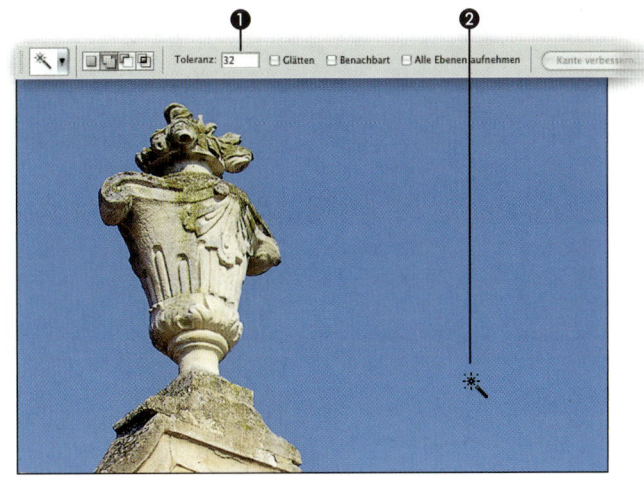

## 2 Erweitern mit Alt-Taste

Bei dem von mir angeklickten Bereich und der Standard-Toleranz von 32 sind unten rechts im Bild ein paar Flecken nicht mit in die Auswahl aufgenommen worden ❸. Halten Sie die ⌈Alt⌋-Taste, um die Auswahl um diese Bereiche zu erweitern – unter der Spitze des Zauberstabs erscheint ein Plus. Mit einem Klick können Sie nun zusätzliche Bereiche zur Auswahl hinzufügen.

**Tipp:** Halten Sie bei Bedarf die ⌈⇧⌋-Taste gedrückt, um ausgewählte Bereiche von der Auswahl abzuziehen.

## 3 Sättigung verringern

Klicken Sie in der Palette KORREKTUREN auf die Schaltfläche 🎨 zur Erstellung einer FARB-TON/SÄTTIGUNGS-Einstellungsebene. Photoshop fügt über der Bildebene diese Einstellungsebene ❹ an und macht aus der (temporären) Auswahl eine (fixe) Ebenenmaske ❺. Durch diese wirken sich die Einstellungen, die Sie treffen, nur im weißen Bereich der Maske, also dem zuvor ausgewählten, aus.

Manipulieren Sie nun die Regler ❻ der Palette KORREKTUREN, um die Sättigung des Himmels zu verringern.

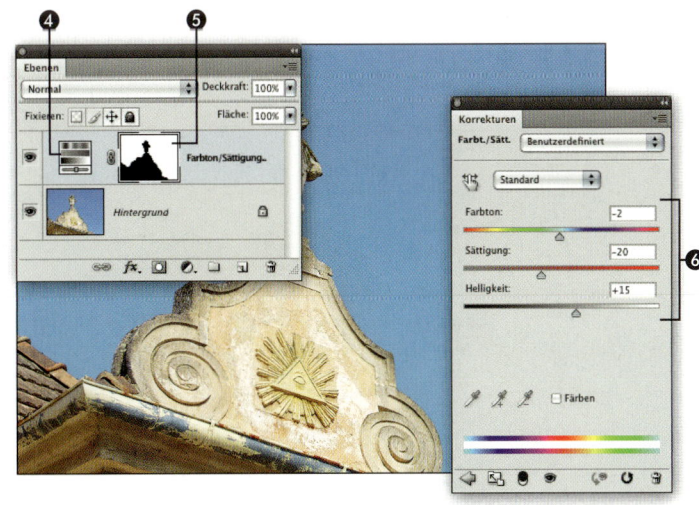

SCHWIERIGKEITSGRAD 2 FÜR AUFSTEIGER

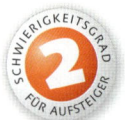

# Das Schnellauswahlwerkzeug

*Einen Bildbereich schnell auswählen und Unschärfe erzeugen*

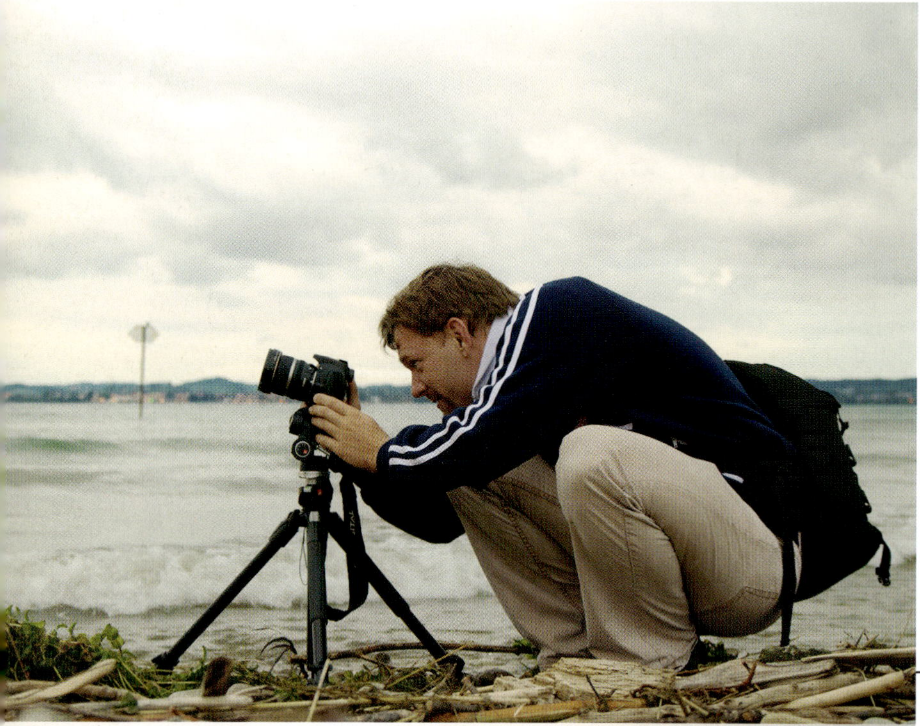

*Gegen das Schnellauswahlwerkzeug ist der Zauberstab ein zahnloser Papiertiger. Nicht, dass ich auf den Zauberstab verzichten wollte, doch seit Adobe mit CS3 das Schnellauswahlwerkzeug eingeführt hat, arbeite ich praktisch täglich mit ihm. Es arbeitet absolut phänomenal und erleichtert das Leben des Photoshoppers immens.*

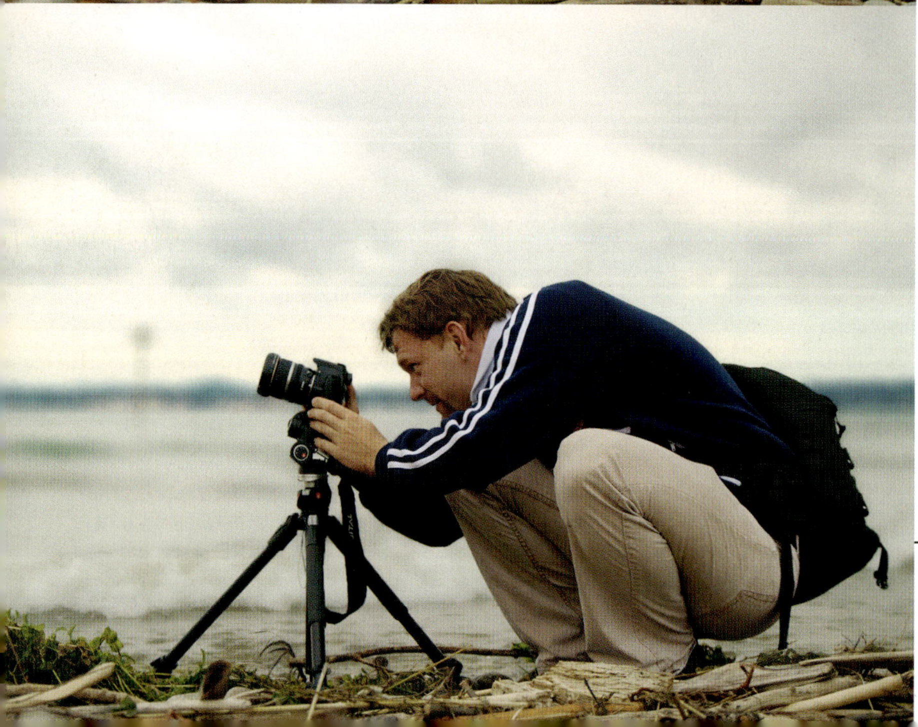

**Zielsetzung:**

Hintergrund weichzeichnen

**[schnellauswahl.jpg]**

## 1   Schnellauswahl, erster Schritt

Aktivieren Sie das SCHNELLAUSWAHLWERKZEUG
, und ziehen Sie damit über den Himmel.

## 2   Schnellauswahl, zweiter Schritt

Sie können mit diesem Werkzeug wirklich in
einem Schritt über große Flächen streifen.
Photoshop vergrößert die Auswahl so weit,
bis es eine deutliche Kante findet, hier den
Horizont ❶. Man könnte dieses Werkzeug als
Zauberstab mit Turbo-Automatik betrachten.
Der Unterschied in der Anwendung ist lediglich, dass Sie nicht einfach auf einen Bereich
klicken, sondern die Auswahl definieren,
indem Sie über den auszuwählenden Bereich
hinwegziehen. Allerdings lassen sich auch
kleine Bereiche mit einem Klick auswählen.

## 3   Auswahl erweitern

Das SCHNELLAUSWAHLWERKZEUG ist nach
Werkseinstellung von Adobe von vornherein
auf »Auswahl ausweiten« eingestellt. Sie brauchen also keine ⎡Alt⎤- und keine ⎡⇧⎤-Taste zu
drücken, um Ihre erste Auswahl zu erweitern.

## 4 Kleinerer Pinsel für kleineren Auswahlbereich

Der Durchmesser dieses Werkzeugs lässt sich wie bei einem Pinsel verändern, nur leider nicht mit einem Rechtsklick. Zum Ändern des Hauptdurchmessers verwenden Sie entweder die Einstellungspalette, die sich über die Optionen-Palette aufrufen lässt ❶, oder den auf Seite 143 beschriebenen Trick à la CS4.

Wählen Sie mit angemessenen Pinselgrößen alle Flächen aus, in denen Himmel und See zu sehen sind ❷.

## 5 Fertige Auswahl

Die fertige Auswahl sollte ungefähr so aussehen. Zu dieser Ansicht gelangen Sie, wenn Sie in der Werkzeuge-Palette die Schaltfläche 🔲 für den MASKIERUNGSMODUS drücken ❸.

Im Grundlagenexkurs über Auswahl und Masken haben Sie erfahren, dass Photoshop eine Auswahl auf verschiedene Arten anzeigen kann. Das ist die *Rote-Folie-Ansicht*. Die rot markierten Bereiche entsprechen den maskierten, die normal angezeigten sind die ausgewählten. Schalten Sie den MASKIERUNGS-MODUS mit einem Klick auf 🔲 wieder aus.

## 6 Auswahlbereiche entfernen

Ziemlich sicher hat Photoshop auch in Ihrer Auswahl einige Bereiche zu viel ausgewählt. Diese Bereiche lösen Sie wieder aus der Auswahl heraus, indem Sie bei gedrückter Alt -Taste über sie hinwegmalen ❹. Achten Sie dabei darauf, dass der Kreis, der den Durchmesser des SCHNELLAUSWAHLWERKZEUGS markiert, nicht in den Bereich hineinreicht, der ausgewählt bleiben soll.

Zur späteren Korrektur von kleinen Fehlern machen Sie, nachdem Sie die Auswahl fertiggestellt haben, einen SCHNAPPSCHUSS ❺.

## 7 Tiefenschärfe abmildern

Zum Weichzeichnen des Hintergrundes eignet sich wieder am besten der Filter TIEFEN-SCHÄRFE ABMILDERN. Sie finden ihn im Menü FILTER • WEICHZEICHNUNGSFILTER.

Stellen Sie den RADIUS auf ca. 30 ❻, und vergessen Sie nicht, ein bisschen RAUSCHEN hinzuzufügen ❼, damit die Weichzeichnung nicht zu künstlich wirkt.

## 8 Kanten korrigieren

Da wir nach der Fertigstellung der Auswahl die Auswahlkanten nicht geglättet haben, sind nun an der Begrenzung des freigestellten Objekts pixelige Kanten entstanden ❿. Heben Sie die Auswahl mit `Strg`/`⌘`+`D` auf, stellen Sie den PROTOKOLLPINSEL auf den zuletzt erstellten SCHNAPPSCHUSS, wählen Sie als MODUS • ABDUNKELN ❽, und reduzieren Sie den FLUSS ❾ kräftig. Wenn Sie mit dieser Einstellung mehrmals über die rauen Kanten fahren, sollten sie geglättet werden ⓫.

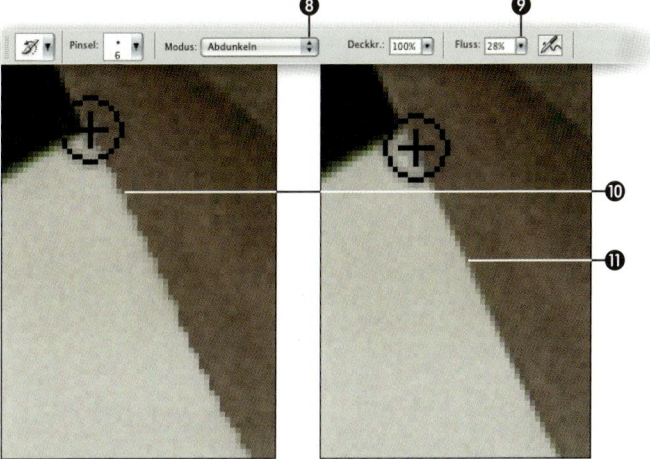

## 9 Hintergrundbereiche teilweise wiederherstellen

Der Trick mit der FÜLLMETHODE • ABDUNKELN funktioniert nicht immer so gut wie hier. Es lohnt sich in solchen Fällen aber immer, mit verschiedenen Füllmethoden zu experimentieren. Durch Abdunkeln werden nur die dunklen Bereiche des scharfen Bildes wiederhergestellt.

Zum Schluss habe ich mit einem sehr großen PROTOKOLLPINSEL ⓮ bei FLUSS 6 % ⓭ und MODUS • NORMAL ⓬ die Schärfe der Wellen ganz vorne etwas zurückgeholt.

Schwierigkeitsgrad 1 – Für Einsteiger

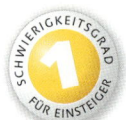

# Mit dem Lasso Objekte einfangen

*Auswählen wie ein Cowboy*

**Video-Training**
Video-Training 2, Lektion 1.3

*Mein wichtigstes Auswahl-Werkzeug ist neben dem noch ziemlich jungen Schnellauswahlwerkzeug sicher das Lasso. Schon als kleiner Bub wollte ich unbedingt Sheriff oder Cowboy werden. Heute bin ich meinem Jugendtraum recht nah. Zwar gibt es in meinem Büro keine Lagerfeuer, aber dafür fange ich mit dem Lasso nicht nur Kälber ein.*

**Zielsetzungen:**

Auswählen der Schnitzerei

Kopieren vor einen anderen Hintergrund

**[lasso_1.jpg, lasso_2.jpg]**

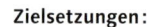

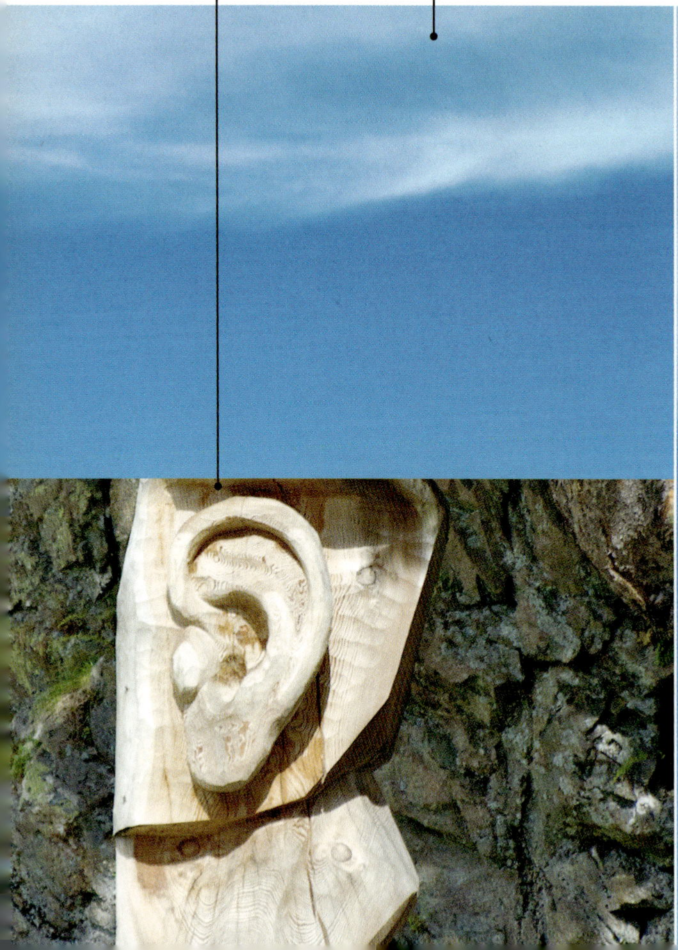

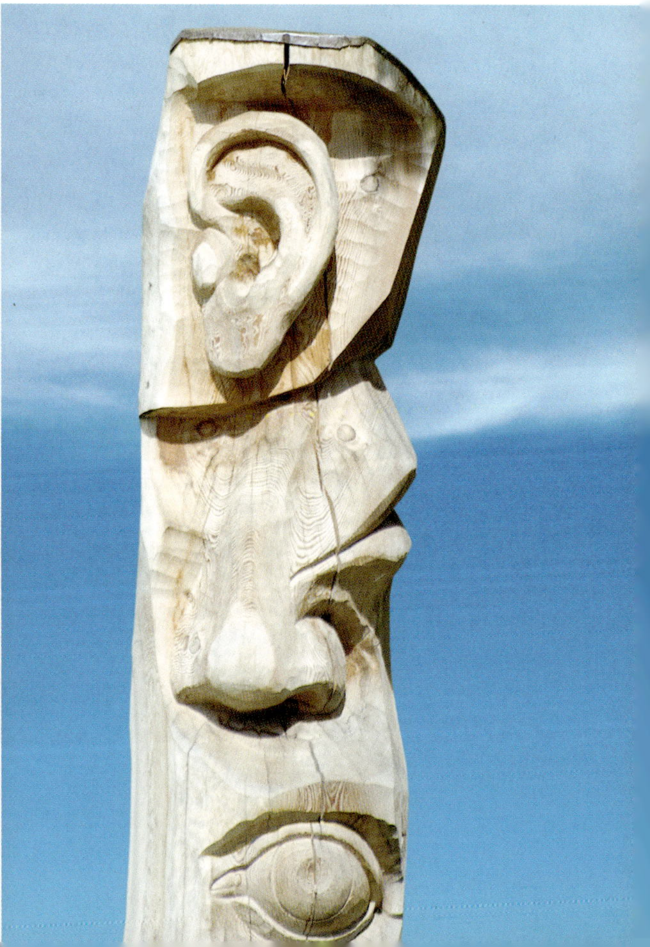

## 1 Klick für Klick zur Auswahl

Aktivieren Sie nicht das normale LASSO- ⬚, sondern das POLYGON-LASSO-WERKZEUG ⬚. Damit erstellen Sie eine Auswahl Klick für Klick. Jeder Klick befestigt die Auswahl so wie ein Kletterhaken ein Seil auf einer Kletterroute. Sollten Sie einen Punkt einmal falsch setzen, dann können Sie ihn durch Drücken der ⬚←⬚-Taste wieder aus seiner Verankerung lösen. Drücken Sie bei Bedarf noch einmal ⬚←⬚ für den Punkt davor – und so weiter.

## 2 Auswahl schließen

Klick für Klick arbeitet man sich mit diesem Werkzeug an der Begrenzung eines auszuwählenden Objekts entlang, bis man wieder seinen Ausgangspunkt erreicht hat. Wenn Sie zu der Stelle gelangen, an der Sie mit dem Setzen des Auswahl-Pfades begonnen haben, signalisiert Photoshop durch einen Kreis neben der Werkzeugspitze ⬚, dass Sie die Auswahl mit einem Klick schließen können.

**Tipp:** Sie können die Auswahl auch von jedem beliebigen Punkt aus mit einem Doppelklick schließen.

## 3 Inhalt kopieren und einfügen

Den Inhalt der Auswahl kopieren Sie mit ⬚Strg⬚/⬚⌘⬚+⬚C⬚. Öffnen Sie »lasso_2.jpg«, und fügen Sie die Kopie mit ⬚Strg⬚/⬚⌘⬚+⬚V⬚ ein – Photoshop erstellt damit eine neue Ebene ❷. Mit dem VERSCHIEBEN-WERKZEUG ⬚ richten Sie die Skulptur dann korrekt aus ❶. Ich habe die Ränder mit dem Radiergummi noch etwas nachgebessert (siehe Seite 139).

**Tipp:** Ist das LASSO ⬚ aktiv, wird durch Drücken der ⬚Alt⬚-Taste das POLYGON-LASSO ⬚ temporär aufgerufen (und umgekehrt).

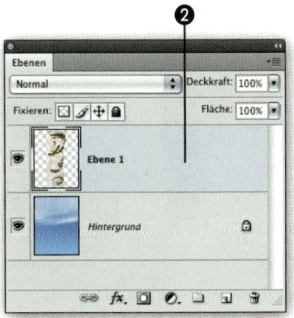

SCHWIERIGKEITSGRAD 2 FÜR AUFSTEIGER

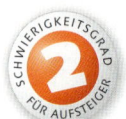

# Eine Auswahl verändern

*Auswahl transformieren und Kante verbessern*

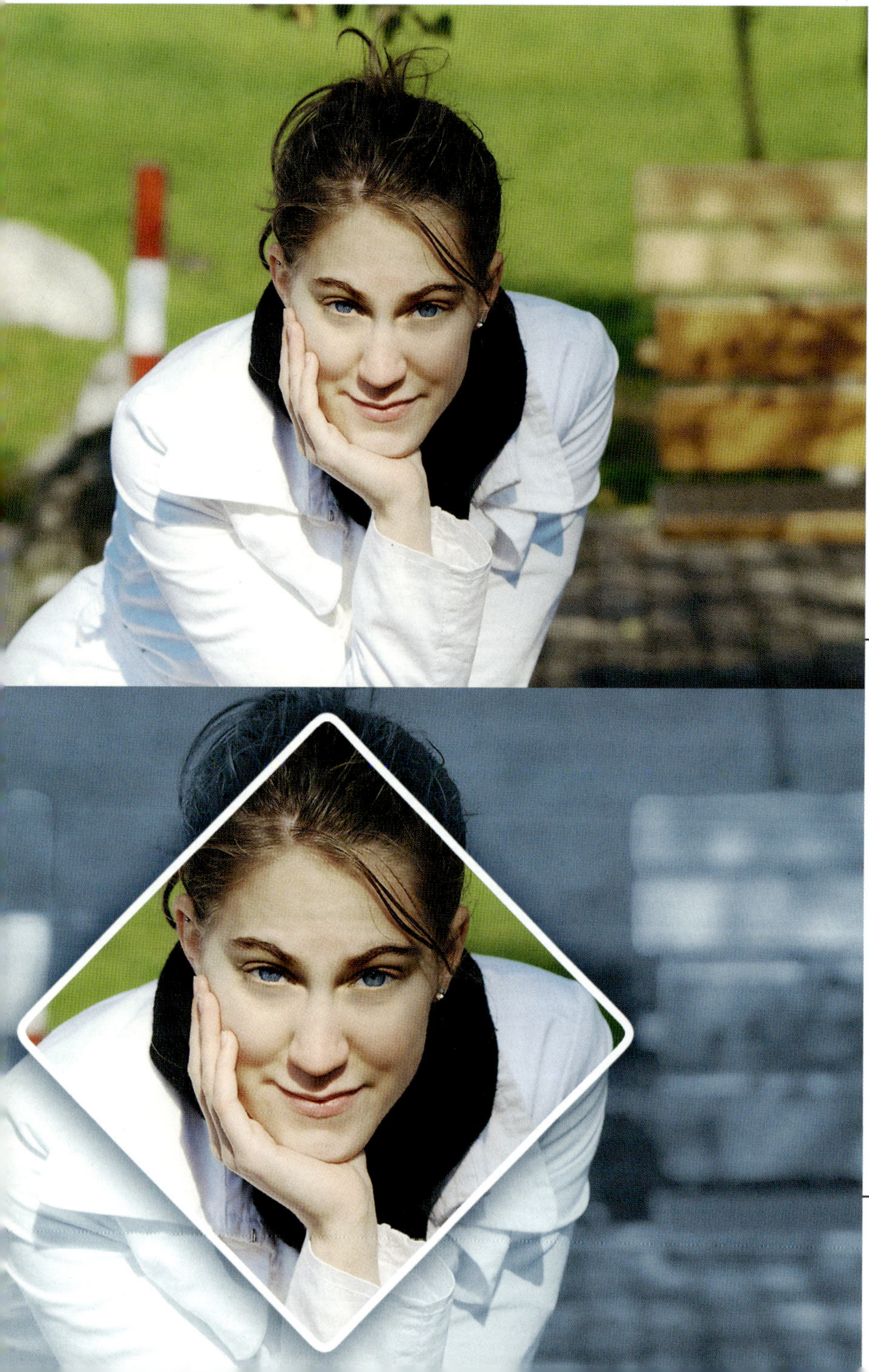

*Eine Auswahl mit einem der Auswahl-Werkzeuge zu erstellen ist noch lange nicht das Ende vom Lied. Sie können Auswahlen auf jede nur erdenkliche Art nachbearbeiten. Profis machen das sehr oft im Maskierungsmodus, in einem Alphakanal oder direkt in einer Ebenenmaske. Doch es gibt für manche Anforderungen auch wengier komplexe und anspruchsvolle Möglichkeiten, eine Auswahl nachzubearbeiten. »Auswahl transformieren« funktioniert wie »Frei transformieren«, nur dass der Bildinhalt dabei nicht verändert wird. »Kante verbessern« wiederum war die Neuerung in CS3, die das Verändern von Auswahlen erheblich erleichtert.*

**Zielsetzung:**

Einen Bildbereich durch einen rautenförmigen Rahmen hervorheben

**[kante_verbessern.jpg]**

## 1  Quadrat-Auswahl erstellen

Aktivieren Sie das AUSWAHLRECHTECK-WERK-ZEUG [icon], und erstellen Sie damit eine quadratische Auswahl. Durch Drücken der [⇧]-Taste beim Aufziehen der Auswahl werden die Proportionen eingeschränkt, wodurch sich das Quadrat ergibt.

## 2  Auswahl transformieren

Zum Drehen der Auswahl aktivieren Sie im Menü AUSWAHL die Funktion AUSWAHL TRANS-FORMIEREN. Es erscheint ein Transformieren-Rahmen mit acht Anfassern an Ecken und Seiten. Fassen Sie diesmal nicht die Anfasser an, sondern positionieren Sie den Mauszeiger leicht außerhalb einer der Ecken – es erscheint ein gebogener Doppelpfeil ❶. Durch Drücken und Bewegen der Maustaste können Sie die Auswahl nun drehen. Halten Sie dabei die [⇧]-Taste, um den Winkel der Drehung etwas einzuschränken und um 45° zu drehen

## 3  Größe der Auswahl anpassen

Nachdem die Auswahl gedreht ist, dürfte wahrscheinlich ihre Größe noch nicht exakt Ihren Vorstellungen entsprechen. Doch mit AUSWAHL TRANSFORMIEREN können Sie eine Auswahl nicht nur drehen, sondern auch ihre Größe verändern. Dazu fassen Sie den Transformieren-Rahmen nun doch an einem der Eck-Anfasser an und verschieben ihn. Um dabei die quadratischen Proportionen zu bewahren, halten Sie auch hierbei die [⇧]-Taste.

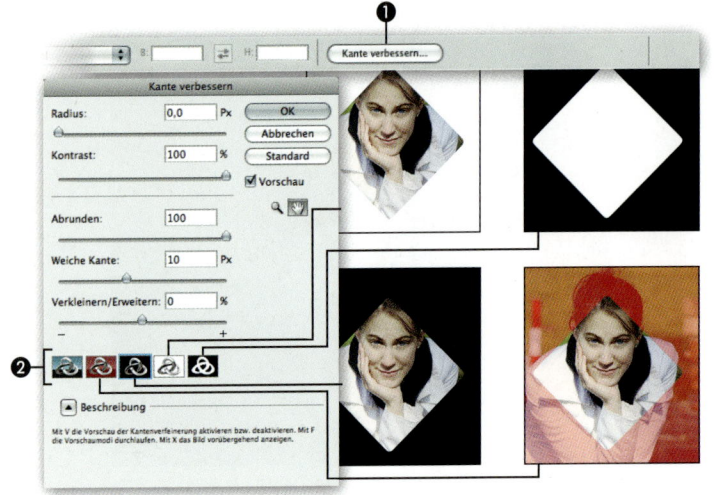

## 4 Kante-verbessern-Ansichten

Wann immer eine Auswahl im Bild aktiv und ein Auswahl-Werkzeug das aktuelle Werkzeug ist, finden Sie in der Optionen-Palette die Schaltfläche KANTE VERBESSERN ❶. Wenn Sie diese anklicken, erscheint der links abgebildete Dialog, und das Bild selbst wird mit der Auswahl als Maske dargestellt.

Photoshop bietet fünf verschiedene Arten, die Auswahl (Maskierung) anzuzeigen. Neben der *Marching-Ants-Ansicht* sind auch diese vier möglich ❷.

## 5 »Kante verbessern« einstellen

Der Dialog KANTE VERBESSERN bietet die wichtigsten Optionen zum globalen Nachbearbeiten einer Auswahl. Global bedeutet, dass sich die Einstellungen auf die ganze Kante beziehen.

Meist brauche ich vor allem WEICHE KANTE ❻ und VERKLEINERN/ERWEITERN ❼. Hier habe ich die WEICHE KANTE auf 10 Pixel ❻, ABRUNDEN auf 100 ❺ und KONTRAST auf 100 % ❹ gestellt. Durch diese Einstellung habe ich erreicht, dass die Ecken des Quadrats abgerundet werden ❸.

## 6 Neue Ebene durch Kopie

Die Auswahl ist jetzt fix und fertig. Nun möchten wir den Inhalt der Auswahl auf eine neue Ebene bekommen. Wählen Sie dazu im Menü EBENE • NEU • EBENE DURCH KOPIE. Photoshop nimmt den Inhalt der Auswahl, kopiert ihn auf eine neue Ebene ❽ und hebt die Auswahl auf.

Nun erstellen wir eine Kontur, die das Gesicht auf Basis der rautenförmigen Auswahl einrahmen soll. Klicken Sie dazu auf das Symbol _fx._ für EBENENSTIL HINZUFÜGEN in der Ebenen-Palette, und wählen Sie KONTUR ❾.

## 7 Ebenenstil »Kontur«

Im Dialog zum Einstellen des Ebenenstils KONTUR klicken Sie auf das Feld FARBE ⑬. Um über den Farbwähler Weiß als Konturfarbe zu definieren, stellen Sie die POSITION ⑫ nach INNEN und die GRÖSSE auf 10 Pixel ⑪.

Klicken Sie danach auf SCHLAGSCHATTEN ⑩, um einen solchen hinzuzufügen und einzustellen. Dieses Menü der Ebenenstile verleitet etwas dazu, die Optionenbox ☐ zu klicken. Dadurch wird der Stil zwar aktiviert, Sie können ihn aber nicht bearbeiten. Klicken Sie deshalb auf den Namen des Stils.

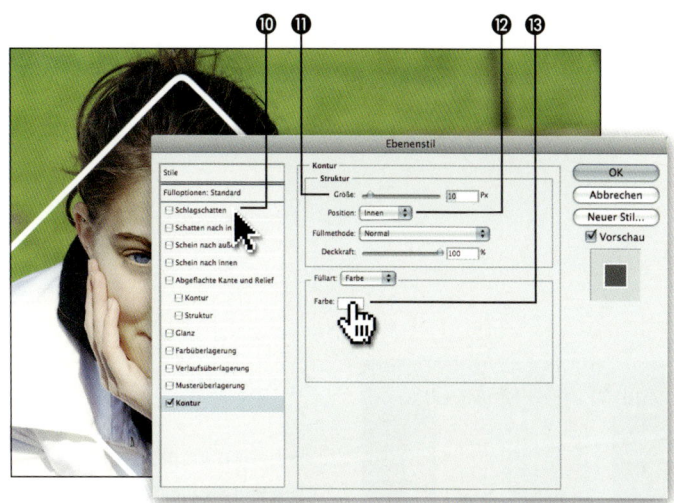

## 8 Ebenenstil »Schlagschatten«

Der große Bereich des Dialogs zeigt nun die Einstellungsoptionen für den Schlagschatten an. Ich habe den WINKEL ⑭ ungefähr dem Lichteinfall im tatsächlichen Bild angepasst, ABSTAND mit 5 Pixel, ÜBERFÜLLUNG mit 20 % und GRÖSSE mit 80 Pixel definiert ⑯. Außerdem habe ich dem Schatten einen leichten Farbton verliehen. Klicken Sie dazu auf das Feld FARBE ⑮, platzieren Sie den Mauszeiger außerhalb des Farbwählers im Bild über einem echten Schatten ⑰, und nehmen Sie dessen Ton mit einem Klick auf.

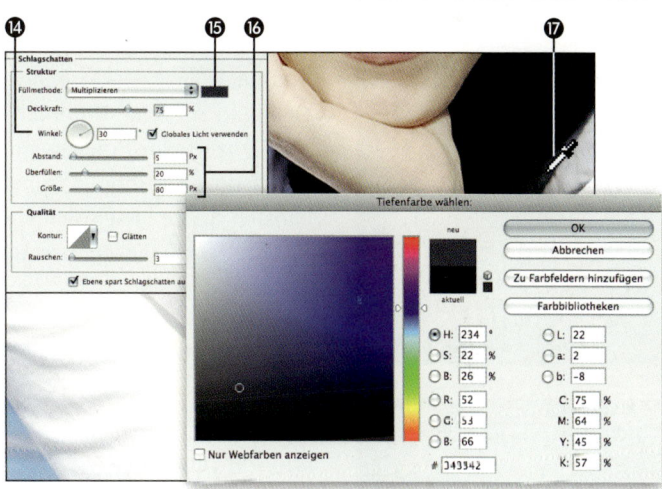

## 9 Hintergrund färben

Bestätigen Sie den Farbwähler und den Ebenenstile-Dialog mit OK. Es fehlt nur noch eine Färbung für den Hintergrund. Machen Sie mit einem Klick die Ebene »Hintergrund« zur aktuellen Ebene ⑱. Klicken Sie in der Palette KORREKTUREN auf die Schaltfläche 🖿 für eine FARBTON/SÄTTIGUNG-Einstellungsebene. Aktivieren Sie in den dazugehörigen Einstellungen FÄRBEN ⑲ für eine monochrome Färbung, und stellen Sie die Parameter für FARBTON, SÄTTIGUNG und HELLIGKEIT Ihren Vorstellungen entsprechend ein.

# Farb- und Alphakanäle

*Das Herz von Photoshop schlägt in der Kanäle-Palette.*

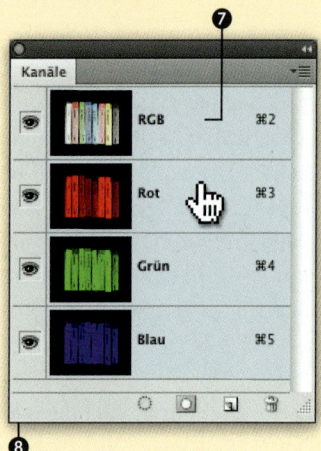

### Farbkanäle

Sie haben im ersten Kapitel auf Seite 56 bereits einiges über Farbe und Farbräume erfahren. Die wichtigsten beiden globalen Farbräume sind RGB mit den Farben Rot, Grün und Blau und CMYK mit den Farben Cyan, Magenta, Gelb und Schwarz. Die Informationen über die Farbverteilung dieser Grundfarben speichert Photoshop in sogenannten Farbkanälen. Diese lassen sich in der Palette KANÄLE (❽/⑰) einzeln betrachten und sogar einzeln bearbeiten.

### RGB-Kanäle

Jedes Bild ist zunächst ein RGB-Bild. Scanner und Digitalkameras nehmen Motive mit RGB-Sensoren auf und speichern sie in diesem Farbraum. Sie haben im RGB-Farbraum in Photoshop mehr Bearbeitungsmöglichkeiten als in irgendeinem anderen Farbraum und sollten deshalb die Konvertierung nach CMYK (was für den Druck notwendig ist) ganz zuletzt vornehmen.

Auf dieser Seite links oben sehen Sie ein Bild mit farbigen Kreiden ❶. Darunter sind die RGB-Farbauszüge (❹–❻) abgebildet. Wenn Sie in der Palette KANÄLE ❽ auf einen der FARBKANÄLE klicken, werden die anderen beiden Kanäle deaktiviert. Sie sehen nur noch diesen und können ihn auch bearbeiten, ohne dass die anderen beiden Farbkanäle von der Bearbeitung beeinflusst werden.

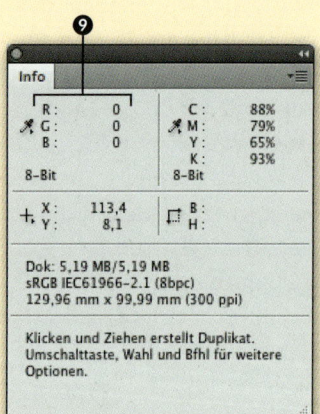

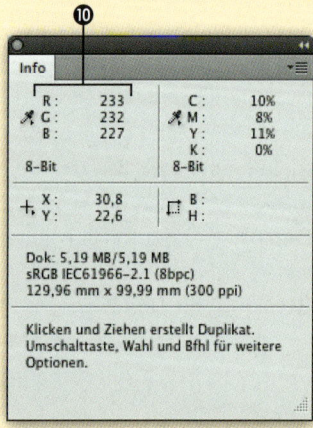

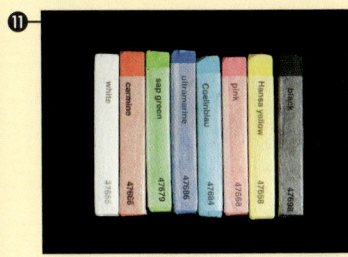

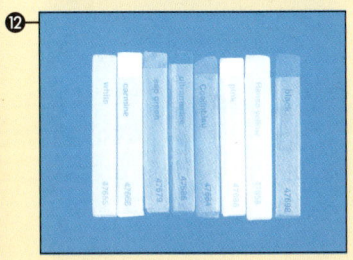

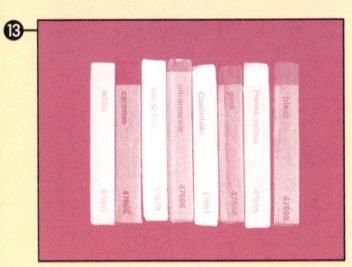

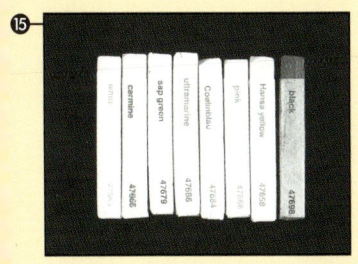

Platzieren Sie den Mauszeiger über einem Punkt im Bild, dann werden in der Palette die Werte für diesen Bereich angezeigt. Schwarze Bereiche ❸ zeigen jeweils den Wert 0 (kein Licht) für Rot, Grün und Blau ❾. Weiße Bereiche ❷ ergeben den Wert 255 für Rot, Grün und Blau ❿. (Die Kreide ist nur annähernd weiß, weshalb die Werte auch etwas geringer angezeigt werden.) Wenn Sie sich das Beispiel mit den Taschenlampen ab Seite 56 noch einmal in Erinnerung rufen: 100 % Rot + 100 % Grün + 100 % Blau = reines Weiß.

## CMYK-Kanäle

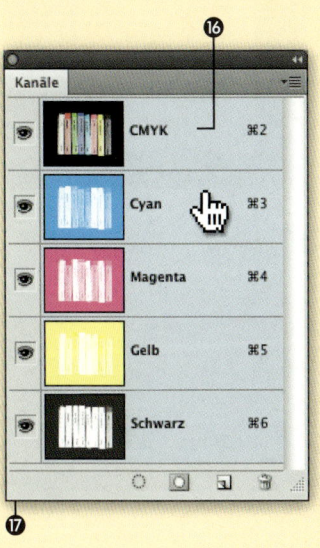

Ist ein Bild in den CMYK-Farbraum konvertiert worden, dann zeigt die Palette KANÄLE vier Farbkanäle an ⓱. (»CMYK« und »RGB« der beiden Ansichten ❼ und ⓰ sind keine Kanäle, sondern Schaltflächen, mit denen sich mit einem Klick alle Kanäle einblenden und aktivieren lassen.) In CMYK entsteht Weiß nicht durch das Hinzufügen aller Farben wie in RGB, sondern durch das Weglassen. Weiß wird nicht gedruckt, sondern kommt vom Bedruckstoff, meist annähernd weißes Papier.

Betrachten Sie einmal eingehend die vier Farbauszüge ⓬–⓯, und vergleichen Sie diese mit dem Übereinanderdruck der vier Farben ⓫. Wenn Sie Kreide für Kreide analysieren und vergleichen, wird Ihnen das die Funktionsweise der CMYK-Mischung sicher etwas näherbringen. Interessant ist dabei auch, dass der schwarze Hintergrund nicht einfach nur mit 100 % gedruckt wird (der Schwarzauftrag entspricht sogar nur etwa 90 %), sondern durch das Übereinanderdrucken aller drei Farben. In diesem Fall kommen zu Schwarz noch 88 % Cyan, 79 % Magenta und 65 % Gelb. Das Schwarz wird dadurch satter und erhält mehr Tiefe.

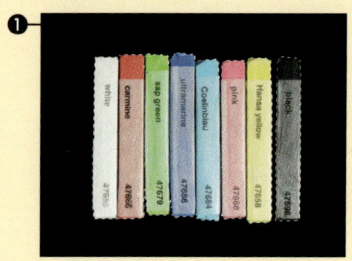

Farbkanäle sind grundsätzlich ein Thema für die mit allen Wassern gewaschenen Photoshop-Profis. Wir werden in diesem Buch nicht allzu weit in die Arbeit damit einsteigen. Dennoch glaube ich, dass es wichtig ist, das Thema grundsätzlich verstanden zu haben, um mit Photoshop besser arbeiten zu können, auch wenn man selbst nicht zu tief in die Arbeit damit eintaucht.

### Alphakanäle

Die Palette EBENEN ist der Dreh- und Angelpunkt für alle Photoshop-Anwender und sehr viele Photoshop-Aufgaben. Die Palette KANÄLE ist das Herzstück von Photoshop, Drehscheibe für fortgeschrittene Aktionen und Profis und Lagerhalle für Auswahlen.

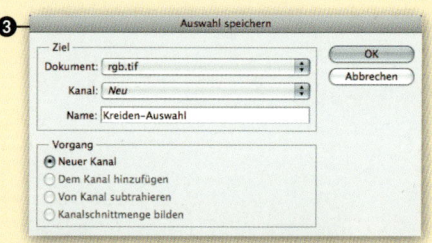

Eine Auswahl ist wichtig für die Bildbearbeitung, so wie Gemüse gut für die Gesundheit ist. Leider kann man Gemüse nicht immer frisch essen, weshalb man es oft einfriert und tiefkühlt. Eine Auswahl ist wie frisches Gemüse – Sie müssen es gleich essen. Doch so, wie ein Koch sein Gemüse in der Tiefkühltruhe für später aufbewahren kann, so kann der Photoshopper eine Auswahl einfrieren und für spätere Bearbeitungen aufbewahren. Haben Sie eine Auswahl erstellt und wollen Sie sie für später frisch halten, dann wählen Sie im Menü AUSWAHL • AUSWAHL SPEICHERN ❷. Im dann folgenden Dialog geben Sie der Auswahl einen Namen und bestätigen das Speichern mit OK ❸. Photoshop speichert die Auswahl dann als sogenannten *Alphakanal* ❹. Dieser wird mit dem von Ihnen vergebenen Namen in der Palette KANÄLE angezeigt ❺. Wichtig ist zu wissen, dass die Palette KANÄLE zwei Arten von Kanälen anzeigt: erstens die Farbkanäle mit den Farbinformationen des Bildes und zweitens die

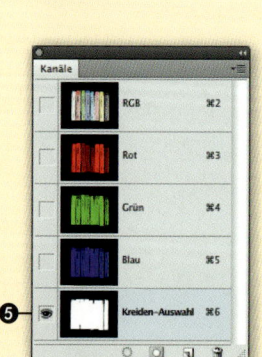

Alphakanäle, also Auswahlen, die Sie einmal erstellt und auf die eine oder andere Art gespeichert haben.

Photoshop speichert Auswahlen dabei so, wie ich Auswahl und Masken ab Seite 174 beschrieben habe, als Graustufen-Information. Schwarz in einem Alphakanal markiert die geschützten Bereiche und Weiß die ausgewählten.

Eine als Alphakanal gespeicherte Auswahl hat keinen Einfluss auf die Darstellung oder Ausgabe eines Bildes. Sie können ein Bild also ohne Weiteres mit Alphakanal speichern und müssen sich keine Gedanken über eventuelle Probleme damit machen (allerdings nicht bei JPEG – dieses Dateiformat unterstützt das Speichern von Alphakanälen nicht).

## Ebenenmasken

Anders als beim Alphakanal durch Speichern einer Auswahl soll eine Ebenen- oder auch Pixelmaske ein Bild nachhaltig beeinflussen. Wenn Sie das Buch bis hierher durchgearbeitet haben, dann haben Sie bereits zwei Ebenenmasken erstellt, und zwar in den Workshops auf Seite 54 und Seite 173. Bei Letzterem ❻ haben wir mithilfe einer EBENEN-MASKE ❼ den weißen Hintergrund einer Ebene ausgeblendet. Eine Ebenenmaske ist nichts anderes als ein Alphakanal.

Während jedoch der Alphakanal einer gespeicherten Auswahl definiert, welcher Bereich ausgewählt und welcher geschützt ist, nachdem er als Auswahl geladen wurde, definiert der Alphakanal als Ebenenmaske, welcher Bildbereich einer Ebene ausgeblendet ist und welche Bereiche sichtbar sind.

Sie können einwenden, dass Sie die Bereiche, die eine Ebenenmaske ausblendet, doch ebenso gut löschen könnten, doch gelöscht ist gelöscht. Ausblenden von Bildbereichen durch Ebenenmasken bietet den Vorteil, dass sich ausgeblendete Bereiche jederzeit wieder einblenden lassen und Sie damit allzeit flexibel bleiben. Das ist vor allem bei Auftragsarbeiten wichtig, wo der Kunde jederzeit eine Änderung verlangen kann, die bei gelöschten Pixeln einen Neuaufbau des bearbeiteten Bildes erfordern würde.

Doch nicht nur in puncto Flexibilität sind Ebenenmasken von großer Bedeutung. Es gibt viele Aufgaben, die sich ohne Ebenenmasken nur schwer oder praktisch gar nicht umsetzen ließen.

Ebenenmasken werden normalerweise in der Palette EBENEN neben der Ebene, zu der sie gehören, angezeigt – in der Palette KANÄLE hingegen nicht. Erst, wenn Sie eine Ebene mit einer Ebenenmaske auswählen, erscheint sie auch in der Palette KANÄLE ❽.

## Maskierungsmodus

Photoshop-Profis nutzen Alphakanäle, um Veränderungen an Auswahlen und Masken durchzuführen, die mit Auswahl-Werkzeugen nicht möglich sind. So können Sie mit einem Klick auf einen Alphakanal in der Palette KANÄLE diesen zum aktiven Kanal machen und den Inhalt mit (fast) jedem Pinsel bearbeiten, den Sie auf Seite 124 kennengelernt haben. Ebenso können Sie Filter auf einen Alphakanal anwenden. Das eröffnet immense Möglichkeiten der Bildbearbeitung.

Sie können aber auch eine aktive Auswahl wie einen Alphakanal bearbeiten, und zwar indem Sie in der Werkzeuge-Palette auf die Schaltfläche für den MASKIERUNGSMODUS ❾ klicken. Dadurch verschwindet die gewohnte Ansicht mit den marschierenden Ameisen ❶ und wird durch eine Auswahldarstellung durch transparentes Rot ersetzt ❿. Diese *Maskierungsfolie* können Sie nun ebenfalls mit Pinseln und Filtern verändern.

SCHWIERIGKEITSGRAD 3 FÜR ÜBERFLIEGER

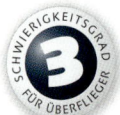

# Auswahl für Fortgeschrittene

*Auswahl speichern und Maskierungsmodus*

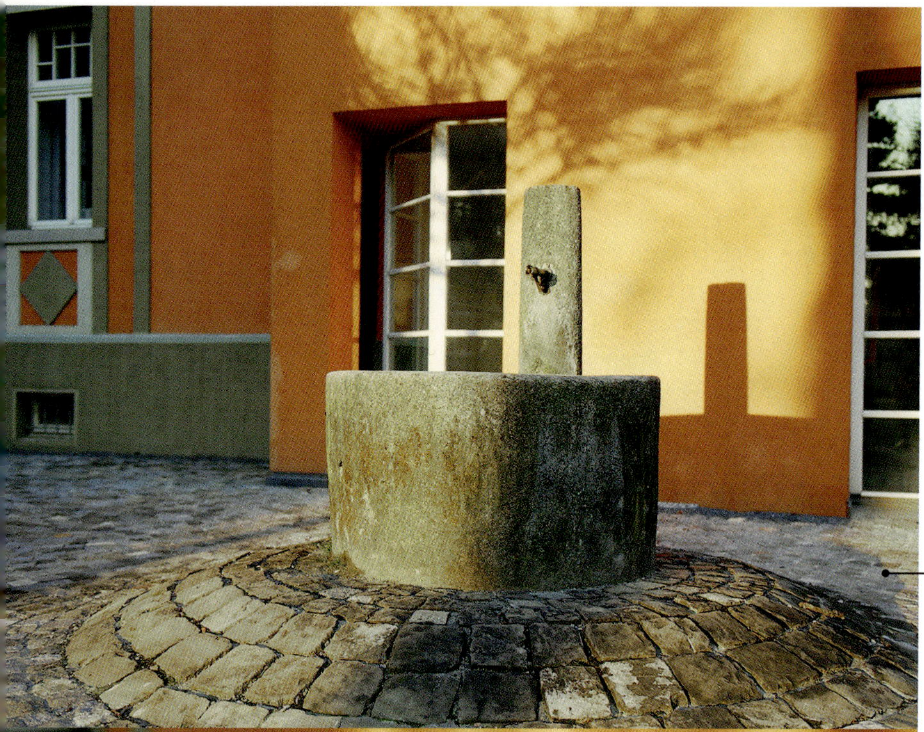

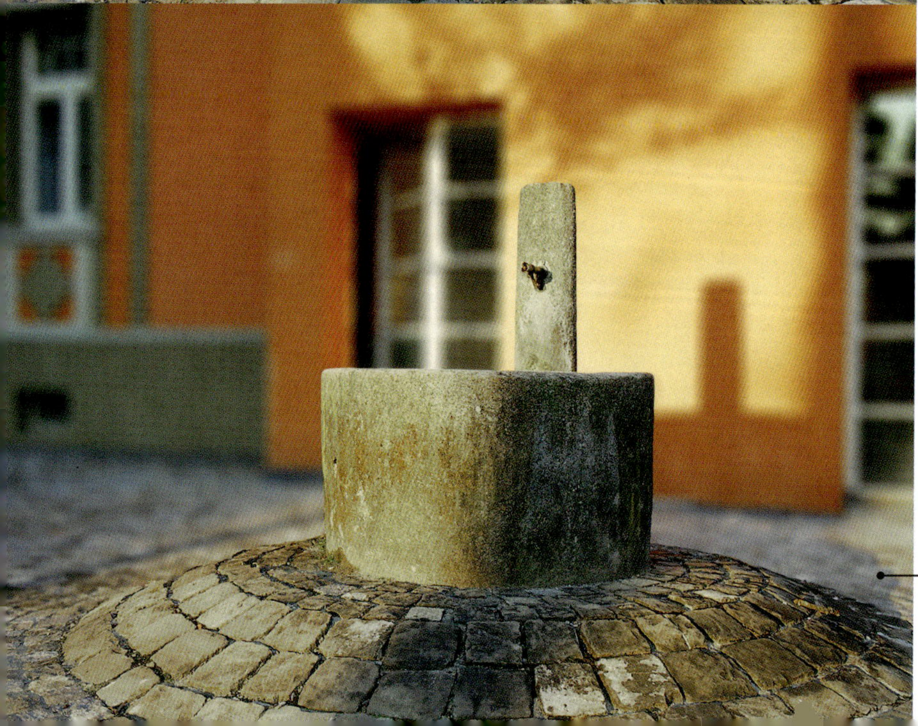

*Professionelle Fotografie zeichnet sich vor allem auch durch den Einsatz selektiver Schärfe aus. Der Fotograf will entweder sein Motiv von vorne bis hinten so scharf wie möglich abbilden, oder er setzt seine technischen Mittel bewusst dazu ein, nur das Hauptmotiv scharf abzubilden und den Hintergrund verschwommen zu halten, damit keine anderen Elemente mit dem eigentlichen Objekt der Aufnahme in Konkurrenz treten. In diesem Workshop zeige ich Ihnen, wie Sie durch Speichern einer Auswahl und Bearbeiten einer anderen den Hintergrund eines Motivs unscharf machen können – und zwar so, dass die Schärfe nach vorne zunimmt.*

**Zielsetzung:**

Hintergrund mit zunehmender Schärfe nach vorne weichzeichnen

**[maskierungsmodus.jpg]**

**Video-Training**

Video-Training 2, Lektion 1.2

## 1 Auswahl mit dem Schnellauswahlwerkzeug

Das SCHNELLAUSWAHLWERKZEUG ![icon] zeigt auch in dieser Situation, was es kann. Ziehen Sie damit eine Auswahl über die Fassade im Hintergrund.

## 2 Auswahl speichern

Wenn die Auswahl fertig ist, sollte die ganze Fassade innerhalb der Auswahl stehen und den ganzen Brunnen freilassen. Auch der gepflasterte Sockel, auf dem der Brunnen steht, muss außerhalb der Auswahl stehen. Die Auswahl sollte bis etwa zur breitesten Stelle des Sockels reichen ❶. Den Bereich darunter habe ich nicht mit ausgewählt.

Zum Speichern der Auswahl wählen Sie im Menü AUSWAHL • AUSWAHL SPEICHERN und geben ihr im anschließenden Dialog einen Namen.

## 3 Verlauf im Maskierungsmodus

Wechseln Sie über die Schaltfläche ![icon] in den MASKIERUNGSMODUS ❷. Aktivieren Sie danach das VERLAUFSWERKZEUG ![icon], und stellen Sie als VERLAUF ❸ SCHWARZ, WEISS ein. Nun ziehen Sie einen Verlauf über das Bild, so wie Sie es im Screenshot von ❹ nach ❺ sehen.

**Tipp:** Auch hier halte ich wieder die ⬆-Taste gedrückt, damit der Winkel eingeschränkt wird. In diesem Fall soll er absolut senkrecht verlaufen.

## 4 »Rote Folie« über dem Bild

Die Auswahl, die Sie jetzt gerade erstellt haben, wird in diesem Modus als 50 % deckendes Rot dargestellt. Auf die Länge, auf die Sie den Verlauf gezogen haben, verblasst die Deckkraft auf 0 %. Lassen Sie sich von der roten Darstellung nicht verwirren, in Wirklichkeit sieht die Maske so ❷ aus: Schwarz ist der geschützte Bereich, weiß ist der ausgewählte Bereich. Der Graubereich dazwischen schützt entsprechend seinem Tonwert mehr oder weniger.

## 5 Auswahl laden

Wir sind nach wie vor im Maskierungsmodus und wollen die Maskierung nun mithilfe der gespeicherten Auswahl bearbeiten. Wählen Sie dazu AUSWAHL • AUSWAHL LADEN. Im folgenden Dialog stellen Sie das Menü KANAL ❸ auf HINTERGRUND (oder wie Sie die gespeicherte Auswahl zuvor genannt haben).

Danach wird wieder eine Ameisenstraße angezeigt ❹, entsprechend der zuvor erstellten Auswahl. Die gespeicherte Auswahl sehen Sie in der Palette KANÄLE als Alphakanal ❶.

## 6 Auswahl umkehren und Fläche füllen

Sie befinden sich im Maskierungsmodus und bearbeiten eine Auswahl. Über diese Auswahl wurde eine zweite Auswahl gelegt.

Stellen Sie sich das so vor: Der Maskierungsmodus zeigt Ihre Schablone, über die später die Bildbearbeitung erfolgt. Über diese Schablone haben Sie eine zweite Schablone gelegt, mit deren Hilfe Sie Erstere ausschneiden. Kehren Sie die Auswahl über AUSWAHL • AUSWAHL UMKEHREN ([Strg]/[⌘]+[⇧]+[I]) um, und füllen Sie den nun ausgewählten Bereich mit Weiß.

## 7 Maskierungsmodus beenden, Auswahl umkehren

Sie füllen eine Fläche mit Weiß, und im Bild verschwindet der rötliche Ton? Die Arbeit im Maskierungsmodus ist nicht so einfach zu durchschauen. Wenn Sie sich die Miniatur ❺ zum Maskierungsmodus ansehen, sehen Sie, wie die Auswahl für Photoshop aussieht: Der Bereich, den Sie eben weiß gefüllt haben, ist in der Maske weiß geworden, das heißt, dieser Bereich markiert jetzt die Auswahl. Beenden Sie den Maskierungsmodus mit einem Klick ❻, und kehren Sie die Auswahl um.

## 8 Tiefenschärfe abmildern

Nach dem Umkehren der Auswahl steht der Hintergrund innerhalb und der Brunnen außerhalb der Auswahl. Wählen Sie nun im Menü FILTER • WEICHZEICHNUNGSFILTER • TIEFENSCHÄRFE ABMILDERN. Ich habe für diese Weichzeichnung einen RADIUS von 30 ❼ gewählt und wie üblich etwas RAUSCHEN ❽ hinzugefügt.

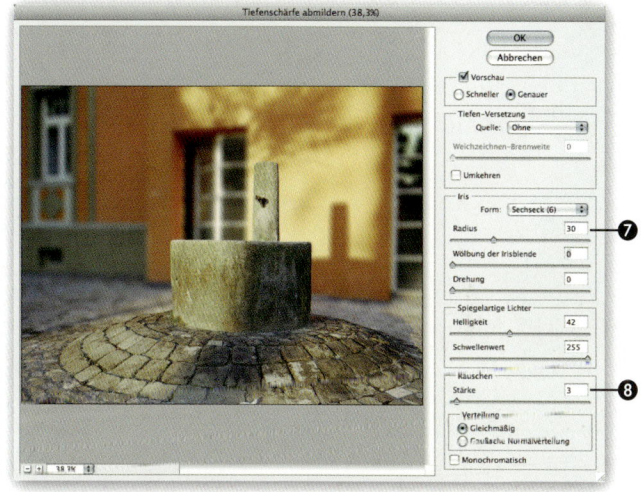

## 9 Fertiges Bild

Am Ende haben Sie ein Bild mit einer natürlichen Weichzeichnung und einer zunehmenden Schärfe nach vorne erhalten.

Dieser Workshop ist mit »Level 3« gekennzeichnet. Ich habe mir zwar Mühe gegeben, die Beschreibungen möglichst einfach zu gestalten, doch ich weiß aus meinen Seminaren, dass sich Einsteiger in der Regel schwer tun, diesen Modus zu verstehen. Doch wenn Sie länger mit Photoshop arbeiten, werden Sie mit der Zeit sicher auch damit zurechtkommen.

Schwierigkeitsgrad 2 Für Aufsteiger

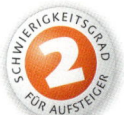

# Ebenenmasken

*Die Antwort auf (fast) alle Fragen*

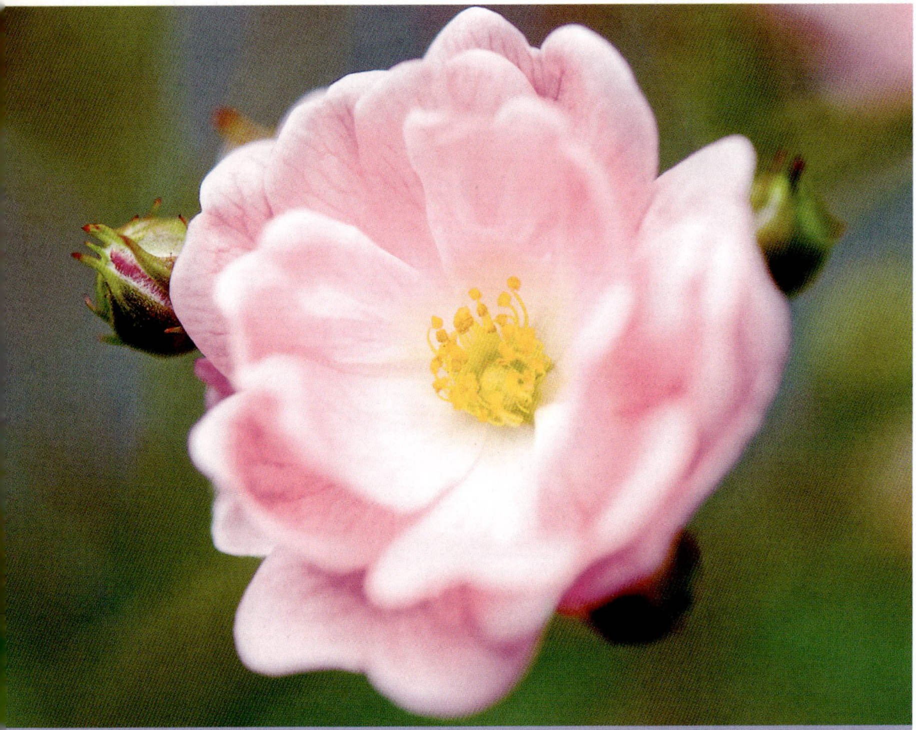

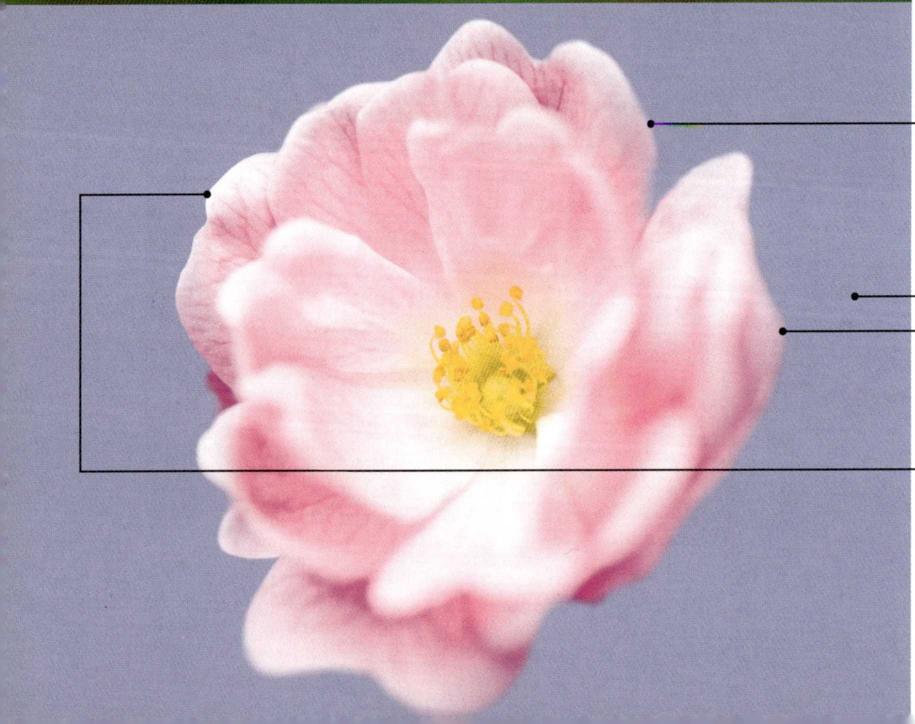

*Ganz egal, was Ihnen vorschwebt – Sie können in Photoshop für fast jede Bildbearbeitung Ebenenmasken einsetzen. Ebenenmasken sind das Salz in der Bildbearbeitungsküche. Ob süß, sauer oder würzig – Salz gehört immer dazu. Und in Photoshop sind es diese Ebenenmasken, die dem Gestalter das Leben in fast jeder Bildbearbeitungssituation erleichtern. Dementsprechend häufig werden Sie ihnen im weiteren Verlauf dieses Buches noch begegnen. In zwei Workshops haben Sie das Thema schon einmal gestreift. Jetzt geht es an die richtige Arbeit mit dieser zentralen Photoshop-Funktion.*

**Zielsetzungen:**

Blume freistellen

Hintergrund austauschen

Unscharfe Kanten der Blüte weich vom Hintergrund trennen

Scharfe Kanten der Blüte scharf vom Hintergrund trennen

**[ebenenmaske.jpg]**

## 1 Auswahl erstellen

Erstellen Sie als Erstes eine Auswahl um diese Blüte, so wie Sie es im Workshop ab Seite 180 gelernt haben. Wählen Sie danach im Menü AUSWAHL • AUSWAHL UMKEHREN, damit danach nicht mehr der Hintergrund, sondern die Blüte ausgewählt ist.

## 2 Ebenenmaske und Füllebene Volltonfarbe erstellen

Wenn die Auswahl steht, machen Sie aus dem HINTERGRUND mit einem Doppelklick ❹ eine reguläre Ebene. Klicken Sie dann auf EBENEN-MASKE HINZUFÜGEN ❶, worauf Photoshop die Auswahl in eine Ebenenmaske ❷ umwandelt. Fügen Sie danach eine VOLLTONFARBE-FÜLL-EBENE hinzu ❸.

**Tipp:** Anstatt die Auswahl wie in Schritt 1 beschrieben umzukehren, können Sie auch die ⟨Alt⟩-Taste beim Klick auf ❶ halten, um eine umgekehrte Ebenenmaske zu erhalten.

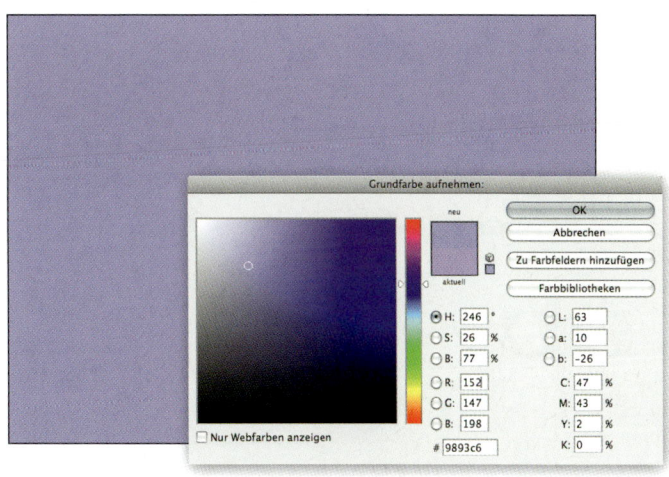

## 3 Volltonfarbe bestimmen

Der Begriff »Volltonfarbe« für eine Füllebene ist eigentlich irreführend. Der Fachmann versteht unter einer Volltonfarbe eine Farbe, die über eine eigene Druckplatte aufgetragen wird. Meist werden solche Volltonfarben als Pantone-Farben definiert. Hier sollte es eher »Flächenfarbe« heißen.

Photoshop öffnet den Adobe Farbwähler, über den Sie eine (CMYK- oder RGB-) Farbe bestimmen können. Ich habe mich für ein blasses Violett entschieden.

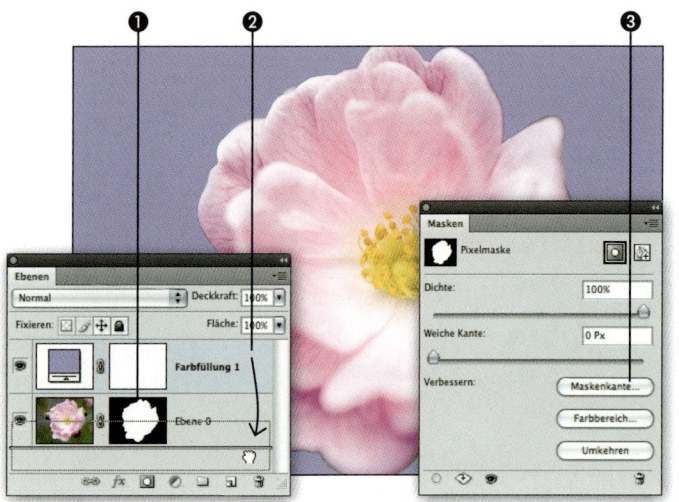

## 4 Ebenen anordnen und Maskenkante

Bringen Sie die neue Volltonfarbe-Füllebene in den Hintergrund ❷. Klicken Sie danach auf die Maske der Blüten-Ebene ❶ (die jetzt die oben liegende Ebene ist), und rufen Sie die Palette MASKEN auf. Mit dieser Palette können Sie Ebenenmasken in eingeschränktem Rahmen nachbearbeiten (Sie haben das auf Seite 52 schon kennengelernt). Diesmal machen Sie jedoch nicht einfach die Kante weicher, sondern Sie klicken auf MASKENKANTE ❸, um weiterreichende Optionen zu erhalten.

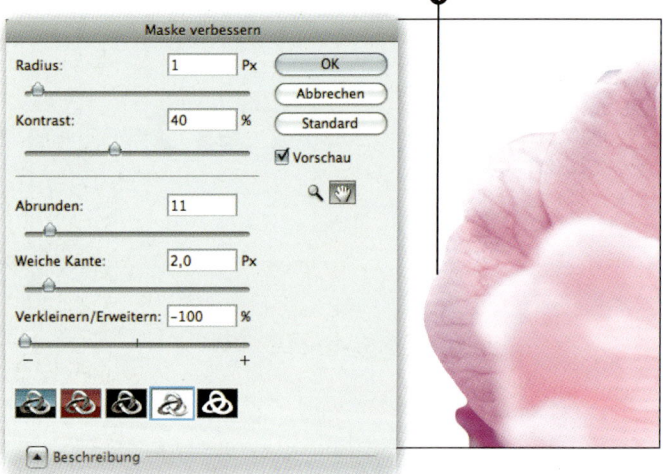

## 5 Maske verbessern

Sie haben in diesem Kapitel bereits den KANTE-VERBESSERN-Dialog kennengelernt (siehe Seite 188). Der Dialog MASKE VERBESSERN sieht gleich aus und bietet die gleichen Optionen, nur wird damit keine (temporäre) Auswahl, sondern eine (fixe) Ebenenmaske verändert. Ziel der Einstellungen ist es, die scharfen Kanten scharf vom Hintergrund zu trennen, ohne dabei einen schwarzen Trauerrand entlang der Begrenzung zu erhalten ❹. Mit den links abgebildeten Werten ist mir das ganz gut gelungen.

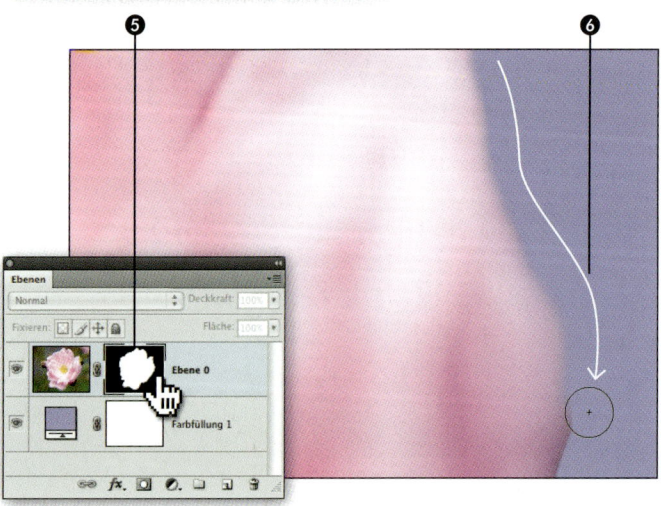

## 6 Unscharfe Kanten nachbessern

Beachten Sie, dass für die weiteren Schritte die Ebenenmaske aktiv sein muss. Photoshop zeigt mit spitzen Klammern ⬚ an, ob Maske oder Bild aktiv ist. Klicken Sie auf die Maske, sollten die Klammern nicht zu sehen sein ❺.

Zum Nachbessern aktivieren Sie das PINSEL-WERKZEUG ✏. Stellen Sie Schwarz als VOR-DERGRUNDFARBE ein und die Pinselspitze auf sehr weich (zwischen 0 % und 50 %). Malen Sie damit nahe der Kante entlang, die weich werden soll ❻.

## 7 Schwarz blendet aus, Weiß macht sichtbar

Wenn Sie an der Kante entlang malen, wird in der Ebenenmaske schwarze Farbe aufgetragen. Schwarz in der Ebenenmaske blendet die Bildpixel dieser Ebene aus. Da Sie einen weichen Pinsel verwenden, entstehen keine harten Kanten, sondern weiche. Das wird den unscharfen Kanten des realen Bildes gerecht. Malen Sie aber nur die Kanten nach, die auch wirklich weich zum Hintergrund verlaufen sollen. Sie können sich am Originalbild auf Seite 198 orientieren.

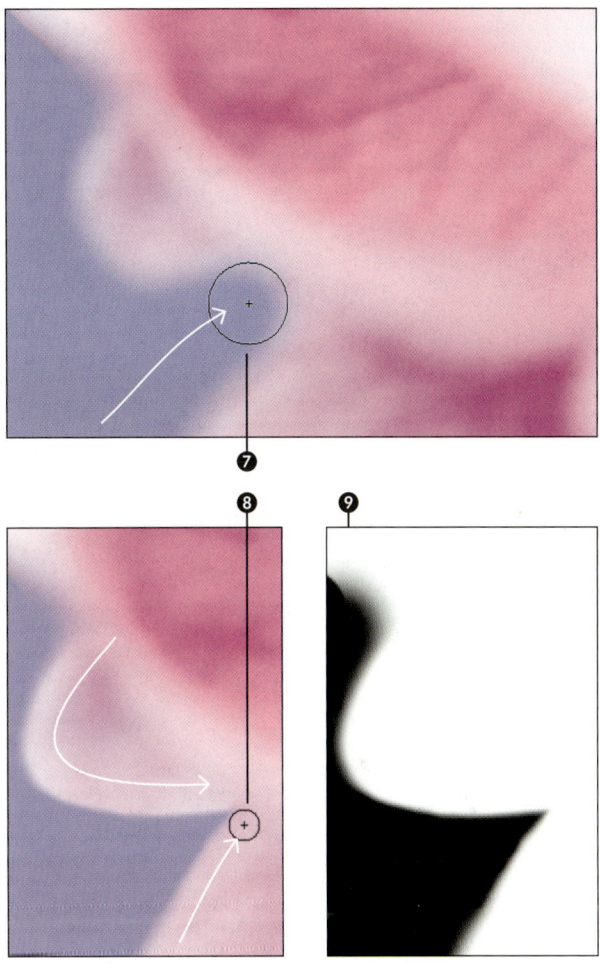

## 8 Angemessene Pinsel verwenden

Passen Sie Größe und Härte des Pinsels an die Gegebenheiten an. Harte Übergänge brauchen kleine, harte Pinselspitzen. Je größer und weicher der Pinsel ist, desto weicher wird der Übergang zum Hintergrund. Ist ein Bereich zu weich geraten, blenden Sie mit einem harten, weißen Pinsel die Pixel wieder ein. Bei ❼ ist die Kante zu weich geraten. Mit Weiß und einem harten Pinsel habe ich das nachgebessert ❽. ❾ zeigt, wie die zu ❽ gehörende Ebenenmaske an derselben Stelle aussieht.

## 9 Nur Maske anzeigen

Klicken Sie bei gedrückter ⏐Alt⏐-Taste auf die Ebenenmaske ⓬, dann wird nur diese ⓫ angezeigt. Zur Wiederholung: Schwarze Bereiche in der Maske blenden aus, weiße lassen die Pixel der Ebene sichtbar. ❿ zeigt, wie die maskierte Ebene zum Schluss aussehen sollte.

**Tipp:** Ein Klick bei gedrückter ⏐⇧⏐-Taste deaktiviert die Ebenenmaske, und Sie sehen das Bild mit der kompletten Ebene.

# Pfad & Text

**Photoshop ist der König der Pixel.**
Neben der Welt der Pixelgrafik gibt es
aber auch die sogenannte Vektorgrafik.
Vektorgrafiken sind nicht als Pixel-Mosaik
aufgebaut, sondern als geometrische,
mathematisch beschriebene Objekte.
Vektorobjekte kann man sich wie Sche-
renschnitte vorstellen. In Vektorprogram-
men werden solche Objekte übereinan-
dergelegt, wodurch sich charakteristische
Grafiken erstellen lassen. Ähnliches mit
Photoshop zu versuchen wäre äußerst
umständlich bis unmöglich. Doch ein
Hauch von Vektorgrafik gibt es in Form
von Pfaden und Formebenen auch in
Photoshop. Und Text ist die kongeniale
Beilage für dieses Kapitel. Schließlich sind
Schriften ja nichts anderes als Samm-
lungen kleiner Vektorgrafiken.

Foto: Markus Wäger

# Pfad & Text

# Beschneidungspfad

*Freistellen wie zu Großvaters Zeiten*

Es ist noch gar nicht lange her, da bestand die einzige Möglichkeit, einen »Freisteller« für ein Layout-Programm zu erstellen, darin, in Photoshop einen Pfad zu zeichnen, diesen als Beschneidungspfad zu definieren, das Bild als EPS zu speichern und anschließend im Layout-Programm zu positionieren. Es ist Adobes Verdienst, mit InDesign dem Gestalter Alphakanäle für Freisteller zugänglich gemacht zu haben. Dennoch müssen Beschneidungspfade nicht ausgedient haben. Und auch wenn ich selbst seit Langem keinen Beschneidungspfad in einem Layout genutzt habe – das Zeichnen von Pfaden ist für mich noch immer eine unerlässliche Handarbeit in manch einer Freistellungssituation.

**Zielsetzung:**
Objekt für die Anwendung im Layout-Programm vor farbigem Hintergrund freistellen
**[beschneidungspfad.jpg]**

## 1 Zeichenstift-Werkzeug

Aktivieren Sie in der Werkzeuge-Palette das ZEICHENSTIFT-WERKZEUG ✒, und stellen Sie die Optionen-Palette auf PFADE ❶. Außerdem arbeite ich ganz gerne mit aktivem GUMMI-BAND ❷. Setzen Sie dann mit einem Klick einen sogenannten ANKERPUNKT ❸ auf die Begrenzung des Objekts, das Sie freistellen möchten. Durch die Option GUMMIBAND wird beim Zeichnen eine Linie ❹ vom zuletzt gesetzten Ankerpunkt zum Zeichenstift angezeigt.

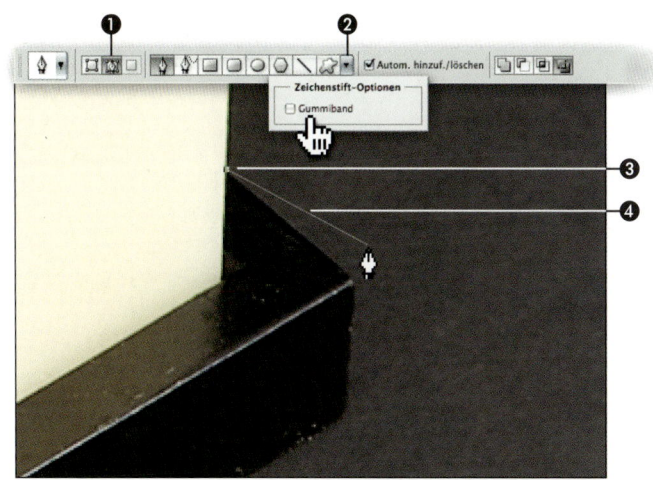

## 2 Weitere Ankerpunkte setzen

Mit einem Klick setzen Sie den zweiten ANKERPUNKT ❺. Vom ersten zum zweiten wird nun eine gerade Verbindung gezogen. Das ist der sogenannte PFAD. Die Arbeitsweise, die Sie hier lernen, ist dem POLYGON-LASSO sehr ähnlich, nur dass Sie keine Auswahl zeichnen, sondern einen Pfad. Außerdem können Sie beim Lasso durch Drücken der ←-Taste die letzte Verankerung der Auswahl lösen. Das geht beim Pfad nicht, dadurch würde der letzte Ankerpunkt gelöscht und die Arbeit am Pfad beendet.

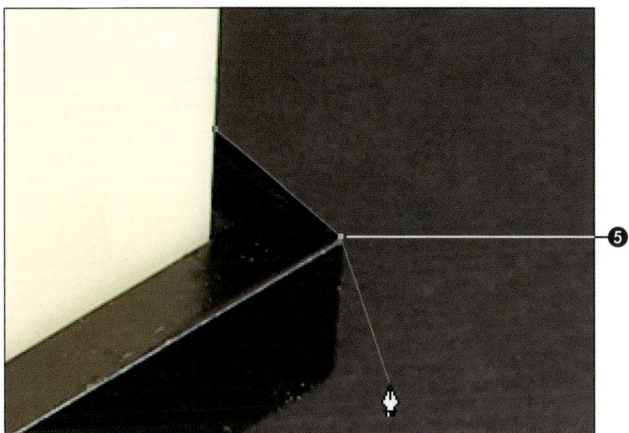

## 3 Kurven mit Geraden zeichnen

In der Geometrie heißt es, man könne einen Kreis durch unendlich viele Geraden zeichnen. Unendlich viele Geraden müssen es in Photoshop nicht sein, damit Sie auch gebogene Begrenzungen nachzeichnen können. Legen Sie einfach genug an, damit Sie einer rundlichen Linie einigermaßen folgen können ❻. Da wir in einem Pixelprogramm arbeiten, das seine Bilder aus kleinen Quadraten aufbaut, werden die kleinen Brüche, die in der Rundung entstehen, nicht ins Gewicht fallen. In einem reinen Vektor-Programm wäre das anders.

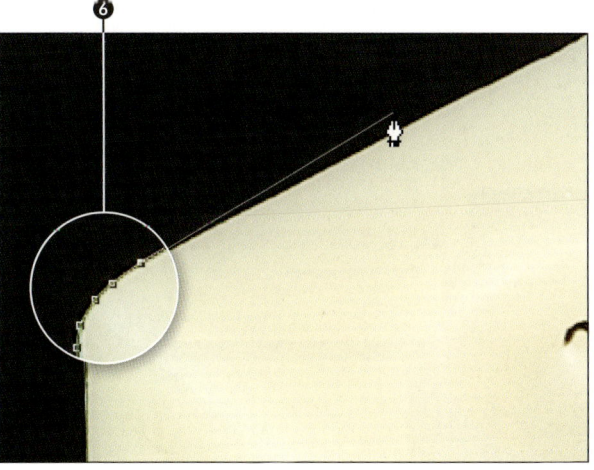

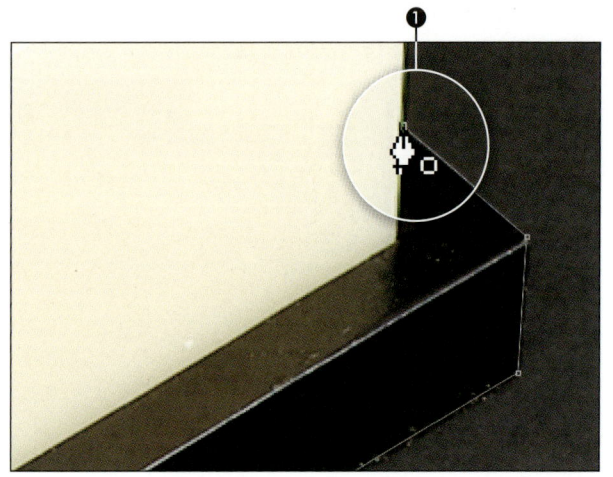

## 4   Pfad schließen

Wenn Sie das komplette Objekt mit dem Zeichenstift umrundet haben, kehren Sie zum ersten Ankerpunkt zurück. Wenn Sie den Zeichenstift direkt über dem ersten Ankerpunkt positionieren, zeigt Ihnen Photoshop mit einem kleinen Kreis neben dem Mauszeiger ❶ an, dass Sie mit einem Klick an dieser Stelle die Arbeit am Pfad beenden und ihn schließen können.

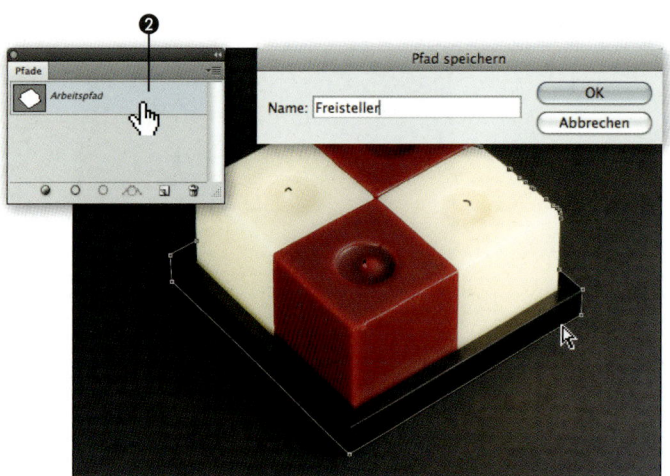

## 5   Arbeitspfad speichern

Wählen Sie aus der Werkzeuge-Palette das DIREKTAUSWAHL-WERKZEUG – ich nenne es den »weißen Pfeil«. Dieses Werkzeug dient dem Nachbearbeiten von Pfaden. Klicken Sie mit dem Werkzeug auf den Pfad, um ihn auszuwählen und alle Ankerpunkte anzuzeigen.

Öffnen Sie die Palette PFADE. Der eben gezeichnete Pfad wird hier als Arbeitspfad aufgeführt. Wenn Sie auf diesen doppelklicken ❷, öffnet sich der Dialog PFAD SPEICHERN, wo Sie ihn benennen und speichern können.

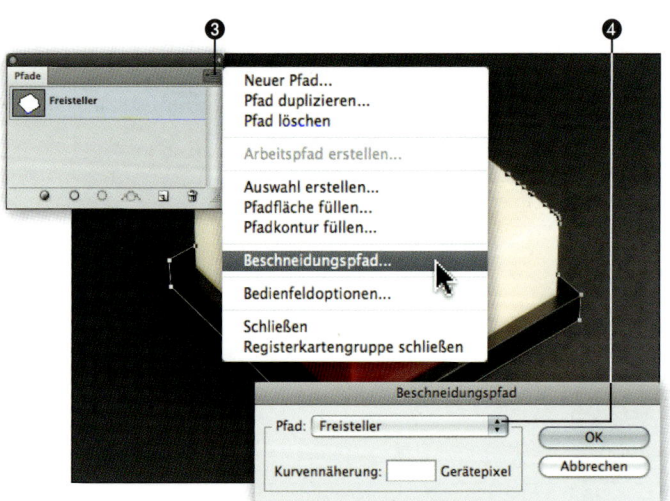

## 6   Beschneidungspfad speichern

Sie können in einem Bild-Dokument mehrere Pfade erstellen und mit der Palette PFADE speichern. Moderne Layout-Programme erlauben es, über einen Dialog einen dieser gespeicherten Pfade als Beschneidungspfad auszuwählen. Dennoch ist es üblich, dass ein Arbeitspfad, der als Freistellungspfad für das Layout-Programm dienen soll, als Beschneidungspfad definiert wird. Dazu wählen Sie im Paletten-Menü der Palette PFADE ❸ BESCHNEIDUNGSPFAD und aus dem Menü PFAD ❹ den eben gespeicherten.

Schwierigkeitsgrad 2 für Aufsteiger

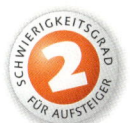

# Kurvenpunkte zeichnen

*Pfade zeichnen ist wie Fahrrad fahren.*

*Manchmal bekommt der Grafiker Bilder, die nicht ganz so professionell aufbereitet sind, wie er es gerne hätte. In diesem Fall ist diese wunderschöne Uhr etwas zerkratzt und verschmutzt (ich sollte das gute Stück doch einmal zur Wartung bringen). Um eine solche Aufnahme dennoch professionell wirken zu lassen, muss der Gestalter tricksen. In diesem Workshop zeige ich, wie Sie mithilfe eines Pfades eine Auswahl erstellen, um den Bereich außerhalb des Ziffernblatts dynamisch verwischen zu können. Das Zeichnen von Pfaden bereitet dem Einsteiger meist Mühe. Dabei ist es wie Fahrrad fahren. Sie lernen es am besten, wenn Sie es selbst ausprobieren. Und wenn Sie es einmal können, können Sie sich nicht mehr vorstellen, was daran so schwer sein soll.*

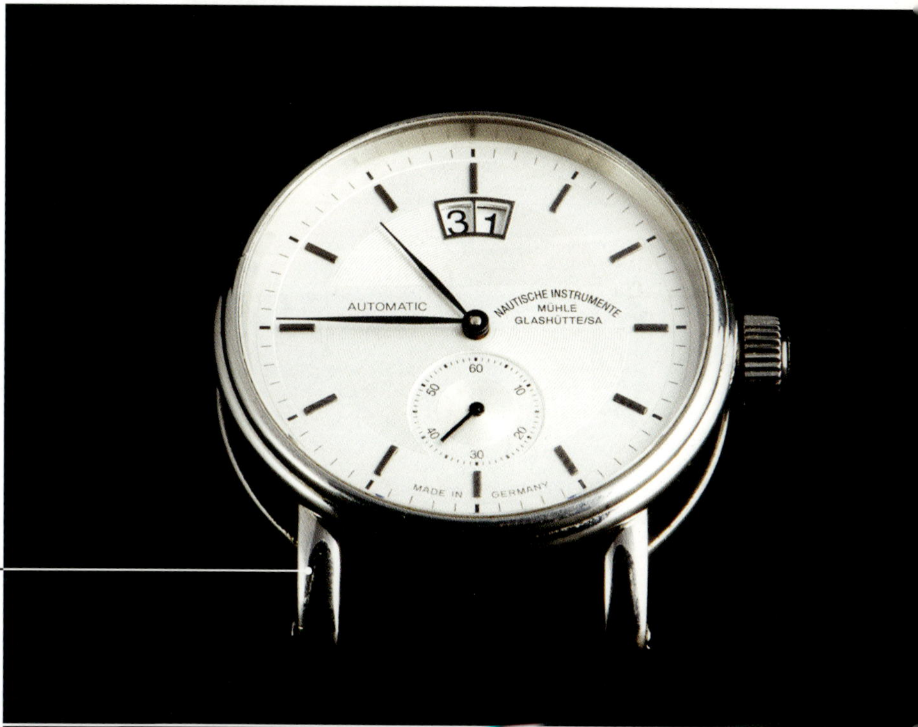


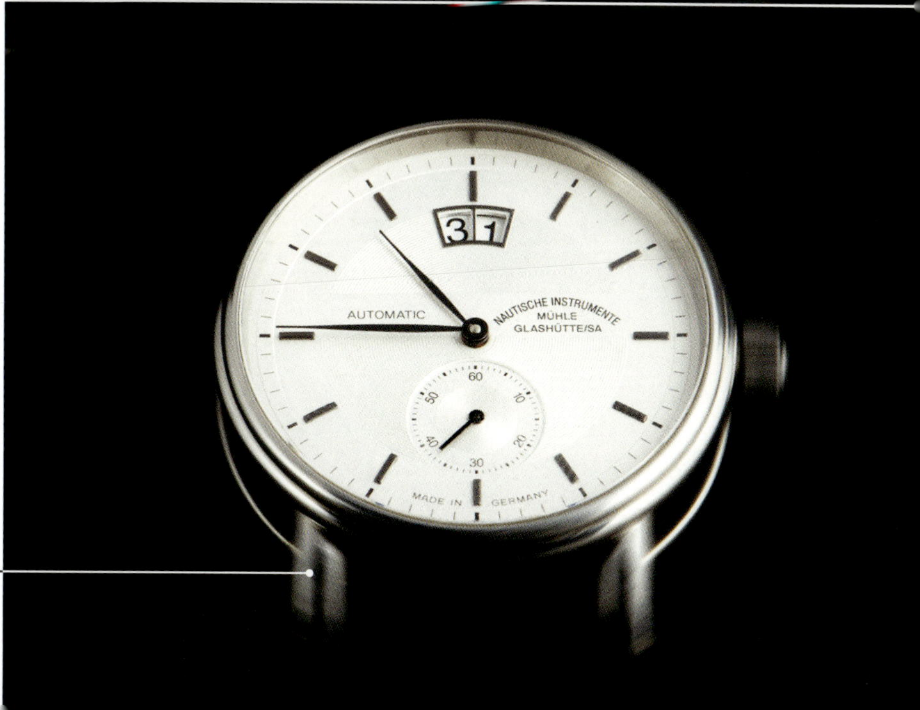


**Zielsetzung:**
Dem zerkratzten Metall der Uhr durch einen kreativen Filter einen dynamischen Effekt verleihen
**[kurvenpunkte.jpg]**

### 1    Ersten Kurvenpunkt setzen

Ich beginne den Pfad um ein rundes Objekt mit einem Ankerpunkt an dessen Scheitel ❷. Da ich einen Ankerpunkt für einen runden Übergang setzen möchte, drücke ich die Maustaste und ziehe ❸. Ich weiß bereits, wo ich den nächsten Ankerpunkt setzen werde, weshalb ich die Tangente aus dem Ankerpunkt etwa ein Drittel bis ein Viertel so lang ❹ wie die Distanz dorthin ❺ ziehe. Die Tangente balanciert jetzt mit demselben Abstand zur Rundung zu beiden Seiten ❶.

### 2    Zweiten Kurvenpunkt setzen

Mit den Tangenten steuern Sie, ob die Verbindung zwischen zwei Ankerpunkten gerade oder gebogen sein soll. Wie Sie gesehen haben, erhalten Sie die Tangenten durch Ziehen der Maus bei gedrückter Taste. Ich setze den zweiten Ankerpunkt wie geplant ❼ und ziehe die Tangenten senkrecht nach unten. Die Kurve, die ich zeichne, ist eine Außenkurve, deshalb müssen beide Enden (Griffe) der Tangenten außerhalb des Objekts liegen. Der Abstand beider Enden zur Kurve ist wieder etwa identisch ❻.

### 3    Dritten Kurvenpunkt setzen

Exakt wie gehabt erstelle ich den dritten Ankerpunkt. Gewöhnungsbedürftig ist, dass Sie in die eine Richtung ziehen, damit aber die Kurve in der entgegengesetzten Richtung des Ankerpunktes steuern. Die Biegung der Kurve, die dadurch entsteht, steuern Sie sowohl durch die Neigung der Tangente wie auch durch ihre Länge. Wichtig dabei ist aber, dass die ausgehende Tagente durch die Richtung, in die Sie sie ziehen, den Verlauf der nächsten folgenden Kurve beeinflusst.

## 4 Vierten Kurvenpunkt setzen

Bei einem einfachen, runden Objekt wie diesem sollte man mit vier bis sechs Ankerpunkten rundum kommen. Faustregel: Setzen Sie für saubere Kurven (und weniger Arbeit) so wenige Ankerpunkte wie möglich, aber so viele wie nötig. Setzen Sie zu viele Ankerpunkte, dann wird die Kurve, die Sie zeichnen, wahrscheinlich eine leichte Schlangenlinie fahren. Beim Setzen dieses Ankerpunktes hier sehe ich schon während des Ziehens der Tangente, dass sie mit Sicherheit zu lang wird.

## 5 Pfad schließen

Meine Befürchtung von oben hat sich bestätigt: Als ich mit dem Mauszeiger auf den ersten Ankerpunkt fahre ❿, zeigt mir Photoshop bereits vor meinem Klick an, dass die Kurve zu weit nach außen gebogen ausfällt ❾. Die vorangegangene Tangente ❽ ist zu lang. Allerdings hätte ich beim Setzen des vierten Ankerpunktes nichts anderes tun können, als die Tangente genau so zu erstellen, wie sie jetzt ist. Ansonsten hätte der Verlauf der Kurve davor ⓫ nicht gestimmt.

## 6 Tangente korrigieren

Glücklicherweise ist es beim Zeichnen von Pfaden kein Problem, wenn ein paar Ankerpunkte oder Tangenten nicht exakt passen. Zwar zeichne ich einen Pfad immer von vornherein schon möglichst exakt, um mir langwieriges Nacharbeiten zu ersparen. Doch es besteht eben die Möglichkeit, den Pfad nach Abschluss beliebig umzuformen. Mit dem DIREKTAUSWAHL-WERKZEUG 🔪 aktiviere ich den vierten Ankerpunkt ⓭ und ziehe dann die Tangente am Griff an ihrem Ende ⓬ etwas zurück in Richtung Anker.

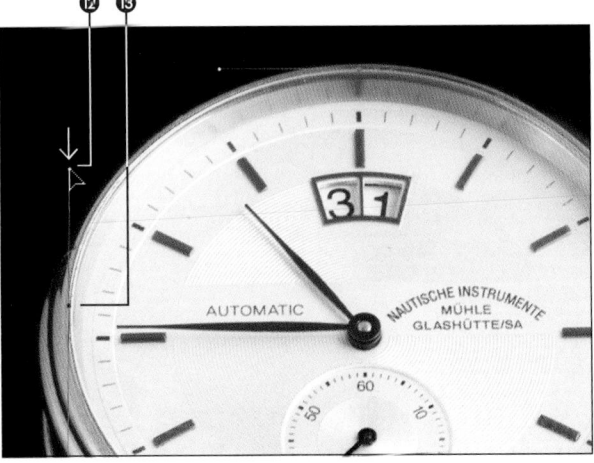

### 7 Ankerpunkte verschieben

Nicht nur Tangenten können nachträglich verschoben werden. Auch jeder Ankerpunkt lässt sich mit dem DIREKTAUSWAHL-WERKZEUG (weißer Pfeil) nachträglich verschieben.

**Tipp:** Wenn Sie zu wenige Ankerpunkte haben, um einen Pfad so zu verändern, dass er exakt sitzt, können Sie mit dem ZEICHENSTIFT irgendwo auf den Pfad zeigen. Der Stift zeigt dann ein Plus an. Mit einem Klick können Sie einen Ankerpunkt setzen und danach beliebig bearbeiten.

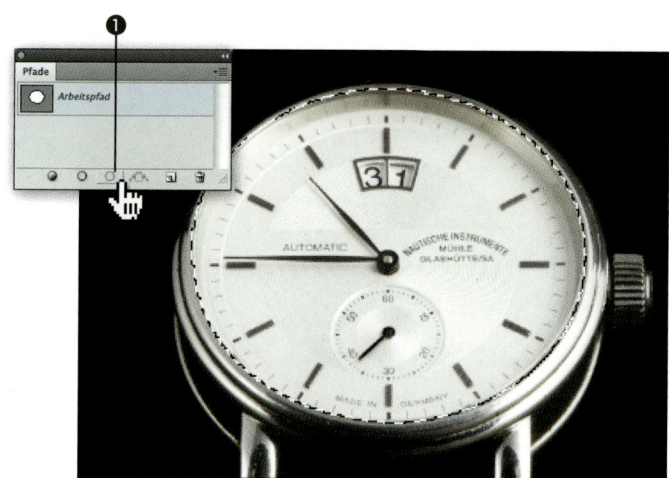

### 8 Pfad als Auswahl laden

Den Pfad in diesem Workshop haben wir nicht erstellt, um ihn als Beschneidungspfad für ein Layout-Programm zu definieren, sondern um am Ende eine saubere Auswahl zu erhalten. Der Pfad selbst erfüllt keinen Zweck, er ist nur ein Zwischenschritt auf dem Weg zur Auswahl. Pfade und Auswahlen sind zwei Paar Stiefel und dürfen nicht verwechselt werden. Die Auswahl erhalten Sie, wenn Sie auf die Schaltfläche PFAD ALS AUSWAHL ❶ in der Palette PFADE klicken.

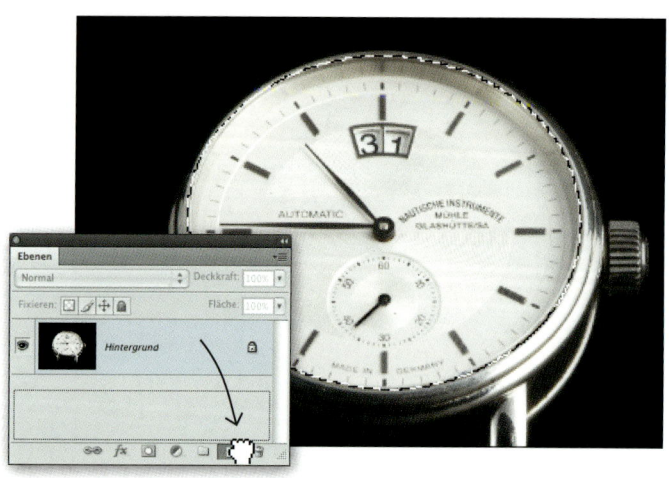

### 9 Hintergrund duplizieren

Erstellen Sie eine Kopie des Hintergrundes, indem Sie ihn auf das Symbol für NEUE EBENE ERSTELLEN in der Palette EBENEN ziehen.

**Tipp:** Ich habe Ihnen zwei Schritte weiter oben beschrieben, wie Sie zusätzliche Ankerpunkte auf einen Pfad setzen. Wenn Sie mit dem Zeichenstift exakt auf einen Ankerpunkt zeigen, dann erscheint neben dem Cursor ein Minus. Wenn Sie jetzt klicken, wird der Ankerpunkt unter dem Cursor gelöscht.

## 10 Ebenenmaske hinzufügen

Die eben entstandene Ebene soll das Ziffer-
blatt so tragen, wie es ist. Die untere Ebene
werden wir mit einem Filter verändern. Die
Auswahl haben wir erstellt, um mit ihr eine
Ebenenmaske zu erhalten, die nur das Ziffer-
blatt zeigt. (Richtig: Wir haben einen Pfad erstellt, um eine Auswahl zu erstellen, um eine
Ebene zu erstellen.) Klicken Sie in der Palette
EBENEN auf das Symbol für EBENENMASKE HIN-
ZUFÜGEN ❷. Photoshop erstellt aus der Auswahl eine Maske ❸. Aktivieren Sie danach mit
einem Klick die Ebene »Hintergrund« ❹.

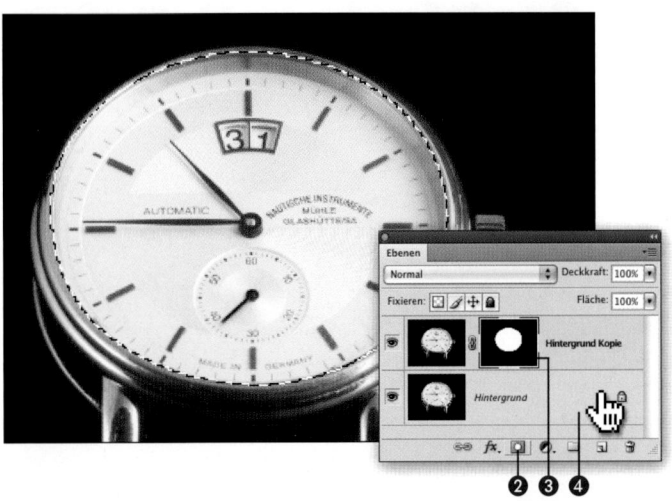

## 11 Radialer Weichzeichner

Wenn die Ebene HINTERGRUND aktiviert ist,
wählen Sie im Menü FILTER • WEICHZEICH-
NUNGSFILTER • RADIALER WEICHZEICHNER.
Dieser Filter stammt noch aus den Urzeiten
von Photoshop – er ist quasi versteinert. Das
Feld ❼ ist Ihre Vorschau. Wenn Sie mit der
Maus in dieses Feld gehen, können Sie das
Zentrum, um das die Weichzeichnung erfolgt,
verschieben ❽. Ich habe als METHODE • KREIS-
FÖRMIG ❻ gewählt, was einen wunderbaren
Waschtrommel-Effekt ergibt, und als
STÄRKE 5 ❺.

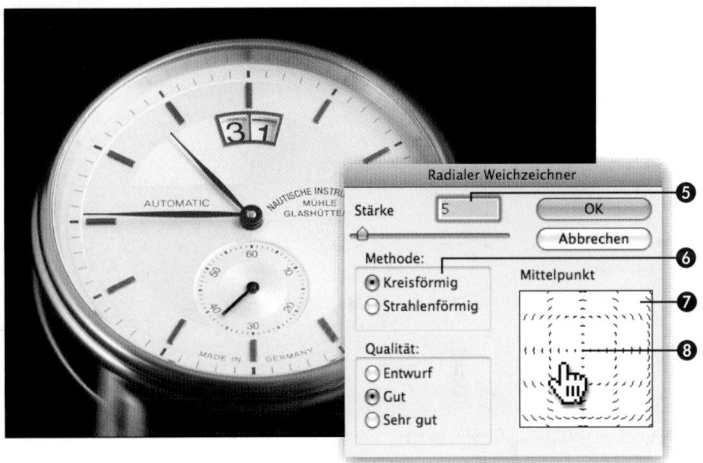

## 12 Weiche Maskenkante

Da der Übergang von der oberen, rund freigestellten Ebene zur unteren mit dem Wasch-
maschinen-Effekt etwas hart geschnitten aussieht, habe ich mich entschlossen, die Maske
etwas weich zu zeichnen. Mit der neuen
Palette MASKEN geht das ganz wunderbar und
einfach. Aktivieren Sie die Ebene mit der
Maske ❾, und verschieben Sie den Regler für
die WEICHE KANTE etwas nach rechts ❿. Das
sollte genügen, um beide Ebenen weich
genug ineinander übergehen zu lassen.

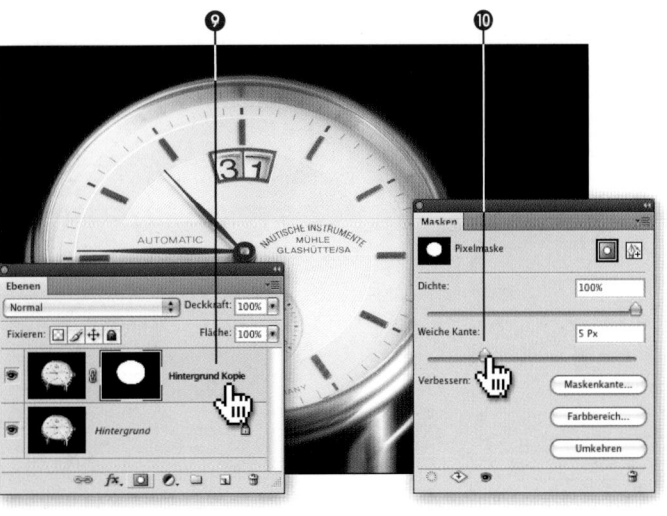

Schwierigkeitsgrad 2 für Aufsteiger

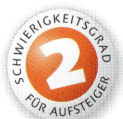

# Pfade mit Ecken und Kanten

*Pfade zeichnen wie die Profis*

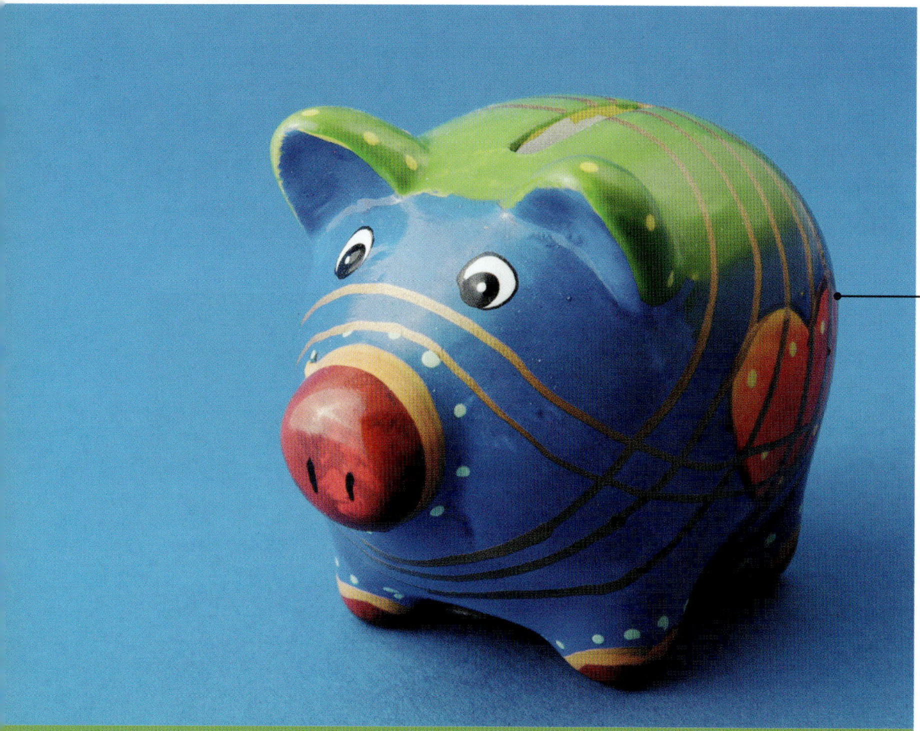

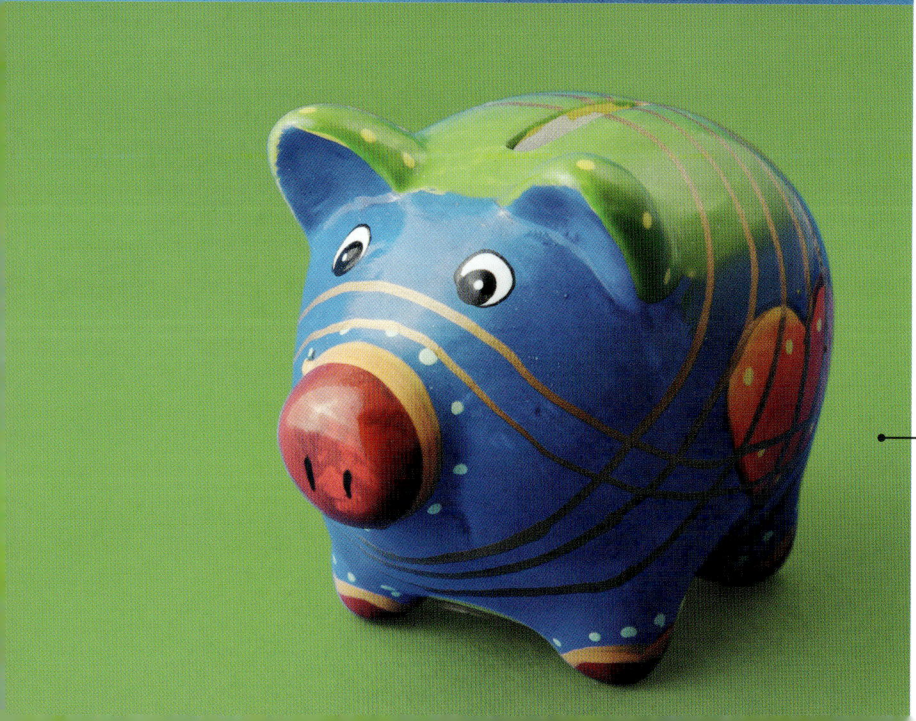

*Ich arbeite oft mit Pfaden, um am Ende eine Auswahl erstellen zu können. Alle Profis machen das. Zum einen können Sie mit keinem Werkzeug schneller ein Objekt freistellen, das rundliche Formen hat und bei dem Zauberstab und Schnellauswahl versagen. Zum anderen empfiehlt sich das Pfadwerkzeug aber auch immer dann, wenn eine Auswahl extrem komplex wird und die Auto-Werkzeuge nicht greifen. Stellen Sie sich einen Dreimaster mit vollen, weißen Segeln vor einem blassgrauweißen Himmel vor. Erstellen Sie eine solche Auswahl niemals mit dem Lasso. Wenn Sie damit nach einer Viertelstunde einen falschen Klick setzen, dann ist die Auswahl wahrscheinlich verbockt. Dann heißt es v. v. (von vorne). Mit dem Zeichenstift können Sie jederzeit sichern und sich eine Pause gönnen.*

**Zielsetzungen:**

Objekt freistellen

Hintergrund umfärben

**[kurvenpfad.jpg]**

## 1 Erstes Pfadsegment

Auch dieser Pfad beginnt wieder mit einem ersten Schritt. Aktivieren Sie zunächst das ZEICHENSTIFT-WERKZEUG ✒, und achten Sie darauf, dass PFAD als Option definiert ist. Diesmal setze ich den ersten Ankerpunkt an den Ansatz des rechten Ohrs ❶ (vom Schwein aus betrachtet). Als Position für den zweiten Ankerpunkt wähle ich den kleinen Knick in der Kurve des Hinterteils, der durch den Geldschlitz entsteht ❷.

## 2 Ausgehende Tangente löschen

Die Tangente verläuft nun innerhalb des Schweinehinterteils ❸. Damit ist es nicht mehr möglich, vom Geldschlitz aus eine korrekt nach oben gebogene Kurve zu erzeugen. Die Tangente ❹ stört und muss weg! Dazu klicken Sie bei gedrückter [Alt]-Taste mit dem ZEICHENSTIFT auf den letzten Ankerpunkt ❺. Die ausgehende Tangente müsste jetzt verschwunden sein ❻.

## 3 Tangenten verkürzen

Diese Tangente ❼ ist zu lang für die Kurve, die anschließend kommt. Wenn Sie zum ersten Mal Pfade zeichnen, können Sie so etwas natürlich noch nicht wissen. Aber wenn Sie einmal einige erstellt haben, werden Sie Erfahrungen sammeln. Ich möchte sie auf jeden Fall etwas verkürzen ❽, weshalb ich die [Strg]/[⌘]-Taste drücke. Dadurch wird der zuletzt ausgewählte Pfeil temporär aktiviert. Das ist hoffentlich der weiße Pfeil ▶ (DIREKTAUS-WAHL-WERKZEUG), und damit können Sie die Tangente verkürzen.

## 4 Noch eine Tangente löschen

Es kann sein, dass bei Ihnen in Schritt 3 mit Drücken der `Strg`/⌘-Taste der schwarze Pfeil (AUSWAHL-WERKZEUG) aktiviert wird. Diesen brauche ich so ungefähr alle Schaltjahre einmal. Bedauerlich, dass Adobe ihn zum Standard erklärt hat. Jedenfalls bleibt Ihnen in diesem Fall der Gang zur Werkzeuge-Palette nicht erspart. Klicken Sie auf und dann wieder auf , um mit `Strg`/⌘ die Tangente wie beschrieben zu verschieben.

In diesem Schritt habe ich eine weitere Tangente wie in Schritt 2 beschrieben gelöscht.

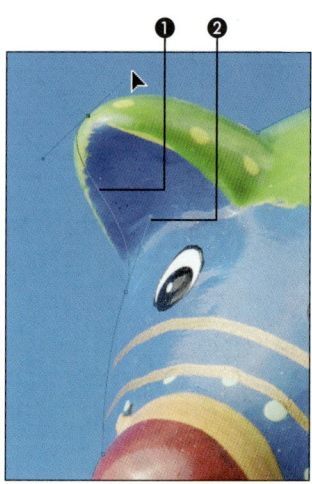

❶ ❷ ❸

## 5 Weitere Tangente korrigieren

Wenn Sie die Arbeit an einem Pfad unterbrechen – weil Sie vielleicht im Menü ANSICHT etwas ausgeblendet haben oder den weißen Pfeil aktiviert haben –, müssen Sie danach mit dem ZEICHENSTIFT auf den zuletzt erzeugten Ankerpunkt klicken, um die Arbeit am Pfad wieder aufzunehmen.

Hier ist durch eine zu lange Tangente ❷ eine zu starke Kurve ❶ entstanden. Durch Drücken der `Strg`/⌘-Taste habe ich wieder den weißen Pfeil aufgerufen und die Tangente Richtung Ankerpunkt verschoben ❸.

❹ ❺ ❻

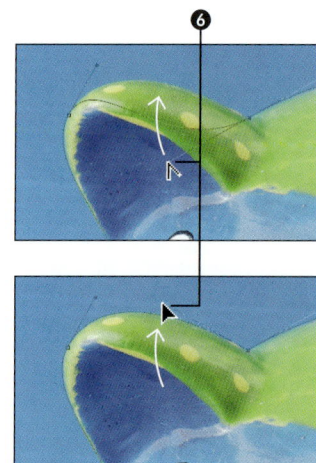

## 6 Pfad schließen und Ankerpunkt umwandeln

Beim Schließen des Pfades ❺ zeigt sich hier, dass durch die Tangenten des ersten Ankerpunktes eine unbrauchbare Kurve entsteht ❹. Aber das macht nichts. Mit dem weißen Pfeil können Sie die hier notwendige Korrektur zwar nicht vornehmen, aber mit dem ANKER-PUNKT-UMWANDELN-WERKZEUG lässt sich diese Tangente problemlos nach oben schieben ❻, ohne dass sich ihr Gegenstück (wie sonst üblich) in entgegengesetzter Richtung mitbewegt.

## 7 Auswahl laden und Einstellungsebene erstellen

Ziel der Pfadfinderei dieses Workshops ist es, den Hintergrund des Schweinderls umzufärben. Der Pfad ist auch hier nur das Vehikel, um eine Auswahl zu erstellen. Öffnen Sie die Palette PFADE, und laden Sie den Pfad als Auswahl **❼**. Klicken Sie danach in der Palette KORREKTUREN auf ▦. Photoshop erstellt eine Einstellungsebene und wandelt Ihre Auswahl in eine Ebenenmaske **❽** dazu um. In der Palette KORREKTUREN habe ich den FARBTON **❾** deutlich nach links verschoben.

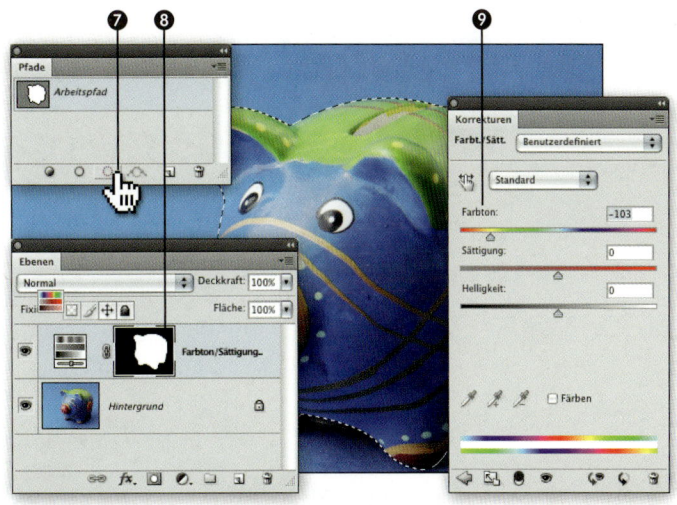

## 8 Maske invertieren

Im Moment wirkt die Einstellungsebene auf das Sparschwein. Das liegt an der Ebenenmaske **❽**, in der der Bereich des Hintergrunds schwarz markiert ist, was die Wirkung der Einstellungsebene aufhebt. Stellen Sie sicher, dass die Ebenenmaske aktiv ist (▢), und wählen Sie im Menü BILD • KORREKTUREN • UMKEHREN. Dadurch wird Schwarz in der Ebenenmaske zu Weiß und umgekehrt **❿**.

Anschließend können Sie in der Palette KORREKTUREN den Hintergrund wie gewünscht umfärben.

## 9 Maske verbessern

Da die Trennung zwischen Hintergrund und Schwein noch etwas hart ausgefallen ist, möchte ich auch hier die Ebenenmaske etwas weichzeichnen. Diesmal habe ich das aber nicht wie im vorangegangenen Workshop einfach nur mit WEICHE KANTE gemacht, sondern über die Schaltfläche MASKENKANTE **⓫** in der Palette MASKEN den Dialog MASKE VERBESSERN **⓬** aufgerufen. Mit den abgebildeten Einstellungen bin ich zu einem recht guten Ergebnis gekommen. Doch experimentieren Sie mit eigenen Einstellungen.

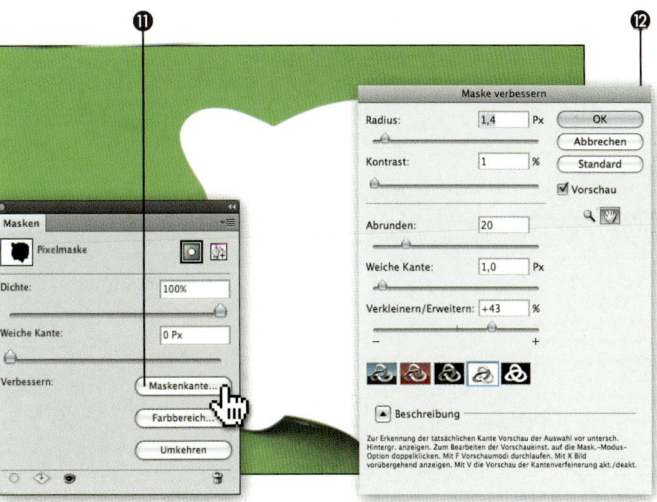

SCHWIERIGKEITSGRAD 2 FÜR AUFSTEIGER

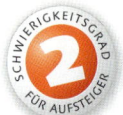

# Formebene und Flächentext

*Ein Hauch von Vektorgrafik*

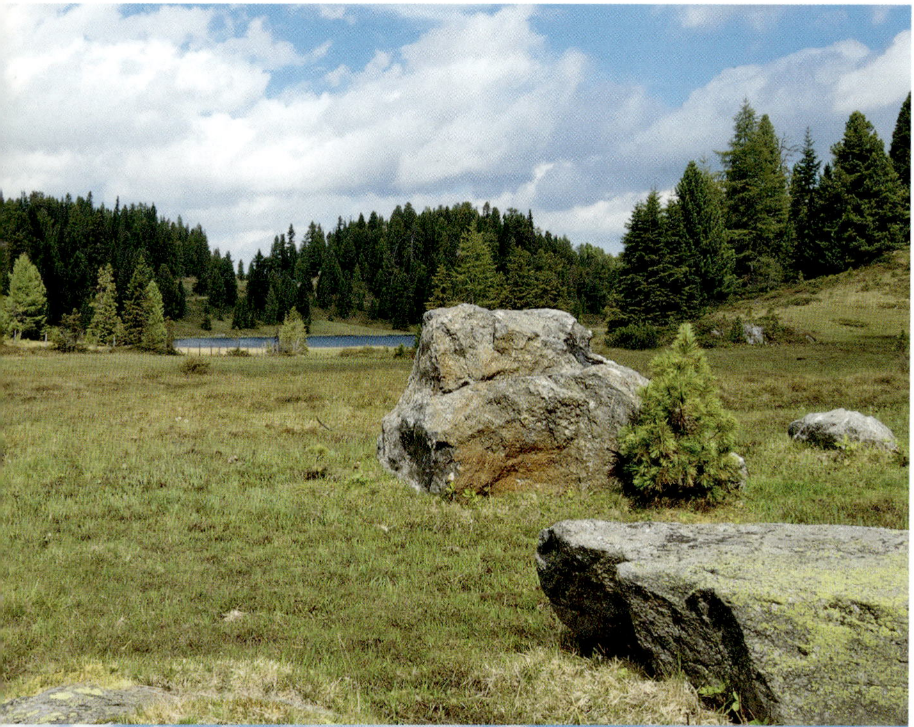

*Bisher habe ich Ihnen gezeigt, wie Sie mit dem Zeichenstift einen Beschneidungspfad für ein Layout-Programm oder einen Pfad als Zwischenschritt zur Auswahl erstellen. Neben diesen, in Photoshop an sich unsichtbaren Pfaden kann man Pfade auch einsetzen, um als sogenannte Formebene permanent sichtbar zu sein. Eine solche Formebene können Sie mit dem bereits bekannten Zeichenstift erstellen oder mit einem Rechteck-Werkzeug, wie wir es hier machen werden. Meistens verwendet man Formebenen, wenn man Grundformen mit einfacher Flächenfüllung benötigt.*

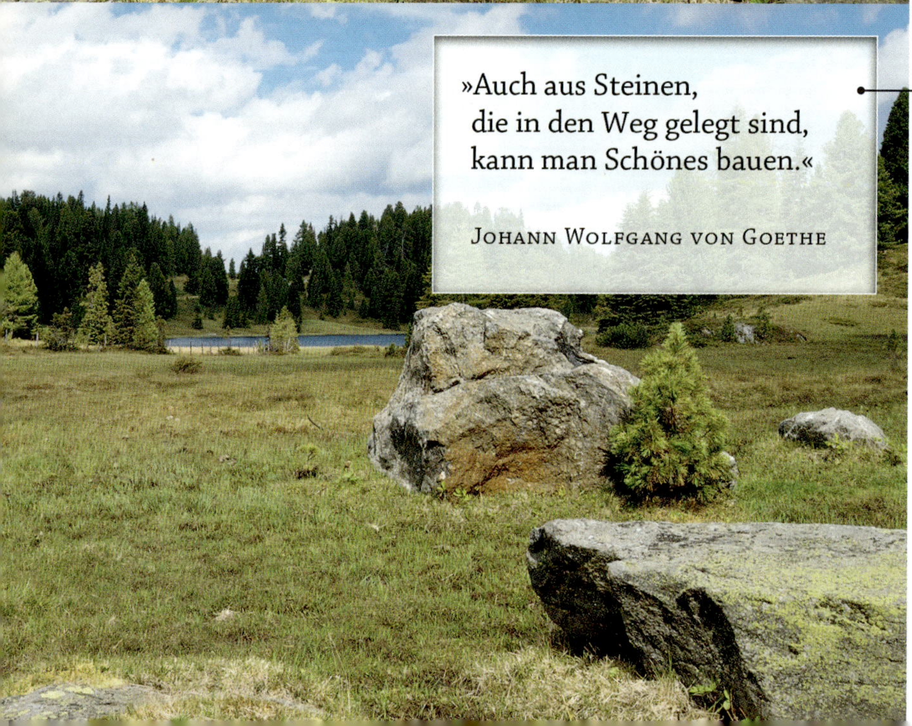
»Auch aus Steinen,
die in den Weg gelegt sind,
kann man Schönes bauen.«
JOHANN WOLFGANG VON GOETHE

**Zielsetzung:**
Ein Zitat mit einem Rechteck unterlegen, damit der Text gut lesbar bleibt
**[formebene.jpg, goethe.txt]**

## 1 Hilfslinien erstellen

Stellen Sie sicher, dass im Menü Ansicht •
Ausrichten und in Ansicht • Ausrichten an
• Dokumentbegrenzungen angehakt ist.
Blenden Sie die Lineale ein, und ziehen Sie
aus dem vertikalen Lineal eine vertikale Hilfslinie in die Mitte ❶ des Bildes. Sie werden
merken, dass das Bildzentrum die Hilfslinie
magnetisch anzieht.

## 2 Formebene erstellen

Auch die obere ❹ und rechte ❺ Begrenzung
der Arbeitsfläche habe ich mit einer Hilfslinie
gekennzeichnet.

Aktivieren Sie dann das Rechteck-Werkzeug
▢, achten Sie darauf, dass in der Optionen-
Palette Formebene ❷ aktiviert ist (sonst erstellen Sie einen Pfad wie in den Workshops
zuvor), und ziehen Sie mit diesen Einstellungen eine Fläche auf ❻.

**Tipp:** Stellen Sie Weiß als Farbe ein ❸.
Ansonsten doppelklicken Sie in der Palette
Ebenen das Symbol ▢ der Formebene.

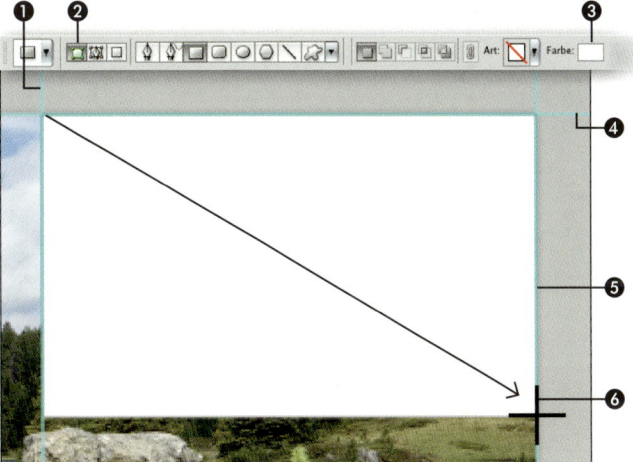

## 3 Größe der Formebene verändern

Eine Formebene beeinflusst aktiv die Form
einer Ebene ❼.

Mit Direktauswahl-Werkzeug ▹ und ⇧-
Taste habe ich die beiden oberen Ankerpunkte ❽/❿ ausgewählt. Durch fünffaches
Drücken der ↓-Taste bei gehaltener ⇧-
Taste ließ ich die Oberkante der Fläche nach
unten wandern. Dann habe ich mit ⇧-Klick
den linken Ankerpunkt ❾ deaktiviert und den
unteren rechten ⓫ aktiviert. Ebenfalls mit
fünfmal ←+⇧-Taste ließ ich die rechte
Kante nach links wandern.

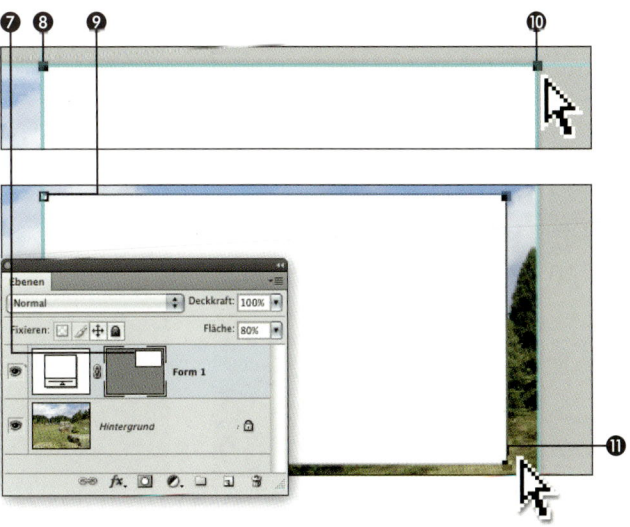

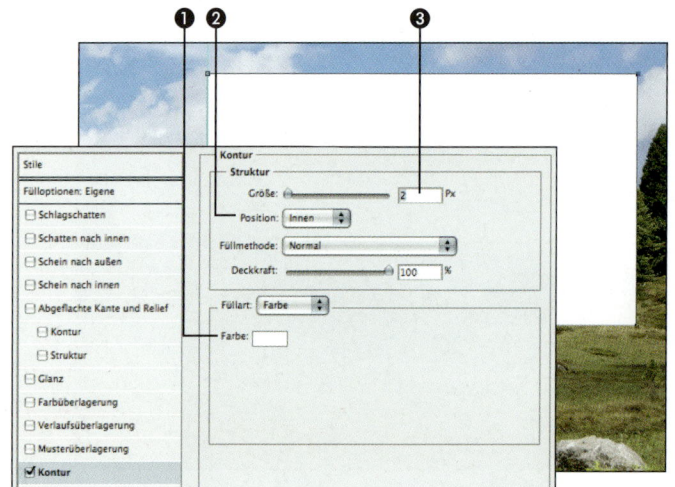

## 4 Kontur hinzufügen

Über die Schaltfläche *fx.* in der Palette
EBENEN habe ich den Dialog zum Einstellen
einer KONTUR aufgerufen. Als FARBE ❶ wähle
ich Weiß, die POSITION der Kontur habe ich
nach INNEN ausgerichtet ❷, und die GRÖSSE
habe ich von 3 auf 2 reduziert ❸.

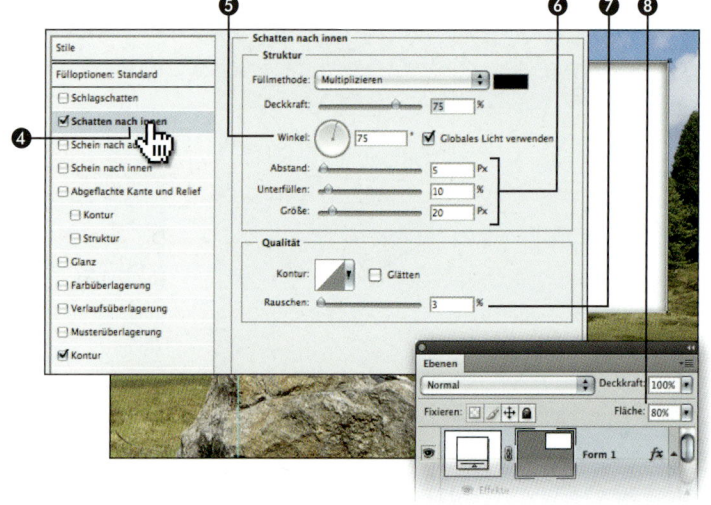

## 5 Schatten nach innen

Zusätzlich zur Kontur habe ich einen SCHATTEN
NACH INNEN erstellt. Dazu habe ich auf den
Namen des entsprechenden Effekts ❹ geklickt, den WINKEL ❺ sowie ABSTAND, UNTER-
FÜLLEN und GRÖSSE definiert ❻ und last but
not least auch nicht auf das RAUSCHEN ❼ verzichtet. Bestätigen Sie den Dialog mit OK.

 Um die Landschaft etwas durch das Weiß
der Box zu sehen, habe ich in der Palette
EBENEN die FLÄCHE reduziert ❽. Dadurch wird,
im Gegensatz zu DECKKRAFT, das Deckungs-
vermögen der Ebenenstile nicht reduziert.

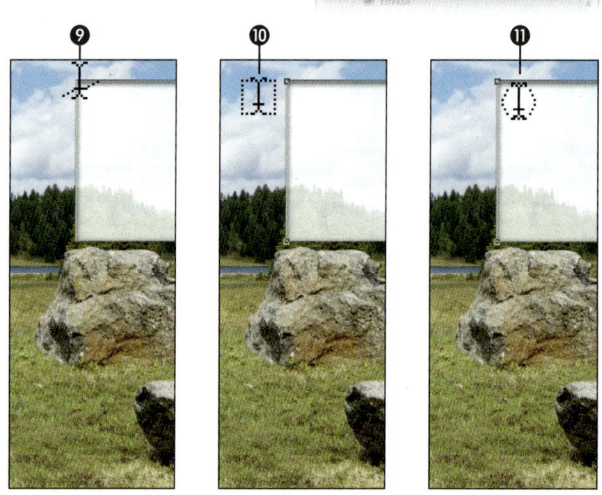

## 6 Flächentext-Ebene erstellen

Wir erstellen jetzt eine Flächentext-Ebene.
Aktivieren Sie dazu das Text-Werkzeug T.
Wenn Sie mit der Maus auf die Begrenzung
der Formebene zeigen, zeigt sich der Maus-
zeiger so ❾, um Ihnen zu signalisieren, dass
Sie hier einen TEXT AUF PFAD erstellen können.
Positionieren Sie ihn außerhalb der Form-
ebene, zeigt der Cursor an ❿, dass Sie jetzt
eine komplett neue Flächentext-Ebene auf-
ziehen könnten. Bewegen Sie stattdessen den
Mauszeiger in die Form hinein, und klicken
Sie, wenn er sich so ⓫ darstellt.

## 7  Text einkopieren und formatieren

Wählen Sie in Ihrem Text-Programm den Inhalt der Datei »goethe.txt« aus, kopieren Sie ihn in die Zwischenablage, und fügen Sie ihn mit ⌃Strg⌄/⌘+⌄V⌄ in die neue Textebene ein, in der nach dem letzten Schritt der Cursor blinken sollte. Wählen Sie mit ⌃Strg⌄/⌘+⌄A⌄ alles aus (oder AUSWAHL • ALLES AUSWÄHLEN), rufen Sie die Palette ZEICHEN auf, und formatieren Sie SCHRIFTART ⑫, SCHRIFTSCHNITT ⑬, ZEILENABSTAND ⑭, SCHRIFTGRAD ⑮ und FARBE ⑯ so wie im Screenshot oder ähnlich.

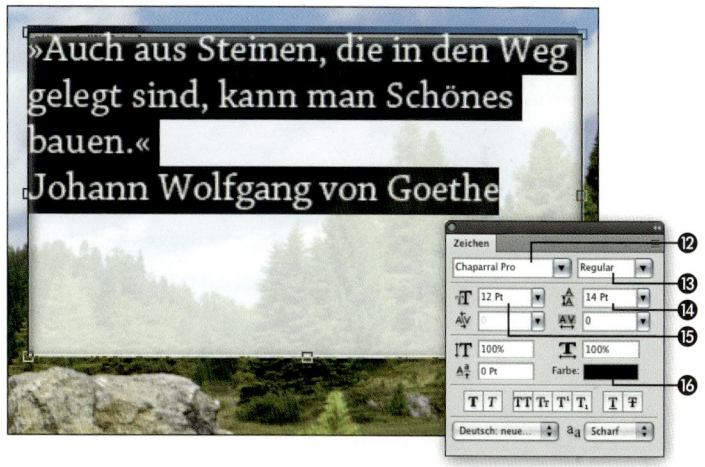

## 8  Einzug vom linken Rand

Da wir in Schritt 6 innerhalb der Fläche einer Formebene geklickt haben, hat Photoshop für die neue Flächentext-Ebene deren Format übernommen. Bei nach wie vor ausgewähltem Text bestimmen Sie mit der Palette ABSATZ einen EINZUG VOM LINKEN RAND von 15 Punkt ⑰, um den Text einzurücken.

Für den Abstand nach oben habe ich ebenso eine Zeilenschaltung (⏎) eingefügt wie für den Abstand zwischen Zitat (»Auch aus Steinen, …«) und Autor (Goethe).

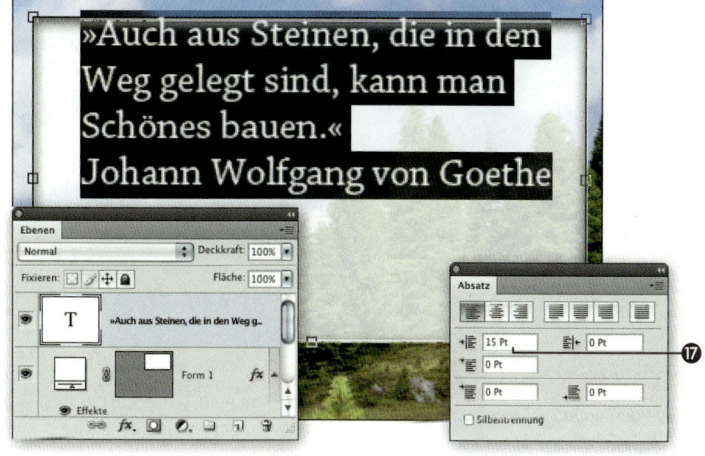

## 9  Erstzeileneinzug und Kapitälchen

Mit einem Trick habe ich das öffnende Anführungszeichen überhängen lassen, und zwar indem ich mit –4 Punkt einen negativen EINZUG ERSTE ZEILE ⑱ eingestellt habe (damit Goethe nicht mit ausrückt, darf nur der erste Absatz ausgewählt sein!).

Den Namen des Autors habe ich mit 9 Punkt etwas kleiner gesetzt, dafür aber die LAUFWEITE ⑲ (den Abstand zwischen den Buchstaben) erhöht und als Textauszeichnung KAPITÄLCHEN ⑳ gewählt.

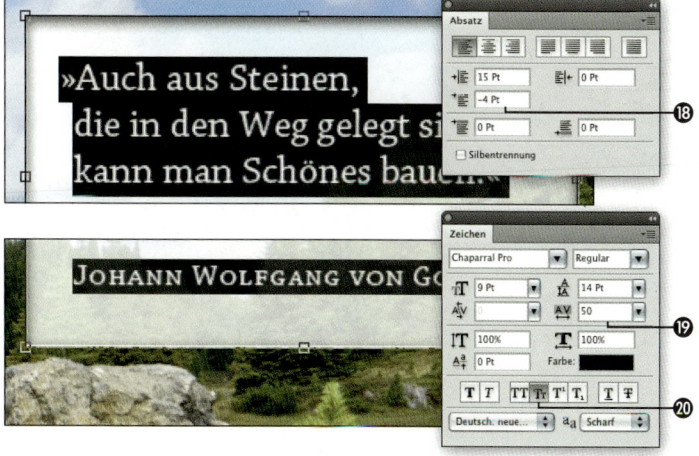

SCHWIERIGKEITSGRAD 1 FÜR EINSTEIGER

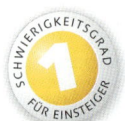

# Punkttext verkrümmen

*Einzelne Wörter brauchen keinen Textrahmen!*

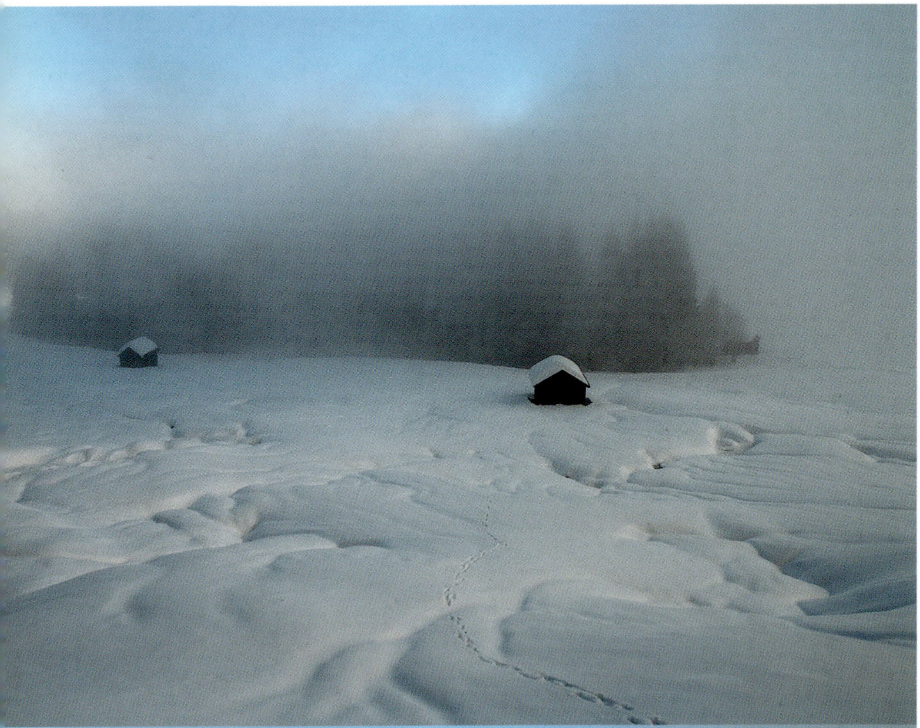

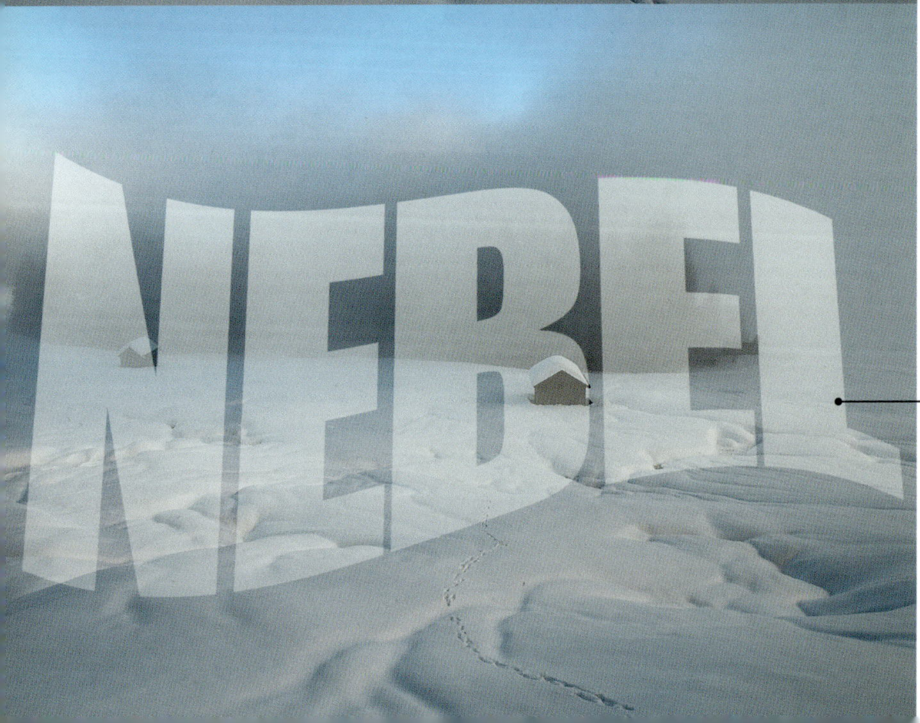


*Längere Textpassagen werden sinnvollerweise in einen Flächentextrahmen (siehe Seite 42) gesetzt. Wenn ich nur ein einzelnes Wort oder eine Zeile setze, dann verwende ich meist Punkttext. Einen Punkttext erstellen Sie durch schlichtes Klicken auf die Arbeitsfläche. An der Stelle, an die Sie geklickt haben, erscheint dann ein Punkt, nach dem sich die Textausrichtung richtet, also linksbündig, rechtsbündig oder zentriert (Blocksatz geht nur bei Flächentext). Damit der kurze Workshop nicht langweilig wird, habe ich mich entschlossen, dass wir diesen Punkttext verkrümmen und mit verlaufender Transparenz versehen. Beides geht natürlich nicht nur für Text, sondern für jede Ebene – ob Text-, Pixel- oder Vektorebene.*

**Zielsetzung:**
Das Wort »Nebel« leicht und wellenförmig über das Bild setzen
**[textverkruemmen.jpg]**

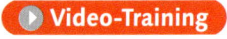

**Video-Training**
Video-Training 1, Lektion 2.1

## 1 Punkttext erstellen und formatieren

Im ersten Kapitel haben Sie gelernt, wie man einen Flächentextrahmen aufzieht. Auch im vorangegangenen Workshop haben Sie einen Flächentext erstellt, indem Sie über einer Formebene geklickt haben. Diesmal klicken Sie, ohne zu ziehen – und augenblicklich blinkt der Cursor auf der Arbeitsfläche.

Ich habe als SCHRIFTART ❶ die echt fette Impact gewählt, in einem SCHRIFTGRAD von 160 Punkt ❸, mit der LAUFWEITE –40 ❷ und der FARBE ❹ Weiß. Mit diesen Einstellungen habe ich das Wort »Nebel« geschrieben.

## 2 Text verkrümmen

Um das Wort »wehen« zu lassen, wählen Sie BEARBEITEN • FREI TRANSFORMIEREN (Strg/ ⌘+D). Wir wollen diese Ebene jedoch nicht einfach nur transformieren oder verzerren, sondern biegen. Dazu aktivieren Sie diese Schaltfläche ❼. Im Menü VERKRÜMMEN wählen Sie die Art der Verkrümmung ❺ – in diesem Fall FLAGGE. Für die restliche Verkrümmung habe ich diese Werte ❻ verwendet.

Bestätigen Sie mit ↵, und stellen Sie danach die FLÄCHE auf 0% ❽.

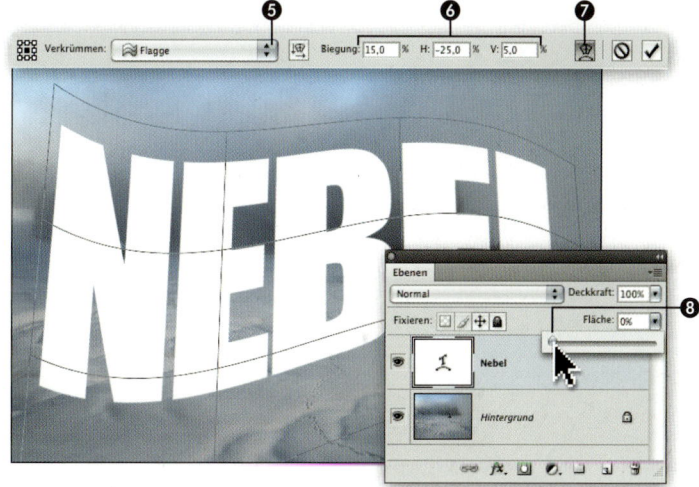

## 3 Verlaufsüberlagerung

Wählen Sie über die Schaltfläche _fx._ der Ebenen-Palette VERLAUFSÜBERLAGERUNG. Ein Klick auf die Verlaufsvorschau ❾ öffnet den Dialog VERLAUF BEARBEITEN, und ein Doppelklick auf eine Farbunterbrechung ⓫ öffnet den FARBWÄHLER. Hier stellen Sie für beide Unterbrechungen Weiß ein.

Durch einen Klick auf eine Deckkraftunterbrechung ❿ oben können Sie die DECKKRAFT ⓬ verringern. Nach Schließen aller Dialoge mit OK habe ich noch die DECKKRAFT der Textebene auf 50% reduziert ⓭.

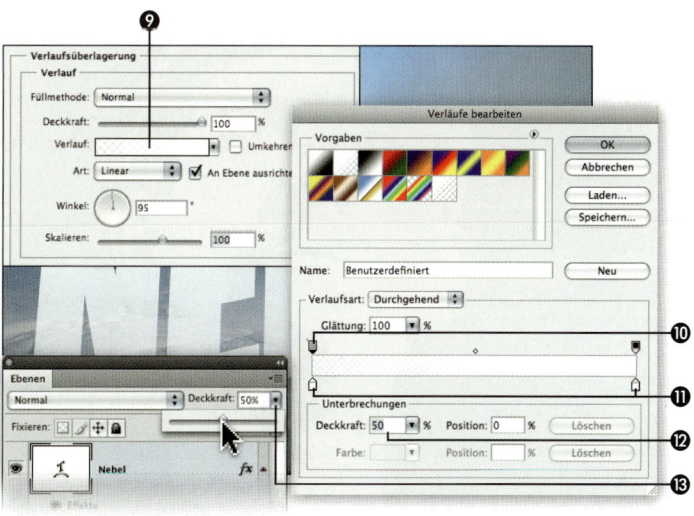

SCHWIERIGKEITSGRAD 2 FÜR AUFSTEIGER

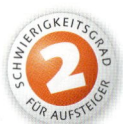

# Smart-Objekte und Filter

*... und wie Sie einen Text auf einem runden Pfad erstellen*

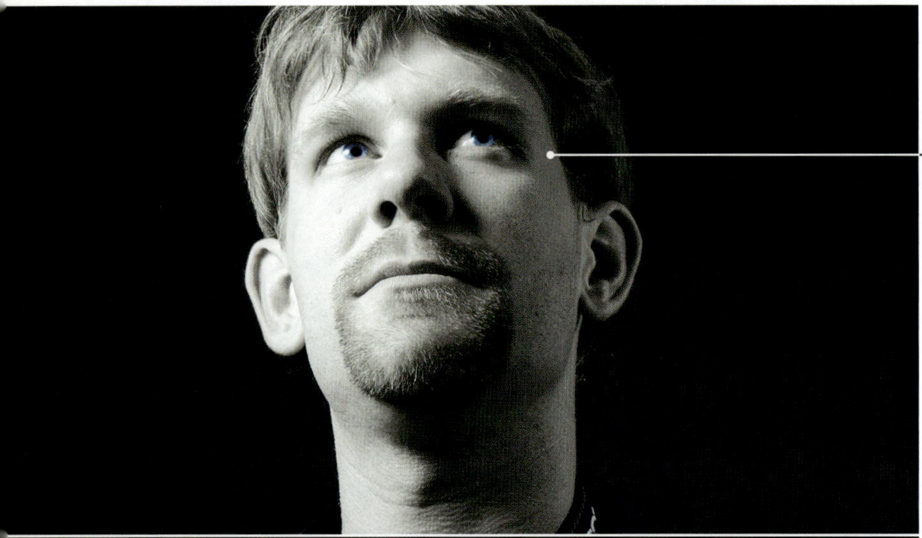

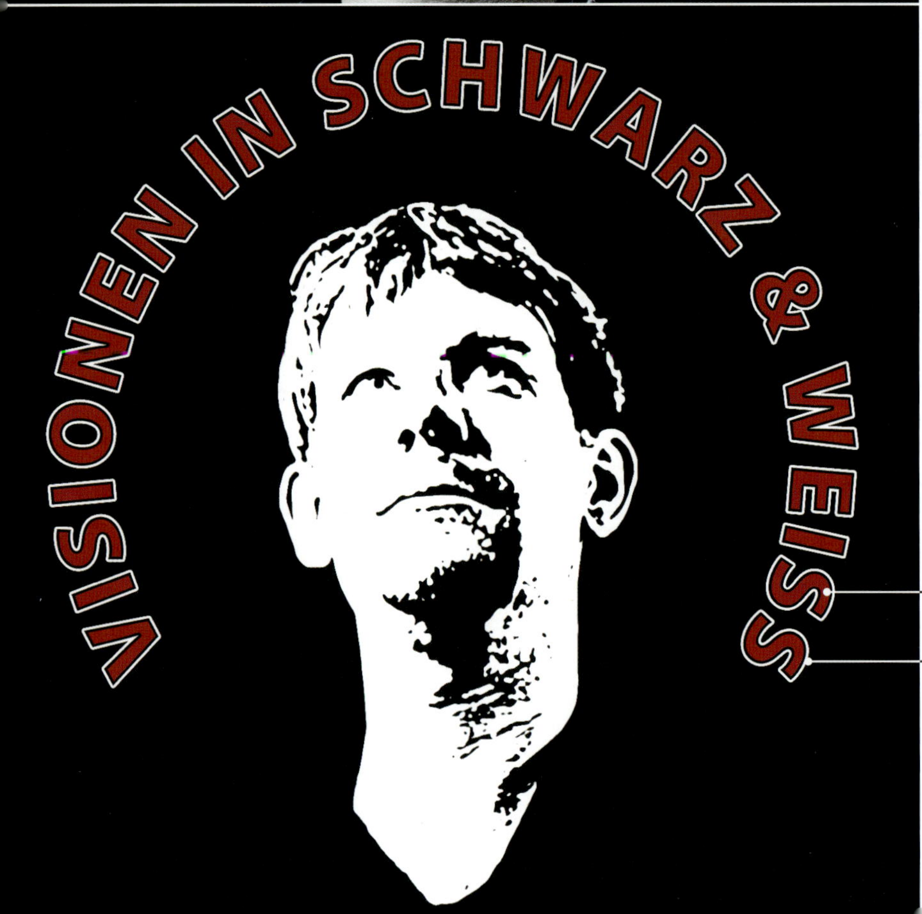


*Wenn Sie Filter »normal« auf Bilder und Ebenen anwenden, dann lässt sich das, nachdem das Bild einmal geschlossen wurde, nicht mehr rückgängig machen. Konvertieren Sie die Ebene jedoch vor dem Filtern in ein Smart-Objekt, dann halten Sie sich eine Hintertür offen. Konvertieren Sie eine Ebene in ein Smart-Objekt, dann archiviert Photoshop den Ist-Zustand dieser Ebene in einem Hinterzimmer der Datei. Verändern Sie die Ebene nun mit einem Filter (oder verzerren Sie sie) und überlegen es sich eine Woche später wieder anders, können Sie den Filter ohne Weiteres wieder verändern. Photoshop marschiert einfach in das Hinterzimmer, kramt die Ebene im Originalzustand wieder aus der Datei, und Sie können Änderungen nach Lust und Laune vornehmen.*

**Zielsetzungen:**

Tontrennungseffekt

Rundsatz

Schrift mit doppelter Kontur

**[textaufpfad.jpg]**

## 1 In Smart-Objekt konvertieren

Wenn Sie einen Filter auf ein Bild respektive eine Ebene anwenden und nicht ausschließen können, dass Sie die Filtereinstellungen zu einem späteren Zeitpunkt noch einmal verändern wollen, dann sollten Sie die entsprechende Ebene vorab FÜR SMARTFILTER KONVERTIEREN. Das geht über das Menü FILTER oder mit einem Rechtsklick auf die Bildebene in der Palette EBENEN. Da heißt es zwar IN SMART-OBJEKT KONVERTIEREN ❶, doch Smartfilter und Smart-Objekt ist dasselbe.

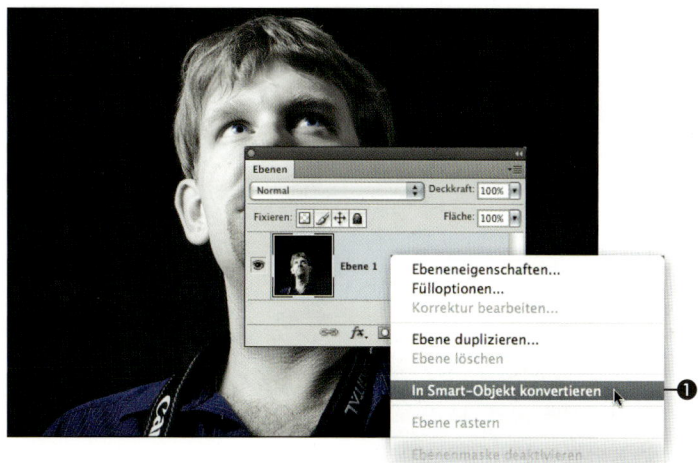

## 2 Filtergalerie

Das Bild soll in Schwarz und Weiß getrennt werden. So etwas ließe sich über eine Schwellenwert-Einstellung verwirklichen, allerdings ohne viel Einflussmöglichkeiten, weshalb ich es mit den Filtern der Filtergalerie versuche. Wählen Sie im Menü FILTER • FILTERGALERIE.

Falls in diesem Feld ❺ mehr als ein Filter aufgeführt ist, löschen ❻ Sie alle außer einem. Nach einigen Experimenten habe ich aus der Gruppe ZEICHENFILTER ❷ den STEMPEL ❸ gewählt, mit den Einstellungen HELL/DUNKEL-BALANCE 9 und GLÄTTUNG 7 ❹.

## 3 Mehrere Filter

Ich bin mit dem Resultat von STEMPEL allein noch nicht ganz zufrieden, deshalb habe ich mit einem Klick auf NEUE EFFEKTEBENE ⓫ einen zweiten Filter erstellt und diesen auf MALFILTER ❼ KANTEN BETONEN ❽ gestellt. Die Werte habe ich mit KANTENBREITE 2, KANTEN-HELLIGKEIT 27 und GLÄTTUNG 4 definiert ❾. Die Reihenfolge der beiden Filter in der Liste rechts ❿ hat manchmal drastische Auswirkungen auf das Resultat. Machen Sie einmal einen Versuch, und vertauschen Sie die beiden durch Ziehen mit der Maus.

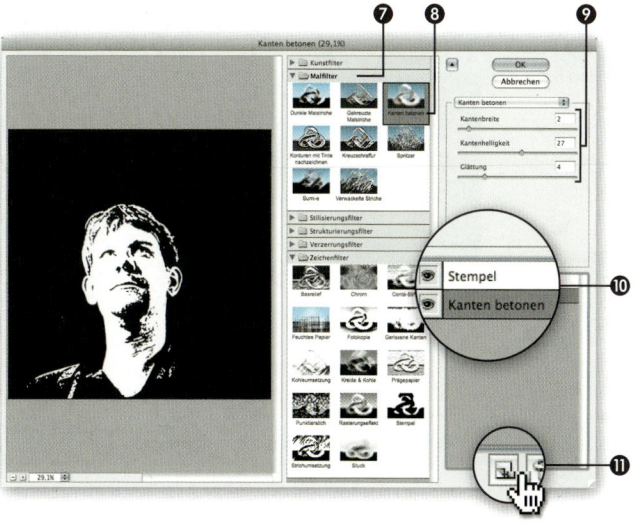

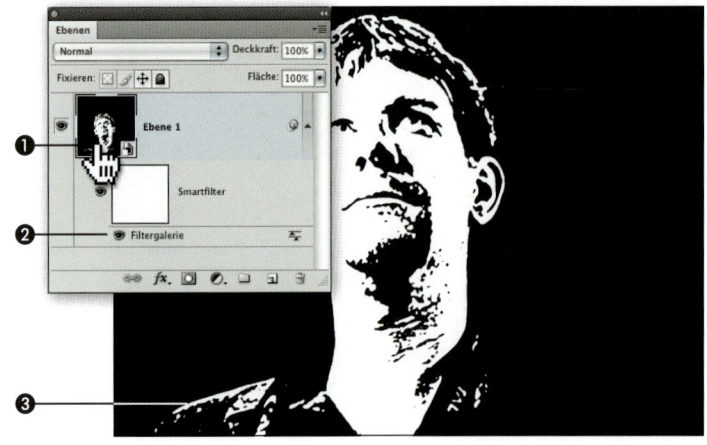

## 4 Smart-Objekt öffnen

Mich stören am Ergebnis die noch sichtbaren Bereiche von Hemd und Kameragurt ❸ – die müssen weg. Ein Smart-Objekt können Sie aber nicht mehr direkt in dem Bild bearbeiten, in dem es sich befindet. Sie müssen erst das »Originalbild« aufrufen, um dieses verändern zu können. Öffnen Sie das Smart-Objekt mit einem Doppelklick auf die Miniatur ❶ der Ebene.

**Tipp:** Um Einstellungen eines Smartfilters zu verändern, machen Sie einen Doppelklick auf dieses »Anhängsel« ❷ der Ebene.

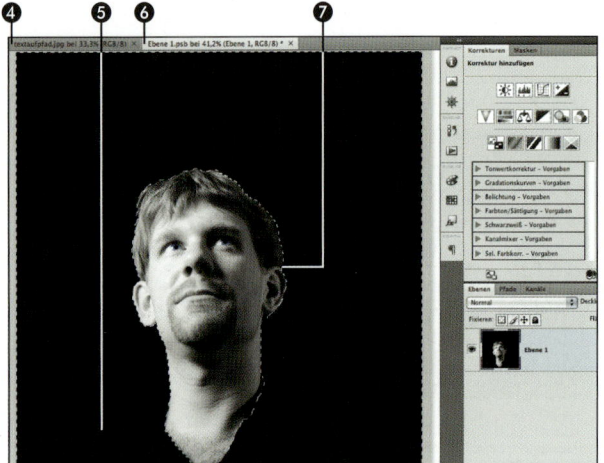

## 5 Smart-Objekt bearbeiten

Photoshop öffnet durch den Doppelklick das im Hintergrund derselben Datei gespeicherte Originalbild. Ist der Anwendungsrahmen aktiv, sollten die Tabs des Dokuments (textaufpfad.jpg ❹) und des Smart-Objekts (Ebene 1.psd ❻) angezeigt werden. Mit dem SCHNELL-AUSWAHLWERKZEUG ⬛ habe ich den Hintergrund (inklusive der weißen Flecken des Hemdes) ausgewählt und die Auswahl ❼ mit Schwarz gefüllt ❺. Schließen und speichern Sie das Smart-Objekt mit Strg/⌘+W.

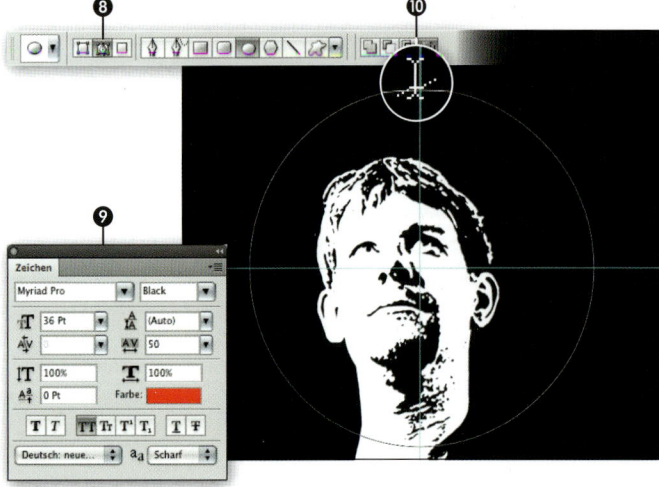

## 6 Runden Pfad erstellen

Markieren Sie mit zwei Hilfslinien die Mitte des Bildes. Wählen Sie das ELLIPSE-WERKZEUG ⬛, und stellen Sie in der Optionen-Palette auf PFAD ❽ um. Für einen exakten Kreis halten Sie beim Erstellen der Ellipse die ⬆-Taste. Die Alt-Taste bewirkt, dass der Kreis aus der Mitte heraus entsteht.

Aktivieren Sie dann das Text-Werkzeug T, öffnen Sie die Palette ZEICHEN, und stellen Sie die Werte so ein wie im Screenshot links ❾. Klicken Sie dann auf den Pfad ❿.

## 7 Text auf Pfad verschieben

Ich hatte in der Optionen-Palette auf zentrierten Satz eingesellt 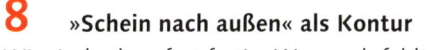. Der Punkt, an dem ich auf den Pfad geklickt habe, markiert den Anfang und das Ende der Textstrecke, zwischen denen der Text jetzt zentriert ist. Das bedeutet, der Text hängt verkehrt herum am Pfad.

In so einem Fall positionieren Sie die Maus über dem Text ❷ und verschieben ihn bei gedrückter Maustaste, bis Ihnen die neue Ausrichtung gefällt ⓫.

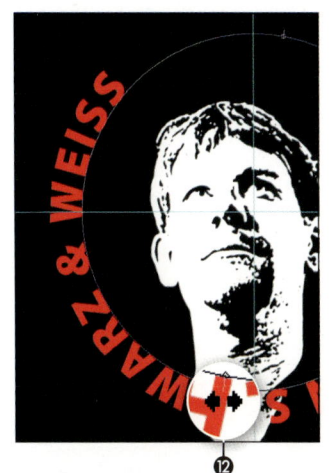
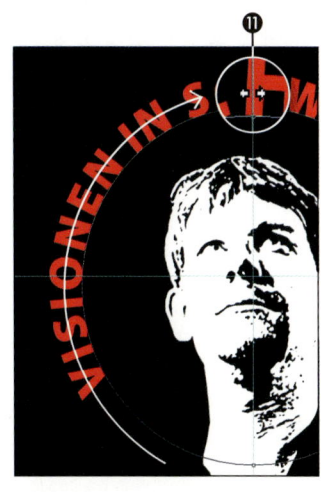

## 8 »Schein nach außen« als Kontur

Wir sind schon fast fertig. Was noch fehlt, ist eine Kontur. Oder besser: Zwei Konturen! Klicken Sie dazu in der Palette EBENEN auf EBENENSTIL HINZUFÜGEN *fx.*, und wählen Sie im Menü SCHEIN NACH AUSSEN.

Stellen Sie die Werte für FÜLLMETHODE, DECKKRAFT, TECHNIK, ÜBERFÜLLEN und GRÖSSE wie im Screenshot rechts ein. Als FARBE ⓭ wählen Sie Weiß. Durch das Überfüllen auf 100 % wird aus dem weichen Schein nach außen eine harte Kontur.

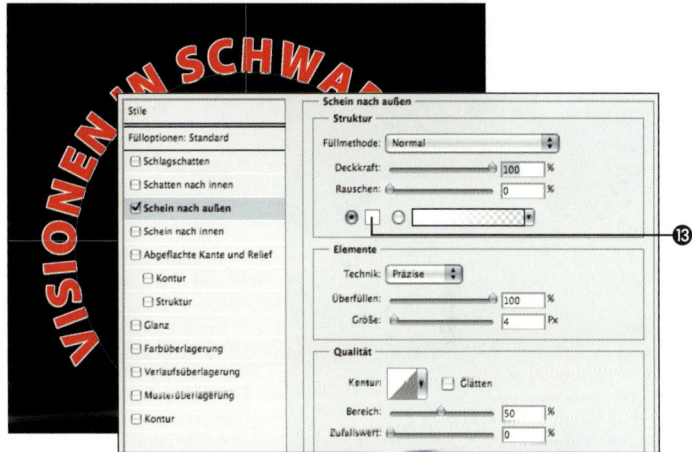

## 9 »Kontur« als Kontur

Da ich den Ebenenstil SCHEIN NACH AUSSEN mit extremen Einstellungen als Kontur missbraucht habe, kann ich jetzt durch Aktivieren des Effekts KONTUR eine zweite hinzufügen. Hier habe ich ganz reguläre Einstellungen gewählt, nämlich GRÖSSE 4 Pixel und POSITION INNEN. Die FARBE habe ich auf dem voreingestellten Schwarz belassen. Nachdem ich diesen Dialog mit OK geschlossen habe, habe ich als letzten Schritt noch ein etwas dunkleres Rot für die Schriftfarbe eingesetzt.

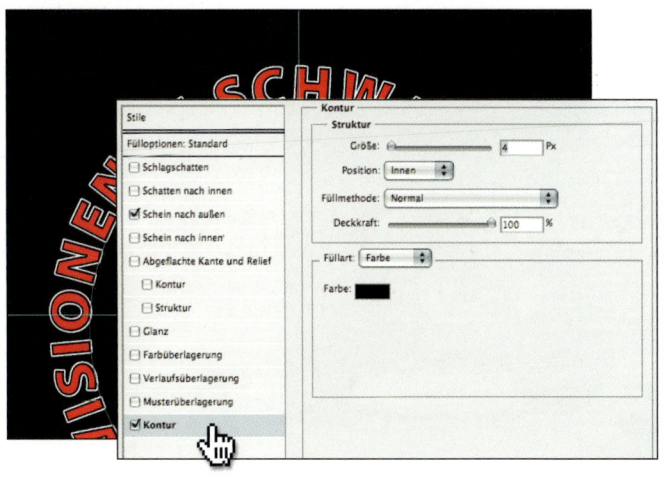

Schwierigkeitsgrad 3 für Überflieger

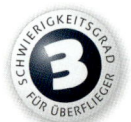

# Vektormasken

*Masken wie ein Scherenschnitt*

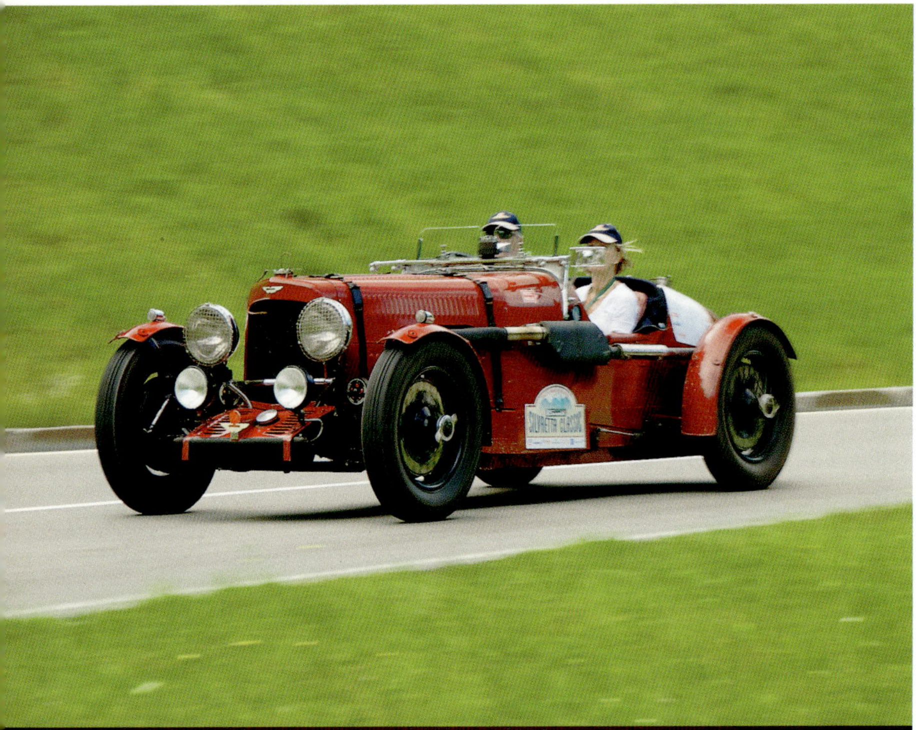

*Im vorangegangenen Kapitel haben Sie unter anderem einiges über Ebenen- bzw. Pixelmasken erfahren (siehe Seite 198), mit denen sich Bildbereiche einer Ebene ausblenden lassen. Trägt man in einer solchen Maske schwarze Pixel auf, werden die entsprechenden Bereiche der dazugehörigen Bildebene ausgeblendet. Neben diesen Pixelmasken gibt es auch sogenannte Vektormasken. Bei diesen werden Bildbereiche nicht durch das Auftragen von Pixeln ausgeblendet. Vielmehr erstellt man einen Pfad, der sodann die dazugehörige Ebene wie ein Scherenschnitt beschneidet. Vektormasken sind zwar bei Weitem nicht so wichtig wie Pixelmasken, gelegentlich stellen sie aber eine durchaus sinnvolle Alternative dar.*

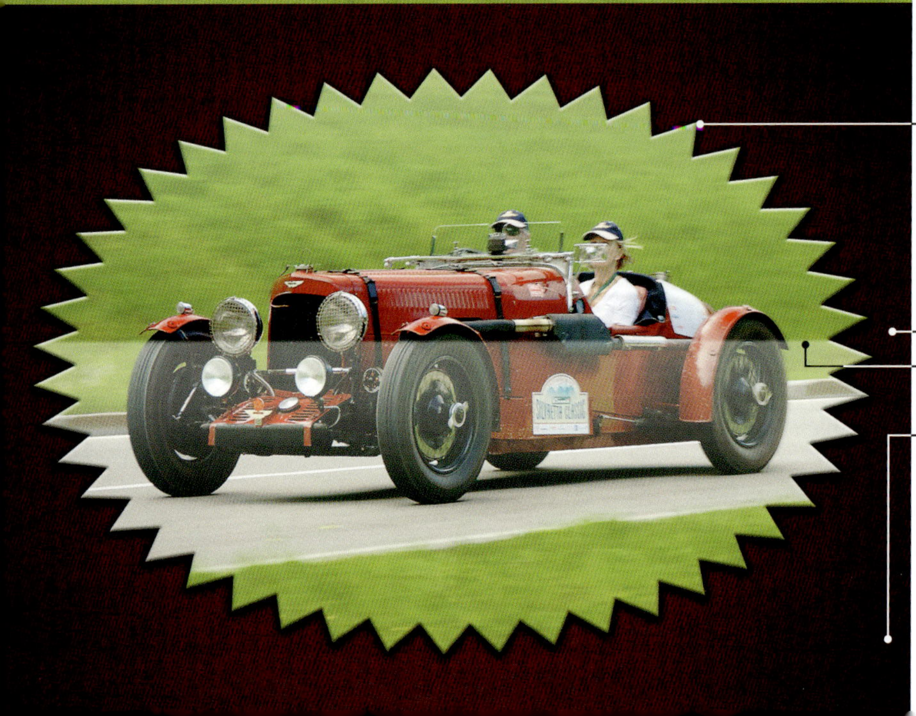

**Zielsetzungen:**

Foto sternförmig beschneiden

Hintergrund mit Musterfüllung

3D- und Spiegelungseffekte für Bildebene

Randabdunklung (Vignette)

**[vektormaske.jpg]**

## 1   Polygon mit 50 Seiten

Machen Sie die Ebene HINTERGRUND mit einem Doppelklick zur regulären Ebene. Das ist notwendig, um die Ebene später maskieren zu können.

Aktivieren Sie das POLYGON-WERKZEUG, stellen Sie in der Optionen-Palette auf PFAD ❶ UND die Anzahl der SEITEN auf 50 ❹. Klicken Sie auf die Schaltfläche für die GEO-METRIE-OPTIONEN ❸, aktivieren Sie STERN ❷, und stellen Sie SEITEN EINZIEHEN UM auf 10 % ❺. Ziehen Sie dann mit dem so präparierten Werkzeug einen Stern auf ❻.

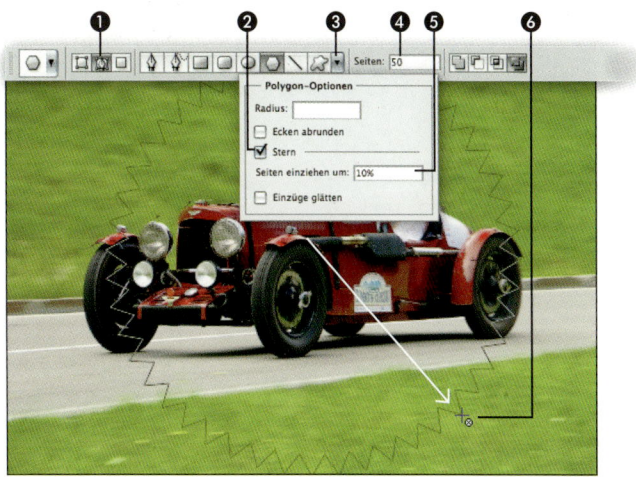

## 2   Vektormaske erstellen

Nun, da Sie einen Pfad in der gewünschten Form erstellt haben, öffnen Sie die Palette MASKEN und klicken auf die Schaltfläche VEKTORMASKE HINZUFÜGEN ❼. Da der Pfad nach dem Aufziehen aktiv ist, wird er von Photoshop automatisch zur Erstellung der Maske herangezogen ❽. Der Bereich außerhalb des Pfades wird beschnitten, das heißt, er ist fortan transparent ❾.

Erstellen Sie danach eine neue Ebene unter der aktuellen ( Strg / ⌘ -Klick auf ), und füllen Sie diese mit Weiß ❿.

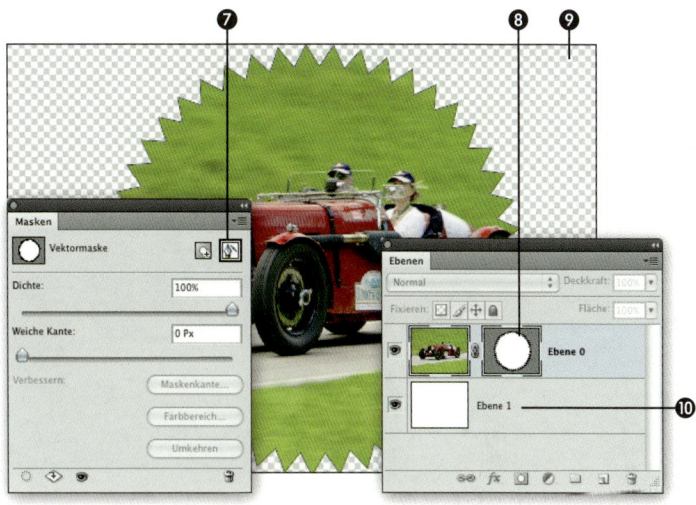

## 3   Vektormaske frei transformieren

Aktivieren Sie wieder die Ebene mit dem Oldtimer (»Ebene 0«), und wählen Sie im Menü BEARBEITEN • FREI TRANSFORMIEREN, oder geben Sie Strg / ⌘ + T ein. Es erscheint der Transformations-Rahmen, mit dem Sie nun das Format des Polygons anpassen können.

**Tipp:** Auch beim freien Transformieren bewirkt die ⇧ -Taste, dass Proportionen erhalten bleiben, und die Alt -Taste, dass sich die Transformation auf die Mitte des Rahmens bezieht.

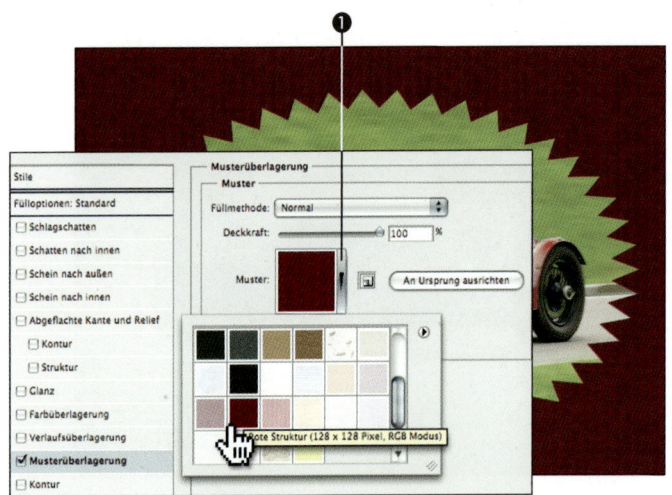

## 4 Musterüberlagerung für Hintergrund

Aktivieren Sie »Ebene 1« unter der Oldtimer-Ebene. Wählen Sie aus dem Menü EBENEN-STILE *fx.* der Ebenen-Palette MUSTERÜBERLA-GERUNG. Eine Musterüberlagerung ist nichts anderes als eine Musterfüllung-Einstellungs-ebene, nur dass Erstere eine bestehende Ebene überlagert und Letztere eine neue Ebene erzeugt. Ich habe aus der Auswahlliste ❶ ROTE STRUKTUR ausgesucht. Falls diese in Ihrer Liste nicht erscheint, ist die Farbpapier-Muster-Bibliothek nicht geladen (siehe Seite 170).

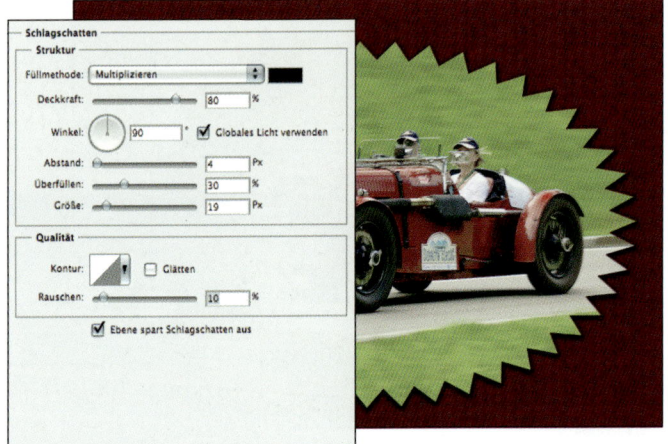

## 5 Schlagschatten für »Stern-Ebene«

Bestätigen Sie den Dialog MUSTERÜBERLAGE-RUNG mit OK. Aktivieren Sie neuerlich »Ebene 0« (Oldtimer), rufen Sie über das Ebe-nenstile-Menü *fx.* der Palette EBENEN den Einstellungsdialog für SCHLAGSCHATTEN auf, und stellen Sie den Schatten ein. Sie können sich dabei an den Einstellungen des Screen-shots links orientieren oder mit eigenen Ein-stellungen spielen (ich würde mich auch für Letzteres entscheiden ;-)).

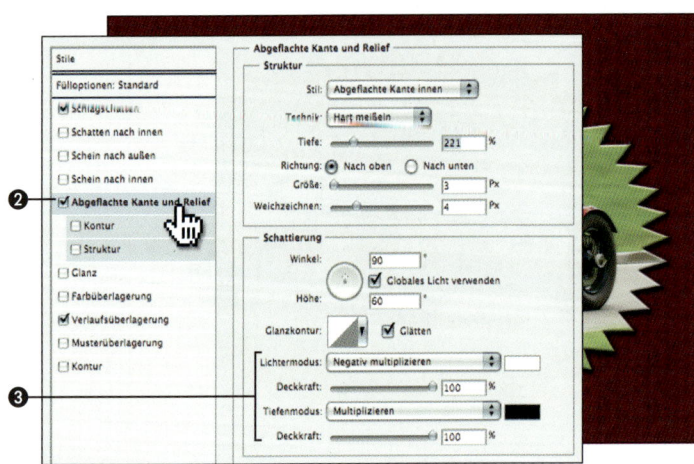

## 6 Abgeflachte Kante und Relief

Ohne den Dialog zu verlassen, können Sie im Menü links den Effekt ABGEFLACHTE KANTE UND RELIEF ❷ aktivieren. Ich habe mich für die Einstellungen ABGEFLACHTE KANTE INNEN mit der TECHNIK • HART MEISSELN entschieden. TIEFE habe ich auf 221 % angehoben. Ebenso habe ich die DECKKRAFT von LICHTER- und TIEFENMODUS auf Anschlag gedreht ❸. Wenn Sie mit dem Abgeflachte-Kante-Effekt arbei-ten, sollten Sie vor allem die Werte GRÖSSE und WEICHZEICHNEN dezent einsetzen – es sieht sonst furchtbar künstlich aus.

## 7 Verlaufsüberlagerung

Aktivieren Sie als Nächstes auch den Ebenenstil VERLAUFSÜBERLAGERUNG. Normalerweise
ist eine VERLAUFSÜBERLAGERUNG deckend. Verschiedene Füllmethoden erlauben Ihnen
jedoch, den Verlauf auf unterschiedliche
Arten mit den Bildpixeln der Ebene zu durch-
mischen. Wählen Sie aus dem Menü NEGATIV
MULTIPLIZIEREN ❹. Stellen Sie den Verlauf
waagerecht, indem Sie den WINKEL mit 90°
definieren ❻. Klicken Sie dann auf den VER-
LAUF ❺, um den Verlauf zu bearbeiten.

## 8 Verlauf bearbeiten

Ich habe vier Unterbrechungen in den Verlauf
gesetzt. Die erste ❽ steht auf POSITION 20 %
❶. Als FARBE ❼ habe ich Schwarz definiert.
Die zweite steht auf POSITION 50 % und ist
mittelgrau definiert. Die dritte steht auf Position 51 % und ist wieder schwarz. Zwei und
drei haben also kaum einen Abstand zueinander ❾. Die vierte Unterbrechung steht bei
90 % ❿ und ist wieder mittelgrau, vielleicht
etwas dunkler definiert. Auch hier können Sie
gut mit den Einstellungen spielen und experimentieren.

## 9 Vignette für Hintergrund

Schließen Sie die Dialoge VERLAUF BEARBEITEN
und EBENENSTIL mit OK. Zum Abschluss werden wir noch eine stimmungsvolle Vignette
hinzufügen. Dazu konvertieren Sie erst
»Ebene 1« in ein Smart-Objekt ⓬ und wählen
dann im Menü FILTER • VERZERRUNGSFILTER •
OBJEKTIVKORREKTUR. Im folgenden Dialog definieren Sie unter VIGNETTE mit negativen
Werten bei STÄRKE und geringen Werten bei
MITTENWERT eine nette Randabdunkelung ⓭.

# Helligkeit & Kontrast

**Tonwert, Kontrast und Helligkeit.**
Das sind, neben der Farbigkeit, drei sehr
wichtige Parameter bei der Bildbearbeitung. In diesem Kapitel lernen Sie die
wichtigsten Einstelloptionen kennen, um
am Tonwert zu drehen und damit Helligkeit und Kontrast zu verändern. Wichtig
sind vor allem Tonwertkorrektur und
Gradationskurven. Im Alltag kommen Sie
mit einem dieser beiden Werkzeuge über
die Runden. Einfacher mag die Tonwertkorrektur sein, fast alle Profis dürften die
Gradationskurven vorziehen. Bei allen
Korrekturen sollte Ihnen aber bewusst
sein, dass es »richtig« und »falsch« in der
Bildbearbeitung kaum gibt. Farb- und
Tonwertkorrektur hat mehr mit Erfahrung,
als mit Wissen zu tun. Und mehr als sonst
gilt auch hier die oberste Gestaltungs-
grundregel: Schauen Sie genau hin!

Foto: Markus Wäger

# Helligkeit & Kontrast

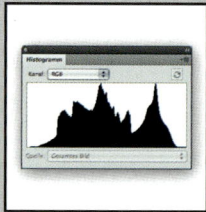

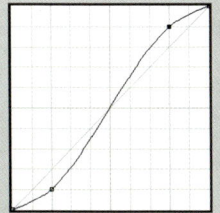

 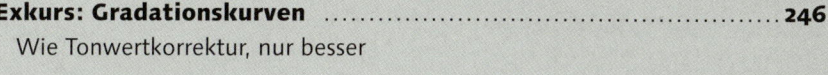

# Histogramm & Tonwertkorrektur

*Was Bildbearbeitung mit Statistik zu tun hat*

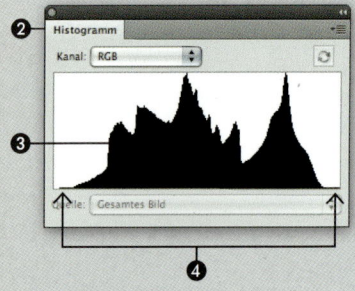

▶ Video-Training

Video-Training 2, Lektion 2.1

Zu diesem Grundlagenexkurs finden Sie drei Grafiken auf der DVD zum Buch.
[256Graustufen.tif, 6GraustufenGleich.tif, 6GraustufenUngleich.tif]

Wenn Sie Bildbearbeitung betreiben, dann kommen Sie auch mit Histogrammen, Tonwertkorrekturen und Gradationskurven in Berührung. Es lässt sich gut mit Photoshop arbeiten, ohne zu wissen, was es damit auf sich hat, doch Sie werden bessere Ergebnisse erzielen, wenn Sie sich damit auskennen.

Ein Histogramm ist eine Statistik über die Helligkeitsverteilung in einem Bild in Form eines Balkendiagramms. Links sehen Sie ein durchschnittliches Bild ❶ und dessen Histogramm ❸ in der gleichnamigen Palette ❷. Das Histogramm selbst sieht in der Regel wie ein Gebirgszug aus. Ist das Bild nicht über- und auch nicht unterbelichtet beziehungsweise ist der Tonwertumfang nicht zu hoch für ein gewöhnliches 8-Bit-Bild, dann läuft dieses Gebirge an den beiden Enden mehr oder weniger sanft aus ❹.

Abbildung ❺ zeigt eine Grafik mit einem großen, schwarzen Feld, einem gleichgroßen weißen Feld und einem Verlauf dazwischen. Das Histogramm dazu zeigt auf der linken Seite einen Balken, der die schwarze Fläche repräsentiert ❻, und rechts einen Balken für die große weiße Fläche ❼. Der Graustufenverlauf wird als gleichmäßig hoher Balken angezeigt, da jede Graustufe mit derselben Pixelzahl vertreten ist.

Abbildung ❽ zeigt eine Grafik aus sechs Feldern und das dazugehörige Histogramm. Da alle Felder exakt gleich groß sind und somit dieselbe Anzahl Pixel aufweisen, sind auch alle sechs Balken im Histogramm gleich hoch. Anders, als bei Abbildung ❾, wo von links nach rechts ein Feld die doppelte Größe des vorangegangenen hat, und dement-

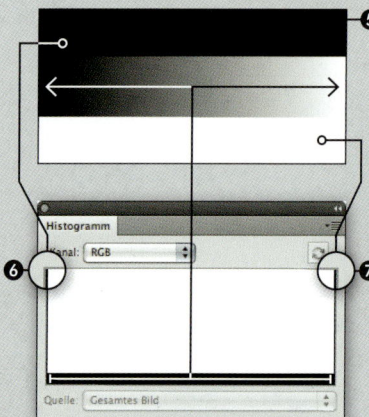

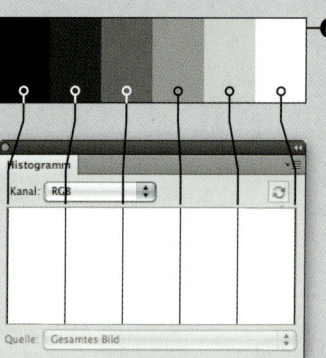

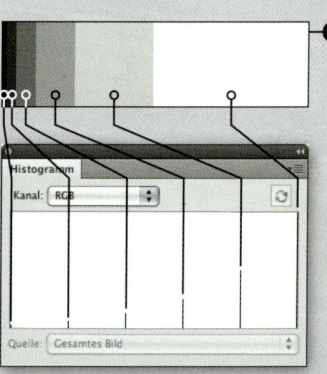

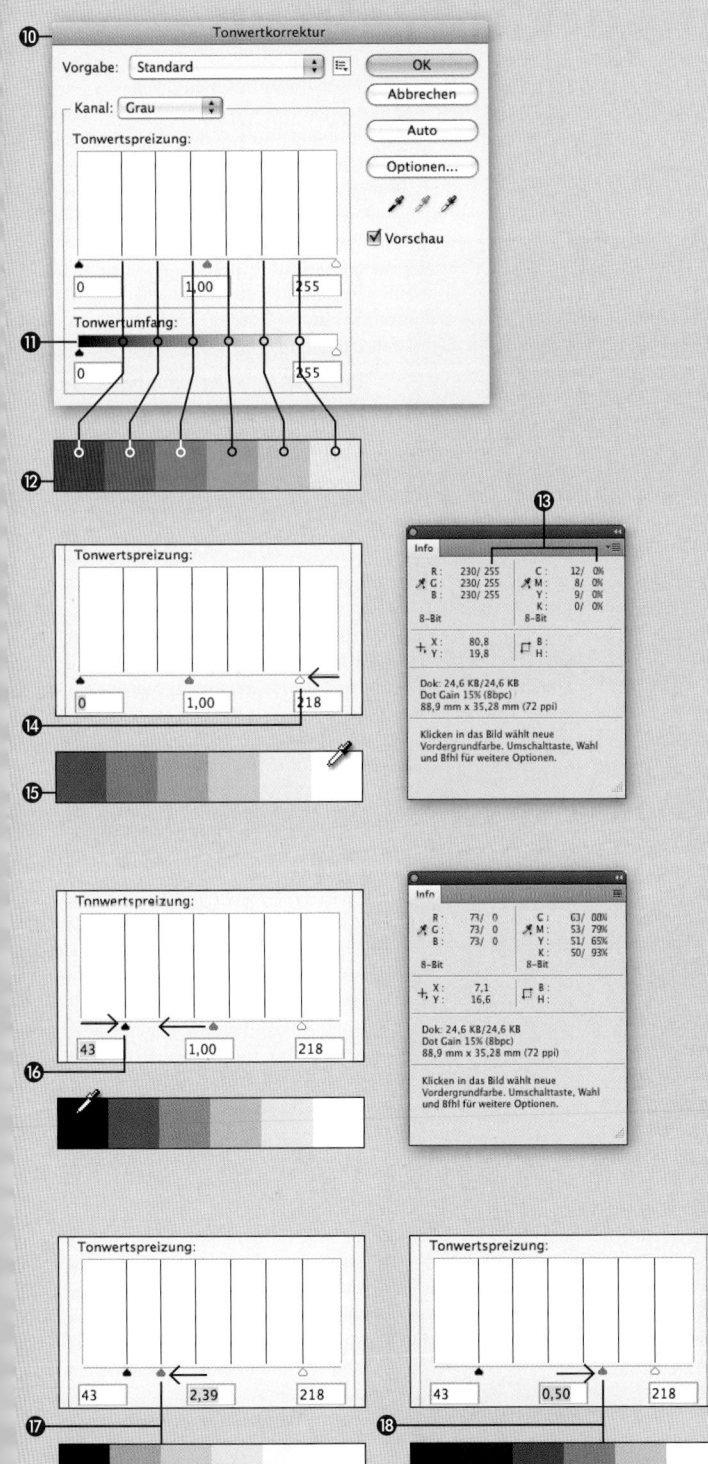

sprechend jeweils auch ein Balken im Histogramm doppelt so hoch ist, wie der jeweilige links von ihm.

Tonwertkorrektur bedeutet, vereinfacht ausgedrückt, die Helligkeitsverteilung in einem Bild zu beeinflussen. Das geht auf verschiedene Arten, unter anderem auch über den gleichnamigen Dialog.

Abbildung ⓬ zeigt ebenfalls eine Grafik mit sechs Feldern. Allerdings ist der Tonwertumfang dieser Grafik schmaler, als bei Abbildung ❽: Anstatt schwarz ist das dunkelste Feld dunkelgrau, anstatt weiß ist das hellste Feld hellgrau. Wenn Sie die Balken des Histogramms vertikal in den Verlauf TONWERTUMFANG ⓫ verlängern, sehen Sie, welchem Tonwert er entspricht.

Im Dialog TONWERTKORREKTUR ❿ finden Sie zwei Regler, mit denen Sie den Tonwertumfang spreizen können. Rechts befindet sich der Regler für den WEISSPUNKT. Verschieben Sie diesen Regler nach links ⓮, direkt unter den Balken des hellsten Feldes, wird dieses Feld zu reinem Weiß aufgehellt. Alle anderen Felder werden relativ mit aufgehellt ⓯. Wenn Sie den Mauszeiger über das jetzt weiße Feld führen, bestätigen die Werte für RGB und CMYK, die die Palette INFO anzeigt, dass das Feld jetzt weiß ist ⓭.

Dasselbe, nur umgekehrt auf Schwarz bezogen, passiert, wenn Sie den Regler für den SCHWARZPUNKT ⓰ nach rechts unter den Balken des dunkelsten Feldes verschieben.

Besonderen Einfluss auf die Helligkeitsverteilung in einem Bild hat der Regler für die mittleren Tonwerte. Wenn Sie diesen nach links verschieben, hellen sich alle Pixel auf ⓱ (außer reinem Schwarz und Weiß), wenn Sie ihn nach rechts verschieben, werden alle Pixel abgedunkelt ⓲ (außer reinem Schwarz und Weiß).

Schwierigkeitsgrad 1 – Für Einsteiger

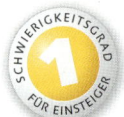

# Einfache Tonwertkorrektur

*Lirum, larum, Löffelstiel, wer das nicht kann …*

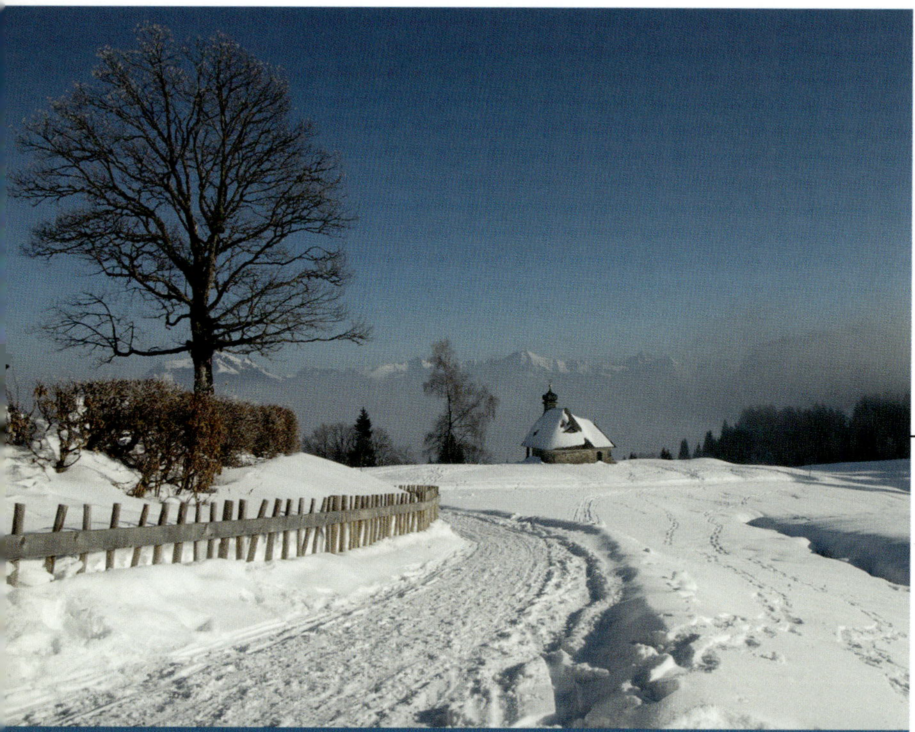

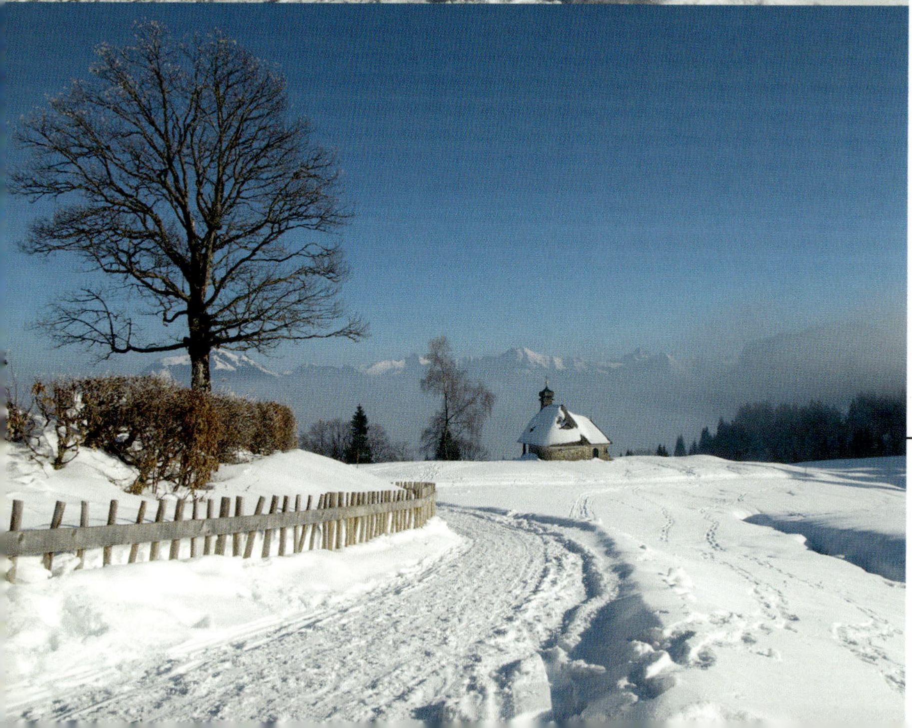

*Tonwertkorrekturen gehören zu den Arbeiten, die jeder Photoshopper gelegentlich durchführen muss. Zwar nicht die einzige, aber eine einfache Möglichkeit dazu, stellt die Einstellungsebene »Tonwertkorrektur« dar. »Tonwertkorrektur« können Sie destruktiv über Menü Bild • Korrekturen ausführen, oder nichtdestruktiv mittels Einstellungsebene. Nichtdestruktive Bildbearbeitung bedeutet, dass Sie das Aussehen eines Bildes korrigieren, ohne dass sich die Bildpixel unwiderruflich verändern. Meist sieht eine einfache Tonwertkorrektur so aus, dass Schwarz- und Weißpunkt an das Histogramm herangeführt, und die mittleren Tonwerte leicht angepasst werden. Vermieden werden sollten dabei zu reinem Schwarz oder Weiß ausbrechende Bereiche.*

**Zielsetzung:**

Bild aufhellen

**[tonwertkorrektur_einfach.jpg]**

**Video-Training**

Video-Training 2, Lektion 1.1

# 1    Schwarzpunkt mit Alt-Tasten-Trick

Klicken Sie in der Palette KORREKTUREN auf
die Schaltfläche für TONWERTKORREKTUR ![]. 
Diese Palette ist etwas klein, doch mit dieser
Schaltfläche ❷ können Sie sie vergrößern.
Schieben Sie den Regler für den Schwarzpunkt nach rechts ❸. Wenn Sie dabei die
Alt-Taste halten, wird das ganze Bild ausgeblendet. Je weiter Sie nach rechts ziehen,
desto mehr erscheinen farbige Flecken ❶.
Diese Flecken markieren Bereiche, die nun zu
reinem Schwarz ausbrechen würden. Das
sollte man in der Regel eher vermeiden.

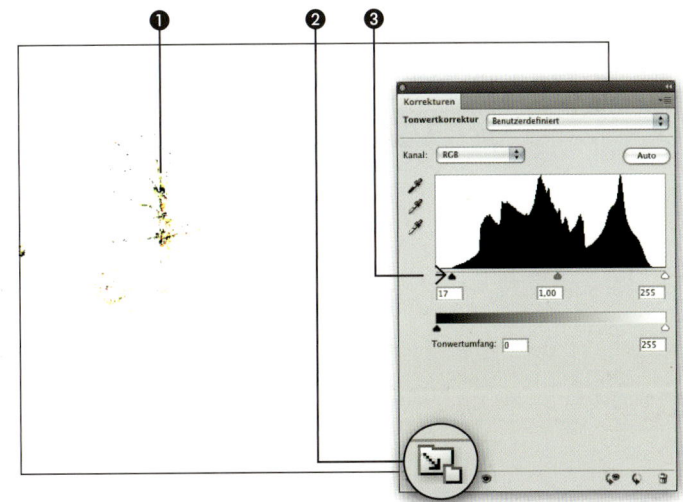

# 2    Weißpunkt mit Alt-Tasten-Trick

Auch bei der Definition des Weißpunktes ❺
können (und sollten) Sie die Alt-Taste
halten, um zu reinem Weiß ausbrechende Bereiche ❹ zu erkennen und zu vermeiden.

Zeigt das Histogramm eines Bildes, dass die
Ausläufer des Tonwertverteilungsgebirges
nicht an beiden Seiten bis zum Rand reichen,
kann man meist Schwarz- und Weißpunkt an
die ersten Ausläufer heranziehen. Der Alt-
Tasten-Trick schützt einen dabei davor, es zu
übertreiben.

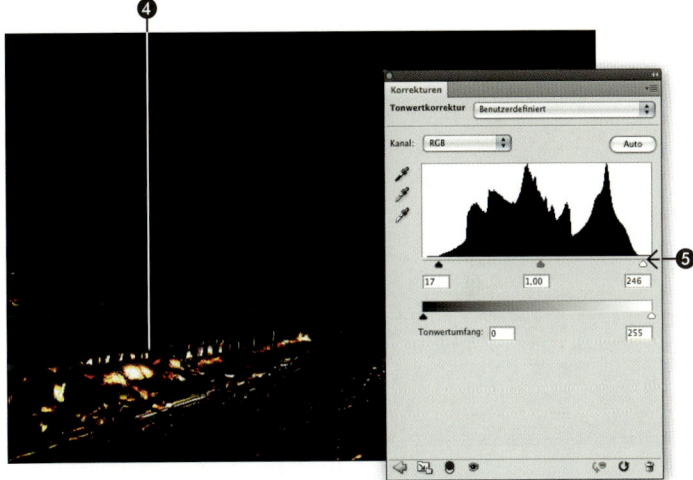

# 3    Mittenwerte einstellen

Das Bild ist nach der Tonwertspreizung
(= Schwarz- und Weißpunkt an das Histo-
gramm heranziehen) noch etwas zu dunkel.
Durch Verschieben des Reglers der mittleren
Tonwerte ❼ können Sie es sacht aufhellen.

Oft werden mit TONWERTKORREKTUR ange-
passte Bilder etwas leblos. Klicken Sie auf ZUR
KORREKTURLISTE ZURÜCKKEHREN ❻ und dann
auf NEUE DYNAMIK-EINSTELLUNGSEBENE HINZU-
FÜGEN ![]. Ich habe die Dynamik auf +75
erhöht ❽. Werfen Sie einen Blick auf die
Ebenen-Palette, sollte sie jetzt so ❾ aussehen.

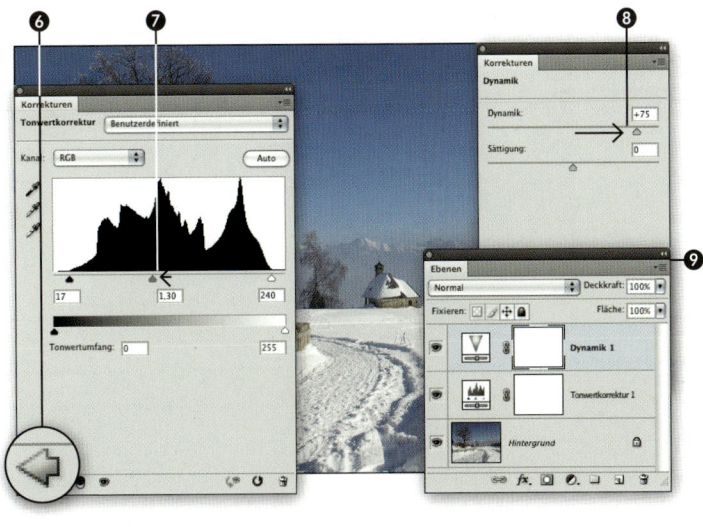

SCHWIERIGKEITSGRAD 2 FÜR AUFSTEIGER

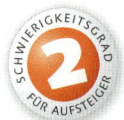

# Tonwertkorrektur mit Pipetten

*Schwarzpunkt und Weißpunkt gezielt setzen*

*Nichtdestrutive Bildbearbeitung macht Sie als Gestalter flexibel. Mit Einstellungsebenen können Sie beliebig lange mit multiplen Korrekturfunktionen an einem Bild arbeiten, ohne die Bildqualität zu ruinieren, da keine Bildinformation verloren geht. In diesem Workshop werden wir eine Tonwertkorrektur einstellen, eine Dynamik-Einstellung darüberlegen und an der Tonwertkorrektur weiterarbeiten. Über das Menü* Bearbeiten • Korrekturen *hingegen sollten Sie denselben Befehl nicht mehrmals auf das gleiche Bild anwenden.*

**Video-Training**

Video-Training 2, Lektion 2.2

**Zielsetzungen:**

Bild aufhellen, Kontrast erhöhen, Lebendigkeit steigern

**[tonwert_per_klick.jpg]**

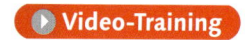

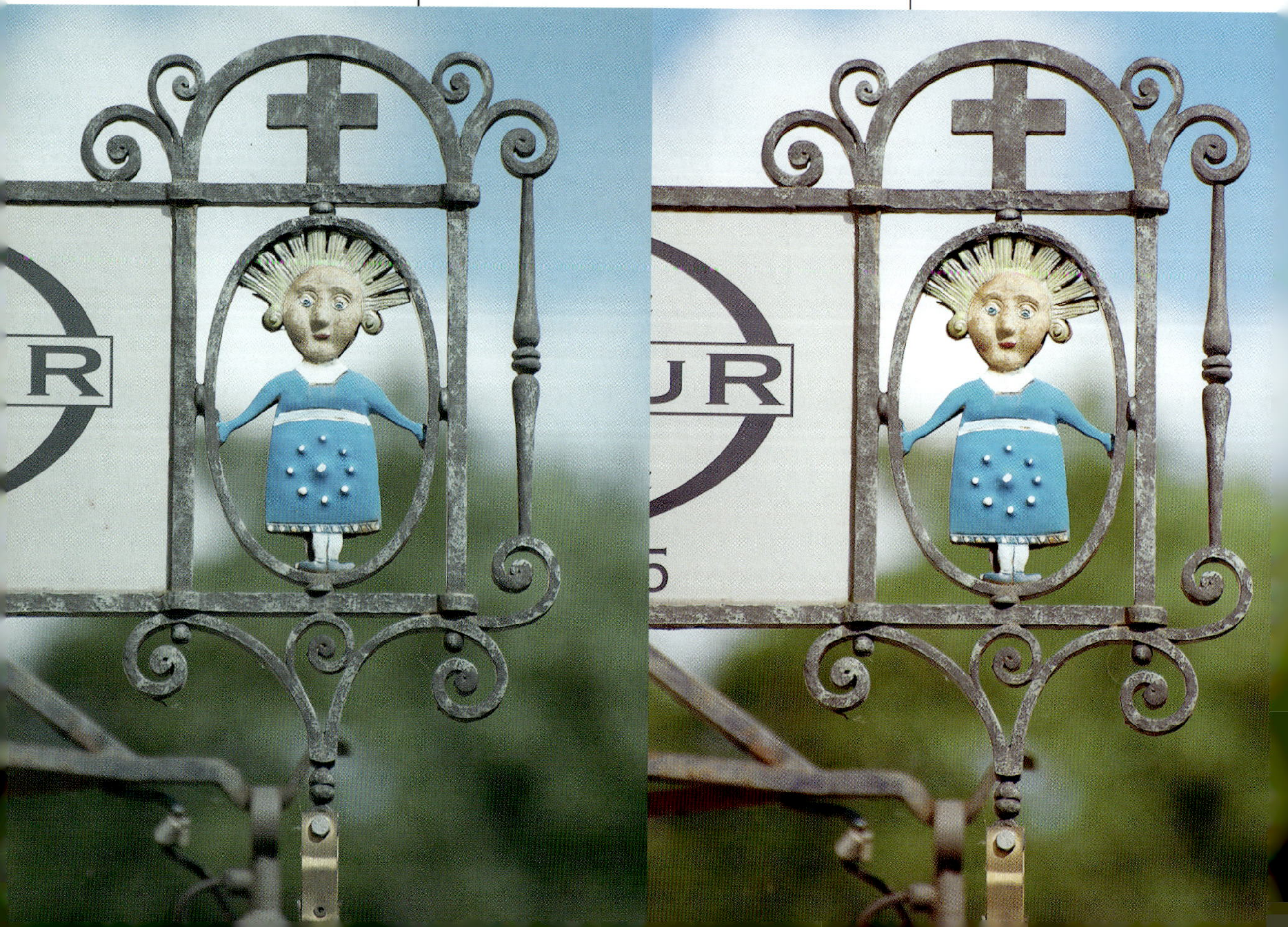

# 1 Weißpunkt setzen

Eine etwas professionellere Alternative zur gerade gezeigten einfachen Tonwertkorrektur stellt die Tonwertkorrektur mit Pipetten dar. Erstellen Sie zunächst eine Tonwertkorrektur-Einstellungsebene, in der Sie in der Palette KORREKTUREN auf 🏔 klicken. Rechts neben dem Histogramm sind drei Pipetten zu sehen. Aktivieren Sie die Pipette zum Setzen des WEISSPUNKTS ❷, und suchen Sie die hellste Stelle mit dem reinsten Weiß im Bild ❶.

# 2 Pipette einstellen

Die Palette INFO zeigt die Farbwerte für den Bereich, über dem sich die Maus gerade befindet, an. Suchen Sie die hellste Stelle im Bild, über der alle RGB-Werte nahe 255 ❺ und alle CMYK-Werte nahe 0 % ❻ liegen, und klicken Sie, um den Weißpunkt zu setzen.

**Tipp:** Klicken Sie mit rechts zur Definition des Durchschnitts und zur Berechnung der Werte ❸. 3×3 ist eine gute Einstellung.

**Tipp:** Arretieren Sie die Feststelltaste, um statt der Pipette ein Fadenkreuz ❹ angezeigt zu bekommen.

# 3 Schwarzpunkt setzen

Aktivieren Sie danach die SCHWARZPUNKT-PIPETTE ❼, und suchen Sie nach dem dunkelsten Bereich im Bild ❽. Auch hier hilft Ihnen die Palette INFO, um die tatsächlich dunkelste Stelle ausfindig zu machen. Dabei ist es besser, sich an den RGB-Werten ❾ zu orientieren, denn die müssen einfach alle drei möglichst nahe 0 sein. Die CMYK-Werte ❿ für Schwarz sind niemals einfach 100 % K, sondern setzen sich aus C-, M-, Y- und K-Werten zwischen 70 und 90 Prozent zusammen, was den Vergleich erschwert.

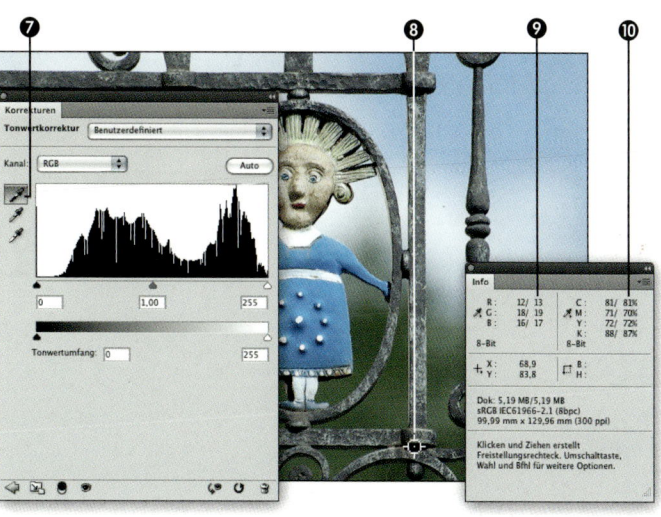

### 4 Mitteltöne definieren

Wozu könnte nun die MITTELTÖNE-PIPETTE ❶ dienen? Zur Definition des Tonwerts mittlerer Helligkeit (weder ○ noch ●, sondern ●)? Falsch! Mit dieser Pipette definieren Sie neutrales Grau. Das ist ein Grau ganz ohne Farbstich. Weder bläulich ●, noch rötlich ●, noch gelblich ●, sondern ganz neutral ● – egal ob hell ○ oder dunkel ●.

Klicken Sie auf etwas, von dem Sie glauben, dass es neutral grau sein dürfte. Ich habe zuerst die Schrift ❷ versucht, und mich dann für die Schraube als Referenz entschieden ❸.

### 5 Dynamik erhöhen

Bei der Definition neutralen Graus zieht man meist Objekte als Referenz heran, von denen man ausgeht, dass Sie neutral grau sind. Das trifft meist auf Beton, Asphalt oder verzinkte Eisenteile zu.

Bevor wir die Tonwertkorrektur beenden, sollten wir eine Dynamik-Einstellungsebene hinzufügen. Klicken Sie dazu in der Palette KORREKTUREN auf die Schaltfläche [V], und erhöhen Sie die DYNAMIK ganz deutlich. Ich habe für dieses Bild sogar +100 eingestellt.

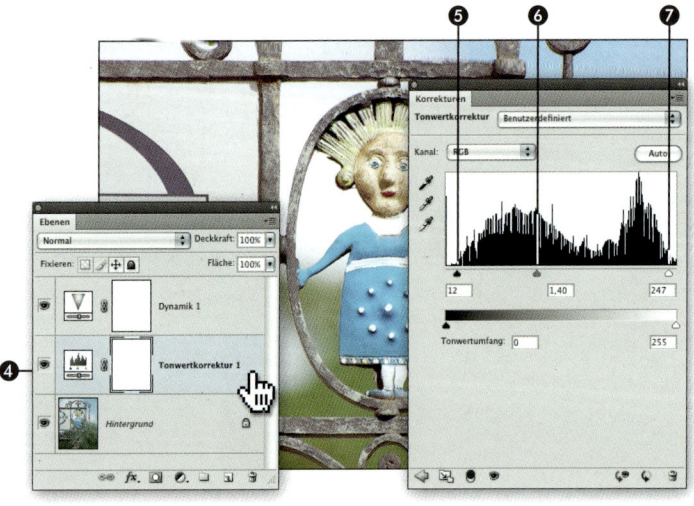

### 6 Kontrast erhöhen und aufhellen

Kehren Sie mit einem Klick in der Palette EBENEN ❹ zur Einstellungsebene TONWERT-KORREKTUR zurück. Sie hätten die Dynamik auch nach Fertigstellung der Tonwertkorrektur einstellen können. Nur sehen Sie so beim restlichen Finetuning schon das Endresultat.

Ich habe den Schwarz- ❺ und den Weiß-regler ❼ jeweils nach innen verschoben, weil das Bild sonst zu wenig Kontrast hat. Zum Aufhellen habe ich dann den Mittenregler ❻ (dieser regelt tatsächlich die mittlere Helligkeit ●) etwas nach links gezogen.

## 7 Ausbrechende Bereiche prüfen

Wenn Sie während des Verschiebens von Weiß- und Schwarzpunktregler den [Alt]-Tasten-Trick angewendet haben (siehe Seite 239), dann werden Sie wohl gerufen haben »Das bricht ja aus!«. Tatsächlich zeigt uns der Blick in die Info-Palette, dass beispielsweise beim Kragen ❽ keine Farbe mehr auf das Papier kommt ❾. Bei den meisten Druckverfahren werden die Rasterpunkte unterhalb von drei bis fünf Prozent Farbauftrag so klein, dass gar keine Farbe mehr auf das Papier kommt.

## 8 Ausbrechende Bereiche korrigieren

Rein weiße Druckbereiche führen dazu, dass ab dem kritischen Prozentwert der Farbauftrag abrupt abbricht, was unschön konturierte Flecken ergibt. Ein solches Detail möchte man in der Regel verhindern. Verschieben Sie deshalb den Weißpunkt-Regler (ja, es gibt in diesem Dialog zwei davon) unter TONWERT-UMFANG etwas nach links ❿. Wenn im Feld unter dem Regler circa 245 steht, ist der Wert in Ordnung. Die Info-Palette zeigt jetzt einen ausreichenden Farbauftrag ⓫.

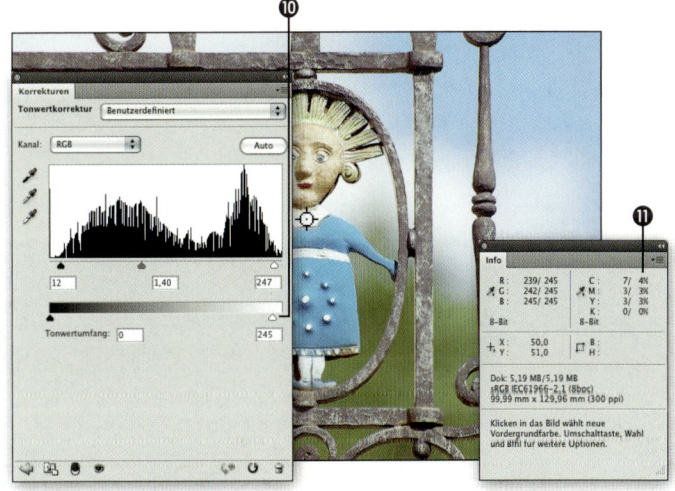

## 9 Auf Hintergrundebene reduzieren

Tonwertkorrektur wie Dynamik-Einstellung ließe sich auch über das Untermenü KORREK-TUREN im Menü BILD ausführen. Allerdings sind Sie im Bearbeitungsprozess mit Einstellungsebenen viel flexibler.

Möchten Sie die Datei am Schluss jedoch nicht mit Einstellungsebenen speichern – beispielsweise weil sie als JPEG gesichert werden soll (JPEG unterstützt keine Einstellungsebenen) –, dann wählen Sie im Ebenen-Paletten-menü AUF HINTERGRUNDEBENE REDUZIEREN.

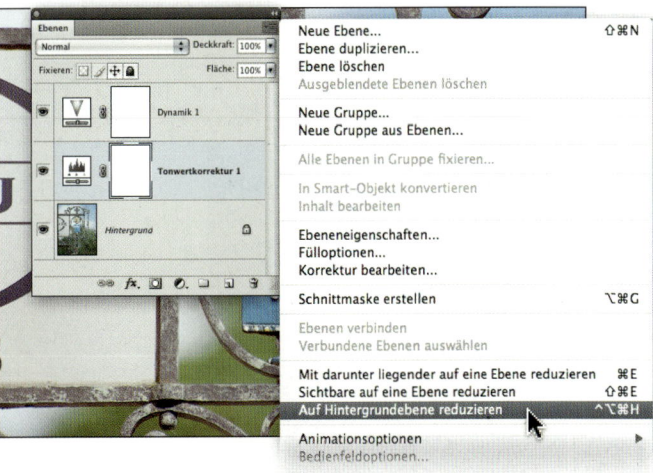

SCHWIERIGKEITSGRAD 1 FÜR EINSTEIGER

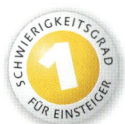

# Tiefen/Lichter zum Aufhellen

*Gegen zu tiefe Schatten ist ein Kraut gewachsen*

*Schwierigkeitsgrad 1 oder 2? Im Grunde gehört Tiefen/Lichter zu den ganz einfachen Korrekturen. Wenn Sie die »weiteren Optionen« nicht einblenden, dann kann damit jedes Kind zu kräftige Schatten durch Verschieben des Stärke-Reglers aufhellen. Mit den weiteren Optionen können Experten aber einiges aus einem Bild herausholen. Und wenn Sie die Korrektur mit Smart-Objekten und der Bearbeitung von Ebenenmasken kombinieren, dann wäre das fast schon Profi-Level 3. Doch weder die Smart-Objekt-Konvertierung noch die Ebenenmaske sind Pflicht, um mit Tiefen/Lichter zu arbeiten. Also bleiben wir bei Level 1.*

**Zielsetzungen:**

Schatten aufhellen

Schwarz des Kleides bewahren

**[tiefen-lichter.jpg]**

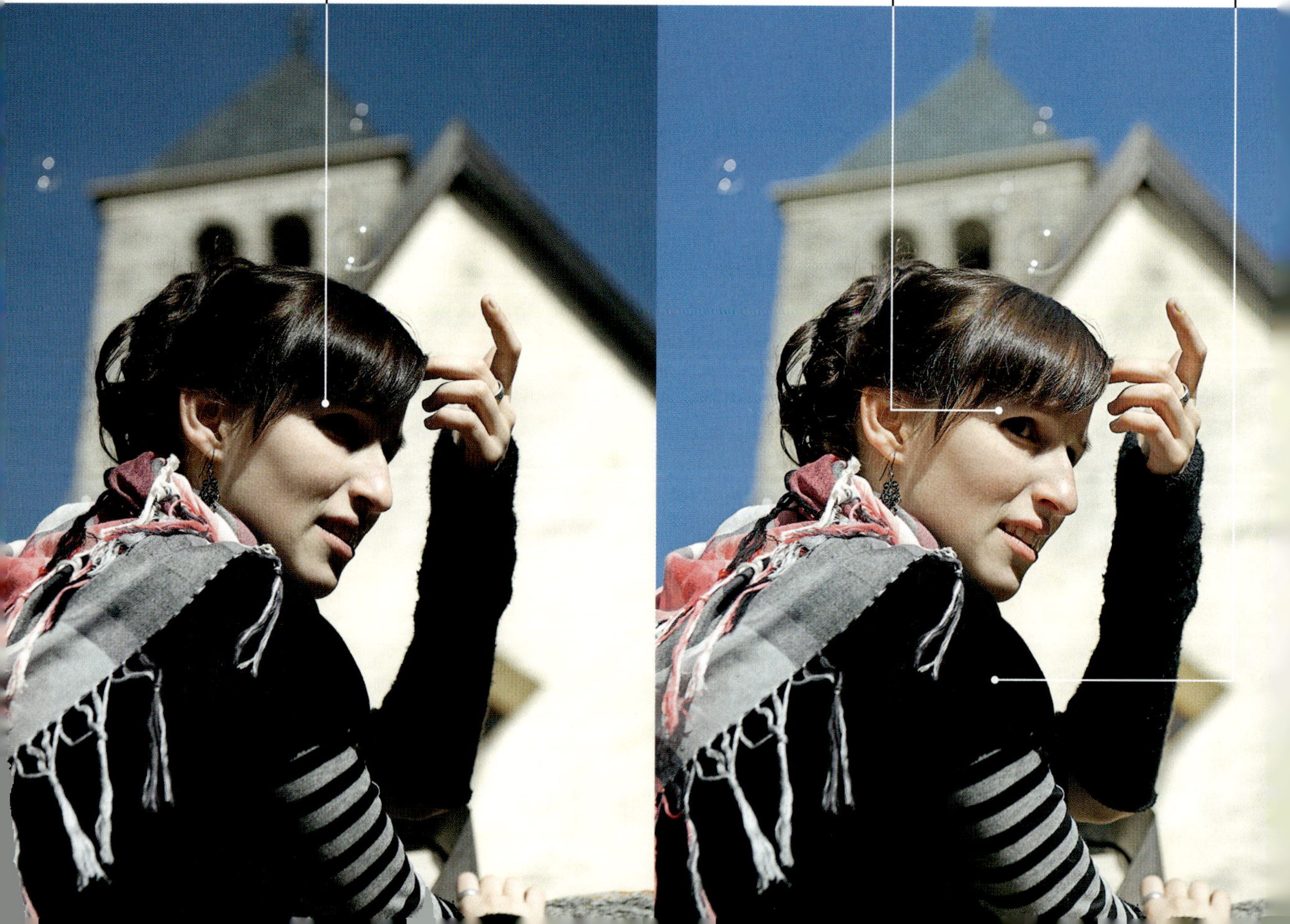

## 1 Smart-Objekt und Tiefen/Lichter

TIEFEN/LICHTER ist leider nicht als Einstellungsebene verfügbar. Um diesen Effekt dennoch nichtdestruktiv anzuwenden, klicken Sie mit rechter Maustaste auf die Ebene HINTERGRUND und wählen im Kontextmenü IN SMART-OBJEKT KONVERTIEREN ❶. Wählen Sie dann im Menü BILD • KORREKTUREN • TIEFEN/LICHTER. Aktivieren Sie WEITERE OPTIONEN EINBLENDEN ❺. Spielen Sie zuerst im Bereich TIEFEN mit den Werten STÄRKE ❷, TONBREITE ❸ und RADIUS ❹.

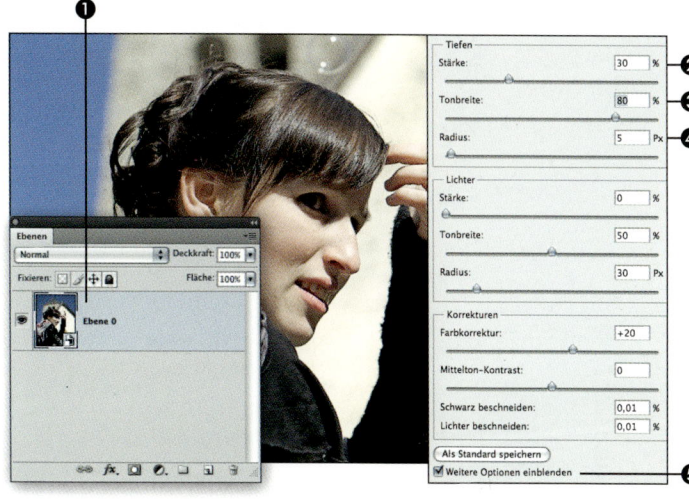

## 2 Nach den Tiefen die Lichter

Nach der provisorischen Einstellung der Tiefen kommen STÄRKE ❻, TONBREITE ❼ und RADIUS ❽ der LICHTER dran. Ich war einmal der Ansicht, hier mit einem System vorgehen zu können. Die Erfahrung hat mich aber gelehrt, dass jedes Bild andere Einstellungen braucht. Spielen Sie einfach mit den Reglern.

**Tipp:** Ich setze den Cursor in die einzelnen Felder und erhöhe beziehungsweise verringere deren Werte mit den ↑- und ↓-Tasten bei gedrückter ⇧-Taste in Zehnerschritten.

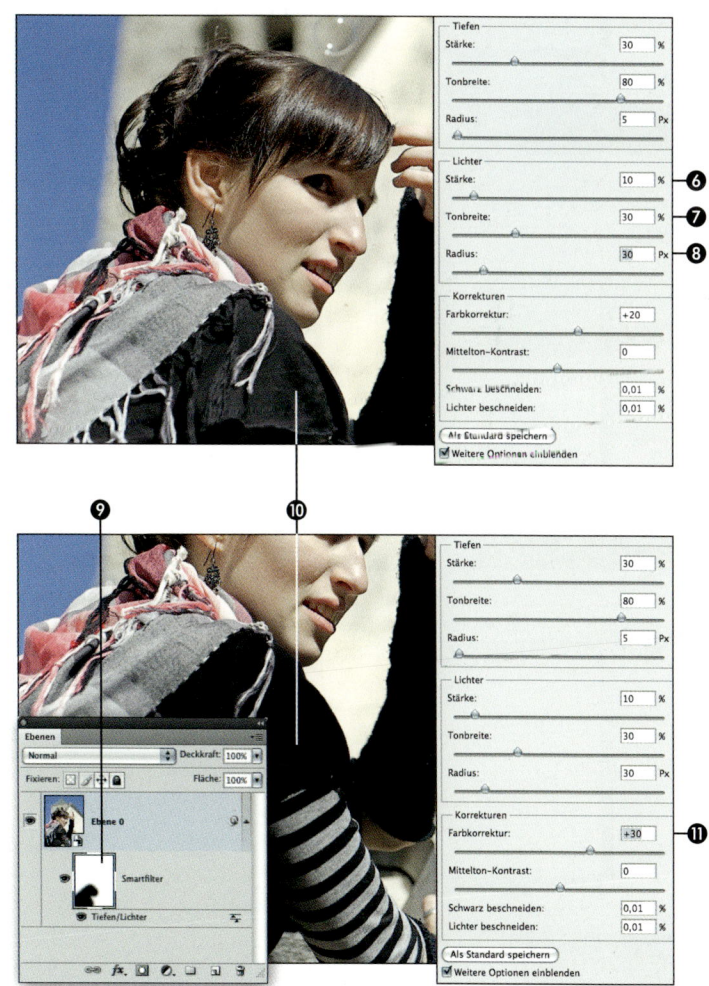

## 3 Farbkorrektur und Maskierung

Wie meist, wenn Bilder aufgehellt werden, fehlt es danach auch hier an Lebendigkeit. Geben Sie dem Bild mit FARBKORREKTUR ⓫ das Leben zurück, und bestätigen Sie mit OK. Durch das Aufhellen der Tiefen ist das Kleid flau geworden ❿. Doch zwischen der Smart-Objekt-Ebene und der Korrektur-Einstellung TIEFEN/LICHTER hängt eine Ebenenmaske ❾. Wenn Sie dort mit dem PINSEL-WERKZEUG ✎ Schwarz auftragen, wird die Wirkung von TIEFEN/LICHTER an diesen Stellen aufgehoben (siehe auch Ebenenmasken auf Seite 198).

# Gradationskurven

## Wie Tonwertkorrektur, nur besser

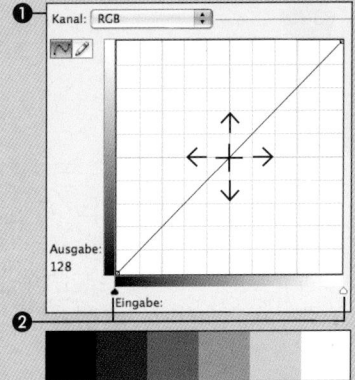

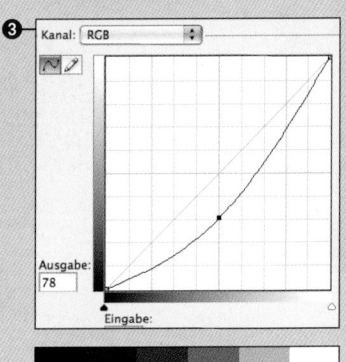

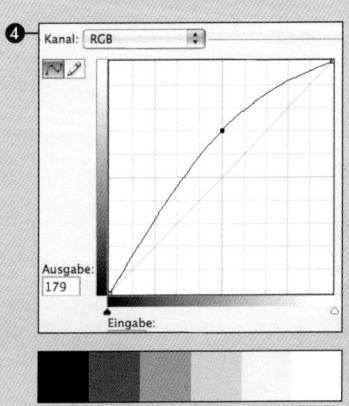

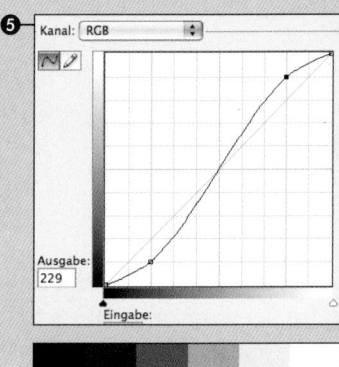

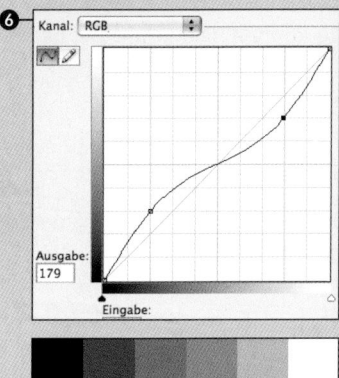

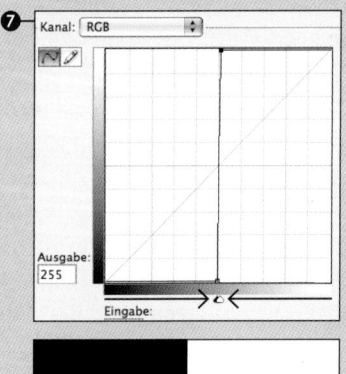

Gradationskurven sind nicht gerade leichte Kost. Doch wenn Sie sich zum Bildbearbeitungsprofi entwickeln wollen, lassen Sie die Tonwertkorrektur am besten links liegen und beißen sich durch diese Materie. Sie sehen auf dieser Doppelseite zwölf Gradationskurven und ihre Auswirkung auf den *Verlauf* mit den sechs Graustufen, den ich schon zur Erklärung der Tonwertkorrektur herangezogen habe (Seite 236).

Öffnen Sie über Menü BILD • KORREKTUREN • GRADATIONSKURVEN den Gradationskurven-Dialog, oder erstellen Sie über die Palette KORREKTUREN eine Gradationskurven-Einstellungsebene 🔲, ist die Kurve zunächst eine Gerade ❶. Via Mausklick an einer beliebigen Stelle der Geraden setzen Sie einen Punkt, und durch Ziehen dieses Punktes verbiegen Sie die Gerade zur Kurve.

Wenn Sie die Kurve absenken, werden die vier Graustufen des sechsstufigen Verlaufs abgedunkelt ❸. Lediglich Schwarz und Weiß bleiben unverändert, und zwar so lange, wie die Regler für den Schwarz- und Weißpunkt nicht verschoben werden ❷.

Wird die Kurve angehoben, dann hellen sich die Graustufen der Grafik auf ❹. Bis hierher unterschiedet sich die Arbeit mit Gradationskurven nicht wesentlich von der Arbeit mit der Tonwertkorrektur. Der Punkt, den Sie auf die Linie setzen, ist dem Mittenregler der Tonwertkorrektur vergleichbar. Der Vorteil der Gradationskurven liegt darin, dass Sie bis zu 14 Punkte auf die Linie setzen können, was 14 Mittenreglern entspräche (für dunkle Mitten, mittlere Mitten und helle Mitten). Setzen Sie zwei Punkte auf die Linie, senken den unteren (dunkle Mittentöne) ab, und heben den oberen (helle Mittentöne) an, dann erhöht sich der Kontrast ❺. Heben Sie hingegen den unteren Bereich der Kurve an und senken den oberen, dann ergibt eine dermaßen umgekehrte S-Kurve eine Verminderung des Kontrasts ❻. Auch Schwarz- und Weißpunkt ❷ lassen sich verschieben. Mit extremen Einstellungen lässt sich dadurch eine sogenannte Tontrennung erreichen ❼.

Bildbearbeitungsexperten nutzen darüber hinaus die Möglichkeit, mit Gradationskurven Einfluss auf die einzelnen FARBKANÄLE ❾ zu nehmen. Fotografien haben oft einen Farbstich – sie tendieren einen Tick zu sehr in Richtung Blau, Gelb, Rot oder Grün. Wenn Sie in Farbtheorie etwas bewandert sind (siehe auch Grundlagenexkurse ab Seite 56 und ab Seite 190), dann wissen Sie, dass sich jede Farbe durch ihre Gegenfarbe (Komplementärfarbe) neutralisieren lässt. Hat ein Bild einen *Cyanstich*, können Sie diese Farbtendenz ausgleichen, indem Sie die Gradationskurve anheben ❽ (da wir hier immer dieselbe Grafik mit neutral grauen Feldern verwenden, ist das Resultat hier dann natürlich rotstichig). Das Anheben der Kurve in einem bestimmten Farbkanal fügt dem Bild einen höheren Anteil dieser Farbe hinzu. Umgekehrt lässt sich ein zu starker Rotstich durch Absenken der Kurve im Rot-Kanal reduzieren, wodurch sich der Cyan-Anteil erhöht und das Bild kühler wird ❽.

Rot hat als Gegenfarbe Cyan (❽/❿), Grün als Gegenfarbe Magenta (⓫/⓬) und Blau als Gegenfarbe Gelb (⓭/⓮). Da sich auch in den Farbkanälen jeweils mehrere Ankerpunkte zum Formen einer S- oder umgekehrten S-Kurve setzen lassen, sind die Möglichkeiten, die Tonwertverteilung über Gradationskurven zu steuern, immens.

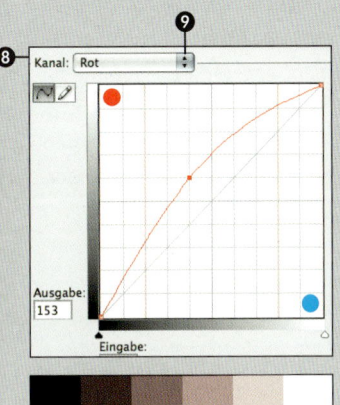

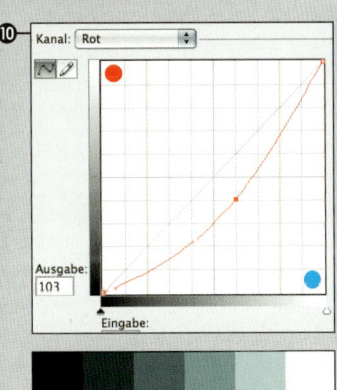

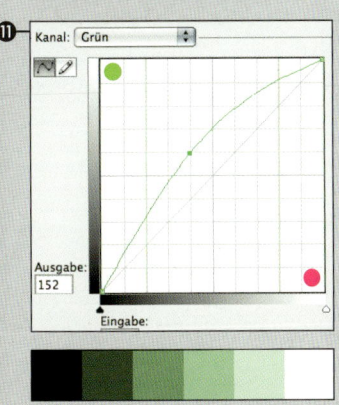

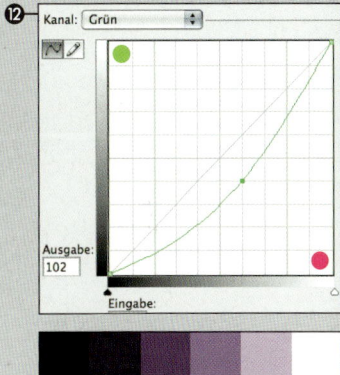

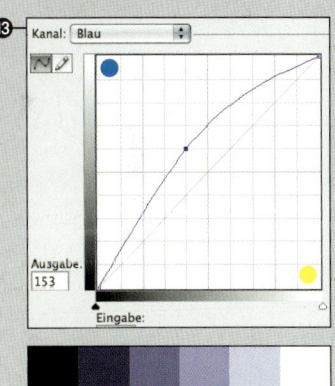

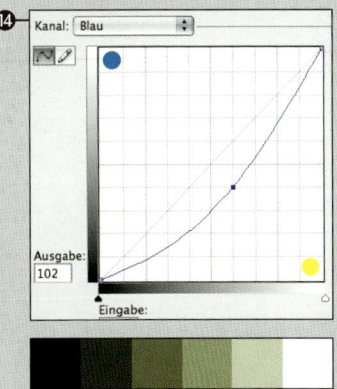

SCHWIERIGKEITSGRAD 1 FÜR EINSTEIGER

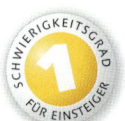

# Gradationskurven light

*Einfaches Abdunkeln und Aufhellen von Bildbereichen*

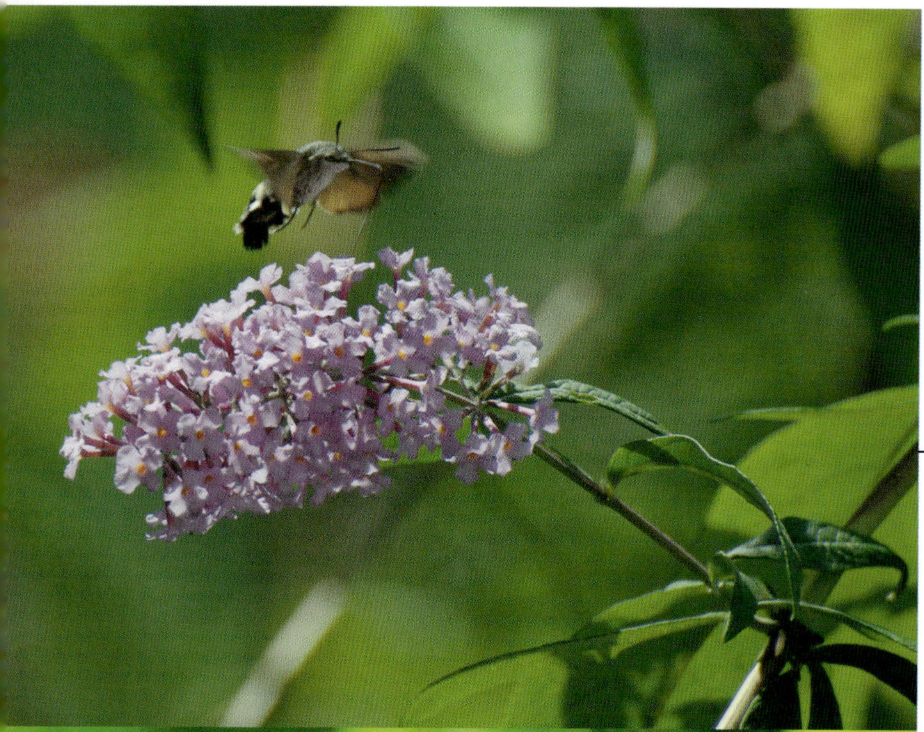

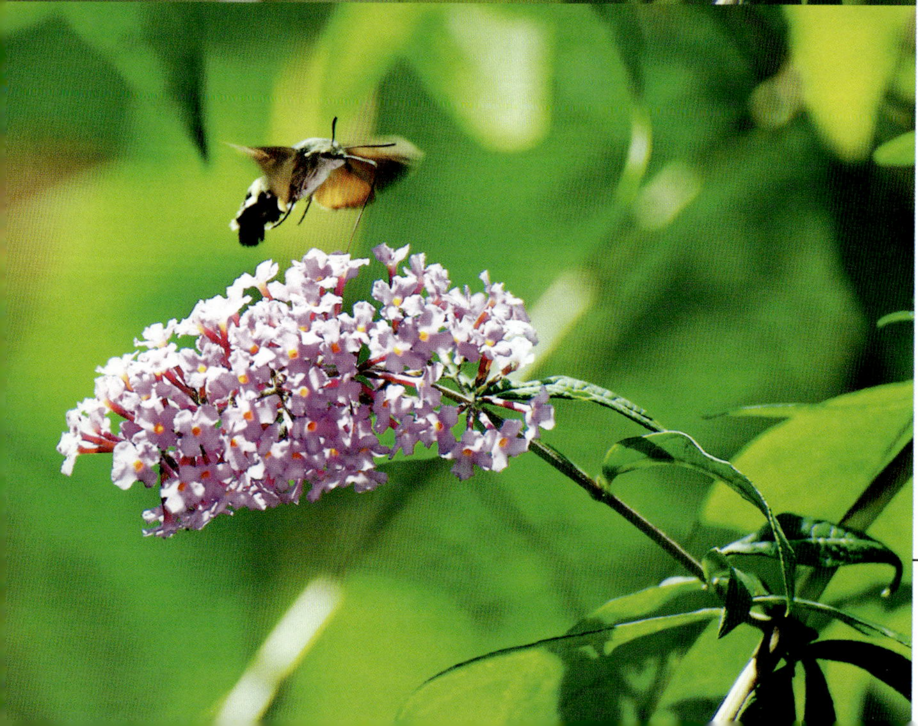

*Sie brauchen den vorangegangenen Grundlagenexkurs nicht vollständig verstanden zu haben, um sinnvoll mit Gradationskurven zu arbeiten. Wenn Sie Kompletteinsteiger in Photoshop sind und keine einschlägige Vorerfahrung in der Druckvorstufe und in Farbtheorie haben, und auch kein professioneller Analogfotograf sind, dann liegt die Latte bei manchen Themen in diesem Buch schon recht hoch. Doch keine Sorge: Wenn Sie fleißig mit Photoshop arbeiten, denn werden Ihnen viele Zusammenhänge mit der Zeit plausibel erscheinen, und Sie werden nach und nach verstehen, was Ihnen jetzt noch etwas rätselhaft erscheinen mag. Bei diesem Workshop zeige ich zwei ganz simple Arbeitsweisen mit Gradationskurven.*

**Zielsetzungen:**
Kontrast anheben
und Bild aufhellen
**[gradation_light.jpg]**

## 1    S-Kurve für mehr Kontrast

Klicken Sie in der Palette KORREKTUREN auf
NEUE KURVEN-EINSTELLUNGSEBENE ERSTELLEN
⊞. Für mehr Kontrast habe ich zuerst den
Schwarzpunkt-Regler etwas nach rechts verschoben ❸. Dann habe ich im unteren Viertel
der (noch) Geraden einen Punkt gesetzt und
diesen abgesenkt ❷, wodurch die Schatten
deutlich mehr Tiefe bekommen und das Bild
notwendige Zeichnung erhält. Einen zweiten
Punkt habe ich leicht unterhalb der Mitte
deutlich angehoben ❶, was dann zur erforderlichen Aufhellung geführt hat. Das war's.

## 2    Abdunkeln mit dem Scrubby Slider

Alternative: Stellen Sie zunächst die Kurve
wieder auf Standard-Werte zurück ❼. Aktivieren Sie den SCRUBBY SLIDER ❺, und bewegen
Sie die Maus zu dem Bildbereich, den Sie beeinflussen wollen. Photoshop zeigt, wo sich
dieser Tonwert auf der Kurve befindet ❻. Wir
wollen die dunkleren Bildbereiche richtig
dunkel machen. Drücken Sie über einem
solchen Bereich die Maustaste, und ziehen Sie
nach unten ❹. Photoshop setzt einen Steuerpunkt auf die Kurve und senkt sie analog Ihrer
Mausbewegung ab.

## 3    Aufhellen mit dem Scrubby Slider

Zum Anheben der Lichter (so nennt der Fotograf helle Bildbereiche) suchen Sie eine helle
Stelle (keine ganz weiße – Sie können Weiß
ebensowenig aufhellen, wie sich Schwarz abdunkeln ließe), drücken wieder die Maustaste
und verschieben diesmal die Maus nach
oben ❽. Auch hier setzt Photoshop den
passenden Punkt auf die Kurve ❾ und hebt
sie entsprechend Ihrer Mausbewegung an.

   **Tipp:** Sie können auf diese Art erstellte
Steuerpunkte natürlich auf der Kurve beliebig
auswählen und nachbearbeiten.

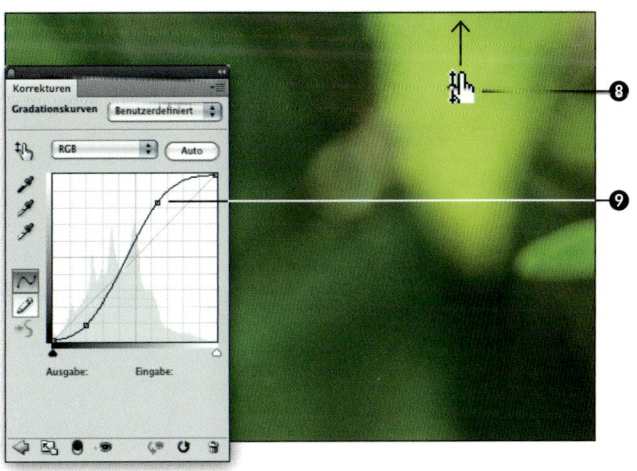

Schwierigkeitsgrad 1 – Für Einsteiger

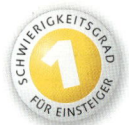

# Finetuning einer Skizze

*Mit Gradation und Weichzeichnung eine Skizze optimieren*

*Keine Angst: Wir malen nicht schon wieder. In diesem Workshop geht es um das Ausfeilen einer mit Kugelschreiber gezeichneten Skizze. Die Tricks mit Gradationskurve und Weichzeichner verwende ich genau gleich, um einen Unterschriftenscan zu optimieren, gezeichnete und schlecht gescannte Pläne zu verbessern oder eine pixelige Bitmap-Datei etwas natürlicher wirken zu lassen. Ich konnte es am Ende aber nicht lassen, die trockene Schwarzweiß-Zeichnung ein wenig zu bemalen. Wenn Ihnen das auch Spaß macht, haben Sie auf Seite 118 und Seite 127 ja gelernt, wie das gehen könnte.*

**Zielsetzung:**
Kugelschreiber-Zeichnung in Schwarz umwandeln und glätten
**[strichzeichnung.jpg]**

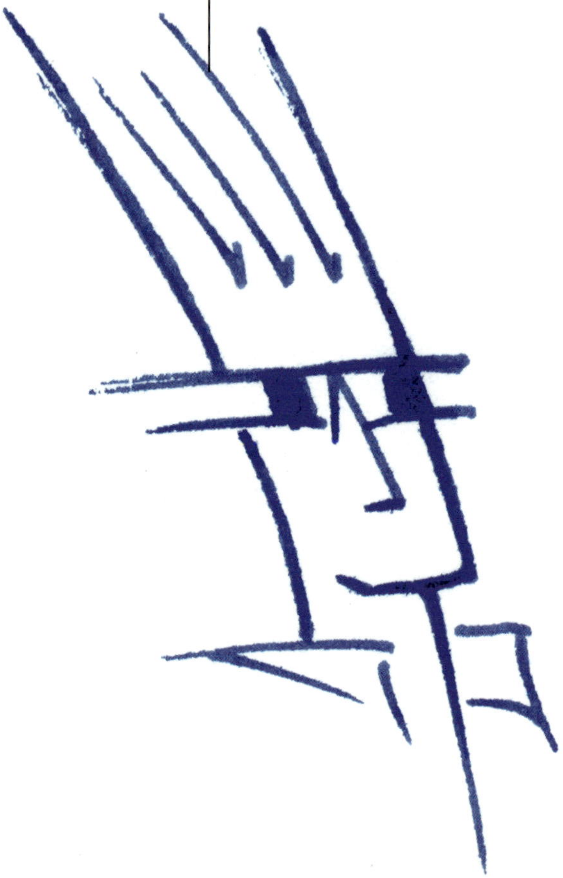

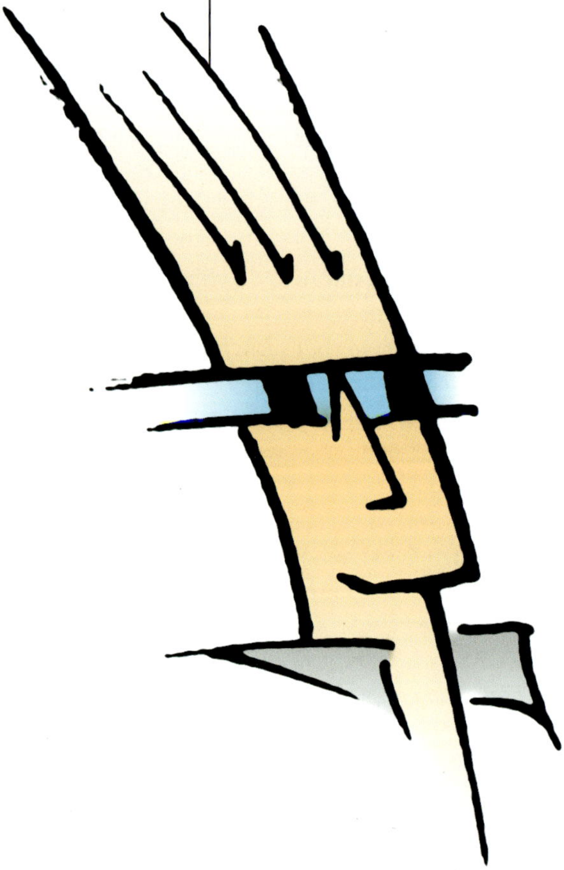

# 1 Smart-Objekt und Gradationskurve

Konvertieren Sie die RGB-Datei über Menü BILD • MODUS in GRAUSTUFEN. Den darauf eventuell erscheinenden Dialog können Sie ignorieren. Klicken Sie mit rechts auf die Ebene HINTERGRUND ❶, und wählen Sie im Kontextmenü IN SMART-OBJEKT KONVERTIEREN. Erstellen Sie eine neue Gradationskurve-Einstellungsebene 🖾. Verschieben Sie Schwarz- und Weißpunkt-Regler zur Mitte hin, um eine Tontrennung vorzunehmen. Das geht über die kleinen Kreise an den Enden der Geraden ❷ oder die Schieberegler unten ❸.

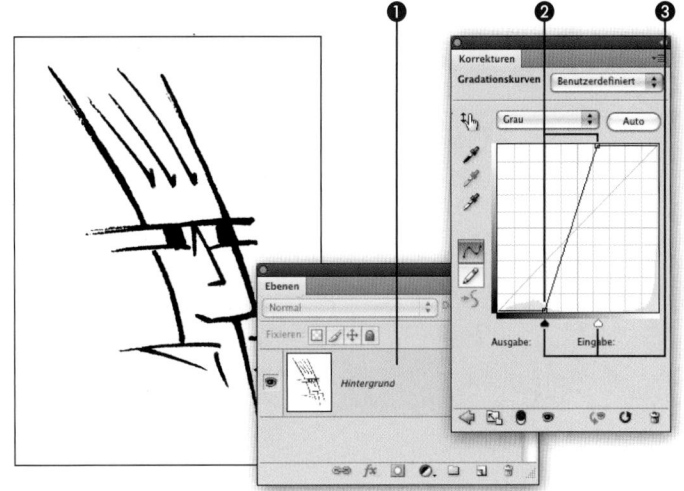

# 2 Gaußscher Weichzeichner

Die Zeichnung ist jetzt schön schwarz, aber noch etwas ausgefranst an den Rändern. Zum Glätten aktivieren Sie »Ebene 0« ❻, wählen Menü FILTER • WEICHZEICHNUNGSFILTER • GAUSSSCHER WEICHZEICHNER und suchen nach einem passenden RADIUS ❺. Ich habe das wieder mit ⬆-und ⬇-Taste gemacht (Halten der ⬦-Taste macht aus 0,1er Schritten Ganzzahlenschritte). 4,0 fand ich ganz in Ordnung. Schließen Sie den Dialog, und klicken Sie wieder auf die Einstellungsebene ❹, um sie erneut zu aktivieren.

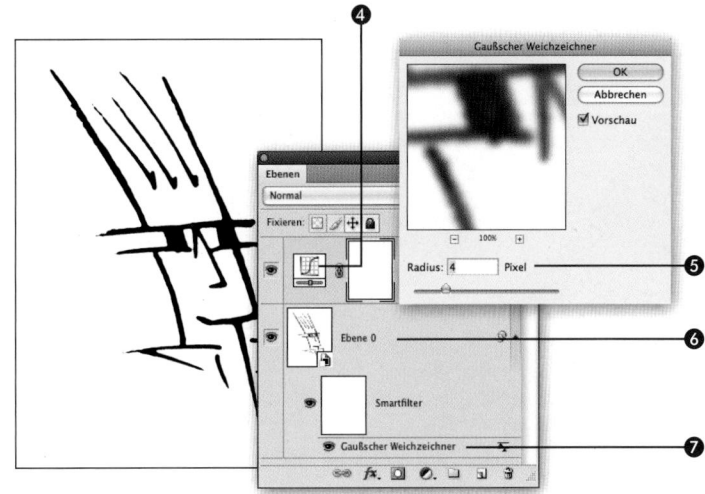

# 3 Finetuning für Gradation und Weichzeichnung

Verschieben Sie die aufsteigende Gradationslinie ❽ nach rechts, werden die Striche der Zeichnung dünner. Ein Verschieben nach links macht sie fetter. Je steiler die Linie, desto schärfer die Ränder der Striche. Ich habe die Linie ganz steil aufgestellt und danach mit einem Doppelklick auf GAUSSSCHER WEICHZEICHNER ❼ die Weichzeichnung auf 3,0 zurückgedreht ❾. Möchten Sie die Grafik jetzt bemalen, müssen Sie sie erst auf Hintergrundebene reduzieren und in RGB umwandeln.

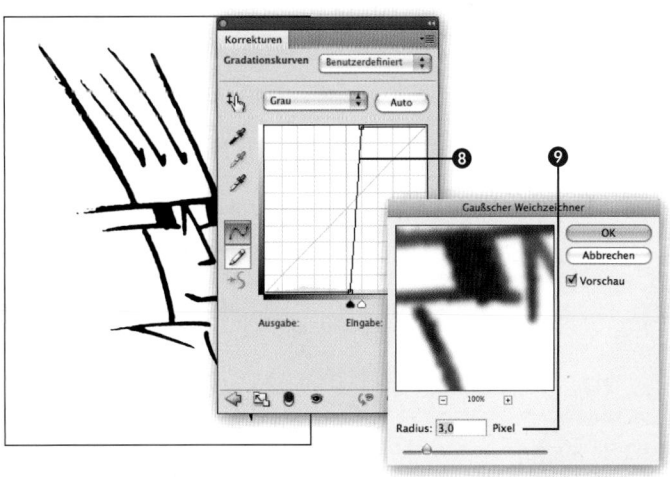

# Extremkurven

## Wie Experten mit Gradationskurven jonglieren

*In diesem Workshop lassen wir einmal das Motto »für Einsteiger« völlig hinter uns und schauen, wie Profis mit Gradationskurven arbeiten. Das Bild, das ich mir hierfür ausgesucht habe, ist erstens zu dunkel und zweitens durch einen falschen Weißabgleich zu rotstichig. Da sich unser Auge sehr flexibel auf Licht- und Farbsituationen einstellt, hat der Bildbearbeiter ein Problem: Er weiß oft nicht, ob eine Farbe »richtig ist«, oder ob sie nur als richtig wahrgenommen wird. Hier hilft es, Referenzwerte zur Hand zu haben. Bei Haut- tönen besagt eine Faustregel, dass der Gelb-Anteil minimal (aber doch) höher sein muss, als der Magenta-Anteil, der Cyan-Anteil sollte ungefähr einem Fünftel bis einem Drit- tel von Gelb/Magenta ent- sprechen und Schwarz gegen o tendieren.*

**Zielsetzungen:**

Bild aufhellen

Kontrast erhöhen

Farbstich eliminieren

[profigradation.jpg]

# 1 Farbaufnehmer-Punkte setzen

Aktivieren Sie das FARBAUFNAHME-WERKZEUG ![], und setzen Sie drei FARBAUFNEHMER (❶, ❷ und ❹). Wichtig ist vor allem der auf der Stirn ❷. Damit die Werte-Information, die Sie über diesen FARBAUFNEHMER erhalten, aussagekräftig ist, muss er an einer Hautstelle platziert sein, die weder beschattet, noch eine Glanzstelle ist. In der Palette INFO werden die Farbwerte der drei FARBAUFNEHMER in RGB angezeigt. Stellen Sie die Aufnehmer 1 und 2 auf CMYK-Farbe ❺, indem Sie auf die Pipette ❸ unter der Zahl klicken.

# 2 Schwarzpunkt im Rot-Kanal

Erstellen Sie über die Palette KORREKTUREN eine Gradationskurven-Einstellungsebene ![]. Wählen Sie im Kanäle-Menü ❻ den Rot-Kanal aus (das geht auch über [Alt]+[3]). Schieben Sie die Gradationslinie mittels des Schwarzpunkt-Reglers an das Histogramm heran ❽. Nutzen Sie dabei den [Alt]-Tasten-Trick (siehe Seite 239), um zu verhindern, dass zu viele Stellen in reines Schwarz ausbrechen (korrekt gesagt würde im Rot-Kanal natürlich Rot ausbrechen). Winzige ausbrechende Flecken sind gerade noch akzeptabel ❼.

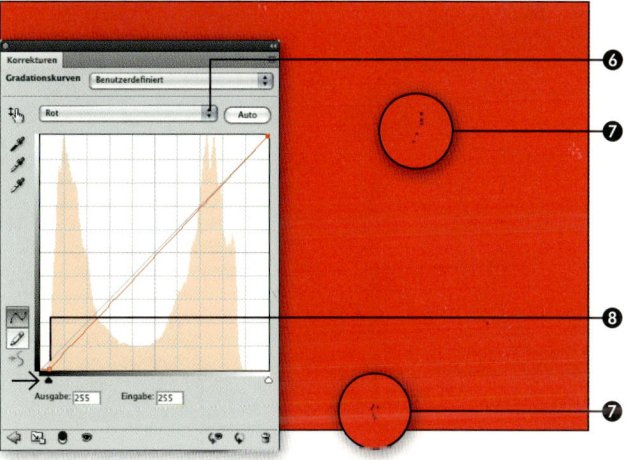

# 3 Weißpunkt im Rot-Kanal

Führen Sie auch den Weißpunkt an das Histogramm heran. Das geht entweder über den Punkt am oberen Ende der Linie ⓫, oder mit dem Weißpunkt-Regler unten ⓬. Achten Sie auch hier darauf, dass keine groben Stellen ausbrechen. Wenn solche Flecken erscheinen ❿, müssen Sie den Regler soweit zurück nach recht schieben, bis sie wieder verschwunden sind. Lediglich den kleinen Glanzpunkt der kleinen Perle im Ohr habe ich als Spitzlicht stehen gelassen ❾.

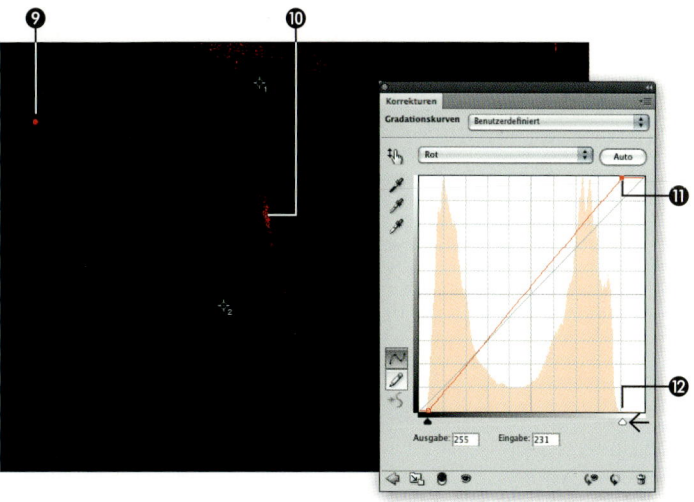

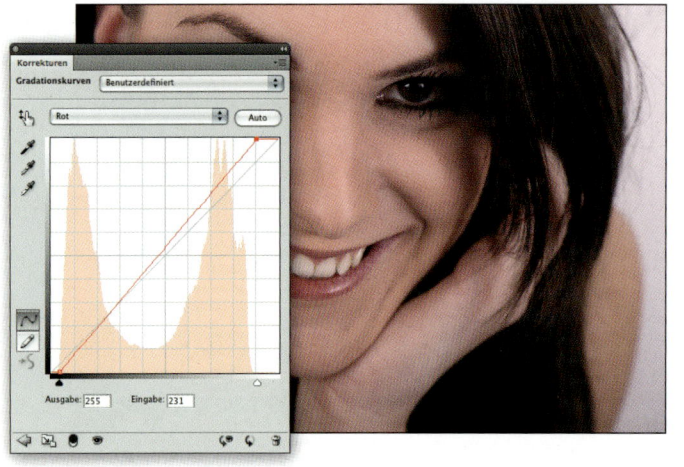

### 4 Gradation für den Rot-Kanal

Das Resultat sieht jetzt noch rotstichiger aus, als das Ausgangsbild, aber wir werden uns der Sache nähern.

Wichtig ist, dass die Arbeitsweise, die Sie hier lernen, oft sehr gut funktioniert. Manchmal liegt man damit aber komplett daneben. Was zählt ist, wie das Bild tatsächlich aussieht. Deshalb müssen Sie trotz aller Faustregeln und todsicheren Arbeitsmethoden immer das Bild im Auge behalten und die Methodik individuell darauf einstellen.

### 5 Gradation für den Grün-Kanal

Wählen Sie als nächstes den Grün-Kanal, entweder über das Kanäle-Menü, oder mit Alt+4. Gehen Sie vor wie in Schritt 2 und 3 für den Rot-Kanal beschrieben. Sie können in jedem Kanal den Schwarzpunkt so weit nach rechts verschieben, dass die Perle deutlich als weißer Punkt zu sehen ist, jedoch keinesfalls so weit, dass auch andere Bereiche ausbrechen. Es liegt letzten Endes an Ihnen zu entscheiden, ob Sie solche Spitzlichter zulassen, oder nicht. Sie sollten lediglich darauf schauen, alle Kanäle gleich zu behandeln.

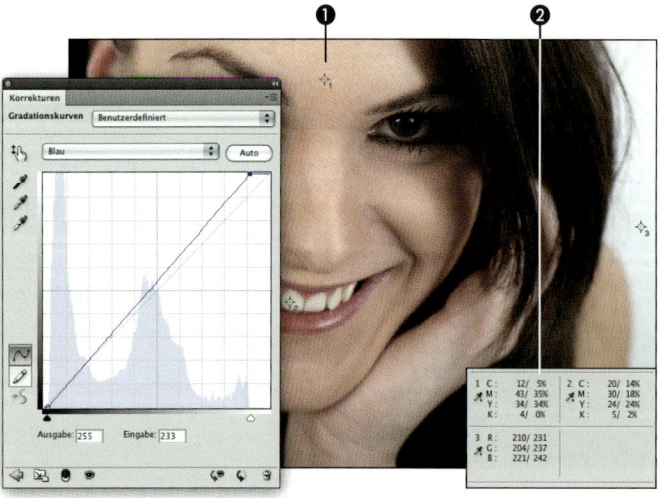

### 6 Gradation für den Blau-Kanal

Stellen Sie auch den Blau-Kanal wie beschrieben ein, und werfen Sie dann einen Blick in die Info-Palette. Ziel ist: Gelb und Magenta fast gleich und Cyan circa ein Viertel dessen. Davon sind wir noch entfernt ❷ (Cyan ist ein Siebtel von Magenta), aber der Vergleich des Hauttons ❶ mit dem Ausgangsbild zeigt, dass er um Welten besser geworden ist. Die Palette INFO zeigt oft zwei Werte an. Der vordere zeigt, wie das Bild war, der hintere, wie es durch die Einstellung wird.

## 7 Punkt aus der Kurve löschen

Der Weißableich (so nennt man das Neutralisieren von Farbstichen) ist schon recht gut,
doch es mangelt an Kontrast. Wechseln Sie
wieder in die RGB-Bearbeitung ➎, und erhöhen Sie diesen durch eine S-Kurve. Ich war
mit dem Ergebnis ➍ eines ersten Versuchs mit
drei Punkten ➌ nicht glücklich – der Konstrast
ist zu stark, und der dritte Steuerpunkt stört
mehr, als er hilft. Wenn Sie einen Punkt entfernen möchten, ziehen Sie ihn einfach mit
der Maus aus der Palette hinaus ➏.

## 8 RGB-Gradation
### für Helligkeit und Kontrast

Mit einer Kurve wie Sie sie hier sehen, war ich
vorerst glücklich mit Helligkeit und Kontrast.
Magenta und Gelb sind fast ausgeglichen
(zuvor etwa 4:3), der Schwarz-Anteil ist ganz
verschwunden, nur Cyan ist mit 3% noch
immer unterrepräsentiert ➐, was den Hautton
zu sehr leuchten lässt. Blättern Sie noch einmal zurück zum Grundlagenexkurs ab Seite 246,
so sehen Sie, dass Cyan die Komplementärfarbe von Rot ist. Das bedeutet, dass Sie im
Rot-Kanal Cyan verstärken können.

## 9 Rot-Kanal nachjustieren

Aktivieren Sie den Rot-Kanal, und senken Sie
die Linie mit einem neuen Steuerungspunkt
➓. Behalten Sie in der Info-Palette den
Farbaufnehmer 1 für den Hautton im Auge.
Ich habe es durch Senken der Rot-Kurve auf
ein Verhältnis von 5:21:21 gebracht ➑, was
nach Faustregel einen guten Wert darstellt.
Tatsächlich zeigt das Bild jetzt einen recht
natürlichen Hautton. Auch Farbaufnehmer 3
für den Hintergrund, der neutral grau werden
darf, zeigt mit fast identischen RGB-Zahlen
einen guten Wert ➒.

## 10 Dynamik-Einstellungsebene hinzufügen

Was mir im Moment fehlt, ist etwas mehr Lebendigkeit der Farben. Das kann der Experte zwar auch durch Manipulieren der Gradationskurven in den einzelnen Farbkanälen steuern, doch in diesem Fall gilt: Warum kompliziert, wenn es doch auch einfach geht? Erstellen Sie eine Dynamik-Einstellungsebene, und erhöhen Sie die Dynamik V.

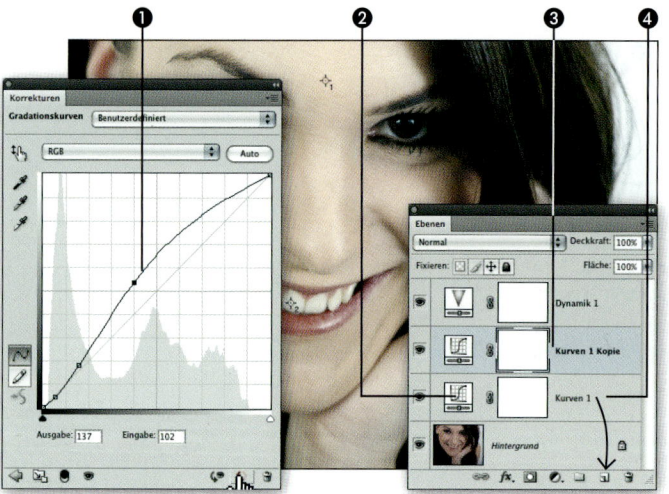

## 11 Helligkeit und Kontrast nachjustieren

Nachdem ich die Dynamik erhöht habe, war ich wieder unglücklich mit Helligkeit und Kontrast, glücklich aber, dass ich mit Einstellungsebenen arbeite. Mit einem Klick können Sie in so einem Fall erneut die Gradationskurven-Einstellungsebene ❷ aktivieren und die Kurve nach Ihren Vorstellungen nachjustieren ❶. Im nächsten Schritt möchte ich die Gradation der Augen separat verändern, um sie aufzuhellen. Dazu habe ich die Kurven-Einstellungsebene ❹ dupliziert und die Kopie ❸ ausgewählt.

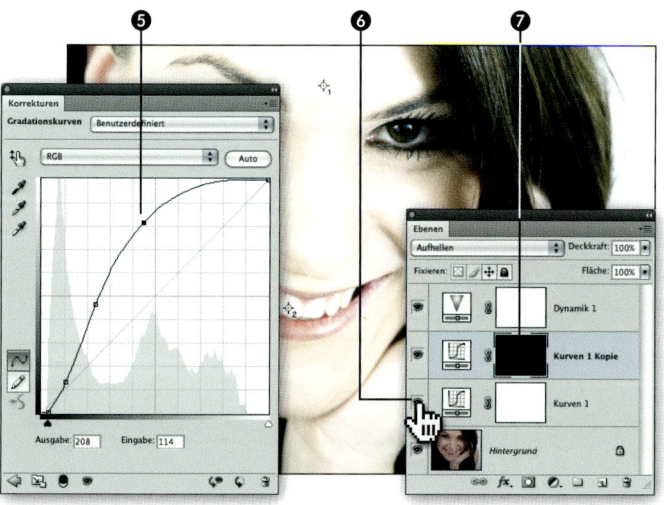

## 12 Augen aufhellen, Ebenenmaske füllen

Blenden Sie die Ebene »Kurven 1« aus ❻. Bei dieser Einstellung geht es darum, die Augen aufzuhellen. Das habe ich mit einer sehr stark gebogenen Gradationskurve gemacht ❺. Die Auswirkungen auf den Rest des Bildes sind dabei belanglos. Füllen Sie nach Einstellung der Gradation die Ebenenmaske zur Einstellungsebene schwarz ❼.

**Tipp:** Wenn Sie im Menü BILD • KORREKTUREN • UMKEHREN wählen ([Strg]/[⌘]+[I]) wird Weiß zu Schwarz umgekehrt.

## 13 Augen demaskieren

Durch das komplette Füllen der Ebenenmaske mit Schwarz wird die Wirkung der Einstellungsebene komplett aufgehoben. Mit dem PINSEL-WERKZEUG ![pinsel] und Weiß malen Sie dann über die Augen **❽**. Wenn Sie etwas zu weit hinausmalen **❾**, können Sie diesen Bereich mit Schwarz jederzeit wieder ausblenden. Die Arbeit mit der Ebenenmaske bei Einstellungsebenen funktioniert genau so, wie bei normalen Bildebenen (siehe Seite 198), nur dass keine Bildpixel ausgeblendet werden, sondern die Wirkung der Einstellungsebene

## 14 Augen maskieren

Ich habe mit dem SCHNELLAUSWAHLWERKZEUG ![schnell] die Zähne ausgewählt und bei 10 % FLUSS mit Weiß demaskiert **❿**. Heben Sie dann die Auswahl auf. Die Augen sind jetzt zu leuchtend, da sich beide Kurven-Einstellungsebenen summieren. Klicken Sie bei gedrückter Strg/⌘-Taste auf die Miniatur **⓫** der eben ausgearbeiteten Ebenenmaske, wodurch sie als Auswahl geladen wird. Aktivieren Sie »Kurven 1« **⓬**, und füllen Sie die Auswahl mit Schwarz, um die Wirkung der Ebene in den (schwarz) maskierten Bereichen aufzuheben.

## 15 Finetuning, Farbaufnehmer löschen und Deckkraft reduzieren

Für den letzten Feinschliff habe ich die Gradationskurve der Haupt-Einstellungsebene **⓭** noch einmal etwas nachgebessert **⓱**. Da mir die Augen noch etwas zu unnatürlich leuchten vorkamen, habe ich die Deckkraft **⓯** der Einstellungsebene für die Augen **⓮** reduziert. Und am Ende soll der Handwerker auch immer aufräumen, weshalb ich noch einmal das FARBAUFNEHMER-WERKZEUG ![farb] aktiviert und mit einem Klick auf LÖSCHEN **⓰** die Farbaufnehmer weggeräumt habe.

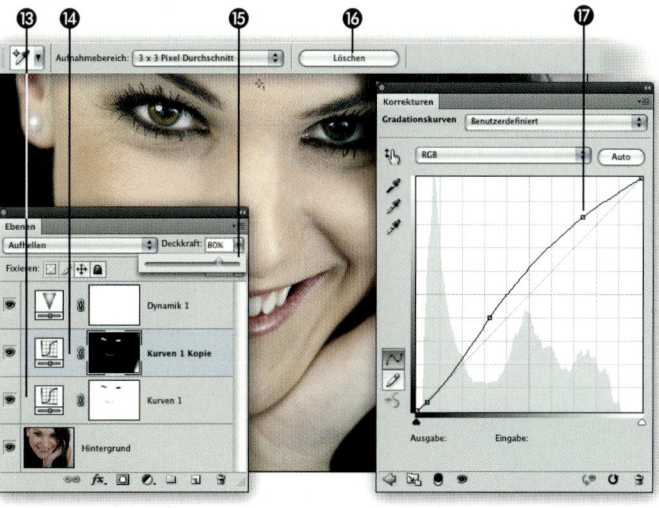

# Farbe & Farbkanäle

**Farben und Graustufen sind der Ton des Bildbearbeiters.** So, wie der Töpfer mit seinen Händen den Ton bearbeitet, bis er am Ende die Vase geformt hat, bearbeitet der Photoshopper Farben und Tonwerte. Dabei erlaubt das Programm vom kaum sichtbaren Eingriff über den Austausch von Farben bis hin zur Erstellung komplexer Illustrationen von der blanken, weißen Datei weg alles, was ein Kopf sich vorzustellen in der Lage ist.

In diesem Kapitel werden Sie lernen, wie Sie Farben von Objekten komplett auswechseln, Farbstiche aus Bildern entfernen, professionelle Schwarzweiß-konvertierungen umsetzen, Fotos als Duplex zum Zweitonbild umwandeln und in Farbkanälen Volltonfarben erstellen.

Foto: Markus Wäger

# Farbe & Farbkanäle

Schwierigkeitsgrad 1 Für Einsteiger

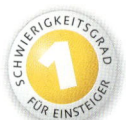

# Farbton/Sättigung

*Färbchen wechsle dich*

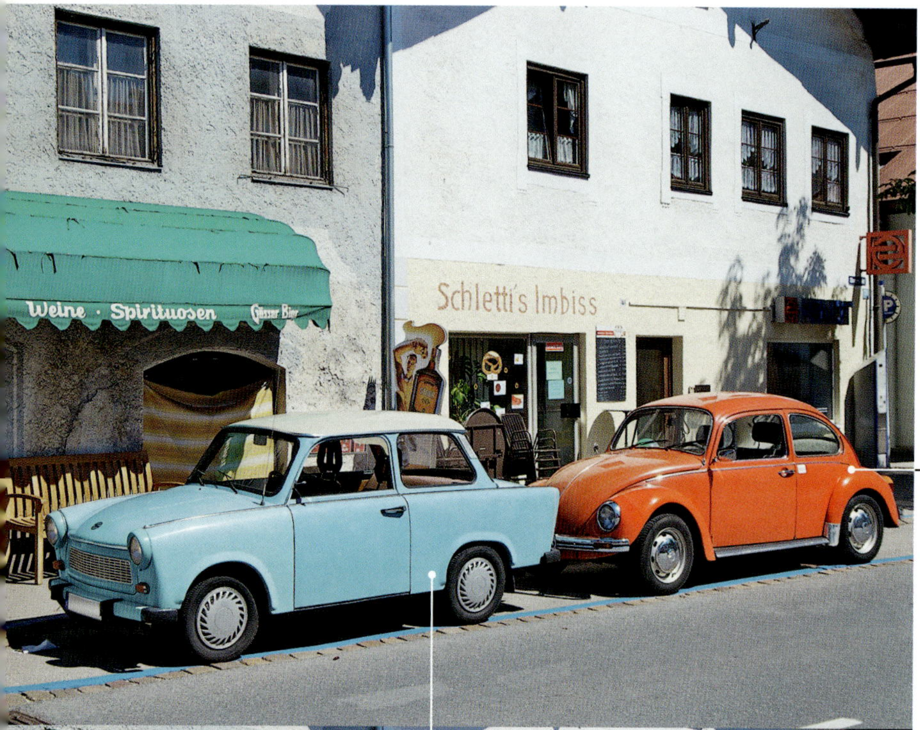


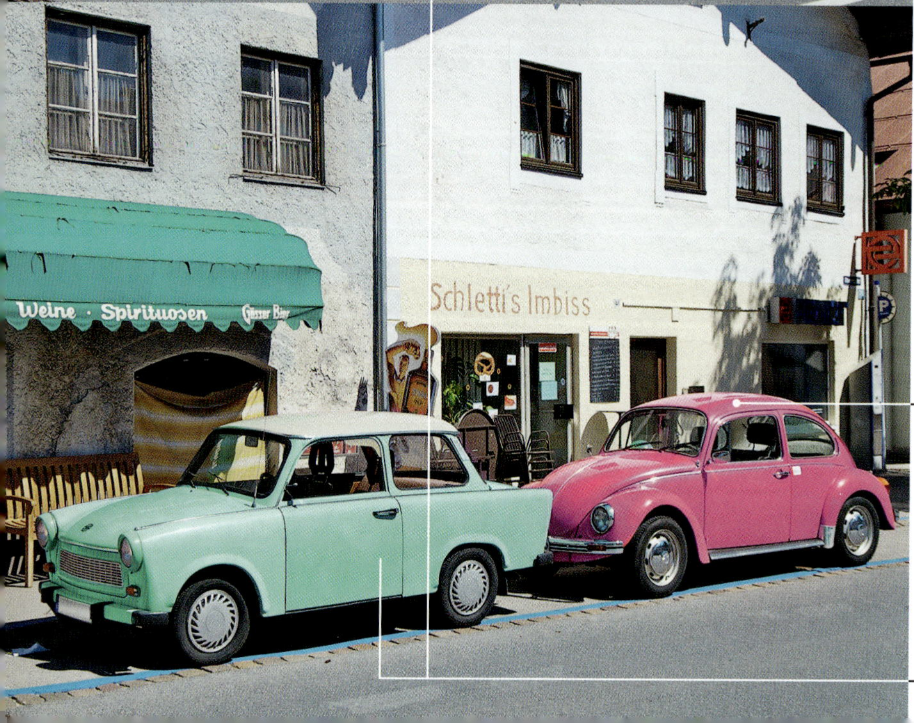


*Sie haben schon recht. Dieses Foto ist jetzt wirklich kein Meisterwerk fotografischer Präzision. Es ist vielmehr ein Schnappschuss, den ich im Vorübergehen in Reute bei den Tirolern aufgenommen habe. Aber ich konnte dennoch nicht widerstehen, diese beiden quietschbunten Zeugen deutsch-deutscher Gesichte und Ingenieurskunst in ihren klassischen Farben für diesen Workshop zu verwenden und etwas an den Farben zu drehen – zumal ich in so einem roten Käfer groß geworden bin (na ja, gelegentlich haben meine Eltern mich auch rausgelassen).*

**Zielsetzungen:**

Käfer lila umfärben

Trabant türkis umfärben

**[farbtonsaettigung.jpg]**

**Video-Training**

Video-Training 2, Lektion 2.3

# 1 Rottöne manipulieren

Erstellen Sie eine FARBTON/SÄTTIGUNG-Einstellungsebene 🔳. Damit können Sie den FARBTON (siehe Seite 56), die SÄTTIGUNG und die HELLIGKEIT (siehe Seite 60) ❸ getrennt voneinander manipulieren. Global (auf alle Farben angewendet) macht man das selten. Wir wollen hier die Rottöne verändern. Dazu wählen Sie aus dem Farbbereich-Menü ROTTÖNE ❷ oder klicken bei aktivem Scrubby Slider ❶ im Bild auf den Farbton, der bearbeitet werden soll ❹. Ich habe die Werte dann wie angezeigt ❸ verstellt.

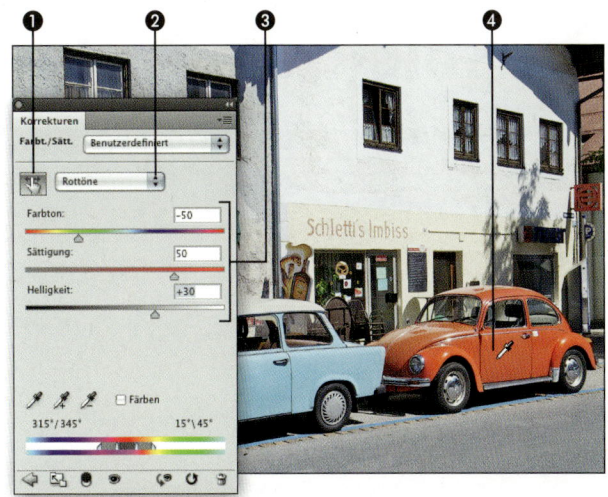

# 2 Cyantöne manipulieren

Das Ergebnis der oben abgebildeten Rottöne-Manipulation ist ein wunderschöner lila Käfer. Zwar ist auch jedes andere rote Element jetzt lila ❽, aber mit Einstellungsebenen ist das kein Problem. Ich habe mit dem Scrubby Slider auf den blauen Trabbi geklickt ❼, Photoshop hat den Farbbereich ❺ auf CYANTÖNE gestellt, und ich habe die Werte wie abgebildet eingestellt ❻.

# 3 Ebenenmaske – macht's wieder gut

Der Trabant ist nun schön blass-türkis. Aber auch hier sind alle hellblauen Stellen mit in diesen Bereich gewandert. Doch wenn Sie in der Ebenenmaske ❾ alles schwärzen, was von den Farb-Manipulationen ausgenommen werden soll, ist dieses Problem behoben. Ich habe die Ebenenmaske dabei aber zuerst schwarz gefüllt und dann die Autos mit Weiß freigepinselt (siehe Seite 198). Wie Sie an der Ebenenmaske sehen ❿, muss das nicht exakt sein. Im Ergebnis sind diese Ungenauigkeiten kaum wahrnehmbar.

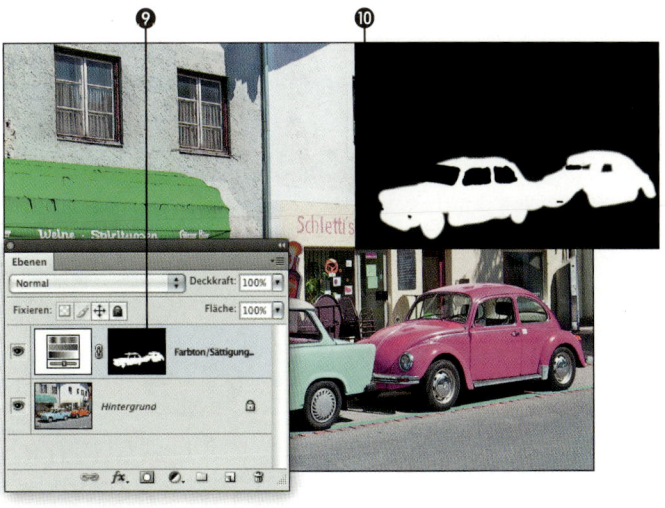

# Selektive Farbkorrektur

*Einen Farbstich entfernen*

Die Selektive Farbkorrektur gehört sicher nicht zu den meistverwendeten Einstellfunktionen Photoshops. In meinen Augen wird sie gar unterschätzt. Ich nutze sie vor allem dann gerne, wenn es darum geht, Farbstiche in Bildbereichen, die eigentlich neutral grau sein sollten, zu neutralisieren. Die wichtigsten beiden Bearbeitungsbereiche des Dialogs sind für mich deshalb Weiß und Grautöne. Damit entferne ich oft Farbstiche an eigentlich weißen Wänden bei Innenraumaufnahmen. In diesem Workshop zeige ich Ihnen, wie Sie zusätzlich Farbaufnehmer als Kontrollpunkte setzen, um Ihrer Korrektur ein wenig mehr Sicherheit zu geben. Am Ende zählt aber immer Ihr Farbempfinden dessen, was Sie sehen, vor den Werten, die sich ablesen lassen.

**Zielsetzungen:**
Farbstich des weißen
Hintergrundes neutralisieren
Grautöne neutralisieren
**[selektivefarbkorrektur.jpg]**

# 1 Farbaufnehmer und Weiß einstellen

Markieren Sie mit dem FARBAUFNAHME-WERK-ZEUG ✎ ein paar Punkte im Bild, die neutral grau sein sollten (❹,❺,❻). Die Palette INFO zeigt für diese Punkte zu wenig Grünanteil (❶,❷,❸) – ein neutral grauer Farbton be-stünde aus drei gleich hohen Werten. Erstel-len Sie über die Palette KORREKTUREN eine SE-LEKTIVE-FARBKORREKTUR-Einstellungsebene ▨. Wählen Sie unter FARBEN • WEISS ❼. Mit den Reglern dieses Bereichs stellen Sie das, was weiß ist ❻, so ein, dass sich die Werte anglei-chen ❽ (gleiche Werte = neutrales Grau).

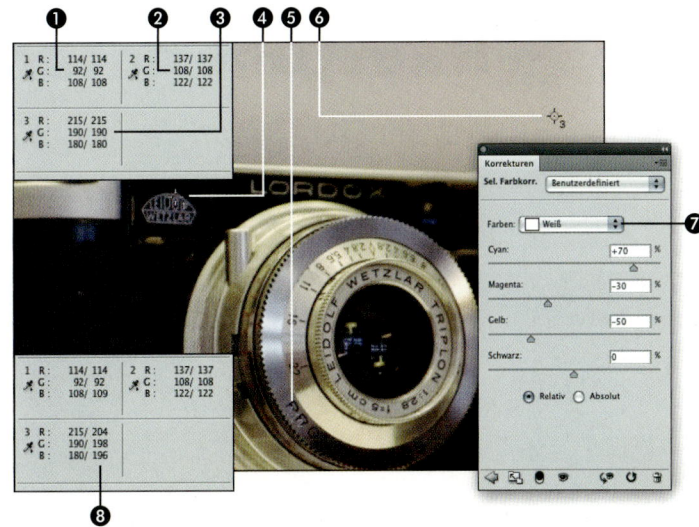

# 2 Grautöne einstellen

Die Wand im Hintergrund ist weiß, aber be-schattet, was ein helles Neutralgrau ergibt. Zum Einstellen der anderen Grautöne stellen Sie von WEISS auf GRAUTÖNE um ❾. Rechts habe ich mit kleinen Farbpunkten markiert, in welche Richtung Sie die Regler verschieben müssen, um einen Farbton zu verstärken. Wir haben zu wenig Grün, also müssen Sie MA-GENTA reduzieren ❿, wodurch im Gegenzug Grün verstärkt wird. Indem Sie etwas an den Reglern spielen, können Sie die Grautöne schön neutralisieren ⓫

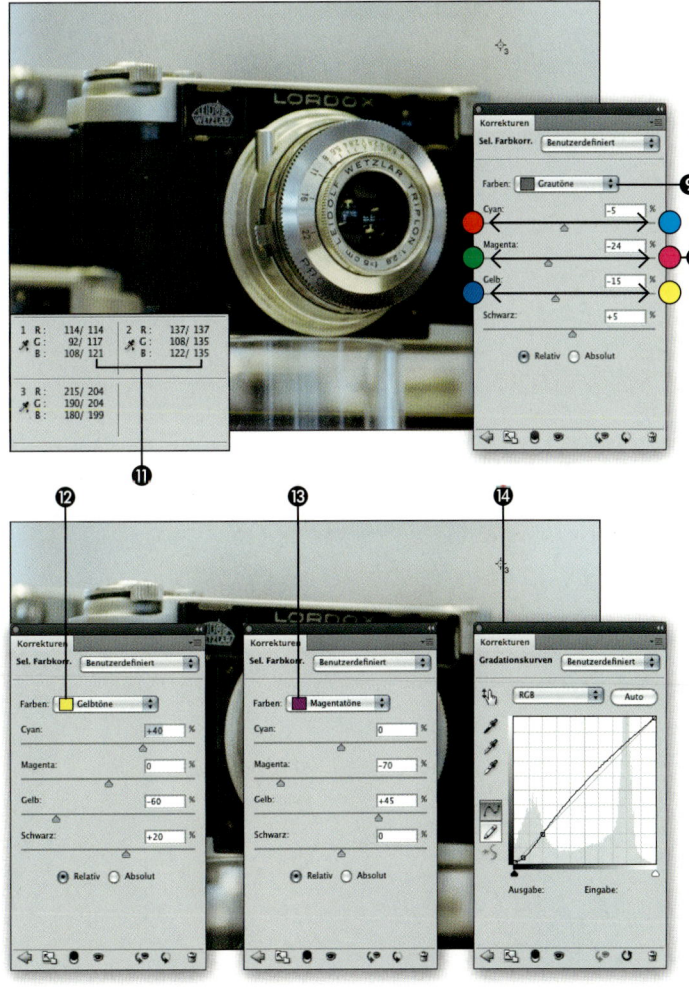

# 3 Finetuning an Farben und Gradation

Ich habe noch ein bisschen Finetuning bei den FARBEN • GELBTÖNE ⓬ und MAGENTA-TÖNE ⓭ vorgenommen. Durch die Farb-manipulationen ist aber etwas Kontrast verlo-ren gegangen. Diesen Verlust habe ich mit einer ganz dezenten Korrektur über eine GRA-DATIONSKURVEN-Einstellungsebene ▨ wieder ausgeglichen ⓮ (siehe auch Seite 248).

Farbaufnehmer zur Kontrolle sind für die Arbeit mit der Selektiven Farbkorrektur keine Notwendigkeit. Doch als Anhaltspunkt er-leichtern sie die Korrektur erheblich.

Schwierigkeitsgrad 2 für Aufsteiger

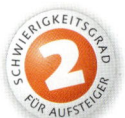

# Hauttöne natürlicher machen

*Erst der Spaß, dann das Vergnügen*

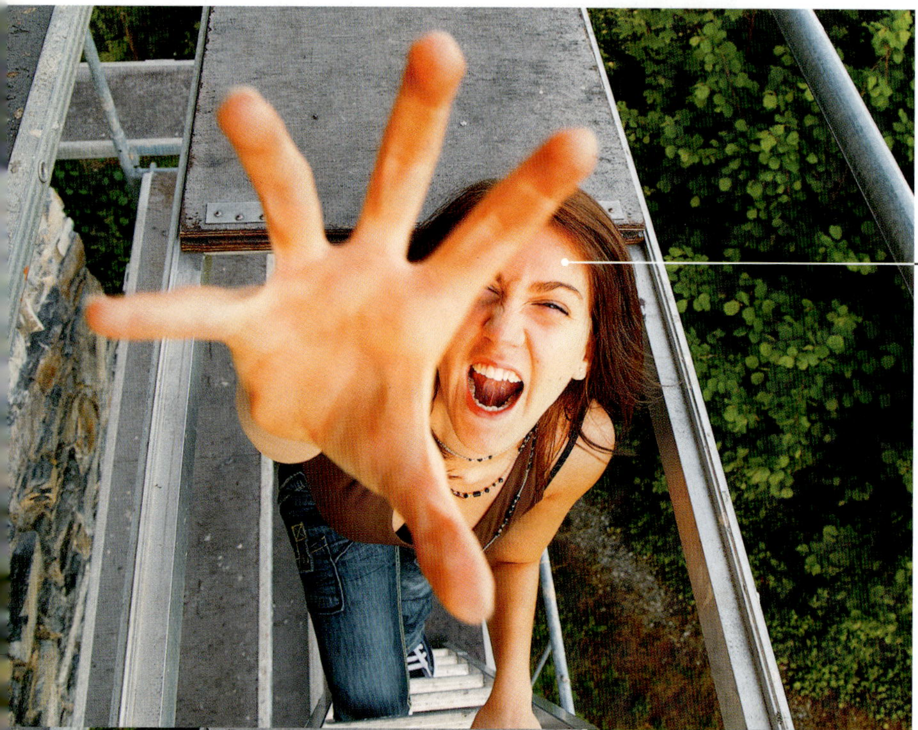

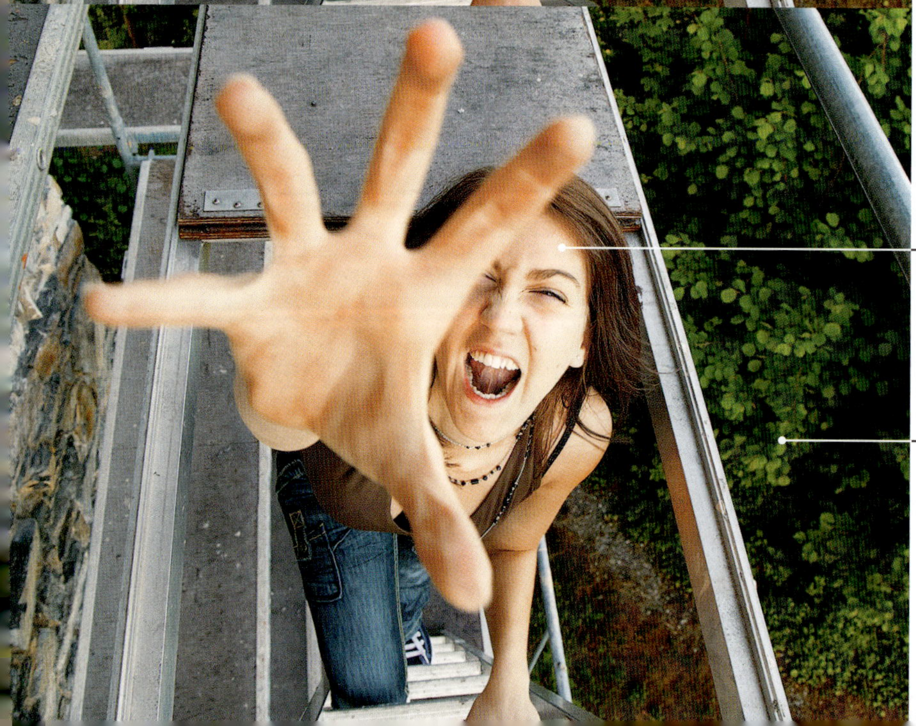

*Im Workshop zu Farbton/Sättigung auf Seite 262 habe ich Ihnen gezeigt, wie Sie mit dieser Einstellung Spaß haben können, indem Sie die Farben von Autos verdrehen. Im ersten Kapitel haben Sie gelernt, wie Sie mit diesem Dialog ein Bild mit einer Farbe einfärben (siehe Seite 43). Und in diesem Workshop zeige ich Ihnen, welches Vergnügen es ist, mit demselben Werkzeug unnatürlich übersättigte Hauttöne zu naturalisieren.*

**Zielsetzungen:**

Rot- und Gelbstich von Hauttönen entfernen

Blätterfarbe bewahren

**[farbtonsaettigung2.jpg]**

## 1 Rottöne entsättigen

Dass die Hauttöne von Personen einen deutlichen Farbstich aufweisen, ist ein häufiges Problem. Eine einfache Methode, es zu beheben, stellt FARBTON/SÄTTIGUNG dar. Erstellen Sie mit der Palette KORREKTUREN eine neue FARBTON/SÄTTIGUNG-Einstellungsebene 🌈. Wechseln Sie von STANDARD zu ROTTÖNE ❶. Oft ist es ausreichend, in diesem Bereich die Sättigung zu reduzieren und die Helligkeit zu erhöhen, um einen natürlicheren Hautton zu erreichen. Bei dieser Aufnahme habe ich auch den Farbton leicht verschoben.

## 2 Gelbtöne verschieben

Viele Hautbereiche weisen nach der Korrektur der ROTTÖNE noch einen deutlichen Gelbstich auf. Das sind vor allem die hellen Hautpassagen. Durch den Regler FARBTON im Bereich GELBTÖNE habe ich diesen Gelbdrall ausgeglichen und außerdem auch hier die SÄTTIGUNG verringert und die HELLIGKEIT erhöht.

## 3 Grüntöne maskieren

Mithilfe der BLAUTÖNE ❷ habe ich die Sättigung der Jeanshose ❸ etwas angehoben, um dem Bild mehr Farbigkeit zu verleihen.

Blätterwerk und Grasflächen werden meist durch eine Manipulation der GELBTÖNE stärker beeinflusst als durch die Veränderung der GRÜNTÖNE. Indem ich alle Bildbereiche außer der Person in der Ebenenmaske ❺ schwarz angemalt habe, habe ich die Wirkung der Einstellungsebene an diesen Stellen aufgehoben und dem Gebüsch in der Tiefe ❹ somit seine ursprüngliche Farbe zurückgegeben.

# Bessere Schwarzweißbilder

*Viele Wege führen nach Rom.*

*Schwarzweißbilder entwickeln heißt nicht einfach, einen Knopf zu drücken, der ein Bild von Bunt zu Grau konvertiert. Wirklich gute Schwarzweiß-entwicklung ist eine Wissenschaft für sich, und wirklich gute Schwarzweißfotografen können an einem Bild wohl Stunden, vielleicht sogar Tage lang herumfeilen. Wenn Sie den einfachen Weg über Menü BILD • MODUS • GRAU-STUFEN wählen, wird das Ergebnis meist flau. Mit etwas Arbeit, Ausdauer und Know-how hingegen lassen sich Schwarzweißbilder entwickeln, die den Betrachter umwerfen.*

**Zielsetzungen:**
Farbfoto als Schwarzweißbild entwickeln und mit Sepia-Tönung versehen

**[graustufen.jpg]**

## 1 Graustufen-Modus

Wir wollen die reguläre Schwarzweißkonvertierung mit einigen anderen Methoden vergleichen. Wählen Sie also zuerst im Menü BILD • MODUS • GRAUSTUFEN. Erstellen Sie nach der Konvertierung über die Palette PROTOKOLL einen Schnappschuss ❷. Danach stellen Sie mit einem Klick auf den ersten Schnappschuss den ursprünglichen, farbigen Zustand des Bildes wieder her ❶.

## 2 Schwarzweiß-Einstellungsebene

Erstellen Sie über die Palette KORREKTUREN eine SCHWARZWEISS-Einstellungsebene ◨. Damit definieren Sie, wie hell oder dunkel eine Farbe als Graustufe werden soll. Ich habe die ROTTÖNE abgedunkelt ❹, um die Blüten dunkler zu machen, und die GELBTÖNE aufgehellt ❺ für ein helleres Zentrum der Blüte. Sie können auch den Scrubby Slider ❸ verwenden und durch Drücken und Ziehen im Bild Töne aufhellen und abdunkeln. Erstellen Sie danach einen neuen Schnappschuss, und stellen Sie mit dem ersten die Farben wieder her.

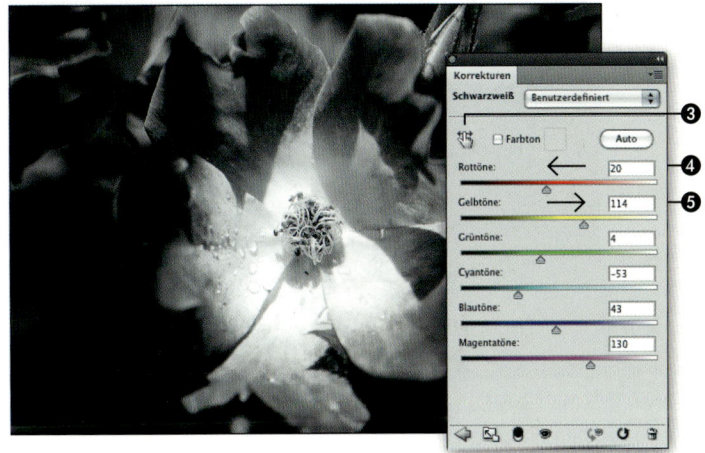

## 3 Bester-Kanal-Methode

Öffnen Sie die Palette KANÄLE, und klicken Sie auf den ROT-Kanal ❻. Sie sehen den Farbkanal als Graustufenbild angezeigt. Würde Ihnen dieser Kanal als Graustufenbild gefallen? Klicken Sie auf den GRÜN-Kanal ❼. Wie gefällt Ihnen diese Schwarzweißansicht? Sehen Sie sich auch noch den BLAU-Kanal an ❽. Jeder Kanal zeigt die Aufnahme als komplett anderes Graustufen-Bild. Wenn Ihnen eine Variante gefällt, dann können Sie den Kanal in ein Schwarzweißbild konvertieren.

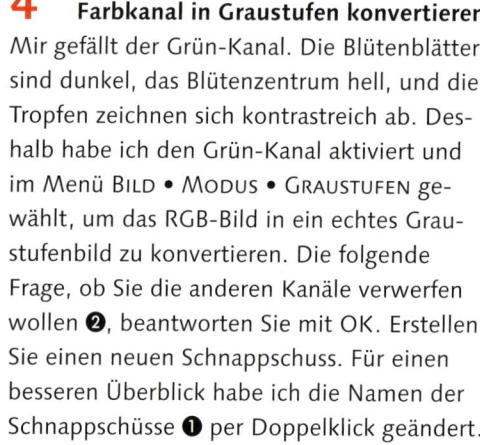

## 4 Farbkanal in Graustufen konvertieren

Mir gefällt der Grün-Kanal. Die Blütenblätter sind dunkel, das Blütenzentrum hell, und die Tropfen zeichnen sich kontrastreich ab. Deshalb habe ich den Grün-Kanal aktiviert und im Menü BILD • MODUS • GRAUSTUFEN gewählt, um das RGB-Bild in ein echtes Graustufenbild zu konvertieren. Die folgende Frage, ob Sie die anderen Kanäle verwerfen wollen ❷, beantworten Sie mit OK. Erstellen Sie einen neuen Schnappschuss. Für einen besseren Überblick habe ich die Namen der Schnappschüsse ❶ per Doppelklick geändert.

## 5 Lab-Helligkeit

Stellen Sie den farbigen Schnappschuss des Bildes wieder her. Neben RGB und CMYK kennt Photoshop auch Lab. Konvertieren Sie die Aufnahmen über BILD • MODUS • LAB-FARBE in diesen Farbraum. Aktivieren Sie in der Palette KANÄLE den Kanal HELLIGKEIT ❸. Wieder sehen Sie das Bild in einer anderen Schwarzweißvariante. Der Lab-Helligkeitskanal wirkt meist sehr klar, aber auch etwas trocken. Wählen Sie im Menü BILD • MODUS • GRAUSTUFEN, und erstellen Sie einen Schnappschuss.

## 6 Monochromer Kanalmixer

Erstellen Sie in der Palette KORREKTUREN eine KANALMIXER-Einstellungsebene 🔘. Damit können Sie die Anteile der Farbkanäle am Bildaufbau verändern. Wenn Sie in der Palette MONOCHROM aktivieren ❹, dann wird das Ergebnis schwarzweiß. Es gibt eine Faustregel, die besagt, dass die Summe von ROT, GRÜN und BLAU 100 % nicht übersteigen sollte. Wenn Sie Werte einstellen, die eine höhere Summe ergeben, gibt Photoshop eine Warnung aus ❺. Sichtbare Ergebnisse zählen aber im Zweifelsfall mehr als Summen.

## 7 Schnappschüsse vergleichen

Nun können Sie über die Palette PROTOKOLL alle fünf Schnappschüsse miteinander vergleichen und aussieben. Ich habe als Erstes die GRAUSTUFEN-Konvertierung ❻ aussortiert, dann die LAB-Konvertierung ❾, dann die SCHWARZWEISS-Einstellungsebene ❼ und dann die GRÜN-KANAL-Konvertierung ❽. So blieb also die Schwarzweißvariante über den KANALMIXER ❿ als Sieger übrig. Wenn Sie das Bild für einen Schwarzweißdruck brauchen, müssen Sie die Datei abschließend über Menü BILD • MODUS • GRAUSTUFEN umwandeln.

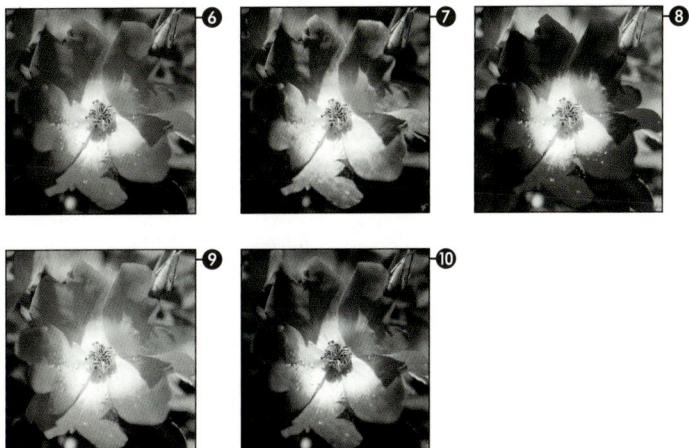

## 8 Sepia-Tönung mit Fotofilter

Ich brauche das Bild nicht als Graustufen-Datei, sondern belasse es in RGB und habe ihm durch eine Sepia-Tönung etwas mehr Wärme verliehen. Dazu habe ich eine FOTO-FILTER-Einstellungsebene 🔵 erstellt und als FILTER • SEPIA ⓫ ausgewählt. Als DICHTE ⓬ des Filters wählte ich 80 %. Beachten Sie, dass diese Ebene in der Ebenen-Palette zuoberst stehen muss.

## 9 Kontrast und Tonwertumfang

Auch hier war noch etwas Finetuning notwendig. Nach der Sepia-Tönung schien mir der Kontrast zu gering, weshalb ich ihn mit einer HELLIGKEIT/KONTRAST-Einstellungsebene 🔵 erhöht habe ⓮. Die Lichter in den hellsten Bereichen der Blütenblätter sind ausgebrochen ⓭, weshalb ich den TONWERTUMFANG ⓯ mit einer TONWERTKORREKTUR-Einstellungsebene reduziert habe ⓰. In der Palette EBENEN finden Sie am Schluss vier Einstellungsebenen, die, wie im Screenshot zu sehen, übereinander angeordnet sind.

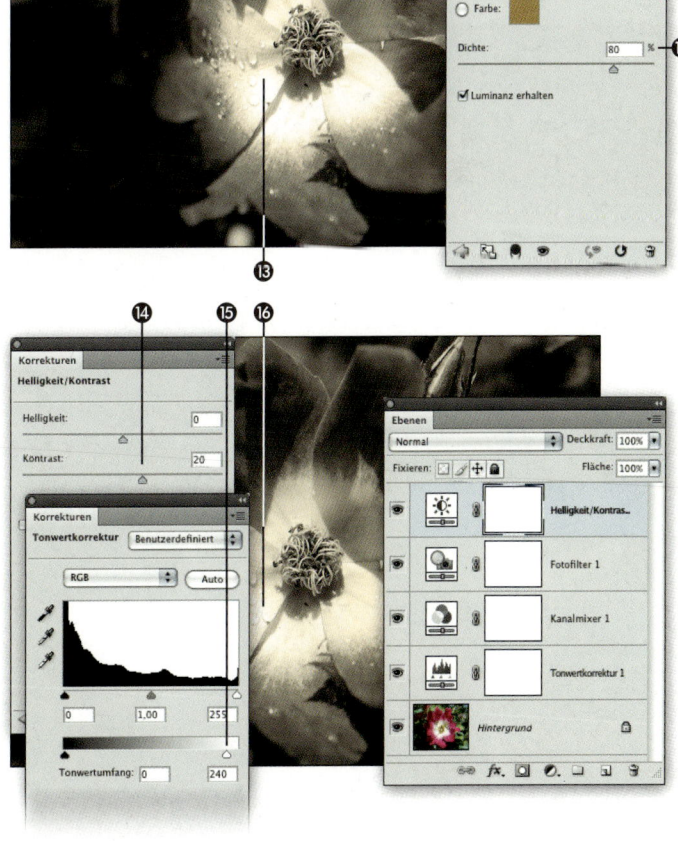

# Farbe im Schwarzweißbild

*Bunte Elemente kommen zwischen Graustufen besonders gut.*

*Schwarzweißbilder mit bunten Teilbereichen sind ein besonders oft und gern gesehener Effekt. Auch wenn er mir seit den 8oer Jahren nicht zuletzt in vielen Musikvideos bis hin zu Sin City oft begegnet ist, habe ich ihn noch nicht satt. Ein klassischer Einsatzzweck für diese Technik ist es, die roten Rosen in den Händen einer Braut farbig vor schwarzweißem Hintergrund zu isolieren.*

**Zielsetzungen:**

Farbbild zu Schwarzweißbild entwickeln

Bunten Teilbereich erhalten

**[isoliertefarbe.jpg]**

## 1 Farbbereich auswählen

Rufen Sie über das Menü AUSWAHL den FARB-
BEREICH auf, und wählen Sie den orangen
Stuhl aus, indem Sie im Bild darauf klicken ❶.
Ausgewählte Bereiche werden in der Vorschau ❹ schwarz markiert. Stellen Sie die Toleranz ❷ so ein, dass möglichst viel vom Stuhl
frei von Schwärzung ist, aber möglichst wenig
des restlichen Bildes sichtbar wird. Durch Aktivieren der AUSWAHLVORSCHAU ❺ wird die
Maskierung auch am Bild selbst dargestellt.
Mit der Plus-Pipette ❸ können Sie die Auswahl um weitere Farbbereiche ergänzen.

## 2 Auswahl im Maskierungsmodus nachbessern

Da die Haut einen hohen Orangeanteil hat,
wird über FARBBEREICH auch viel davon ausgewählt. Wechseln Sie in den MASKIERUNGS-
MODUS ⬚ (siehe Seite 194), und übermalen Sie
alle Bereiche, die nicht rötlich markiert sind,
mit dem PINSEL-WERKZEUG 🖌 in Schwarz.
Wechseln Sie zurück in den STANDARDMODUS
⬚. Der Stuhl sollte jetzt komplett ausgewählt
sein. Vor dem letzten Schritt müssen Sie diese
Auswahl jetzt noch umkehren (Menü AUS-
WAHL oder ⌨Strg/⌘+⇧+I).

## 3 Maskierter Kanalmixer

Erstellen Sie eine KANALMIXER-Einstellungsebene 🎨. Aus der Auswahl wird automatisch
eine Ebenenmaske ❽. Aktivieren Sie MONO-
CHROM ❾. Die Schwarzweißeinstellung wird
durch die Maske so beeinflusst, dass der
zuvor ausgewählte Bereich die Farben ver-
liert ❻, während der Rest von der Einstellungsebene nicht beeinflusst wird und bunt
bleibt ❼. Als Ausgangspunkt habe ich für die
Schwarzweißeinstellung eine Voreinstellung
genutzt ❿, um sie dann mit den ROT-, GRÜN-
und BLAU-Reglern weiterzuarbeiten.

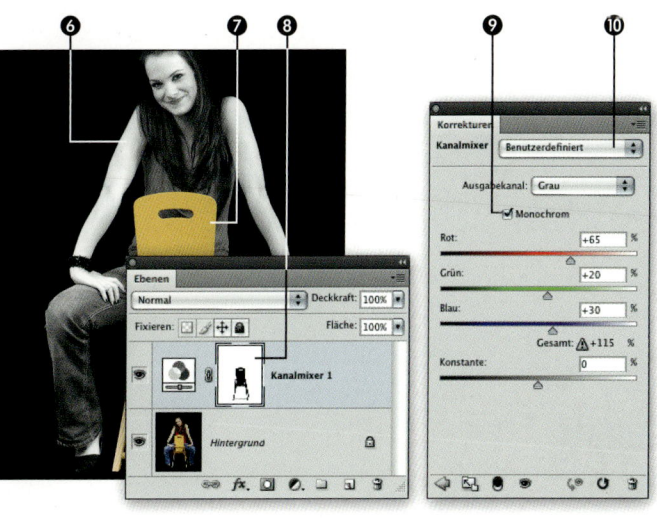

Schwierigkeitsgrad 2 für Aufsteiger

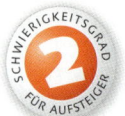

# Duplex

*Wenn es farbig, aber nicht vierfarbig werden soll*

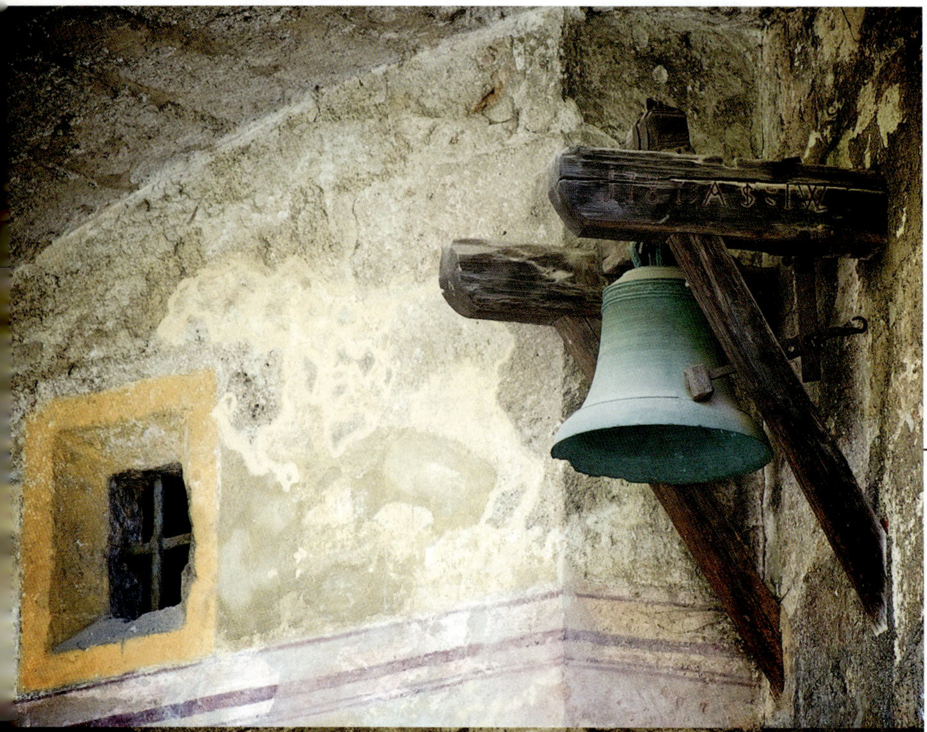

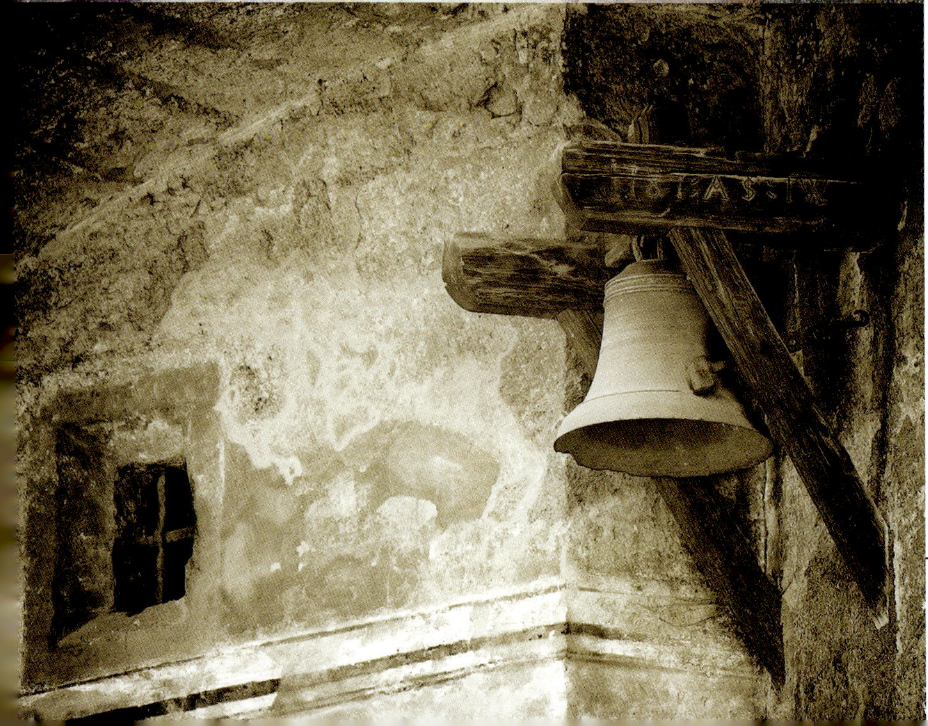

*Nicht immer werden Bilder in vierfarbigen Produktionen eingesetzt. Manchmal werden Drucksachen auch mit ein, zwei oder drei Volltonfarben produziert. In solchen Werken brauchen Sie sich nicht auf eine monochrome Tönung zu beschränken, sondern können auch zwei (Duplex) oder drei Farben (Triplex) in einem Bild nutzen, um ihm eine besondere Note zu verleihen. Der Charakter von Duplexbildern ist so speziell, dass ihn viele Grafiker sogar oft und gern in 4C-Produktionen einsetzen. Dazu erstellen sie erst ein Volltonfarben-Duplex, das sie anschließend wieder nach RGB oder CMYK zurückkonvertieren.*

**Zielsetzung:**

Farbbild mit einem Duplexcharakter versehen

**[duplex.jpg]**

# 1 Duplex über Graustufen

Solange ein Bild in RGB vorliegt, können Sie es nicht in Duplex ❷ umwandeln. Erst muss es in Graustufen konvertiert werden. Wenn Sie das direkt über das Menü Modus machen, dann erhalten Sie wahrscheinlich ein flaues Ergebnis. Für ein ausdrucksvolles Schwarzweißbild sollten Sie zuerst eine der ab Seite 268 vorgestellten Schwarzweißmethoden wählen und es erst dann in Graustufen ❶ konvertieren. Ich habe mich für eine Schwarzweiss-Einstellungsebene ◪ entschieden und diese Einstellungen ❸ verwendet.

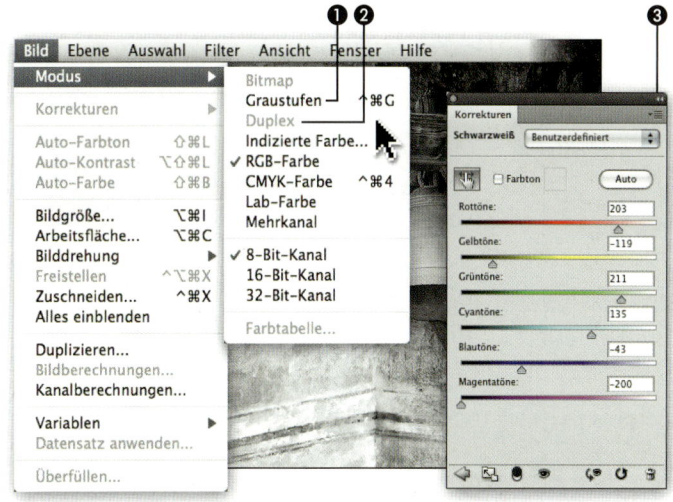

# 2 Duplex-Vorgabe als Ausgangspunkt

Sind Sie mit Ihrer Schwarzweißeinstellung zufrieden, konvertieren Sie das Bild in Graustufen ❶. Wählen Sie anschließend Bild • Modus • Duplex ❷. Eine Vorgabe ❺ ist ein guter Startpunkt für die weitere Ausarbeitung. Ich habe »527 purple (100 %) bl 1« ausgewählt. Allerdings möchte ich statt Violett ein Gelborange. Klicken Sie zum Wechseln der Farbe auf das Farbfeld ❹. Es öffnet sich das Fenster Farbbibliotheken. Hat man eine gedruckte Pantone-Musterkarte, trägt man nun die Nummer der Volltonfarbe hier ein.

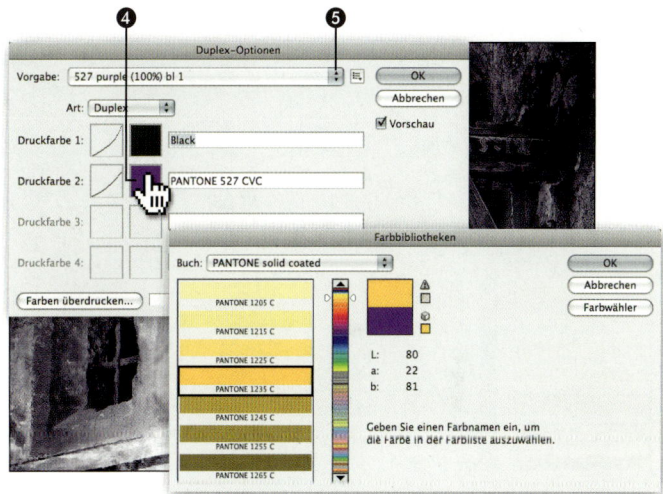

# 3 Zweite Duplex-Volltonfarbe

Wo bitte soll ich die Farbnummer eintragen? Ich sehe kein Feld dafür! Tatsächlich gibt es kein Eingabefeld für die Pantone-Nummer. Doch wenn Sie die Zahlen in die Tastatur tippen, dann springt Photoshop zum entsprechenden Feld. Schließen Sie den Dialog mit OK, und klicken Sie dann auf das erste Farbfeld ❻ – wir werden auch »Black« durch eine andere Farbe ersetzen. Es öffnet sich der Dialog Druckfarbe wählen. Klicken Sie auf Farbbibliotheken ❼, um als Volltonfarbe »Pantone 276 C« einstellen zu können.

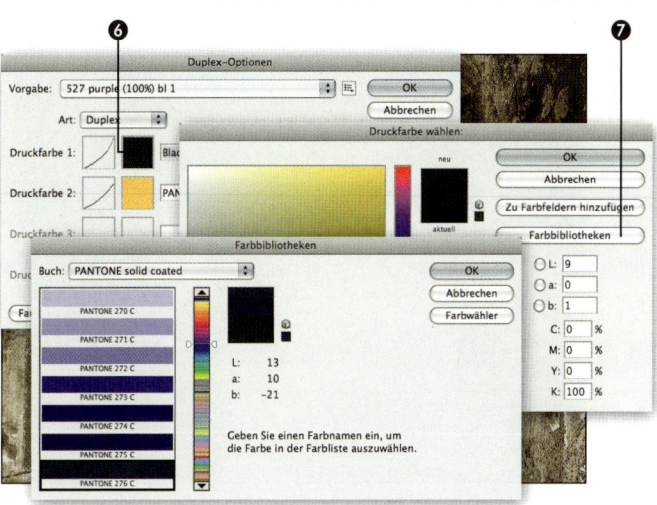

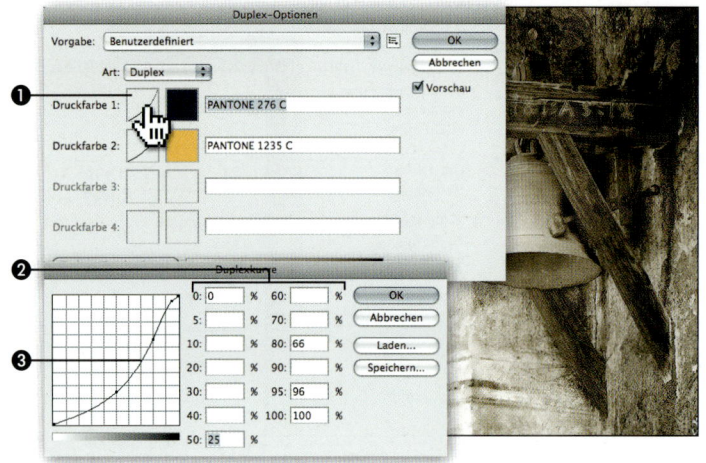

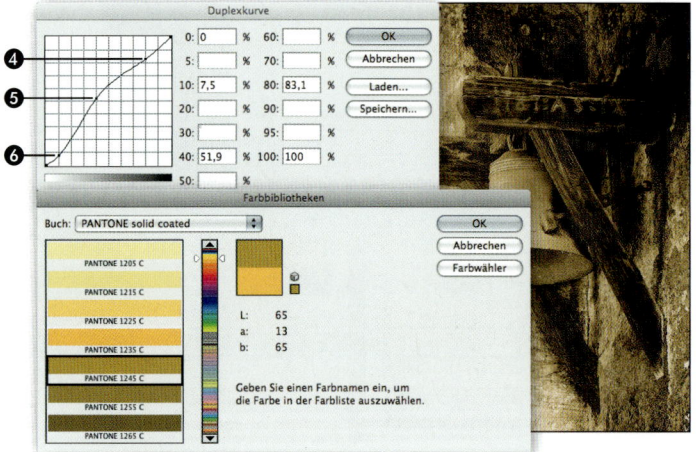

**4** **Duplexkurve für die dunklere Farbe**
Nun verändern wir die Anteile der beiden
Farben am Bildaufbau. Klicken Sie dazu auf
die Miniatur der DUPLEXKURVE ❶. Ich habe
zuerst die dunklere Farbe bearbeitet und den
Kontrast verstärkt, indem ich eine S-Kurve
eingezogen habe ❸. Eine Duplexkurve ist im
Grunde nichts anderes als eine Gradationskurve für einen Duplexkanal (ein Duplexbild
besteht aus zwei Volltonfarbkanälen). Alternativ zur Steuerung der Kurve über Punkte
können Sie auch Werte in diese Felder eingeben ❷.

**5** **Duplexkurve für die hellere Farbe**
Die Duplexkurve für die gelborange Farbe
habe ich so angelegt, dass vor allem die mittleren Bereiche deutlich angehoben werden ❺,
wodurch sich der Gelb-Anteil am Bild erhöht.
Die ganz hellen Bereiche habe ich hingegen
leicht abgesenkt ❻, wogegen ich die dunklen
Bereiche leicht angehoben habe ❹.
   Danach war mir jedoch das Gelb zu intensiv, und ich habe die Farbe »Pantone 1235 C«
durch »Pantone 1245 C« ersetzt.

**6** **Duplex-Anmutung in RGB-Bildern**
Duplexbilder mit zwei Volltonfarben sind eine
clevere Alternative, um der allfälligen Tristesse
von einfarbigen Abbildungen in Drucksachen,
die nicht in 4C gedruckt werden, zu entgehen.
Man verwendet aber Duplex-Bilder oft auch
in 4C-Drucksachen, um die besondere Anmutung dieser speziellen Bildkonvertierung zu
nutzen. Wenn Sie das möchten, konvertieren
Sie das Bild am Ende einfach wieder über das
Menü MODUS in RGB- oder CMYK-Farbe.
Bei der hier abgebildeten Aufnahme bin ich
genau so vorgegangen.

# Mehrkanalbilder

*Für Experten: Volltonfarben in Photoshop*

*Die Arbeit mit Volltonfarben stellt auch Spezialisten vor Herausforderungen. Zwar ist es durchaus möglich, in Photoshop Volltonfarbkanäle anzulegen, die als Sonderfarben-Druckplatten belichtet werden. Man kann dabei auch die Eigenschaft von Druckfarben nutzen, dass zwei beim Übereinanderdruck eine neue Farbe ergeben. Leider ist Photoshop aber bei diesen sogenannten Mehrkanal-Bildern nicht in der Lage, das Ergebnis der Mischung am Bildschirm zu simulieren. Sie müssen beim Anlegen einer solchen Datei also raten, wie das Ergebnis aus der Offsetdruckmaschine kommen dürfte.*

**Zielsetzungen:**
Foto in eine Grafik umwandeln und als Volltonfarben-Datei anlegen
[mehrkanal.jpg]

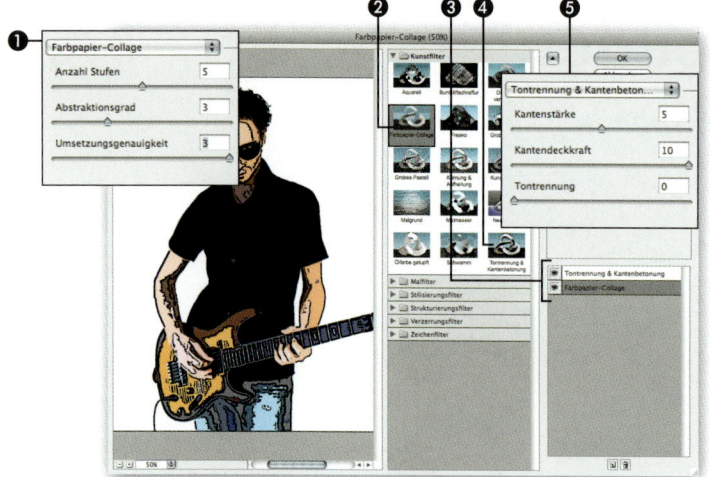

## 1 Filtergalerie

Den Strichzeichnungs-Charakter habe ich dem Foto über FILTER • FILTERGALERIE verliehen, wobei zwei EFFEKTEBENEN ❸ zum Einsatz kamen: FARBPAPIER-COLLAGE ❷ mit diesen Einstellungen ❶ und TONTRENNUNG & KANTENBETONUNG ❹ mit diesen Einstellungen ❺ (zur Anwendung mehrerer Effektebenen siehe Seite 225). Beachten Sie, dass die Reihenfolge der Effektebenen wichtig ist! Bestätigen Sie den Dialog am Ende mit OK.

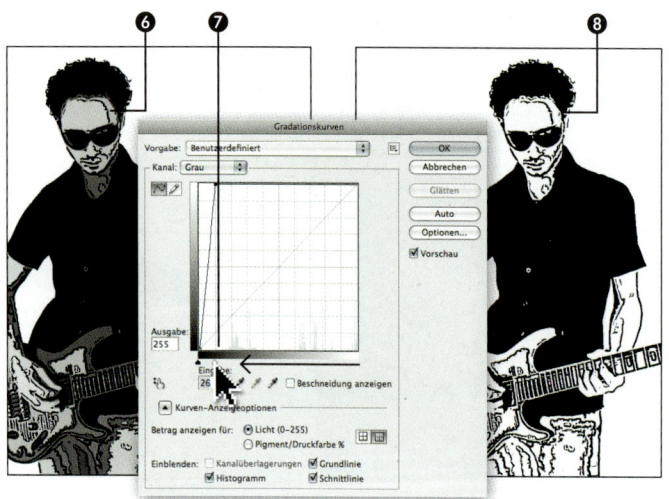

## 2 Graustufen und Gradation

Wandeln Sie das Bild über BILD • MODUS in GRAUSTUFEN um. Nun entfernen wir die Graustufen ❻ mittels einer Gradationskurve aus dem Bild. Erstellen Sie dazu aber keine Einstellungsebene, sondern rufen Sie über das BILD • KORREKTUREN • GRADATIONSKURVEN auf. Im Gradationskurven-Dialog schieben Sie den Regler für den WEISSPUNKT weit, aber nicht ganz, nach rechts ❼. Als Resultat verschwinden die Graustufen, und es entsteht eine Art Schwarzweiß-Strichzeichnung ❽.

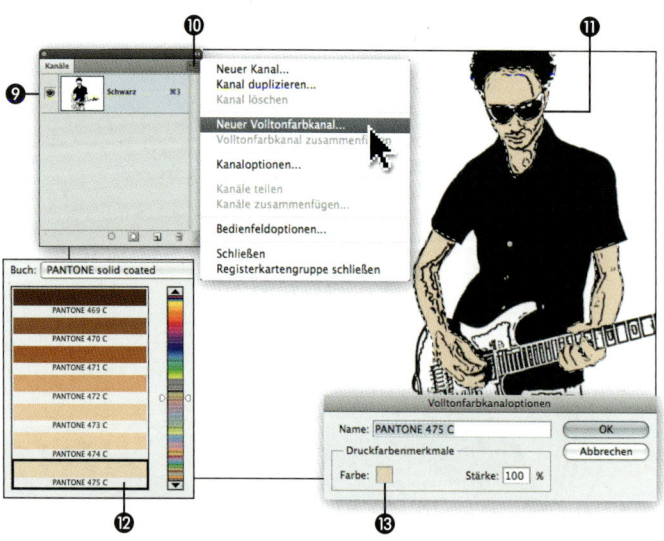

## 3 Mehrkanal-Bild und Volltonfarbkanal

Konvertieren Sie das Graustufenbild über Menü BILD • MODUS in ein MEHRKANAL-Bild. Die Palette KANÄLE zeigt danach einen Kanal mit dem Titel SCHWARZ an ❾. Erzeugen Sie nun über das Palettenmenü ❿ einen neuen VOLLTONFARBKANAL. Im folgenden Dialog klicken Sie auf FARBE ⓭ und wählen in der Farbbibliothek einen zur Haut passenden Pantone-Farbton ⓬. Schließen Sie die beiden offenen Dialoge mit OK. Erstellen Sie mit dem LASSO-WERKZEUG eine Auswahl um die Haut-Bereiche, und füllen Sie diese mit Schwarz ⓫.

## 4 Weiteren Volltonfarbenkanal

Wählen Sie die Gitarre aus ⑭, und erstellen Sie einen zweiten Volltonfarbenkanal ⑮ – die Füllung mit Schwarz erfolgt automatisch.

**Hinweis:** Füllen Sie eine Fläche eines Volltonfarbenkanals mit Schwarz, entspricht das tatsächliche Ergebnis immer der Vollton-farbe. Ist nur ein Volltonfarbenkanal einge-blendet 👁, erfolgt die Bildschirmdarstellung in Graustufen; sind mehrere Kanäle sichtbar, werden die Volltonfarben dargestellt. Für die Bildschirmdarstellung ist außerdem die Stapelreihenfolge der Kanäle wichtig.

## 5 Mischfarben

Mit dem vierten Volltonfarbenkanal ⑯ habe ich Hose, Sonnenbrille und Griffbrett der Gitarre eingefärbt. Das Griffbrett habe ich zuvor schon mit dem roten Pantone-Ton ge-füllt. Im Druck werden sich diese beiden Farben mischen. Das Problem in Photoshop ist jedoch, dass es die Mischfarben am Bild-schirm nicht darstellt. Der Kanal, der in der Palette KANÄLE weiter unten liegt, wird für die Bildschirmdarstellung herangezogen. Sie müssen das Ergebnis aus Ihrer Erfahrung heraus *erraten*.

## 6 Der Trick mit InDesign

Im Gegensatz zu Photoshop beherrscht InDesign die Simulation von überdruckenden Farben vorzüglich. Um die Photoshop-Datei für InDesign zugänglich zu machen, speichern Sie sie als PHOTOSHOP DCS 2.0-Datei ⑰ und aktivieren VOLLTONFARBEN ⑱. Im folgenden Dialog wählen Sie VORSCHAU • TIFF (8 BIT/PIXEL) ⑲ und DCS • EINZELDATEI MIT FARB-COMPOSITE (72 PIXEL/ZOLL) ⑳. Wenn Sie dann in InDesign im Menü ANSICHT die ÜBERDRU-CKENVORSCHAU aktivieren, bekommen Sie eine recht exakte Vorschau des Druckresultats.

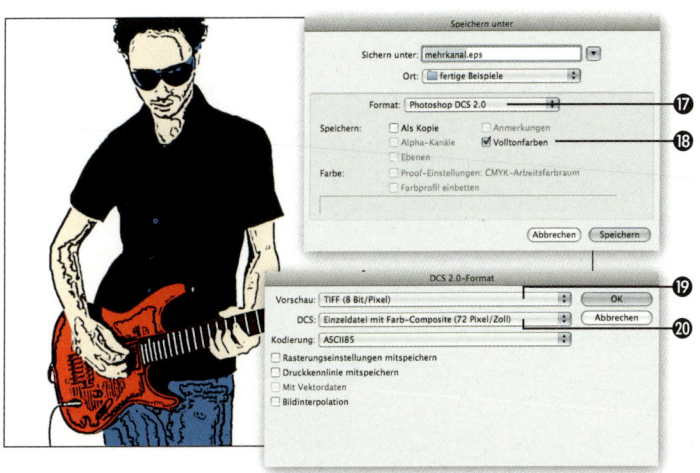

# Fotografie & Camera RAW

**Ambitionierte Fotografen stellen spezielle Anforderungen an Photoshop.** Sie nutzen ein besonderes Dateiformat, in dem digitale Spiegelreflexkameras Aufnahmedaten roh und unbearbeitet speichern. Sie möchten Fehler ihrer Objektive korrigieren können, aus mehreren Aufnahmen Panoramen zusammenstellen und unterschiedlich lang belichtete Aufnahmen eines Motivs zu sogenannten HDR-Bildern zusammenfügen können. In diesem Kapitel möchte ich Ihnen einen Überblick über die wichtigsten dieser besonderen Arbeitsweisen bieten.

Foto: Markus Wäger, mit freundlicher Genehmigung der Nikon GmbH und der Bregenzer Festspiele

# Fotografie & Camera RAW

# Raw & Camera Raw

*Die Vorteile roher Bilddaten*

### Bit-Tiefe

Ein Pixelbild besteht aus quadratischen Informationseinheiten, den Pixeln, was sich von »Picture Element« ableitet. Ein solches Bildelement entspricht immer einem exakten Farbton. Je nachdem, was für eine Bit-Tiefe das Bild hat, kann es einer von zwei Tönen oder einer von Millionen sein. »Bit« ist ebenso wie Pixel ein Kunstwort und steht für »Binary Digit«, was man mit »Binär-Einheit« übersetzen kann. Binär bedeutet, dass eine solche Einheit eine von zwei Eigenschaften haben kann. In Zahlen heißt das 0 oder 1. Bei einem 1-Bit-Bild bedeutet es, ein Pixel ist entweder schwarz oder weiß (1-Bit-Bilder werden oft auch als »Bitmap« bezeichnet). Mit zwei Bit lassen sich vier Töne darstellen ($2^2$), mit drei Bit acht ($2^3$), mit vier Bit 16 ($2^4$) und so weiter. Standard für die Bildbearbeitung ist seit vielen Jahren 8 Bit. Ein 8-Bit-Graustufenbild kann aus maximal 256 unterschiedlichen Grautönen bestehen ($2^8 = 256$). Daraus ergeben sich die Werte 0 bis 255, die in Photoshop für die Kanäle Rot, Grün und Blau beispielsweise in der Palette INFO ausgegeben werden oder die Sie im Adobe-Farbwähler zur Definition einer RGB-Farbe eingeben müssen.

Ein 8-Bit-RGB-Bild besteht aus drei Farbkanälen à 256 Abstufungen, womit sich 16 Millionen Farben beschreiben lassen ($256^3$). In Summe ist das eine hohe Zahl und für alle *gewöhnlichen* Bildbearbeitungsaufgaben auf *normalem* Qualitätsniveau ausreichend. Ambitionierte Tonwert- und Farbkorrekturen stoßen jedoch mit 256 Abstufungen je Kanal früher oder später an ihre Grenzen.

### Raw-Dateiformat

Haben Sie Ihre digitale Spiegelreflexkamera so eingestellt, dass Bilder als JPEG gespeichert werden, nimmt die Software der Kamera eine Bearbeitung des Bildes vor, bevor sie es als 8-Bit-Datei auf die Speicherkarte schreibt. Raw-Dateien hingegen werden von der Kamerasoftware weitestgehend unverändert (roh) auf die Speicherkarte übertragen, also so, wie der Sensor das Motiv *sieht*. Die Ausarbeitung (man spricht von »Entwicklung«) erfolgt erst am Computer durch den Fotografen.

Während das JPEG-Dateiformat nicht mehr als 8-Bit-Farbe erlaubt, haben Raw-Dateien je nach Kameramodell 12, 14 oder gar 16 Bit Farbtiefe. Während ein Farbkanal eines 8-Bit-Bildes 256 Abstufungen aufweisen kann, kann ein 12-Bit-Bild mit 4096 ($2^{12}$) Abstufungen je Kanal beschrieben werden. Das ist vor allem bei Bildbereichen mit langen, weichen Farbverläufen zwischen zwei Tönen, die nur einen geringen Helligkeitsunterschied aufweisen, ein großer Vorteil, zum Beispiel bei intensiv blauen Himmeln, extrem blassblauen Himmeln mit leichter Wolkenstruktur oder auch bei Hauttönen. In solchen Fällen bietet die Farbtiefe einer Raw-Datei einiges mehr an Spielraum, um über Einstellungen in der digitalen Dunkelkammer (so bezeichnet man die Entwicklungsumgebung für Digitalbilder am Computer) Farb- und Tonwertkorrekturen vorzunehmen.

Darüber hinaus haben Raw-Dateien auch den Vorteil, dass sie noch Zeichnung (Bildinformation) in scheinbar komplett weißen oder absolut schwarzen Bildbereichen beinhalten. Wo aus der absolut weißen Fläche (zum Beispiel einer Wolke) eines JPEG-Bildes mit Sicherheit absolut nichts mehr herauszuholen ist, lässt sich bei einer Raw-Datei immer noch einiges herauskitzeln und der vormals weißen Fläche Struktur geben.

Allerdings ist Raw kein Dateiformat im herkömmlichen Sinne, so wie TIFF oder PSD, sondern ein Überbegriff für alle Dateiformate, in denen Digitalkameras Bilder roh und unbearbeitet so speichern, wie der Sensor sie aufnimmt. Bei Nikon heißt dieses Format NEF, bei Canon CRW oder CR2, bei Olympus ORF und bei Sony SRF, SR2 oder ARW. Außerdem hat auch Adobe ein eigenes Raw-Format mit dem Titel DNG definiert, was für »Digital Negative« steht und als Standard-Raw-Format vorgeschlagen wird (so wie RTF und TXT Standard-Textformate sind, im Gegensatz zu Microsofts DOC-Dateiformat).

## Adobe Camera RAW

Photoshop kann Raw-Dateien weder öffnen noch schreiben. Um ein Bild, das als Raw-Datei vorliegt, mit Photoshop bearbeiten zu können, muss es erst in ein Format konvertiert werden, das von Photoshop gelesen werden kann. Das ist meist PSD oder TIFF. Für diese Umwandlung hat Adobe Photoshop um Camera Raw ergänzt. Allerdings ist Camera Raw kein reiner Konverter, der nichts anderes macht, als ein Bild von einem Format in ein anderes zu konvertieren. Eine solche Software würde ja erst recht wieder auf Basis einiger Standardanalysen und Einstellungen eine Bearbeitung des Bildes vornehmen, auf die der Fotograf keinen Einfluss hat, so wie es bei der Entwicklung von JPEG-Bildern durch die Software in der Kamera geschieht. Adobe Camera Raw ist viel eher eine eigene Entwicklungsumgebung für Raw-Dateien – es ist quasi ein eigenständiges, speziell für Raw-Daten optimiertes Bildbearbeitungsprogramm. Es bietet Ihnen die Möglichkeit, Farb- und Tonwertkorrekturen schon vor der Umwandlung in ein für Photoshop lesbares PSD- oder TIFF-Dateiformat zu optimieren, und das mit allen Vorzügen, die die Bearbeitung von Raw-Dateien mit sich bringt. Bereits erwähnt wurde der Vorzug, dass Raw-Bilder mit der höheren Bit-Tiefe von 12 oder 14 Bit mehr Spielraum für Farb- und Tonwertkorrekturen liefern. Unterbelichtete Aufnahmen lassen sich damit ebenso in viel höherem Maße zur optimalen Belichtung bringen wie überbelichtete (allerdings kennt auch Raw Grenzen). Ein zweiter großer Vorteil ist es, dass der sogenannte Weißabgleich mit Raw erst am Computer eingestellt werden kann. Zwar arbeiten die Weißabgleichsautomatiken moderner Kameras heute recht zuverlässig, doch wenn sie doch einmal daneben liegen und den falschen Weißabgleich in eine JPEG-Datei einrechnen, bleibt meist nicht mehr viel Spielraum zur Korrektur. Bei Raw ist der Spielraum am Computer zu hundert Prozent uneingeschränkt vorhanden.

# Entwicklung in Camera Raw

*Das digitale Fotolabor*

Ich fotografiere längst nur noch in Raw. Die Möglichkeiten zur nachträglichen Korrektur sind einfach um vieles besser, als wenn Sie in JPEG fotografieren. Um eine Raw-Datei mit Photoshop bearbeiten zu können, bedarf es der Umwandlung durch einen Raw-Konverter. Camera Raw ist ein solcher Konverter, der clevere Einstellmöglichkeiten anbietet, um eine optimal vorbereitete Datei an Photoshop zu übergeben, wo Sie das Bild dann zum Beispiel für eine Collage oder Montage weiterverarbeiten. Meist genügt es dabei, 8-Bit-Daten zu übergeben, doch für weitere Farb- und Tonwertkorrekturen mit Photoshop sollten Sie 16 Bit nutzen.

**Zielsetzung:**

Raw-Datei entwickeln

**[cameraraw1.NEF**

**bis cameraraw5.NEF]**

## 1  Farbraum und Größe einstellen

Wählen Sie DATEI • ÖFFNEN, und aktivieren Sie bei gedrückter ⌈Strg⌉/⌘- oder ⌈⇧⌉-Taste »cameraraw1.NEF« bis »cameraraw5.NEF«. Die Bilder öffnen sich in Camera Raw geöffnet und links angezeigt ❶. Klicken Sie den Text unten ❺ an, um FARBRAUM ❷, (Bit-) TIEFE ❸, Bildauflösung ❹ und (Ausgabe-) AUFLÖSUNG ❻ zu bestimmen. Wählen Sie sRGB für Bilder zur Bildschirmdarstellung und Adobe RGB für Druckproduktionen. Für einen größeren Bearbeitungsspielraum in Photoshop wählen Sie 16 BIT/KANAL.

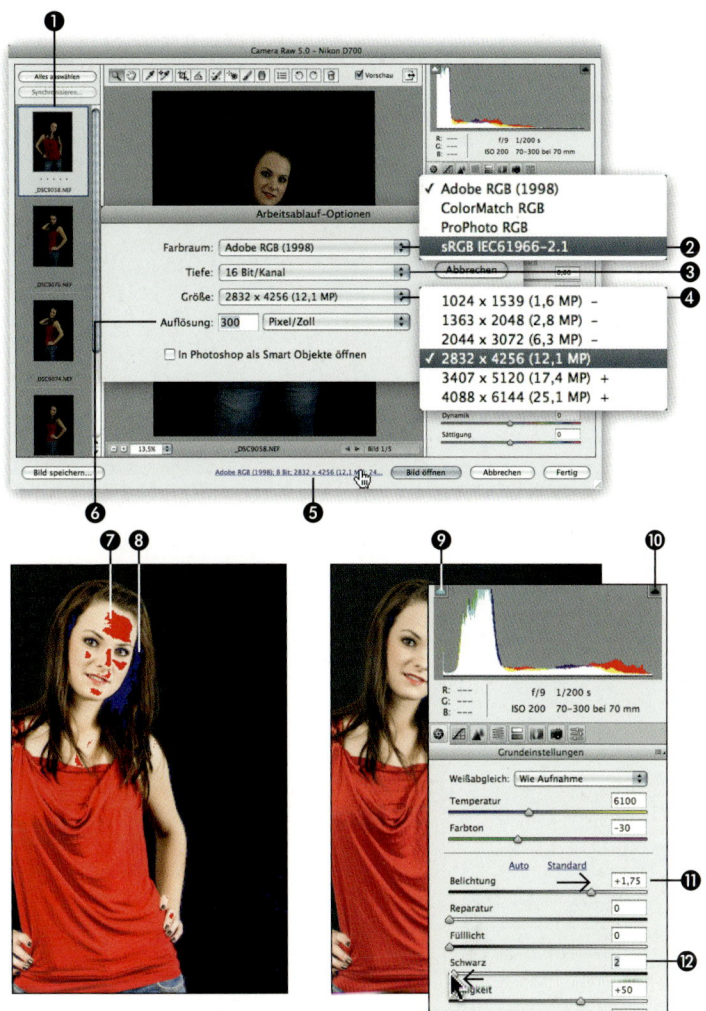

## 2  Belichtung und Schwarz

Sie finden hier viele Regler, an denen sich drehen lässt. Oft hört man: »Machen Sie erst dieses, dann jenes und zum Schluss dann das.« Ich halte einen solch fixen Fahrplan von A über B zu C für wenig sinnvoll. Analysieren Sie zuerst, wo das größte Problem des Bildes vorliegt. Meist ist das der Weißabgleich oder die Belichtung, manchmal auch ein zu hoher Kontrast. Hier ist eindeutig die Belichtung zu kurz (zu dunkel), also habe ich als Erstes die BELICHTUNG ⓫ erhöht und SCHWARZ ⓬ reduziert.

## 3  Überbelichtung und Weißabgleich

Für Belichtungskorrekturen ist es sinnvoll, sich die Markierungen für Unter- ❾ und Überbelichtung ❿ anzeigen zu lassen. Dadurch werden Überbelichtungen rot ❼ und Unterbelichtungen blau ❽ markiert (siehe auch Seite 238).

Der Weißabgleich ist bei dieser Aufnahme eigentlich nicht schlecht, dennoch habe ich die TEMPERATUR ⓭ in Richtung Blau und den FARBTON ⓮ in Richtung Grün verschoben – der Hautton ist dadurch noch etwas natürlicher geworden.

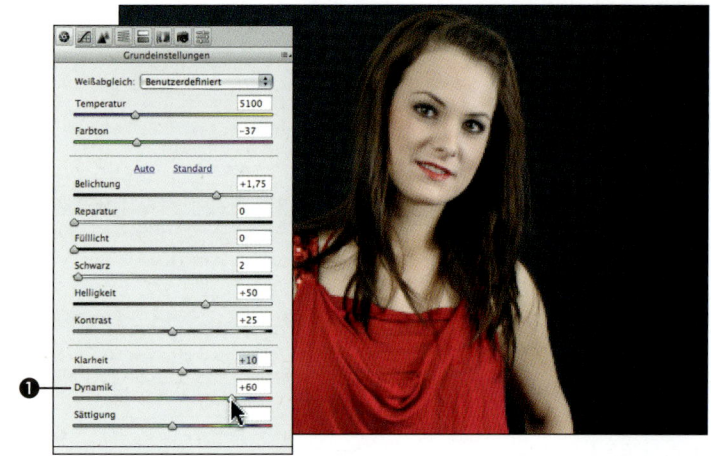

## 4 Dynamik erhöhen

Noch bevor ein Dynamik-Regler in Photoshop CS4 Einzug gehalten hat, habe ich ihn schon in Camera Raw und Photoshop Lightroom kennengelernt. Da ich Farben liebe, habe ich auch bei diesem Bild die Lebendigkeit mit DYNAMIK gepuscht ❶.

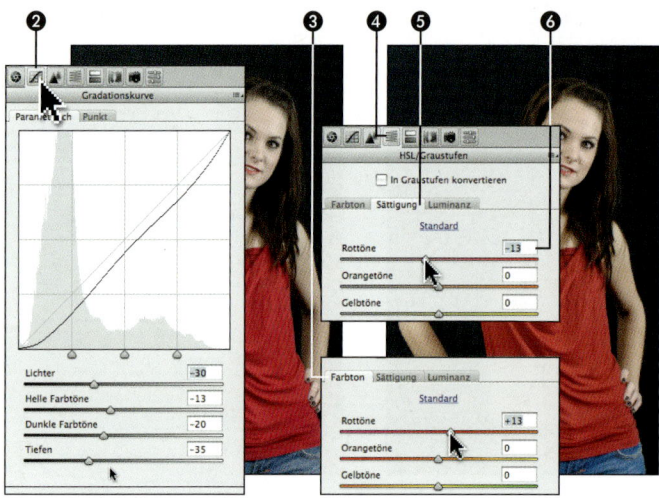

## 5 Gradation und Rottöne

Durch die deutliche Erhöhung der Belichtung ist das Gewebe des Moltonstoffes im Hintergrund unschön zutage getreten. Mit einem Klick auf die zweite Registerkarte ❷ habe ich die Gradationskurve-Palette in den Vordergrund gebracht und durch Spielen an den Reglern eine Einstellung gefunden, die den Hintergrund wieder beinahe schwarz werden lässt. Dann habe ich im Bereich HSL/GRAUSTUFEN ❹ die SÄTTIGUNG ❺ der ROTTÖNE ❻ reduziert und den FARBTON ❸ derselben Töne etwas in Richtung Gelb verschoben.

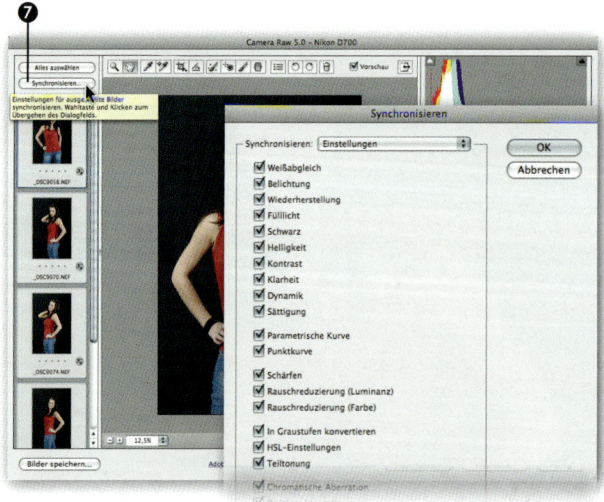

## 6 Bilder synchronisieren

So weit war ich dann mit meinen Einstellungen für dieses Bild zufrieden. Haben Sie mehrere Bilder mit Camera Raw geöffnet, brauchen Sie nun die Prozedur nicht für jedes Bild einzeln durchzuexerzieren, sondern wählen einfach alle Bilder mit ⬆- oder Strg/⌘-Klick aus und klicken auf SYNCHRONISIEREN ❼. Im darauffolgenden Dialog bestimmen Sie, ob alle Einstellungen übertragen werden sollen oder nur einzelne.

## 7 Selektive Anpassungen

Noch mit CS3 ließ Camera Raw fast ausschließlich globale Anpassungen zu. Mit CS4 gibt es jetzt einen ANPASSUNGSPINSEL ❽. Damit können Sie wichtige Einstellungen wie BELICHTUNG, KONTRAST und SÄTTIGUNG selektiv auftragen ⓭. Damit habe ich bei reduzierter BELICHTUNG ❾ den schwarzen Bereich hinter dem Modell weiter abgedunkelt. Aktivieren Sie AUTOMATISCH MASKIEREN ⓬, schützt Photoshop Bereiche, die deutlich anders sind als jene, über denen Sie zu pinseln begonnen haben.

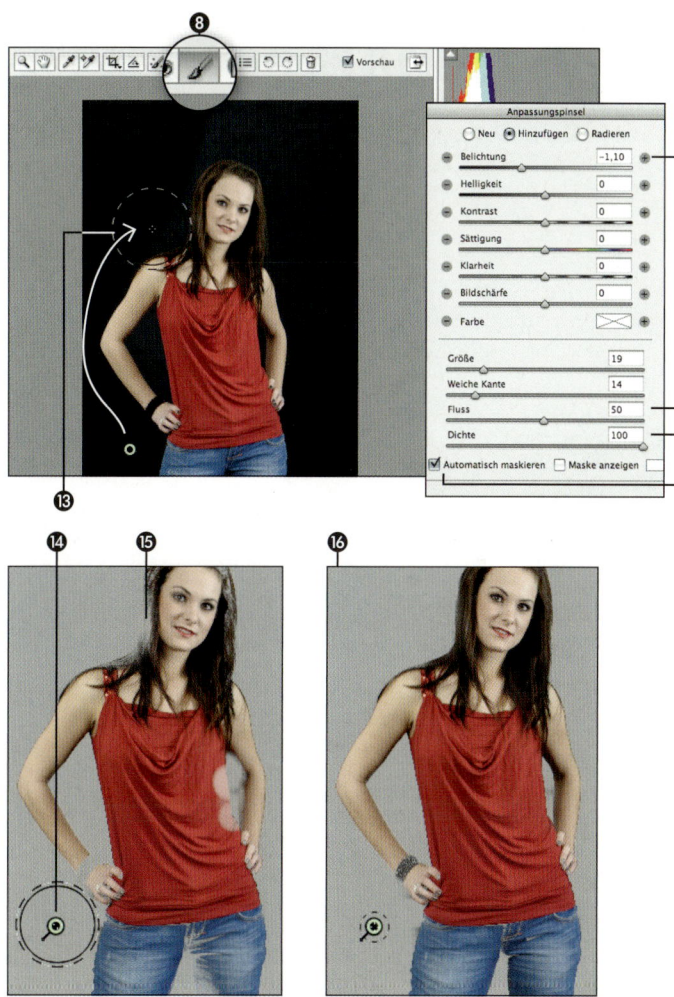

## 8 Dichte und Pins

FLUSS ❿ bestimmt, wie *schnell* Pinselstriche aufgetragen werden, DICHTE ⓫ die Deckkraft. Das Reduzieren der DICHTE bewirkt ein geringeres Auftragen der Einstellung (hier Belichtung). Der Vorteil: Wurde ein Pinselstrich zu stark aufgetragen, reduzieren Sie die Dichte, pinseln erneut darüber und reduzieren somit die Einstellungsanwendung. Wo Sie zu pinseln begonnen haben, steckt ein sogenannter PIN ⓮. Positionieren Sie den Mauszeiger darüber und warten einen Moment, erscheint eine Markierung der beeinflussten Bereiche.

## 9 Radieren und neuen Pinsel erstellen

Die Markierung zeigt, dass trotz automatischer Maskierung einige Bereiche betroffen sind, die es nicht sein sollten – zum Beispiel ⓯. Durch Aktivieren von RADIEREN ⓳ habe ich diese Bereiche mit einem kleinen Pinsel korrigiert ⓰. Durch Aktivieren von HINZUFÜGEN ⓲ können Sie diesen Pinselauftrag weiter ausbauen. Ich habe jedoch NEU ⓱ aktiviert und mit einer angehobenen Einstellung für die BELICHTUNG die Haare etwas aufgehellt. Einstellungen können Sie übrigens auch nach dem Auftragen noch korrigieren.

SCHWIERIGKEITSGRAD 3 FÜR ÜBERFLIEGER

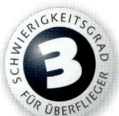

# Smarter Raw

*Raw-Daten und Smart-Objekte in Kombination*

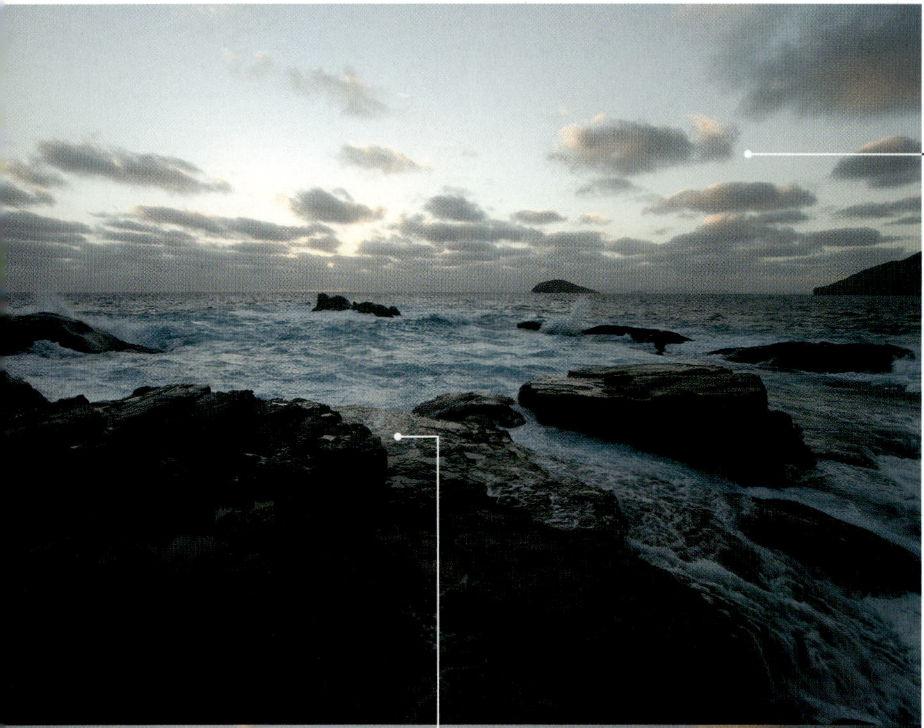

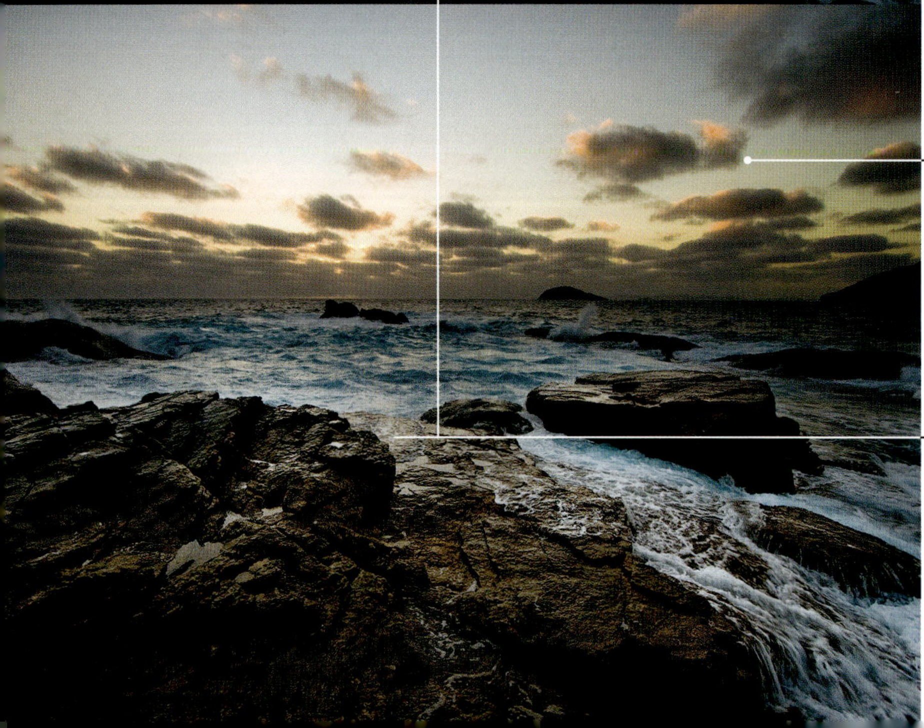

*Viele Bilder schwächeln an dem Problem, dass manche Bildbereiche zu hell belichtet sind und eventuell zu blass, ausgewaschen oder gar ausgefressen wirken, während andere Bereiche zu dunklen Klötzen verklumpen. Unsere Augen passen sich den verschiedenen Lichtbedingungen, die sich oft in einer Szene treffen, flexibel an. Bei Fotografien liegt es am Bildbearbeiter, das Bild so nachzubearbeiten, dass er dem Betrachter den Eindruck vor Ort vermitteln kann. Hier lernen Sie, wie Sie mit einem Raw-Bild, mehreren Smart-Objekt-Ebenen dieses Bildes, Ebenenmasken und Einstellungsebenen Bildbereiche unterschiedlich hell belichtet umsetzen können.*

**Zielsetzungen:**

Mehr Kontrast und Farbe im Himmel

Vordergrund aufhellen

**[smartraw.cr2]**

# 1 Weißabgleich-Werkzeug

Zur Entwicklung dieser Raw-Aufnahme habe ich zuerst mit dem WEISSABGLEICH-WERK-ZEUG ❶ die Farbwirkung eingestellt. Durch einen Klick damit auf ein der Sonne abgewandtes Stück Gischt ❷ wurde dessen Farbton als Neutralgrau definiert, wodurch der Lichtfarbton des gesamten Bildes justiert wird. Experimentieren Sie nun mit den Einstellmöglichkeiten von Camera Raw, um den Himmel effektvoll in Szene zu setzen – ignorieren Sie für den Moment die Bereiche unterhalb des Horizonts.

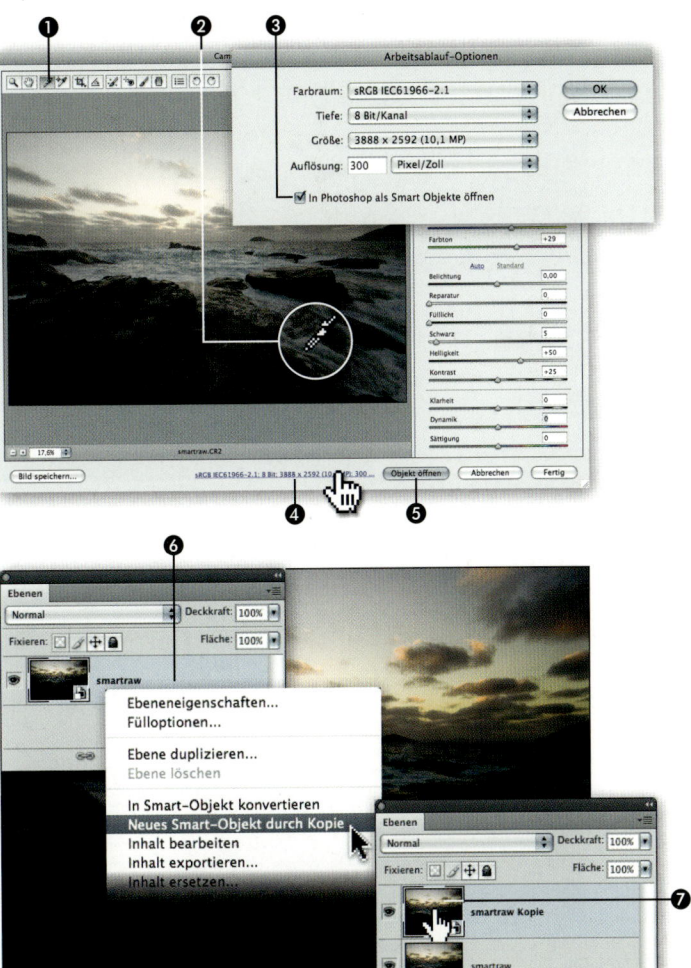

# 2 Smart-Objekte

Klicken Sie auf den Link ❹, und aktivieren Sie IN PHOTOSHOP ALS SMART-OBJEKTE ÖFFNEN ❸. Bestätigen Sie die ARBEITSABLAUF-OPTIONEN mit OK, und klicken Sie auf BILD ÖFFNEN ❺. Das Raw-Bild wird von Camera Raw in eine Photoshop-Datei konvertiert und als Smart-Objekt-Ebene platziert. Klicken Sie mit der rechten Maustaste darauf ❻, und wählen Sie NEUES SMART-OBJEKT DURCH KOPIE. Um die dadurch entstehende neue Smart-Objekt-Ebene zu bearbeiten, doppelklicken Sie auf ihre Miniatur ❼.

# 3 Vordergrund einstellen

Stellen Sie nun die Raw-Datei so ein, dass der Vordergrund sauber belichtet erscheint. Der Himmel im Hintergrund darf dabei ohne Weiteres überbelichtet werden.

**Tipp:** Im Kontextmenü gibt es auch den Punkt EBENE DUPLIZIEREN. Wenn Sie damit eine Kopie erstellen und diese in Camera Raw bearbeiten, werden die erste Ebene *und* die Kopie verändert. Wählen Sie hingegen NEUES SMART-OBJEKT DURCH KOPIE, können Sie die neue Ebene bearbeiten, *ohne die erste zu verändern!*

## 4    Smart-Objekt-Ebene maskieren

Erstellen Sie eine EBENENMASKE ❹ für die
obere Smart-Objekt-Ebene, und ziehen Sie
mit dem VERLAUFSWERKZEUG 🔲 einen senkrechten (⬦-Taste) Verlauf ❶ von Schwarz zu
Weiß in die Maske ❷. Dadurch wird im
oberen Bereich der Himmel der hell einge-
stellten Smart-Objekt-Ebene ausgeblendet
und der dramatische Himmel darunter sichtbar. Mir war die hellere Ebene aber *zu* stark
belichtet, weshalb ich mit Doppelklick auf die
Ebenen-Miniatur ❸ Camera Raw zur Nachbearbeitung aufgerufen habe.

## 5    Smart-Objekt nachjustieren

Ein Vorteil der Arbeit mit Raw-Dateien als
Smart-Objekten ist es, dass die Raw-Datei
selbst, trotz aller Einstellungen in Camera
Raw, nie verändert wird. Sie können jederzeit
über Doppelklick auf die Smart-Objekt-Ebene
in Photoshop die Raw-Quelldatei wieder aufrufen und jede Einstellung ohne Qualitätseinbußen wieder zurücknehmen und verändern.
Dabei steht Ihnen dann auch der volle Bearbeitungsspielraum einer 12- oder 14-Bit-Raw-
Datei zur Verfügung, auch wenn die Photoshop-Datei nur 8-Bit hat.

## 6    Dritte Smart-Objekt-Ebene durch Kopie

Erstellen Sie erneut ein NEUES SMART-OBJEKT
DURCH KOPIE. Wenn Sie die obere der beiden
Ebenen kopieren, dann hat die Kopie auch
gleich schon eine Ebenenmaske. Füllen Sie die
Maske komplett mit Schwarz ❺ – dadurch
wird die Sichtbarkeit der ganzen Ebene aufgehoben. Durch einen Doppelklick auf die
Ebenenminiatur ❻ öffnen Sie das Smart-Objekt wieder zur Bearbeitung in Camera Raw.

## 7 Vordergrund einstellen

Diese dritte Smart-Objekt-Ebene dient dazu, die Felsen im Vordergrund unabhängig vom Meer einstellen zu können. Ich hatte also bei dieser Einstellung dementsprechend auch das Augenmerk auf diesen Bereichen und habe mit den Gradationskurven ❼ von Camera Raw eine optimale Einstellung gesucht.

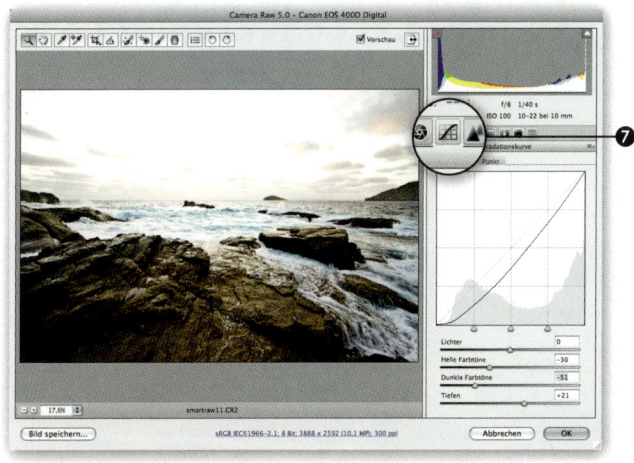

## 8 Felsen in der Maske freilegen

Mit dem PINSEL-WERKZEUG ✎, weißer Vordergrundfarbe und einem FLUSS von 10 % habe ich dann die aufgehellten Felsen des Vordergrundes *demaskiert* ❾. Dadurch ergeben sich ein dramatischer, weil geringer belichteter Himmel auf unterster Ebene, ein mittel belichtetes Meer auf der mittleren Ebene und stärker belichtete Felsen im Vordergrund auf der obersten Ebene. Für mehr Kontrast im Gesamtbild habe ich eine neue GRADATIONSKURVE-Einstellungsebene ▨ erstellt ❽ und ein leichtes S eingezogen ❿.

## 9 Farbton/Sättigung und Fotofilter

Außer der Gradationskurve habe ich eine FOTOFILTER-EINSTELLUNGSEBENE 🔵 mit dem FILTER • DUNKELBLAU ⓰ für einen kühleren Farbton erstellt. Mit einer FARBTON/SÄTTIGUNG-Einstellungsebene ▦ habe ich global (STANDARD) ⓯ die SÄTTIGUNG erhöht ⓮, während ich die SÄTTIGUNG für die CYANTÖNE ⓬ reduziert habe ⓭, damit die türkisen Töne im Meer nicht übersättigen. Die Einstellungsebenen stehen wie hier ⓫ abgebildet angeordnet über den Smart-Objekt-Ebenen.

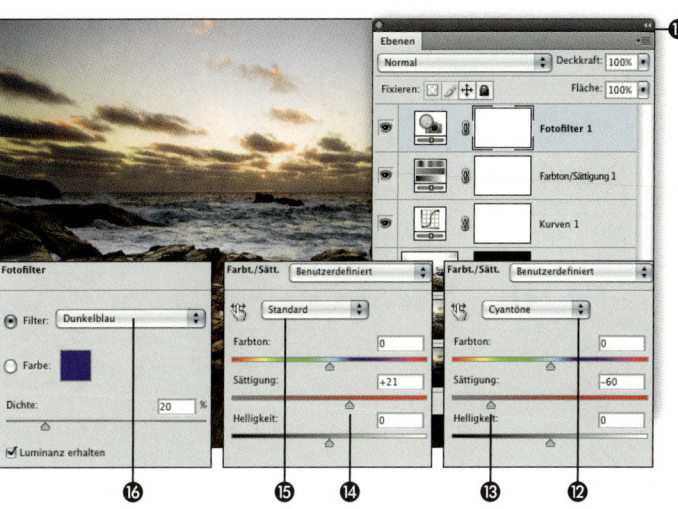

# Nicht-Raw in Camera Raw

*Camera Raw steht auch für JPEG, Tiff und PSD offen*

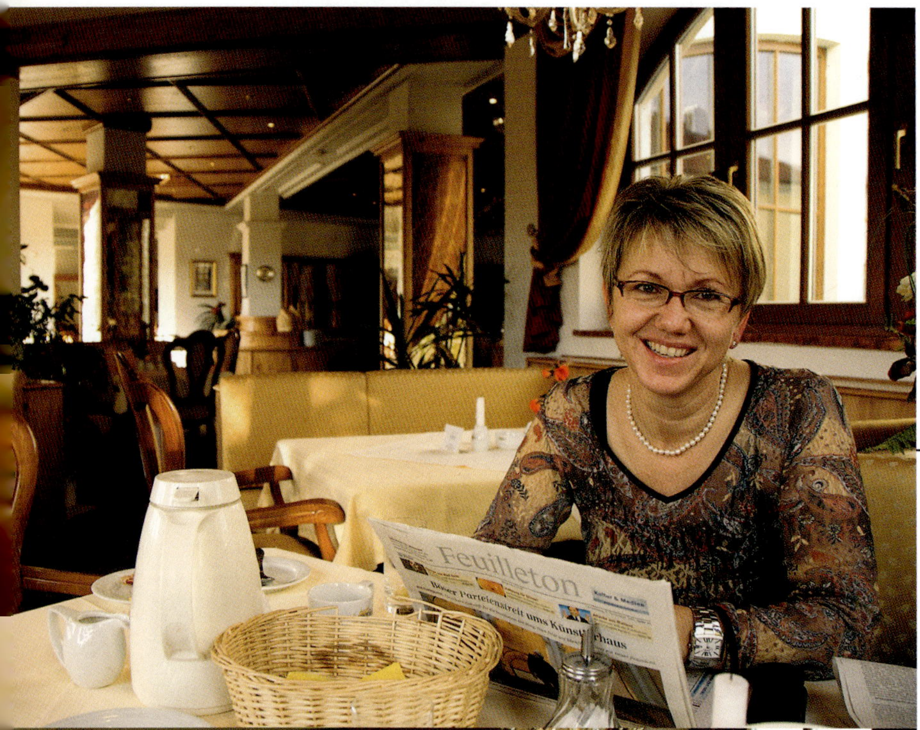

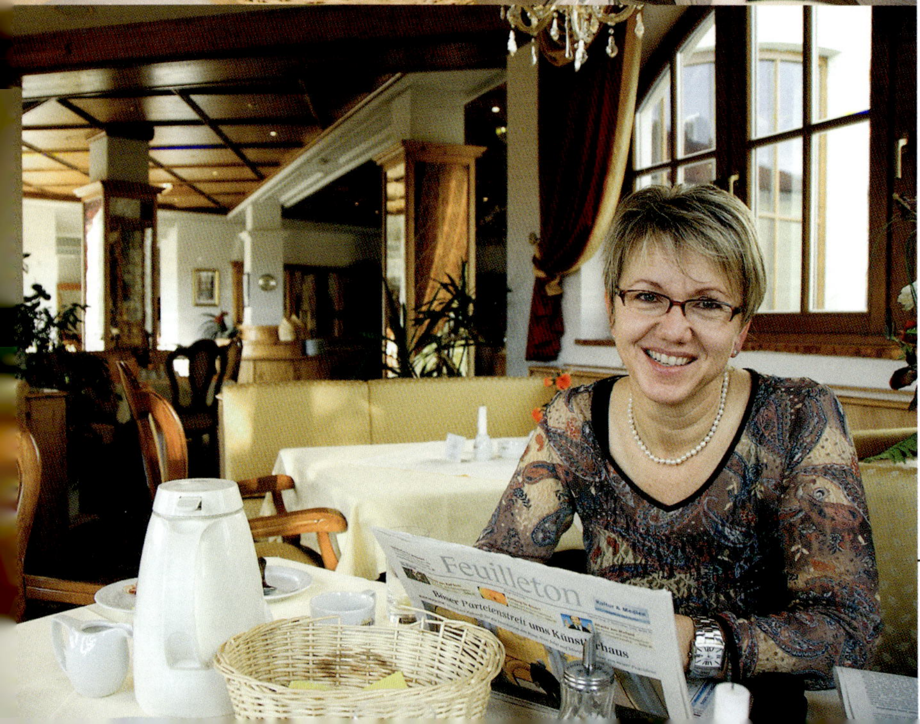

*Camera Raw bietet – abgesehen von der Möglichkeit, Raw-Bilder zu öffnen und zu bearbeiten – Einstellfunktionen, die Photoshop nicht kennt. Wie schön, dass es möglich ist, diese Stärken des Raw-Konvertierungs-Tools auch auf Nicht-Raw-Bilder wie JPEGs, Tiffs und PSDs anzuwenden.*

**Zielsetzungen:**
Gelbstich korrigieren
Hauttöne anpassen
**[jpeg-raw.jpg]**

# 1 JPEG in Camera Raw öffnen

Um eine Nicht-Raw-Datei in Camera Raw zu öffnen, wählen Sie unter Windows DATEI • ÖFFNEN ALS, aktivieren die Datei, die Sie in Camera Raw öffnen wollen, und stellen in der Dropdown-Liste ÖFFNEN ALS ❷ den Eintrag CAMERA RAW ein.

Am Mac wählen Sie DATEI • ÖFFNEN. Im Öffnen-Dialog aktivieren Sie auch dort die Datei und definieren dann als FORMAT • CAMERA RAW ❶.

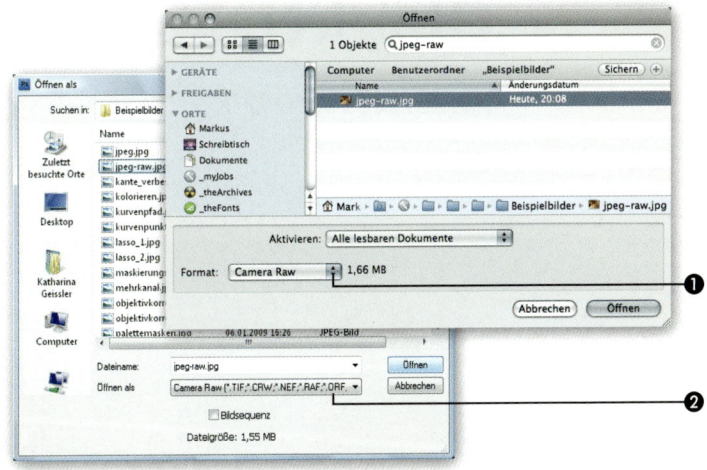

# 2 Weißableich einstellen

Rufen Sie das WEISSABGLEICH-WERKZEUG ❸ auf, und definieren Sie damit neutrales Grau durch Klicken ins Bild ❹. Der Weißabgleich wird nicht anhand reinweißer Flächen (RGB = 255) definiert, denn diese enthalten absolut keine Bildinformation mehr. Stattdessen klicken Sie auf einen Bildbereich, bei dem Sie davon ausgehen, dass er neutral grau sein sollte. Das können beschattete, an sich weiße Flächen sein, wie hier das Zeitungspapier. Es können aber auch neutral graue Flächen wie Beton oder verzinkte Metallteile sein.

# 3 Hauttöne sind Orangetöne

Camera Raw hat etwas, was in Photoshop fehlt: Einen Einstellregler für ORANGETÖNE. Dieser eignet sich besser zur Korrektur von Hauttönen als die Rot/Gelb-Aufteilung von FARBTON/SÄTTIGUNG in Photoshop. Um die Hauttöne der Person in diesem Motiv zu korrigieren, habe ich das Register HSL/GRAUSTUFEN ❺ aufgerufen, im Bereich SÄTTIGUNG ❻ die Leuchtkraft der ORANGETÖNE ❼ erhöht und über LUMINANZ ❽ dieselben Töne aufgehellt.

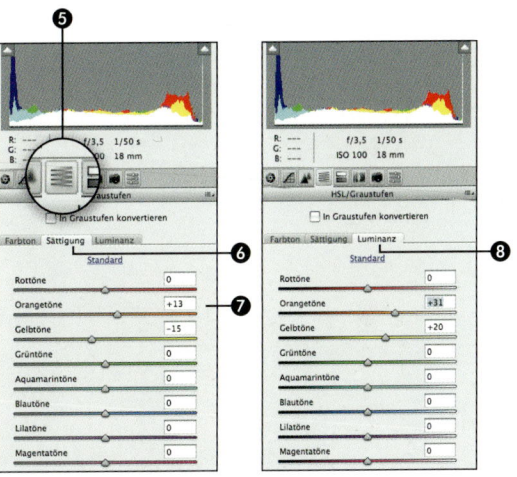

# Objektivkorrektur

*Verzerrte Architektur »professionalisieren«*

Menschen sehen Architektur in der Regel aus der Froschperspektive. Da entfernte Linien im Verhältnis zu nahen verkürzt erscheinen, entstehen dadurch stürzende Linien. Extrem stürzende Linien können ein interessantes Gestaltungsmittel sein, meist aber wirken solche Fotos schnappschussartig und unprofessionell. Mit Photoshop kann man diesen Aufnahmen jedoch eine etwas professionellere Anmutung verleihen. Dabei muss man allerdings wissen, dass Photoshop ein Allrounder ist, der alles kann, aber in vielen Bereichen bestenfalls durchschnittlich arbeitet. Profis verwenden für die Objektiv-Korrektur teure Spezialsoftware, die exakt auf die Problembereiche ihrer Objektive abgestimmt ist. Erwarten Sie also bitte nicht zu viel von der Photoshop-Standardfunktion zur Objektivkorrektur.

**Zielsetzungen:**
Stürzende Linien und Verzerrungen ausgleichen
**[obektivkorrektur.jpg]**

## 1   Objektivkorrektur

Rufen Sie über FILTER • VERZERRUNGSFILTER • OBJEKTIVKORREKTUR auf. Spielen Sie mit den Werten für VERTIKALE PERSPEKTIVE ❶, HORIZONTALE PERSPEKTIVE ❷ und WINKEL ❸, bis die perspektivische Verzerrung an das geometrische Raster angeglichen ist. Meist muss das Bild auch verkleinert werden ❹, damit am Rand keine Elemente verschwinden.

**Tipp:** WINKEL reagiert zu sensibel, um den Wert mit der Maus steuern zu können. Setzen Sie stattdessen den Cursor ins Feld, und ändern Sie den Wert mit ⌂+↑ bzw. ↓.

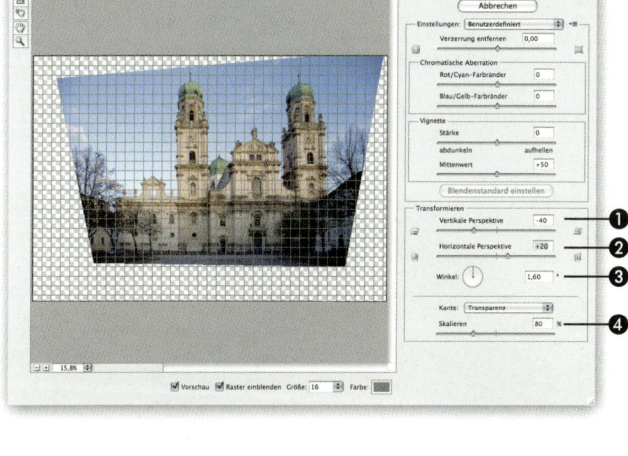

## 2   Verzerrung und Kantenerweiterung

Durch das Mittelklasse-Zoomobjektiv im Weitwinkel-Bereich wurde das Bild tonnenförmig ⬚ verzerrt. Schieben Sie den Regler VERZERRUNG ENTFERNEN ❺ in Richtung kissenförmiger Verzerrung ⬚, um dies auszugleichen. Danach war es bei mir notwendig, die TRANSFORMIEREN-Regler ❻ noch einmal nachzujustieren, um ein möglichst gutes Ergebnis zu erzielen. Im Menü KANTE habe ich zuletzt KANTENERWEITERUNG aktiviert ❼, damit das Bild etwas zusätzlichen, *künstlichen* Himmel für die Beschneidung erhält.

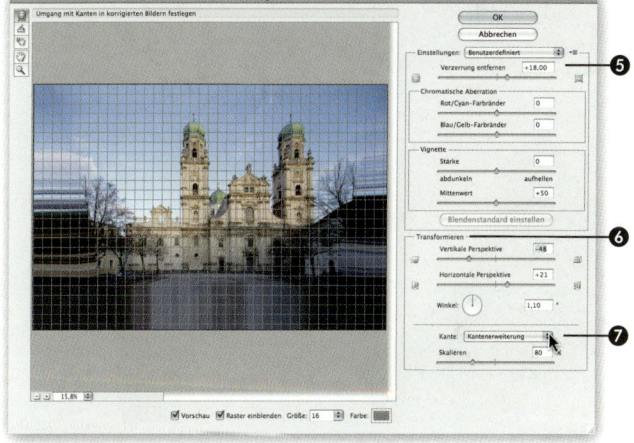

## 3   Freistellen

Nach der Bestätigung des Dialogs musste das Bild noch beschnitten werden. Wählen Sie dazu das FREISTELLUNGSWERKZEUG ⬚, und beschneiden Sie das Bild auf einen angemessenen Bildbereich.

SCHWIERIGKEITSGRAD 1 FÜR EINSTEIGER

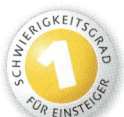

# Gesichtskorrektur

*Objektivkorrektur ist nicht nur für Architektur zu gebrauchen.*

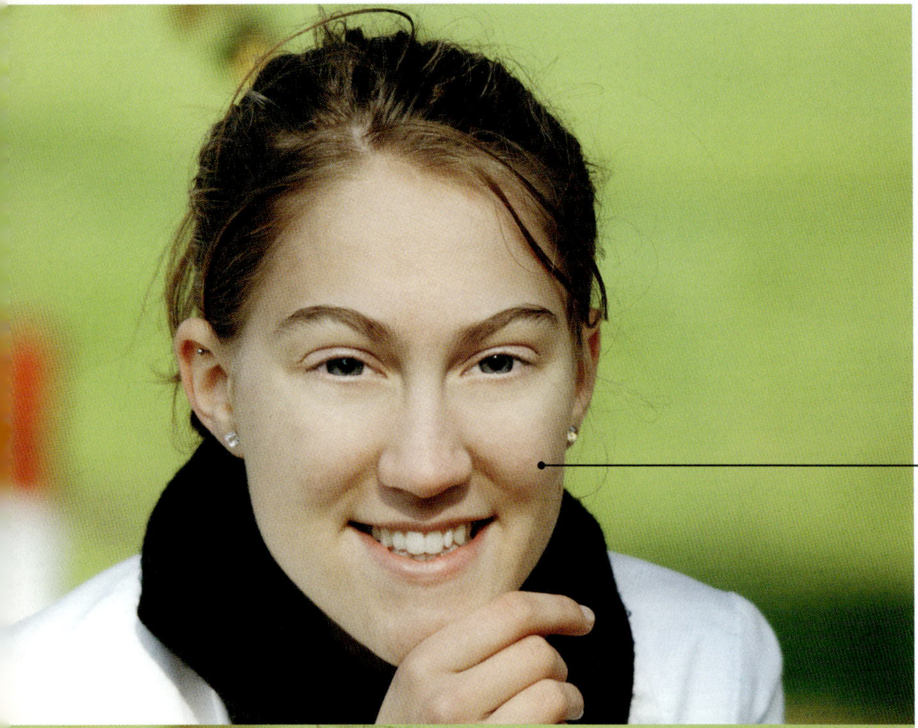

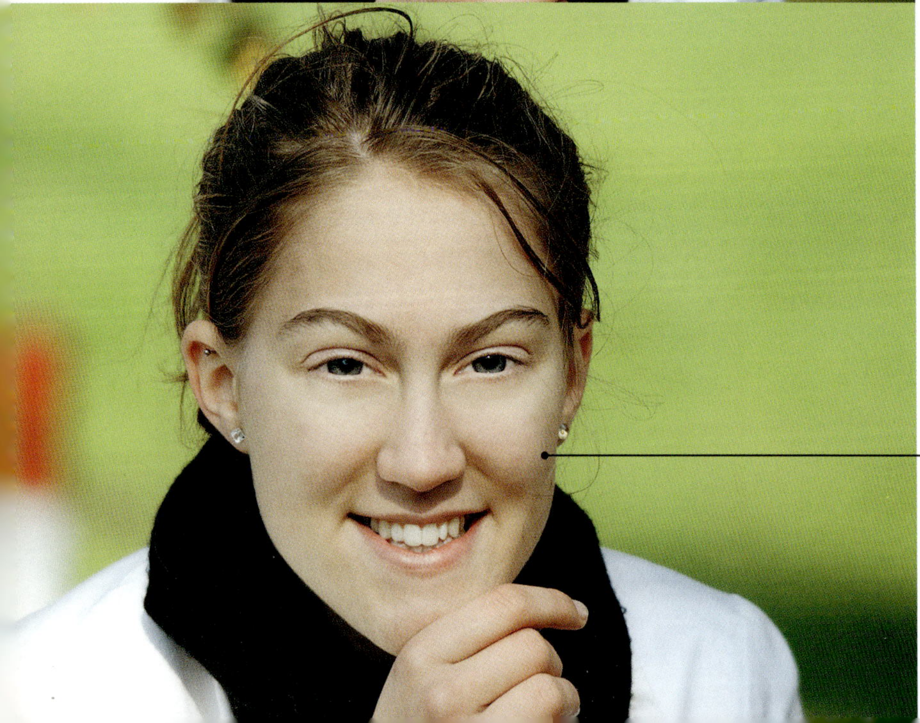

*Die hübsche Sam hat weiß Gott keine Gesichtskorrektur notwendig. Doch unter der falschen Brennweite leiden auch die edelsten Züge. In diesem Workshop lernen Sie, wie Sie die Objektivkorrektur nutzen können, um auf die Schnelle durch eine zu große Brennweite flach geratene Gesichtszüge (hier war ein 120–400-mm-Zoomobjektiv bei 360 mm Brennweite im Einsatz) wieder etwas plastischer erscheinen zu lassen. Das Ergebnis wird nicht perfekt, doch wenn die Zeit für eine ausführliche Verflüssigen-Bearbeitung fehlt, ist dieser Trick ein guter Kompromiss.*

**Zielsetzung:**

Gesichtszüge schmaler und weniger platt erscheinen lassen

**[objektivkorrektur_face.jpg]**

## 1 Objektivkorrektur

Wählen Sie im FILTER-Menü VERZERRUNGS-
FILTER • OBJEKTIVKORREKUR. Da das Modell
keinen eckigen Kopf hat, können Sie das
RASTER ❶, das für Architektur sehr hilfreich
ist, ausblenden.

## 2 Kissenförmige Verzerrung

Schieben Sie den Regler VERZERRUNG ENT-
FERNEN ❷ etwas in Richtung der kissen-
förmigen Korrektur 🔲. Dadurch verdichtet
sich das Gesicht etwas. Beim Querformatbild
wird es schmaler, die Nase verkürzt sich, die
Stirn wird größer. Das Kinn vergrößert sich
ebenfalls, was hier unschön ist, weshalb ich
durch leichtes, vertikales Kippen ❸ gegenge-
steuert habe. Ein dezentes horizontales
Schwenken ❹ fand ich angebracht – die SKA-
LIERUNG habe ich auf das Maximum von 150 %
eingestellt ❺.

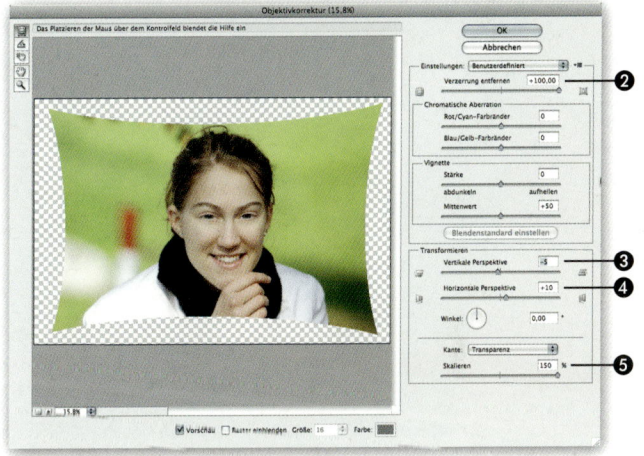

## 3 Bild freistellen

Durch die Objektivkorrektur wurde nicht nur
das Gesicht schmaler, sondern wurden auch
die Schultern in die Breite gezogen, was eine
sehr unschöne Kombination ist. Es ist in solchen Fällen unabdingbar, das Motiv so zu beschneiden, dass dieser Effekt nicht mehr auf-
fällt. Hier war die Beschneidung ohnehin
durch die mit der Verzerrung entstandene
Transparenz notwendig.

Schwierigkeitsgrad 1 – für Einsteiger

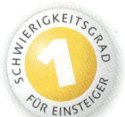

# Rote Augen

*Und es gibt sie doch!*

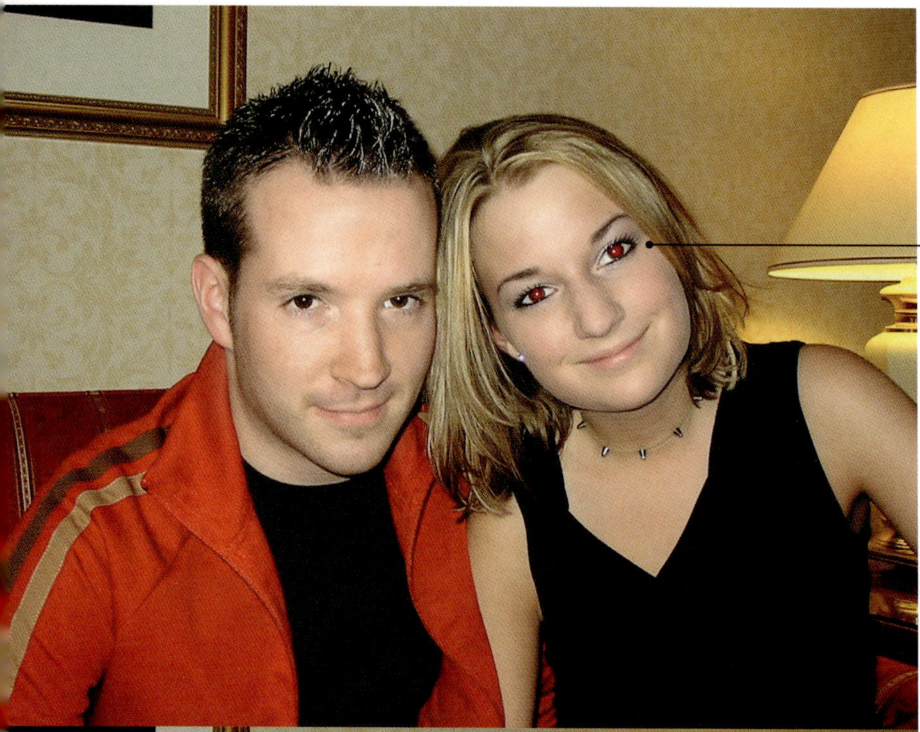

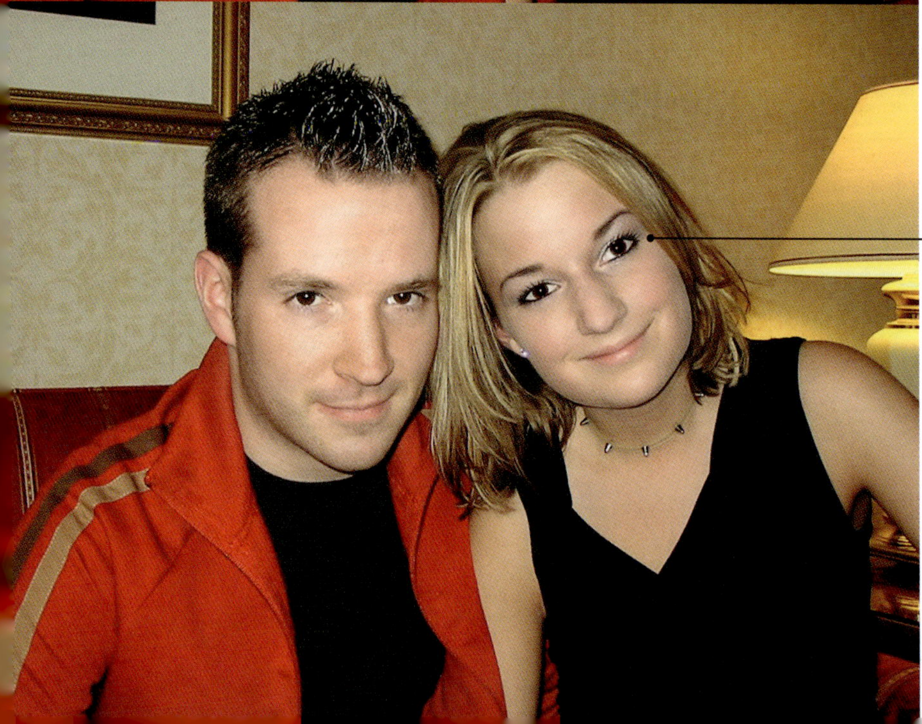

*Zunächst möchte ich Oliver meinen aufrichtigen Dank dafür aussprechen, dass er mir ein Bild zur Verfügung gestellt hat, bei dem das Rote-Augen-Werkzeug tatsächlich (einigermaßen gut) funktioniert. Bisher habe ich die Erfahrung gemacht, dass dieses Tool einzig und allein dazu in der Lage ist, rote Augen in graue zu verwandeln, was nur selten einen Gewinn darstellte. Entweder hat Adobe mit CS4 deutlich nachgebessert, oder es gibt sie doch, die Bilder, bei denen dieses Werkzeug funktioniert.*

**Zielsetzung:**
Rote-Augen-Effekt entfernen
**[roteaugen.tif]**

## 1 Rote-Augen-Werkzeug

Aktivieren Sie das ROTE-AUGEN-WERKZEUG 🔴, und ziehen Sie damit eine Auswahl über die beiden Augen – eines nach dem anderen. Wenn Sie nicht viel Zeit für die Korrektur des Rote-Augen-Effekts haben und dieses Werkzeug ausnahmsweise einmal zu einem brauchbaren Ergebnis führt … Hallelujah!

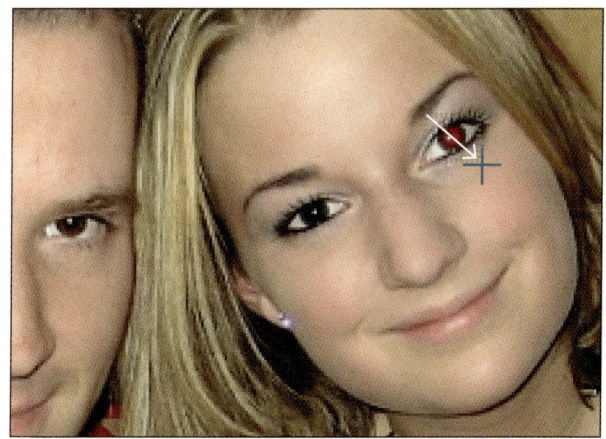

## 2 Bessere Alternative mit Auswahl

Für ein besseres Ergebnis arbeiten Sie nach wie vor so: Erstellen Sie zunächst mit dem AUSWAHLELLIPSE-WERKZEUG 🔵 eine Auswahl um den roten Reflex der beiden Augen ❶ (zur Erweiterung der Auswahl Drücken Sie die ⌂-Taste). Rufen Sie den Dialog KANTE VERBESSERN ❷ auf, und stellen Sie die Werte so ein, dass die Kantenschärfe und der Umfang der Maskierung möglichst gut an den roten Reflex in den Augen angepasst sind ❸. (KANTE VERBESSERN finden Sie auf Seite 188 erklärt.)

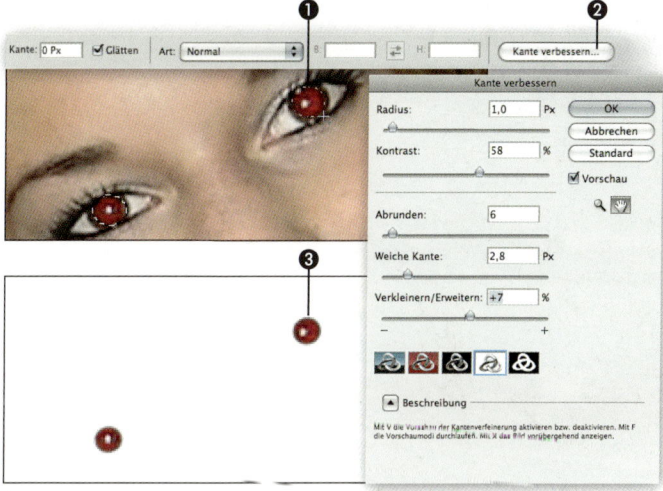

## 3 Bildberechnungen

Wählen Sie nun im BILD • BILDBERECHNUNGEN, und aktivieren Sie als KANAL • GRÜN ❹. Vergleichen Sie nun doch einmal das Resultat des ROTE-AUGEN-WERKZEUGS mit diesem Ergebnis! Während mit Adobes Tool vom Braun der Iris nichts mehr übrig geblieben ist, erhalten Sie mit dieser Methode ein schönes, klares Ergebnis. Und solche Augen haben das doch verdient, oder?

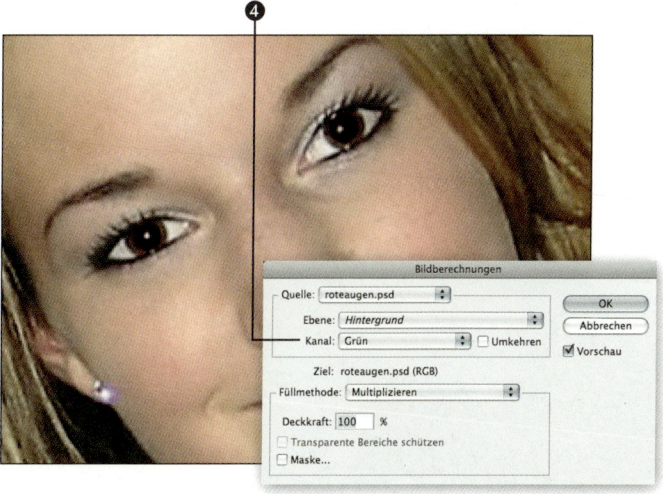

Schwierigkeitsgrad 1 für Einsteiger

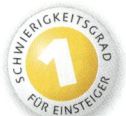

# Photomerge ist Panorama

*Panoramen automatisch zusammensetzen lassen*

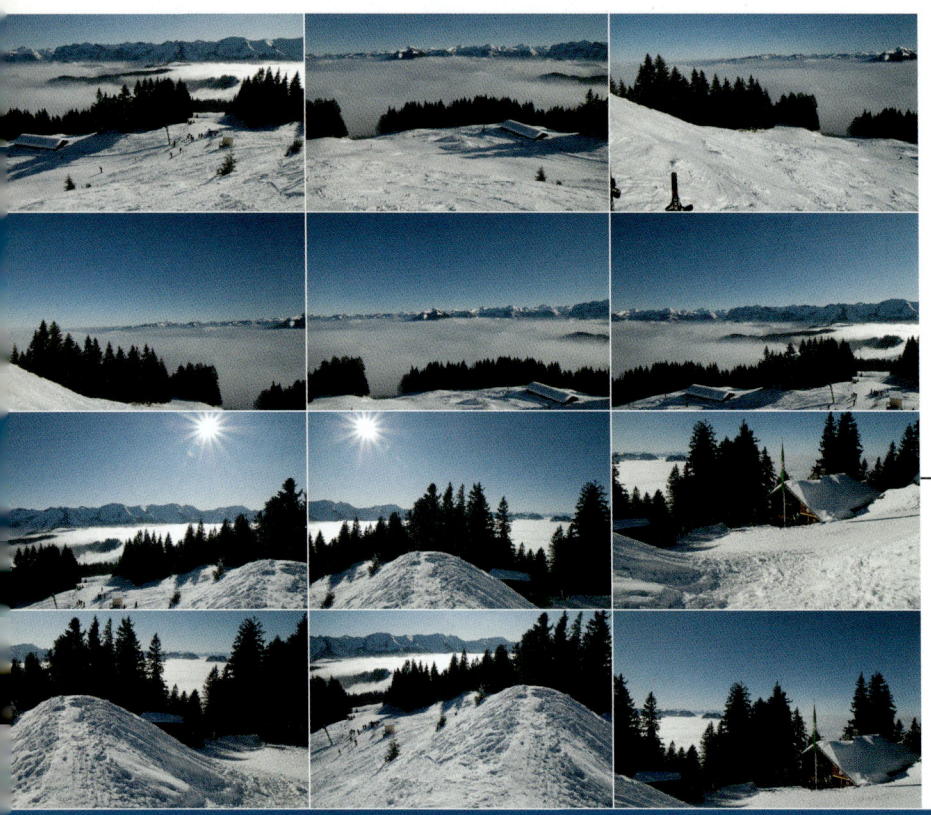

*Photoshop CS2 hatte eine Panorama-Funktion. In CS3 war die Funktion dann ganz ordentlich. In CS4 ist sie phänomenal. Musste man zuvor mit manuellen Einstellungen vom Stativ aus fotografieren, bewältigt Photoshop jetzt Programmautomatik-Aufnahmen aus freier Hand. Leider fällt das Ergebnis trotz gleicher Aufnahmen nicht immer gleich aus. Wenn Ihr Ergebnis von meinem abweicht, machen Sie einen zweiten Test. Oder testen Sie eines der anderen »Layouts«.*

**Zielsetzung:**

12 Einzelaufnahmen zu einem Panorama zusammensetzen

**[panorama_1.jpg bis panorama_12.jpg]**

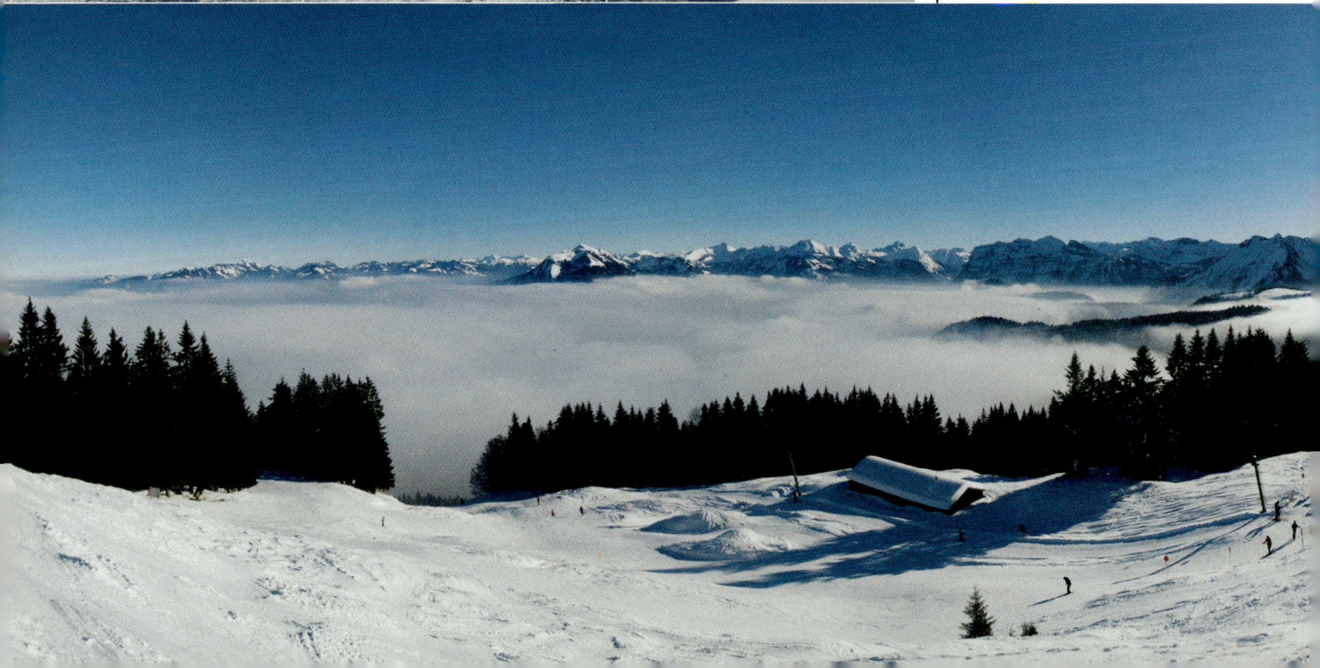

# 1    Photomerge einstellen

Wählen Sie Datei • Automatisieren • Photo-merge. Im folgenden Dialog stellen Sie das Layout ein, wo ich meist Auto ❶ wähle. Nur wenn ich damit kein gutes Resultat erhalte, starte ich einen neuen Versuch mit anderen Einstellungen. Sie können einzelne Dateien, einen Ordner mit all seinen Dateien ❷ oder in Photoshop geöffnete Dateien hinzufü-gen ❹. Klicken Sie auf Durchsuchen ❸, akti-vieren Sie im Öffnen-Dialog bei gedrückter ⇧-Taste die gewünschten Dateien, klicken Sie dann auf Öffnen ❻ und dann auf OK ❺.

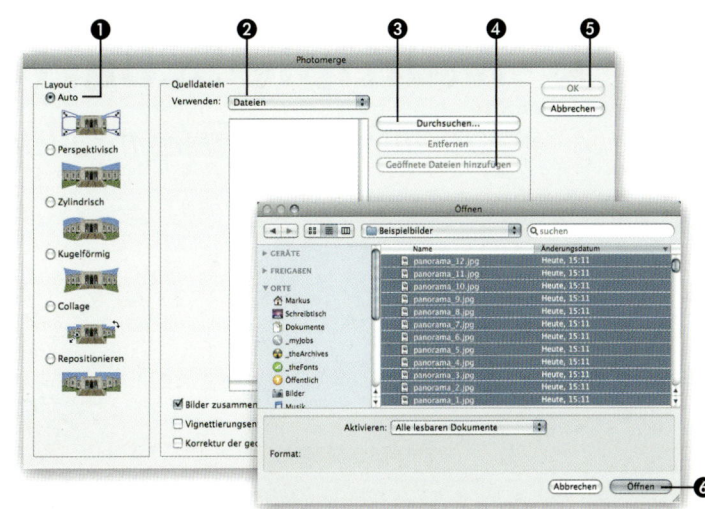

# 2    Zusammenfügen und Freistellen

Photomerge in Photoshop CS4 bedarf in der Regel keiner weiteren Nachbearbeitung mehr. Wenn Photoshop das Bild berechnet hat – was eine Weile dauern kann –, reduzieren Sie es lediglich über das Palettenmenü ❽ der Palette Ebenen auf die Hintergrundebene, be-schneiden ❼ es mit dem Freistellungswerk-zeug 🔲 und stellen im Bedarfsfall über Ein-stellungsebenen Tonwerte, Kontrast und Farben des Bildes ein. Ich habe dieses Bild mit einer Gradationskurve- und einer Dynamik-Einstellungsebene optimiert ❾.

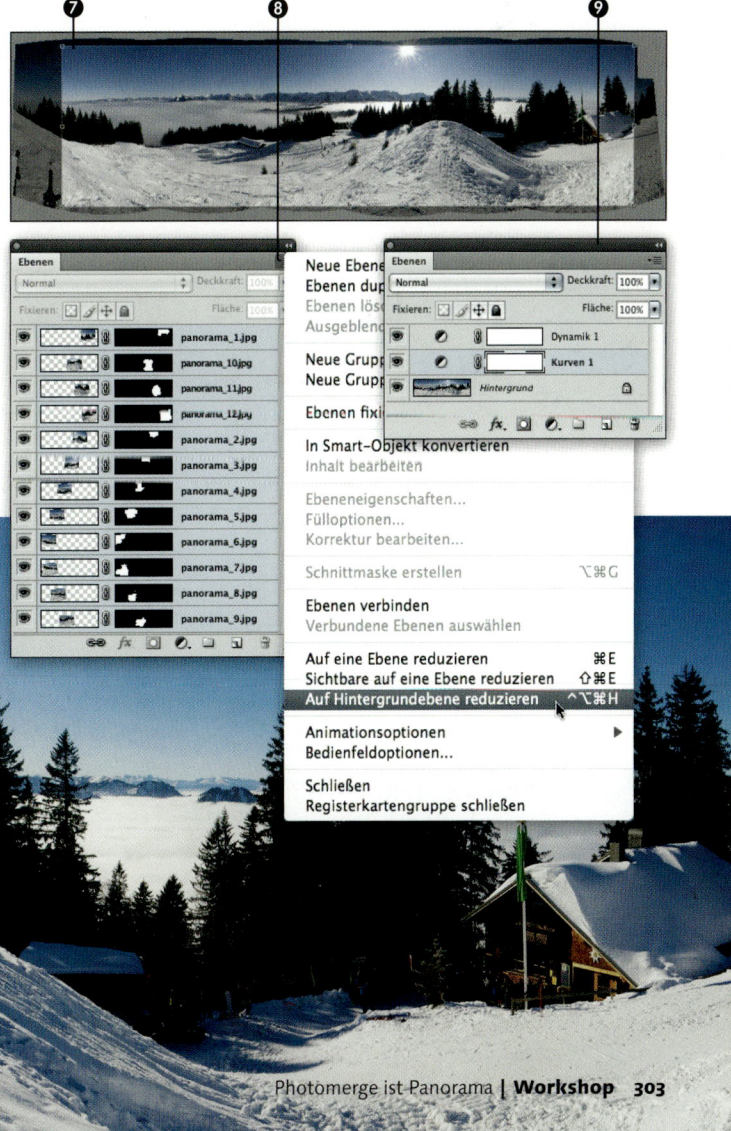

Schwierigkeitsgrad 2 – Für Aufsteiger

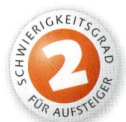

# Multiple Schärfentiefe

*Aufnahmen mit unterschiedlicher Schärfentiefe kombinieren*

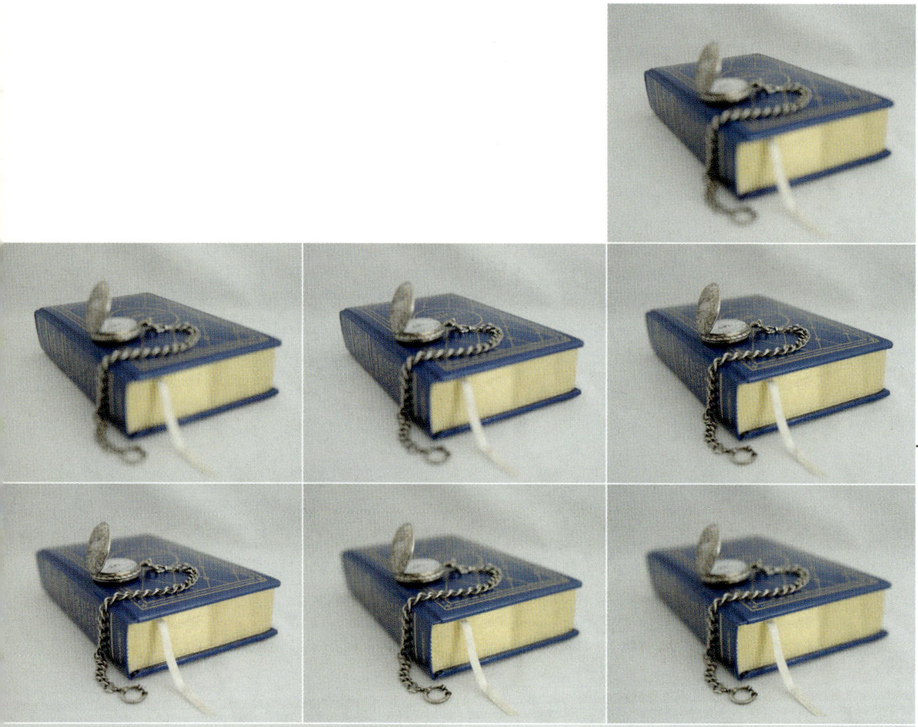

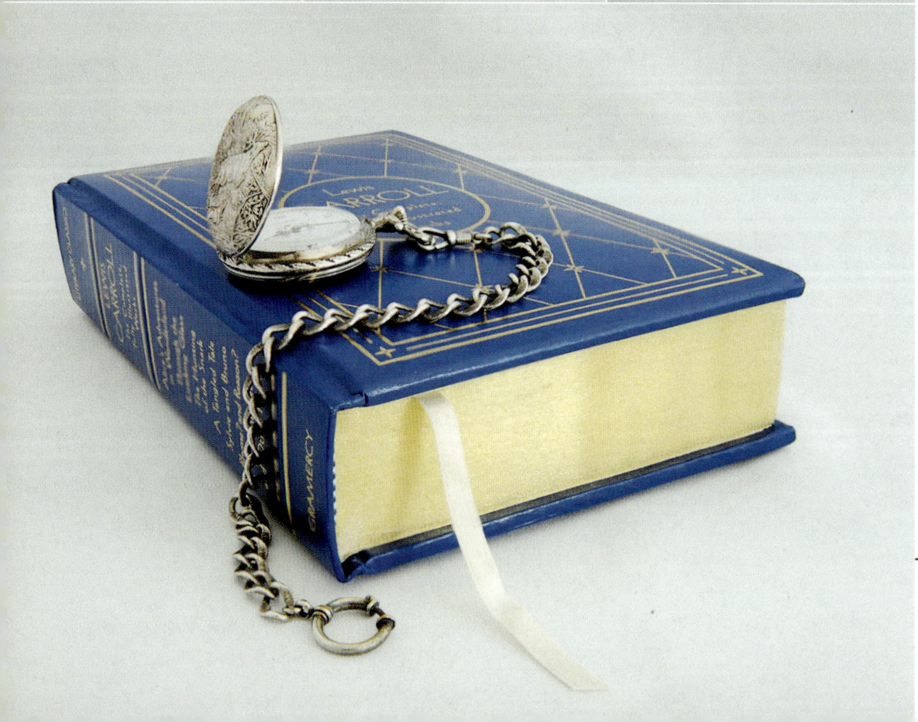

*Der Fotograf weiß: Ist die Blende weit offen, wird nur ein sehr kurzer Bereich der Tiefe eines Motivs scharf abgelichtet. Je weiter Motivbereiche von der Linse beziehungsweise dem Sensor entfernt sind, desto unschärfer werden sie abgebildet. Photoshop kann mehrere Belichtungen mit unterschiedlichen Schärfeebenen und kurzer Schärfentiefe zu einem Bild mit hoher Schärfentiefe zusammenfügen. Wenn Sie das Resultat dieses Workshops analysieren, werden Sie feststellen, dass nicht alle Bereiche scharf abgebildet sind. Zaubern kann Photoshop eben (noch) nicht. Doch hätte ich die Blende etwas mehr geschlossen oder ein paar Belichtungen mehr gemacht, dann wäre das Resultat wohl wirklich von vorne bis hinten scharf.*

**Zielsetzung:**

Aus sieben Bildern mit sehr kurzer Schärfentiefe ein Bild mit hoher Schärfentiefe erstellen

**[schaerfe_1.jpg bis schaerfe_7.jpg]**

# 1 Dateien in Stapel laden

Wählen Sie DATEI • SKRIPTEN • DATEIEN IN STAPEL LADEN. Im folgenden Dialog klicken Sie auf DURCHSUCHEN ❷ und fügen alle Bilder hinzu, die Sie zu einem neuen Bild mit hoher Schärfentiefe zusammenbauen wollen. Aktivieren Sie zur Sicherzeit QUELLBILDER NACH MÖGLICHKEIT AUTOMATISCH AUSRICHTEN ❶. Obschon ich vom Stativ aus fotografiert habe, waren die Resultate nicht zu einhundert Prozent exakt ausgerichtet.

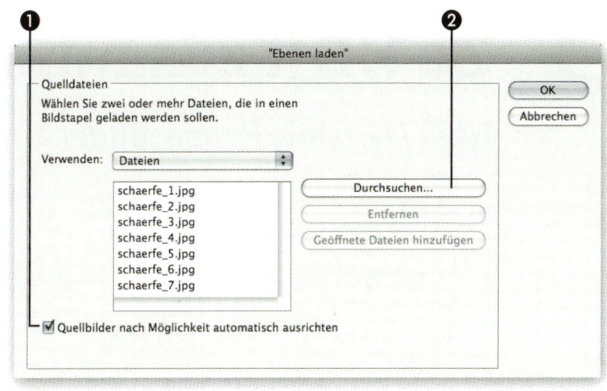

# 2 Ebenen automatisch überblenden

Das Skript lädt alle ausgewählten Bilder als übereinandergestapelte Ebenen in ein Photoshop-Dokument. Aktivieren Sie durch Klick bei gedrückter ⇧-Taste alle Ebenen ❸, und rufen Sie über BEARBEITEN • EBENEN AUTOMATISCH ÜBERBLENDEN auf. Aktivieren Sie im Dialog dazu BILDER STAPELN ❹ – Photoshop ist sogar intelligent genug, Ihnen anhand des Bildmaterials von vornherein diese Option vorzuschlagen. Klicken Sie auf OK, und lassen Sie Photoshop das Bild berechnen.

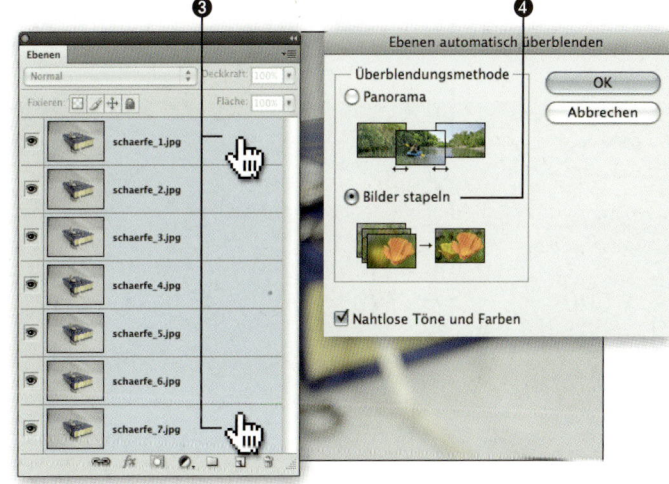

# 3 Hintergrundebene und Freistellen

Photoshop maskiert alle Ebenen mittels Ebenenmasken ❻ so, dass immer die schärfsten Bereiche sichtbar sind. Wenn ich auf diese Art oder über Photomerge erstellte Bilder neu berechnen (also die Bildauflösung verändern) möchte, habe ich mir angewöhnt, das Bild erst auf die Hintergrundebene zu reduzieren. Ansonsten können durch die Maskierungen *Risse* zutage treten. Am Ende habe ich dieses Bild jedoch lediglich mit dem FREISTELLUNGSWERKZEUG 🔲 beschnitten ❺ und nicht neu berechnet.

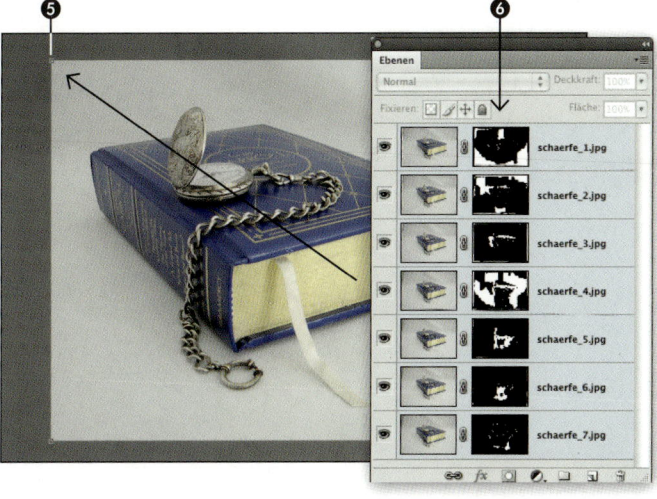

# Zu HDR zusammenfügen

*High Dynamic Range-Bilder automatisch erstellen lassen*

HDR ist seit circa zwei Jahren in aller Munde. Vor allem der Fotograf Dave Hill erstellt mit aufwendigen Shootings und intensiver digitaler Nachbearbeitung Bilder, die wir alle so noch nicht gesehen haben. Ich persönlich bin kein großer Fan dieser Technik, weil sie meist übertrieben angewendet wird und die Resultate oft künstlich aussehen und sich gleichen. Bei HDR werden mehrere Belichtungen eines Motivs zu einem Bild montiert, um dadurch sowohl in tiefen Schatten, als auch in hellen Lichtern Zeichnung zu erhalten. Trotz meiner Vorbehalte möchte ich Ihnen einen generellen Einblick in die Erstellung von HDR-Bildern geben. Wenn Sie Gefallen an der Sache finden und mehr darüber wissen wollen, dann finden Sie bei Galileo ein Praxisbuch zur HDR-Fotografie.

**Zielsetzung:**
Mehrere Belichtungen zu einem Bild zusammensetzen und im typischen HDR-Charakter umsetzen
**[hdr_1.dng bis hdr_5.dng]**

## 1 Zu HDR zusammenfügen

Öffnen Sie über DATEI • AUTOMATISIEREN den Dialog ZU HDR ZUSAMMENFÜGEN. Hier fügen Sie über DURCHSUCHEN ❸ die zu verwendenden Bilder hinzu. Das anschließende Fenster bietet einen Regler zur Steuerung der Helligkeit ❹. Links bestimmen Sie mittels CHECKBOX ❶, welche Bilder zur Berechnung des Resultats verwendet werden sollen. Die Vorschau ❷ ist im Moment noch nicht aussagekräftig, da aktuelle Bildschirme den enormen Tonwertumfang von HDR-Bildern überhaupt nicht darstellen können.

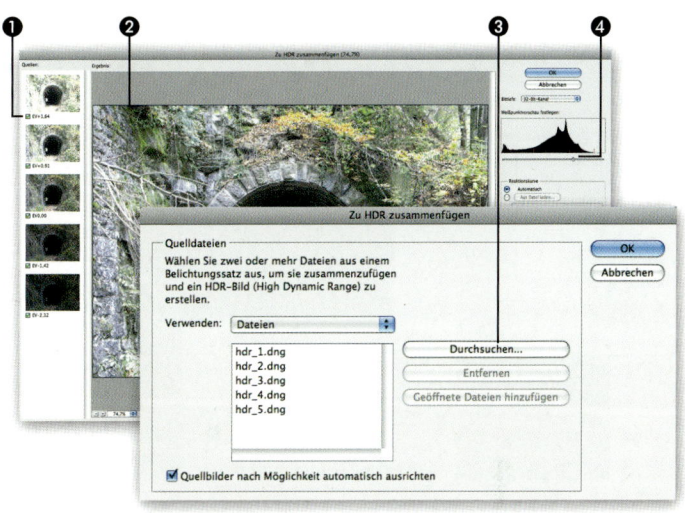

## 2 HDR-Konvertierung

Den zweiten Schritt bezeichnet man als »Tone Mapping«. Wählen Sie unter BILD • MODUS • 16-BIT-KANAL. Es folgt der Dialog HDR-KONVERTIERUNG. Zunächst wählen Sie eine METHODE der Konvertierung. Ich habe LOKALE ANPASSUNG ❺ gewählt und die abgebildete TONING-KURVE eingezogen ❻. Das Schwierige an der HDR-Entwicklung ist, speziell in Photoshop, dass die Ergebnisse des Zusammenfügens und des Tone Mappings noch nicht viel mit dem Ergebnis zu tun haben und man passende Einstellungen erraten muss.

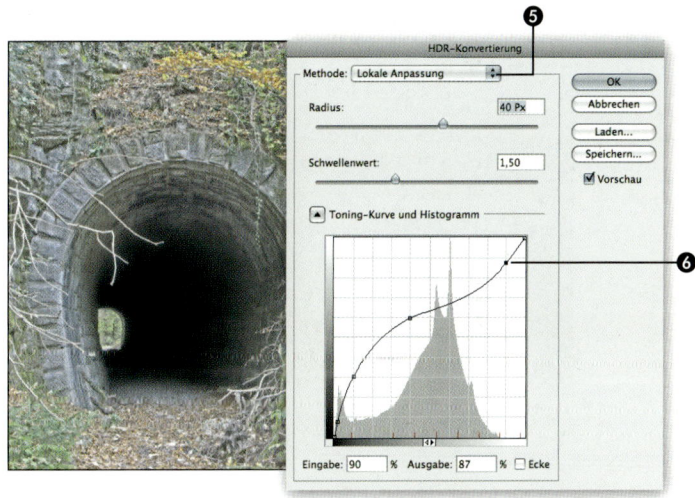

## 3 Resultat nachbearbeiten

Das Resultat des Tone Mappings ist meist relativ flau. Fast immer muss durch eine deutliche GRADATIONSKURVE 🖼 der Kontrast erhöht werden (siehe auch Seite 248). Außerdem ist es meist auch sinnvoll, die Farben zu puschen, beziehungsweise den umgekehrten Weg zu gehen, und dem Bild durch Reduzieren der Sättigung einen besonderen Charakter zu verleihen. Ich habe für dieses Bild DYNAMIK 🔲 und SÄTTIGUNG erhöht. Außerdem habe ich die Tönung mit einem FOTOFILTER 📷 etwas verändert.

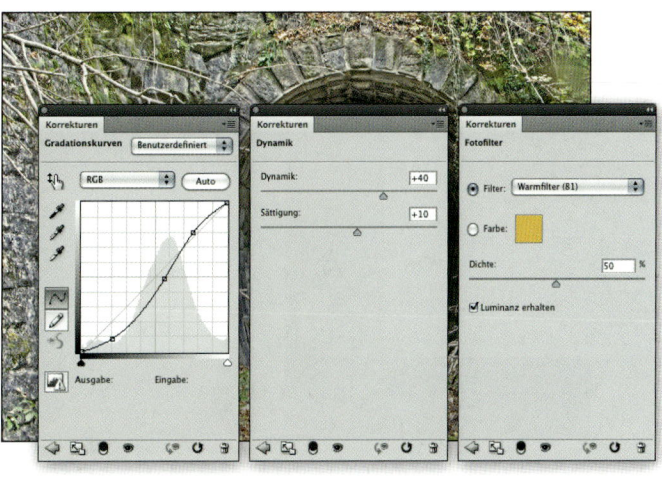

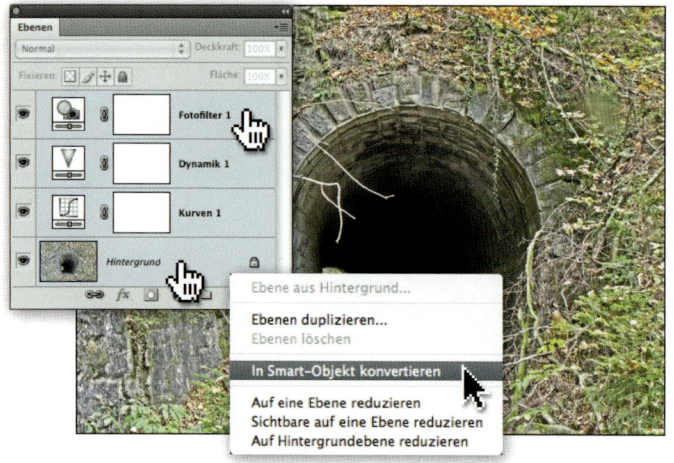

## 4    Smart-Objekt zur Weiterverarbeitung

Vor der Weiterverarbeitung möchte ich sicherstellen, später an den eben erstellten Einstellungsebenen noch Änderungen vornehmen zu können. Deshalb habe ich zunächst bei gedrückter ⇧-Taste alle Ebenen ausgewählt und mit einem Rechtsklick auf eine der Ebenen alle zusammen in ein Smart-Objekt konvertiert.

## 5    Vignette hinzufügen

Im Menü Filter rufen Sie dann die Objektiv-korrektur auf. Diese können Sie nicht nur nutzen, um Objektivfehler wie eine Randabschattung zu beseitigen, sondern Sie können auch bewusst eine Abdunkelung ❶ an den Rändern hinzufügen, um damit den Fokus des Betrachters ins Bildzentrum zu lenken. Viele Fotografen machen das, und manch ein schwaches Bild wirkt nach dem Hinzufügen einer Vignette richtig stark. Ziehen Sie dazu den Regler für Stärke und Mittenwert ❷ nach links, bis Ihnen das Resultat gefällt.

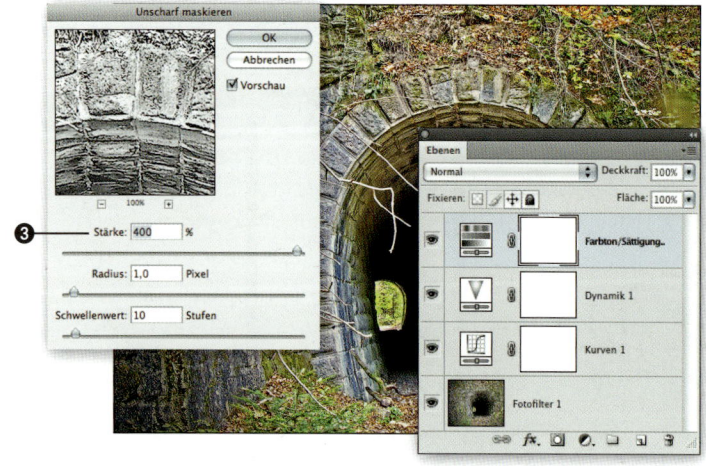

## 6    Unscharf maskieren

Um den extrem scharfen Kontrast des HDR-Bildes noch weiter zu betonen, habe ich im Menü Filter • Scharfzeichnungsfilter • Unscharf maskieren gewählt (siehe auch Seite 93) und mit 400 % Stärke scharfgezeichnet ❸, was an und für sich eine Überschärfung eines Bildes bewirkt. Hier fand ich es aber passend.

Zu guter Letzt wurden der Kontrast und die Farbsättigung mit weiteren Einstellungsebenen verstärkt.

# Helligkeit montieren

*High Dynamic Range-Bilder manuell erstellen*

Bilder mit extremen Kontrasten und einem riesigen Tonwertumfang zwischen den hellsten und dunkelsten Bildbereichen stellen Digitalkameras vor ein unlösbares Problem: Es kann nicht so belichtet werden, dass gleichzeitig hellste und dunkelste Bereiche korrekt abgebildet sind. In der digitalen Dunkelkammer kann man allerdings nachhelfen, wenn man vor Ort zwei unterschiedlich belichtete Aufnahmen erstellt hat und diese dann zu einem Bild zusammenfügt.

**Zielsetzung:**
Den Vollmond aus einem zweiten Bild mit verlängerter Belichtungszeit in ein Vollmond-Landschaftsbild einbauen
**[hdr_manuell_1.jpg, hdr_manuell_2.jpg]**

## 1 Auswählen und kopieren

Im Bild »hdr_manuell_2.jpg« habe ich mit dem Auswahlellipse-Werkzeug ⬭ eine weitläufige Auswahl um den korrekt belichteten Mond gezogen und die Auswahl dann mit Strg/⌘+D in die Zwischenablage kopiert. Theoretisch können Sie auch eine *hautenge* Auswahl um den Mond ziehen, doch das lässt Ihnen anschließend keinen Spielraum beim Maskieren des Bildes.

## 2 Einfügen und Füllmethode

Wechseln Sie in das Bild »hdr_manuell_1.jpg«, und fügen Sie mit Strg/⌘+V das kopierte Bild aus der Zwischenablage ein – Photoshop erstellt daraus automatisch eine neue Ebene ❷. Um die Größe der korrekt belichteten Mondscheibe an die überbelichtete anzugleichen, aktivieren Sie als Füllmethode • Differenz ❶. Dadurch mischen sich die Pixel der unteren und dieser Ebene, und das hilft Ihnen beim Anpassen. Wählen Sie dann im Menü Bearbeiten • Frei transformieren, oder geben Sie Strg/⌘+T ein.

## 3 Frei transformieren

Passen Sie mit dem Transformierungsrahmen die Größe der beiden Mondbelichtungen aneinander an, so dass gerade noch ein schmaler, circa ein Pixel breiter schwarzer Rand angezeigt wird ❹ (zu Frei transformieren siehe auch Seite 41) – die ⇧-Taste erhält dabei die Proportionen des Mondes.

Bestätigen Sie die Skalierung mit ↵, und stellen Sie die Füllmethode dann auf Normal ❸ zurück.

## 4 Auswahl und Ebenenmaske

Erstellen Sie jetzt eine exakt sitzende Auswahl um den Mond ❺, und erstellen Sie dann eine EBENENMASKE  ❻.

## 5 Maskenkante bearbeiten

Bei mir ist die Maskierung zu hart geraten und hat einen schwarzen Rand um den Mond ergeben. Zur Anpassung der Maske habe ich in der Palette MASKEN auf MASKENKANTE ❼ geklickt und die Maske mit den ganz rechts abgebildeten Werten verbessert. Da Ihre Auswahl sehr wahrscheinlich eine andere Maske ergeben hat, sollten Sie mit eigenen Werten experimentieren. Als Voransicht habe ich die erste Option ❽ (mit den Marching Ants) gewählt und mit ⌃Strg/⌘+H die Auswahl ausgeblendet.

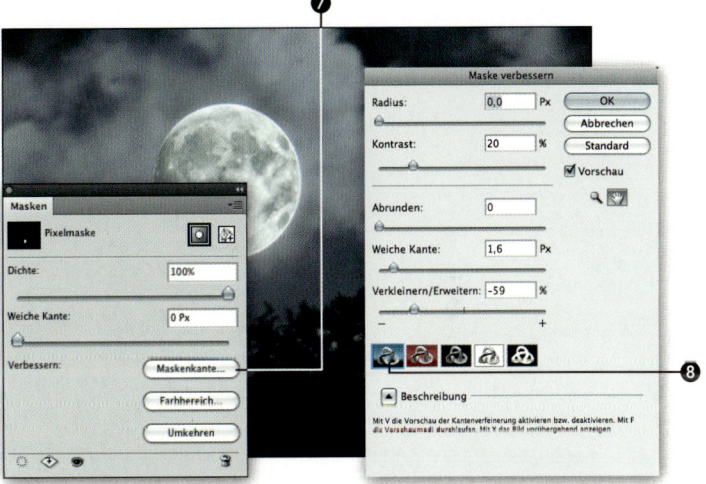

## 6 Lichtkante wegstempeln

Nach Anpassung der Maske entstand wiederum ein leuchtend weißer Ring. Zu dessen Beseitigung habe ich die Ebene »Hintergrund« ❿ aktiviert und mit dem KOPIERSTEMPEL-WERKZEUG die hellen Bereiche rundum weggestempelt ❾ (zum Kopierstempel siehe Seite 150). Zur Reduzierung des Helligkeits- und Kontrastunterschieds zwischen Mond und Himmel habe ich mithilfe einer TONWERT-KORREKTUR-Einstellungsebene den Tonwertumfang verringert ⓫.

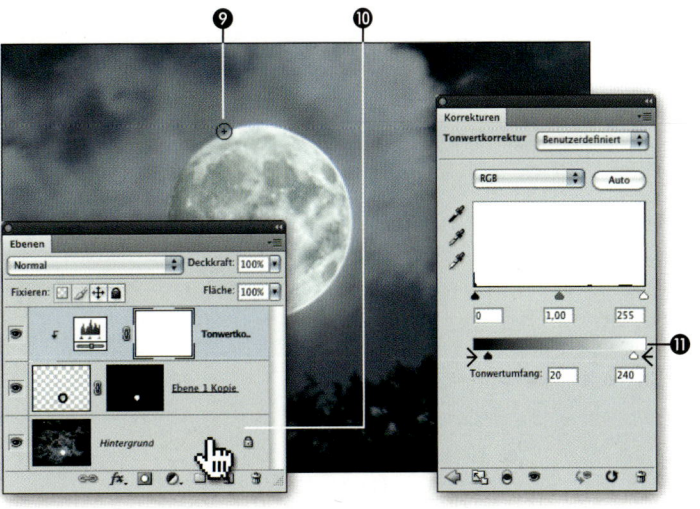

# Montage & Collage

**Kreativ mit Photoshop.** Bisher haben wir uns in erster Linie mit Werkzeugen und Korrekturen beschäftigt. Nun steigen wir in den kreativeren Bereich des Programms ein. Durch Montage verschiedener Bildelemente lässt sich in Photoshop von der realitätsnahen Bildfälschung bis zur abgehobenen Science-Fiction-Landschaft alles umsetzen. In diesem Kapitel werde ich Ihnen das Rüstzeug dazu mit auf den Weg geben. Wenn Sie den letzten Workshop dieses Kapitels souverän umsetzen und auf eigene Bilder anwenden können, dann dürfen Sie sich getrost als fortgeschrittener Anwender bezeichnen.

Foto: Markus Wäger, mit freundlicher Genehmigung der Adlerwarte am Pfänder in Bregenz (A)

# Montage & Collage

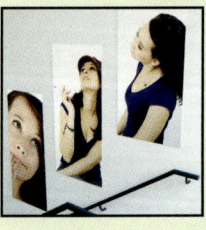

# Überblenden

*Zwei Bilder flüssig ineinander übergehen lassen*

In der digitalen Bildbearbeitung ist es ein Leichtes geworden, zwei Bilder fließend ineinander übergehen zu lassen. Spätestens seit in Photoshop Ebenen und Ebenenmasken eingeführt wurden, lässt sich eine Montage wie diese hier in zwei Minuten umsetzen — die »2-Minuten-Pixel-Terrine« sozusagen. Selbst eine angeschlagene Modeuhr und ein abgenutzter Kompass bekommen so noch einen großen Auftritt.

**Zielsetzung:**
Zwei Bilder effektvoll
ineinander überblenden
**[montage_1.jpg, montage_2.jpg]**

## 1 Zwei Bilder in einer Datei

Öffnen Sie die beiden Beispielbilder zu diesem Workshop, und wählen Sie über die Schaltfläche DOKUMENTE ANORDNEN ❷ 2 NEBENEINANDER. Aktivieren Sie dann das VERSCHIEBEN-WERKZEUG, und schieben Sie ein Bild in das Dokumentfenster des anderen ❶. Halten Sie dabei die ⌂-Taste gedrückt. Dadurch wird die Ebene des eingefügten Bildes zentriert im Fenster positioniert.

## 2 Ebene mit Verlauf

Erstellen Sie zur oberen Ebene eine neue Ebenenmaske ❼. Aktivieren Sie das VERLAUFS-WERKZEUG, stellen Sie als Verlauf ❸ SCHWARZ, WEISS und LINEARER VERLAUF ❹ ein, und ziehen Sie damit einen kurzen, geneigten Verlauf ins Bild ❺. Die spitzen Klammern ❻ zeigen an, dass die Ebenenmaske aktiv ist, wodurch der Schwarzweißverlauf auf die Ebenenmaske und nicht auf das Bild der Ebene angewendet wird. Jene Bildbereiche, die in der Maske schwarz markiert sind, werden ausgeblendet.

## 3 Maske mit dem Pinsel ausfeilen

Mich hat das Ergebnis nach der Anwendung des schlichten, geradlinigen Verlaufs noch nicht überzeugt. Deshalb habe ich mit dem PINSEL-WERKZEUG nachgebessert. Wie üblich gilt: Wenn Sie Schwarz auftragen, werden die entsprechenden Bereiche ausgeblendet, mit Weiß können Sie sie jederzeit wieder einblenden ❽. Nehmen Sie einen großen Pinsel mit weicher Kante, damit die Übergänge nicht zu hart ausfallen.

# Füllmethoden

*… für eine besondere Transparenz*

Füllmethoden bieten einen immensen Umfang an Möglichkeiten. Sie finden sie bei vielen Werkzeugen, im Dialog »Fläche füllen«, bei vielen Ebenenstilen und als Einstellungsmodus für Ebenen in der Palette »Ebenen«. Füllmethoden regeln, wie die Pixel einer Ebene, die mit einem Pinsel aufgetragen oder auf andere Art angewendet werden, mit der Ebene beziehungsweise den Ebenen darunter verrechnet werden. Die wichtigste Füllmethode ist für mich »Multiplizieren«, gefolgt von »Negativ multiplizieren«, »Ineinanderkopieren«, »Farbton« und »Farbe«. Neben praktischen Anwendungen, von denen Sie in diesem Workshop eine kennenlernen, kann man mit Füllmethoden auch immer lustige Experimente machen. Schließlich ist Photoshop nicht nur Arbeitstier, sondern auch Spielwiese.

**Zielsetzung:**

Copyright-Symbol und Signatur dezent in ein Bild einsetzen
**[multiplizieren_1.jpg, multiplizieren_2.jpg]**

## 1 Einfügen und in Smart-Objekt konvertieren

Wählen Sie in der Datei »multiplizieren_2.jpg« das ganze Bild aus (⌨Strg/⌘+A oder AUS-WAHL • ALLES AUSWÄHLEN), und kopieren Sie es in die Zwischenablage. Fügen Sie es dann bei »multiplizieren_1.jpg« ein. Klicken Sie mit der rechten Maustaste auf die eingefügte Ebene ❶, und wählen Sie aus dem Kontext-menü IN SMART-OBJEKT KONVERTIEREN (siehe auch Seite 224). Dadurch wird die Bildinforma-tion der Ebene in voller Auflösung quasi als Backup in der Datei gespeichert.

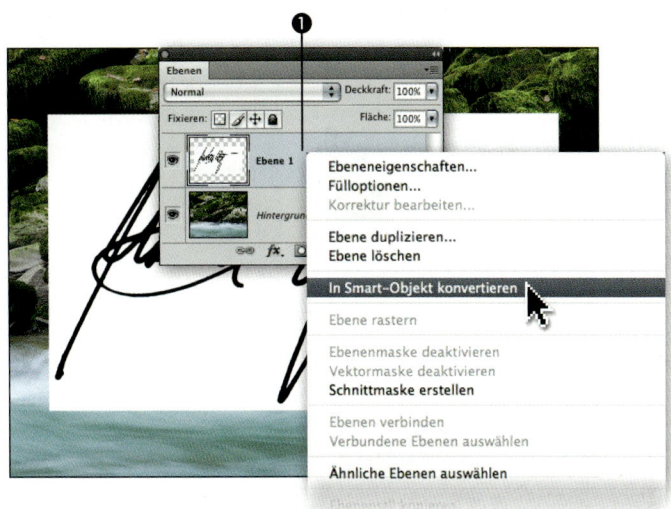

## 2 Transformieren und Füllmethode

Damit nur die schwarze Unterschrift, nicht aber ihr weißer Hintergrund sichtbar ist, habe ich als Füllmethode für diese Ebene MULTIPLI-ZIEREN ❷ gewählt. Dadurch wird diese so in die darunterliegende eingerechnet, dass weiße Pixel verschwinden und alle anderen entsprechend ihres Tonwerts stark deckend sichtbar sind. Über BEARBEITEN • FREI TRANS-FORMIEREN (⌨Strg/⌘+T) habe ich die Un-terschrift deutlich verkleinert ❸. Nun hätte ich aber gern eine weiße Unterschrift!

## 3 Smart-Objekt bearbeiten

Smart-Objekte lassen sich nicht direkt be-arbeiten. Mit Doppelklick auf die Miniatur einer Smart-Objekt-Ebene wird jedoch die *im Hintergrund* der Datei gespeicherte Bildinfor-mation in einem eigenen Fenster geöffnet ❹ – ganz so, als handle es sich um ein separates Dokument. Damit die Unterschrift ins Weiße und der Hintergrund ins Schwarze verkehrt werden, wählen Sie BILD • KORREKTUREN • UMKEHREN (⌨Strg/⌘+I). Sichern und schließen Sie das Smart-Objekt dann wieder wie jede andere normale Datei.

## 4     Negativ multiplizieren

Nachdem das Smart-Objekt aktualisiert wurde, steht auf dem Wasser ein schwarzer Block mit einer durchsichtigen Unterschrift ❷. Damit weiße Pixel sichtbar und schwarze ausgeblendet werden ❸, wählen Sie als Füllmethode • Negativ multiplizieren ❶.

Nun möchte ich hinter die Unterschrift noch ein dezentes Copyright-Symbol setzen. Am Mac drücken Sie dazu ⎇Alt+G. Unter Windows halten Sie die ⎇Alt-Taste und geben 0-1-6-9 am Ziffernblock ein.

## 5     Text-Formatierung und Ebenenstil

Ich habe den Text in einen Schriftgrad von 100 Punkt gesetzt, und zwar in der Schrift Stainless Black ❹. Wahrscheinlich werden Sie diese Schrift nicht besitzen. Suchen Sie stattdessen eine andere Schrift aus, die einen sehr fetten Schriftschnitt enthält.

Für das endgültige Aussehen des ©-Zeichens habe ich über die Schaltfläche _fx._ auf der Palette Ebenen einen Kontur-Ebenenstil mit einer Größe von 2 Pixel und der Farbe Weiß erstellt ❺.

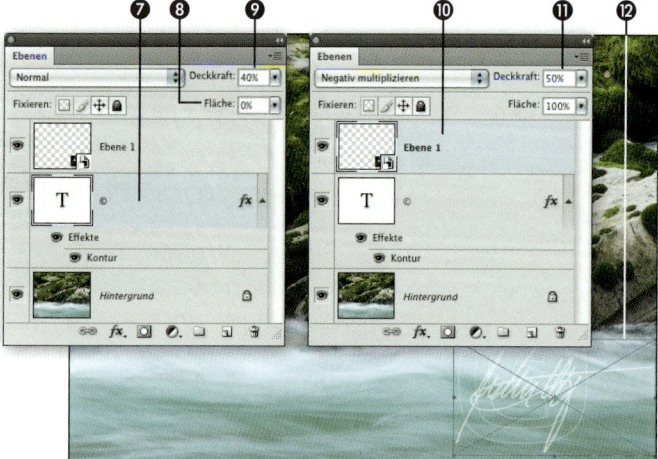

## 6     Fläche und Deckkraft

Damit nur die Kontur ❻ der Textebene ❼ sichtbar ist, nicht aber die weiße Fläche des ©-Zeichens, habe ich die Fläche ❽ auf 0 % reduziert. Die Transparenz des Ebenenstils Kontur wurde über Deckkraft auf 40 % heruntergefahren ❾. Die Deckkraft ⓫ der Signatur-Ebene ❿ wurde auf die Hälfte reduziert. Zu guter Letzt habe ich die Unterschrift über Frei transformieren wieder vergrößert ⓬. Hätten wir diese Ebene zuvor nicht in ein Smart-Objekt konvertiert, dann müssten wir jetzt einen Schärfeverlust hinnehmen.

# Perspektivische Montage

*Eine Abbildung in einen Bildschirm montieren*

*In diesem Workshop zeige ich Ihnen, wie Sie eine Montage vornehmen können, bei der das zu montierende Bild nicht einfach flach über ein anderes gelegt werden soll, sondern bei der eine perspektivische Flucht besteht.*

**Zielsetzung:**
Bild in den Monitor eines Laptops montieren
[**montage2_1.jpg,
montage2_2.jpg**]

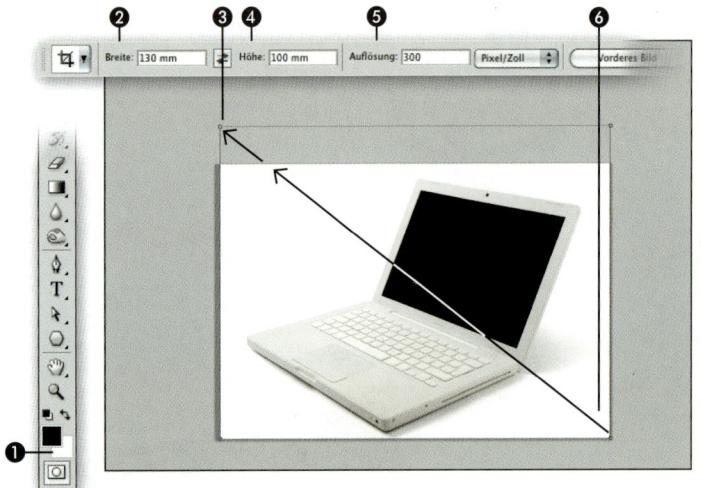

# 1 Arbeitsfläche vergrößern

Zum Verändern des Formats habe ich in der Optionen-Palette Breite ❷, Höhe ❹ und Auflösung ❺ vordefiniert, als Hintergrundfarbe ❶ Weiß eingestellt und dann zunächst mit dem Freistellungswerkzeug ▨ einen Freistellungsrahmen von rechts unten bis zum oberen Anschlag des Dokumentformates aufgezogen ❻. Um diesen Rahmen über die Dokumentbegrenzung hinausziehen zu können, lassen Sie die Maus kurz los und ziehen durch erneutes Drücken der Maustaste weiter ❸.

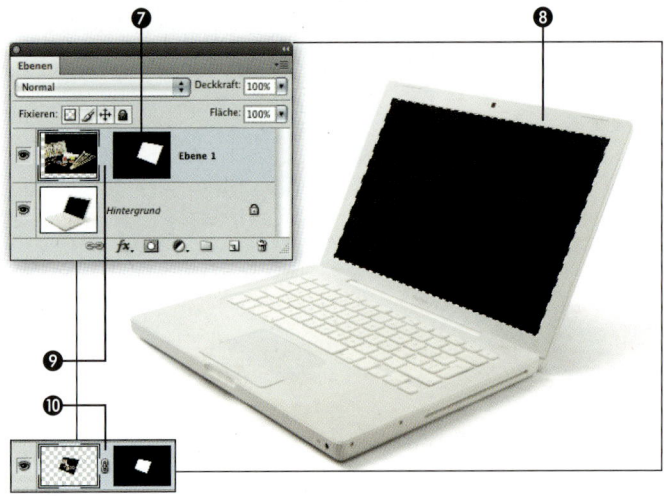

# 2 Auswahl erstellen und in die Auswahl einfügen

Wählen Sie in der Datei »montage2_1.jpg« alles aus. Kopieren Sie es in die Zwischenablage, wechseln Sie zum Bild »montage2_2.jpg«, erstellen Sie eine Auswahl um den schwarzen Bereich des Monitors ❽, und wählen Sie unter Bearbeiten • In die Auswahl einfügen. Photoshop erstellt aus dem Bild in der Zwischenablage eine neue Ebene, und erzeugt aus der Auswahl eine Maske dazu ❼. Die Auswahl habe ich übrigens mit dem Polygon-Lasso ▨ erstellt.

# 3 Bildebene verzerren

Normalerweise sind Bildebene und Ebenenmaske miteinander verkettet ❿. Wird eine Ebenenmaske durch In die Auswahl einfügen erstellt, fehlt diese Verkettung ❾. Dadurch lassen sich Bild und Maske unabhängig voneinander verschieben und transformieren. Wählen Sie Bearbeiten • Transformieren • Verzerren, und führen Sie die Eck-Anfasser des Transformieren-Rahmens an die Ecken des Monitors heran.

## 4  Verzerren mit Trick

Wiederholen Sie dies mit allen vier Eck-An-
fassern.

**Tipp:** Sie können auch ganz normal FREI
TRANSFORMIEREN wählen – das Drücken der
⌈Strg⌉/⌘-Taste ermöglicht Ihnen das freie
Verzerren mit den Anfassern, ohne dass Sie
tatsächlich in den Modus VERZERREN wechseln
müssen.

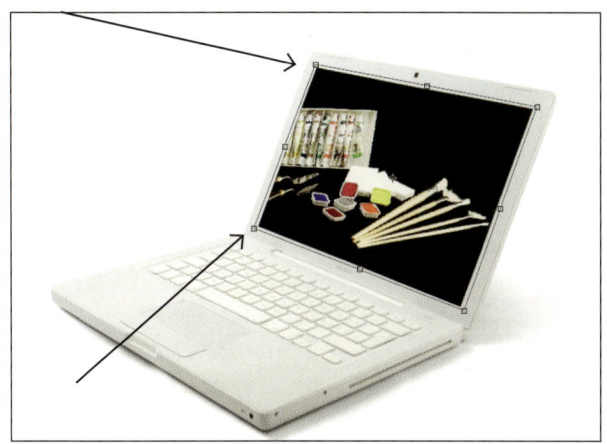

## 5  Skalieren und Ebenenstil

Haben Sie das Verzerren nicht über den eben
beschriebenen Trick vollzogen, dann öffnen
Sie über einen Rechtsklick auf den Transformieren-Rahmen ⓫ ein Kontextmenü und
schalten von VERZERREN auf SKALIEREN um. Ich
habe den Ausschnitt über diese Skalieren-
Funktion vergrößert. Nach Bestätigung der
Transformierung mit ⏎ habe ich der Ebene
einen Verlauf-Ebenenstil 𝑓𝑥. angehängt. Er
hat die Füllmethode MULTIPLIZIEREN ⓬, eine
DECKKRAFT von 20 % ⓭ und einen Schwarzweißverlauf ⓮.

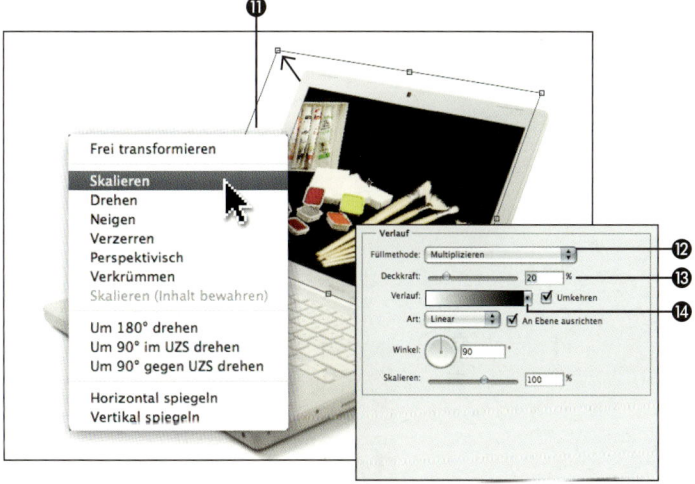

## 6  Schatten nach innen

Durch den Ebenenstil VERLAUF mit der Füllmethode MULTIPLIZIEREN wird die Ebene sanft
verlaufend abgedunkelt – das Bild steht ansonsten unnatürlich leuchtend auf dem Monitor. Zusätzlich habe ich mit dem Ebenenstil
SCHATTEN NACH INNEN eine leichte Randabdunkelung angefügt: DECKKRAFT 25 % ⓯,
WINKEL 115° ⓰ und GRÖSSE 15 Pixel ⓱. Für den
Rest habe ich die Standardwerte unverändert
gelassen.

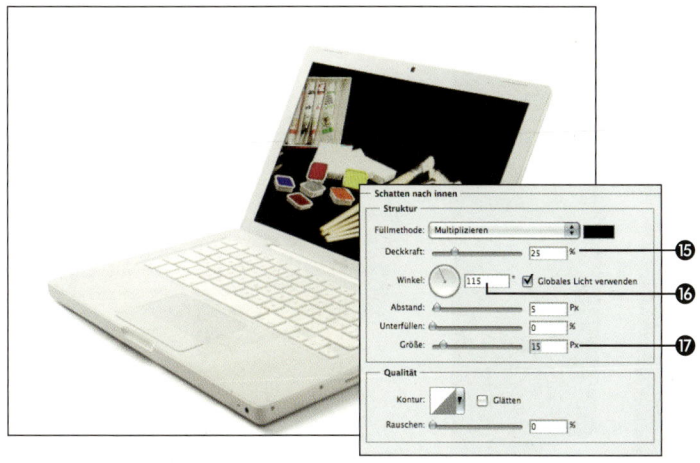

Schwierigkeitsgrad 2 – für Aufsteiger

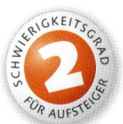

# Perspektive mit Fluchtpunkt

## *Bilder perspektivisch an eine Wand montieren*

*Als ich noch mehr klassische Werbung gemacht habe, haben wir oft Plakatentwürfe in Fotos von Plakatwänden eingearbeitet. Der Kunde sieht dann gleich, wie sein Plakat auf der Straße wirkt. Hier zeige ich Ihnen diese alltägliche Grafikeraufgabe anhand dreier Bilder, die auf die Wand eines Treppenhauses montiert werden.*

**Zielsetzung:**
Bilder von Werbeplakaten durch Fotos eines Modells ersetzen
**[fluchtpunkt_1.jpg bis fluchtpunkt_4.jpg]**

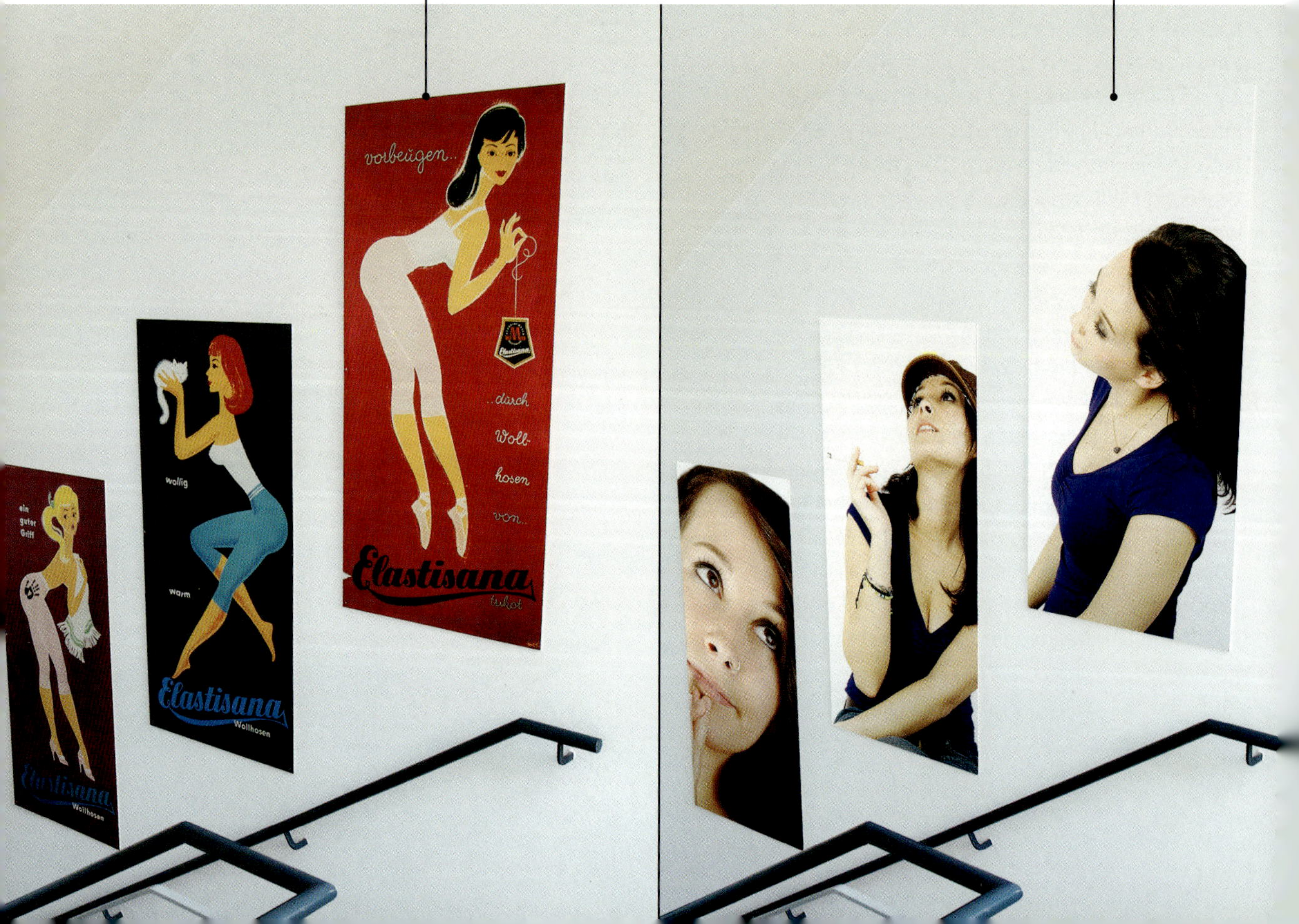

## 1 Auswahl, neue Ebene und Maske

Zeichnen Sie mit dem POLYGON-LASSO-WERKZEUG ![] eine Auswahl ❶ um das erste Bild. Erstellen Sie dann eine neue Ebene ❸, und machen Sie mit einem Klick auf ❹ aus der Auswahl eine Ebenenmaske ❷.

**Tipp:** Wenn Sie mit dem *normalen* LASSO-WERKZEUG ![] arbeiten und die [Alt]-Taste drücken, wechselt Photoshop zum POLYGON-LASSO. Umgekehrt funktioniert dies auch, sogar während des Erstellens einer Auswahl.

## 2 Filter »Fluchtpunkt«

Wählen Sie in der Datei »fluchtpunkt_2.jpg« mit [Strg]/[⌘]+[A] alles aus, kopieren Sie es in die Zwischenablage, und wechseln Sie zurück in die Datei mit den Bildern. Rufen Sie über FILTER den Dialog FLUCHTPUNKT auf. Erstellen Sie mit vier Klicks ein Feld um die Bilder ❺. Danach kann die Perspektive über die Anfasser an den Ecken angepasst werden. Ein blaues Raster signalisiert, dass die Perspektive korrekt sein dürfte, ein gelbes Raster zeigt einen eventuellen Fehler an, und Rot bedeutet, dass etwas nicht stimmt.

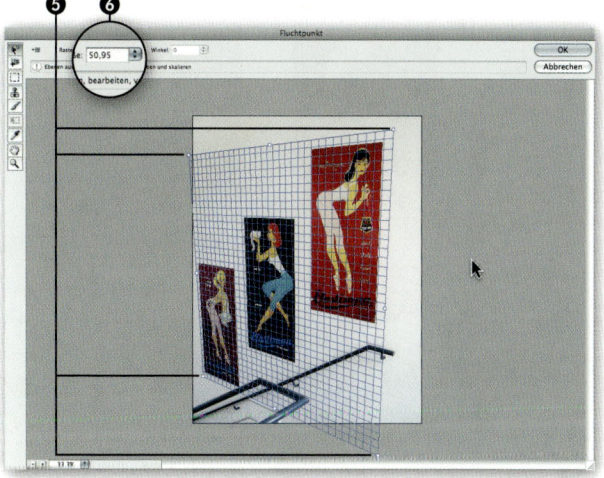

## 3 Bild einfügen

**Tipp:** Ich habe die Rasterzellengröße auf gut 50 reduziert ❻, was mir beim Ausrichten geholfen hat.

Mit [Strg]/[⌘]+[V] können Sie wie gewohnt den Inhalt der Zwischenablage einfügen. Das Bild ist jedoch nach dem Einfügen zu groß. Aktivieren Sie das TRANSFORMIEREN-WERKZEUG ❼ ([T]), und verkleinern Sie das Bild bei gedrückter [⇧]-Taste ❽ – das geht genauso wie mit dem gewohnten Frei-transformieren-Rahmen.

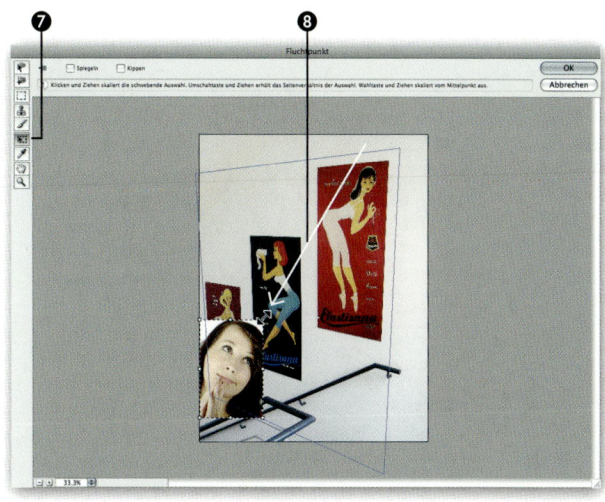

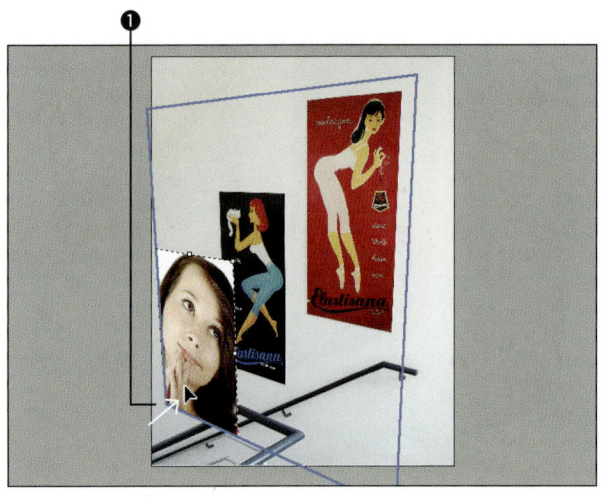

## 4    Bild an Perspektive anpassen

Schieben Sie das Bild nun so in die Begrenzung des Fluchtpunkt-Rasters hinein, dass sich der Mauszeiger innerhalb befindet ❶. Wahrscheinlich stimmt die Größe nicht sofort – das Bild ist vielleicht noch zu groß oder zu klein geraten. In diesem Fall können Sie das Format an den Anfassern (bei gedrückter ⇧-Taste) weiterhin exakt anpassen. Bestätigen Sie dann mit ↵.

## 5    Verkettung zwischen Bild und Maske lösen

Um das Bild im Maskenausschnitt verschieben zu können, ohne die Maske zu bewegen, lösen Sie mit einem Klick die Verkettung ❸ zwischen Bild- und Maskenminiatur. Danach können Sie mit dem Verschieben-Werkzeug das Bild des Modells positionieren, ohne dass sich an der Position der Maske etwas ändert ❷.

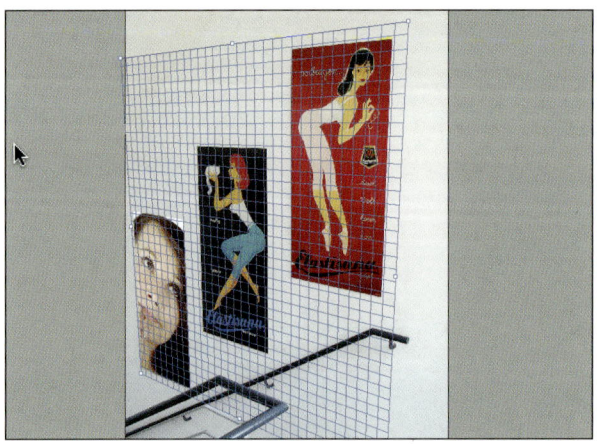

## 6    Zweites Bild einfügen

Kopieren Sie das Bild »fluchtpunkt_3.jpg« in die Zwischenablage, und öffnen Sie erneut den Filter • Fluchtpunkt. Sie finden das Raster so vor, wie Sie es bei der ersten Anwendung erstellt haben. Es ist eine enorme Erleichterung, bei weiteren Objekten, die eingefügt werden sollen, nicht jedes Mal ein neues Fluchtpunktraster definieren zu müssen.

## 7  Bild einfügen

Fügen Sie das Bild aus der Zwischenablage ein, passen Sie seine Größe an, und positionieren Sie es so, wie in den vorangegangenen Schritten beschrieben.

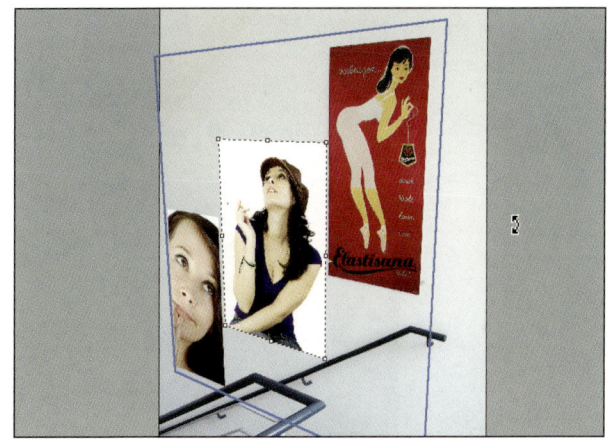

## 8  Maske verbessern

Um die Ränder der Masken zu glätten und dunkle Blitzer an den Seiten verschwinden zu lassen, klicken Sie in der Palette MASKEN auf MASKENKANTE ❽ für den Dialog MASKE VERBESSERN. Halten Sie die WEICHE KANTE ❺ zwischen 0,5 und 1,5 Px, und experimentieren Sie mit KONTRAST ❹ und VERKLEINERN/ERWEITERN ❻. Wählen Sie als Vorschau die erste Option ❼, und lassen Sie mit Strg/⌘+H die Marching Ants verschwinden. Dann erhalten Sie die perfekte Kontrolle über das Ergebnis.

## 9  Ebenen in Smart-Objekt konvertieren

Wiederholen Sie die beschriebenen Schritte auch noch für das Bild »fluchtpunkt_4.jpg«: Auswahl zeichnen, Ebene mit Ebenenmaske erstellen, Bild über Zwischenablage und Fluchtpunkt-Filter einfügen und MASKE VERBESSERN. Wenn Sie jedes der Werbeposter mit den neuen Motiven versehen haben, wählen Sie alle drei Ebenen bei gedrückter ⇧-Taste aus, und wählen mit einem Rechtsklick und über das Kontextmenü In SMART-OBJEKT KONVERTIEREN.

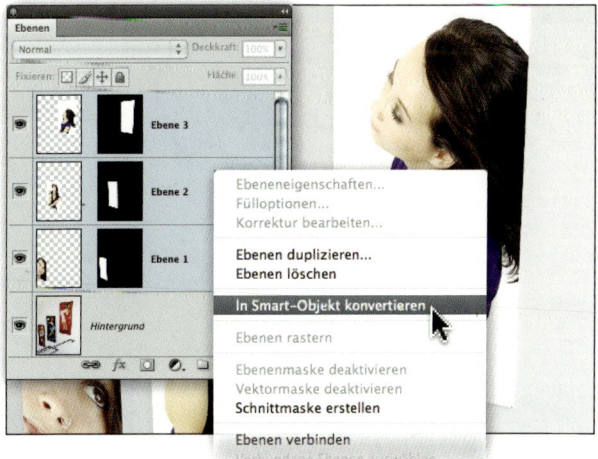

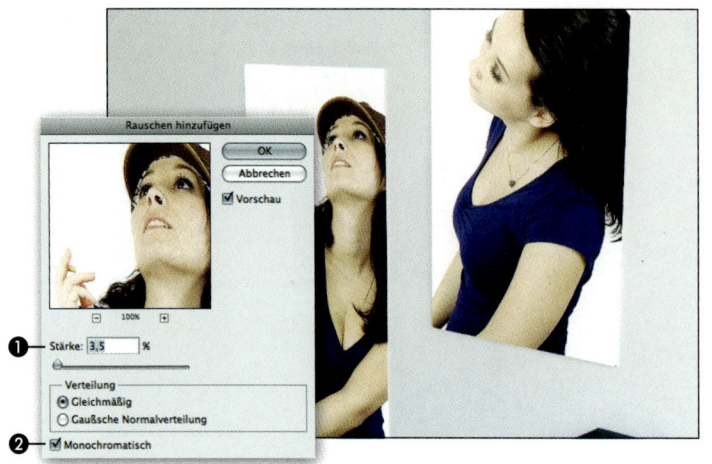

## 10 Rauschen hinzufügen

Durch das Smart-Objekt können wir einen Filter auf die drei zusammengefassten Ebenen gemeinsam anwenden. Das Ziel dieses Schrittes ist, die rauschfreien Aufnahmen des Modells an das verrauschte Bild des Treppenhauses anzugleichen (Rauschen ist der Fachbegriff für Störungen, die in der Digitalfotografie bei erhöhter Lichtempfindlichkeit des Sensors entstehen). Wählen Sie FILTER • RAUSCHFILTER • RAUSCHEN HINZUFÜGEN, aktivieren Sie MONOCHROMATISCH ❷, und wählen Sie eine STÄRKE von etwa 3,5 % ❶.

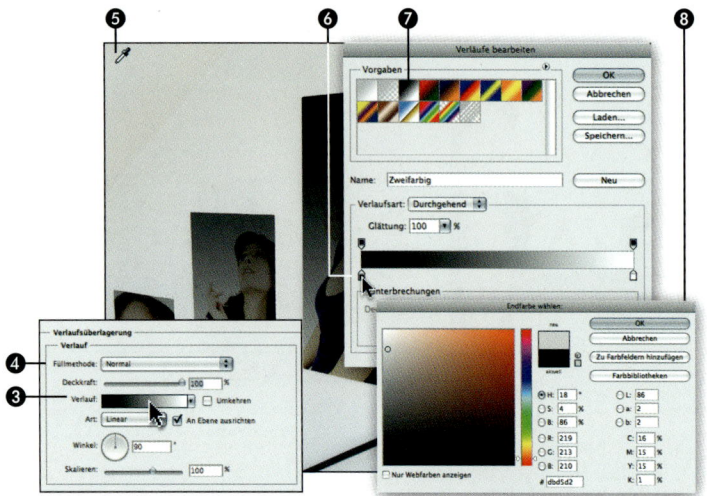

## 11 Verlaufsüberlagerung erstellen

Die Bilder sind im Moment noch zu hell. Wählen Sie in der Palette EBENEN • EBENENSTILE fx. und dann VERLAUFSÜBERLAGERUNG. Stellen Sie die FÜLLMETHODE ❹ von NORMAL auf MULTIPLIZIEREN. Klicken Sie dann auf den VERLAUF ❸. Im Dialog VERLÄUFE BEARBEITEN sollte der Verlauf SCHWARZ, WEISS ❼ aktiv sein. Doppelklicken Sie auf die linke Verlaufsunterbrechung ❻ für den Dialog ENDFARBE WÄHLEN ❽. Nehmen Sie nun mit einem Klick in die obere linke Ecke des Bildes den Farbton an dieser Stelle auf ❺.

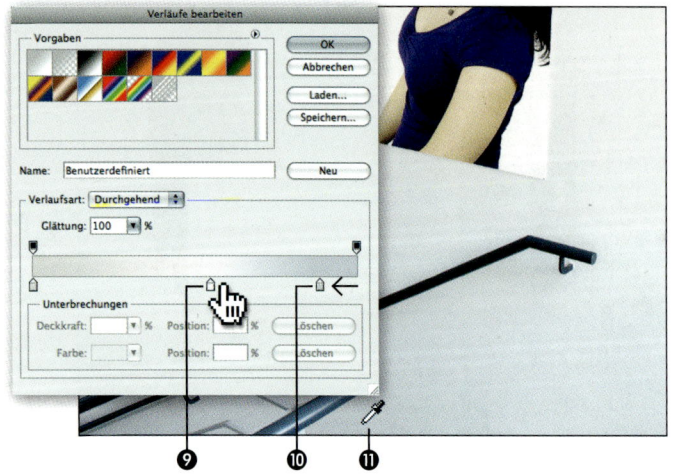

## 12 Weitere Verlaufsunterbrechungen

Für die rechte Verlaufsunterbrechung ❿ habe ich, so wie eben beschrieben, eine Farbe aus dem unteren Bereich der Wand aufgenommen ⓫. Außerdem habe ich den Regler etwas nach links verschoben. Mit einem Klick unterhalb des Verlaufs können Sie Verlaufsunterbrechungen hinzufügen ❾. Ich habe einen Ton eingestellt, der heller ist als die beiden anderen. Schließen Sie am Ende den Dialog mit OK.

## 13 Deckkraft und Winkel

Für das Finetuning des Verlaufs habe ich im Dialog VERLAUFSÜBERLAGERUNG die DECKKRAFT auf 85 % ❷ zurückgefahren. Die Checkbox UMKEHREN ❸ hatte ich zuvor schon aktiviert, und mit einem WINKEL von 110° ❹ habe ich die Verlaufsführung ein wenig dem Lichteinfall des Raumes angeglichen.

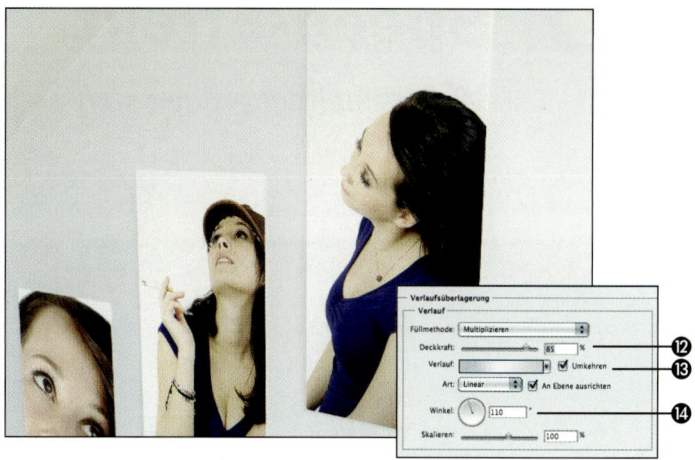

## 14 Smart-Objekt mit Ebenenstil und Smartfilter

In der Palette EBENEN sehen Sie den eben angewendeten Ebenenstil an die Smart-Objekt-Ebene angehängt ❺. Mit einem Doppelklick darauf können Sie die Einstellungen später beliebig nachbearbeiten – was natürlich auch für den Smartfilter RAUSCHEN HINZUFÜGEN gilt. Auch der Ebenenstil wird durch das Smart-Objekt auf die darin zusammengefassten Ebenen gemeinsam angewendet. Die Ebenen im Smart-Objekt können Sie natürlich ebenfalls nachbearbeiten (siehe Seite 319).

## 15 Letzter Schliff mit Einstellungsebenen

Zu guter Letzt habe ich mit je einer Einstellungsebene für DYNAMIK ⒃ und für GRADATIONSKURVEN ⒄ noch etwas an Farbe und Tonwert gefeilt.

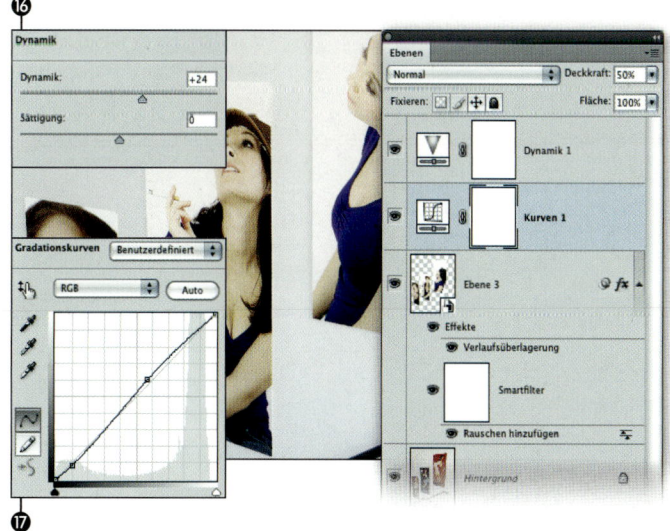

SCHWIERIGKEITSGRAD 3 FÜR ÜBERFLIEGER

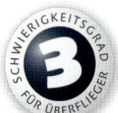

# Speed-Effekt

*Weichzeichner eignen sich nicht nur für lahme Enten.*

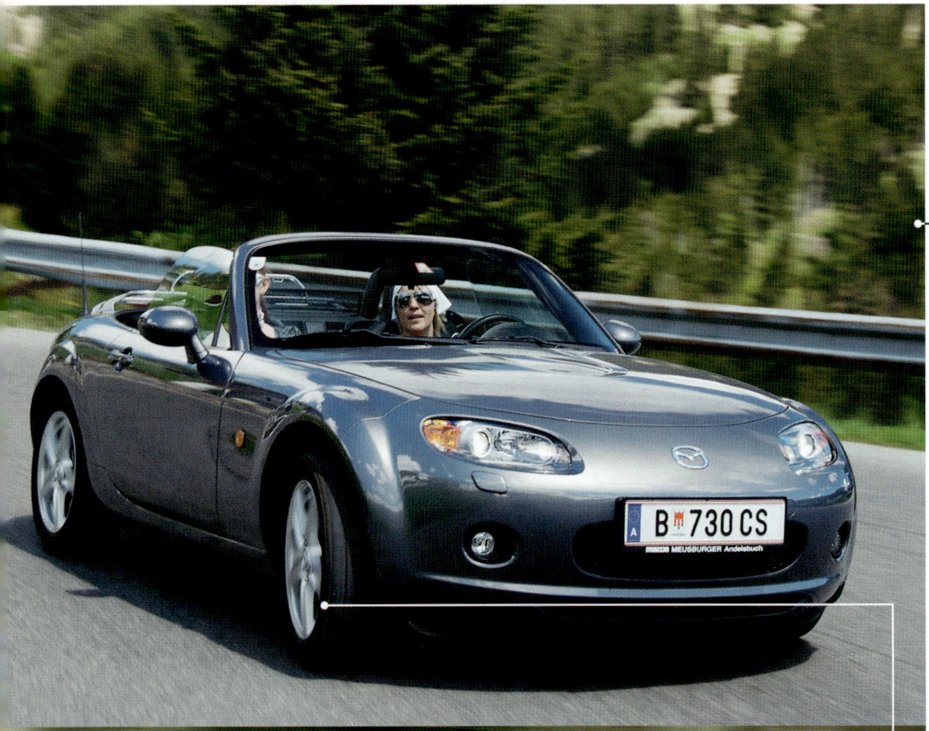


*Das Foto meines kleinen Wagens wurde aus einem fahrenden Auto heraus aufgenommen. Der Roadster wurde auf Teufel komm raus um die Kurve gedreht, doch die Geschwindigkeit wird von der Aufnahme nicht vermittelt: Die Belichtung war zu kurz und hat die Bewegung beinahe eingefroren. Das Bild vermittelt beinahe den Eindruck, als würde das Auto in der Kurve parken. Mit Photoshop lassen sich solche Aufnahmen so bearbeiten, dass die Dynamik der Szene dem Betrachter optimal vermittelt wird.*

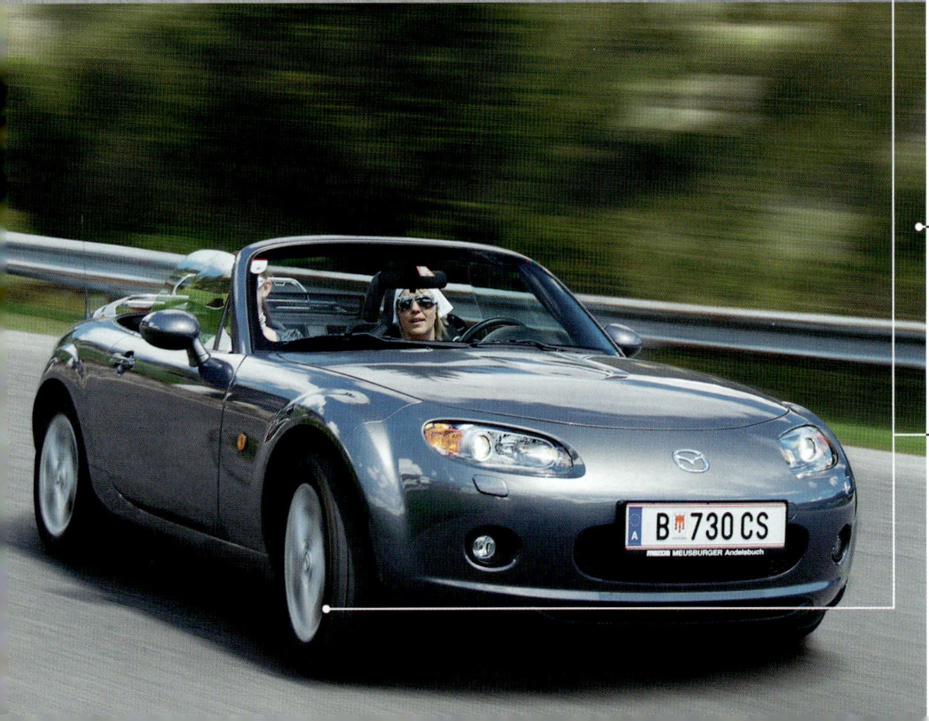


**Zielsetzungen:**

Statischen Eindruck des Ausgangsbildes in dynamischen Effekt ändern

Bewegungseffekt für Hintergrund

Rotationseffekt für Felgen

**[speedeffekt.jpg]**

# 1 Maskieren und Verzerren

Vorbereitung: Duplizieren Sie den Hintergrund, zeichnen Sie eine Auswahl um das Auto, und erstellen Sie daraus eine Ebenenmaske ❸. Machen Sie mit einem Doppelklick aus dem Hintergrund eine reguläre Ebene ❹.

Aktivieren Sie die untere Ebene, und wenden Sie FILTER • RAUSCHFILTER • RAUSCHEN HINZUFÜGEN mit den Einstellungen MONOCHROMATISCH ❶ und STÄRKE 30 % ❷ an. Danach wählen Sie BEARBEITEN • TRANSFORMIEREN • PERSPEKTIVISCH und verzerren die Ebene so, wie im Screenshot gezeigt ❺.

# 2 Bewegungsunschärfe macht Speed

Kümmern Sie sich im Moment nicht um das seltsame Resultat. Rufen Sie über FILTER • WEICHZEICHNUNGSFILTER den Dialog BEWEGUNGSUNSCHÄRFE auf. Stellen Sie den Winkel passend ein. Ich habe den WINKEL ❼ an der Leitplanke ❻ im Hintergrund ausgerichtet und den Speed-Effekt durch einen ABSTAND von 100 PIXEL ❽ erzeugt. Rauschen habe ich hinzugefügt, damit sich nach der Bewegungsunschärfe deutliche Striche auf dem Asphalt zeigen – ohne Rauschen wäre dieser bloß verwaschen und unscharf ausgefallen.

# 3 Perspektive wieder herstellen

Wählen Sie nun neuerlich BEARBEITEN • TRANSFORMIEREN • PERSPEKTIVISCH, und verzerren Sie die Ebene in die Gegenrichtung, sodass sie wieder exakt in den Bildausschnitt und unter die freigestellte Ebene darüber passt. Der Sinn dieses Verzerrens und Zurückverzerrens ist, dass die Striche, die die Bewegungsunschärfe erzeugt hat, nicht einfach parallel verlaufen, sondern sich nach hinten (links) verjüngen, was den Eindruck von Tiefe und Perspektive vermittelt.

## 4    Störende Verwischer entfernen

Durch die Bewegungsunschärfe ist ein Geisterbild vor ❸ und hinter ❷ dem Auto entstanden. Dieses sollten Sie herausretuschieren. Verwenden Sie dazu das KOPIER-STEMPEL-WERKZEUG 🖎 (siehe Seite 150).

Um die Fehler, die an den Rändern entstanden sind ❶, habe ich mich bei der Retusche nicht gekümmert. Sie sind am Ende mit dem FREISTELLUNGSWERKZEUG weggeschnitten worden.

## 5    Schatten nachbelichten

Mit dem NACHBELICHTER-WERKZEUG 🖎 habe ich die Schatten unter dem Auto abgedunkelt ❼, und zwar mit einem großen Hauptdurchmesser ❹ und einer Reduzierung der HÄRTE auf 0, mit dem BEREICH • TIEFEN ❺ und mit einer BELICHTUNG ❻ von 10 %.

## 6    Vordere Felge verzerren

Erstellen Sie mit der AUSWAHLELLIPSE 🔘 eine Auswahl mit Abstand zur Felge ❿. Wählen Sie EBENE • NEU • EBENE DURCH KOPIE ( Strg /
⌘ + J ). Photoshop erstellt mit dem Inhalt der Auswahl eine neue Ebene ❽.

Markieren Sie die linke und rechte Begrenzung der Felge mit Hilfslinien ❾ (siehe Seite 165). Aktivieren Sie über BEARBEITEN • FREI TRANSFORMIEREN, und verzerren Sie die Felge so ⓫, dass der Rahmen zum Quadrat wird – das Halten der Alt -Taste erlaubt eine Verzerrung aus der Mitte. Bestätigen Sie mit ↵ .

## 7 Radialer Weichzeichner

Wiederholen Sie die beschriebenen Schritte auch für die hintere Felge, um sie auf eine eigene Ebene zu bekommen. Klicken Sie mit gedrückter Strg/⌘-Taste auf die Minia- tur ⓬ der vorderen Felge, um die Transparenz dieser Ebene in die Auswahl zu laden ⓭. Nun können Sie über FILTER • WEICHZEICHNUNGS- FILTER den RADIALEN WEICHZEICHNER aufrufen und über STÄRKE 40 ⓮ und METHODE • KREIS- FÖRMIG ⓯ der Felge einen Rotationseffekt verleihen. Durch die Auswahl ist das Zentrum der Rotation in der Mitte der Felge.

## 8 Felge zurückverzerren

Das Verzerren der Felge zum Kreis war not- wendig, damit der RADIALE WEICHZEICHNER kein Oval mit dem Rotationseffekt versieht. Nun müssen Sie die Felge wieder in die rich- tige Perspektive verzerren. Heben Sie dazu erst die Auswahl auf (Strg/⌘+D), und aktivieren Sie FREI TRANSFORMIEREN (Strg/ ⌘+T). Die in Schritt 6 erstellten Hilfslinien helfen Ihnen, die korrekte Breite zu treffen. Auch hier halten Sie die Alt-Taste, um die Verzerrung auf die Mitte zu beziehen.

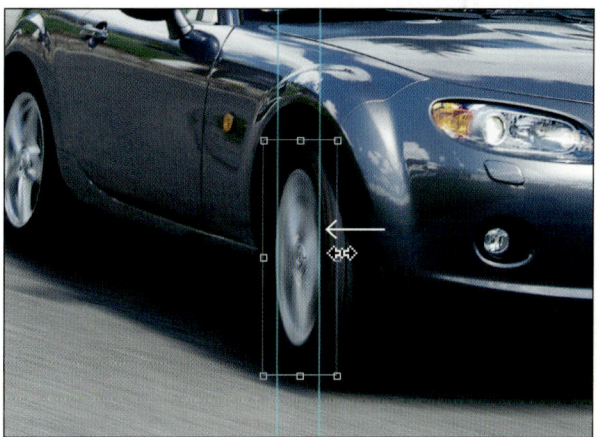

## 9 Hintere Felge weichzeichnen

Wiederholen Sie die beschriebenen Schritte auch für die hintere Felge. Der Rotationseffekt der Felge erhöht die dynamische Wirkung der Aufnahme immens. Es sind eben oft vor allem die Details, die ein funktionierendes Design ausmachen. Auch wenn Ihnen ein Laie wohl kaum beschreiben könnte, weshalb das Aus- gangsbild keine Geschwindigkeit vermittelt, so wird jeder sofort den Unterschied zwischen den beiden Aufnahmen spüren. Es ist eben nicht alles in der Gestaltung Geschmacksache!

# Freistellen mit Farbbereich

*Der direkte Weg vom Farbbereich zur Ebenenmaske*

*Freisteller, bei denen ein Hintergrund durch eine Farbe ersetzt werden soll, gibt es in der Praxis des Werbegrafikers sehr oft. Meist wird dann statt des Foto-Hintergrundes die Firmenfarbe des werbenden Unternehmens eingesetzt. Natürlich lässt sich stattdessen auch ein anderes Foto einsetzen. Beachten Sie aber bei der Montage von Fotos, dass Perspektive und Lichteinfall der beiden Bildebenen zusammenpassen. Das unterscheidet den Profi vom Dilettanten. Perfekte Freisteller verlangen dabei oft stundenlange Detailarbeit und meist auch etwas grafisches Talent. Wer etwas Erfahrung mit Bleistift und Pinsel hat, ist in Photoshop oft im Vorteil. Und auch etwas fotografisches Know-how schadet nicht.*

**Zielsetzung:**
Himmel durch Farbe ersetzen
[farbbereich_maske.jpg]

# 1 Ebene mit Farbfüllung unterlegen

Machen Sie mit einem Doppelklick den Hintergrund zur regulären Ebene ❷. Erstellen Sie dann eine neue FÜLLEBENE ❶ VOLLTONFARBE, und definieren Sie Weiß als Füllfarbe. Bringen Sie die Füllebene dann unter die Bildebene.

**Tipp:** Doppelklicken auf den Hintergrund bei gedrückter Alt-Taste erspart den Optionsdialog, mit dem der Ebene ein eindeutiger Name zugewiesen werden kann. Bleibt die Anzahl der Ebenen überschaubar, wird meist auf das Benennen verzichtet.

# 2 Maske und Farbbereich

Erstellen Sie über die Palette MASKEN eine PIXELMASKE ❹ für die Bildebene ❷, und klicken Sie dann auf FARBBEREICH ❸. Nun können Sie die Maske einstellen, zum Beispiel über den Befehl AUSWAHL • FARBBEREICH (siehe Seite 273). Ich habe zunächst in einen hellen Bereich des Himmels geklickt ❽. Mit TOLERANZ 60 ❺ hat sich daraus diese Maske ❼ ergeben. Damit Sie mit der Pipette den zu maskierenden Bereich auswählen können, aktivieren Sie UMKEHREN ❻.

# 3 Weitere Farbbereiche

Zum Ausweiten der Maske wählen Sie die Pipette mit dem Plus-Symbol ❿ und klicken auf weitere Bereiche des Bildes ⓫. Manche Schleier in der Maske sieht man besser in der Vorschau im Dialog. Sie können auch hier mit Mausklicks die Maske ausbauen ❾. Ich habe vor dem Abschluss des Farbbereich-Auswählens die TOLERANZ auf 50 reduziert. Wenn Sie diese zu niedrig einstellen, werden die Haare zu hart ausgeschnitten.

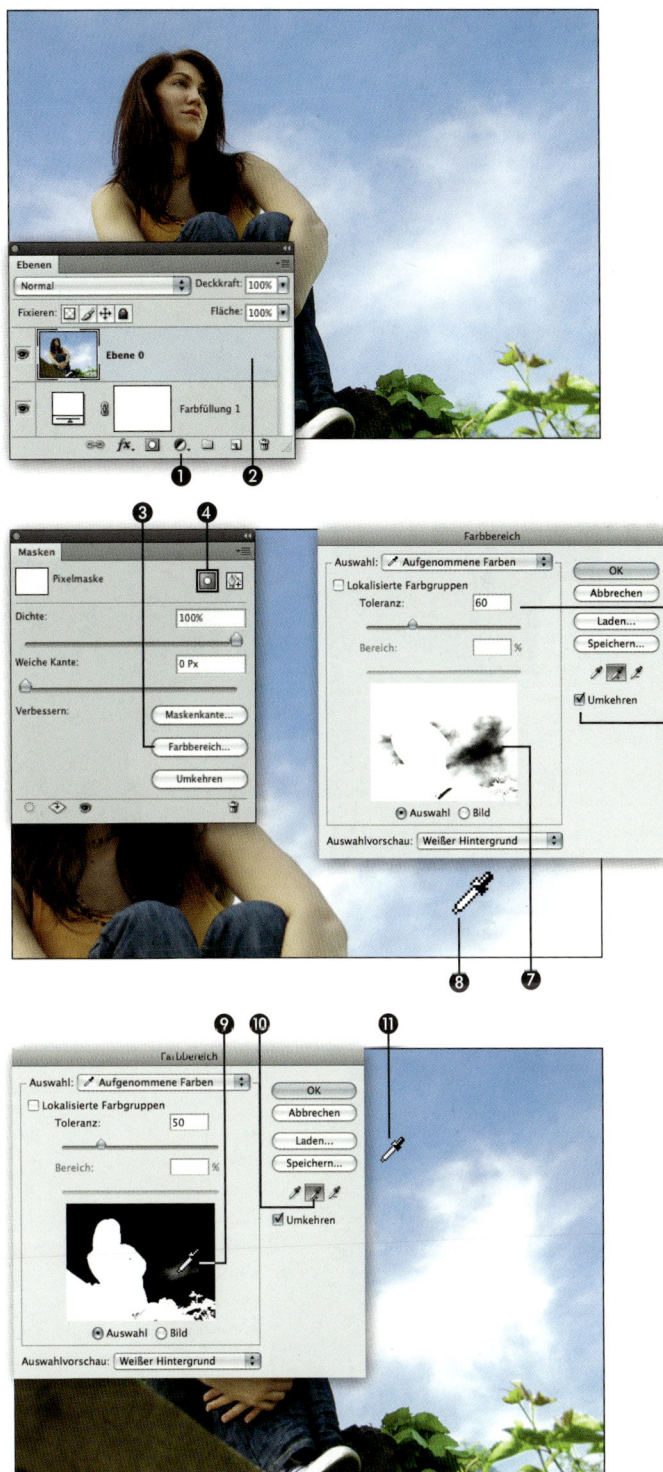

## 4 Maske ausbessern

Die Gummisohle der Schuhe ❷ weist einen ähnlichen Farbbereich auf wie die Wolken des Himmels. Deshalb müssen wir hier in der Maske nachbessern, damit später nicht das Gelb des Hintergrunds durchblinzelt (der weiße Hintergrund blinzelt im Moment zwar auch durch, das fällt aber in der weißen Sohle nicht auf).

Klicken Sie bei gedrückter ⌊Alt⌋-Taste auf die Ebenenmaske ❶, um diese nicht nur aktiv, sondern auch sichtbar zu machen.

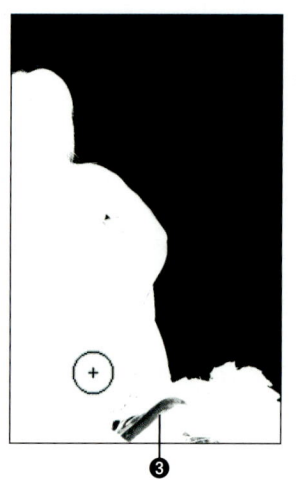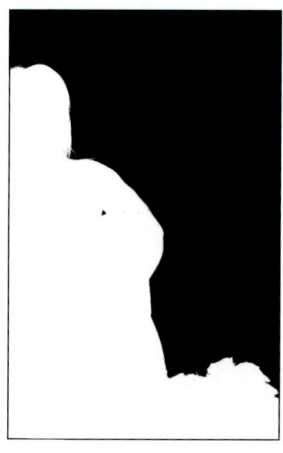

## 5 In der Maske arbeiten

Photoshop blendet durch den ⌊Alt⌋-Klick das Bild aus und die Maske ein. Sie sehen nun deutlich die Fehler in der Maske ❸. Mit dem PINSEL-WERKZEUG ✐ können Sie unerwünschte Flecken übermalen. Das gilt natürlich nicht nur für die sichtbaren (weißen) Bereiche, sondern auch für die maskierten (schwarzen). Klicken Sie nach abgeschlossener Nachbesserung wieder auf die Bildebene, um die Maske auszublenden.

## 6 Maskenkante verbessern

Die mit FARBBEREICH AUSWÄHLEN erstellte Maske ist zu hart geschnitten. Wenn Sie auf MASKENKANTE ❹ klicken, können Sie den Übergang zum Hintergrund verfeinern. Ich habe auch hier wieder die erste Vorschauoption ❺ aktiviert und dann mit ⌊Strg⌋/⌊⌘⌋+⌊H⌋ die marschierenden Ameisen ausgeblendet. Mit den Parametern im Screenshot links bin ich gut gefahren. Doch auch dabei gilt, dass Ihre Maske sehr wahrscheinlich nicht 1:1 mit meiner identisch ist und deshalb abweichende Einstellungen erforderdert.

## 7  Haare mit Hintergrundfarbe mischen

Dort, wo die Haare an den Hintergrund grenzen, treten nach wie vor helle Stellen und Lichterkränze des ursprünglichen Hintergrundes hervor. Zur Retusche habe ich eine neue Ebene ❾ erstellt, ihre Füllmethode mit FARBE ❽ definiert, mit dem PIPETTEN-WERKZEUG ✐ die Hintergrundfarbe aufgenommen ❻ und dann mit einem weichen Pinsel über die Haarspitzen hinweggepinselt ❼. Durch die Füllmethode FARBE werden die darunterliegenden Ebenen eingefärbt.

## 8  Zweite Ebene multiplizieren

Ein Trick, den ich gern bei Freistellern mit Haaren verwende, ist es, die Freisteller-Ebene zu duplizieren und die untere der beiden Ebenen ⓫ mit veränderter Füllmethode ❿ in den Hintergrund einrechnen zu lassen. Für helles Haar empfiehlt sich NEGATIV MULTIPLIZIEREN, für dunkles Haar wie hier MULTIPLIZIEREN. Damit Sie sehen, wie diese Ebene aussieht, habe ich für den Screenshot die deckende Ebene ausgeblendet, was in der Praxis natürlich nicht geschieht.

## 9  Finetuning

Ich habe an den beiden Bildebenen beziehungsweise deren Masken noch etwas Finetuning vorgenommen. Wenn Sie ein so pedantischer Gestalter sind wie ich, wird Ihnen das Ergebnis wahrscheinlich nicht *so toll* vorkommen. Tatsächlich wäre ich damit so, wie hier im Buch abgebildet, für eine andere Publikation bei Weitem noch nicht zufrieden. Doch wenn ich hier jeden Schritt zum *perfekten* Freisteller aufzeigen wollte, dann wäre ein Workshop keine zwei bis sechs Seiten lang, sondern ein ganzes Kapitel.

# Extrahieren

*Schnelle Ergebnisse bei »haarigen« Freistellern*

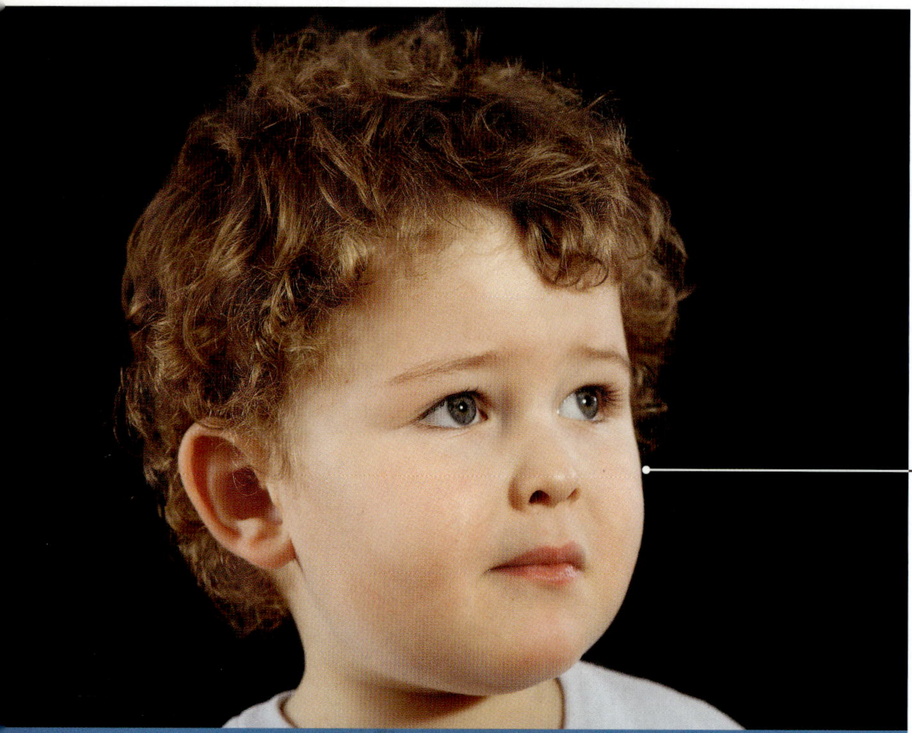

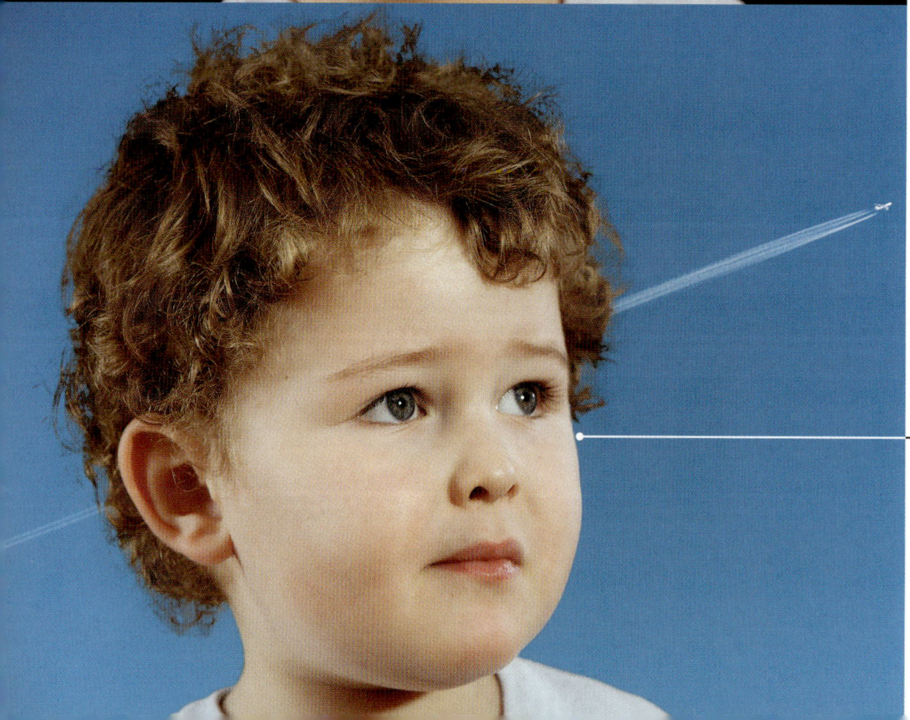

*Was ich nicht verstehe, ist, weshalb Adobe die neue Version von Photoshop ohne Extrahieren-Filter ausliefert. Nicht, dass er mir persönlich fehlen würde – als Photoshop-Experte kennt man präzisere Arbeitsweisen. Aber mein Eindruck als Photoshop-Seminarleiter ist, dass sich Einsteiger damit leicht tun, einigermaßen vernünftige Ergebnisse bei »haarigen« Freistellern zu erzielen. Da ich den Filter nach wie vor für brauchbar halte, beginnen wir damit, uns diesen Filter zurückzuholen – Adobe hat ihn wenigstens mit auf die DVD gepackt.*

**Zielsetzungen:**
Kind freistellen und Hintergrund austauschen
**[extrahieren_1.jpg, extrahieren_2.jpg]**

# 1 Extrahieren-Filter installieren

Legen Sie die Datei »ExtractPlus.plugin« aus dem Ordner DEUTSCH/ZUGABEN/ADOBE PHOTOSHOP CS4/OPTIONALE ZUSATZMODULE/ FILTERS von der DVD »Content« Ihres Adobe CS4-Installationspakets in den Ordner PLUG-INS im Verzeichnis ADOBE PHOTOSHOP CS4 Ihres Computers. Starten Sie Photoshop anschließend neu.

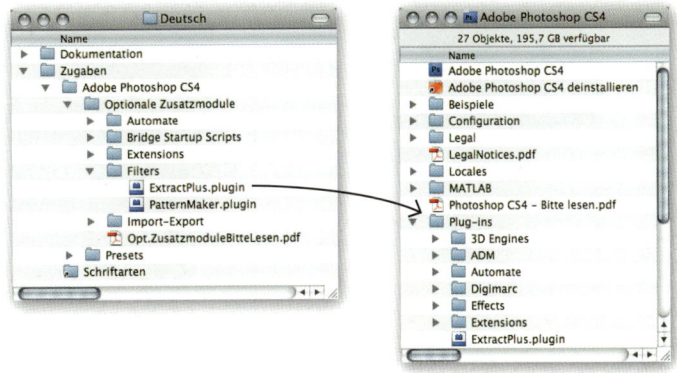

# 2 Ebene extrahieren

Fügen Sie das Bild »extrahieren_2.jpg« ❺ in die Datei »extrahieren_1.jpg« ❻ ein, und erstellen Sie ein Duplikat ❹ der »Ebene 1«, indem Sie sie auf die Schaltfläche NEUE EBENE ERSTELLEN ⬜ ziehen. Wählen Sie dann im Menü FILTER den mit Schritt 1 installierten Filter EXTRAHIEREN. Im offenen Dialog ist der Marker ❶ aktiviert. Malen Sie damit eine Markierung rund um das freizustellende Objekt ❷. Setzen Sie eine geringe PINSEL-GRÖSSE ❸ für deutliche Objektkanten ein, und eine hohe beispielsweise für die Haare.

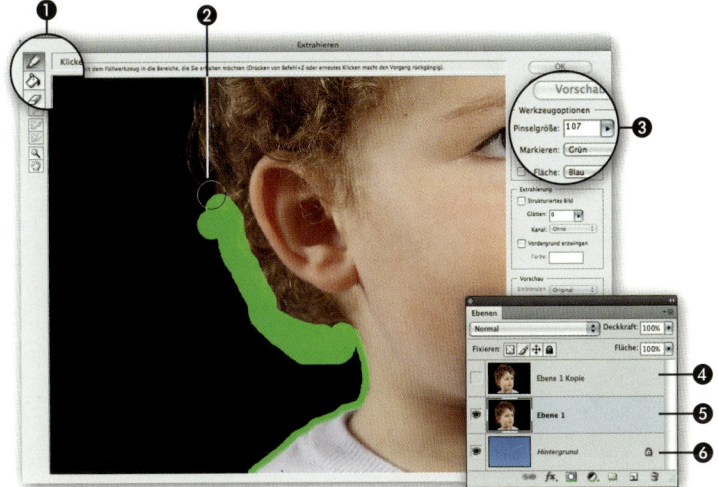

# 3 Freisteller markieren

Wenn Sie rundum gefahren sind, aktivieren Sie das FÜLLWERKZEUG ❼ und klicken in den Bereich, der freizustellen ist und erhalten bleiben soll. Dieser wird dann blau markiert. Sollte das ganze Bild blau werden, dann ist die grüne Markierung, die Sie um den Freisteller gezogen haben, nicht durchgängig und weist an einer oder mehreren Stellen eine Lücke auf. Bei Einsteigern ist das nach meiner Erfahrung meist dort, wo die Linie den Rand des Bildes berührt ❾. Klicken Sie dann auf VORSCHAU ❽.

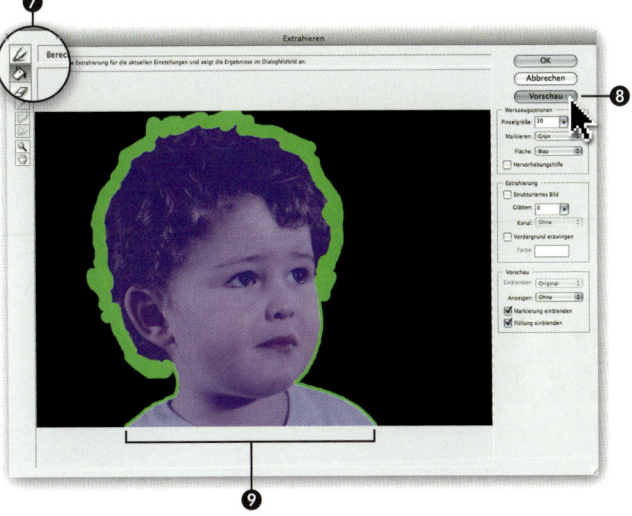

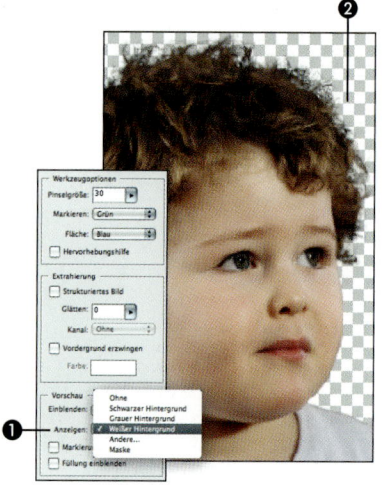

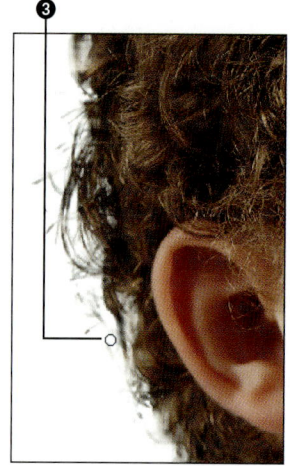

## 4    Kante bereinigen

Nachdem Photoshop die Vorschau errechnet hat, sehen Sie hinter dem Freisteller das Transparenzmuster ❷. Das hilft nicht wirklich bei der restlichen Ausarbeitung. Glücklicherweise können Sie die Anzeige für den Hintergrund auch verändern ❶. Aktivieren Sie in der Werkzeugleiste rechts das Werkzeug BEREINIGEN. Damit können Sie weitere Bereiche entfernen und bei gedrückter Alt-Taste wiederherstellen ❸. Das Arbeiten mit dem Werkzeug ist recht gewöhnungsbedürftig, da es sehr indirekt reagiert.

## 5    Maske aus Freisteller

Was mich am Filter EXTRAHIEREN vor allem stört, ist, dass er keine Maske erzeugen kann. Hier aber ist der Trick, mit dem ich dennoch aus dem Resultat eine Maske erstelle: Klicken Sie bei gedrückter Strg/⌘-Taste auf die Miniatur ❹ der freigestellten Ebene. Dadurch wird ihre Transparenz als Auswahl ❻ geladen. Danach können Sie diese Ebene ❹ löschen, »Ebene 1« ❺ wieder einblenden (falls Sie sie, wie ich, ausgeblendet haben) und für diese eine Ebenenmaske aus der Auswahl erstellen.

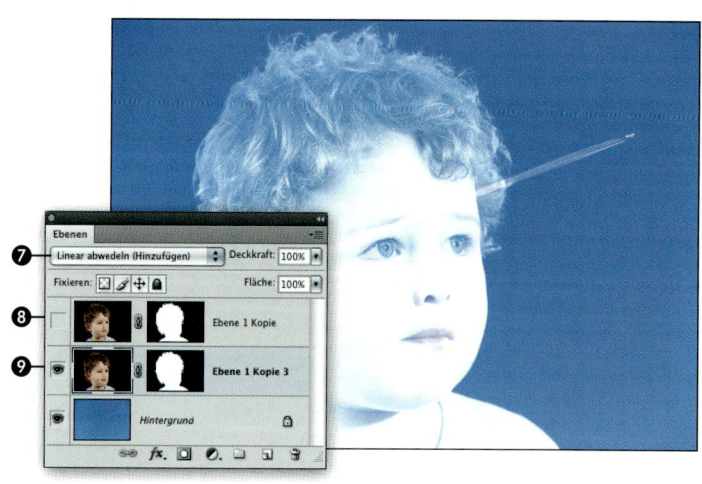

## 6    Ebene duplizieren und abwedeln

Ich setze hier denselben Trick mit der Füllmethode ❼ ein, den ich schon im vorangegangenen Workshop bei der jungen Frau eingesetzt habe. Duplizieren Sie die Ebene mit dem Kind ❽, und stellen Sie die untere der beiden ❾ auf LINEAR ABWEDELN (HINZUFÜGEN). Meist setze ich bei einer Montage wie dieser NEGATIV MULTIPLIZIEREN ein, doch hier fand ich LINEAR ABWEDELN besser. Probieren Sie ruhig auch andere Einstellungen aus – meine Entscheidung muss nicht der Weisheit letzter Schluss sein.

## 7 Maske verbessern

Bei der oberen Ebene, die mit der FÜLL-
METHODE • NORMAL deckend über den beiden
anderen Ebenen liegt, habe ich über einen
Klick auf MASKENKANTE in der Palette MASKEN
die Maske verbessert. Bei mir haben die abgebildeten Einstellungen zu recht guten Ergebnissen geführt. Aber erstens ist meine
Maske sicher nicht identisch mit Ihrer, und
zweitens hätte auch bei mir längeres Experimentieren mit den Werten ein noch besseres
Ergebnis erzielen können. Seien Sie experi-
mentierfreudig!

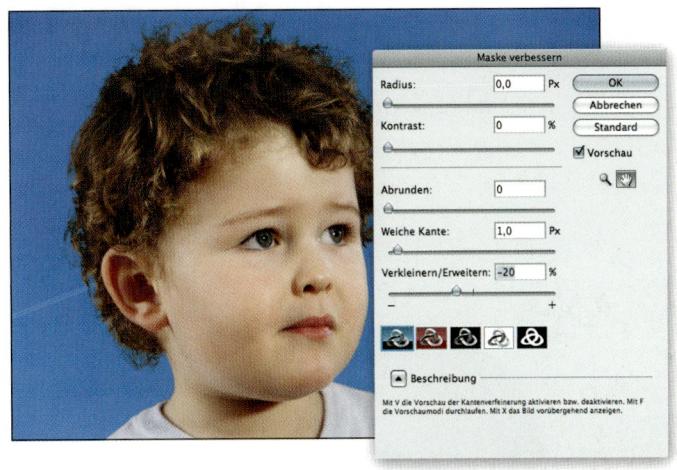

## 8 Farben mit Fotofiltern angleichen

Das größte Problem stellt nun noch die unterschiedliche Farbtemperatur von Kind und
Himmel dar. Deshalb habe ich dem Kind mit
einer FOTOFILTER-EINSTELLUNGSEBENE 🔲 eine
kühlere Temperatur zugewiesen. Als FILTER
kam CYAN ❿ bei einer DICHTE von 30% ⓫ zum
Einsatz. Außerdem wurde LUMINANZ ERHALTEN
aktiviert ⓬. Damit der Filter nur auf die darunterliegende Ebene wirkt, habe ich mit
einem Klick auf die Schaltfläche ⓭ eine
SCHNITTMASKE erstellt – die Einstellungsebene
wird dadurch optisch eingerückt ⓮.

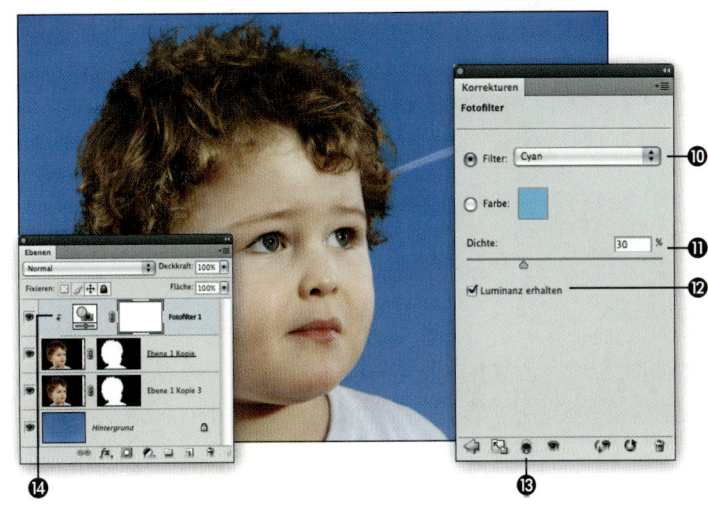

## 9 Fotofilter für Hintergrund

Den Himmel im Hintergrund habe ich mit
einem entgegengesetzten FOTOFILTER ⓯ er-
wärmt, und zwar mit der Einstellung WARM-
FILTER (85) bei einer DICHTE von 19%. Natürlich ist das Ergebnis nicht perfekt, und
spätestens auf den zweiten Blick erkennt auch
der Laie, dass es sich um eine Montage handelt. Doch mir ist keine bessere Möglichkeit
eingefallen, wie dermaßen »haarige« Freisteller auch dem Einsteiger gelingen, der keine
Ambitionen hat, ein Kanäle-Guru zu werden.

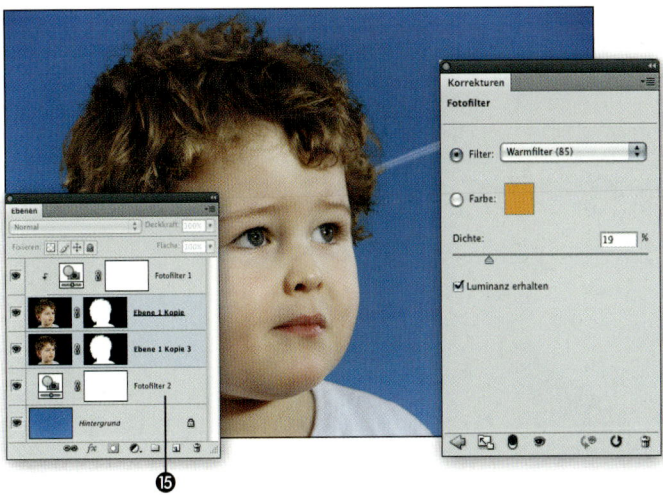

# Freistellen mit Kanälen

*Das Geheimnis professioneller Bildmontage*

*Falls Sie einmal mein Photoshop-CS3-Buch in den Händen hatten, ist Ihnen vielleicht ein Rindvieh mit Laptop in Erinnerung geblieben. Das war ich. Da sich dieses Buch gut verkaufte, dachte ich mir, ich könnte mich für das CS4-Buch zum Affen machen – schließlich heißt es seit Friedrich Torberg ohnehin »Was ein Mann schöner ist wie ein Aff' ist ein Luxus.« Gleichzeitig werde ich Sie mit diesem Workshop einmal mehr in die tiefsten Geheimnisse der Photoshop-Gurus einweihen. Waschechte Pixel-Geeks betrachten Freistellen mit Filtern als Warmduscherei. Ihre Kunstwerke führen Sie entweder mit unbezahlbaren Profi-Plugins aus, oder aber besser gleich mit Kanälen.*

**Zielsetzung:**
Machen Sie den gut aussehenden Autor mit einem neuen Gesicht noch etwas schöner.
**[kanalfreisteller_1.jpg, kanalfreisteller_2.jpg]**

## 1 Bilder zusammenführen

Fügen Sie den Inhalt der Datei »kanalfrei-steller_1.jpg« ❶ als neue Ebene in die Datei »kanalfreisteller_2.jpg« ❷ ein.

## 2 Kanalberechnungen

Wählen Sie BILD • KANALBERECHNUNGEN. Damit lassen sich Farbkanäle mischen und das Resultat als neue Alphakanäle speichern (mehr über Farb- und Alphakanäle ab Seite 190). Unser Ziel ist es, einen Alphakanal zu erhalten, bei dem der Pelz schwarz wird, der Hintergrund weiß und beides möglichst deutlich voneinander getrennt ist ❸. Meist werden zwei unterschiedliche Farbkanäle miteinander gemischt, doch hier führte BLAU ❹ mit BLAU ❺ bei der FÜLLMETHODE • MULTIPLIZIEREN ❻ zum besten Ergebnis.

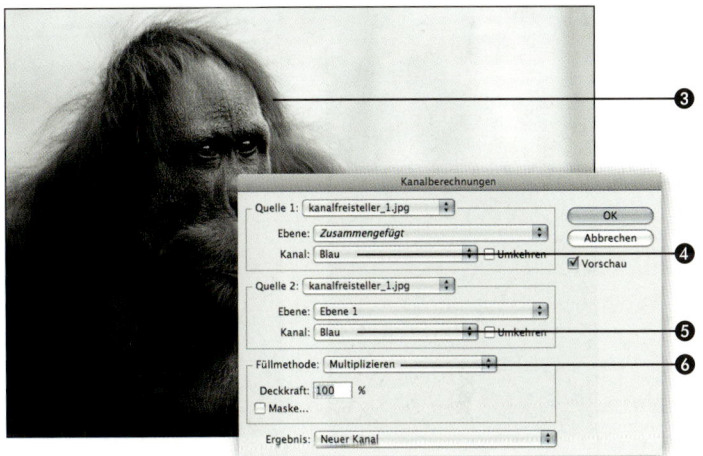

## 3 Gradationskurve auf Alphakanal

Das Ergebnis der Kanalberechnungen wird von Photoshop als »Alpha 1« in der Palette KANÄLE abgelegt. Mit einem Doppelklick auf den Namen können Sie diesen auch umbenennen ❼. Mit GRADATIONSKURVEN aus dem Menü BILD • KORREKTUREN lässt sich der Kontrast verstärken. Zuerst habe ich die WEISSPUNKT-PIPETTE ❿ aktiviert und den Hintergrund mit einem Klick ❽ als reines Weiß definiert. Danach habe ich eine steile S-Kurve eingezogen ❾.

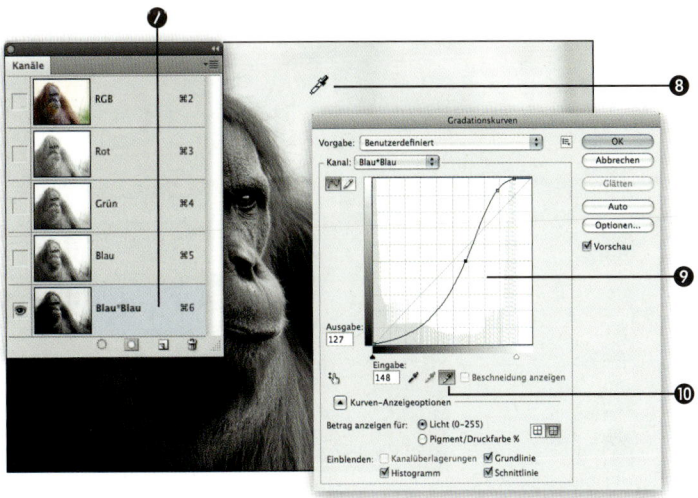

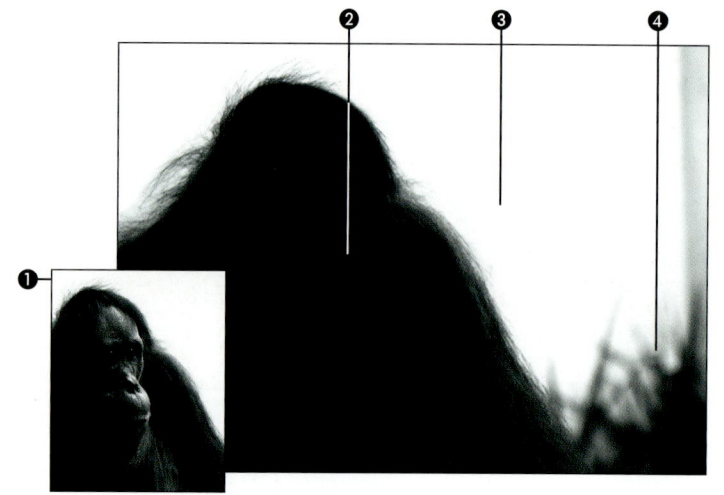

## 4    Maske mit Pinsel bearbeiten

Das Resultat der Gradationskurve sollte in etwa so ❶ aussehen. Nehmen Sie nun das PINSEL-WERKZEUG ✎ aus der Werkzeug-Palette. Mit großem HAUPTDURCHMESSER, circa 90 % HÄRTE und Schwarz als VORDERGRUND-FARBE können Sie den Körper des Affen ausmalen ❷ und mit Weiß als VORDERGRUND-FARBE den Hintergrund bereinigen ❸. Um das Gestrüpp weiter unten ❹ brauchen Sie sich nicht zu kümmern. Für unseren Zweck ist allein der Bereich um den Kopf interessant.

 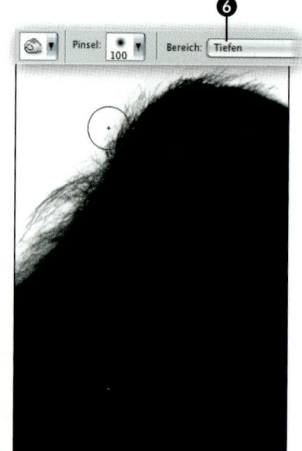

## 5    Abwedeln und Nachbelichten

Um den haarigen Pelz präziser vom Hintergrund zu trennen, aktivieren Sie das AB-WEDLER-WERKZEUG 🔍 und stellen den BEREICH auf LICHTER ❺ bei einer Belichtung von 10 %. Damit arbeiten Sie den ganzen Pelz um den Kopf nach. Beachten Sie, dass Sie im richtigen Moment mit dem Abwedeln stoppen – man hat schnell zu viel des Guten getan. Wiederholen Sie diese Aktion dann mit dem NACHBE-LICHTER-WERKZEUG 🖌 im BEREICH • TIEFEN ❻ bei ebenfalls 10 % BELICHTUNG.

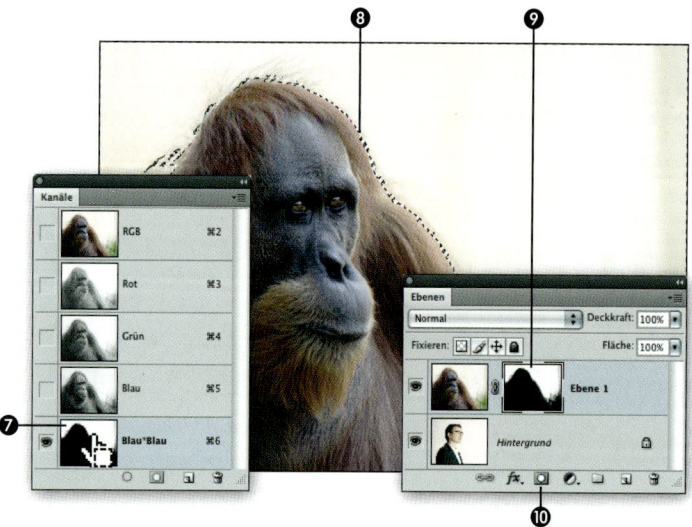

## 6    Vom Alphakanal über die Auswahl zur Maske

Um aus dem Alphakanal eine Maske für die Affen-Ebene zu machen, klicken Sie bei gedrückter ⌨ Strg / ⌘ -Taste auf seine Miniatur ❼ in der Palette KANÄLE. Die marschierenden Ameisen ❽ signalisieren Ihnen daraufhin, dass die Maske als Auswahl geladen wurde. Wenn Sie anschließend auf die Schaltfläche für EBENENMASKE HINZUFÜGEN ❿ in der Palette EBENEN klicken, verschwinden die Ameisen wieder, da die Auswahl zur EBENENMASKE ❾ konvertiert und aufgehoben wurde.

## 7 Maske invertieren

Einsteiger akzeptieren zunächst nur ungern, dass ihnen der Computer das Denken nicht abnimmt. Mein Motto dazu: So viel wie notwendig mitdenken, aber so wenig wie möglich. Das Resultat des Auswahl-Ladens und Maske-Erstellens ist eine verkehrte Maske – der Affe ist ausgeblendet ⓫. Hätte ich zuvor gründlich nachgedacht, hätte ich die Auswahl umkehren können. Doch ich kann auch via BILD • KORREKTUREN • UMKEHREN ($\boxed{\text{Strg}}$/$\boxed{⌘}$+$\boxed{\text{I}}$) die Maske umkehren ⓬ und damit den Affen sichtbar machen ⓭.

## 8 Unnötige Bereiche ausblenden

Ich habe mit dem Pinsel durch Auftragen von Schwarz in der Ebenenmaske den Affen und seinen Hintergrund so weit ausgeblendet, dass nur noch der Kopf übrig bleibt ⓮. Danach habe ich den Kopf mit dem VERSCHIEBEN-WERKZEUG ⊹ schon einmal so auf meine Schultern gelegt ⓯, wie er am Ende wahrscheinlich zu liegen kommen sollte.

## 9 Frisur wegretuschieren

Nach der Positionierung des Affenkopfes schauten noch einige Bereiche meines flotten Haarschnitts hinter der Affenmähne hervor. Mit dem KOPIERSTEMPEL-WERKZEUG 🖎 habe ich diese Bereiche auf der Hintergrund-Ebene ⓱ weggestempelt ⓰.

## 10 Ebenenmaske ausblenden

Mit einem ⇧-Klick auf die Miniatur ❶ der Ebenenmaske können Sie ihre Wirkung ausblenden, und Sie sehen wieder den ganzen, unmaskierten Affen ❷ (ja, den auf der oberen Ebene).

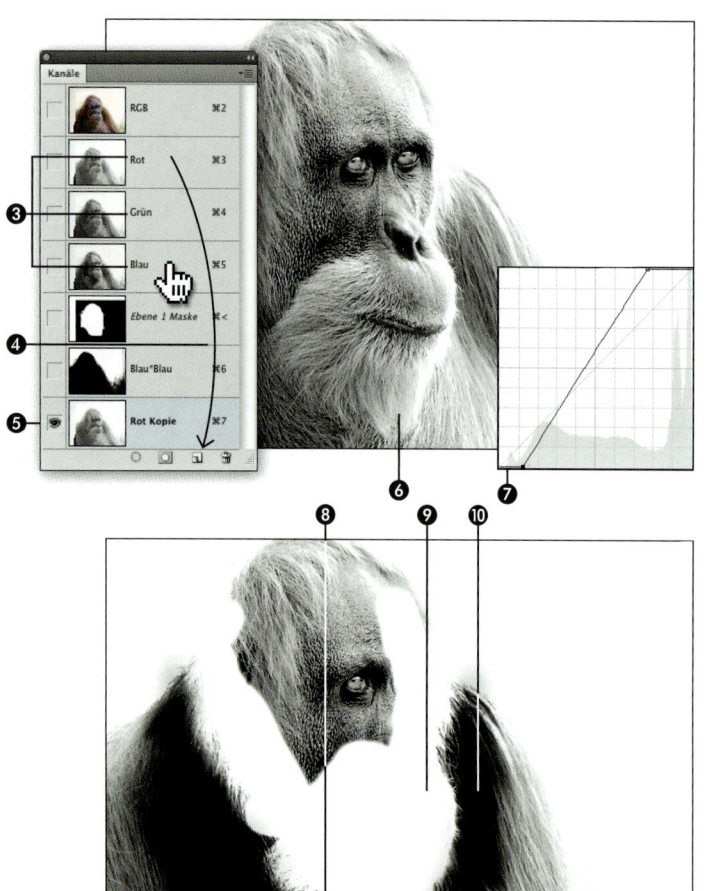

## 11 Farbkanal als Alphakanal duplizieren

Wir brauchen nun eine Auswahl beziehungsweise eine Maske, mit der wir den Kopf vom Pelz trennen können. Indem Sie mit der Maus auf einen Kanal nach dem anderen klicken ❸, können Sie prüfen und herausfinden, welcher am besten als Basis für diese Aufgabe herhalten kann. Ich habe mich für den Rot-Kanal entschieden, durch Ziehen ❹ auf 🔲 eine Alphakanal-Kopie ❺ davon erstellt und über eine Gradationskurve ❼ (BILD • KORREKTUREN) die Struktur des Pelzes verstärkt ❻.

## 12 Malen, Nachbelichten und Abwedeln

Malen Sie mit dem PINSEL ✏ nun den Kopf aus ❾. Mit dem NACHBELICHTER 🖐 lässt sich der Pelz unterhalb des Kopfes abdunkeln ❿. Hier war kein Pinsel am Werk, sondern lediglich der Nachbelichter in den Bereichen MITTELTÖNE und TIEFEN. Umgekehrt lässt sich die andere Seite mit dem ABWEDLER 🔍 in den Bereichen MITTELTÖNE und LICHTER aufhellen ❽. Sie sehen, dass sich damit eine schöne Trennung erzielen lässt. Sollte der Kontrast zu stark werden, können Sie das WEICHZEICHNER-WERKZEUG 💧 einsetzen.

## 13 Auswahl laden, Maske bearbeiten

Schwer? Nein? Dann schaffen Sie auch den nächsten Schritt. Laden Sie »Rot Kopie« mit einem Strg/⌘-Klick auf die Miniatur ❶ als Auswahl ❶. Kehren Sie die Auswahl mit Strg/⌘+I um. Aktivieren Sie die Ebenenmaske der Affen-Ebene, und tragen Sie mit dem Pinsel Schwarz auf. Wenn Sie alles richtig gemacht haben, sollte sich die zu große Maske ❶ auf diesen Bereich ❶ zurückmalen lassen und am Ende nur noch der gewünschte Bereich sichtbar sein. Ich habe auch die Streifen an den Rändern ❶ übermalt.

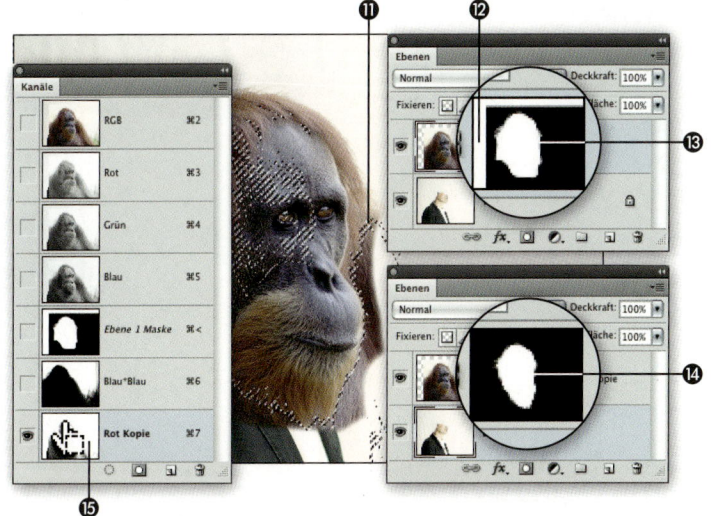

## 14 Maske betrachten

Das Klicken auf die Miniatur ❶ bei gedrückter Alt-Taste blendet die Bildebenen aus, und Sie sehen nur die Ebenenmaske. Das Resultat sollte etwa so aussehen ❶. Wenn Ihnen das gelungen ist und Sie es auch auf eigene Bilder anwenden können, dann haben Sie es geschafft: Sie sind ein fortgeschrittener Photoshopper und dürfen stolz auf sich sein. Schreiben Sie dann doch eine E-Mail an buero@markuswaeger.com. Habe ich dazu beigetragen, dass Sie sich vom Einsteiger zum Profi entwickeln, bin ich auch stolz auf mich. ; )

## 15 Färbung anpassen

Auch hier habe ich wieder eine FOTOFILTER-EINSTELLUNGSEBENE ◧ eingesetzt, um die Farbwirkung der beiden montierten Bilder abzustimmen. Diesmal habe ich als FILTER • DUNKELGRÜN ausgewählt und die DICHTE mit 26 % justiert. Auch hier wichtig: Klicken Sie auf diese Schaltfläche ❶, damit die Einstellungsebene zur SCHNITTMASKE ❶ wird und nur auf die Ebene direkt darunter wirkt. Hilfreich bei der Abstimmung von FILTER, DICHTE und LUMINANZ ist auch die Schaltfläche, mit der Sie den Filter ein- und ausblenden können ❷.

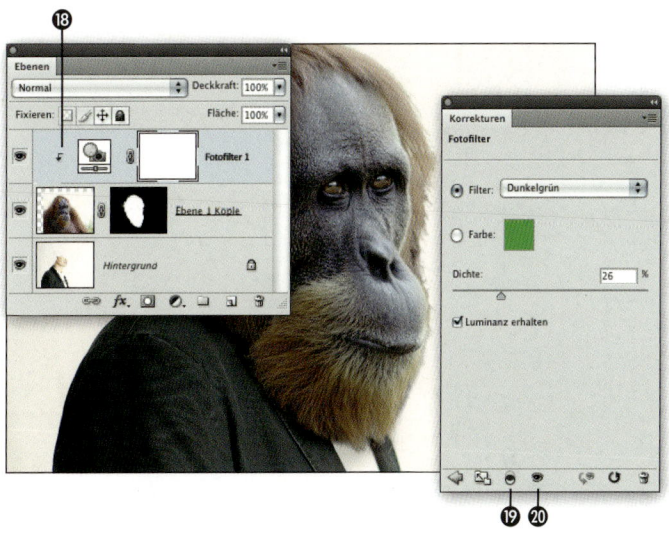

# Retusche & Bildmanipulation

**Ein Bild sagt mehr als tausend Worte.**
Wie viel davon wahr ist, steht auf einem
anderen Blatt. Mit Photoshop lässt sich
jeder visuelle Schein in die Welt setzen.
Bildbearbeitung fasziniert mich, und es ist
spannend, mit elektronischen Mitteln
Fantasiewelten zu kreieren. Das Gefühl,
das mich beim Anblick eines Motivs zur
Aufnahme veranlasst, lässt sich mit reiner
Kameratechnik oft nicht einfangen. Mit
Photoshop jedoch kann ich dem Betrach-
ter *meinen* Eindruck vor Ort vermitteln.
Es ist auch legitim und für mich Pflicht
des Fotografen, entstellende Schatten
und Pickel aus Portraits zu retuschieren.
Schließlich ist der Schatten verschwunden,
wenn sich das Licht ändert, und auch ein
Pickel ist kein typisches Merkmal eines
Gesichts. Die Grenzen aber sollte man
nicht aus den Augen verlieren.

Foto: Markus Wäger, Modell: Alexandra

# Retusche & Bildmanipulation

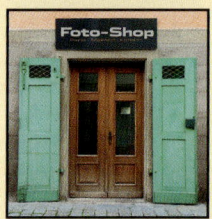

# Alte Fotos restaurieren

Stempelwerkzeuge mit und ohne Intelligenz

*Alte Fotos hat jeder in der Schublade. Es ist zwar mit etwas Aufwand verbunden, doch es kann durchaus Freude machen, solche Erinnerungs- stücke von den Zeichen der Zeit zu befreien. Natürlich würde man sich einen Filter wünschen, der alle Staub- fussel, jeden Wasserfleck und jeden Knick automatisch entfernt, dabei aber die eigentlichen Motive unver- sehrt lässt. Doch trotz aller, teilweise wirklich beein- druckender Fortschritte der Bildbearbeitungsprogramme bedeuten Automatiken wie »Staub und Kratzer entfernen« aus dem Menü »Filter«, immer auch einen deutlichen Verlust der Abbildungsqualität. Auch hier geht eben nach wie vor nichts über Handarbeit.*

**Zielsetzungen:**
Foto gerade ausrichten
Flecken und Knicke entfernen
[**restaurieren.jpg**]

 **Video-Training**

Video-Training 2, Lektion 3.1

## 1    Freistellen und gerade ausrichten

Das alte Foto habe ich mit meinem Scanner eingelesen. Dabei muss es wohl beim Einlegen etwas verrutscht sein – oder war das etwa Absicht?

Wählen Sie im Menü DATEI • AUTOMATISIEREN • FOTOS FREISTELLEN UND GERADE AUSRICHTEN – Photoshop erledigt daraufhin, was der Name dieses Befehls so treffend beschreibt.

## 2    Freistellen

Leider erkennt Photoshop den Schatten unterhalb des Fotos nicht als etwas, das weggeschnitten werden sollte. Wir dürfen davon ausgehen, dass Photoshop noch nicht einmal erkennt, dass diese dunklen Pixel einen Schatten darstellen. Deshalb müssen Sie noch einmal mit dem FREISTELLUNGS-WERKZEUG 🔲 nachhelfen. Um zu verhindern, dass dabei automatisch an den Dokumentbegrenzungen ausgerichtet wird, halten Sie am Mac die `Ctrl`-Taste gedrückt.

## 3    Isolierte Flecken wegstempeln

Mit dem BEREICHSREPARATUR-PINSEL-WERKZEUG 🖌 können Sie nun alle isolierten Flecken entfernen. Isoliert heißt, dass der Fleck rundum von etwa gleicher Struktur und Farbe umgeben sein soll. Das Werkzeug ist quasi ein Kopierstempel, der automatisch die Beschaffenheit der Umgebung heranzieht, um einen Fleck zu entfernen. Wählen Sie einen nicht zu großen Durchmesser ❶ und eine Härte von 60–80 %. Sie können auch über längliche Flecken hinwegmalen ❷.

## 4 Kinder von isolierten Flecken befreien

In der ersten Ausarbeitungsphase habe ich die Kinder mit dem BEREICHSREPARATUR-PINSEL-WERKZEUG von allen isolierten Flecken befreit.

**Tipp:** Sie können übrigens auch bei diesem Werkzeug an einen Punkt klicken, bei gedrückter ⇧-Taste an einen zweiten, und Photoshop verbindet die beiden Punkte automatisch mit einer geraden Linie (siehe dazu auch den Tipp auf Seite 139).

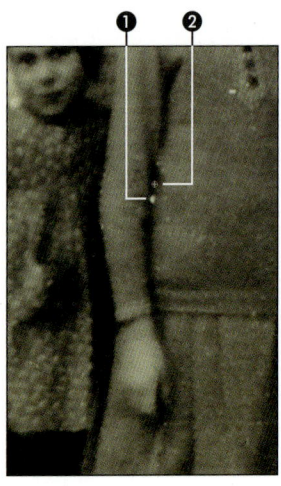

## 5 Nicht isolierte Flecken entfernen

Kommen Sie beim Retuschieren mit dem BE-REICHSREPARATUR-PINSEL-WERKZEUG 🖊 einem Bereich mit anderem Tonwert oder anderer Struktur zu nahe, entstehen auffällige Flecken und Schlieren. Für diese Fälle setzen Sie das REPARATUR-PINSEL-WERKZEUG 🖊 ein. Damit nehmen Sie bei gedrückter Alt-Taste einen Bereich auf ❷ und übertragen ihn mit einem Klick auf den Fleck ❶, den Sie entfernen wollen. Das Werkzeug funktioniert demnach wie der Kopierstempel (siehe Seite 150), allerdings mit eingebauter *Intelligenz*.

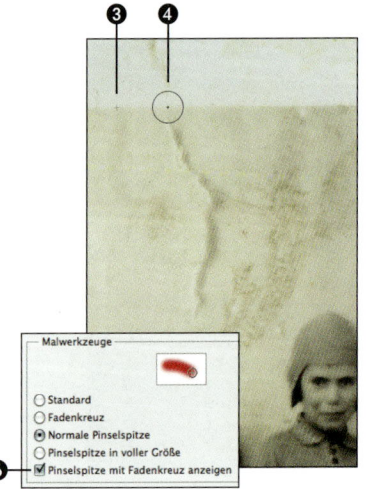
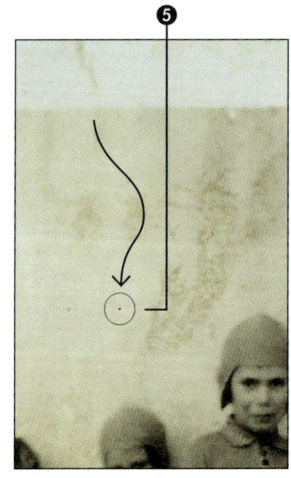

## 6 Ausrichtung beachten!

Der Vorteil dieses Werkzeugs gegenüber dem Stempel ist, dass Struktur und Helligkeit des übermalten Bereichs mit in die Berechnung zur Retusche einfließen. Dabei muss oft die Ausrichtung beachtet werden. Hier habe ich mich beim Aufnehmen ❸ und Übertragen ❹ an der Oberkante des Bildes orientiert und durch Darüberziehen einen Knick entfernt ❺. Hilfreich ist dabei, unter PHOTOSHOP (Mac) bzw. BEARBEITEN (Windows) • VOREINSTEL-LUNGEN • ZEIGERDARSTELLUNG • PINSELSPITZE MIT FADENKREUZ ANZEIGEN ❻ zu aktivieren.

## 7 Großflächiges Ausbessern

Der große Bereich über den Köpfen der Kinder zeigt nicht viele kleine Flecken ❼, dafür aber zwei große. Hier habe ich zuerst die paar kleinen Flecken weggeputzt, dann mit dem Ausbessern-Werkzeug ◎ aus freier Hand mit der Maus eine Auswahl um einen großen Fleck gezogen ❽ und diese Auswahl dann auf den Bereich gezogen ❿, der als Quellbereich für die Retusche herhalten soll. Beachten Sie, dass in diesem Fall auch Quelle ❾ aktiviert sein muss.

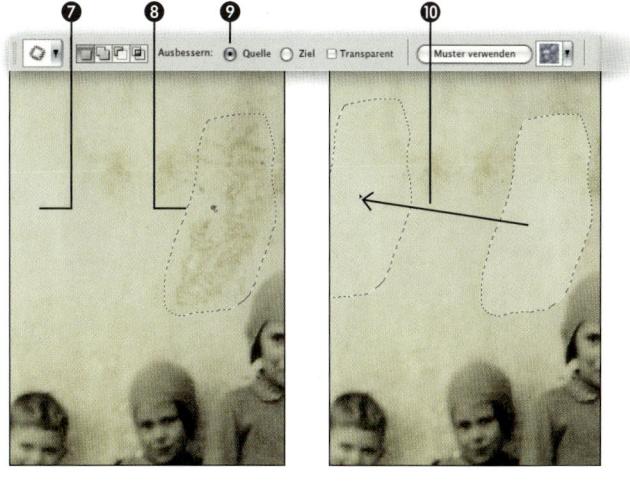

## 8 Nicht alles geht

Die Wand auf Schulterhöhe des größten Mädchens lässt sich mit dem Ausbessern-Werkzeug gut retuschieren ⓬. Beim unteren, dunklen Bereich der Wand ⓭ habe ich es versucht, erhielt aber nur ein verschmiertes Ergebnis, weshalb ich diese Schritte wieder rückgängig gemacht habe. Ebenso wenig wie dieser Bereich lassen sich auch die Tür und der Steinboden mit dem Ausbessern-Werkzeug restaurieren ⓫. Diese Flächen sind zu komplex und zu wenig gleichmäßig in ihrer Struktur.

## 9 Harte Kanten restaurieren

Harte Kanten lassen sich mit den *intelligenten* Werkzeugen nur schlecht retuschieren. Bereichsreparatur-Pinsel, Reparatur-Pinsel und Ausbessern-Werkzeug rechnen immer Untergrund und Umgebung in die Retusche mit ein, was oft zu verschwommenen Ergebnissen führt. In solchen Fällen ist der gute alte Kopierstempel ◙ noch immer das beste Tool in Photoshop. Damit habe ich die Oberkante zum Rahmen ⓮ und den schwarzen Bereich rechts ⓯ ebenso restauriert wie den gesamten hellen Rahmen rund um das Foto.

## 10 Tür, Boden und Wand

Tür und Boden habe ich weitestgehend mit dem REPARATUR-PINSEL-WERKZEUG von Flecken befreit ❶. Bei diesem Bereich der Mauer ❷ habe ich sowohl das BEREICHSREPARATUR-PINSEL-, REPERATUR-PINSEL- als auch das KOPIERSTEMPEL-WERKZEUG eingesetzt. Es war gar nicht leicht, das so hinzubekommen, dass das Resultat nicht zu auffällig verschwommen ausfällt. Ich habe hier außerdem mit dem ABWEDLER 🔍 etwas aufgehellt.

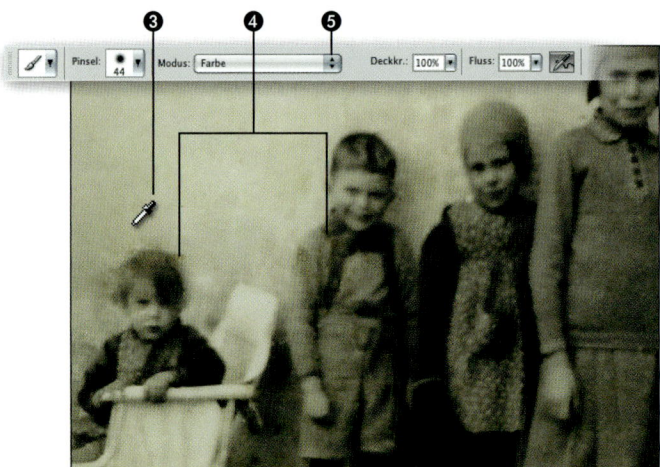

## 11 Farbflecken mit Pinsel und Farbe entfernen

Zwei Bereiche direkt über den Kindern zeigen braune Flecken, so als wäre etwas Kaffee darüber getropft ❹. Um diese weitgehend unsichtbar zu machen, habe ich das PINSEL-WERKZEUG 🖌 aktiviert, bei gedrückter [Alt]-Taste auf einen Bereich in unmittelbarer Nähe geklickt ❸, um dessen Farbton aufzunehmen, und diese Farbe dann bei MODUS • FARBE ❺ aufgetragen.

## 12 Auge kopieren

Beim kleinsten der Kinder ist einiges von Haaren und Gesicht unter einem dunklen Fleck verschwunden ❻. Auch hier habe ich mit KOPIERSTEMPEL, ABWEDLER und NACHBELICHTER versucht, den Kopf wieder etwas freizulegen – oder zumindest den Eindruck zu vermitteln. Da das Bild ohnehin relativ unscharf ist, ist das auch nicht allzu schwer gefallen. Für das völlig unter dem Fleck verschwundene linke Auge habe ich einfach das rechte mit dem KOPIERSTEMPEL geklont.

# Objekte wegretuschieren

*Retusche mit Stempeln und Ebenen*

*In diesem Workshop zeige ich Ihnen, wie Photoshop-Experten bereits lange
vor den »intelligenten« Retusche-Werkzeugen aufwendige Bildretuschen
vorgenommen haben. Zwar möchte ich auf die Reparatur- und Bereichs-
reparatur-Pinsel-Werkzeuge nicht mehr verzichten, doch sehr oft führt »die
alte Methode« schneller zu besseren Ergebnissen. Hier zeige ich Ihnen, wie
Sie mithilfe von Ebenen schnell Objekte aus einem Bild entfernen, ohne auf
den Luxus neuester Werkzeuge zu verzichten.*

Zielsetzungen:

Fassade von allen störenden
Elementen befreien

▶ **Video-Training**

Video-Training 2, Lektion 3.2

Schriftzug austauschen

[retusche2.jpg]

# 1   Mit Auswahlrechteck ausbessern

Als Erstes habe ich ein AUSWAHLRECHTECK ▣ um den Zettel in der Scheibe gezogen ❶. Wenn Sie dann auf das AUSBESSERN-WERKZEUG ⬭ umschalten, können Sie diese Auswahl dennoch so verschieben ❷, als hätten Sie die Auswahl direkt mit dem AUSBESSERN-WERK-ZEUG erstellt. Genauer gesagt: Sie können mit jedem Auswahlwerkzeug eine Auswahl für das AUSBESSERN-WERKZEUG erstellen.

**Tipp:** Beim AUSBESSERN-WERKZEUG erstellen Sie bei gedrückter Alt-Taste eine Auswahl Klick für Klick wie mit dem POLYGON-LASSO.

# 2   In der Auswahl stempeln

Der Fotograf hat sich in Form einer Spiege-lung in der Tür verewigt. Das muss nicht sein! Hier habe ich mit dem AUSWAHLRECHTECK-WERKZEUG eine Auswahl in der Scheibe aufge-zogen ❸, mit dem KOPIERSTEMPEL-WERKZEUG ⬭ einen Bereich bei gedrückter Alt-Taste aufgenommen ❺ und über den sichtbaren Oberarm und die grüne Jacke hinweg übertra-gen ❹. Die Auswahl schützt Sie dabei davor, ins Holz der Tür hinein zu malen.

# 3   Bereiche trennen und ausbessern

Die Wandbemalung oben im Bild habe ich entfernt, da sie vom Wesentlichen ablenkt und den Betrachter über die Bildgrenze hin-ausführt. Dazu habe ich zuerst in den Bereich in der Mitte ❼ mit dem KOPIERSTEMPEL eine schmale Trennung gezogen. Außerdem habe ich die Bemalung ebenfalls mit dem Stempel vom oberen Rand ❽ getrennt. Dadurch er-hielt ich zwei isolierte Bereiche, die ich bequem mit dem AUSBESSERN-WERKZEUG ein-fangen und durch Verschieben der Ausbes-sern-Auswahl ❻ entfernen konnte.

## 4 Schild auf neue Ebene, Hintergrund kopieren und spiegeln

Um das Schild in die Mitte der Tür zu setzen, ziehen Sie eine Auswahl um es herum ❾ und erstellen über EBENE • NEU • EBENE DURCH KOPIE ([Strg]/[⌘]+[J]) eine Kopie der Auswahl auf einer neuen Ebene ❿.

Mit einem Doppelklick machen Sie daraufhin den HINTERGRUND zur regulären Ebene ⓬, kopieren diese ⓫, aktivieren dann wieder die untere ⓬ und wählen im Menü BEARBEITEN • TRANSFORMIEREN • HORIZONTAL SPIEGELN.

## 5 Schild verschieben, Laden entfernen

Wählen Sie die oberste Ebene mit dem Schild aus, und positionieren Sie sie mit dem VER-SCHIEBEN-WERKZEUG in der Mitte ⓮.

Aktivieren Sie dann die Ebene darunter, und erstellen Sie eine Maske ⓭ dafür, indem Sie auf EBENENMASKE HINZUFÜGEN klicken. Nun können Sie mithilfe der Maske den Fensterladen ⓰ hinter dem Laden der Tür mit Schwarz übermalen und somit das Gemäuer der gespiegelten Ebene darunter zum Vorschein bringen. Auch Teile des Schildes ⓯ konnte ich auf diese Weise entfernen.

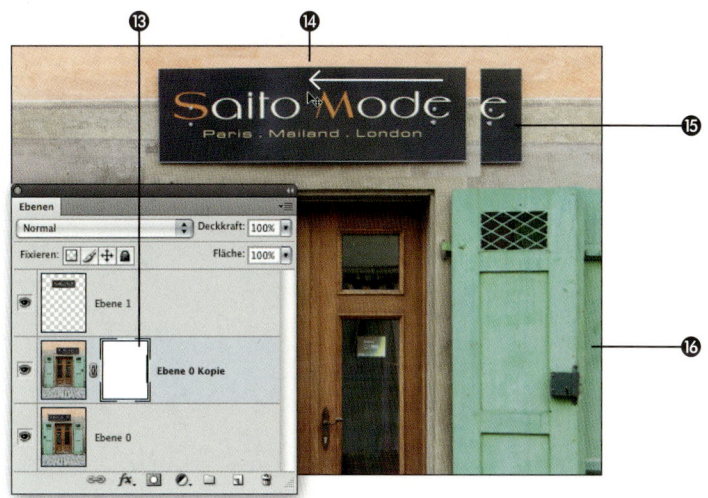

## 6 Schild maskieren und ausbessern

Der schwarze Fleck ⓴ in der Ebenenmaske ist der Bereich, wo ich das Schild maskiert habe, wodurch die Wand der Ebene darunter sichtbar wird. Das Schild auf der Ebene darüber habe ich ebenfalls mit einer Maske versehen, um mit einem weichen Pinsel den harten Übergang zur Ebene darunter weich zu bekommen ⓳. Dann habe ich eine Ebene zuoberst erstellt ⓲, den KOPIERSTEMPEL aktiviert und mit der Einstellung AUFNEHMEN • ALLE EBENEN ⓱ alle noch sichtbaren Ungenauigkeiten wegretuschiert.

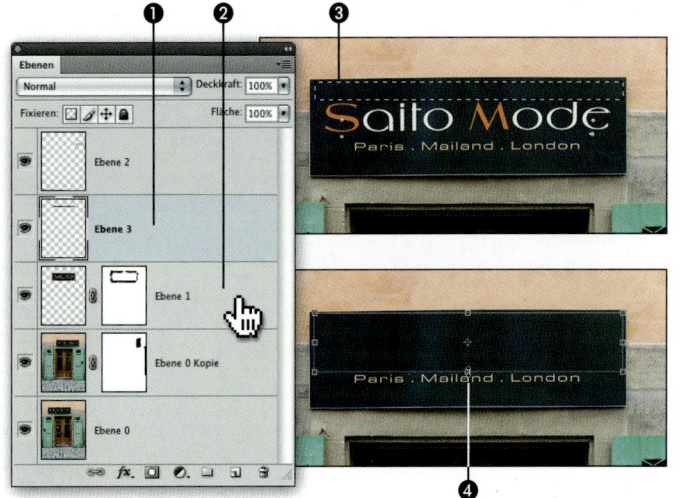

## 7   Schrift entfernen

Um die Schrift zu entfernen, aktivieren Sie die Ebene mit dem Schild ❷, erstellen eine Rechteckauswahl um den Bereich über der Schrift ❸ und wählen wieder ⌈Strg⌉/⌈⌘⌉+⌈J⌉, um aus dem Inhalt der Auswahl eine neue Ebene zu generieren ❶. Wenn Sie nun Bearbeiten • Frei transformieren (⌈Strg⌉/⌈⌘⌉+ ⌈T⌉) wählen, dann können Sie den eben kopierten Bereich in die Länge und wie ein Rollo über die Schrift darunter ziehen ❹.

## 8   Schrift einsetzen

Den frei gewordenen Platz können Sie nun mit einem eigenen Schriftzug versehen. Damit die Schrift natürlicher wirkt, habe ich sie nicht einfach deckend montiert, sondern die Fläche auf 75 % reduziert ❻ – dadurch wird das Weiß der Schrift etwas durchscheinend. Außerdem habe ich die Textebene ❼ mit Effekten ❽ etwas aufgemotzt. Damit die Effekte aber nicht voll deckend aufgetragen werden, wurde die Deckkraft etwas reduziert ❺. (Eine Reduzierung der Fläche hat keine Auswirkung auf die Deckkraft von Effekten.)

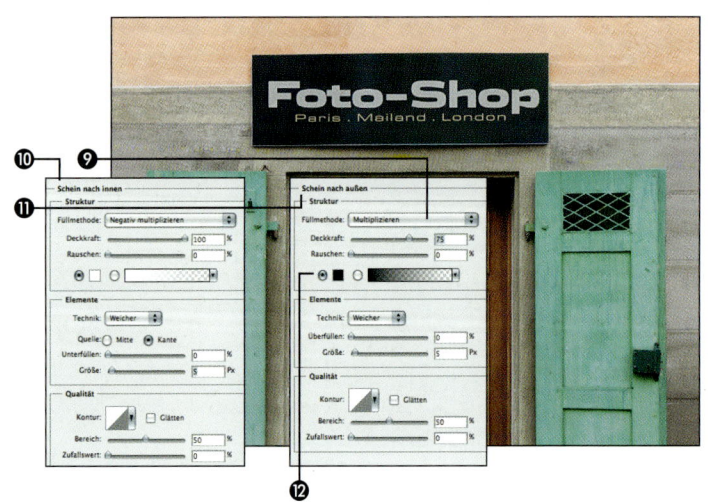

## 9   Effekte

Erstellen Sie über die Schaltfläche Ebenenstil hinzufügen einen Schein nach innen ❿ und einen Schein nach aussen ⓫. Damit der Schein nach außen aber eher ein schwarzer Schimmer als ein heller Schein ist, habe ich als Füllmethode • Multiplizieren ❾ und als Farbe ⓬ ein Schwarz gewählt.

SCHWIERIGKEITSGRAD 2 FÜR AUFSTEIGER

# Stempeln mit Perspektive

*Ist Perpektive im Spiel, versagen reguläre Retusche-Werkzeuge.*

*Ausgangspunkt und Ziel dieses Workshops sind dieselben wie im vorangegangenen: Wir entfernen störende Elemente von einer Fassade und hängen unsere eigene Beschriftung auf. Die Gegebenheiten sind aber völlig anders. Zuvor hatten wir es mit einer flachen Draufsicht auf die Fassade zu tun. Hier ist eine sehr ausgeprägte Perspektive im Spiel. Da lässt sich mit Stempel, Reparatur-Pinsel und Ausbessern-Werkzeug nicht viel ausrichten. Was für ein Glück, dass es den Filter »Fluchtpunkt« gibt.*

**Zielsetzungen:**

Buchstaben entfernen

Schild entfernen

Fenster entfernen

Sonnenschirme entfernen

Neue Schrift auftragen

[fluchtpunktretusche.jpg]

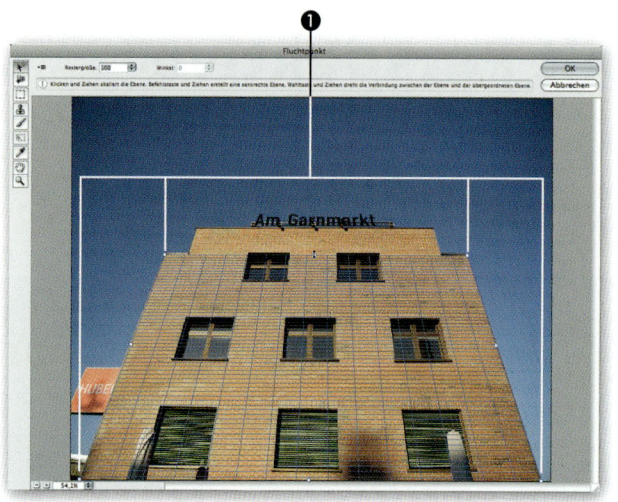

## 1 Fluchtpunkt-Raster definieren

Öffnen Sie im Menü FILTER den Dialog FLUCHT-PUNKT. Definieren Sie mit Klicks an den Ecken der Fassade die Perspektive ❶ (siehe auch Seite 321). Sollte ein roter Rahmen erscheinen, werden keine Rasterlinien angezeigt – Photoshop ist mit Ihrer Perspektive nicht zufrieden. Dann können Sie mit dem EBENE-BEARBEITEN-WERKZEUG ⬚ die Ecken verschieben und nachbessern. Das Ziel ist ein blaues Raster.

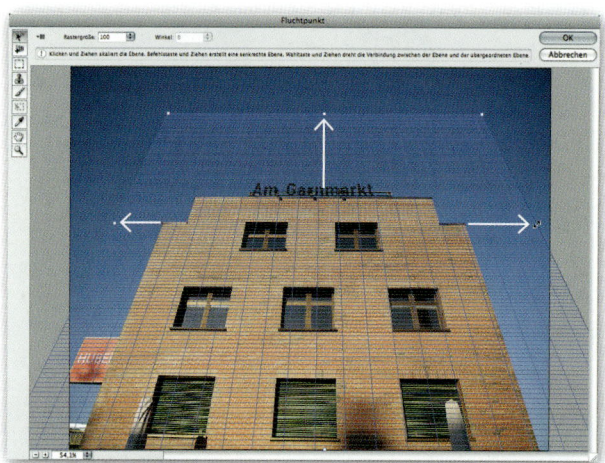

## 2 Fluchtpunkt-Raster ausweiten

Wenn das Raster steht, können Sie es an den Anfassern nach links, rechts und oben ausweiten.

## 3 Perspektivisch stempeln

Aktivieren Sie in der Werkzeugleiste auf der linken Seite das STEMPEL-WERKZEUG ⬚. Bei gedrückter Alt-Taste definieren Sie einen Quellbereich für die Retusche ❸. Übertragen Sie diesen Bereich, um den Sonnenschirm zu übermalen ❷. Machen Sie kurze Striche, und setzen Sie immer wieder ab ❹. Der Fluchtpunkt-Filter übernimmt das Anpassen der Perspektive für Sie. Um die korrekte Ausrichtung der Retusche müssen Sie sich jedoch kümmern (siehe auch »Ausrichtung beachten« auf Seite 354).

## 4 Durchmesser und Härte variieren

Arbeiten Sie strategisch. Ich habe nur die linke Kante des Fensters von oben nach unten retuschiert. Danach habe ich die Quelle für den Stempel seitlich definiert ❼. Durch laufendes Ab- und Neuansetzen des Werkzeugs ❽ lässt sich trotz der deutlichen perspektivischen Matrix des Ziegelbaus der Sonnenschirm problemlos herausstempeln. Variieren Sie auch DURCHMESSER ❺ und HÄRTE ❻ der Stempelspitze, um das Werkzeug an die Gegebenheiten anzupassen.

## 5 Auch entfernte Quellen nutzen

Für die Retusche am Fenstersims ❾ musste ich als Quelle das gegenüberliegende Fenster ❿ heranziehen. Machen Sie das mit einem kleinen Pinsel. Photoshop ist zwar in der Lage, die Perspektive einer planen Fläche gut auszugleichen, doch sobald etwas in die Tiefe geht, wird es schwieriger. Zwar könnten Sie mit dem Fluchtpunkt-Filter auch perspektivische Raster um Winkel herum definieren, doch in diesem Fall wäre das zu komplex und nicht mehr zielführend gewesen.

## 6 Dach retuschieren

Entfernen Sie auch die Beschriftung am Dach samt ihrer Beleuchtung. Das geht hier eigentlich besonders leicht. Arbeiten Sie sich aber von beiden Seiten aus in Richtung der Mitte der Beschriftung hinein. Auch wenn das Blau des Himmels über der Dachkante sehr gleichmäßig wirkt, so ist es dennoch nicht von links nach rechts völlig gleich. Sie müssen also aufpassen, dass keine deutlich sichtbaren Flecken und Übergänge entstehen.

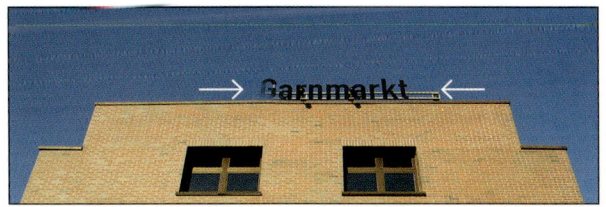

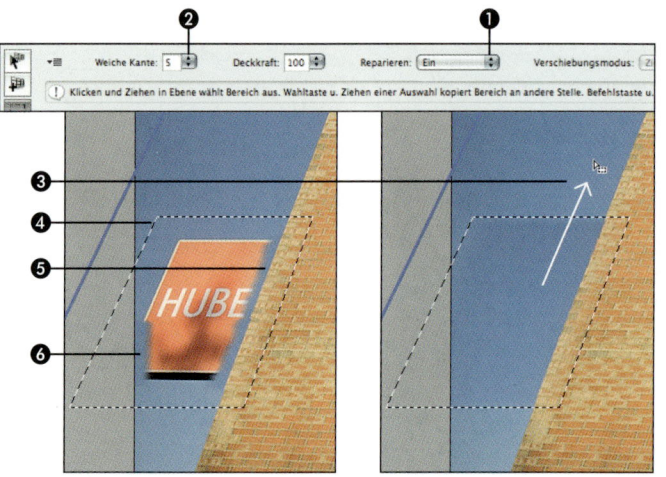

## 7 Auswahlrechteck-Werkzeug

Größere Flächen lassen sich mit dem Auswahlrechteck-Werkzeug ⬚ retuschieren. Trennen Sie dazu zuerst mit dem Stempel-Werkzeug das Schild von Mauer ❺ und Dokumentbegrenzung ❻. Stellen Sie Reparieren auf Ein ❶, definieren Sie Weiche Kante mit etwa 5 ❷, und ziehen Sie mit dem Auswahlrechteck eine Auswahl um das Schild ❹. Nun können Sie diese Auswahl verschieben und den Bereich darin durch jenen ersetzen, auf den Sie ziehen ❸.

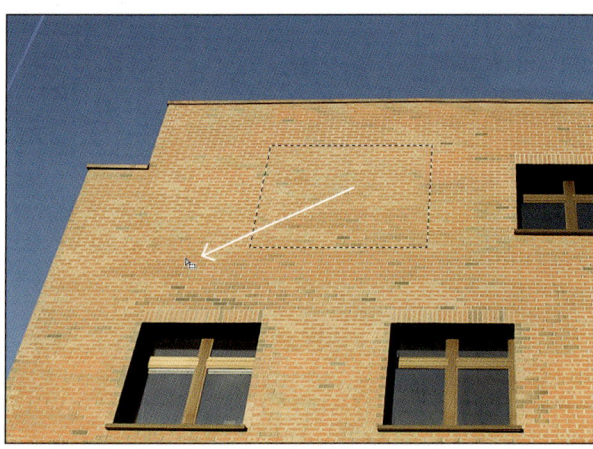

## 8 Fenster entfernen

Mit dem Auswahlrechteck-Werkzeug habe ich auch die beiden Fenster des obersten Stockwerks aus der Fassade entfernt. Das geht am besten einzeln eins nach dem anderen.

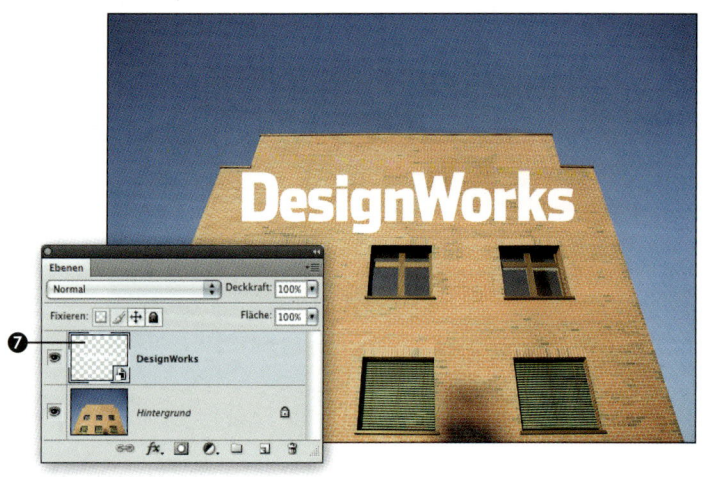

## 9 Text setzen und in Smart-Objekt konvertieren

Setzen Sie einen Text auf die Fassade. Ich habe mich für die Schrift »Stainless« entschieden. Wahrscheinlich werden Sie diese in Ihrem System nicht finden. Eine mögliche Alternative dazu wäre die »Impact«. Wählen Sie vor allem eine schmale, hohe und fette Schrift. Konvertieren Sie die Textebene dann in ein Smart-Objekt, indem Sie auf die Miniatur ❼ der Textebene rechtsklicken und aus dem Kontextmenü in Smart-Objekt konvertieren wählen.

## 10 Perspektivisch verzerren

Die aufrecht stehende Schrift würde auf der Fassade natürlich nicht authentisch wirken. Die Buchstaben müssen der Perspektive entsprechen. Um Text jedoch zu verzerren, ohne ihn in Pixel umzuwandeln, müssen Sie ein Smart-Objekt daraus machen, da sich Text nicht frei verzerren lässt.

Jetzt können Sie im Menü BEARBEITEN • TRANSFORMIEREN • PERSPEKTIVISCH aufrufen und den Transformieren-Rahmen nach innen kippen ❽. Bestätigen Sie mit ⏎, und reduzieren Sie dann die FLÄCHE auf 0 % ❾.

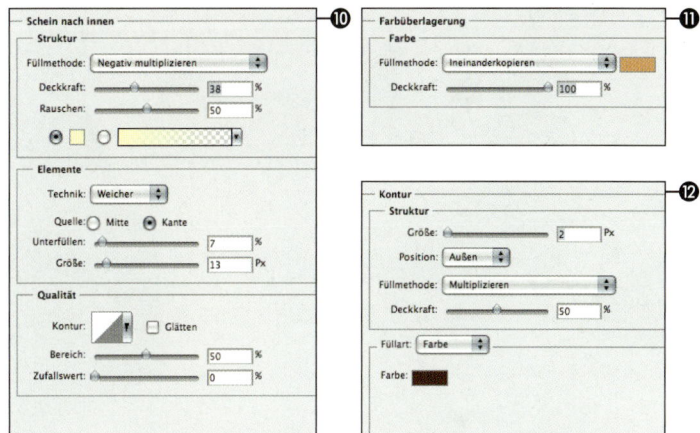

## 11 Ebenenstile

Durch Reduzieren der Fläche auf null wird der Text zwar im Moment unsichtbar, doch dafür können Sie besser mit EBENENSTILEN _fx._ experimentieren – diese bleiben ja sichtbar, auch wenn die FLÄCHE auf 0 % Sichtbarkeit reduziert ist. Mit SCHEIN NACH INNEN ❿, FARBÜBERLAGERUNG ⓫ und KONTUR ⓬ und den abgebildeten Einstellungen habe ich das Ergebnis erzielt, das Sie unten sehen. Doch experimentieren Sie selbst mit den Möglichkeiten. Vergessen Sie nicht, dass Photoshop auch Spielwiese sein soll.

## 12 Gruppe maskieren

Für den verwitterten Eindruck der Schrift habe ich über Menü EBENE • NEU • GRUPPE AUS EBENEN eine Gruppe erstellt. In der Palette EBENEN erscheint eine neue Ebene mit einem Ordner-Symbol. Darin befindet sich die zuvor ausgewählte Ebene. Versehen Sie diese Gruppe mit einer Ebenenmaske ⓮, und malen Sie mit dem Pinsel-Werkzeug bei stark reduziertem FLUSS ein paar Flecken in die Maske ⓭. Dadurch reduziert sich die Deckkraft an diesen Stellen. Das Ergebnis sehen Sie auf der ersten Seite dieses Workshops.

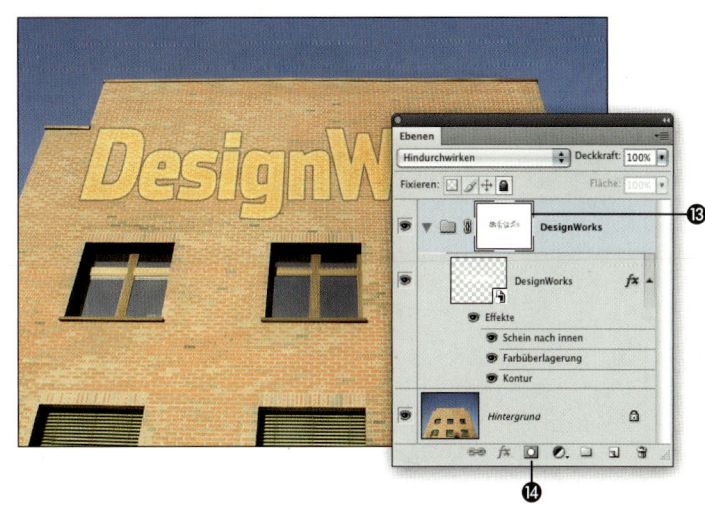

# Beauty-Retusche

*Schönheit aus dem digitalen Salon*

Was uns aus Zeitschriften entgegenlächelt, ist längst jeglicher Realität enthoben. Persönlich ziehe ich natürliche Charakterporträts stilisierten Ikonen vor. Doch da jeder die Grenze der Manipulation für sich selbst definieren muss, möchte ich Ihnen natürlich dennoch einen Einblick in die Tricks der bildgestaltenden Schönheitschirurgen anbieten. Um mit der Komplexität des Workshops zurechtzukommen, darf Ihnen vor allem der Umgang mit dem Protokollpinsel keine Schwierigkeiten mehr bereiten. Ich habe bei der Ausarbeitung dieses Workshops nach beinahe jedem Schritt einen Schnappschuss erstellt, das aber jedes Mal in die Beschreibung geschrieben. Kombinieren Sie Ebenen und Schnappschüsse, ist zu beachten, dass sich der Protokollpinsel nicht auf eine Ebene anwenden lässt, die im Schnappschuss noch nicht vorhanden war.

**Zielsetzung:**
Gesichtsretusche und -manipulation wie in der Beauty-Fotografie üblich
**[gesichtsretusche.jpg]**

Video-Training 1, Lektion 3.3

# 1   Spots beseitigen

Retuschieren Sie als Erstes alle kleinen, isolierten Hautunreinheiten, Flecken und so
weiter aus dem Gesicht ❶. Am leichtesten
geht das mit dem BEREICHSREPARATUR-PINSEL-
WERKZEUG 🖌. Erstellen Sie, wenn Sie diesen
ersten Schritt abgeschlossen haben, über die
Palette PROTOKOLL einen Schnappschuss ❸.
Dieser heißt zunächst »Schnappschuss 1«. Um
die Übersicht zu behalten, doppelklicken Sie
auf den Namen und geben dem Schnappschuss eine aussagekräftige Bezeichnung ❷.

# 2   Glanzstellen reduzieren

Erstellen Sie eine neue Ebene ❼. Aktivieren
Sie das REPARATUR-PINSEL-WERKZEUG 🖌, und
aktivieren Sie in der Optionen-Palettte AUF-
NEHMEN • ALLE EBENEN ❹. Nun können Sie
die kräftigen Glanzstellen auf der linken
Wange ❽ und auf der Nasenspitze (❾ und ❿)
wegretuschieren ❺. Durch Auftragen der Retusche auf einer eigenen Ebene sind Sie in der
Lage, die Retusche nachträglich zu dosieren,
indem Sie die DECKKRAFT ❻ verringern (was
bei meiner Retusche nicht notwendig war).

# 3   Schatten reduzieren

Erstellen Sie eine neue Ebene für die Schatten
unter den Augen, und übermalen Sie auch
diese mit dem REPARATUR-PINSEL-WERKZEUG.
Je näher Sie den schwarzen Lidstrichen kommen, desto kleiner muss der Pinsel sein, um
keine grauen Schlieren zu erzeugen.

    Ganz ohne Schatten wirkt das Gesicht un-
natürlich ⓫. Reduzieren Sie nach der Retusche die DECKKRAFT der Ebene, um die Schatten und Fältchen ein wenig zurückzuholen ⓬.
Wählen Sie danach alle drei Ebenen aus, und
erstellen Sie ein Smart-Objekt ⓭.

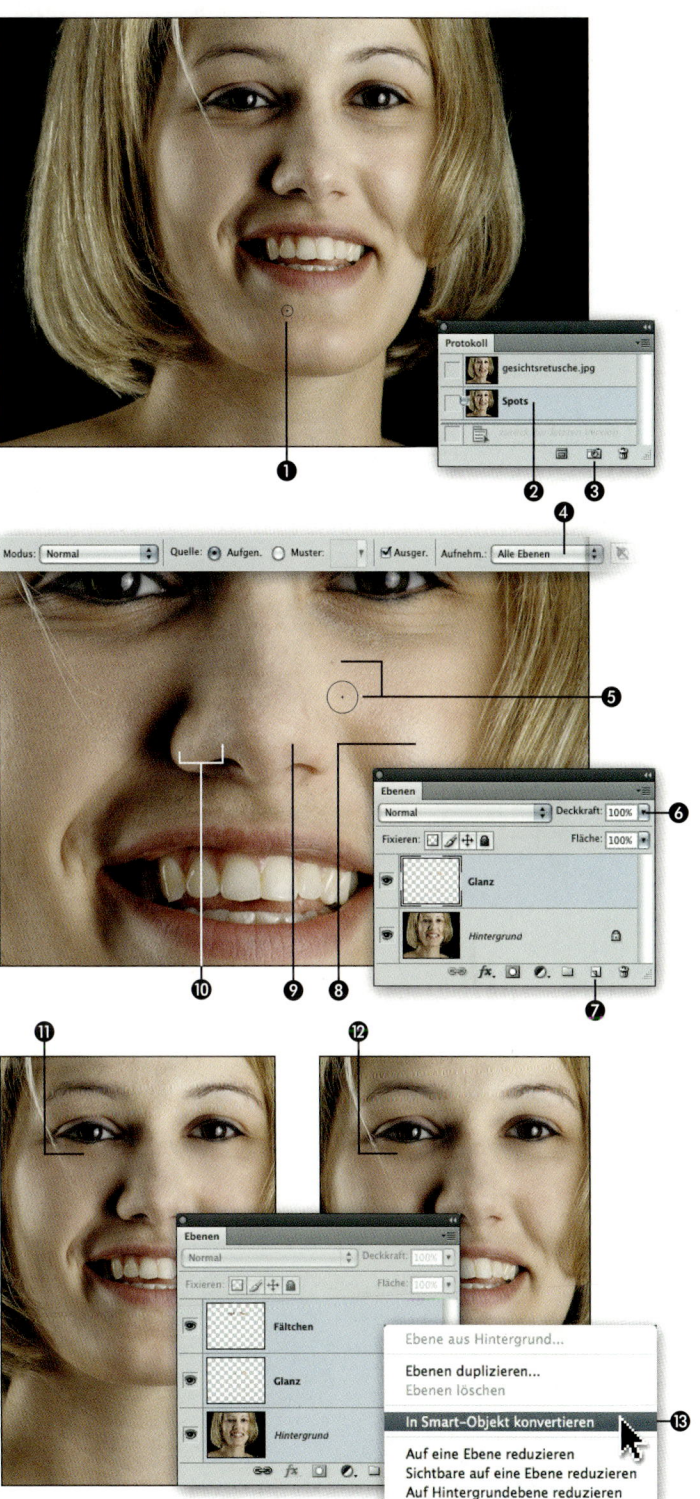

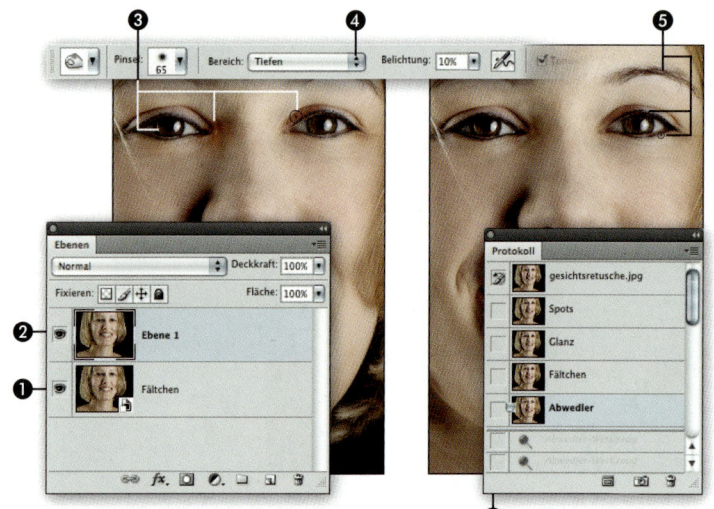

# 4 Abwedeln und Nachbelichten

Das Smart-Objekt ist für die Retusche nicht notwendig, aber ein gutes Backup, falls später etwas danebengeht. Da sich das Smart-Objekt ❶ nicht bearbeiten lässt, wählen Sie mit [Strg]/[⌘]+[A] alles aus und erzeugen über [Strg]/[⌘]+[J] eine neue Ebene ❷ daraus. Aktivieren Sie dann den ABWEDLER 🔍, um Iris und Lider aufzuhellen ❸, und dunkeln Sie mit dem NACHBELICHTER 🖐 Pupille, Lidstriche und Brauen nach ❺. Für den Abwedler stellen Sie den BEREICH auf MITTEN und für den NACHBELICHTER auf TIEFEN ❹.

# 5 Verflüssigen

Erstellen Sie zur Sicherheit immer, wenn Sie mit dem Zwischenergebnis zufrieden sind, einen Schnappschuss ❻.

Duplizieren Sie die retuschierte Ebene (auch das als Sicherheits-Backup), und wählen Sie dann FILTER • VERFLÜSSIGEN. Mit dem VORWÄRTS-KRÜMMEN-WERKZEUG ❼ können Sie den Mund etwas stauchen und die Mundwinkel leicht dezent nach oben schieben. Für den Bereich Nase/Mund verwenden Sie einen großen Pinseldurchmesser ❽, für den Rest geringere Größen.

# 6 Augen vergrößern

Zum minimalen Vergrößern der Augen ❿ wählen Sie das AUFBLASEN-WERKZEUG ❾. Bestätigen Sie nach Abschluss dieser Manipulationen mit [↵].

**Tipp zu Schritt 4:** Durch NACHBELICHTER oder ABWEDLER kommt es oft zu einer Veränderung der Sättigung. Gleichen Sie das vor dem Aufrufen des Verflüssigen-Filters mit dem SCHWAMM-WERKZEUG 🟡 aus.

**Tipp:** Vergeben Sie auch für die Ebenen aussagekräftige Namen, um den Überblick nicht zu verlieren.

## 7 Zähne wiederherstellen

Das freundliche Lachen des Modells führt dazu, dass zu viel vom Zahnfleisch der oberen Zähne entblößt wird. Deshalb habe ich im letzten Schritt die Oberlippe nach unten verschoben. Da durch das Verflüssigen die Zähne gestaucht wurden, restauriere ich mit dem PROTOKOLLPINSEL-WERKZEUG 🖌 und einem Schnappschuss ⑫ den Zustand der Zähne ⑪ vor dem Verflüssigen.

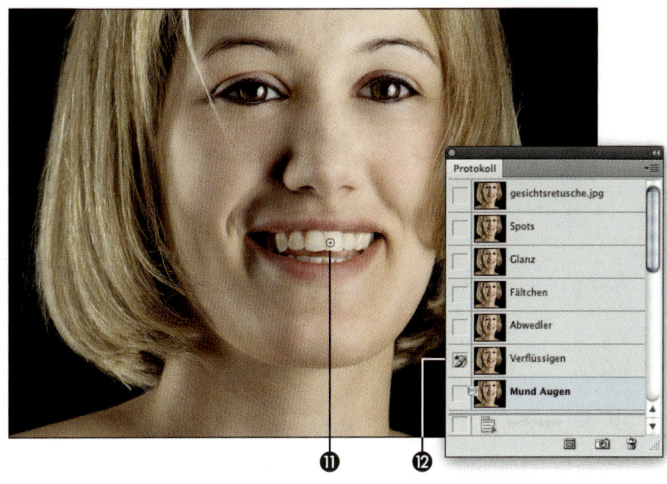

## 8 Gesicht und Kiefer schmaler machen

Arbeiten Sie mit Ebenen und Schnappschüssen, dann müssen Sie immer erst eine neue Ebene erstellen und dann erst den Schnappschuss. Verweigert Photoshop die Arbeit mit dem PROTOKOLL-PINSEL, liegt es oft daran, dass versucht wird, eine Ebene zu bearbeiten, die beim ausgewählten Schnappschuss noch nicht vorhanden war.

Rufen Sie neuerlich den VERFLÜSSIGEN-FILTER auf, und modellieren Sie Gesicht und Kinn so, dass es schmaler und zierlicher wird. Erstellen Sie immer wieder Schnappschüsse.

## 9 Hals und Schultern

Schließen Sie nach der Modellierung des Gesichts den Dialog mit ⏎, und öffnen Sie ihn erneut. In diesem zweiten Schritt habe ich den Hals schmaler gemacht und die rechte Schulter (immer vom Modell aus gesehen) etwas gesenkt. Die Gesichtsmodellierung und die Bearbeitung von Hals und Schultern wäre bei diesem Bild in einem Durchgang möglich gewesen. Oft ist es aber besser, diese zwei Schritte zu trennen, um dazwischen mit dem PROTOKOLL-PINSEL eventuell erforderliche Korrekturen vornehmen zu können.

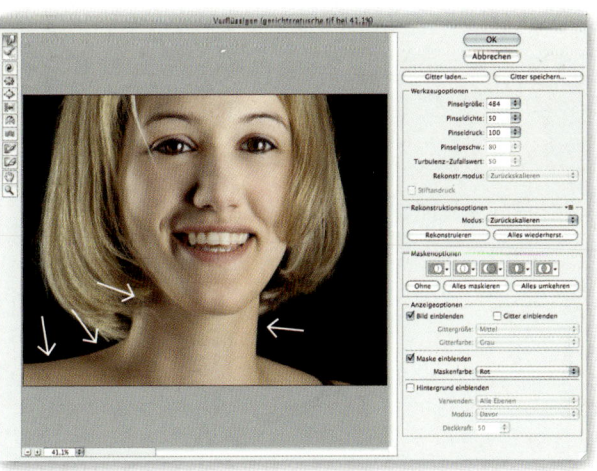

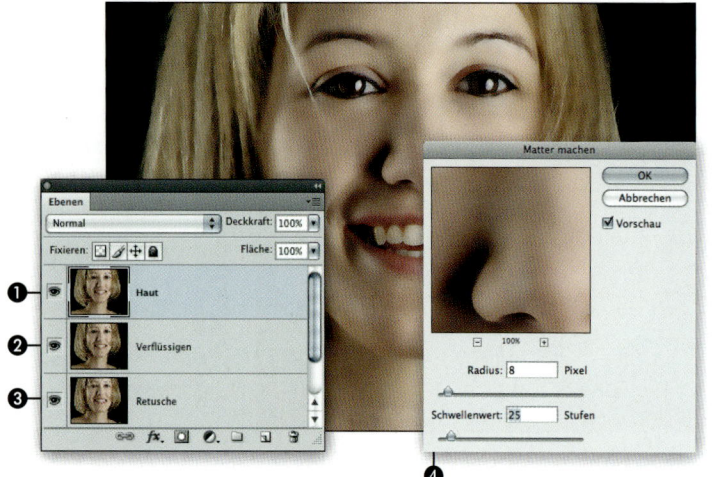

## 10 Haut matter machen

Der unnatürlich seidige Taint der meisten Modelle, die uns aus Zeitschriften entgegenlächeln, ist ein Produkt der Bildbearbeitung. In der Palette EBENEN sollte sich unten die Smart-Objekt-Ebene befinden (in der Palette nicht zu sehen), darüber die Ebene der (Gesichts-) Retusche ❸ und darüber ihre verflüssigte Kopie ❷. Kopieren Sie die verflüssigte Ebene neuerlich ❶, und wählen Sie im Menü FILTER • WEICHZEICHNUNGSFILTER • MATTER MACHEN ❹. Damit lässt sich die Haut am besten samtig weichzeichnen.

## 11 Haut maskieren

MATTER MACHEN bemüht sich zwar, scharfe Details nicht weichzuzeichnen, aber das Resultat des Filters ist so natürlich unbrauchbar. Aber mit einer Maske können Sie den Effekt rein auf die Haut beschränken. Klicken Sie bei gedrückter ⟨Alt⟩-Taste auf NEUE EBENEN-MASKE ❼ – dadurch wird die Maske komplett schwarz erstellt, und die Ebene ist damit komplett ausgeblendet. Nun können Sie mit dem PINSEL-WERKZEUG 🖌 und Weiß die weichgezeichnete Haut freilegen ❻. Mit DECKKRAFT ❺ lässt sich der Effekt wieder dosieren.

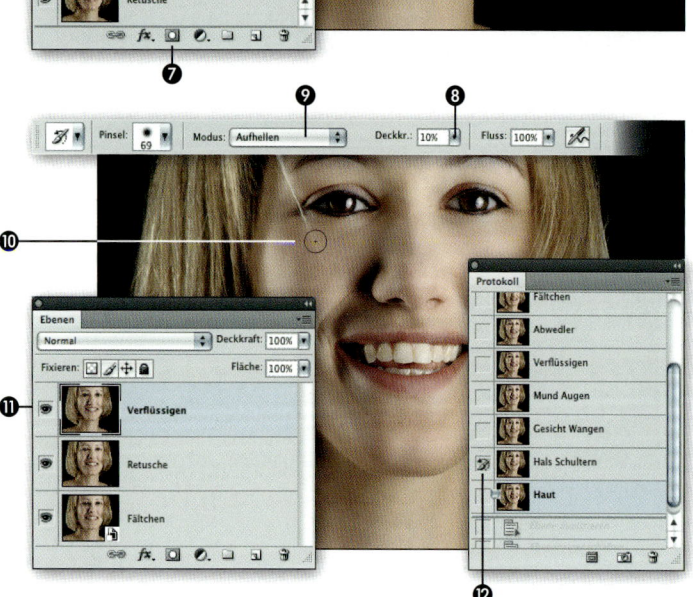

## 12 Haare wiederherstellen

Wählen Sie in EBENEN • MIT DARUNTER LIEGENDER EBENE AUF EINE EBENE REDUZIEREN als Vorbereitung für die letzte Retusche mit dem PROTOKOLL-PINSEL. Die weichgezeichnete Ebene ❻ wird mit der Ebene darunter ⓫ zu einer verschmolzen. Aktivieren Sie einen Schnappschuss für den PROTOKOLL-PINSEL ⓬, bei dem alles noch scharf war, um mit leichter DECKKRAFT ❽ weitere Details nachzuschärfen. Mit MODUS • AUFHELLEN ❾ lässt sich sogar helles Haar zurückholen, ohne seine (dunklere) Umgebung ebenfalls zu restaurieren ❿.

Schwierigkeitsgrad 2 für Aufsteiger

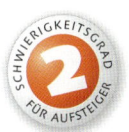

# Körper modellieren

*Mit Verkrümmen zur Traumfigur*

*Natürlich beschränkt sich die Retusche in der Schönheits- und Modeindustrie nicht nur auf das Gesicht. Es gibt nichts, was nicht manipuliert wird. Lippen und Haare werden voller gemacht, Hälse und Beine verlängert, Nasen verkürzt, Brüste vergrößert oder verkleinert, Bäuche und Wohlstandsgürtel retuschiert. In diesem Workshop lernen Sie ein paar weitere Kniffe, die in der Welt von Schein und Illusion zur Tagesordnung gehören.*

**Zielsetzungen:**

Haltung korrigieren

Schlanker machen

**[bodyretusche.jpg]**

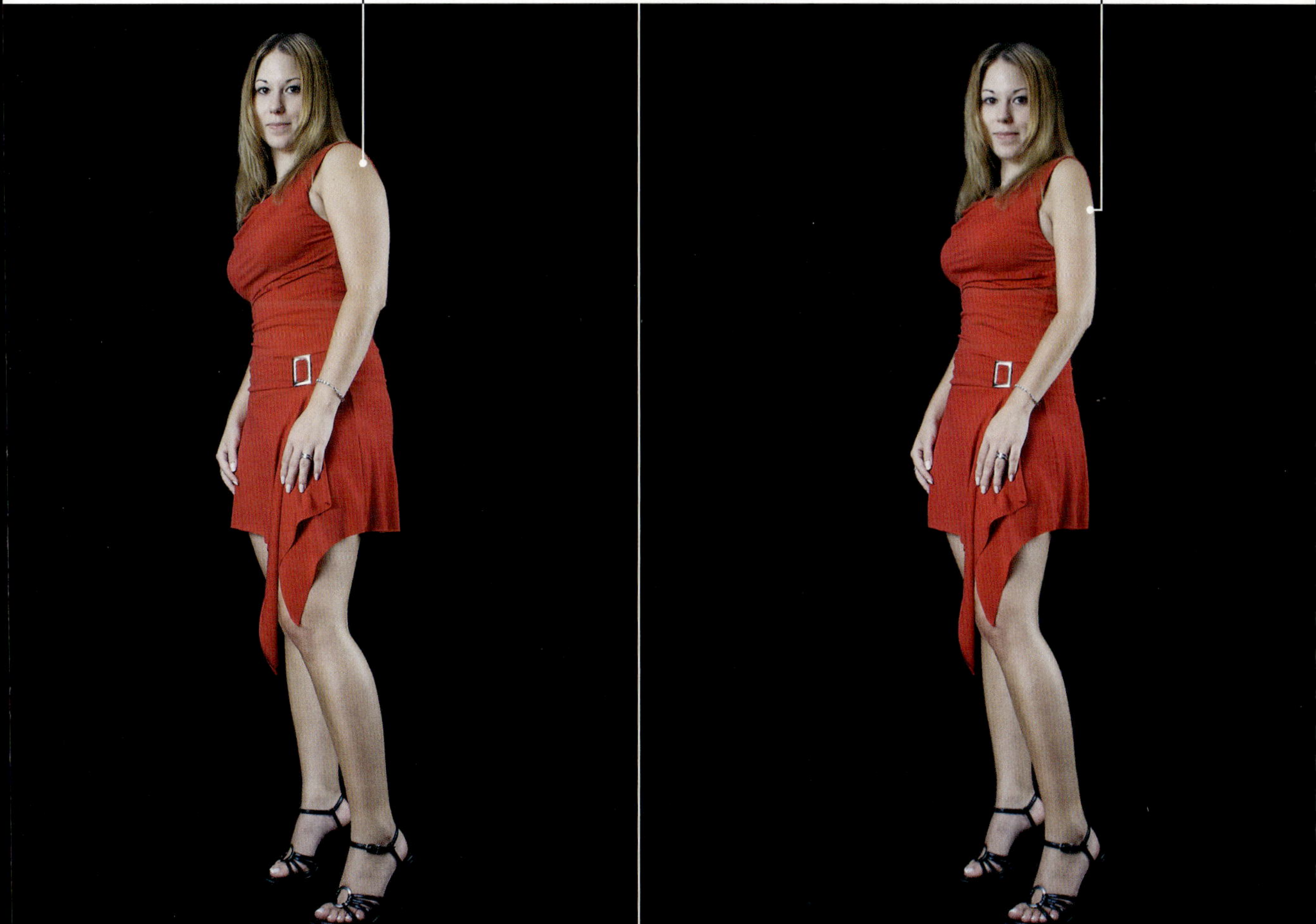

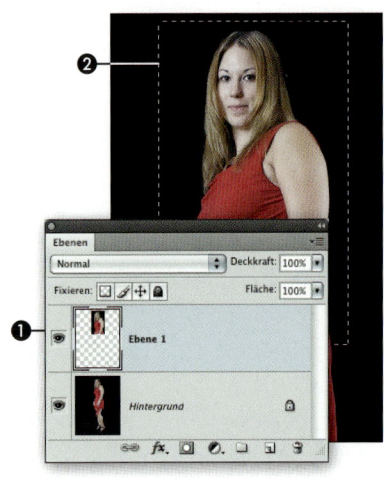

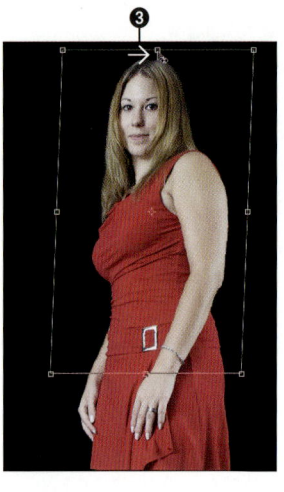

# 1 Frei transformieren

Erstellen Sie mit dem AUSWAHLRECHTECK-WERKZEUG ⬚ eine Auswahl um den Ober-körper des Modells ❷. Wählen Sie im Menü EBENE • NEU • EBENE DURCH KOPIE ❶. Rufen Sie dann über BEARBEITEN den Frei-transform-mieren-Rahmen (Strg/⌘+T) auf. Wenn Sie nun bei gedrückter Strg/⌘-Taste am oberen Anfasser ziehen ❸, lässt sich der Rahmen samt Inhalt etwas kippen. Damit können Sie die Körperhaltung des Modells aufrechter erscheinen lassen.

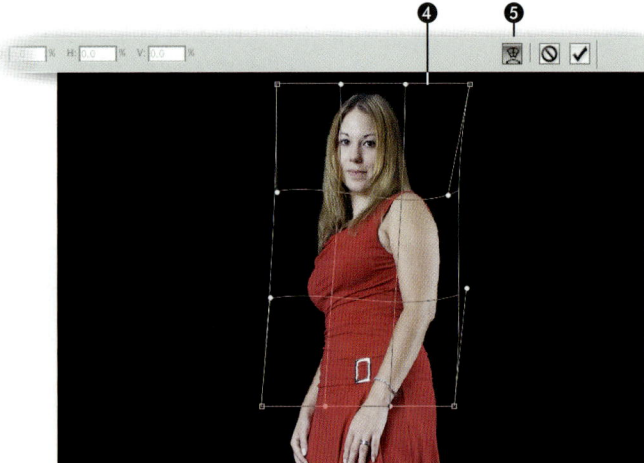

# 2 Verkrümmen

Bevor Sie FREI TRANSFORMIEREN beenden, klicken Sie in der Optionen-Palette auf die Schaltfläche, um das VERKRÜMMEN ❺ zu aktivieren. Hiermit können Sie die Auswahl nicht nur geometrisch kippen und verzerren, sondern auch den Inhalt über Linien und Anfasser des Rasters ❹ frei modellieren.

Bestätigen Sie am Ende die Bearbeitung mit ↵. Verschmelzen Sie die verzerrte Ebene über EBENEN • MIT DARUNTER LIEGENDER AUF EINE EBENE REDUZIEREN (Strg/⌘+E) mit der darunterliegenden zu einer Ebene.

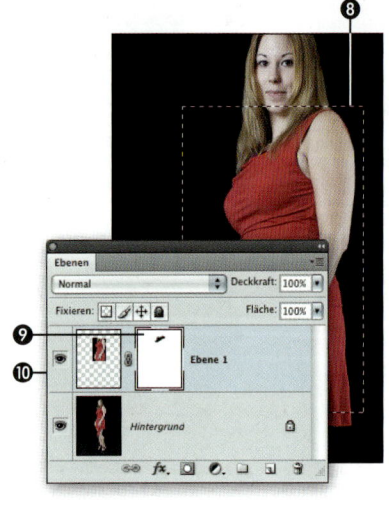

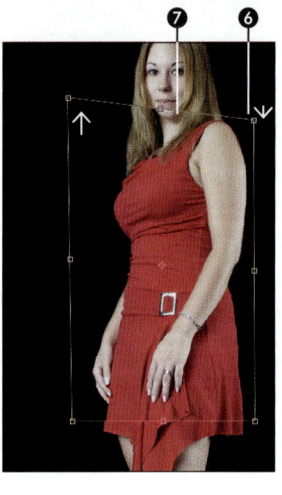

# 3 Verzerren

Erstellen Sie eine neue Auswahl um den Rumpf des Modells ❽, und machen Sie daraus wieder eine neue Ebene (Strg/⌘+J) ❿. Mit FREI TRANSFORMIEREN können Sie diesmal durch Ziehen der Eckanfasser bei gedrückter Strg/⌘-Taste diese Ebene verzerren, um die Schultern etwas zu kippen ❻. Damit lassen sich die Schultern etwas nach vorn kippen, was aber zu einem harten Bruch beim Kinn führt ❼. Doch mit einer Ebenenmaske ❾ und etwas schwarzer Farbe lässt sich das leicht wieder retuschieren.

## 4  Beine verzerren

Verschmelzen Sie mit `Strg`/`⌘`+`E` die Ebene des Rumpfs mit der Ebene darunter. Ziehen Sie eine Auswahl um die Beine auf, und machen Sie sie mit `Strg`/`⌘`+`J` zu einer eigenen Ebene. Mit FREI TRANSFORMIEREN und VERKRÜMMEN können Sie die Schenkel etwas schmaler machen. Auch hier erzeugen Sie eine Ebenenmaske und retuschieren mit einem weichen, schwarzen Pinsel, wenn ein sichtbarer, harter Bruch zwischen den Ebenen entstehen sollte. Reduzieren Sie die Ebenen dann wieder auf eine Ebene.

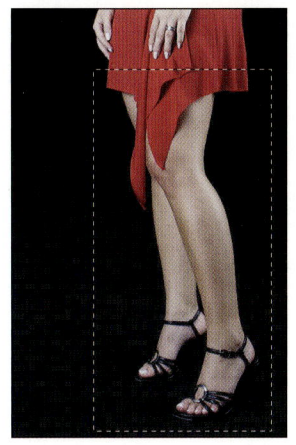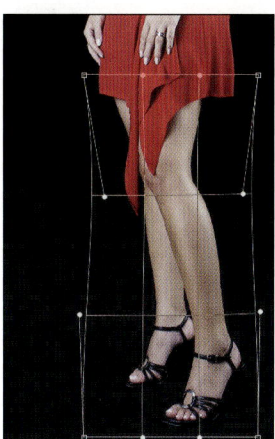

## 5  Zwischenstand

VERKRÜMMEN hat bei dieser Form der Retusche Vor- und Nachteile gegenüber VERFLÜSSIGEN. Eine gleichmäßige Modellierung lässt sich mit VERKRÜMMEN leichter umsetzen. Für kleinere Bereiche und Details hingegen ist der Filter VERFLÜSSIGEN besser geeignet. Bei diesem Bild habe ich mit den vorangegangenen Schritten den Körper grob modelliert und an den Details ⑪ im VERFLÜSSIGEN-FILTER gefeilt.

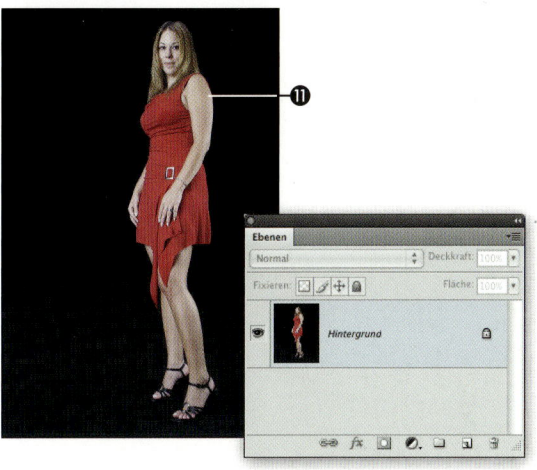

## 6  Verflüssigen-Werkzeuge

Zum Endresultat führten Dutzende Arbeitsschritte. Die wichtigsten Werkzeuge: VORWÄRTS-VERKRÜMMEN 👋 , um Bildbereiche zu verschieben; das REKONSTRUKTIONSWERKZEUG ✎ stellt den Stand des Bildes beim Öffnen wieder her; das STRUDEL-WERKZEUG 🌀 dreht Bildbereiche (bei `Alt` in die Gegenrichtung); das ZUSAMMENZIEHEN-WERKZEUG 🔻 zieht Bildbereiche zusammen und eignet sich auch zum Glätten von Kanten. Halten Sie beim ZUSAMMENZIEHEN-WERKZEUG `Alt`, wird es zum AUFBLASEN-WERKZEUG 🔷 – und umgekehrt.

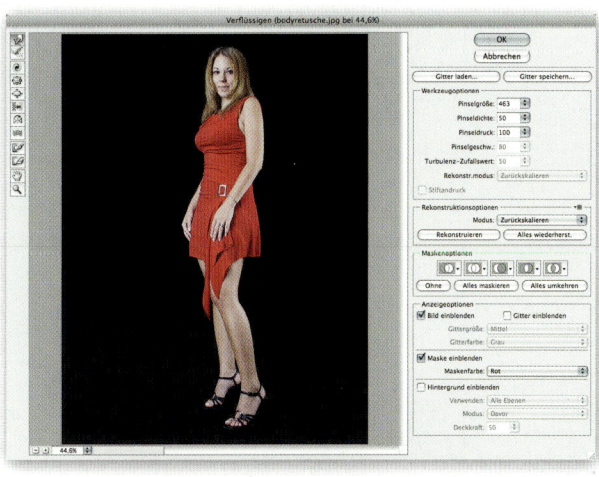

# Filter & Effekte

**Photoshop ist eine Spielwiese.** Das lesen Sie hier nicht zum ersten Mal. Es ist ein ernsthaftes, umfangreiches, anspruchsvolles Werkzeug, aber es ist auch eine Spielwiese – besonders dann, wenn es um Filter und Effekte geht. Während die bisherigen Workshops größtenteils Standardarbeitsweisen gezeigt haben, gibt es solche nicht, wenn es um Filter und Effekte geht. Es ist alles erlaubt, was gefällt. Somit vermittelt Ihnen dieses Kapitel auch keine Grundlagen zu einem bestimmten Thema, sondern will Sie animieren, eigene Wege zu gehen, um ungewöhnliche Ergebnisse zu erzielen. Wichtig ist bei der Arbeit mit Filtern und Effekten lediglich, dass die Kreativität nicht im Drücken von Knöpfen besteht.

Foto: Markus Wäger

# Filter & Effekte

SCHWIERIGKEITSGRAD 2 FÜR AUFSTEIGER

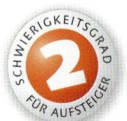

# Mosaik I

*Pixel-Effekt mit Filtern*

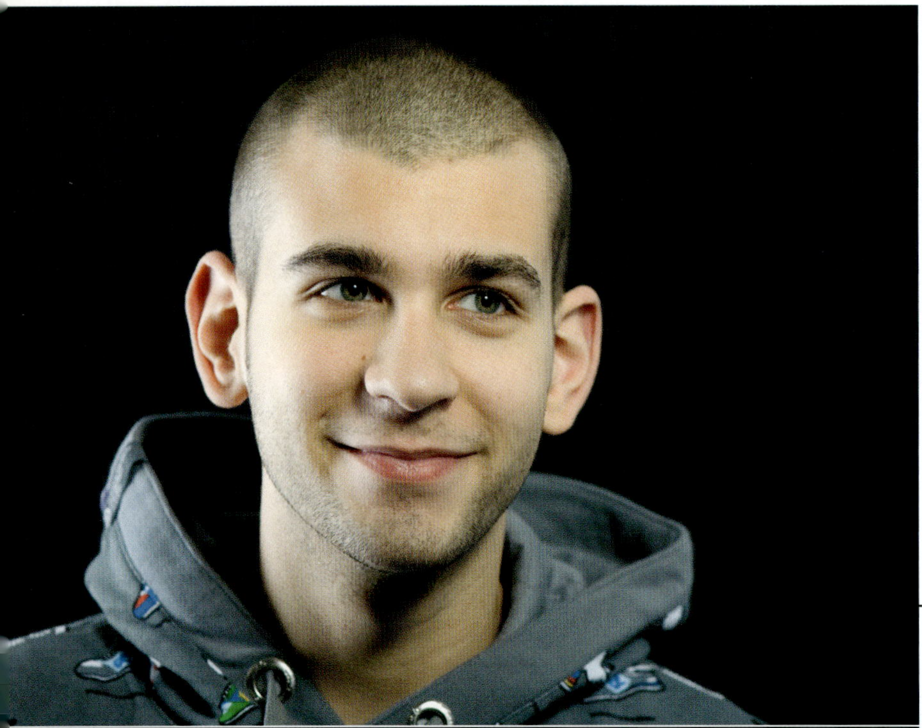

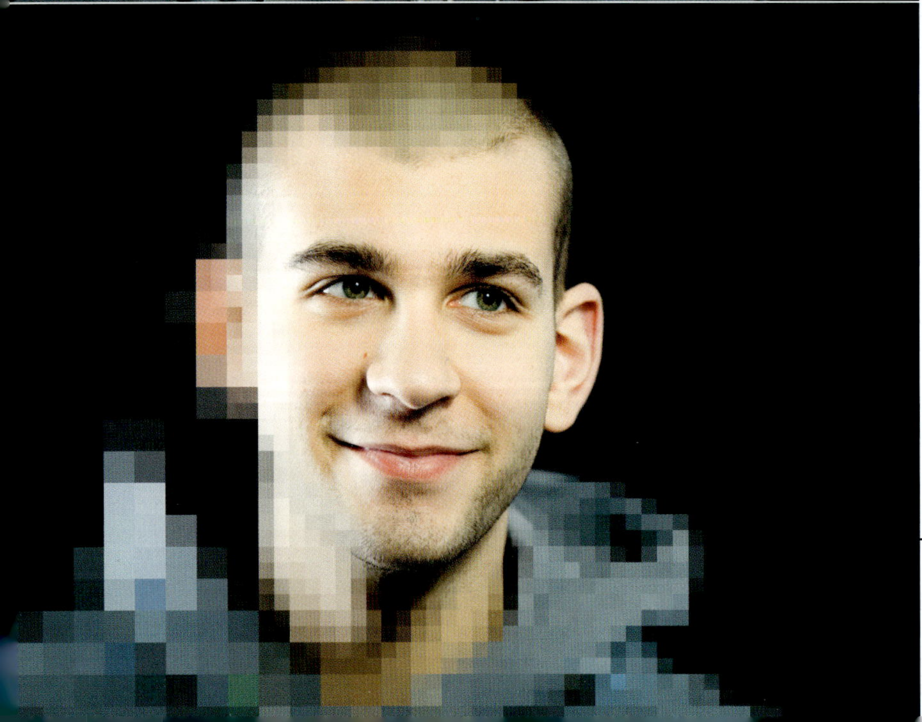

*Die Resultate dieses und des darauf folgenden Workshops sind ähnlich, und doch sind sie nicht identisch. Hier arbeite ich mit Filtern und der Deckkraft von Ebenen, wodurch sich die Pixel einer Ebene mit der Ebene darunter mischen. Im anschließenden Workshop werde ich den Pixel-Effekt so erzeugen, dass alle Pixel deckend sind. Der Unterschied liegt im Detail. Es kommt mir dabei vor allem darauf an, zu unterstreichen, dass sich ähnliche Ziele auf unterschiedlichen Wegen erreichen lassen. Außerdem sollen Sie lernen, um die Ecke zu denken: »Wie komme ich über den unorthodoxen Einsatz der gewöhnlichen Werkzeuge zu Resultaten, die der bloße Knöpfchendrücker so nicht erreicht?«*

**Zielsetzung:**

Pixel-Effekt mit zwei verschiedenen Kachelgrößen

**[mosaik.NEF]**

## 1 Leere Datei erstellen

Wählen Sie im Menü DATEI • NEU, und erstellen Sie eine neue Datei mit einer BREITE von 130 mm, einer HÖHE von 100 mm und einer Ausgabeauflösung von 300 ppi (Pixel per Zoll). Wählen Sie als FARBMODUS • RGB-FARBE bei einer Bit-Tiefe von 8 Bit.

Wählen Sie dann im Menü DATEI • PLATZIEREN, und öffnen Sie die Datei »mosaik.NEF«. Da es sich dabei um eine Raw-Datei handelt, wird sie in Adobe Camera Raw geöffnet.

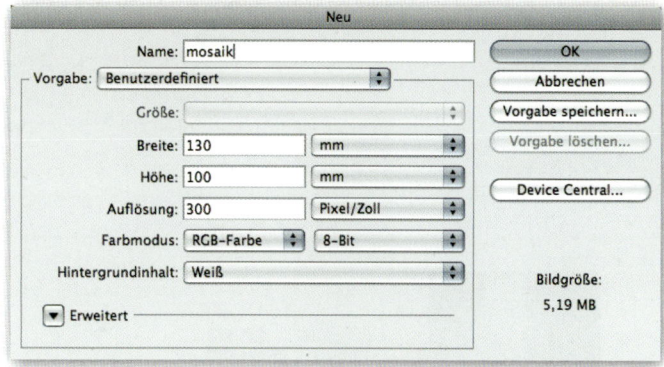

## 2 Raw-Datei einstellen

Stellen Sie das Bild nun nach Ihren Vorstellungen ein. Ich habe etwas am WEISSABGLEICH ❶ gedreht und BELICHTUNG ❷, SCHWARZ ❸ und SÄTTIGUNG ❹ erhöht. Klicken Sie dann auf OK, um diese Datei in der zuvor erstellten Photoshop-Datei zu platzieren. Photoshop erstellt dadurch in der Datei eine neue Smart-Objekt-Ebene mit einer Verknüpfung zur Raw-Datei. Verknüpfung bedeutet, dass die Original-Nef-Raw-Datei geöffnet wird, wenn Sie das Smart-Objekt zur Bearbeitung doppelklicken.

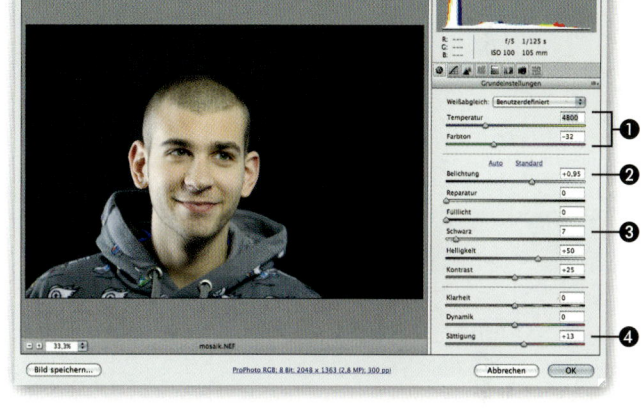

## 3 Platzierung anpassen

Nachdem Sie in Camera Raw OK geklickt haben, wird die Nef-Datei in der Photoshop-Datei platziert und eine Art Frei-transformieren-Rahmen angezeigt. Photoshop erwartet, dass Sie vor dem endgültigen Platzieren Größe und Position noch anpassen. Skalieren Sie bei gedrückter ⇧-Taste das platzierte Porträt formatfüllend im Dokument, und bestätigen Sie dann mit ⏎.

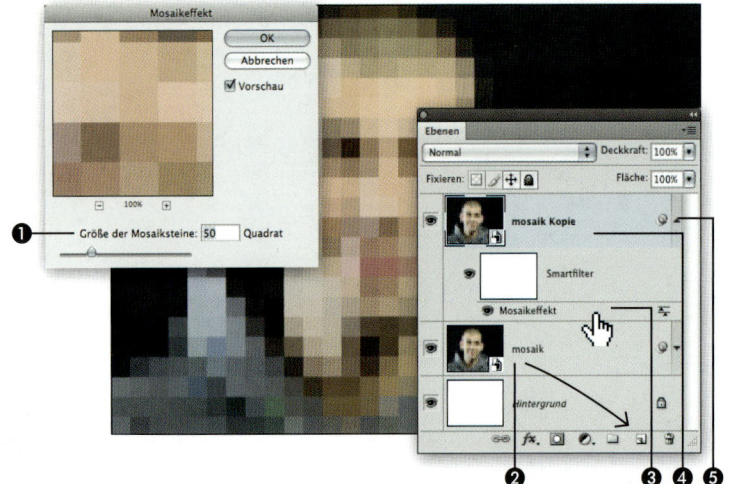

**4**   **Mosaikeffekt und Ebene kopieren**

Wählen Sie im Menü FILTER • VERGRÖBE-
RUNGSFILTER • MOSAIKEFFEKT. Stellen Sie im
Dialog die GRÖSSE DER MOSAIKSTEINE ❶ auf
50. Duplizieren Sie danach die Ebene ❷,
indem Sie sie auf das Symbol für neue Ebene
🔲 ziehen. Doppelklicken Sie danach auf
den der kopierten Ebene ❹ angehängten
Smartfilter MOSAIKEFFEKT ❸, um den Effekt
dieser Ebene zu bearbeiten.

   **Tipp:** Wenn sie auf diese Schaltfläche ❺
klicken, können Sie die Anzeige von Ebenenstilen und Smartfiltern auf- und zuklappen.

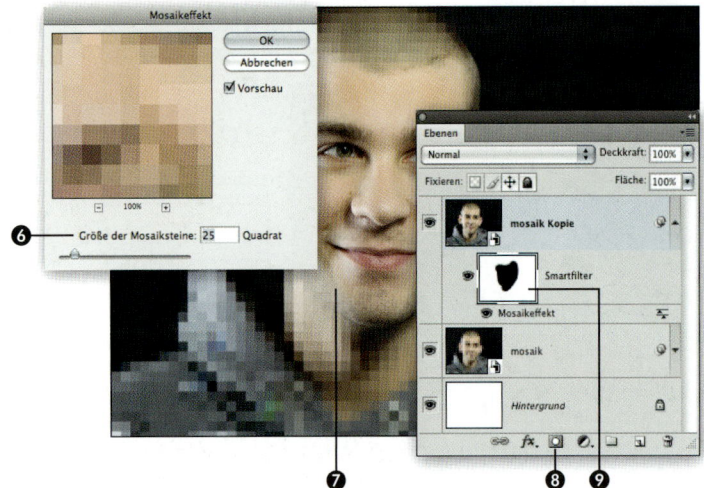

**5**   **Zweiten Mosaikeffekt verändern
und maskieren**

Stellen Sie die GRÖSSE DER MOSAIKSTEINE auf
den halben Wert der Ebene darunter ❻.
Schließen Sie den Dialog wieder. Der Smart-
Objekt-Ebene hängt eine Maske an. Damit
können Sie den Smartfilter maskieren. Wenn
Sie hier in der Maske Schwarz auftragen ❾,
dann wird die Wirkung des Filters in den analogen Bereichen dazu im Bild aufgehoben ❼.

   Erstellen Sie zusätzlich zur Smartfilter-
Maske eine Ebenenmaske, indem Sie auf 🔲
klicken ❽.

**6**   **Ebene Maskieren**

Wenn Sie auf der Ebenenmaske Schwarz auftragen ❿,dann sehen Sie an diesen Stellen die
großen Mosaiksteine der ersten Ebene.

   Mit Doppelklick auf eine der Smart-Objekt-
Ebenen ⓫ können Sie das Bild über Camera
Raw aufrufen und verändern. Auf Seite 290
haben Sie ein neues Smart-Objekt durch Kopieren erstellt und konnten die Kopien unabhängig voneinander einstellen. Wenn Sie ein
Smart-Objekt wie hier gezeigt kopieren,
werden alle Smart-Objekt-Ebenen angepasst,
wenn Sie eine der Kopien verändern.

SCHWIERIGKEITSGRAD FÜR ÜBERFLIEGER

# Mosaik II

*Pixel-Effekt mit Smart-Objekten und »Sprenkeln«*

*Wie schon zuvor erwähnt, ist der Unterschied zwischen der Pixel-Matrix dieser Bildbearbeitung und jener des vorangegangenen Workshops, subtil. Wenn Sie die beiden Bilder vergleichen, werden Sie aber den Unterschied zwischen den deckenden Pixeln hier, und den weich in den Hintergrund überlaufenden Pixeln dort, nicht übersehen.*

**Zielsetzung:**
Pixeleffekt mit deckenden Mosaiksteinen in zwei Größen
[mosaik2.jpg]

# 1  Ebene kopieren und Smart-Objekt erstellen

Erstellen Sie eine Kopie des Hintergrunds ❶, indem Sie ihn auf das Icon für NEUE EBENE ▣ ziehen. Wandeln Sie danach den Hintergrund in ein Smart-Objekt um ❷, indem Sie mit der rechten Maustaste auf ihn klicken und IN SMART-OBJEKT KONVERTIEREN auswählen.

Durch das Konvertieren in ein Smart-Objekt wird die aktuelle Bildauflösung dieser Ebene gesichert, und wir können die Auflösung der Datei verringern und später wieder erhöhen, ohne, dass die Qualität der Ebenen leidet.

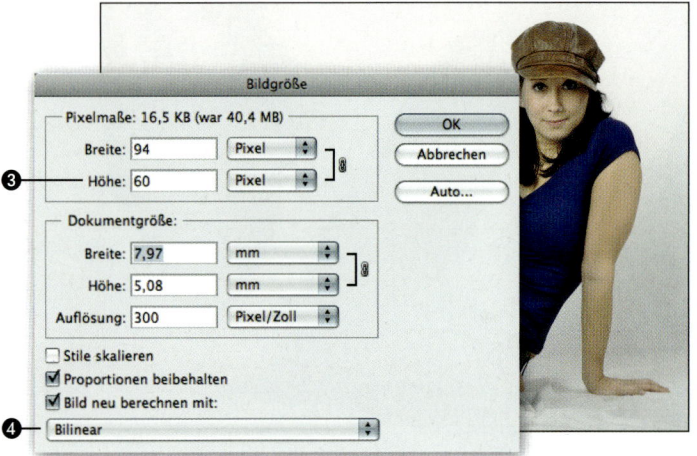

# 2  Bildauflösung reduzieren

Für dieses Bild werden wir die Kacheln erstellen, indem wir die Auflösung reduzieren anstatt einen Filter einzusetzen. Wählen Sie im Menü BILD • BILDGRÖSSE, stellen Sie die HÖHE auf 60 Pixel ein ❸ (was ein ganzer Bruchteil der ursprünglichen 3000 Pixel ist), und wählen Sie BILINEAR für die NEUBERECHNUNG ❹.

Stellen Sie eine Ebene zwischen die beiden vorhandenen, und füllen Sie sie mit Weiß ❺. Die oberste Ebene bekommt eine Maske ❻, und die FÜLLMETHODE wird auf SPRENKELN ❼ gestellt.

# 3  Ebene, Maske und Sprenkeln

Die Maske können Sie nun mit einem riesigen Pinsel mit weicher Kante bearbeiten, was zu einer gesprenkelten Auflösung an den weichen Übergängen führt.

Reduzieren Sie die obere Ebene ❿ ( Strg / ⌘ + D ), aktivieren Sie den Zauberstab , (TOLERANZ ❽ auf 0, GLÄTTEN ❾ und BENACHBART ❿ deaktivieren), und klicken Sie in den weißen Bereich ⓫. Durch die Einstellung des Zauberstabs werden jetzt alle weißen Pixel haarscharf ausgewählt, und Sie können sie mit der ⌫ -Taste löschen.

## 4 Neuberechnung für kleinere Pixel

Wählen Sie BILD • BILDGRÖSSE. Um eine Ebene mit halb so großen Mosaiksteinen erstellen zu können, habe ich hier eine HÖHE von 120 Pixel eingegeben ❸. Damit Photoshop das Resultat nicht glättet und die Pixel unscharf werden, wurde PIXELWIEDERHOLUNG für die Neuberechnung definiert ❹.

Durch die Neuberechnung wird die Auflösung der unteren Ebene aus der Auflösung des Smart-Objekts neu berechnet, während sich die Steinchengröße des Mosaiks der oberen Ebene einfach verdoppelt.

## 5 Ebene rastern

Kopieren Sie die untere Ebene ❺. Klicken Sie mit der rechten Maustaste auf die kopierte Ebene ❻, und wählen Sie aus dem Kontextmenü EBENE RASTERN. Die Ebene wird in der aktuellen Auflösung gerastert und ist nicht mehr mit einem Smart-Objekt hinterlegt.

Stellen Sie auch diese Ebene auf SPRENKELN, fügen Sie eine Maske an, bearbeiten Sie sie ❼, erstellen Sie darunter eine weiß gefüllte Ebene ❽, reduzieren Sie beide, wählen Sie die weißen Pixel mit dem Zauberstab aus und löschen Sie sie – alles so wie in Schritt 3.

## 6 Mit voller Auflösung neuberechnen

Nun haben Sie zwei gesprenkelte Ebenen mit relativ großen Pixel-Kacheln erstellt. Die unterste, nicht gesprenkelte Ebene, soll in voller Auflösung neuberechnet werden. Wählen Sie dazu BILDGRÖSSE ❿, und stellen Sie die HÖHE auf 3000 Pixel. Wählen Sie PIXELWIEDERHOLUNG zur Neuberechnung. Das Resultat sollte so aussehen, wie die Abbildung am Anfang des Workshops. Die mittlere Ebene ❾ habe ich auf FÜLLMETHODE • ABDUNKELN gestellt und am Ende den Kontrast mit einer Gradationskurven-Einstellungsebene erhöht.

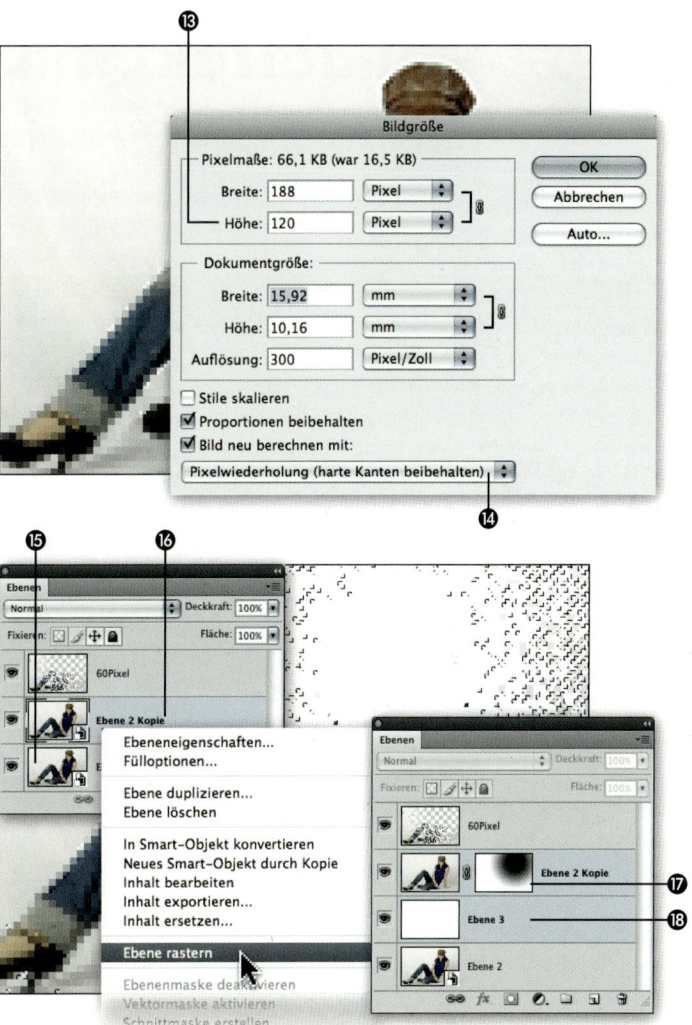

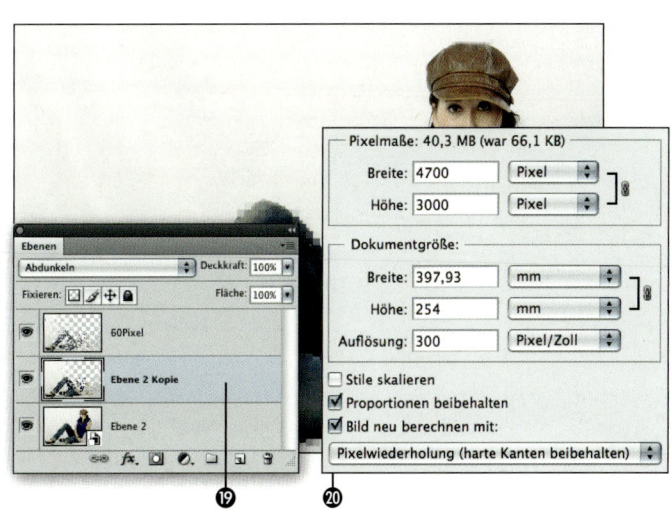

SCHWIERIGKEITSGRAD FÜR ÜBERFLIEGER

# Windeffekt mit Filtern

*Ein Foto mit Speed-Effekt und Comic-Charakter*

Photoshop ist, wie schon öfters erwähnt, eine Spielwiese. Zwar ist es auch ein absolut ernsthaftes Werkzeug, aber eines, das einfach auch Spaß machen darf. Gönnen Sie sich das Vergnügen, damit zu experimentieren und auf der Spielwiese der Möglichkeiten herumzutollen. Lassen Sie sich überraschen, was passiert. Als ich diesen Workshop begonnen habe, hatte ich ein anderes Resultat im Kopf, als das, was am Ende herauskam. Aber hey, wenn etwas Cooles passiert, dann sollte man nicht stur auf fixen Ideen beharren. Der wahrhaft Kreative weiß, dass er ohne den Zufall als Partner nur halb so produktiv wäre.

**Zielsetzungen:**
Auto mit Speed-Effekt versehen
Comicartigen Illustrations-
Charakter erzeugen
[comicspeed.jpg]

## 1    Hintergrund duplizieren

Erstellen Sie zwei Kopien der Ebene HINTER-
GRUND ❸, indem Sie sie auf das Symbol für
NEUE EBENE ziehen. Blenden Sie daraufhin die
oberste Ebene aus ❶, und aktivieren Sie die
mittlere ❷.

## 2    In Negativ invertieren und Windeffekt

Wählen Sie BILD • KORREKTUREN • UMKEHREN
([Strg]/[⌘]+[I]). Dadurch wird das Bild in ein
Negativ invertiert ❹ (wie ein Fotonegativ in
der analogen Fotografie). Danach wenden Sie
über FILTER • STILISIERUNGSFILTER einen WIND-
EFFEKT an, mit der METHODE • WIND ❺ und
der RICHTUNG • RECHTS ❻. Der Windeffekt er-
zeugt helle Wischer ❼ ausgehend von hellen
Bereichen. Wiederholen Sie diesen Filter zwei
mal, indem Sie [Strg]/[⌘]+[F] eingeben.
Anschließend invertieren Sie das Bild über
[Strg]/[⌘]+[I] wieder zurück.

## 3    Dunkler Speed-Effekt

Da der Windeffekt in erster Linie zu hellen
Wischern führt, und das alleine keinen besonders *coolen* Speed-Effekt erzeugen würde,
habe ich mich des Tricks mit dem Umkehren
des Bildes in sein Negativ und zurück Umkehren ins Positiv bedient. Dadurch erhalten wir
kräftige, *dunkle* Linien im Bild, die alleine
schon einen recht brauchbaren Speed-Effekt
erzeugen. Die FÜLLMETHODE dieser Ebene
habe ich auf ABDUNKELN ❼ gestellt, damit
sich die Wischer mit der Ebene darunter
mischen.

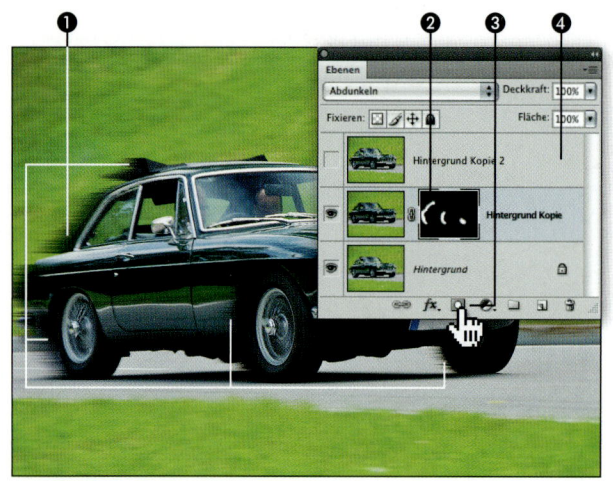

## 4 Schwarz maskieren

Wenn Sie bei gedrückter Alt-Taste auf das Symbol für EBENENMASKE HINZUFÜGEN ❸ klicken, erstellt Photoshop eine schwarz gefüllte Ebenenmaske, wodurch der komplette Bildinhalt dieser Ebene ausgeblendet wird. Durch Auftragen von Weiß in der Ebenenmaske ❷ können Sie nun mit einem ausreichend großen, weißen Pinsel ein paar Wischer an markanten Stellen ❶ freilegen. Blenden Sie anschließend die oberste Ebene ❹ ein, und machen Sie sie zur aktiven Ebene.

## 5 Windeffekt ohne Invertieren

Wenden Sie Windeffekt drei mal auf die Ebene an (Strg/⌘+F) ohne das Bild vorher in ein Negativ umzukehren. Stellen Sie die FÜLLMETHODE auf AUFHELLEN, erstellen Sie eine schwarze Maske ❻, und legen Sie mit Weiß ein paar markante Stellen ❺ frei. Bevor wir zum Schluss einen Kunstfilter für den illustrativen Charakter anwenden, wählen Sie EBENE • AUF HINTERGUNDEBENE REDUZIEREN (oder Sie konvertieren die drei Ebenen in ein Smart-Objekt um, was ich vorziehe, weil ich dadurch auch später flexibel bleibe).

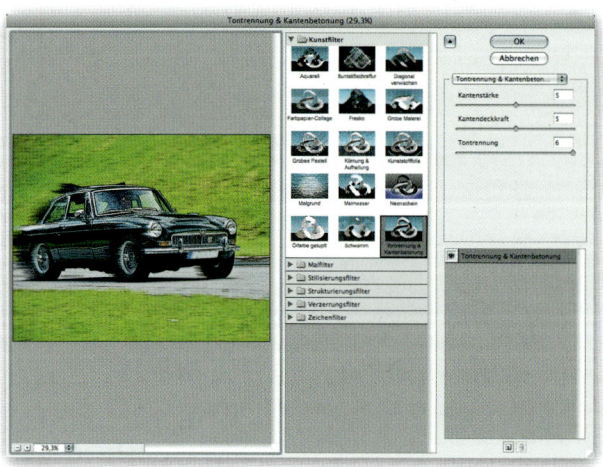

## 6 Tontrennung & Kantenbetonung

Auf den Hintergrund oder das Smart-Objekt lässt sich dann ein »TONTRENNUNG & KANTEN-BETOUNG«-Filter der Filtergalerie anwenden. Sie können natürlich auch hier mit anderen oder mehreren Filtern experimentieren – ich habe mehrere Einstellungen gefunden, die durchaus interessant wären. Und wie gesagt: Wenn Sie die bearbeiteten Ebenen in ein Smart-Objekt umwandeln anstatt auf Hintergrund zu reduzieren, genießen Sie den Vorteil, es sich in einer Woche oder einem Monat auch wieder anders überlegen zu können.

SCHWIERIGKEITSGRAD 2 FÜR AUFSTEIGER

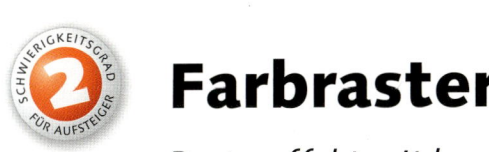

# Farbraster

*Rastereffekt mit knalligen Farben*

*»Farbraster« ist ein Filter, mit dem man sehr coole Effekte erzielen kann. In diesem Workshop lernen Sie, wie Sie diesen Filter mit Hilfe von Smart-Objekten auf eine Formebene anwenden können.*

**Zielsetzung:**

Icon mit Rastereffekt

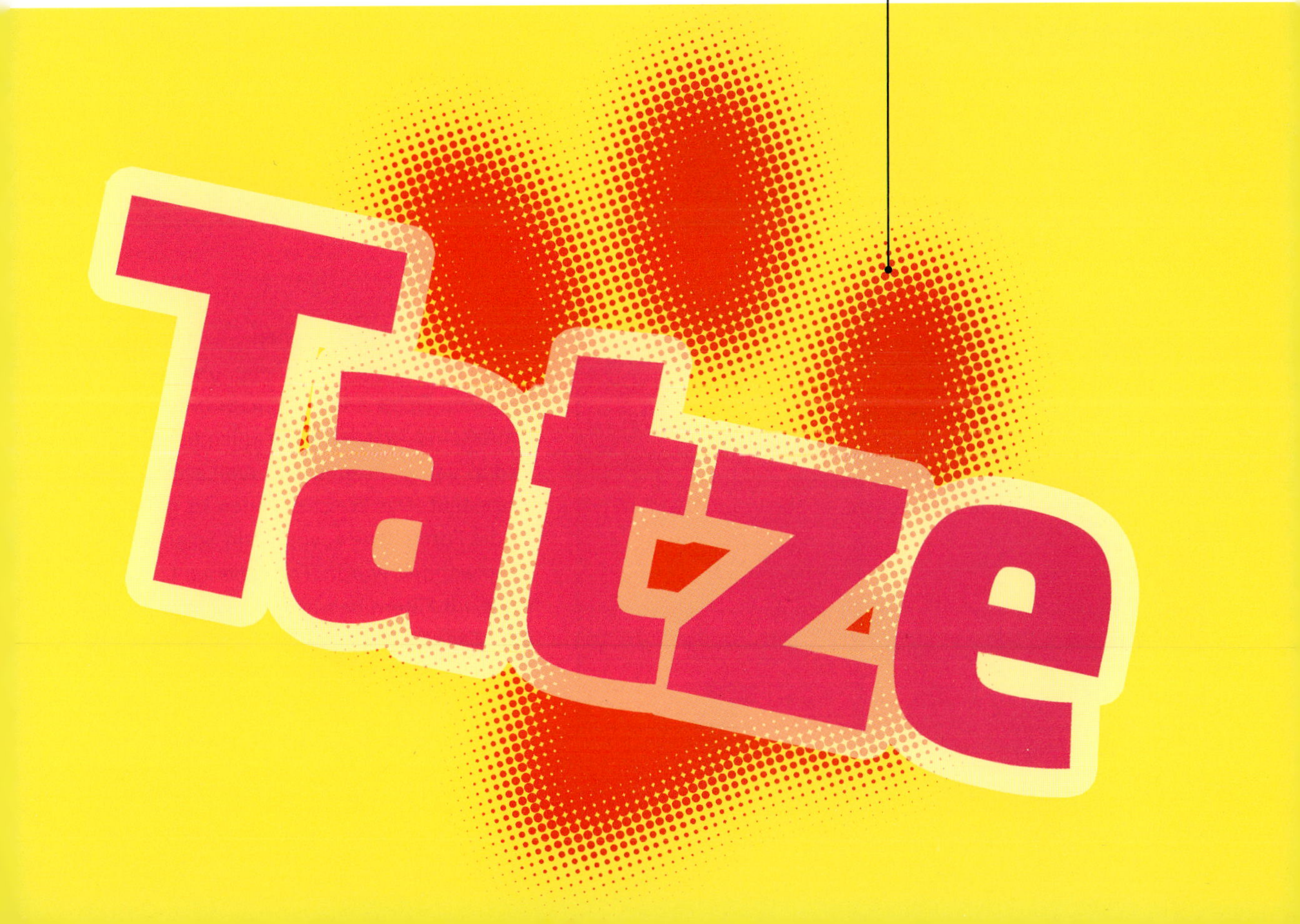

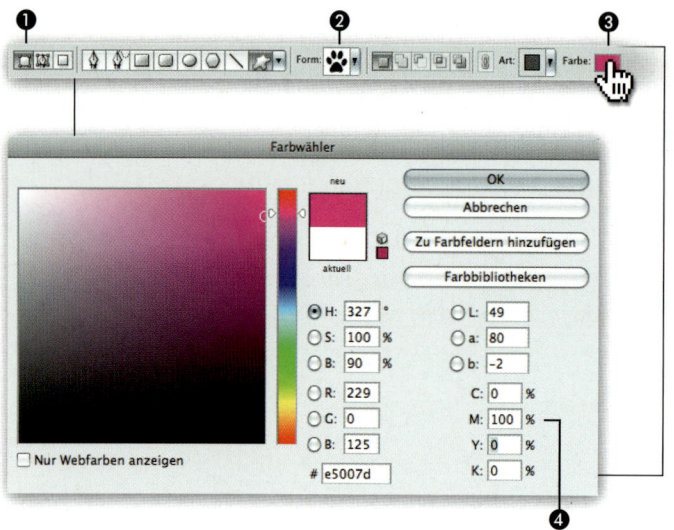

## 1 Neue Datei und eigene Form

Für diesen Workshop habe ich eine neues Dokument im Format 130 mm × 100 mm bei 300 ppi im Farbraum CMYK erstellt.

Aktivieren Sie dann das EIGENE-FORM-WERKZEUG 🖼, stellen Sie es auf FORM-EBENEN ❶, wählen Sie als FORM »Katzen-pfote« ❷ aus den Standard-Formen, und stellen Sie die FARBE ❸ auf 100 % Magenta ❹.

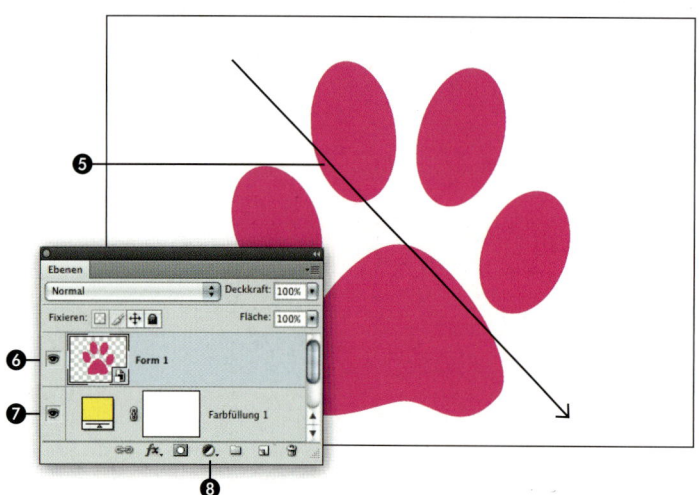

## 2 Smart-Objekt und Farbfüllung

Erstellen Sie eine knapp formatfüllende Tatze ❺, und klicken Sie mit der rechten Maustaste auf die Ebene, um sie in ein Smart-Objekt zu konvertieren ❻. Danach erstellen Sie über NEUE FÜLL- ODER EINSTELLUNGSEBENE ❽ und VOLLTONFARBE eine Farbfüllung-Ebene ❼. Be-achten Sie: Der Menüpunkt VOLLTONFARBE erzeugt eine Farbfüllung. Solch schlechte Bezeichnungen gibt es in der Adobe-Termi-nologie leider an allen Ecken und Enden). Wählen Sie als Farbe 100 % Gelb.

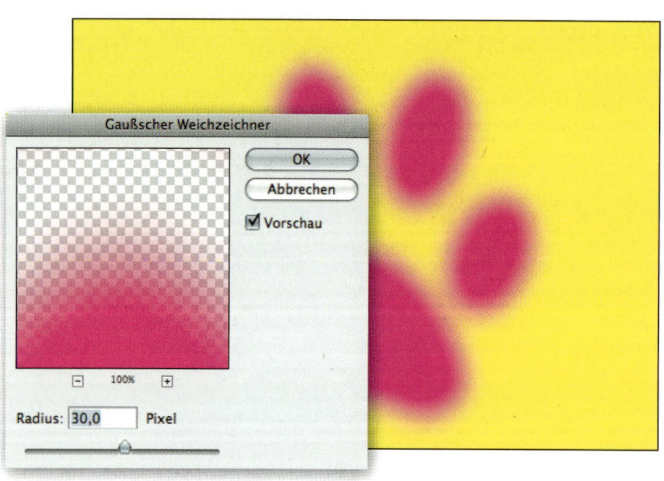

## 3 Tatze weichzeichnen

Aktivieren Sie die Formebene, und wählen Sie im Menü FILTER • WEICHZEICHNUNGSFILTER • GAUSSSCHER WEICHZEICHNER. Ich habe einen Radius von 90 Pixel für die Weichzeichnung eingestellt. Das Weichzeichnen ist möglich, da die Formebene zuvor in ein Smart-Objekt umgewandelt wurde. Formebenen lassen sich nicht mit Filtern bearbeiten. Sie müssen Sie über EBENE RASTERN in Pixel umwandeln oder eben zum Smart-Objekt konvertieren. Das Smart-Objekt hat den Vorteil, dass die Form-ebene im Hintergrund erhalten bleibt.

## 4  Neue Ebene und Smart-Objekt

Der Filter-Effekt FARBRASTER lässt sich auf die Ebene mit den transparenten Bereichen nicht sinnvoll anwenden. Erstellen Sie eine neue Ebene, und füllen Sie sie mit Weiß ❿. Wählen Sie anschließend diese Ebene und die Tatzen-Formebene ❾ mit [Strg]/[⌘]- oder [⇧]-Klick aus, und erzeugen Sie mit einem Rechtsklick ein Smart-Objekt daraus. Dadurch werden beide Ebenen zu einer Ebene mit weißem Hintergrund und pinker Tatze zusammengefasst.

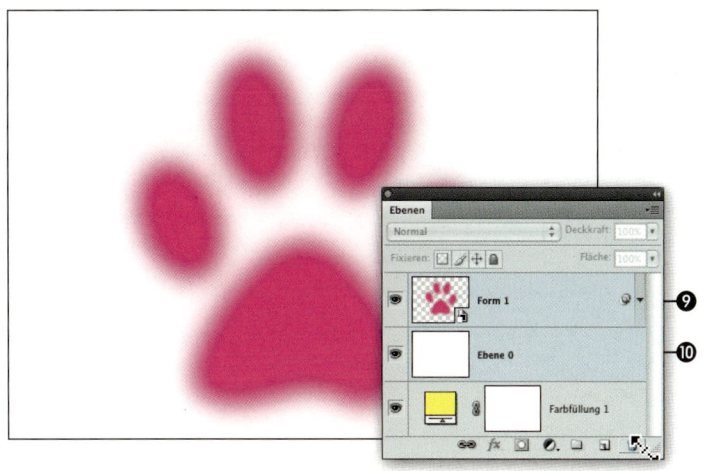

## 5  Farbraster

Nun können Sie FARBRASTER über das Menü FILTER • VERGRÖBERUNGSFILTER anwenden. Ich habe unter MAX. RADIUS 12 Pixel eingestellt. Je kleiner die Zahl, desto kleiner fällt das erzeugte Raster aus. Die restlichen Einstellungen habe ich einfach so belassen, wie Photoshop sie vorgeschlagen hat ⓫.

Damit die Tatze auf dem gelben Hintergrund steht, wählen Sie als Füllmethode MULTIPLIZIEREN ⓬. Weiß wird damit quasi ausgeblendet, und Magenta mischt sich mit dem Hintergrund zu Rot.

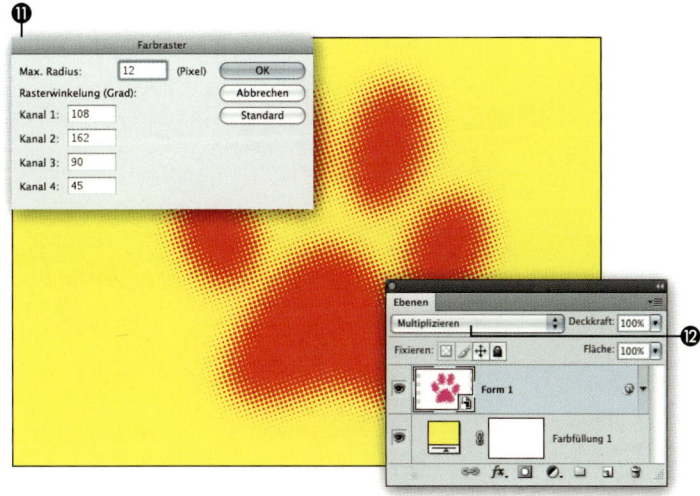

## 6  Tatze drehen

Rufen Sie mit [Strg]/[⌘]+[T] den Frei-transformieren-Rahmen auf, und rotieren Sie mit dem Mauszeiger außerhalb des Rahmens ⓭ die Tatzen-Ebene, damit Sie etwas gekippt wird. Bestätigen Sie die Transformierung mit [↵].

### 7 Textebene hinzufügen

Mit einem Klick mit dem TEXT-WERKZEUG [T] habe ich eine Punkt-Text-Ebene erstellt und »Tatze« über die Katzenpfote geschrieben. Ich habe wieder die Schrift Stainless eingesetzt, die ich sehr mag, die Sie auf Ihrem Computer jedoch vermutlich nicht finden werden. Wählen Sie eine andere fette Schrift wie die Impact. Als SCHRIFTGRAD ❶ habe ich 150 Punkt gewählt und die LAUFWEITE ❷ etwas reduziert, damit die Buchstaben wenig Abstand zueinander haben und das Wort richtig klotzt.

### 8 Text drehen

Die Textebene habe ich ebenfalls etwas gedreht. Auch das geht über FREI TRANSFORMIEREN im Menü BILD.

### 9 Transparente Kontur

Im letzten Schritt habe ich die Textebene mit einem EBENENSTIL • KONTUR versehen. Für eine sehr dicke Kontur habe ich die GRÖSSE ❸ auf 46 Pixel eingestellt, und für die Transparenz die DECKKRAFT ❹ reduziert. Zur Erinnerung: Mit DECKKRAFT in der Palette EBENEN können Sie die Transparenz von Effekt *und* Ebene einstellen. Mit FLÄCHE in der Palette EBENEN steuern Sie die Transparenz der Ebene, ohne dass der Effekt transparenter wird. Hier steuern Sie die Transparenz des Effekts, ohne die Ebene zu beeinflussen.

# Radialer Action-Effekt

*Der radiale Weichzeichner ist immer für etwas Action gut.*

*Der radiale Weichzeichner wird von mir oft eingesetzt, wenn ich etwas Action ins Bild bringen möchte. Hier hilft er, die Braut noch deutlicher vom Hintergrund zu trennen, die Augen des Betrachters noch stärker zum Gesicht der jungen Frau zu führen und sie besonders und im wahrsten Sinne des Wortes strahlend wirken zu lassen.*

**Zielsetzung:**

Braut mit radialem Weichzeichner-Effekt hervorheben

[**radialereffekt.jpg**]

Foto: Rascal Keis

# 1    Auswahl und Smart-Objekt

Erstellen Sie als erstes eine Auswahl um die glückliche Braut ❶. Ich habe dazu das SCHNELLAUSWAHLWERKZEUG 🖌 verwendet. Damit erstellen Sie die Auswahl in ein bis zwei Minuten (siehe Seite 180).

Anschließend konvertieren Sie den Hintergrund in ein Smart-Objekt ❷.

# 2    Radialer Weichzeichner

Über das Menü FILTER • WEICHZEICHNUNGSFILTER können Sie dann den RADIALEN WEICHZEICHNER aufrufen. Manche Photoshop-Filter sind wie eine Reise in die Vergangenheit, und der RADIALE WEICHZEICHNER ist ein versteinertes Relikt aus der Photoshop-Prähistorie. Das ❸ ist die Vorschau. Ziehen Sie mit der Maus, um zu definieren, wo die Weichzeichnung ihren Mittelpunkt finden soll. Für den Action-Effekt wählen Sie STRAHLENFÖRMIG ❺. Als STÄRKE ❹ habe ich 50 % eingestellt.

# 3    Smartfilter-Maske bearbeiten

Wenn Sie mit dem Effekt beim ersten Versuch nicht glücklich sind, können Sie mit Doppelklick auf den Smartfilter ❻ den Filter öffnen und die Einstellungsparameter verändern.

Mit dem PINSEL-WERKZEUG 🖌 und Schwarz beziehungsweise Weiß können Sie die Maskierung ❼ verändern, die Photoshop aus der Auswahl für den Filter erstellt hat. Vor allem der Bereich der Blumen ❽ dürfte es nötig haben. Ich habe am Ende mit einer leichten S-Kurve in einer Gradationskurven-Einstellungsebene den Kontrast noch angehoben.

SCHWIERIGKEITSGRAD 1 FÜR EINSTEIGER

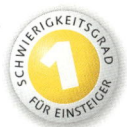

# Ein Bild auf Text montieren

*Mit Schnittmasken und Ebenenstilen zum Glas-Effekt*

*Es gibt ganze Bücher, die sich mit kaum etwas anderem beschäftigen, als damit, wie man in Photoshop beeindruckende Text-Effekte erzeugen kann. Hier zeige ich Ihnen einen einfachen Trick, wie Sie mit Ebenen, Schnittmasken und Stilen Glas simulieren können, durch das das dahinter liegende Bild etwas vergrößert wird.*

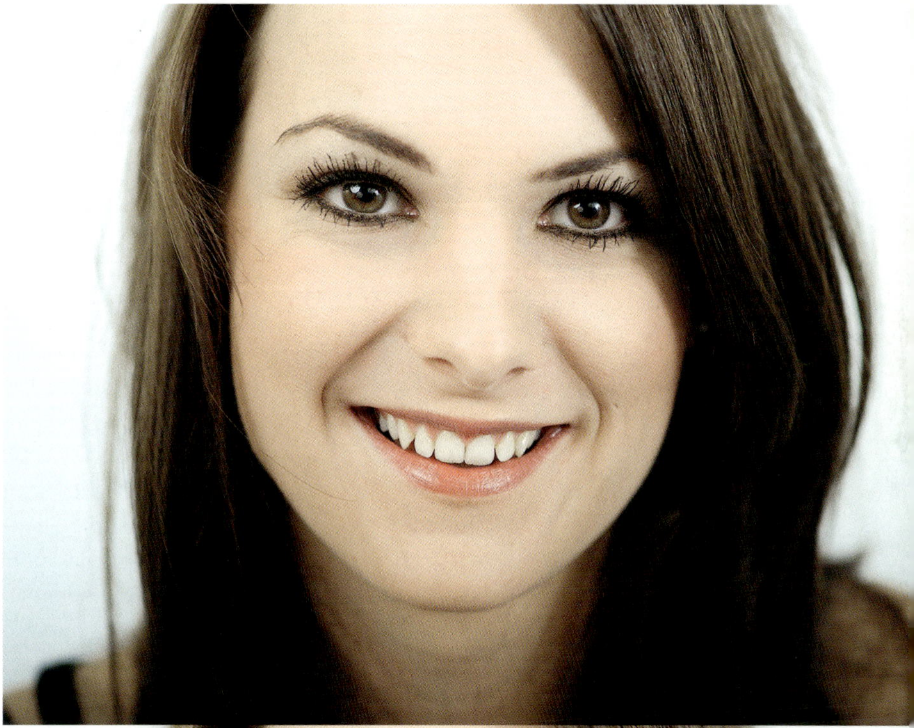

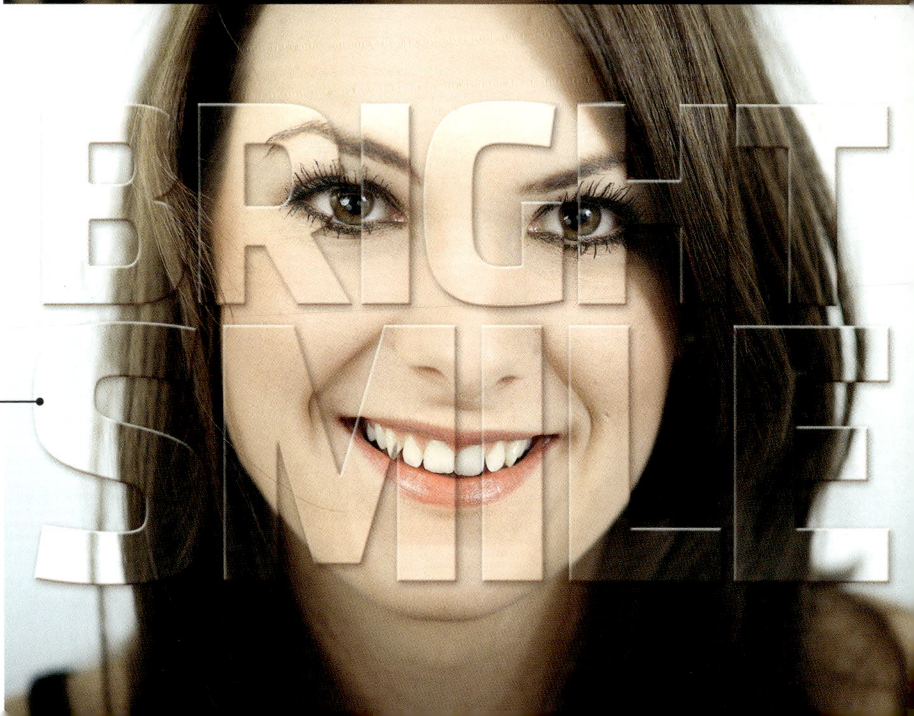


**Zielsetzung:**
Glasbuchstaben mit Vergrößerungseffekt
**[text-bild-montage.jpg]**

## 1    Text-Ebene erstellen

Wählen Sie auch für diese Übung eine möglichst fette, kompakte Schrift. Wie immer, wenn eine Headline möglichst fett und schwer aussehen soll, habe ich auch hier die Laufweite verringert ❶. Rot habe ich hier aus einem einfachen Grund als Textfarbe ausgesucht: Der Text trennt sich dadurch schön vom Hintergrund. Die Farbe ist aber belanglos, da sie später ohnehin nicht mehr sichtbar sein wird.

## 2    Hintergrund duplizieren und Schnittmaske erstellen

Erstellen Sie eine Kopie des Hintergrundes ❹ und stellen Sie diese Kopie nach oben ❷. Wandeln Sie die Kopie daraufhin über einen Rechtsklick in eine Schnittmaske um; dadurch ist die Ebene nur noch dort sichtbar, wo sich auf der darunter liegenden Ebene Bildpixel befinden. Das sehen Sie aber erst dann, wenn Sie einmal kurz die unterste Ebene ausblenden. Blenden Sie die Ebene dann wieder ein, und aktivieren Sie die Text-Ebene ❸.

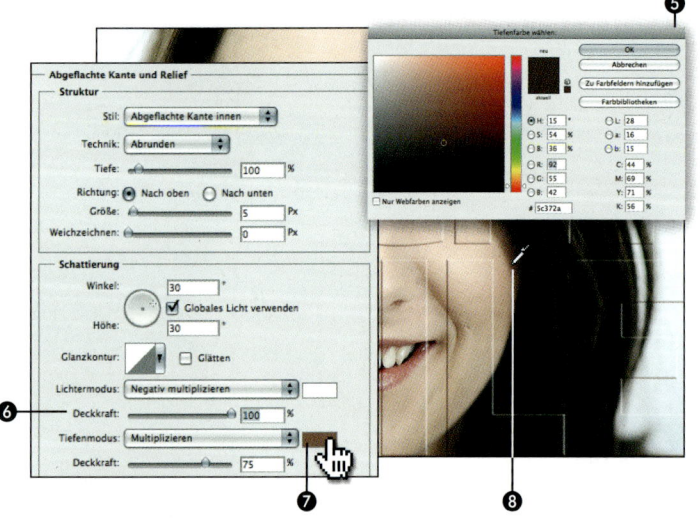

## 3    Abgeflachte Kante und Relief

Wählen Sie über das Ebenenstile-Menü _fx._ der Ebenen-Palette ABGEFLACHTE KANTE UND RELIEF. Viel habe ich an den Standard-Einstellungen nicht verändert, lediglich die DECK-KRAFT für die Lichter ❻ und die Farbe für den TIEFENMODUS. Wenn Sie auf das Farbfeld neben TIEFENMODUS klicken ❼, öffnet sich der Dialog TIEFENFARBE WÄHLEN ❺. Im Dialog habe ich keine Änderungen vorgenommen, sondern stattdessen den Mauszeiger über einen schattigen Bereich des Bildes geführt und eine Schattenfarbe herausgepickt ❽.

## 4 Schlagschatten und Verlaufsüberlagerung

Zwei weitere Filter habe ich eingesetzt: Einen SCHLAGSCHATTEN ❾ (wobei ich auch hier die Farbe für den Schatten aus dem Bild gepickt habe) und eine VERLAUFSÜBERLAGERUNG ❿. Damit sich die VERLAUFSÜBERLAGERUNG milchig-weiß bis ganz transparent über die Schrift legt, habe ich den VERLAUF auf »SCHWARZ, WEISS« gestellt, die FÜLLMETHODE auf NEGATIV MULTIPLIZIEREN und die DECK-KRAFT auf 50 %. Die ART ist REFLEKTIERT, und SKALIEREN habe ich auf Anschlag gedreht.

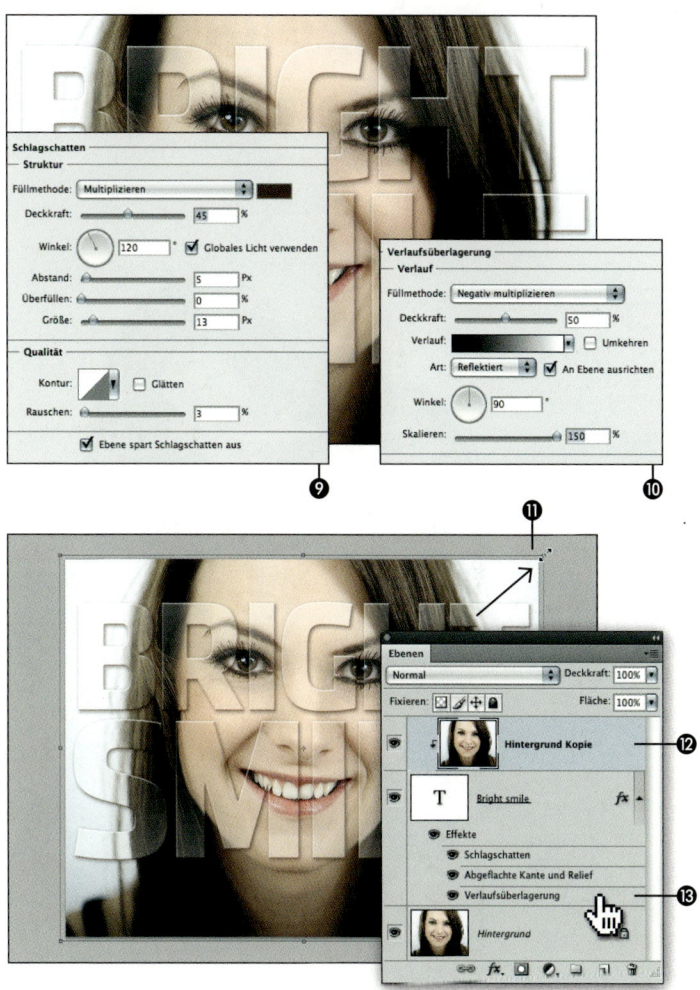

## 5 Ebenen-Kopie transformieren

Bis hierher wäre die Kopie des Hintergrunds keine Notwendigkeit. Reduzierten Sie die FLÄCHE der Text-Ebene auf 0 %, ergäbe es den gleichen Effekt, wie Sie ihn jetzt sehen. Doch nun aktivieren Sie die oberste Ebene ⓬ und vergrößern sie über FREI TRANSFORMIEREN ein klein wenig ⓫. Dadurch entsteht der Eindruck, als würde das Bild durch die glasige Schrift gebrochen und ein bisschen vergrößert. Am Ende gefiel mir aber die VERLAUFS-ÜBERLAGERUNG ⓭ nicht. Mit einem Doppelklick darauf können Sie sie bearbeiten.

## 6 Verlaufsüberlagerung ändern

Anstatt NEGATIV MULTIPLIZIEREN habe ich mich bei der FÜLLMETHODE ⓮ für LINEAR ABWEDELN entschieden. Das sieht dann zwar noch immer glasig, aber nicht mehr so milchig aus. Allerdings musste der Effekt durch Reduzieren der DECKKRAFT ⓯ etwas reduziert werden.

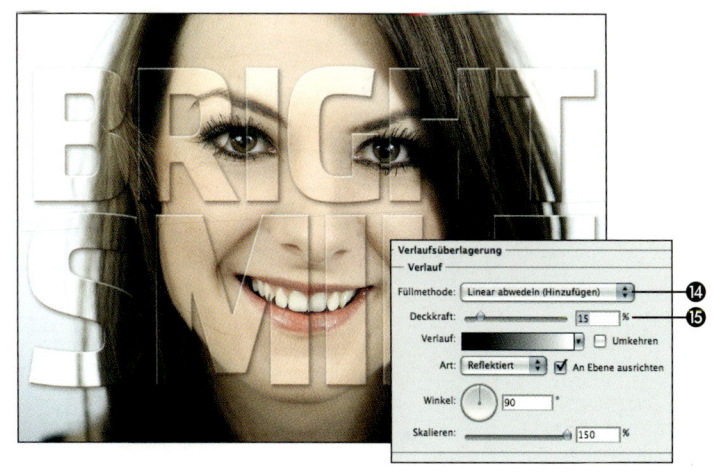

# Spiegelung mit Schwingungen

*Ein Bild spiegeln und verschwimmen lassen*

*In diesem Workshop zeige ich Ihnen, wie Sie eine verschwommene, gewellte Spiegelung für ein Bild erstellen. Zwar gibt es für gewellte Ergebnisse den einladenden Filter »Ozeanwellen«, aber ich kann mich für dessen Resultate nicht recht begeistern. Mehr Kontrolle und Möglichkeiten bietet der Filter »Schwingungen«.*

**Zielsetzungen:**
Wellige Spiegelung für eine Studioaufnahme
**[spiegelung.jpg]**

## 1 Ebene duplizieren

Machen Sie die Hintergrund-Ebene mit einem Doppelklick zur regulären Ebene ❶, und ziehen Sie diese dann auf das Symbol für NEUE EBENE, um sie zu duplizieren.

**Tipp:** Sie können ein Duplikat einer Ebene auch erzeugen, indem Sie Strg/⌘+J eingeben.

## 2 Ebene um untere Achse spiegeln

Stellen Sie sicher, dass die obere Ebene ausgewählt ist, und rufen Sie mit Strg/⌘+T FREI TRANSFORMIEREN auf. Aktivieren Sie in der Optionen-Palette einen der unteren Ursprungspunkte ❷, damit die Achse, um die Sie spiegeln werden, unten am Bild ausgerichtet ist. Mit einem Rechtsklick auf den Frei-transformieren-Rahmen können Sie die Ebene danach VERTIKAL SPIEGELN. Bestätigen Sie das FREI TRANSFORMIEREN mit ↵.

## 3 Alles einblenden

Das gespiegelte Bild verschwindet zunächst aus der Dokumentbegrenzung. Wenn Sie im Menü BILD • ALLES EINBLENDEN wählen, dann wird die Arbeitsfläche genau um so viel erweitert, dass alles sichtbar wird.

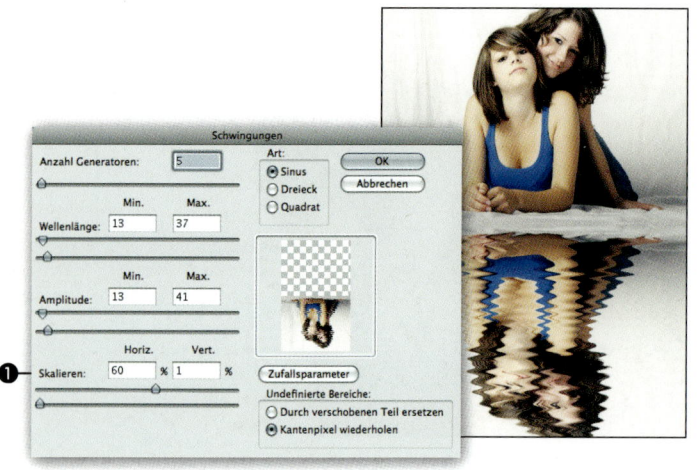

## 4 Schwingungen

Machen Sie die nach unten gespiegelte Ebene zum Smart-Objekt, und wählen Sie anschließend im Menü FILTER • VERZERRUNGSFILTER • SCHWINGUNGEN. Ich habe für WELLENLÄNGE und AMPLITUDE mit ganz kleinen Werten gespielt. Für mein Ergebnis war vor allem wichtig, die vertikale Skalierung auf Anschlag zu drehen und die horizontale deutlich zu reduzieren ❶.

## 5 Bewegungsunschärfe

Die Bildschärfe der Spiegelung fiel für meinen Geschmack zu hart aus, weshalb ich sie weichgezeichnet habe. Das machen Sie am besten mit FILTER • WEICHZEICHNUNGSFILTER • BEWEGUNGSUNSCHÄRFE – damit unterstützen Sie die horizontale Bewegung der Wellen zusätzlich.

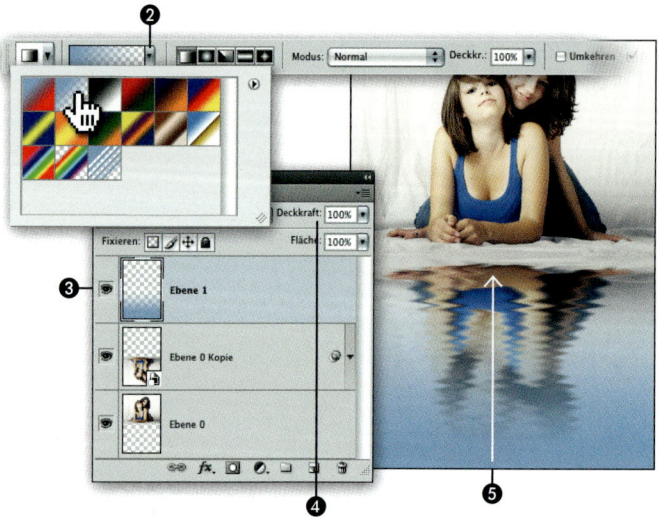

## 6 Blauer Verlauf

Erstellen Sie eine neue Ebene 🔲 ❸. Aktivieren Sie das Verlaufswerkzeug 🔲 , stellen Sie als VORDERGRUNDFARBE ein blasses Blau ein, und wählen Sie als VERLAUF ❷ VORDERGRUNDFARBE ZU TRANSPARENT. Damit können Sie dann einen Verlauf von unten bis in die Mitte über das Bild ziehen ❺ – am besten bei gedrückter ⇧-Taste, damit der Verlauf exakt senkrecht zu stehen kommt. Die DECKKRAFT ❹ dieser Ebene habe ich dann noch von 100 % auf 20 % reduziert.

## 7 Rauschen hinzufügen

Durch die Bewegungsunschärfe ist das Spiegelbild glatt geworden. Das sieht unnatürlich aus, und man sollte nach *jedem* Weichzeichner etwas Rauschen hinzufügen (FILTER • RAUSCHFILTER), abgesehen von TIEFENSCHÄRFE ABMILDERN, wo sich RAUSCHEN direkt zuschalten lässt. Ich habe als STÄRKE 4 % ❻ eingestellt, was für die meisten Bilder zu viel wäre. Orientieren Sie sich an unbearbeiteten Bereichen im selben Bild. Aktivieren Sie MONOCHROMATISCH ❼, damit keine roten, grünen und blauen Störungspunkte erzeugt werden.

## 8 Verlauf multiplizieren

So ganz glücklich war ich mit dem Reduzieren der DECKKRAFT alleine noch nicht. Nach Umstellen der Füllmethode auf MULTIPLIZIEREN ❽ gefiel es mir besser. MULTIPLIZIEREN ist sicher meine liebste Füllmethode, doch es ist oft auch lohnenswert, mit anderen Methoden zu experimentieren.

Die SCHWINGUNGEN sind mir zu kräftig ausgefallen. Mit einem Doppelklick auf den SMARTFILTER, der der gespiegelten Ebene anhängt ❾, konnte ich das aber reduzieren.

## 9 Smartfilter »Schwingungen«

Geändert habe ich die Werte für AMPLITUDE und WELLENLÄNGE. Sie brauchen sich hier nicht an meinen Werten zu orientieren. Auch ich habe nur gespielt, bis mir das Ergebnis gefiel. Das schöne an Smart-Objekten ist, dass Sie es sich jederzeit wieder anders überlegen können. Sie können bei diesem Bild auch das Rauschen und die Bewegungsunschärfe jederzeit wieder ändern. Wenn Sie mit der Maus einmal die Reihenfolge der Filter ändern, dann ändert dies die Reihenfolge, in der sie angewendet werden und somit das Ergebnis.

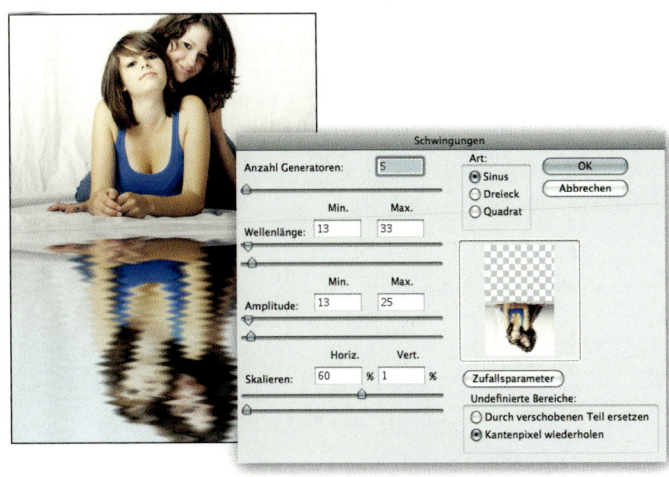

# Ein Alien kreieren

*Mit Muster, Verflüssigen-Filter und vielen Ebenen*

*Unser Modell hier braucht etwas Humor für das, was wir mit ihm vorhaben. Wir werden den jungen Mann in einen außerirdischen Kobold verwandeln, wie Sie sehen. Ich will Ihnen nicht verschweigen, dass ich mit dem Endergebnis nicht völlig glücklich bin, und es mich juckt, noch die ein oder andere Stelle zu optimieren. Doch dieser Workshop ist so schon anspruchsvoll genug geraten, und ich habe sicher mehr als genug Tipps und Tricks hineingepackt.*

**Zielsetzungen:**

Modell in einen außerirdischen Kobold verwandeln

Aufmerksamkeit mittels einer Vignette ins Bildzentrum lenken

[alien.jpg]

## 1   Neues Dokument für ein Muster

Erstellen Sie ein neues Dokument mit einer
BREITE von 4 mm, einer HÖHE von 8 mm und
300 ppi. Es wird ein temporäres Dokument,
das wir nicht speichern werden. Wir brauchen
es lediglich, um ein Muster zu erzeugen.

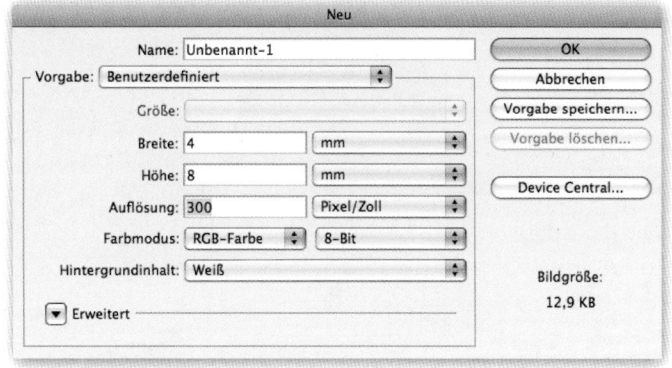

## 2   Fläche füllen

Füllen Sie die Fläche des Dokuments mit 50 %
GRAU ❶. Das geht am schnellsten über FLÄCHE
FÜLLEN über das Menü BEARBEITEN. Diesen
Dialog können Sie mit ⬆+F5 oder aber
⬆+ ← aufrufen.

Markieren Sie anschließend die Mitte des
Dokuments mit einer Hilfslinie ❷. Sie werden
feststellen, dass die Mitte magnetisch auf die
Hilfslinie wirkt, wenn Sie sich ihr nähern.

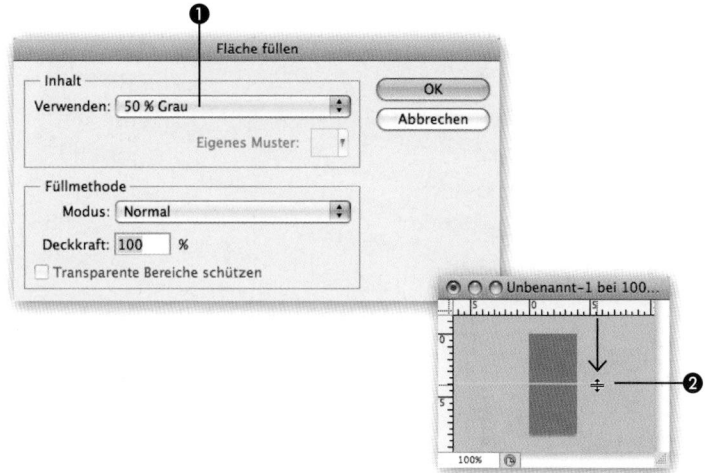

## 3   Muster festlegen

Markieren Sie nun mit dem AUSWAHLRECHT-
ECK-WERKZEUG die Hälfte bis zur Hilfslinie,
und füllen Sie diese Fläche mit Schwarz ❸.
Wenn Schwarz Ihre Vordergrundfarbe ist,
geht es am schnellsten mit Alt+ ← .
Wählen Sie dann mit Strg/⌘+A alles aus
und daraufhin im Menü BEARBEITEN • MUSTER
FESTLEGEN. Geben Sie dem Muster im folgenden Dialog einen Namen ❹.

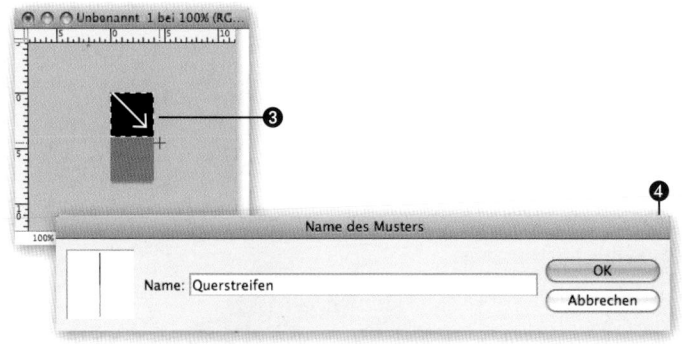

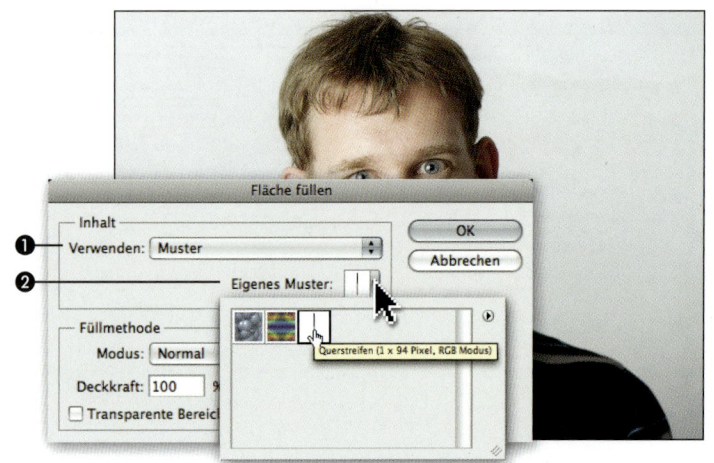

## 4 Neue Ebene mit eigenem Muster füllen

Das Muster-Dokument können Sie jetzt schließen. Sie brauchen es nicht zu speichern. Öffnen Sie die Datei »alien.jpg«, und erstellen Sie eine neue Ebene. Dann rufen Sie wieder den Dialog FLÄCHE FÜLLEN auf, wählen unter VERWENDEN • MUSTER ❶ und öffnen die Palette für Ihr EIGENES MUSTER ❷.

## 5 Multiplizieren und neigen

Um das Modell wieder zu sehen, stellen Sie die FÜLLMETHODE auf MULTIPLIZIEREN ❹. Danach können Sie mit FREI TRANSFORMIEREN die Ebene drehen ❸. Ich habe Sie so ausgerichtet, dass sie etwa der Neigung des Kopfes entspricht. Anschließend werden wir dieses Muster ein wenig in alle Richtungen versetzen. Aber dafür müssen wir erst eine Ebene mit viel Kontrast erstellen. Blenden Sie die obere Ebene ❺ aus, und aktivieren Sie die untere. Öffnen Sie dann die Palette KANÄLE.

## 6 Neue Ebene aus Blau-Kanal

Ich habe Klick für Klick die Farbkanäle verglichen und den Blau-Kanal ausgesucht. Die Klicks setzen Sie rechts in den Miniaturen ❻, nicht indem Sie die Augen ❼ ausblenden. Der Kanal BLAU (und nur dieser!) muss farblich hinterlegt und damit ausgewählt sein ❽. Wählen Sie alles aus, kopieren Sie den Inhalt in die Zwischenablage und erstellen Sie ein neues Dokument. Photoshop erkennt das Format des Bildes in der Zwischenablage und gibt das passende Format bereits vor. Fügen Sie das Bild dann mit [Strg]/[⌘]+[V] ein.

## 7 Versetzen

Speichern Sie die Vorlage als PSD-Datei, und kehren Sie zum Ausgangsbild zurück. Sie blenden wieder alle Kanäle ein, indem Sie in der Palette KANÄLE auf RGB klicken und machen die obere Ebene mit den Streifen wieder sichtbar und zur aktiven Ebene. Dann rufen Sie über FILTER • VERZERRUNGSFILTER • VERSETZEN auf. Ich habe hier die abgebildeten Werte eingesetzt. Das war geraten, hat aber gut funktioniert. Wenn Sie mit OK bestätigt haben, erscheint der Öffnen-Dialog, mit dem Sie die eben gespeicherte Vorlage öffnen.

## 8 Skalieren

Das Ergebnis des Versetzen-Filters ist ein Muster, das durch die Vorlage eine Verzerrung erfahren hat, die von den Schattierungen des Gesichts beeinflusst wurde. Die Verzerrung ist allerdings noch zu groß ❾. Doch mit FREI TRANSFORMIEREN können Sie das schnell anpassen.

## 9 Färben

Nach dem Transformieren müssen die Streifen nun softer ausfallen. Ich habe mich entschieden dieses Absoften mit FARBTON/SÄTTIGUNG unter BILD • KORREKTUREN zu erledigen: FÄRBEN aktivieren ⓭, FARBTON verschieben ❿, SÄTTIGUNG auf Mitte ⓫ und vor allem die HELLIGKEIT erhöhen ⓬. Dadurch werden die schwarzen Streifen farbig. Zwar soll das Gesicht später grün werden, aber im Moment ist Rot besser für die Beurteilung geeignet.

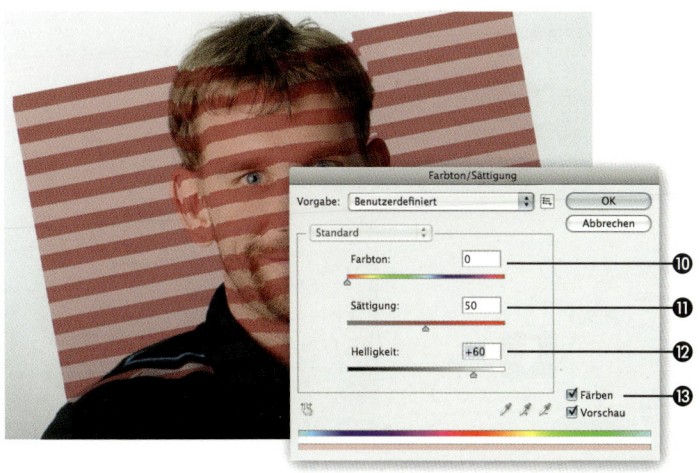

## 10 Hintergrund auswählen

Damit sich die Streifen nicht über das Bild hinwegziehen, brauchen wir eine Maske. Dazu erstellen Sie erst eine Auswahl um den Hintergrund ❶. Ich habe das mit dem Schnellauswahlwerkzeug 🖌 gemacht, der Zauberstab 🖌 sollte diesen Job aber ebensogut erledigen. Blenden Sie aber vorher noch die obere Ebene aus ❷, und aktivieren Sie die untere. Ist die Auswahl fertig, müssen Sie sie mit Strg/⌘+⇧+I umkehren, damit *das Modell* ausgewählt ist, und durch das Konvertieren nicht der Hintergrund sichtbar bleibt.

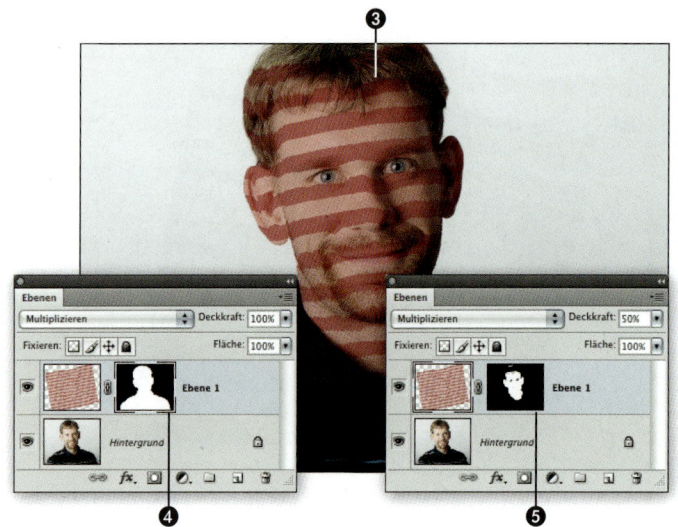

## 11 Maske erstellen und nachbearbeiten

Wenn Sie die obere Ebene wieder einblenden, aktivieren und auf Ebenenmaske hinzufügen 🔘 klicken, wird der Hintergrund maskiert ❹. Die Maske maskiert aber noch nicht den Pullover, und auch die Ränder werden nicht perfekt sein. Mit dem Pinsel-Werkzeug ✏️ lässt sich das aber rasch korrigieren ❺. Am schwierigsten ist der Haaransatz ❸, aber wenn Sie mit angemessenen Hauptdurchmessern, geringer Härte und wenig Fluss arbeiten, lässt sich das recht gut hinkriegen.

## 12 Ebenen zusammenfügen

Für die weiteren Schritte ist es notwendig, die beiden Ebenen zu verschmelzen. Leider lassen Smart-Objekte den Verflüssigen-Filter nicht zu. Natürlich können Sie auch auf Hintergrundebene reduzieren, aber ich behalte Ebenen ganz gerne, falls später Änderungen notwendig sind. Ich habe deshalb mit Strg/⌘+A alles ausgewählt, mit Bearbeiten • Auf eine Ebene reduziert kopieren ein Duplikat in die Zwischenablage übertragen und dieses einfach wieder mit Strg/⌘+V als eine neue Ebene ❻ eingefügt.

## 13 Mit Verflüssigen aufblasen

Für die Modellierung des Aliengesichts kam natürlich wieder der Verflüssigen-Filter zum Einsatz. Im ersten Schritt habe ich mit dem Aufblasen-Werkzeug ◈ und einer sehr großen Pinselgröße den Kopf aufgeblasen.

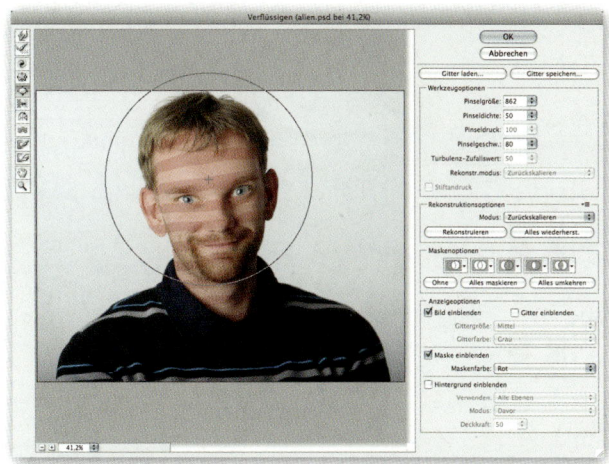

## 14 Augen vergrößern

Mit demselben Werkzeug, aber mit einem kleineren Durchmesser, habe ich dann die Augen vergrößert.

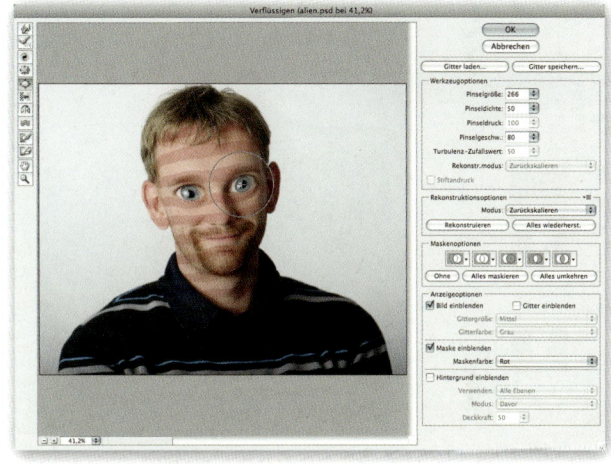

## 15 Wangen, Mund, Augen und Ohren

Mit dem Vorwärts-verkrümmen-Werkzeug ✥ habe ich die Wangen schmaler geschoben und die Ohren lang gezogen. Den Mund habe ich mit dem Aufblasen-Werkzeug bei gedrückter Alt-Taste zusammengezogen, was den Aufblasen-Effekt umkehrt ❼. Die Augen habe ich mit dem Strudel-Werkzeug ◉ noch etwas nach innen gedreht ❽ – bei diesem Werkzeug dreht Alt die Richtung um.

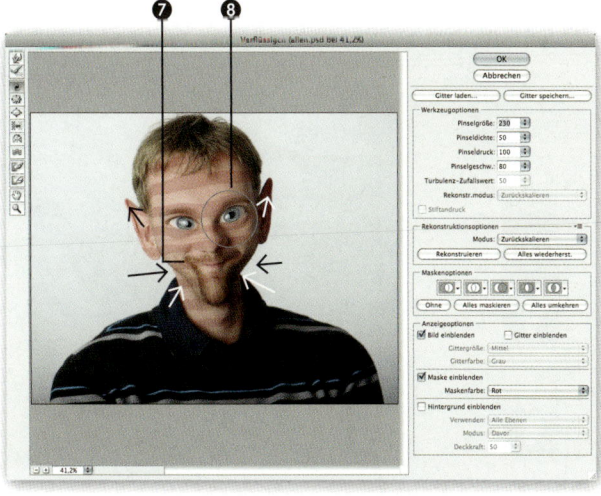

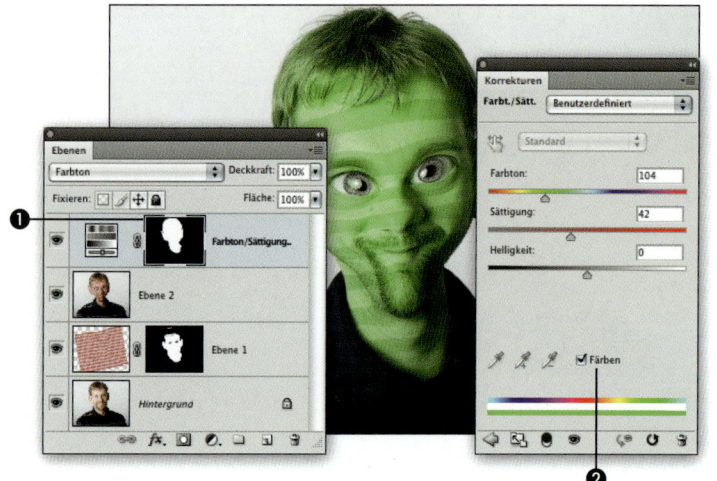

## 16 Gesicht grün färben

Ich habe erneut den Hintergrund des schon sehr entstellten, jungen Mannes mit dem Schnellauswahlwerkzeug ausgewählt und die Auswahl umgekehrt. Dann habe ich über die Palette Korrekturen eine Farbton/ Sättigung-Einstellungsebene erstellt – automatisch wird die Auswahl zur Maske ❶. Wenn Sie jetzt Färben ❷ aktivieren, dann können Sie über Farbton und Sättigung das Gesicht beliebig kolorieren. Natürlich ist es auch hier notwendig, die Maske mit dem Pinsel zu verbessern.

## 17 Haare blau färben

Zum Färben der Haare duplizieren Sie die Einstellungsebene Farbton/Sättigung ❹. Ändern Sie dann Farbton und Sättigung über die Palette Korrekturen, bis die Farbe Ihren Vorstellungen entspricht. Natürlich wird im Moment noch das Gesicht mit verändert. Doch wenn Sie das Gesicht mit dem Pinsel und Schwarz maskieren ❸, bleibt am Ende nur eine schön bunte Haarpracht übrig.

## 18 Auswahl und neue Ebene

Die Augen gefallen mir nach dem Verflüssigen nicht mehr. Hier ist zu viel verzerrt und verschwommen. Ich habe mich deshalb entschieden, sie komplett blau zu machen. Dazu habe ich zuerst ein Auge ausgewählt ❺, wofür ich wieder das Schnellauswahlwerkzeug eingesetzt habe. Dann habe ich eine neue Ebene erstellt und diese maskiert ❻.

## 19 Radialer Verlauf

Wechseln Sie von der Maske zum Bild ❾, und setzen Sie VORDERGRUND- und HINTERGRUND-FARBE auf zwei verschieden helle Farben des selben Tons ⓭. Wählen Sie das VERLAUFS-WERKZEUG ▤, den VERLAUF ❼ VORDER- zu HINTERGRUNDFARBE und RADIALVERLAUF ❽. Ziehen Sie dann einen Verlauf auf ⓬. Wahr-scheinlich stellt sich jetzt heraus, dass die Kanten ⓫ der Auswahl, aus der Sie die Maske erstellt hatten, nicht ganz sauber waren. Akti-vieren Sie also wieder die Maske ❿, und bes-sern Sie mit dem Pinsel nach.

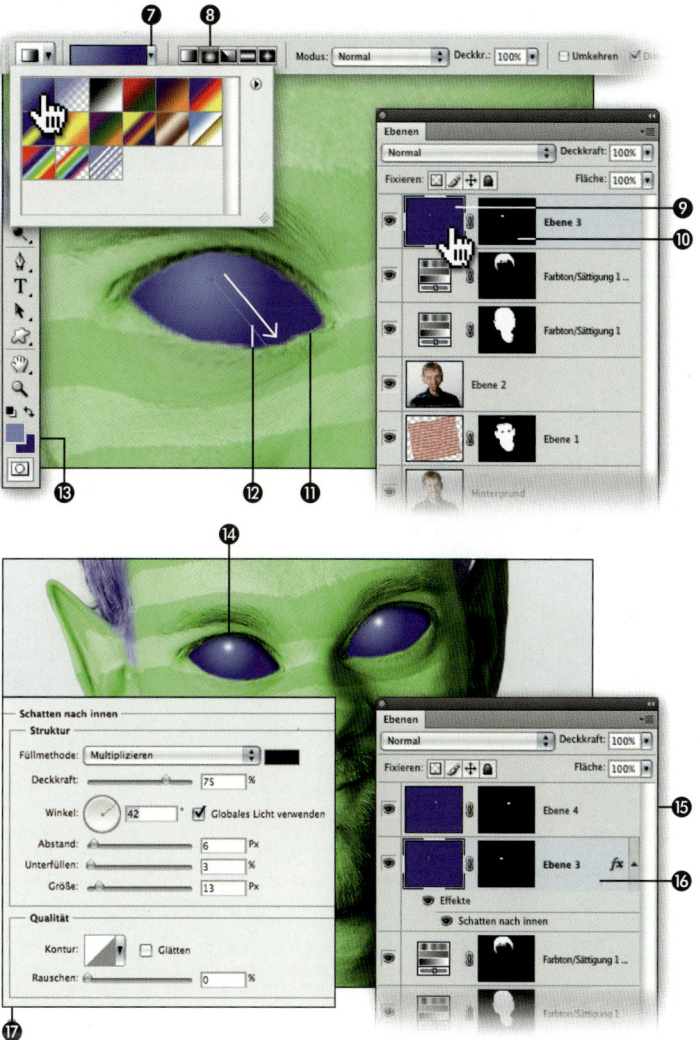

## 20 Schatten für die Augen

Wiederholen Sie die letzten zwei Schritte für das andere Auge auf einer neuen Ebene ⓯. Für mehr Tiefe haben die Augen einen EBENENSTIL • SCHATTEN NACH INNEN ⓱ erhal-ten. Wenn Sie *einen* Ebenenstil erstellt haben, klicken Sie mit rechts auf die Ebene ⓰ und wählen aus dem Kontextmenü EBENENSTIL KOPIEREN. Klicken Sie dann auf die Ebene mit rechts, die den Stil erhalten soll, und wählen Sie aus dem Menü EBENENSTIL EINFÜGEN. Be-achten Sie, dass das nicht funktioniert, wenn Sie auf eine der Miniaturen rechtsklicken.

## 21 Glanz und Vignette

Oben sehen Sie, dass die Augen einen Glanz-punkt bekommen haben ⓮. Den habe ich ganz einfach mit einem weißen Pinsel gesetzt.

Wählen Sie am Ende alle Ebenen in der Palette EBENEN aus, und konvertieren Sie sie in ein Smart-Objekt. Für eine mystischere Stimmung wählen Sie FILTER • VERZERRUNGS-FILTER • OBJEKTIVKORREKTUR, und erstellen Sie eine VIGNETTE, indem Sie STÄRKE ⓲ ganz und den MITTENWERT ⓳ ein wenig reduzieren.

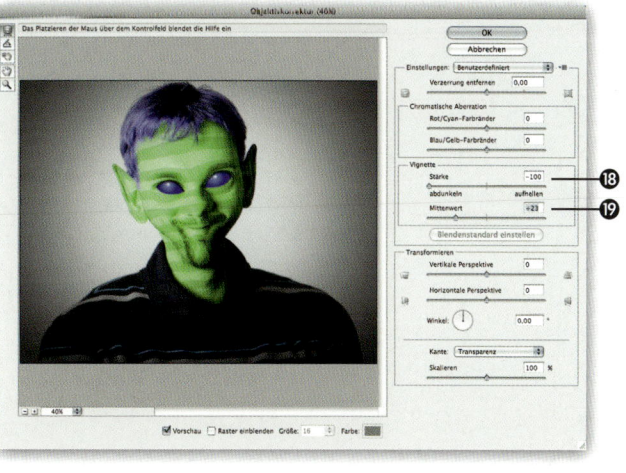

# Automatisierung & Web

**Lassen Sie Photoshop für sich roboten.** Ich habe oft den Eindruck, dass viele Teilnehmer von Software-Seminaren von einem Programm erwarten, dass es für alles einen Knopf gibt, der Ihre Vorstellungen ausführt. Gott sei Dank ist der »Idee-in-meinem-Kopf-perfekl-umsetzen«-Button noch längst nicht in Sicht. Und ich hoffe, dass er auch nie kommen wird. Denn solange Gestaltung noch viel Kopf- und Handarbeit bedarf, werden Gestalter nicht arbeitslos sein. Doch es gibt immer wieder Aufgaben, die eine »dumme« Maschine problemlos ausführen kann. Meist sind diese Arbeiten so stupid, dass Sie sich ohnehin nur langweilen würden, wenn Sie sie auf Hunderte von Bildern anwenden müssten. Bei solchen Aufgaben sind Automatisierungsfunktionen Gold wert.

Foto: Markus Wäger

# Automatisierung & Web

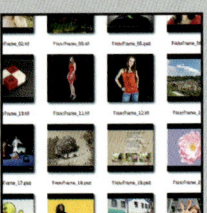

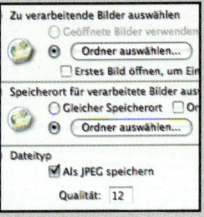

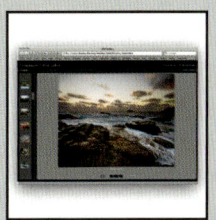

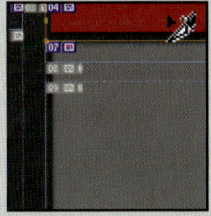

# Aktionen aufzeichnen

*Einen Flickr-Rahmen automatisch erstellen*

*Ich bin oft überrascht, wie viele fotografisch interessierte Leute Flickr nicht kennen. Flickr ist so etwas wie YouTube für Fotografen. Wenn Sie auch dazu zählen, lade ich Sie zu einem Flickr-Besuch und zu einem Abstecher auf meine Flickr-Seite ein, die Sie unter www.flickr.com/markuswaeger/ finden. Flickr ist ein gigantisches Fotoalbum mit oftmals ebenso gigantischen Aufnahmen und eine phantastische Inspirationsquelle. Leider bietet Flickr keine Möglichkeit, Bilder auf schwarzem Hintergrund darstellen zu lassen, was fast allen Fotos gut täte. Deshalb stellen viele Fotografen ihre Fotos selbst auf einen schwarzen Rahmen, bevor Sie sie in Flickr hochladen. Hier zeige ich Ihnen, wie Sie einen solchen Rahmen automatisch mit einer Aktion erstellen lassen können.*

**Zielsetzung:**
Die Erstellung von Rahmen für Flickr automatisieren
**[aktionen.jpg]**

Warten auf Fisch
© 2007
Markus Wäger

# 1    Vorbereitung und Aktion anlegen

Damit diese Aktion bei jedem Dokument problemlos funktioniert, ganz egal, wie die darin enthaltene Ebene heißt, habe ich den HINTERGRUND ❶ mit einem Doppelklick zuerst in eine reguläre Ebene umgewandelt.

Danach habe ich in der Palette AKTIONEN einen neuen Satz ❸ mit dem Titel »Galileo« erstellt. Nach dem Klick auf NEUE AKTION ERSTELLEN ❷ öffnet sich ein Dialog für die Optionen. Um die Aktion via Shortcut starten zu können, habe ich eine FUNKTIONSTASTE ❹ definiert und danach auf AUFZEICHNEN geklickt.

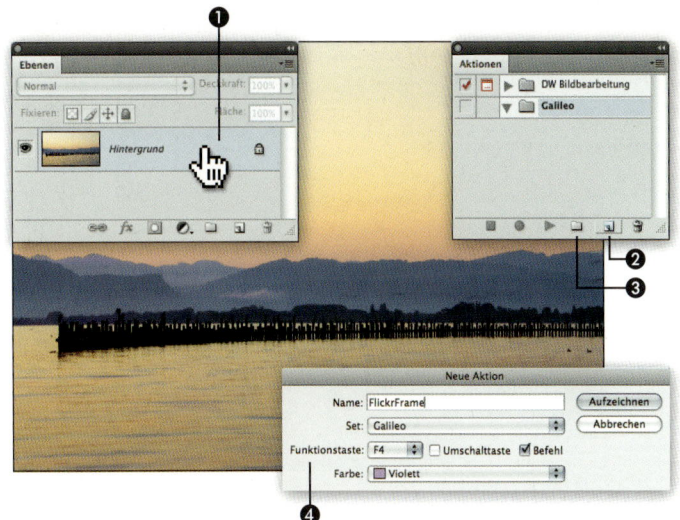

# 2    Auf Hintergrundebene reduzieren

Jeder Arbeitsschritt, den Sie nach AUFZEICHNEN ausführen, wird nun aufgenommen. Als Erstes habe ich das Bild wieder auf die Hintergrundebene reduziert ❺. In der Palette AKTIONEN sehen Sie diesen Schritt prompt aufgezeichnet ❻. Dadurch, dass ich mit AUF HINTERGRUNDEBENE REDUZIEREN starte, wird diese Aktion bei jedem Bild funktionieren – ganz egal, wie viele Ebenen in einem Dokument zunächst vorhanden sind, und wie diese Ebenen heißen.

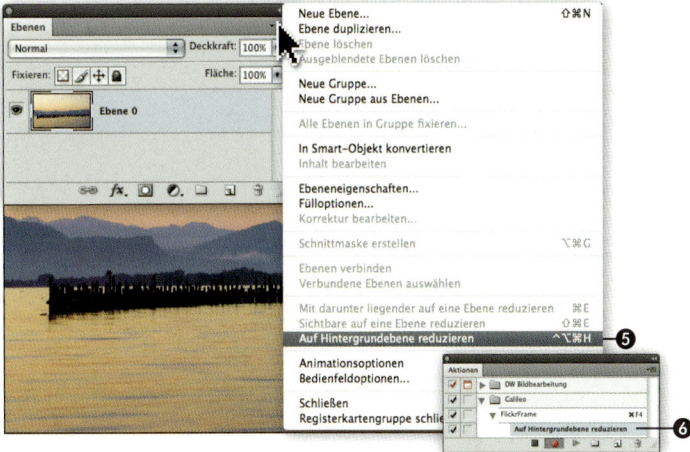

# 3    In Ebene umwandeln und Farbeinstellungen vornehmen

Machen Sie mit einem Doppelklick HINTERGRUND zur regulären Ebene, und nennen Sie sie »Bild« ❼. Hätten wir nicht eben aufgezeichnet, dass ein Bild erst auf HINTERGRUND reduziert werden muss, dann würde die Aktion bei einem Dokument ohne Hintergrundebene nicht funktionieren.

Rufen Sie nun im Menü BEARBEITEN • FARBEINSTELLUNGEN auf, und definieren Sie unter EINSTELLUNGEN • EUROPA WEB/INTERNET ❽.

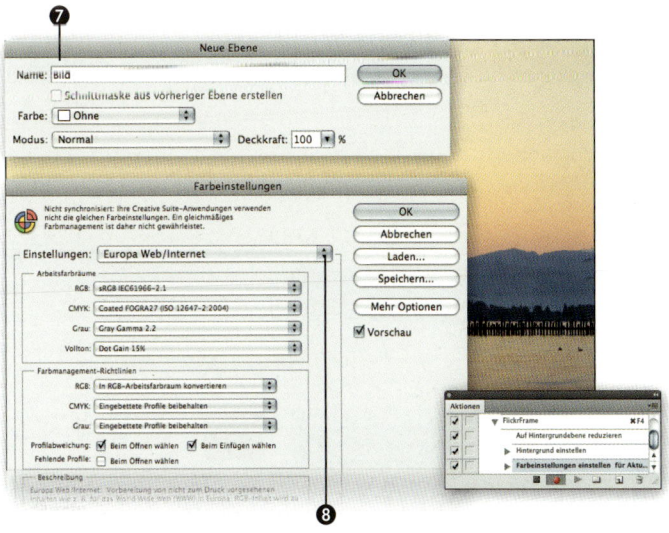

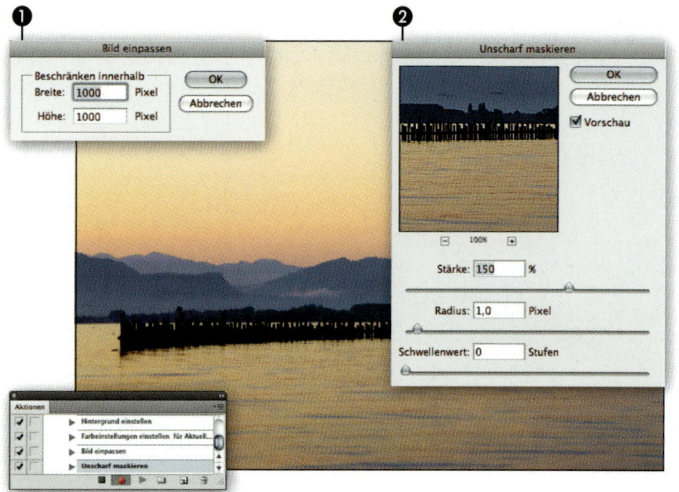

## 4 Einpassen und unscharf maskieren

Ich möchte alle meine Flickr-Bilder in einem Rahmen von 1000 × 1000 einpassen. Das geht am besten über DATEI • AUTOMATISIEREN • BILD EINPASSEN. Hier habe ich jeweils 1000 für BREITE und HÖHE vorgegeben ❶ – ein Hochformatbild wird dann dementsprechend schmaler und ein Breitformatbild entsprechend niedriger. Mit UNSCHARF MASKIEREN ❷ habe ich für das Nachschärfen gesorgt. Stellen Sie hier am besten Durchschnittswerte wie abgebildet ein, die für die meisten Bild in Ordnung gehen dürften.

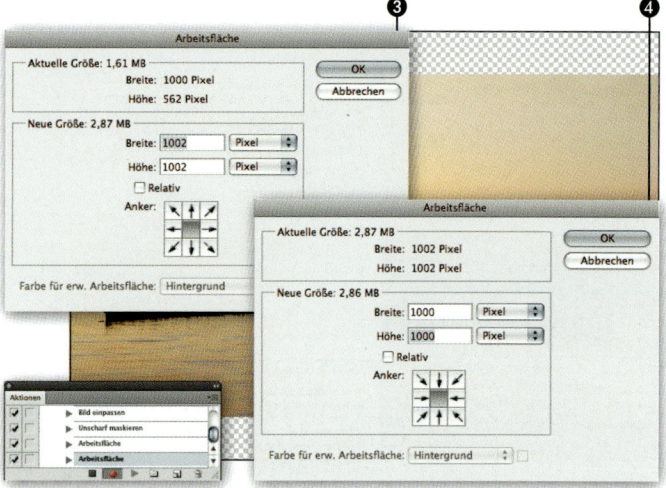

## 5 Arbeitsfläche erweitern

Ich möchte nun einen quadratischen Hintergrund erzeugen. Die ARBEITSFLÄCHE (Menü BILD) muss dafür erweitert werden. Im ersten Schritt habe ich BREITE und HÖHE auf 1002 Pixel ausgedehnt ❸. Danach habe ich den Dialog ein zweites Mal aufgerufen und die Arbeitsfläche wieder auf 1000 Pixel BREITE und HÖHE reduziert ❹. Ohne den ersten Schritt würde die Aktion nur die Veränderung der Höhe aufzeichnen (da die Breite bereits 1000 Pixel beträgt) und bei Hochformatbildern keine Änderung vornehmen.

## 6 Neue Ebene

Erstellen Sie eine Ebene *unter* der aktuellen ❺, indem Sie bei gedrückter ⌐Alt⌐-Taste auf das Symbol für NEUE EBENE ❻ klicken. Stellen Sie mit ⌐D⌐ Vorder- und Hintergrundfarbe zurück auf STANDARD. Somit ist die Vordergrundfarbe Schwarz. Machen Sie das auch, wenn die Vordergrundfarbe bereits schwarz ist, damit die Aktion auch funktioniert, wenn die Vordergrundfarbe einmal nicht von vornherein schwarz ist. Füllen Sie die Fläche über ⌐Alt⌐+⌐←⌐ mit der Vordergrundfarbe.

## 7 Kontur für Bild-Ebene

Aktivieren Sie in der Palette EBENEN wieder die obere Ebene mit dem Bild. Erstellen Sie dafür einen EBENENSTIL • KONTUR. Von den vorgegebenen Einstellungen habe ich lediglich die FARBE verändert **❼**.

## 8 Bildgröße und Textebene

Bevor wir Text setzen können, sollten wir die Bildauflösung einstellen. Auch das ist notwendig, damit die Aktion bei allen Bildern vergleichbare Ergebnisse liefert. Wählen Sie dazu BILD • BILDGRÖSSE, deaktivieren Sie BILD NEU BERECHNEN MIT **❽**, und geben Sie als AUFLÖSUNG 72 ppi **❾** ein. Tauschen Sie Vorder- und Hintergrundfarbe mit [X] – nun sollte Weiß Vordergrundfarbe sein. Klicken Sie jetzt mit dem TEXT-WERKZEUG [T] unten rechts im Bild auf die Arbeitsfläche, um eine Textebene zu erstellen **❿**.

## 9 Text einstellen und Ebene duplizieren

Ich habe als Platzhalter »Titel« auf die Arbeitsfläche geschrieben. Die Ausrichtung erfolgte rechtsbündig **⓫**, 30 Punkt sollte ein guter Schriftgrad sein. Ansonsten können Sie die Schrift nach Ihren Vorstellungen formatieren.

Duplizieren Sie die Ebene »Titel« **⓬** nach der Formatierung, und verschieben Sie die Kopie etwas weiter nach unten. Hier habe ich als Text mein Copyright zweizeilig **⓭** angegeben, und zwar in einem SCHRIFTGRAD von 18 Punkt und einem leichteren SCHRIFT-SCHNITT, nämlich »Regular« statt »Bold«.

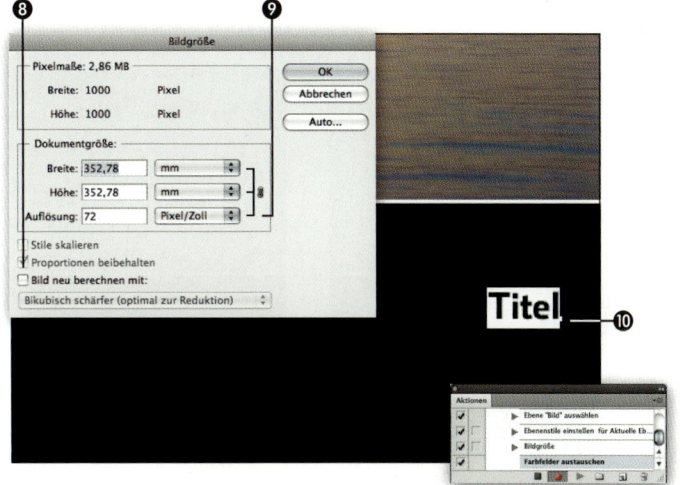

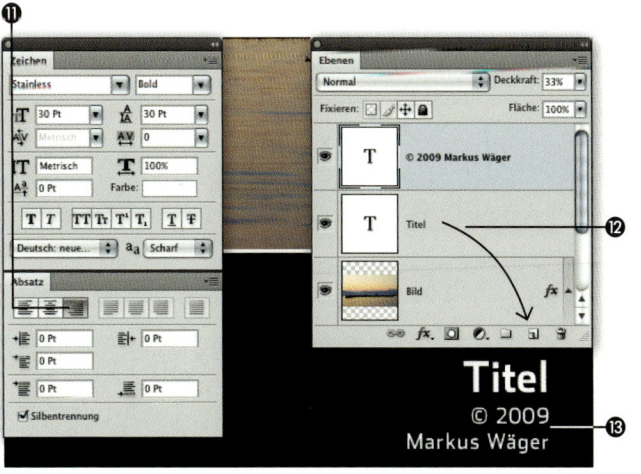

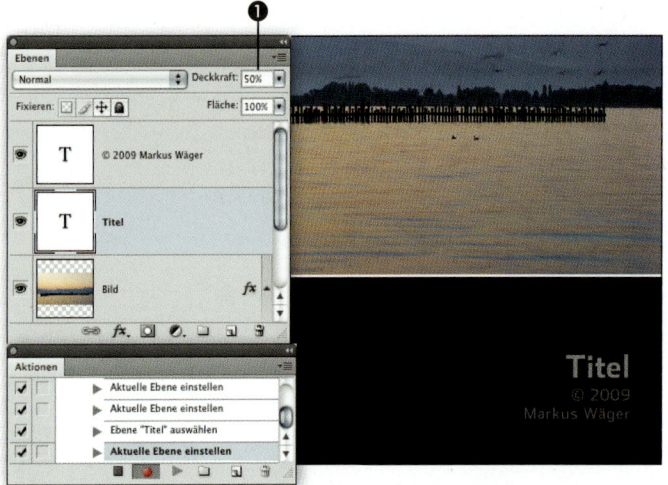

## 10 Deckkraft der Textebenen ändern

Für die beiden Textebenen habe ich die DECK-KRAFT reduziert ❶. Für den Titel habe ich 50 % eingestellt, das Copyright wurde mit 33 % definiert. Wählen Sie dann mit gedrückter ⌨Strg/⌘-Taste beide Textebenen aus und gehen im Menü EBENEN auf NEUE GRUPPE AUS EBENEN. Dadurch werden beide Ebenen in einem Ordner zusammengefasst ❹.

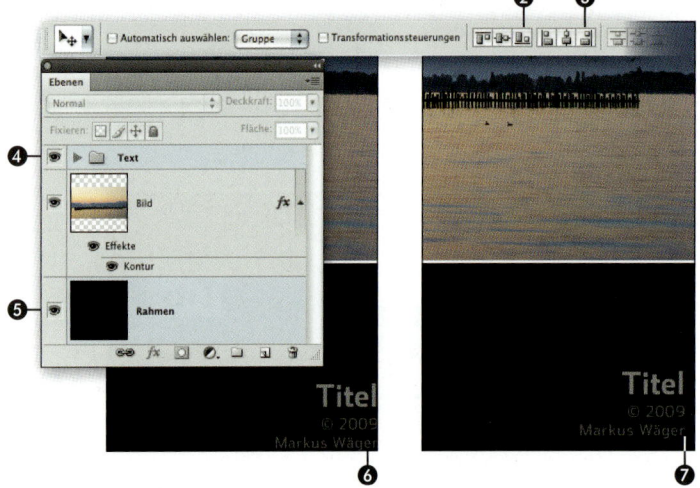

## 11 Textebenen-Gruppe ausrichten

Mit neuerlichem ⌨Strg/⌘-Klick können Sie zusätzlich zur Textebenen-Gruppe ❹ auch die untere Ebene ❺ aktivieren. Aktivieren Sie dann das VERSCHIEBEN-WERKZEUG, und klicken Sie in der Optionen-Palette auf UNTERE KANTE AUSRICHTEN ❷ und RECHTE KANTE AUSRICHTEN ❸ – der Text springt dann ganz unten rechts an die Kante ❻. Deaktivieren Sie die untere Ebene ❺ mit einem ⌨Strg/⌘-Klick wieder, und schieben Sie sie mit den Pfeiltasten ← und ↑ etwas vom Rand weg ❼.

## 12 Aufzeichnung stoppen

Damit wäre die Aufzeichnung dieser Aktion abgeschlossen, und Sie können sie mit AUF-ZEICHNUNG BEENDEN ❽ stoppen. Doch bei einer so komplexen Aktion passieren bei der Aufzeichnung meist ein paar Fehler. Um die Korrekturen werden wir uns jetzt kümmern.

## 13 Aktionen umsortieren

Die Reihenfolge, in der in einer Aktion Arbeitsschritte ausgeführt werden, lässt sich beliebig verändern, indem Sie sie einfach mit der Maus umsortieren. Ich habe den Schritt »Bildgröße« für diese Aktion nachträglich ganz an den Anfang gestellt ❾.

**Tipp:** Natürlich lassen sich unnötige Arbeitsschritte wieder löschen, indem Sie sie auf den Papierkorb ❿ ziehen, und – glauben Sie mir – auch ich musste beim Aufzeichnen dieser Aktion am Ende ein paar falsche Schritte entfernen.

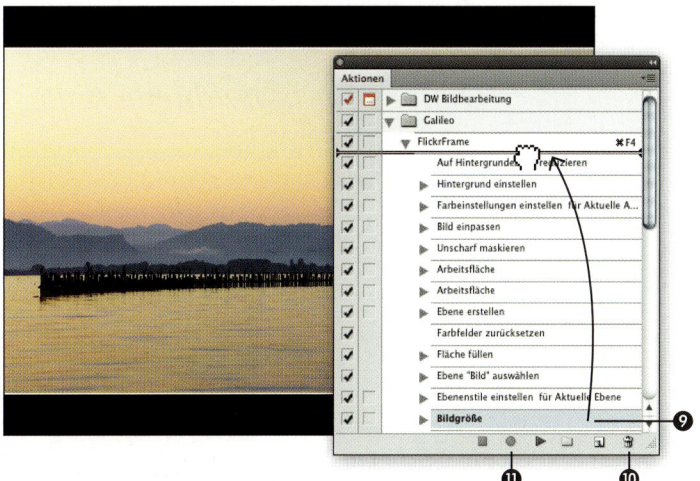

## 14 Zusätzlichen Schritt einfügen

Sie können jederzeit auch zusätzliche Schritte mitten in eine Aktion einfügen. Ich habe hier ganz vergessen, das Bild in den sRGB-Farbraum zu konvertieren. Nun habe ich nachträglich den Schritt, der unmittelbar vor der Konvertierung kommen soll, aktiviert ⓬, auf AUFZEICHNUNG BEGINNEN ⓫ geklickt und über BEARBEITEN • IN PROFIL UMWANDELN aufgerufen, wo ich als ZIELFARBRAUM ⓭ sRGB eingestellt habe. Dieses Bild befand sich zwar schon in diesem Farbraum, doch auch das ist eine Vorsorge für andere Bilder.

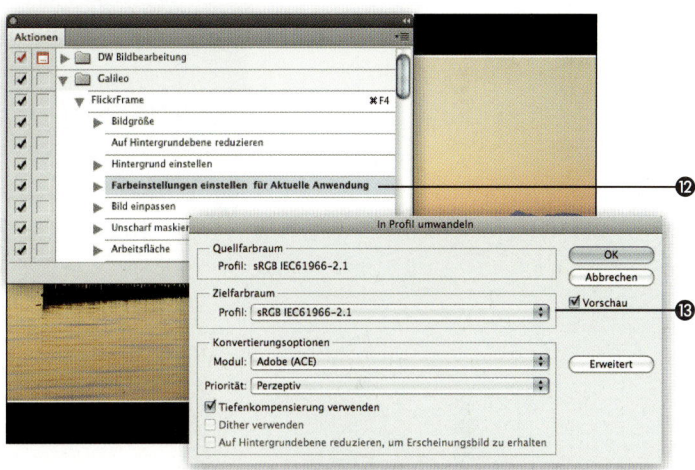

## 15 Aktionen speichern

Stoppen Sie nach Einfügen dieses einen Schrittes die Aufzeichnung wieder.

Sätze von Aktionen sollten gelegentlich gespeichert werden. Wählen Sie dazu im Palettenmenü AKTION SPEICHERN ⓯, und sichern Sie sie in ein Verzeichnis, in dem Sie die Aktion wiederfinden.

Außerdem können Sie die Palette AKTIONEN über das Palettenmenü auch in diesen ⓰ SCHALTFLÄCHENMODUS ⓮ versetzen, wenn Sie Schaltflächen-Shortcuts vorziehen.

# Aktionen ausführen

*Dialoge für individuelle Anpassungen in Aktionen*

*Auch im Ablauf einer Aktion brauchen Sie nicht jeden Schritt den einmal festgelegten und aufgezeichneten Parametern zu überlassen. Manche Schritte sollten einfach immer individuell angepasst werden. Das Schärfen ist zum Beispiel so ein Schritt. Da zum Schärfen ein Dialog gehört, sind Sie in der Lage, durch Aktivieren einer Option in der Palette »Aktionen«, genau diesen Schritt mit diesem Dialog ausführen zu lassen, und darin die genau für das gerade aktuelle Bild passende Einstellung zu treffen. Falls Sie die Aktion im letzten Workshop nicht aufgezeichnet und gespeichert haben, oder es Ihnen noch nicht gelungen ist, sie störungsfrei zum Laufen zu bringen, finden Sie sie unter dem Namen »Galileo.atn« im Beispielordner auf der CD. Über das Palettenmenü der Palette »Aktionen« können Sie sie laden.*

**Zielsetzung:**

Hochformatbild mit Aktion und individualisiertem Nachschärfen
**[aktion_ausfuehren.jpg]**

# 1 Dialog aktivieren

Eine Aktion ist nicht festbetoniert. Vor jedem Aktionsschritt finden Sie quadratische Kästchen. Das erste ist standardmäßig mit einem Häkchen versehen ❷. Das bedeutet, dass die Aktion aktiv ist und ausgeführt wird. Wenn Sie in das Kästchen klicken, wird dieser Schritt beim Ausführen der Aktion übersprungen. Das zweite Kästchen erscheint nur bei Schritten, zu denen ein Dialog möglich ist. Klicken Sie in das Quadrat für UNSCHARF MASKIEREN ❸, um den Optionsdialog für diesen Schritt zu aktivieren.

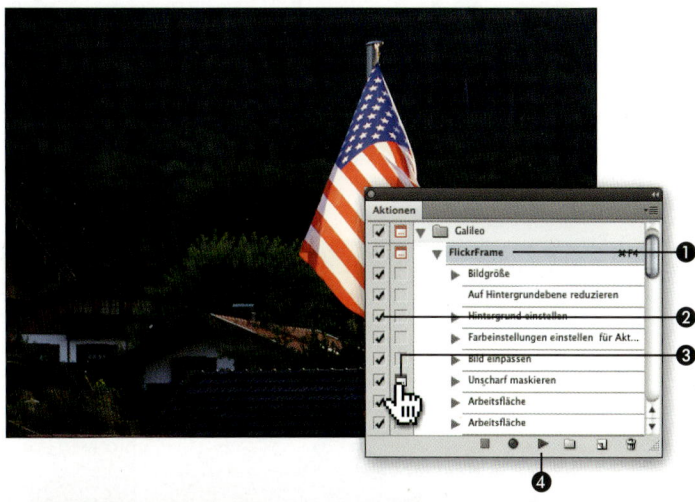

# 2 Aktion mit Dialog ausführen

Klicken Sie nun auf die Aktion »Flickr-Frame« ❶ und dann auf AKTION AUSFÜHREN ❹. Photoshop führt die ersten fünf Schritte der Aktion aus und stoppt beim Dialog UNSCHARF MASKIEREN. Hier können Sie nun die Einstellungen für das Schärfen individuell vornehmen, bevor Sie Ihre Anpassungen mit OK bestätigen und Photoshop alle weiteren Schritte wie von Ihnen aufgezeichnet zu Ende ausführt.

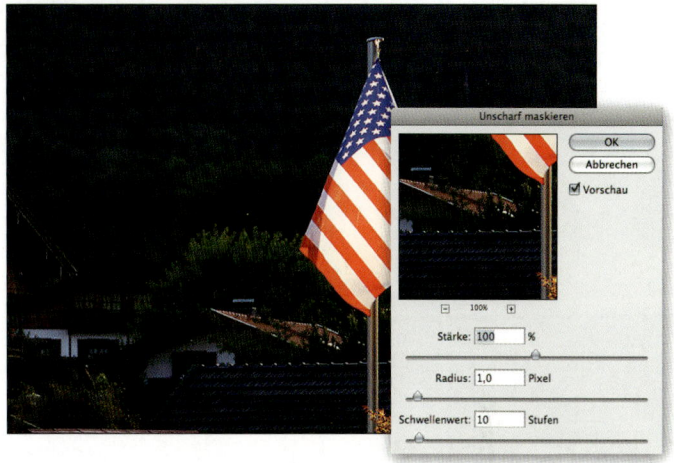

# 3 Individuelle Anpassungen

Meine FlickrFrame-Aktion führt bei diesem Hochformatbild dazu, dass der Text in das Bild hineinläuft ❺. Damit habe ich gerechnet, und es war auch mit eingeplant. Mit aktivem VER-SCHIEBEN-WERKZEUG 🔼 (Sie können diese Werkzeug auch jederzeit durch Drücken der Strg/⌘-Taste temporär aufrufen), gedrückter ⇧-Taste und der ←-Taste habe ich die Bild-Ebene ❻ ein paar Schritte nach links gerückt. Dann habe ich den Text überschrieben und die Position des Titels noch etwas angepasst.

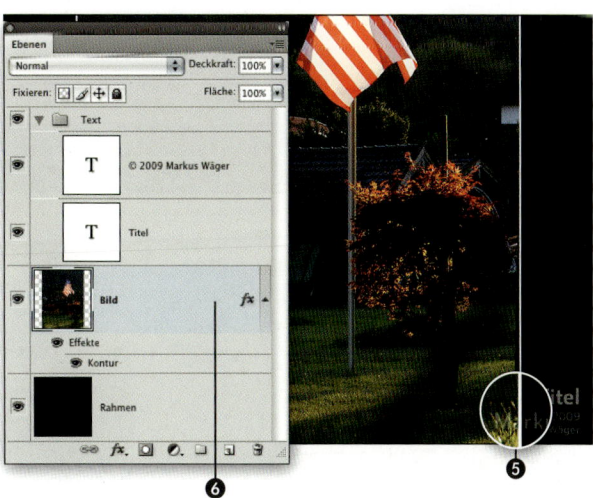

SCHWIERIGKEITSGRAD 1 FÜR EINSTEIGER

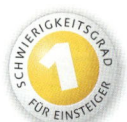

# Stapelverarbeitung

*Aktionen automatisch auf Bilderstapel anwenden*

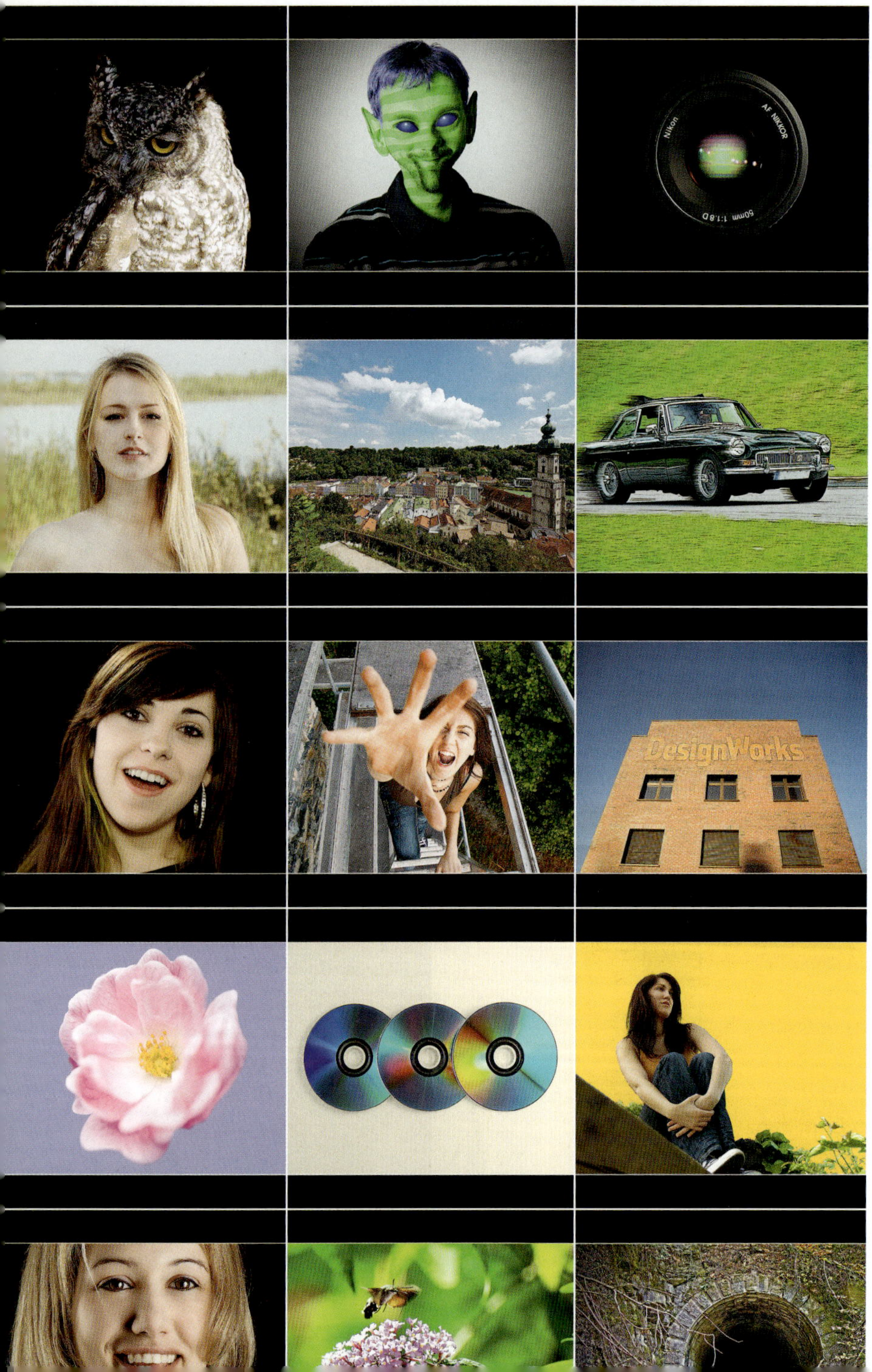


*Es gibt gelegentlich Aufgaben, da müssen Dutzende oder sogar Hunderte von Bildern mit standardisierbaren Arbeitsschritten bearbeitet werden. Solche Aufgaben müssen Sie nicht von Hand erledigen, sondern sie lassen sich als Aktion aufzeichnen und dann über die Stapelverarbeitung auf einen ganzen Ordner anwenden. Ich habe auf diese Art einmal Hunderte Schwarzweißbilder für ein Heimatbuch mit einem Duplexeffekt versehen. Am besten geht man dann einen Kaffee trinken, und wenn man zurück ist, ist die ganze Arbeit erledigt. Alles, was sich aufzeichnen lässt, kann auf diese Art automatisiert werden. Für dieses Beispiel hier habe ich einfach eine Kopie des Ordners mit den fertigen Beispielen aller bisheriger Workshops auf dem Schreibtisch erstellt.*

**Zielsetzung:**

Einen ganzen Ordner voller Bilder automatisch bearbeiten

# 1 Aktion vorbereiten

Stapelverarbeitung geschieht in der Regel auf Basis einer Aktion. Der Einfachheit halber werden wir hier die im vorletzten Workshop aufgezeichnete Aktion verwenden und ignorieren, dass am Ende alle Bilder »Titel« heißen und das Copyright in die Bilder hineinläuft. Zur Vorbereitung fügen Sie der Aktion am Ende noch den Schritt AUF HINTERGRUND-EBENE REDUZIEREN hinzu. Wie das geht, habe ich Ihnen im letzten Workshop gezeigt. Bei welchem Bild Sie den Schritt aufnehmen, ist belanglos.

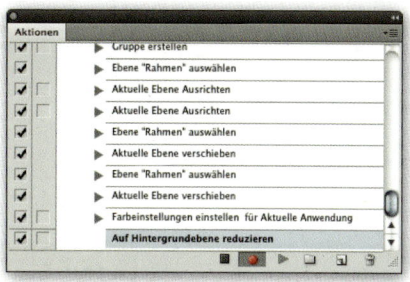

# 2 Stapelverarbeitung einstellen

Wählen Sie in DATEI • AUTOMATISIEREN • STA-PELVERARBEITUNG. Stellen Sie ein, welche AKTION Sie verwenden wollen ❶ – Photoshop schlägt die zuletzt in der Palette AKTIONEN aktive Aktion vor. Wählen Sie eine QUELLE ❷ – ich habe ORDNER eingestellt und über WÄHLEN einen Ordner mit fertigen Beispielen aus diesem Buch auf meinem Schreibtisch bestimmt. Wurden in der Aktion Öffnen- und Speichern-Befehle aufgezeichnet, lässt sich das für die Stapelverarbeitung unterdrücken (❸/❻).

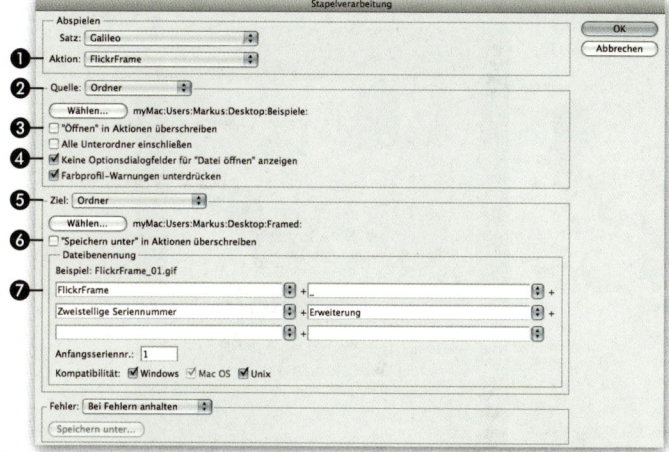

# 3 Dialoge unterdrücken

Unterdrücken Sie, wenn irgendwie möglich, Optionsdialogfelder und Farbprofil-Warnungen für die Stapelverarbeitung ❹. Ansonsten müssen Sie während der Abarbeitung der Stapel am Computer sitzen bleiben und die Dialoge einen nach dem anderen bestätigen. Auch für das Ziel gibt es verschiedene Optionen. Ich habe hier ORDNER ❺ gewählt und das ZIEL über WÄHLEN bestimmt. Darüber hinaus stehen Ihnen auch Optionen zum Umbenennen der Dateinamen zur Verfügung ❼.

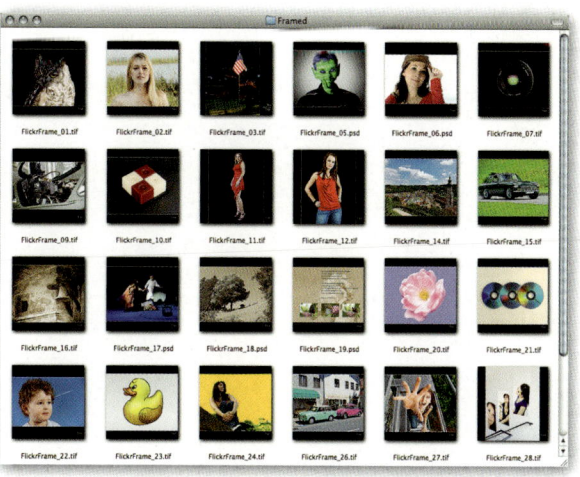

SCHWIERIGKEITSGRAD 1 FÜR EINSTEIGER

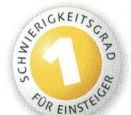

# Bildprozessor

*Stapelweise JPEGs mit Extras*

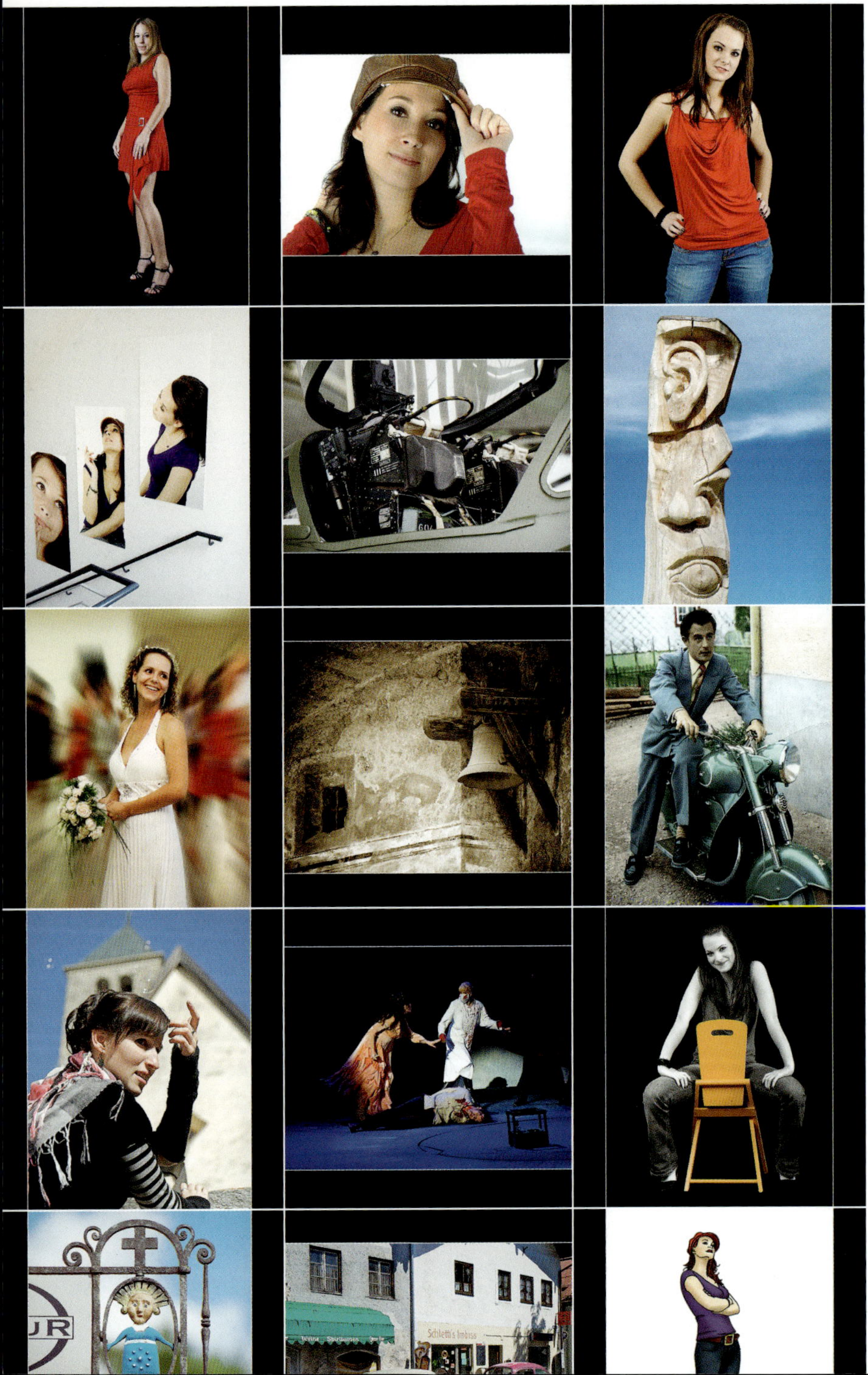

*Die meisten Photoshop-Benutzer scheitern und verzweifeln daran, über die Stapelverarbeitung Bilder als JPEGs zu speichern. Die Stapelverarbeitung speichert Bilder an sich ohnehin immer in dem Format, in dem die Datei vor der Verarbeitung vorliegt, und der Dialog bietet keine Option, Bilder in ein anderes Format zu konvertieren. Wenn Sie versuchen, diese Beschränkung zu umgehen, scheitern Sie meist daran, dass – wenn Sie ein Bild als JPEG speichern wollen – immer der Einstelldialog für die JPEG-Speicheroptionen erscheint und Sie den Dialog jedes Mal bestätigen müssen. Wenn Sie Bilder von einem Dateiformat nach TIFF, PSD oder JPEG speichern möchten, dann machen Sie das am besten über den Bildprozessor.*

**Zielsetzung:**

Einen Ordner voller Bilder in einem anderen Dateiformat speichern

# 1 Bildprozessor aufrufen

Wählen Sie im Menü DATEI • SKRIPTEN • BILD-PROZESSOR.

**Tipp:** Photoshop lässt sich mit Skripten in alle Richtungen aufmotzen. Es gibt viele Quellen, wo Photoshop-Geeks und -Nerds ihre Skripte anderen Benutzern meist kostenlos zur Verfügung stellen. Wenn Sie daran interessiert sind, den ohnehin beachtlichen Funktionsumfang auf diese Weise weiter auszubauen, dann starten Sie Ihre Suche am besten auf der Website von Adobe.

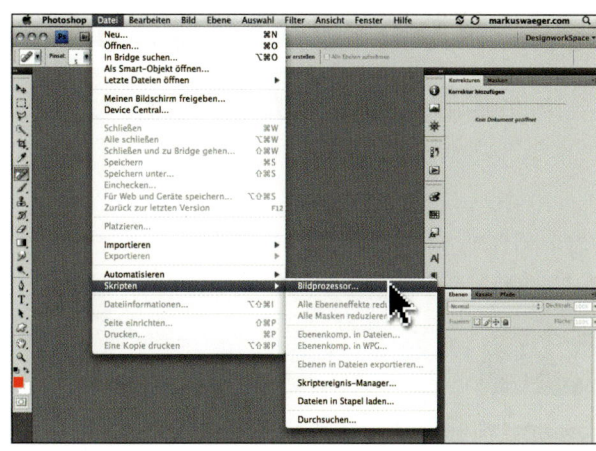

# 2 Ordner, Dateityp und Auflösung

Die ersten beiden Einstellungen kennen Sie so ähnlich bereits aus der Stapelverarbeitung: Sie bestimmen einen Ordner, in dem sich die Bilder befinden ❶, die in ein anderes Format konvertiert werden sollen, und einen Ordner als Ziel ❷. Im dritten Abschnitt bestimmen Sie den DATEITYP ❸, wo Ihnen die wichtigsten Dateiformate JPEG, PSD und TIFF zur Auswahl stehen. Die Auflösung lässt sich dabei gleich anpassen ❼. Mit meinen Einstellungen würde ein Bild mit 1200×800 Pixel auf 600×400 Pixel reduziert.

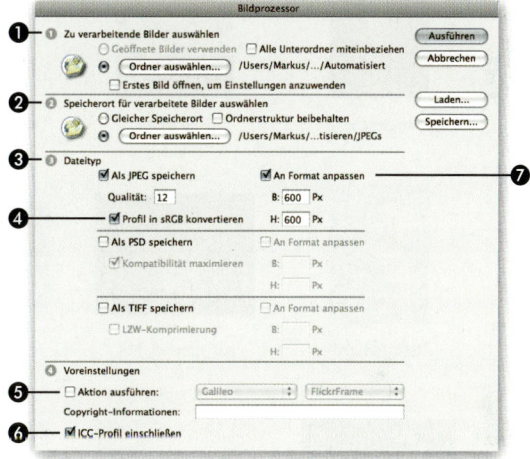

# 3 Aktionen und Profile

JPEGs lassen sich mit dem Bildprozessor gleich in sRGB konvertieren ❹, was für alle Bilder, die an vielen verschiedenen Monitoren dargestellt werden sollen, absolut zu empfehlen ist. Der Bildprozessor bietet wie die Stapelverarbeitung auch die Möglichkeit, auf eine Aktion zurückzugreifen ❺. ICC-PROFILE EINSCHLIESSEN ❻ sollte für Druckdaten aktiviert bleiben. Werden die Bilder für die Ausgabe auf einer Website konvertiert wird es meist deaktiviert, da sich mit Profilen die Dateigröße deutlich erhöhen kann.

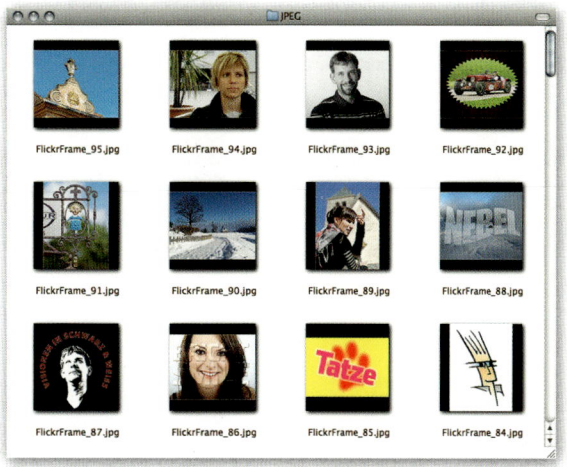

# Kontaktabzug

*Bilder übersichtlich auf Papier bringen*

weich_verschieben.tif

jpeg-raw.tif

objektivkorrektur.tif

textaufpfad.tif

gesichtsretusche.tif

bodyretusche.tif

aktionen.tif

inhaltbewahren.psd

retusche2.tif

lasso_fertig.tif

hdr_manuell_1.tif

extrahieren.tif

HDR.psd

multiplizieren.tif

smartraw_roh.tif

smartraw.tif

roteaugen.psd

groesse.tif

radiergummi.tif

speedeffekt.tif

farbtonsaettigung2.tif

farbbereich_maske.tif

retusche.tif

graustufen.tif

Kontaktabzüge sind interessant, wenn Sie einem Kunden eine Übersicht über einen Bildbestand als PDF via E-Mail übermitteln wollen, oder als Beigabe zum Archivieren von Bildbeständen. So erstellen viele Fotografen Übersichten im Format 12 × 12 cm, um sie CD-ROM-Archiven beizulegen. Bis zu Photoshop CS3 wurde das meist über DATEI • AUTOMATISIEREN • KONTAKTABZUG II in Photoshop ausgeführt. Mit CS4 ist diese Option aus Photoshop verschwunden, und das Erstellen von Kontaktabzügen geschieht nun über die Bridge mit mehr Einstelloptionen und einer erstklassigen Vorschau.

**Zielsetzung:**
Kontaktbogen zur Übersicht über ein Bildarchiv

# 1 Arbeitsbereich »Ausgabe«

Als Erstes habe ich in der Bridge in der Ansicht FILMSTREIFEN alle Bilder markiert, die ich im Kontaktabzug katalogisiert haben wollte ❷. Über das Menü FENSTER habe ich dann auf den ARBEITSBEREICH • AUSGABE umgeschaltet ❶. Die Panele FAVORITEN und die Filter brauche ich für diese Ansicht nicht. Mit einem Doppelklick auf den rechten Trenner ❸ habe ich diese komplett ausgeblendet.

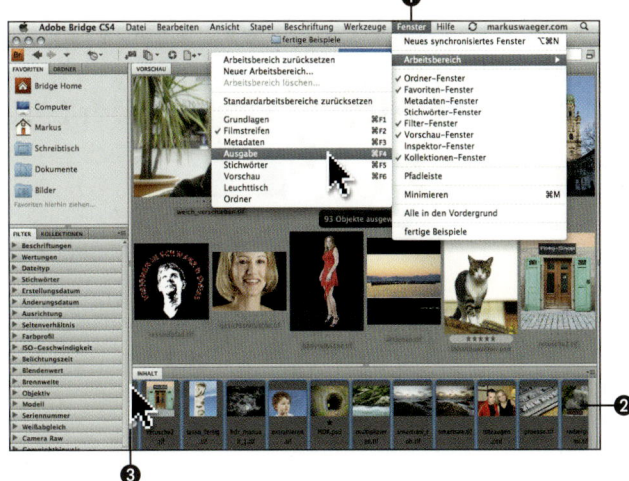

# 2 PDF einstellen

Im Ausgabe-Panel aktivieren Sie für einen Kontaktabzug die Option PDF ❹. Im Gegensatz zu »Kontaktabzug II« in älteren Photoshop-Versionen bietet der Kontaktabzug aus der Bridge eine Unmenge an Einstelloptionen. Zunächst wählen Sie ein Format: Neben Standardgrößen wie DIN-A4 lassen sich auch eigene Werte bestimmen ❺. Im Bereich LAYOUT bestimmt SPALTEN die horizontale Anzahl der Bilder und ZEILEN die vertikale ❻. Außerdem geben Sie in diesem Bereich auch die Abstände ein.

# 3 Vorschau und Speichern

Mit VORSCHAU AKTUALISIEREN ❽ können Sie das Ergebnis vorab schon betrachten und beurteilen. Unter LAYOUT finden Sie den Bereich ÜBERLAGERUNGEN ❼, wo Sie die SCHRIFTART und SCHRIFTGRÖSSE für die Beschriftung ⓬ einstellen können. Wenn Sie statt einem Druck-PDF eines für die Bildschirmpräsentation erstellen, dann treffen Sie die Vorgaben dafür unter WIEDERGABE ❾. Wenn Sie im Feld WASSERZEICHEN ❿ Text eingeben, wird das PDF von diesem Text überlagert. Mit einem Klick auf SPEICHERN ⓫ wird das PDF erstellt.

SCHWIERIGKEITSGRAD 1 FÜR EINSTEIGER

# Web-Fotogalerie

*Internet-Präsentationen für Jedermann*

*Photoshop macht es einfach, eine Fotogalerie online zu veröffentlichen. Sie brauchen dazu nicht viel mehr, als einen Internet-Server, auf den Sie die Daten übertragen können, und natürlich Ihre Bilder. Die Vorlagen, die Ihnen Adobe dafür anbietet, sind angenehm zurückhaltend gestaltet und unterstützen damit eine optimale Wirkung Ihrer Bilder.*

**Zielsetzung:**

Erstellen einer Online-Präsentation

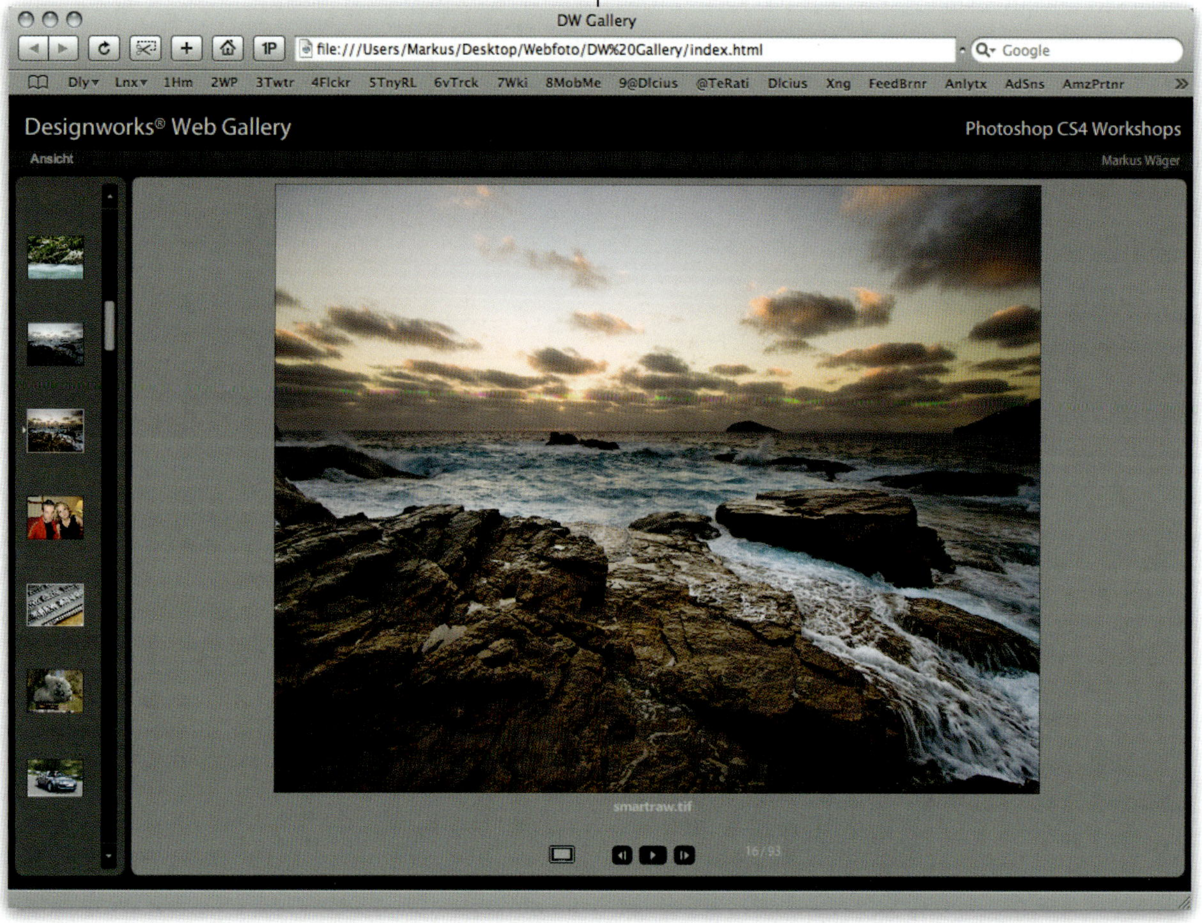

DW Gallery

file:///Users/Markus/Desktop/Webfoto/DW%20Gallery/index.html

Q▾ Google

Dly▾  Lnx▾  1Hm  2WP  3Twtr  4Flckr  5TnyRL  6vTrck  7Wki  8MobMe  9@Dlcius  @TeRati  Dlcius  Xng  FeedBrnr  Anlytx  AdSns  AmzPrtnr  »

Designworks® Web Gallery                                    Photoshop CS4 Workshops

Ansicht                                                                    Markus Wäger

smartraw.tif

16/93

# 1 Web-Galerie mit Flash-Vorlage

Starten Sie, wie im letzten Workshop beschrieben: Öffnen Sie in der Bridge das Verzeichnis Ihrer Bilder, wählen Sie die gewünschten aus, und wechseln Sie zur Ansicht Ausgabe. Klicken Sie auf Web-Galerie ❹. Als Vorlage ❺ habe ich eine Flash-Galerie im Stil »Earl Grey« ausgesucht, was coole Übergänge zwischen den Bildern erlaubt, und sogleich eine Vorschau ❻ erstellen lassen. Dann habe ich den Site- ❶ und den Sammlungstitel ❷ bestimmt ❼. Kontaktinformation und E-Mail-Adresse ❽ erzeugen hier ❸ einen Link.

# 2 Farbpalette und Erscheinungsbild

Im Bereich Farbpalette ⓫ lassen sich die Farben aller Elemente der Fotogalerie verändern. Mit gefiel aber der Farbraum der »Earl Grey«-Vorlage recht gut, und deshalb habe ich einzig die Text-Farbe etwas dunkler gewählt.

Im Bereich Erscheinungsbild ⓬ haben Sie etwas Einfluss auf das Layout, zum Beispiel auf die Größe von Vorschau ❿ und Miniaturen ❾.

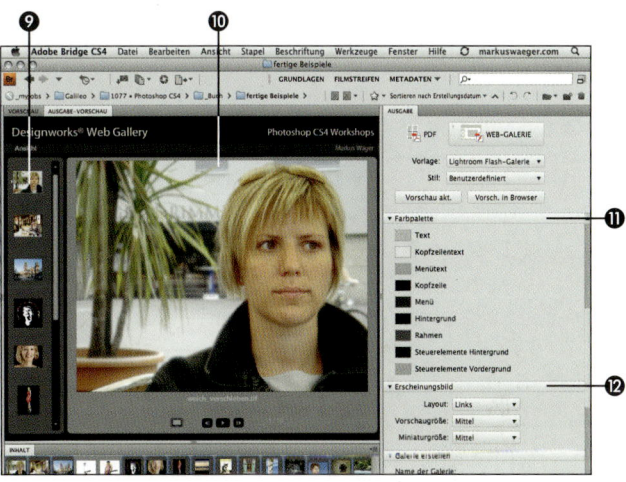

# 3 Galerie speichern

Über Galerie erstellen, können Sie die Präsentation auf einen Server hochladen, oder in einem Verzeichnis auf Ihrer Festplatte speichern ⓮ und später mit einem FTP-Programm übertragen. Was Sie in Name der Galerie ⓭ eingeben, wird zum einen als Name für den Ordner verwendet, in dem die Site gespeichert wird, wie auch für die Kopfleiste des Browsers, wenn die Site besucht wird. Ich habe mich entschieden, die Site auf meiner Festplatte zu sichern und habe nach Abschluss der Einstellungen Speichern ⓯ geklickt.

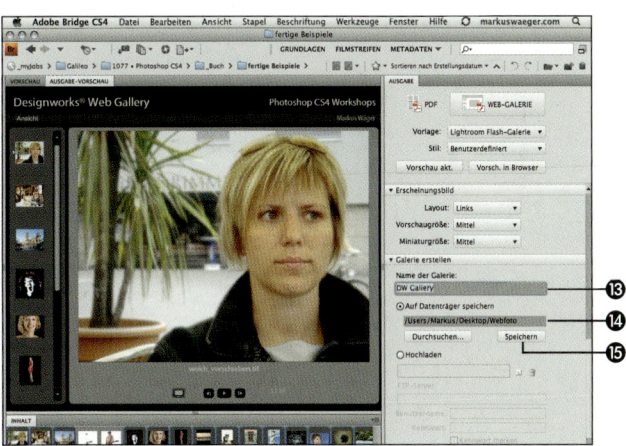

SCHWIERIGKEITSGRAD 2 FÜR AUFSTEIGER

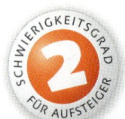

# Web-Banner mit Animation

*Keine Angst vor Werbebannern*

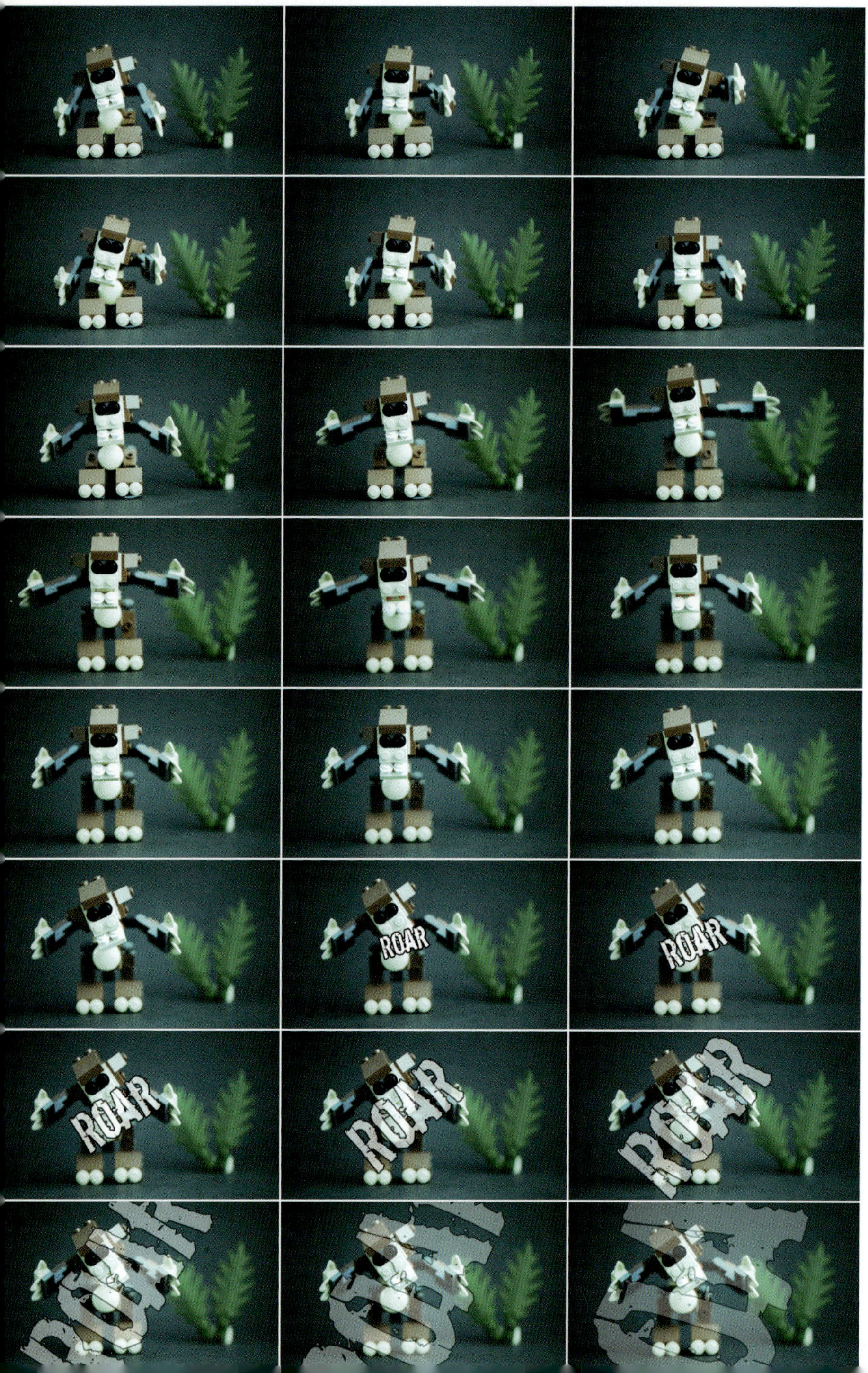


*Bilder über Animation zum Leben erwachen zu lassen bereitet sicher den meisten Anwendern eine besondere Freude. Photosohp beherrscht es zwar nur beiläufig, den Bildern das Laufen beizubringen, aber einfache Trickfilme für Werbebanner kann auch ein Einsteiger recht bald problemlos erstellen. Klassische Internet-Werbebanner haben oft ein Format von 468 × 60 Pixel, und der Gestalter muss darauf achten, dass die Dateimenge dafür möglichst klein bleibt. Ich habe uns für diesen Workshop von diesen Restriktionen entbunden und mit relativ vielen Einzelbildern eine Animation vorbereitet, bei der der Spaß am Trickfilm im Vordergrund stehen soll. Die Arbeitsweise bei einem echten Werbebanner unterscheidet sich aber nicht von dem, was wir hier machen.*

**Zielsetzung:**

Animation mit Einzelbildern und Text-Ebenen

**[animation_01.jpg bis animation_18.jpg]**

Foto: Markus Wäger

## 1   Dateien in Stapel laden

Der schnellste Weg, alle Bilder für diesen Workshop in Ebenen übereinander zu laden, führt über SKRIPTEN • DATEIEN IN STAPEL LADEN. Im darauf erscheinenden Dialog wählen Sie über DURCHSUCHEN alle Dateien, die als Ebenen geladen werden sollen, aus, und klicken auf OK.

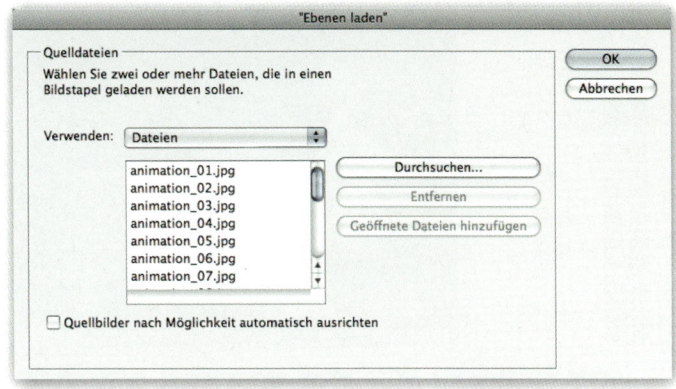

## 2   Einstellungsebenen

Photoshop lädt alle Bilder als Ebenen übereinander gestapelt in eine neue Datei ❶. Ich habe mit einer Einstellungsebene GRADATIONSKURVEN ❷ dem Bild deutlich mehr »Schlagkraft« verliehen. Die Einstellung wurde bewusst übertrieben, damit das Bild düsterer wirkt. Damit es wirklich gruselig wird, habe ich zusätzlich einen FOTOFILTER über die anderen Ebenen gelegt, als FILTER »Cyan« ausgewählt, die DICHTE mit 100 % auf Anschlag gedreht und mit LUMINANZ ERHALTEN dafür gesorgt, dass das Bild nicht absäuft ❸.

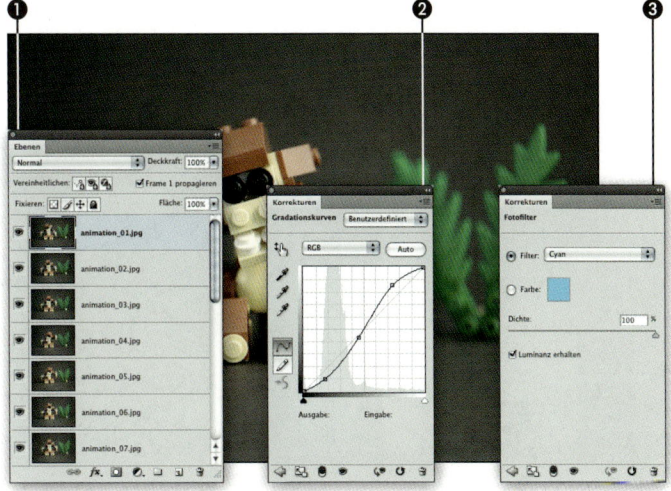

## 3   Frames erstellen

Zur Erstellung der Einzelbilder (Frames) rufen Sie die Palette ANIMATION auf. Der erste Frame wartet hier bereits auf Sie. Klicken Sie auf »0 Sek.« unter der Frame-Miniatur, wählen Sie aus dem Menü ANDERE, und geben Sie im folgenden Dialog 0,15 Sekunden ein ❼. Erstellen Sie dann über ❺ den zweiten Frame ❻. Dieser zweite Frame sieht zunächst genauso aus, wie der erste, doch wenn Sie die oberste Ebene des Ebenenstapels ausblenden ❹, wird die Ebene darunter sichtbar, und Sie haben die erste Bildabfolge erstellt.

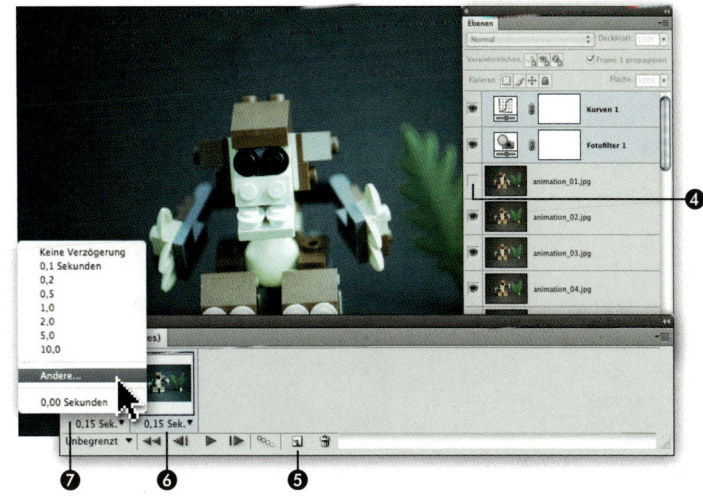

## 4 Jede Ebene bekommt einen Frame

Erstellen Sie einen neuen Frame, blenden Sie die nächste Ebene aus, erstellen Sie den nächsten Frame, blenden Sie wieder die nächste Ebene aus, und so weiter. Führen Sie diese Aktionen so lange durch, bis nur noch die unterste Bildebene sichtbar ist ❶ – die Animation sollte bis dahin aus 18 Frames bestehen ❷.

## 5 Text-Ebene erstellen und rotieren

Ich habe hier das Wort »ROAR« mit dem Freefont »Dirty Ego« von *www.misprinted-type.com* gesetzt. Die Textebene ❸ erhielt einen Kontur-Effekt mit einer STÄRKE von 3 Pixeln, damit sich der Text besser vom Hintergrund abhebt. Dann habe ich über Strg/⌘+T den Frei-transformieren-Rahmen aufgerufen und den Text etwas gedreht.

## 6 Erneut transformieren

Nach der Transformierung des Textes habe ich einen neuen Frame erstellt und Strg/⌘+Alt+T gedrückt – dadurch wird FREI TRANSFORMIEREN ❺ nicht auf die ausgewählten Ebenen, sondern auf eine Kopie ❹ angewendet. Mit Strg/⌘+⇧+T habe ich die letzte Transformierung (Drehen) erneut angewendet und die Ebene zusätzlich vergrößert.

## 7 Untere Ebene ausblenden und erneut transformieren

Nach dem Transformieren der kopierten Textebene bleibt die Ebene darunter sichtbar ➏.
Blenden Sie sie über die Palette EBENEN
aus ➐. Rufen Sie mit Strg/⌘+Alt+T
KOPIE TRANSFORMIEREN auf, und lassen Sie mit
Strg/⌘+⇧+T die Drehung und Skalierung auf diese Kopie erneut ausführen. Bestätigen Sie die Transformierung, und blenden
Sie die Textebene darunter wieder aus. Wiederholen Sie diese Schritte mehrmals.

## 8 Deckkraft verändern

Ich hatte am Ende 27 Frames. Beim letzten
Frame ➓ habe ich dann damit begonnen, die
DECKKRAFT ➑ der Textebene ➒ auf 10 % zu reduzieren. Dann habe ich den nächsten
Frame ⓫ und die dazugehörige Textebene
ausgewählt und die DECKKRAFT auf 20 % reduziert. Für jeden vorangegangenen Frame habe
ich die DECKKRAFT der Textebene um jeweils
10 % erhöht – der erste Frame mit Text (Frame
18) blieb bei 100 %. Die Animation können Sie
übrigens jederzeit über diese Schaltfläche ⓬
starten und testen.

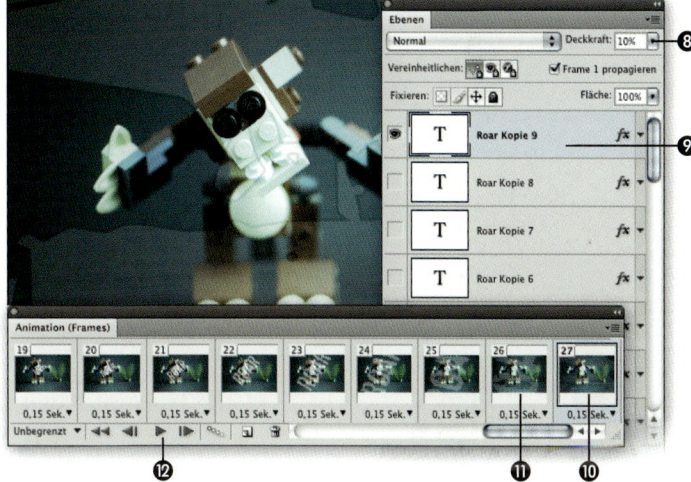

## 9 Animation für Web speichern

Sie sollten die Animation als PSD-Datei speichern, um später Veränderungen vornehmen
zu können. Für das Internet muss sie jedoch
als GIF gespeichert werden. Wählen Sie dazu
FÜR WEB UND GERÄTE SPEICHERN im Menü
DATEI. Wählen Sie als FORMAT • GIF ⓭ (nur
GIF erlaubt Animationen). Ich habe 256
FARBEN ⓮ eingestellt und als Dithering-Me-
thode RAUSCHEN ⓯. Das erzeugt zwar eine zu
üppige Datei für das Web, selbst bei Reduzierung der BILDGRÖSSE ⓰, doch als Workshop-
Beispiel wollen wir es durchgehen lassen.

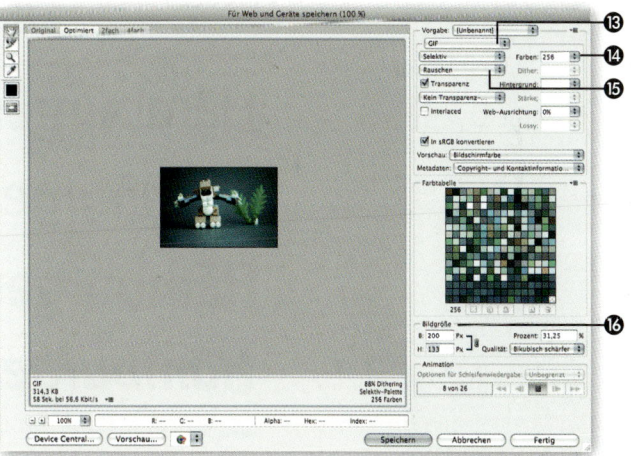

# Was sind Slices?

*Ein kurzer Einblick in ein weiterführendes Thema*

*Der letzte Workshop in diesem Buch ist eigentlich kein Workshop mehr. Ich möchte zum Schluss nur noch eine Frage beantworten, die sich wohl schon viele Photoshop-Benutzer gestellt haben: Was sind Slices, und was hat es mit den Slice-Werkzeugen auf sich? Slices braucht der Web-Designer, wenn er in Photoshop ein Screen-Design vorbereitet. Er kann damit das Layout eines Internet-Auftritts in Photoshop entwerfen und für die Ausgabe in lauter kleine Häppchen zerlegen lassen, wie sie für die Arbeit mit sogenannten Cascading Style Sheets notwendig sind. Mehr als einen ganz kleinen Einblick in diese Thematik kann ich hier sinnvollerweise nicht mehr geben. Denn Web-Design mit Photoshop ist ein Thema für ein ganz anderes Buch.*

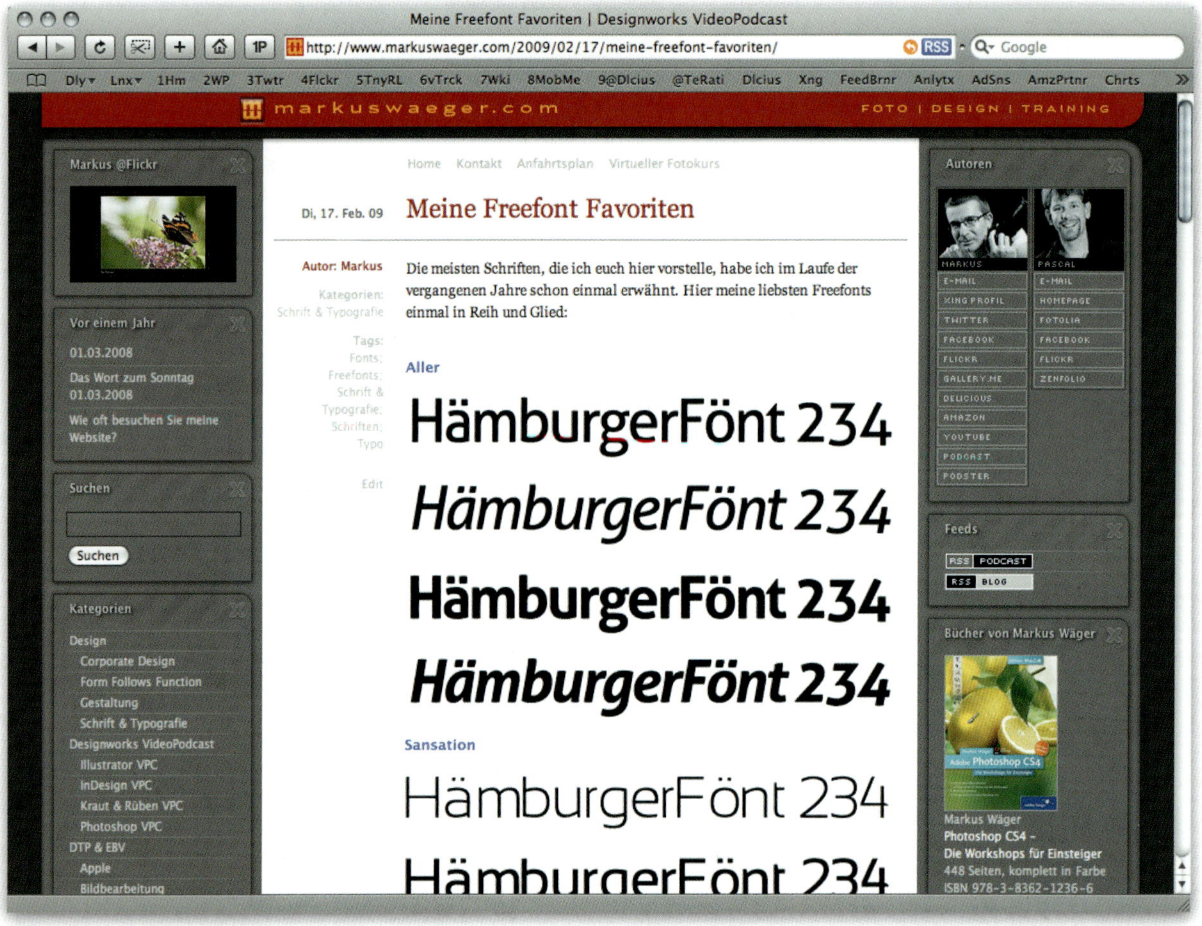

# 1 Slices erstellen und auswählen

Mit dem Slice-Werkzeug ✐ erstellen Sie über einem Layout rechteckige Bereiche, die standardmäßig mit blauen Linien markiert werden. Für jeden dieser Slice-Bereiche erzeugt Photoshop bei der Ausgabe eine separate Datei. Sobald Sie einen Slice erstellt haben, zerlegt Photoshop die restliche Dokumentfläche in weitere Rechtecke. Blau gekennzeichnete ❶ Slices sind vom Benutzer erstellt, grau gekennzeichnete ❷ hat Photoshop automatisch hinzugefügt.

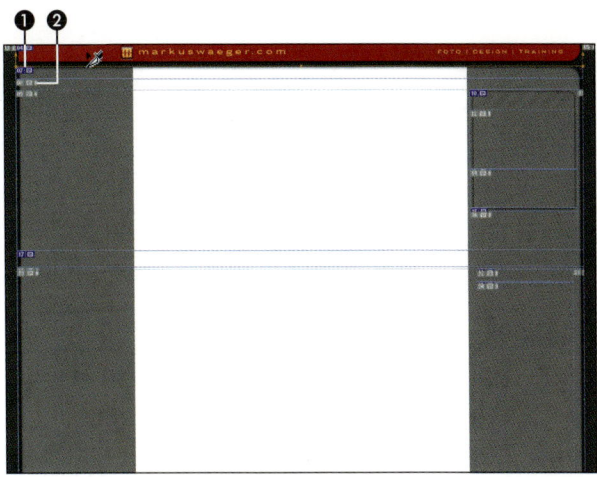

# 2 Slice-Optionen

Ein Doppelklick auf einen Slice öffnet den Dialog SLICE-OPTIONEN. Hier lassen sich eine Reihe von Parametern einstellen, wovon für mich in erster Linie der NAME, der SLICE-TYP und die MASSE interessant sind. Unter SLICE-TYP kann ich als Alternative zu BILD auch einstellen, dass keine Datei für einen Bereich ausgegeben werden soll.

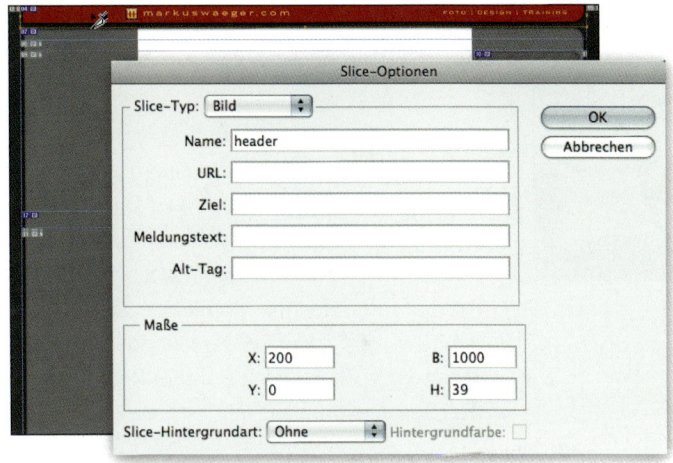

# 3 Für Web und Geräte speichern

Um ein Screendesign in Slices zerschnitten auszugeben, wähle ich FÜR WEB UND GERÄTE SPEICHERN. Das schöne an diesem Export ist, dass ich die Slices hier auch noch einmal anklicken und auswählen kann ❸, und bestimmen kann, in welchem Dateiformat und mit welcher Feineinstellung ❹ die einzelnen Bereiche gesichert werden sollen. Foto-Bereiche in einem Screendesign sollten ja besser als JPEG gesichert werden, während für alle eher gleichmäßigen Flächen mit wenig Farben GIF die bessere Variante ist.

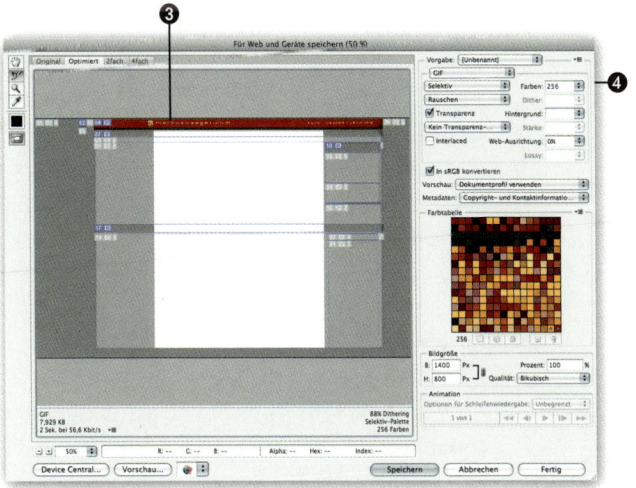

# Die DVD zum Buch

**Der Inhalt der DVD-ROM** zum Buch ist in vier Hauptordner mit den Namen Beispielbilder, Testversion, Glossar und Video-Training aufgeteilt.

### Ordner »Beispielbilder«

Sie finden auf der DVD zum Buch alle Beispielbilder aus den Workshops. Welches Beispielbild zu welchem Workshop gehört, wird Ihnen im Buch immer ganz vorn in der jeweiligen Einleitung eines Workshops in roter Schrift und eckigen Klammern angezeigt.

**Zielsetzungen:**
Aus breit mach hoch
[inhaltbewahren.jpg]

### Ordner »Demoversion«

In diesem Ordner finden Sie eine nach Installation 30 Tage lang gültige Testversion von Photoshop CS4 für Windows und Mac. Diese Programmversion ist vollständig nutzbar und Sie können alle Beispiele in diesem Buch damit nachbauen.

Bevor Sie mit der Installation beginnen, sollten Sie den kompletten Ordner Windows bzw. Mac auf Ihren Rechner kopieren. Doppelklicken Sie dann die Datei »Adbephspcs4_ls4.dmg« am Mac bzw. entpacken Sie die Windows-Datei. Sollten Sie bereits einmal eine Demoversion von Adobe Photoshop CS4 auf Ihrem Rechner installiert gehabt haben, so ist eine erneute Installation einer Testversion nicht mehr möglich.

### Ordner »Glossar«

Die Datei »Glossar_Photoshop_CS4« enthält ein Glossar, in dem Sie Ihnen unbekannte Begriffe rund um Photoshop auf einfache Art und Weise nachschlagen können.

### Ordner »Video-Training«

In diesem Ordner finden Sie zwei Video-Trainings, mit denen Sie Ihr Photoshop-Wissen vertiefen können: Photoshop CS4 Grundlagen und Photoshop CS4 für Fortgeschrittene. Im ersten Video-Training können Sie die Grundlagen vertiefen und wiederholen. Wichtiges Basiswissen wird praxisnah erklärt. Im zweiten Video-Training, das wir für Sie zusammengestellt haben, bekommen Sie einen Einblick darin, wie es nach diesem Buch weitergehen kann. Hier werden fortgeschrittene Techniken vorgestellt.

Um das gewünschte Video-Training zu starten, klicken Sie als Windows-Benutzer die Datei »Start.exe« auf der obersten Ebene doppelt an (als Mac-Anwender die Datei »Start.app«). Alle anderen Dateien können Sie ignorieren.

## Video-Training 1 – Photoshop CS4 Grundlagen

In diesem Video-Training wird Ihnen das nötige Fachwissen am praktischen Beispiel erklärt:
So erhalten Sie einen intuitiven Einstieg in die Arbeit mit Photoshop. Die Lektionen stammen
aus dem Video-Training »Adobe Photoshop CS4. Die Grundlagen« (ISBN 978-3-8362-1268-7).

### Kapitel 1: Photoshop im Griff
1.1   Die Arbeitsoberfläche (04:37 Min.)
1.2   Wichtige Voreinstellungen (05:41 Min.)
1.3   Dateien öffnen und importieren (04:44 Min.)

### Kapitel 2: Grundlagen der Bildbearbeitung
2.1   Vektoren & Pixelbilder (05:58 Min.)
2.2   Auflösung & Bildgröße (08:53 Min.)
2.3   Dateiformate im Detail (07:24 Min.)

### Kapitel 3: Arbeiten mit Ebenen
3.1   Das Ebenen-Prinzip (05:20 Min.)
3.2   Die Ebenen-Palette (07:48 Min.)
3.3   Ebenen-Typen (06:45)

## Video-Training 2 – Photoshop CS4 für Fortgeschrittene

Wer noch tiefer in Photoshop einsteigen möchte, erhält in diesem Video-Training einen Einblick
in fortgeschrittene Techniken. Die Lektionen wurden dem Training »Adobe Photoshop CS4 für
Fortgeschrittene« (ISBN 978-3-8362-1267-0) entnommen.

### Kapitel 1: Auswahlen und Ebenen
1.1   Bildkorrekturen und Einstellungsebenen (06:25 Min.)
1.2   Einstellungsebenen maskieren (03:52 Min.)
1.3   Lasso-Auswahl für Fortgeschrittene (06:25 Min.)

### Kapitel 2: Farb- und Belichtungskorrekturen
2.1   Bildanalyse mit dem Histogramm (11:34 Min.)
2.2   Klassische Tonwertkorrektur (09:10 Min.)
2.3   Werkzeuge für die Farbkorrektur (09:53 Min.)

### Kapitel 3: Retusche
3.1   Retuschewerkzeuge im Überblick (03:25 Min.)
3.2   Große Objekte retuschieren (12:28 Min.)
3.3   Professionelle Beauty-Retusche (12:29 Min)

# Index

## Symbole

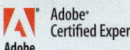

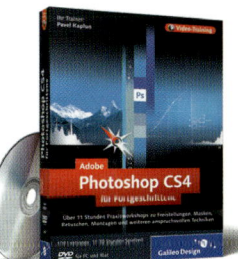

*Wer sich ernsthaft mit Photoshop beschäftigt, sollte diesem Buch unbedingt die benötigten sechs Zentimeter im Bücherschrank einräumen.*
Sammellinse

Sibylle Mühlke
## Adobe Photoshop CS4
### Das Praxisbuch zum Lernen und Nachschlagen

▸ Der Topseller in aktualisierter Neuauflage
▸ Mit Referenzkarte und DVD mit Video-Lektionen
▸ Großer Infoteil mit Tastenkürzeln, Insidertipps

Dieses Handbuch hat sich zum Ziel gesetzt, alles nötige Wissen rund um Photoshop CS4 für Sie aufzubereiten und leicht zugänglich zu präsentieren. Komplett in Farbe, mit DVD, Referenzkarte, Infoteil, Glossar und Zusatzinfos im Web – hier finden Sie immer, was Sie brauchen!

ca. 1.050 S., mit DVD und Referenzkarte, 49,90 €
ISBN 978-3-8362-1238-0, April 2009
**www.galileodesign.de/1869**

**Sibylle Mühlke** arbeitet als Photoshop-Tutorin, schreibt für zahlreiche Fachmagazine und entwickelt Online-Trainings. Sie coacht Photoshop-Nutzer aller Niveaus – und kennt daher alle typischen Anwenderprobleme und Stolpersteine.

### Die Themen im Überblick

» Neu in Photoshop CS4
» Dateien verwalten, Adobe Bridge CS4
» Ebenen, Auswahlen, Freistellen
» Farbe und Schwarzweißbilder
» Helligkeit und Kontrast
» Retusche und Reparatur
» Camera Raw, Werkzeuge für Fotografen
» Filter, Pfade und Text
» Ausgabe und Farbmanagement

Thomas Bredenfeld
## Adobe Photoshop CS4 – fortgeschrittene Techniken

▸ Effiziente Lösungen für den professionellen Arbeitsalltag
▸ Mit den Themen Automatisierung, Scripting, Web, 3D und Video
▸ Mit allen Extended-Funktionen

*Das Buch hilft, vom fortgeschrittenen Anwender zum Photoshop-Profi zu werden!*
Publisher

ca. 815 S., mit DVD, 59,90 €
ISBN 978-3-8362-1237-3, Juni 2009
**www.galileodesign.de/1867**

Kostenlose Leseproben zu jedem Buch sowie unser gesamtes Photoshop-Programm finden Sie auf unserer Website
» www.GalileoDesign.de

# Wissenswertes, wenn Fotos online gehen ...

Daniel Mies
## Webseiten erstellen für Einsteiger

Einführung in HTML, CSS, Suchmaschinen-Optimierung und jQuery

In lockerer und verständlicher Sprache werden die Techniken HTML, CSS, JavaScript und Suchmaschinen-Optimierung beschrieben. Dabei wird immer Wert auf aktuelle Standards, Techniken und modernes Design gelegt. Alle Themen werden anhand von Praxisbeispielen veranschaulicht und fürs bessere Nachschlagen in einer Referenz zusammengefasst.

*Das schönste Grundlagenbuch zum Thema!*
photoshop-weblog.de

354 S., 2008, mit CD, 19,90 €, ISBN 978-3-8362-1131-4
**www.galileocomputing.de/1666**

Uwe Koch, Dirk Otto, Mark Rüdlin
## Recht für Grafiker und Webdesigner

Verträge, Schutz der kreativen Leistung, Selbstständigkeit, Versicherungen, Steuern

Dieses Buch bietet Antworten für Kreative in Web-Agenturen, Prepress-Betrieben und werbetreibenden Unternehmen. In verständlicher Sprache geht es auf viele Rechtsfragen rund um das Kommunikationsdesign ein.

*Verständlich und auf dem neuesten Stand!*
DOCMA

379 S., 2008, 39,90 €, ISBN 978-3-8362-1318-9
**www.galileodesign.de/1962**

## Kamera-Handbücher

### Unsere Kamera-Handbücher

» Funktionen, Programme und Menüs Ihrer Kamera im Detail erklärt

» 100 % Know-how zu Ihrer Kamera – von der ersten bis zur letzten Seite

» Fotografieren in der Praxis – mit Zubehör-Ratgeber

---

Martin Schwabe
**Canon EOS 50D –
Das Kamerahandbuch**

369 S., 2009, mit Referenzkarte, 39,90 €
ISBN 978-3-8362-1365-3
**www.galileodesign.de/2045**

Martin Schwabe
**Canon EOS 40D –
Das Kamerahandbuch**

335 S., 2008, 39,90 €
ISBN 978-3-8362-1162-8
**www.galileodesign.de/1724**

Martin Schwabe
**Canon EOS 450D –
Das Kamerahandbuch**

358 S., 2008, 39,90 €
ISBN 978-3-8362-1209-0
**www.galileodesign.de/1819**

Martin Schwabe
**Canon EOS 400D –
Das Kamerahandbuch**

342 S., 2007, mit Referenzkarte, 39,90 €
ISBN 978-3-8362-1000-3
**www.galileodesign.de/1425**

Michael Gradias
**Panasonic LUMIX Superzoom –
Das Kamerahandbuch**

**Für die Superzoom-Modelle FZ50,
FZ28, FZ8, TZ4/5**

304 S., 2009, 39,90 €
ISBN 978-3-8362-1361-5
**www.galileodesign.de/2046**

---

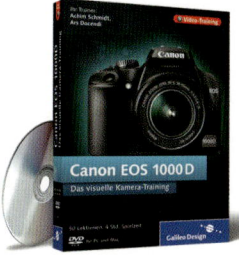
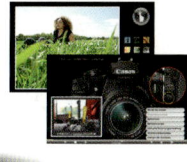

Martin Schwabe, Christian Bartz
**Canon EOS 1000D –
Das Kamerahandbuch**

▸ Alle Funktionen, Programme und Menüs
▸ Praxisratgeber für Objektive, Blitz und Zubehör
▸ Aufnahmetechniken mit der Canon EOS 1000D
▸ Mit Referenzkarte zur Kamera für unterwegs

Werden Sie mit diesem Buch zum begeisterten Digitalfotografen und erfahren Sie alles, was Sie über Ihre Canon EOS 1000D wissen müssen!

378 S., 2009, mit DVD, 39,90 €
ISBN 978-3-8362-1364-6
**www.galileodesign.de/2044**

Heike Jasper
**Nikon D90 –
Das Kamerahandbuch**

▸ Alle Funktionen, Programme und Menüs
▸ Praxisratgeber für Objektive, Blitz und Zubehör
▸ Mit Referenzkarte zur Kamera für unterwegs

ca. 320 S., 39,90 €
ISBN 978-3-8362-1230-4, April 2009
**www.galileodesign.de/1856**

Ulrike Häßler, Wadim Herdt
**Nikon D60 –
Das Kamerahandbuch**

328 S., 2008, 39,90 €
ISBN 978-3-8362-1210-6
**www.galileodesign.de/1820**

🔴 **Video-Training**

Achim Schmidt
**Canon EOS 1000D**

Das visuelle Kamera-Training

▸ Die persönliche Kamera-Schulung auf DVD
▸ Kamera-Einstellungen interaktiv erkunden
▸ Die Canon EOS 1000D im Einsatz erleben

Lehnen Sie sich zurück und lassen Sie sich von einem erfahrenen Foto-Trainer zeigen, wie Sie Ihre Kamera richtig bedienen.

DVD, Windows, Mac, Linux, 50 Lektionen,
4:30 Stunden Spielzeit, 2009, 39,90 €
ISBN 978-3-8362-1355-4
**www.galileodesign.de/2034**

Der Name Galileo Press geht auf den italienischen Mathematiker und Philosophen Galileo Galilei (1564–1642) zurück. Er gilt als Gründungsfigur der neuzeitlichen Wissenschaft und wurde berühmt als Verfechter des modernen, heliozentrischen Weltbilds. Legendär ist sein Ausspruch *Eppur se muove* (Und sie bewegt sich doch). Das Emblem von Galileo Press ist der Jupiter, umkreist von den vier Galileischen Monden. Galilei entdeckte die nach ihm benannten Monde 1610.

**Lektorat** Katharina Geißler, Christine Kossel
**Korrektorat** Friederike Daenecke, Zülpich
**Herstellung** Lissy Hamann
**Einbandgestaltung** Hannes Fuß, www.exclam.de
**Satz** Markus Wäger
**Druck** Himmer AG, Augsburg
**Fotos** © Markus Wäger und Lizenzgeber. Alle Rechte vorbehalten. Alle auf dem Datenträger zur Verfügung gestellten Fotos und Beispielmaterialien sind ausschließlich zu Übungszwecken im Zusammenhang mit dem Buch bestimmt. Jegliche weitere Verwendung ist untersagt bzw. bedarf der schriftlichen Genehmigung des Urhebers.

Dieses Buch wurde gesetzt aus der Linotype Syntax (9 pt/13 pt) in Adobe InDesign CS4. Gedruckt wurde es auf mattgestrichenem Bilderdruckpapier (115 g/m²).

**Gerne stehen wir Ihnen mit Rat und Tat zur Seite:**
*katharina.geissler@galileo-press.de*
bei Fragen und Anmerkungen zum Inhalt des Buches

*service@galileo-press.de*
für versandkostenfreie Bestellungen und Reklamationen

*julia.bruch@galileo-press.de*
für Rezensions- und Schulungsexemplare

Bibliografische Information der Deutschen Bibliothek
Die Deutsche Bibliothek verzeichnet diese Publikation in der Deutschen Nationalbibliografie; detaillierte bibliografische Daten sind im Internet über *http://dnb.ddb.de* abrufbar.

**ISBN 978-3-8362-1236-6**

© Galileo Press, Bonn 2009
1. Auflage 2009

In unserem Webshop finden Sie unser aktuelles
Programm mit ausführlichen Informationen,
umfassenden Leseproben, kostenlosen Video-Lektionen –
und dazu die Möglichkeit der Volltextsuche in allen Büchern.

**www.galileodesign.de**